福建省优秀出版项目

新时代家事法研究文丛

总主编 蒋月 何丽新

民法典婚姻家庭编专题研究

蒋月 刘友国 李春斌 等著

厦门大学出版社
国家一级出版社
全国百佳图书出版单位

图书在版编目（CIP）数据

民法典婚姻家庭编专题研究 / 蒋月等著. -- 厦门：厦门大学出版社，2025.2
（新时代家事法研究文丛 / 蒋月，何丽新总主编）
ISBN 978-7-5615-9381-3

Ⅰ．①民… Ⅱ．①蒋… Ⅲ．①婚姻法-研究-中国 Ⅳ．①D923.904

中国国家版本馆CIP数据核字(2024)第103397号

责任编辑　甘世恒
美术编辑　蒋卓群
技术编辑　许克华

出版发行　厦门大学出版社
社　　址　厦门市软件园二期望海路39号
邮政编码　361008
总　　机　0592-2181111　0592-2181406（传真）
营销中心　0592-2184458　0592-2181365
网　　址　http://www.xmupress.com
邮　　箱　xmup@xmupress.com
印　　刷　厦门集大印刷有限公司

开本　787 mm×1 092 mm　1/16
印张　31
插页　2
字数　780千字
版次　2025年2月第1版
印次　2025年2月第1次印刷
定价　98.00元

本书如有印装质量问题请直接寄承印厂调换

蒋　月

厦门大学法学院、马克思主义学院教授、博士生导师，厦门大学妇女/性别研究与培训基地常务副主任，兼任中国法学会婚姻家庭法学研究会副会长，中国社会法学研究会常务理事，福建省法学会婚姻家庭法学研究会顾问等学术职务。著有《20世纪婚姻家庭法：从传统到现代化》等论著。

刘友国

福建省厦门市中级人民法院原专委，二级高级法官，曾任厦门市翔安区人民法院院长。在民商事审判工作岗位深耕近四十年，注重理论与实务结合，专业聚焦于婚姻家庭、合同、物权、侵权纠纷以及劳动争议等领域。2013年入选教育部和中央政法委关于高等学校与法律实务部门人员互聘"双千计划"名单。

李春斌

法学博士，中国法学会婚姻家庭法学研究会理事。现任职于辽宁师范大学法政学院，副教授、硕士生导师，2017年荣获首届"大连市优秀青年法学法律专家"荣誉称号。著有《藏族婚姻法律义化研究》（商务印书馆2020年版）等论著。

《中华人民共和国民法典》(以下简称《民法典》)婚姻家庭编是调整婚姻家庭关系的基本准则。家庭是社会的基本细胞,家庭和谐稳定是个人生活安定、国家发展、社会进步、民族繁荣的基石。习近平总书记指出:"家庭和睦则社会安定,家庭幸福则社会祥和,家庭文明则社会文明。"[1]《民法典》于2021年1月实施以及《最高人民法院关于适用〈民法典〉婚姻家庭编的解释(一)》(以下简称《民法典婚姻家庭编解释(一)》)同时生效执行以来,关于《民法典》第五编"婚姻家庭"的理解与适用备受法学法律界和社会关注。本书选取《民法典》婚姻家庭编在理解与适用中的重点、难点问题展开研究,按九章结构,分别深入研究国家保护婚姻家庭原则、社会主义核心价值观导入婚姻家庭编;民法典框架下的亲属关系亲与疏的界定与分类;婚姻登记的行政法学探析;夫妻关系的内涵与外延,夫妻财产的聚合和析分,夫妻财产制下的物权变动,夫妻共同财产中的知识产权及其收益归属,夫妻共同债务;生育权的确认与保护;父母对子女的抚养,继父母子女之间扶养关系形成的判断标准;法定离婚标准和理由研究,离婚冷静期制度,离婚经济救济、离婚损害赔偿等问题。全书既从民法理论框架下观察分析相关问题,又注重从婚姻家庭关系具有伦理性、利益性视角进行阐述,为准确把握、理解和适用民法典婚姻家庭编提供学理参考,为相关执法和司法提供借鉴。2024年11月22日,国务院第46次常务会议通过了《国务院关于修改和废止部分行政法规的决定》,其中包括《外国人在中华人民共和国收养子女登记办法》《婚姻登记条例》均有若干条文被修订,这些修改自2025年1月20日起施行。2025年1月15日,《最高人民法院关于适用〈中华人民共和国民法典〉婚姻家庭编的解释(二)》(以下简称《民法典婚姻家庭编解释(二)》)正式发布,自2025年2月1日起施行。本书内容已结合了该三份最新规范文件。

本书明显不同于已出版的同题材书籍。围绕《民法典》婚姻家庭编的理解和适用,此前已出版书籍主要是法条释义,逐条解读《民法典》婚姻家庭编条文的内容、立法原意和立法背景,主要从立法论视角解释每个法条是如何合理地设计出来

---

[1] 习近平:《注重家庭,注重家教,注重家风》,载《求是》2025年第三期。

的,个别著作配有案例实务。本书运用价值分析、实证分析、比较研究等方法,系统地探讨所研究问题涉及的法学理论、法律关系、法律行为、权利与义务配置以及其效果,更注重规范解释论,力图阐明既有婚姻家庭法规范所依据或者形成的理论,以利于正确地理解和适用民法典婚姻家庭法规范,又对相关立法、法律适用中存在的不足和问题进行讨论,以促进学术研究和未来相关立法、司法的完善。

本书是由17位作者精心合作完成,作者简介及本书撰稿分工和完成情况如下:

蒋月,厦门大学法学院/马克思主义学院教授、博士生导师,中国法学会婚姻家庭法学研究会副会长,本书主编,统筹规划全书写作,审定统稿全书;撰写第一章第一节、第二章第五节、第六章第一节。

刘友国,福建省厦门市中级人民法院审判委员会原专职委员,二级高级法官,撰写第一章第四节、第三章第二节。

李春斌,法学博士,辽宁师范大学法学院副教授,硕士研究生导师,中国法学会婚姻家庭法学研究会理事,撰写第一章第三节。

冯源,法学博士,天津师范大学法学院副教授,硕士研究生导师,中国法学会婚姻家庭法学研究会理事,撰写第五章第二节。

徐婧,法学博士,福州大学法学院副教授,硕士研究生导师,福建省妇女联合会权益部副部长(兼),撰写第一章第二节。

李桦,厦门市湖里区人民法院党组书记、院长,二级高级法官,撰写第六章第三节。

陈丽英,福建省厦门市中级人民法院四级高级法官、审监庭副庭长,撰写第五章第一节。

陈璐,法学博士,福建省厦门市中级人民法院二级法官助理,撰写第九章。

胡小莉,法学硕士,江苏省苏州市姑苏区人民法院法官助理,撰写第一章第五节。

孟梧茜,法学硕士,四川省成都市成华区人民检察院检察官助理,撰写第八章。

林雨欣,法律硕士,深圳市眼科医院纪检监察室干部,撰写第七章。

吴琦,法学硕士,集美大学马克思主义学院讲师,厦门大学教育研究院博士研究生,撰写第六章第二节。

王之晓,厦门大学法学院民商法学专业2020级博士研究生,撰写第三章第一节。

吴衡,厦门大学法学院民商法学专业2020级博士研究生,撰写第三章第四节。

许新承,厦门大学法学院民商法学专业2020级博士研究生,撰写第四章。

肖子容，浙江大学光华法学院宪法学与行政法学专业2019级博士研究生，撰写第二章第一节至第四节。

李泽僖，西安交通大学法学院知识产权法学专业2024级博士研究生，撰写第三章第三节。

经过申报、评选，本书有幸入选了福建省新闻出版局"2024年度省优秀出版项目"。

感谢全体作者的共同努力。感谢责任编辑甘世恒耐心细致又专业的编辑工作。

本书适合作为法学院（系）师生研修相关课程时的专业参考书，可以作为立法、司法、检察、律师等法律机构和单位相关专业人员研究和处理法律业务的参考；也能作为政府民政部门、社工、妇女研究者和实际工作者、调解员等深入了解婚姻家庭法的参考。

厦门大学法学院、马克思主义学院教授、博士生导师

中国法学会婚姻家庭法学研究会副会长

蒋月

2025年2月6日

目录

第一章 民法典婚姻家庭编总论研究 /1
- 第一节 婚姻家庭受国家保护原则研究 /2
- 第二节 社会主义核心价值观在婚姻家庭编中的地位和作用 /19
- 第三节 家庭整体主义的婚姻法文化释读 /41
- 第四节 民法典框架下的亲属关系：亲与疏的界定与分类 /53
- 第五节 身份关系协议参照适用合同编的理解与运用 /78

第二章 婚姻登记的行政法学探析 /93
- 第一节 婚姻登记行为的性质 /95
- 第二节 婚姻登记行为的行政程序探析 /102
- 第三节 缺失结婚登记的事实婚姻与补办登记之反思 /106
- 第四节 婚姻登记瑕疵行政诉讼与民事诉讼"双轨制"困境与解决 /126
- 第五节 婚姻登记改革与规范的完善 /134

第三章 夫妻关系研究 /141
- 第一节 实质性身份权利义务对婚姻身份关系的影响及其认定 /142
- 第二节 夫妻财产的聚合与析分 /168
- 第三节 夫妻共同财产中的知识产权及其收益归属研究 /216
- 第四节 夫妻共同债务概念的反思与重构 /227

第四章 生育权的确认与保护 /253
- 第一节 生育权的内涵阐释 /254
- 第二节 自然生育情形下生育权行使的冲突和救济 /262
- 第三节 人工辅助生育情形下生育权的行使与限制 /272

第五章 家庭关系研究 /283
- 第一节 裁判视角下离婚父母对未成年子女的监护与制度完善
  ——兼论变更抚养关系纠纷裁判规则与思路 /284

第二节 继父母子女之间扶养关系形成的判断标准/310

第六章 离婚研究/321
第一节 《民法典》第1079条法定离婚标准研究/322
第二节 离婚冷静期的理解与适用及立法评估/333
第三节 民法典时代离婚经济救济制度实证研究/360

第七章 离婚经济补偿制度实证研究/389
第一节 离婚经济补偿概述/390
第二节 离婚经济补偿的基本理论解释/398
第三节 域外相关制度之比较法考察/403
第四节 《民法典》背景下离婚经济补偿制度之实证研究/412
第五节 《民法典》背景下离婚经济补偿制度之优化/425

第八章 《民法典》视域下离婚损害赔偿制度的司法适用研究
——基于644份裁判文书的实证分析/437
第一节 离婚损害赔偿制度司法适用的基本情况/438
第二节 离婚损害赔偿制度司法适用中的困境/445
第三节 完善离婚损害赔偿制度的法律路径/450

第九章 收养法研究/459
第一节 新中国收养立法与政策的变迁/460
第二节 收养关系成立与解除的法律效果分析/464
第三节 收养制度的规范目标：平衡亲子利益冲突/478

参考文献/485

第一章 民法典婚姻家庭编总论研究

第一节

婚姻家庭受国家保护原则研究

在当代社会,家庭的形态和功能已经发生了重大变化并在继续变化中,但是,家庭仍然是社会的基本构成单元。婚姻家庭在社会生活中具有独特价值与重要地位,《中华人民共和国民法典》(以下简称《民法典》)第1041条首次明文规定"婚姻家庭受国家保护"原则,且置于婚姻家庭编规定的基本原则之首。《中华人民共和国宪法》(以下简称《宪法》)第49条第1款规定"婚姻、家庭、母亲和儿童受国家的保护"。确立该原则是贯彻落实了宪法中保护婚姻家庭的基本内容。婚姻家庭法学界一致建议婚姻家庭编应当明确规定该内容,而且应当安排在总则或者"一般规定"中。令人欣慰的是,全国人民代表大会讨论《民法典(草案)》的时候,将该条原则添加其中,并将其确立为婚姻家庭编的第一项基本原则,明确了保护婚姻家庭权利、维护婚姻家庭制度的国家责任。该原则彰显了《民法典》以人为本的精髓,非常重要。保护婚姻关系、保护家庭关系,就是保护基本人权。该原则也与国际社会认同家庭重要性以及国家负有保护家庭的责任相一致,基于家庭在社会结构中的基础性和重要性,强调了国家保护家庭的责任。从今往后,所有调整婚姻家庭关系的其他法律法规、司法解释、政策以及地方立法,都要考虑国家所承担的保护婚姻与家庭的责任,避免出台可能导致婚姻家庭不稳定的一些法规与政策。例如,有关购房政策、房贷政策引发了部分人为了省钱或者借到钱而"假离婚"。其实,依法而论,所谓"假离婚"最终都是真离婚,只要是办理了离婚手续获准离婚的,无论是诉讼离婚还是行政程序离婚,婚姻关系就解除了。很显然,这类政策不利于保护家庭。目前,该政策已经停止执行。在《民法典》婚姻家庭编确立这个原则后,实施的所有法律、政策、司法解释都应当是家庭友好型的,应该有利于家庭的稳定、和谐而不是相反。从比较视角看,《世界人权宣言》确认家庭是天然的和基本的社会单位,应当受到社会和国家的保护。所以,家庭生活权是一项基本人权,它以人为本,是非常重要的。

本节主要讨论下列四个方面的问题:一是确立该原则的理由和依据;二是该原则体现在《民法典》中哪些条款和规定中;三是对该原则的理解和适用;四是对该原则的展望。[1]

一、确立婚姻家庭受国家保护原则的理由和依据

国家保护婚姻家庭,明显关乎《民法典》婚姻家庭编立法的宗旨和任务。笔者跟学界诸多同行一样,一直主张婚姻家庭法应当规定婚姻家庭受国家保护。《民法典》婚姻家庭编确

---

[1] 本节的核心观点和论述,笔者曾在2020年7月14日中国政法大学民商法学院主办的"大师论典"(线上会议)中,以题为《谈谈〈民法典〉第1041条规定的"婚姻家庭受国家保护"原则》的演讲中发表。

立这个条文体现该编总体价值观的,很有必要,意义重大。

(一)贯彻落实《宪法》第49条规定

新中国成立以来的四部宪法均将"婚姻家庭受国家保护"入宪,这是确立婚姻家庭制度受国家保护的根本大法依据。1954年《宪法》第96条第2款规定"婚姻、家庭、母亲和儿童受国家的保护"。1975年《宪法》第27条第5款规定"婚姻、家庭、母亲和儿童受国家的保护"。1978年《宪法》第53条第2款规定"男女婚姻自主。婚姻、家庭、母亲和儿童受国家的保护"。1982年通过并于2018年修正的现行《宪法》第49条规定"婚姻、家庭、母亲、儿童受国家保护。……父母有抚养教育未成年子女的义务,成年子女有赡养扶助父母的义务。禁止破坏婚姻自由,禁止虐待老人、妇女和儿童"。《民法典》婚姻家庭编作为专门调整婚姻家庭法律关系的法律,应该贯彻落实《宪法》要求,明确表达其保护婚姻家庭的立场。

1. 保护婚姻、家庭,是国家立场,是公共利益,而非仅仅个人的私益

公共利益是指一定社会条件下能够满足一定范围内所有人或者特定范围内不特定多数主体共同需要的、具有公共效用的资源、条件、利益。公共利益不同于国家利益,其具有主体数量的不确定性。公共是相对于个别而言的,即公众共同,需覆盖不特定多数人,而非个人利益或者特定群体。确定公众的范围,一般有下列两种办法:第一,根据地域标准,公益是一个相关空间内关系到大多数人的利益。德国学者洛厚德(C. E. Leuthold)于1884年提出,这个地域或空间是以地区划分,且多以国家之(政治、行政)组织为单位,基于地区内的大多数人的利益,就足以形成公益;至于在地区内,基于少数人的利益,则称为个别利益。第二,根据人数标准,德国学者纽曼(Neumann)认为,公益是一个不确定多数人的利益。以受益人之多寡决定,只要大多数的不确定数目的利益人存在,即属公益。应该说,这两种观点都有一定道理,但是也分别存在缺陷。比如,洛厚德单纯以地域划分,但是,很多情况下,公众的范围并不限于地域范围内,如一个职业共同体,其人员分散在不同地域,但是该共同体仍然可以作为一个"公众"存在。在现代法上,公共利益的实现是通过权衡相关各方利益,以确保其必要性和合理性。

在当代社会,无论在哪个国家或地区,婚姻和家庭依然是人口再生产单位和社会生活的基本单元。首先,婚姻家庭是社会人口再生产单位。人口再生产是国家的重大事务,故而婚姻家庭人口再生产并非私务,向来也并非婚姻家庭当事人能够完全自治的。国家总是通过鼓励、控制等人口政策工具介入婚姻家庭的人口再生产过程。其次,婚姻家庭是社会生活的基本单元。现代社会生活丰富多样,特别是发达的商业服务能够在物质生活、精神生活满足方面提供无可穷尽的服务项目,但是,个体生活的组织基本上依靠婚姻家庭来承担。父母为子女的出生、成长和发展提供支持,婚姻家庭为个体提供情感慰藉和利益依归。再次,婚姻家庭是个体教化的重要单位和场域。自然人成为社会人的最基础教育是家庭教育。家庭作为教育单位,既指向个体利益,又指向社会公共利益。最后,部分家庭还是经济单位,其中农村家庭是最为典型的,它们是组织生产活动的主体。

2. 婚姻、家庭作为两种社会生活的基本组织形式和重要法律制度,受到宪法保护

关于《宪法》第49条的理解,法学界的观点主要有三种:一是宪法原则说。杨遂全、焦洪昌等人认为,凡宪法规范都具有纲领性和原则性,《宪法》第49条是确立婚姻家庭制度的指导性原则。[①] 二是制度性保障说。该意见源于德国的宪法理论,认为应当区分宪法上的基本权利和制度保障,婚姻、家庭是作为制度受到宪法保护;因此,部门法立法负有积极保护婚姻、家庭制度的作为义务。[②] 三是宪法权利说。主张《宪法》第49条规定为确立一系列婚姻权利和家庭权利提供了依据。[③] 同时,唐冬平质疑前述三种宪法学说的观点,批评它们对规范内涵诠释不精确,对家庭的定位不完整,主张《宪法》第49条规范目的应当是"确认家庭的涉法性、保护家庭积极社会功能及抑制其消极社会功能"。[④] 笔者以为,该三种宪法学说的解释观点相互之间是可以统一的,而非矛盾的,《宪法》第49条理当是《民法典》确认和保护婚姻家庭的纲领性依据;同时,它也是制度性保障。据此,人们享有婚姻自由权、组建家庭生活的权利。唐冬平的论述并没有跳出"制度性保障说""宪法权利说",未能形成另一种独立解释观点。

3. 保护婚姻家庭,是尊重和保障人权的需要

现行《宪法》第33条第2款、第3款、第4款规定,"中华人民共和国公民在法律面前一律平等。国家尊重和保障人权。任何公民享有宪法和法律规定的权利,同时必须履行宪法和法律规定的义务"。婚姻家庭关乎每一个人的利益。公力适度介入,承认婚姻家庭的特殊性,并承担相应保护责任,有利于维护婚姻家庭结构的完整和稳定,满足个体对异性恋情感和亲子关系等亲密关系建设和维护的需求,让个体享有有尊严的生活。首先,个体享有婚姻自由权和家庭生活权,通过结婚组织家庭生活。与相爱或者心喜之人结伴共同生活,通过相互合作,互相满足,丰富生活,滋润心灵,可以避免孤独;如果生育后代,养儿育女的责任将使个体体验到更丰富的人生,并成为更具利他精神之人,人类得以繁衍。其次,进入婚姻家庭的组织结构之后,个体享有维持其婚姻家庭生活的权利,任何人不得破坏或者损害其合法权益。夫妻可以通过离婚解除婚姻关系。最后,当配偶或者任何家庭成员或者第三人损害婚姻家庭时,受害人有权寻求救济性保护。为保护婚姻当事人和家庭成员,《中华人民共和国刑法》(以下简称《刑法》)长期规定有虐待罪、遗弃罪、重婚罪等罪名,追究相应行为的刑事责任。2023年修正的《刑法》第257条规定的暴力干涉婚姻自由罪,第258条规定的重婚罪,第260条规定的虐待罪,第261条规定的遗弃罪,第262条规定的拐骗儿童罪,等等,这些规定就是保护婚姻家庭的刑法手段。

(二)从比较法角度看,婚姻家庭受国家保护是多数国家立法的通例

目前世界上,婚姻家庭是联合国人权公约保护的对象,多数国家都将婚姻家庭作为基本制度纳入宪法保护的对象,甚至有将"婚姻家庭受国家保护"上升为宪法原则。首先,"婚姻、家庭受国家保护"的理念和内容被国际人权公约一再重申。1948年《世界人权宣言》第

[①] 杨遂全:《论国家保护婚姻家庭的宪法原则及其施行》,载《中国法学》2001年第1期;焦洪昌编:《宪法》,中国政法大学出版社2012年版,第153页。

[②] 王锴:《婚姻、家庭的宪法保障——以我国宪法第49条为中心》,载《法学评论》2013年第2期。

[③] 周伟:《宪法学》,四川大学出版社2002年版,第126页;王琼雯:《家庭权初论》,苏州大学博士学位论文,2013年,第150~176页;徐健:《家庭权的国家保障研究》,中南财经政法大学博士学位论文,2017年,第44~49页。

[④] 唐冬平:《宪法如何安顿家——以宪法第49条为中心》,载《当代法学》2019年第5期。

16条宣告："家庭是天然的和基本的社会单元,并应受社会和国家的保护。"之后,这一内容在《公民权利及政治权利国际公约》《经济、社会、文化权利国际公约》等一系列国际人权公约中的"家庭条款"得到进一步强化,彰显了婚姻家庭在国际人权立法上的重要价值和地位,并强调缔约国应积极致力于对婚姻家庭的支持与保护,最大限度地采取一切立法、行政或其他措施承担对家庭的保障义务,以确保婚姻家庭圆满维持幸福和谐,免遭破坏和瓦解。其次,德国等国家宪法明文保护或者调整婚姻家庭。例如,1949年颁行的《德意志联邦共和国基本法》第6条规定:"一、婚姻与家庭应受国家之特别保护。二、抚养与教育子女为父母之自然权利,亦为其至高义务,其行使应受国家监督。三、惟在养育权利人不能尽其养育义务时,或因其他原因子女有被弃养之虞时,始得根据法律违反养育权利之意志,使子女与家庭分离。四、凡母亲均有请求社会保护及照顾之权利。五、非婚生子女之身体与精神发展及社会地位,应由立法给予与婚生子女同等之条件。"[①] 1946年公布的《日本国宪法》第24条规定了家庭生活中的个人尊严和两性平等,"1. 婚姻仅以两性的自愿结合为基础而成立,以夫妇平等权利为根本,必须在相互协力之下予以维持。2. 关于选择配偶、财产权、继承、选择居所、离婚以及有关婚姻和家庭的其他事项,必须以个人尊严与两性平等为基础制订之"。[②]

（三）为什么由《民法典》确立此原则

这主要基于下列五方面因素的综合考虑。

1. 引领主流价值观,为个体权利冲突提供化解之道,矫正极端个人主义

新中国成立以来,我国严格实行"婚姻自由、一夫一妻、男女平等的婚姻制度"(《民法典》第1041条第2款)。一男一女结为夫妻的婚姻制度是我国主流价值观,婚姻家庭受法律保护。严格遵守一夫一妻制婚姻是近代以来人类文明的主流价值观。1950年《中华人民共和国婚姻法》(以下简称1950年《婚姻法》)第1条规定,实行男女婚姻自由、一夫一妻、男女权利平等、保护妇女和子女合法权益的新民主主义婚姻制度。第2条规定禁止重婚、纳妾。重婚是刑法打击的犯罪行为。2023年12月修正的《刑法》第258条规定"有配偶而重婚的,或者明知他人有配偶而与之结婚的,处二年以下有期徒刑或者拘役"。第259条规定"明知是现役军人的配偶而与之同居或者结婚的,处三年以下有期徒刑或者拘役。利用职权、从属关系,以胁迫手段奸淫现役军人的妻子的,依照本法第二百三十六条的规定定罪处罚"。

近年结离婚人数变化,也说明婚姻脆弱性突显,需要有效引导和干预。2024年,全年结婚登记610.6万对,离婚登记262.1万对。[③] 2023年,全年依法办理结婚登记768.2万对,比上年增长12.4%。结婚率为5.4‰,比上年增长0.6个千分点。依法办理离婚手续

---

① 德意志联邦共和国基本法,百度百科,https://baike.baidu.com/item/德意志联邦共和国基本法/8676436,最后访问日期：2023年5月6日。

② 参见《日本国宪法》,1946年11月3日公布,1947年5月3日起施行。日本国驻华大使馆,https://www.cn.emb-japan.go.jp/itpr_zh/kenpo_zh.html,最后访问日期：2023年10月12日。

③ 参见民政部：《2023年民政事业发展统计公报》,https://www.mca.gov.cn//n156/n2679/c1662004999980001204/attr/355717.pdf。

360.53万对,其中:民政部门登记离婚259.37万对,法院判决、调解离婚101.16万对。离婚率为2.6‰。[①] 2022年,全国婚姻登记机构全年依法办理结婚登记683.5万对,比2021年下降10.6%。结婚率为4.8‰,比上年下降0.6个千分点。依法办理离婚手续287.9万对,比上年增长1.4%。其中,民政部门登记离婚210.0万对,法院判决、调解离婚77.9万对。离婚率为2.0‰。2018—2022年五年间结离婚人数变化,详见图1-1。根据2020年完成的第七次全国人口普查结果,全国共有家庭户494157423户,集体户28531842户。平均每个家庭户的人口为2.62人,比2010年第六次全国人口普查的3.10人减少0.48人。[②] 此处的家庭户是指以家庭成员关系为主、居住一处共同生活的人组成的户。从1950年代到2020年家庭户规模变化——不断缩小,详见表1-1。这些数据说明,婚姻脆弱性趋强,家庭稳定需要更多助力和支持。

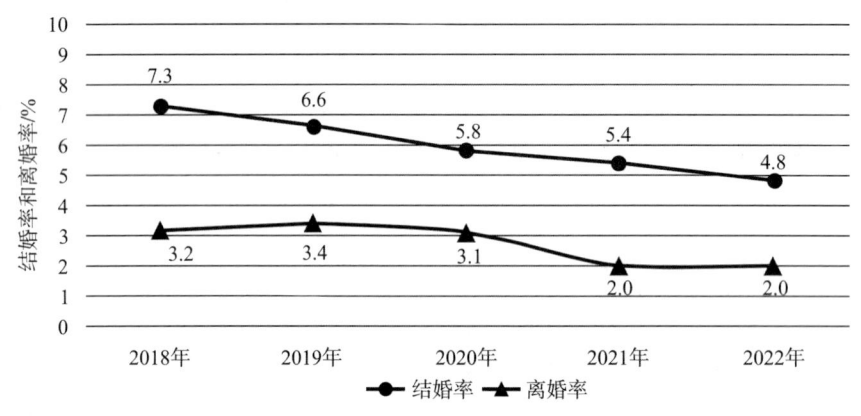

图1-1 2018—2022年结婚率和离婚率

来源说明:援引自《2022年民政事业发展统计公报》,中华人民共和国民政部,https://www.mca.gov.cn/n156/n2679/c1662004999979995221/attr/306352.pdf,最后访问日期:2023年12月30日。

表1-1 历次人口普查家庭平均户人数

单位:人/户

普查年份	1953	1964	1982	1990	2000	2010	2020
平均家庭户规模	4.33	4.43	4.41	3.96	3.44	3.10	2.62

来源说明:国务院第七次全国人口普查领导小组办公室编:《2020年第七次全国人口普查主要数据》,中国统计出版社2021年版,第8页。国家统计局官网,http://www.stats.gov.cn/sj/pcsj/rkpc/d7c/202303/P020230301403217959330.pdf。

---

① 民政部:《2024年4季度民政统计数据》,https://www.mca.gov.cn/mzsj/tjsj/2024/2024dssjdtjsj.htm

② 国家统计局、国务院第七次全国人口普查领导小组办公室:《第七次全国人口普查公报(第二号)》,国家统计局,https://www.stats.gov.cn/sj/tjgb/rkpcgb/qgrkpcgb/202302/t20230206_1902002.html,最后访问日期:2023年12月20日。

2. 回应价值观多元化的挑战

在当代社会,性结合关系、个人生活观念、生活方式的选择上出现了多元化。处于个人生活方式多元化的国际环境中,我国也面临着少部分人要求性结合方式多元化的诉求。2019年就民法典立法工作举行的记者会上,在回答有关媒体关于民法典婚姻家庭编就非婚同居作若干规定、会不会承认同性结婚这两个问题时,全国人大常委会法工委的同志明确表示,虽然未婚同居已在部分地区为部分人接受,但是,整个社会远未达成共识,对于未婚同居涉及的诸多法律问题,也有不同认识,法律尚难以作出统一规定。因此民法典(草案)将坚持《婚姻法》规定的一夫一妻制,要在《民法典》婚姻家庭编中对非婚同居作出规定,"时机不成熟";同性结婚要在婚姻家庭编中得到承认,"条件不具备"。[①] 虽然《民法典》婚姻家庭编没有承认这两种非传统婚姻的性结合模式,但是,事实上,国家立法机关公开地正式回应这类问题了,也说明在社会民众中确有一定人数群体有此类需求。以上就是价值观多元化非常典型的例子。同时,不婚且无同居伴侣的单身人口数量也有显著增长。这些都说明,我们确实进入了价值观多元化的社会发展阶段并面临相应的挑战。

3. 现实生活中,婚姻家庭承担着养老育幼的功能

在社会主义新时代,我国婚姻家庭依然承担着养老育幼的功能,而该功能的履行遇到了新的挑战。千百年来,婚姻家庭制度都承担着养老育幼的功能。在当代社会,它面临着诸多新挑战。就育幼而言,18年抚育所需要的人力(时间和精力)、财力等是一项巨大的负担。老年人生活需要日常照护、健康管理、精神慰藉、社会交往关爱、财产管理等委托代理服务等,既需要人力资源的帮扶,也需要财务支持。2020年第七次全国人口普查结果显示,我国总人口14.43亿人。如此庞大的人数,若没有婚姻家庭这个支持体系的默默支撑和付出及贡献,很难想象。婚姻作为男女两性关系的社会组织形式,依然是最多数人个人生活的选择,其在满足人的本能需求、情感需求、提供合作和支持等方面仍然具有独特优势。尽管在自由婚姻时代,婚姻是世俗的,不再神圣,但是,男女结为夫妻共同生活依然是法律、主流道德、社会风俗习惯共同推崇的制度。

4. 经济社会发展对婚姻家庭产生深刻影响

在工商业社会,市场经济鼓励和激励个体自由,而婚姻家庭关系的建立和稳定要求个体适度让渡个人自由。这两者之间的互动与博弈中,婚姻家庭处于且守且退之中。

(1)社会主义市场经济带来的挑战。在市场经济环境下,鼓励劳动力大规模流动的自由,劳动者有出卖劳动力的自由,这是市场经济活跃和能够实现市场经济预期目的的各个市场要素中的主要要素之一。哪里出的劳动力购买价格高,劳动者就把自己的劳动力卖到哪里,如此,就一定会对婚姻家庭的稳定,尤其是结构稳定和功能实现产生比较大的冲击。我国从1992年决定实行社会主义市场经济体制以来,已有30余年时间,个体追求自由,欲以最小成本去追求实现个人利益最大化等现象已经出现,其突破了传统婚姻家庭价值观框架和底层逻辑。市场经济环境中,职场竞争激烈。个人对职业发展的投入,会产生立竿见

---

① 参见《全国人大常委会法制工作委员会发言人记者会》,中国人大网,http://www.npc.gov.cn/wszb/wszb1/wzzb1/,最后访问日期:2023年6月12日。

影的效果。然而,在婚姻家庭中的投入,主要是作贡献、作奉献,时间、精力等长期投入不一定能获得预期的回报,虽然在婚姻终结(如离婚)的时候,会享有分割夫妻共同财产的请求权,但是,毕竟婚姻解体了,谁也不会为了获得婚姻共同财产分割请求权而愿以牺牲或者说以婚姻解体为代价,离婚是多数付出结束婚姻代价的人不得已的最后选择,有部分婚姻当事人甚至是不得不被迫承受的。基于付出与回报之间关系的不确定性,婚姻的风险增大,人们在婚姻家庭中的投入、奉献的积极性,以及动力有所弱化。实行社会主义市场经济,不仅改变了经济体制,而且改变了人们的观念。婚姻家庭要实现养老育幼的功能或者说完成这样的任务,遇到了社会快速变迁之后市场经济环境的强力挑战。

市场经济需要劳动者有出卖劳动力的自由,必然导致大规模的人口流动,这给婚姻家庭增添了离心力而非凝聚力。一方面,婚姻家庭成员跨区域的流动,产生地理距离上的间隔,也导致彼此关系有所疏远,共处时间大大减少,朝夕相处变得困难;另一方面,在外面见识过丰富生活的人,不仅增长了见识,而且有了更多比较思维,提高了对自我和对配偶、家人的要求。如果这种提升是单方面的,相对方不积极主动去学习、寻求改变、适应,相互之间就易产生矛盾、冲突乃至纠纷。加之个体为了维持或者谋求更好的职业发展和收入,把有限的时间越来越多地投入到职场、建设和维护获得个人发展所需的资源和机会等社会交往活动中,家庭关系的重要性明显降低了,婚姻变得脆弱而易碎。(图1-2)

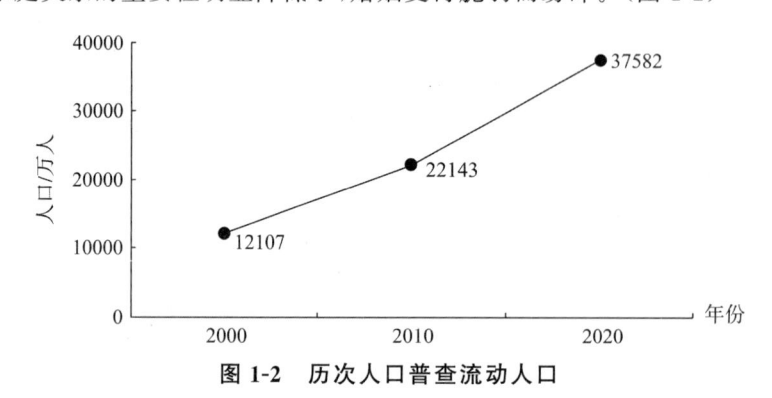

图1-2 历次人口普查流动人口

来源说明:国务院第七次全国人口普查领导小组办公室编:《2020年第七次全国人口普查主要数据》,中国统计出版社2021年版,第13页。国家统计局官网,http://www.stats.gov.cn/sj/pcsj/rkpc/d7c/202303/P020230301403217959330.pdf。

(2)家庭小型化的挑战。如表1-1所示,历次人口普查家庭平均户人数,已从1953年的4.33人下降到2000年的3.44人,2020年进一步下降到2.62人。老龄化、高龄化快速发展,子女承担着赡养扶助父母的义务,家庭养老责任很重。一方面,老年人口占社会总人口的比重不断提升。随着营养条件改善、医疗服务水平提升,社会人口平均预期寿命会逐渐增长。我国于20世纪80年代开始严格实行每对夫妻只生一个子女的"独生子女政策",极大地加快了人口老龄化进程。60岁以上人口,1990年仅占14.14%,到2010年达到

22.13%,2020年已达32.2%,详见表1-2。2020年我国人均预期寿命提高至77.9岁[1], 2023年,已达到78.6岁[2]。进入深度老龄化社会。另一方面,社会养老服务建设严重滞后,对庞大的老年人群而言,现有公立养老机构的数量和接待量是杯水车薪。截至2022年年底,全国共有各类养老机构和设施38.7万个,养老床位合计829.4万张。其中:注册登记的养老机构仅4.1万个,比2021年增长1.6%,床位仅518.3万张,比2021年增长2.9%;社区养老服务机构和设施34.7万个,共有床位仅311.1万张。[3]

表1-2 历次人口普查年龄构成

单位:%

普查年份 Census Years	各年龄段人口比重 Proportion of Population by Age Group to National Population			
	0~14	15~59	60+ 60~64	60+ #65+
1953	36.28	56.40	7.32	4.41
1964	40.69	53.18	6.13	3.56
1982	33.59	58.79	7.62	4.91
1990	27.69	63.74	8.57	5.57
2000	22.89	66.78	10.33	6.96
2010	16.60	70.14	13.26	8.87
2020	17.95	63.35	18.70	13.50

注:"#"表示其中的主要项。

来源说明:国务院第七次全国人口普查领导小组办公室编:《2020年第七次全国人口普查主要数据》,中国统计出版社2021年版,第8页。国家统计局官网,http://www.stats.gov.cn/sj/pcsj/rkpc/d7c/202303/P020230301403217959330.pdf.

(3)社会转型过程中,家庭的传统功能整体弱化。在农业社会,家庭是组织生产、生活的主体,更是个体的主要资源供应站,是生老病死的终身依靠。脱离家庭支持的个体,实现生存的难度极大。然而,在现代工商业社会中,一方面,实行个人独立自由,每个人的财产是其个人财产,未经家庭成员协商一致,不可能形成家庭共同财产,家庭对个体的支援缺乏厚实的经济基础,故父母承担对子女的抚养义务仅限于子女未成年时期。另一方面,社会

---

[1] 国务院关于印发"十四五"国家老龄事业发展和养老服务体系规划的通知(国发〔2021〕35号),中华人民共和国中央人民政府,https://www.gov.cn/zhengce/content/2022-02/21/content_5674844.htm,最后访问日期:2024年2月1日。

[2] 《2023年我国卫生健康事业发展统计公报》,中华人民共和国中央人民政府,网址:https://www.gov.cn/lianbo/bumen/202408/content_6971241.htm。

[3] 参见《2022年民政事业发展统计公报》,中华人民共和国民政部,https://www.mca.gov.cn/n156/n2679/c1662004999979995221/attr/306352.pdf,最后访问日期:2023年12月30日。

保障比较发达,通过各种社会救助、社会保险制度服务并托底个人,个人更多地依赖社会保障这棵大树,传统家庭功能部分地转移给了社会保障制度:国家作为保障个体照顾责任的总承担人。家庭小型化,甚至丁克家庭、一人户越来越多,都与家庭传统功能弱化互为因果。

5. 保护婚姻家庭,有利于保护弱势群体和彰显公平正义

首先,夫妻在婚姻家庭中地位平等,但是,婚姻家庭行为不可能完全讲求对等或者等价有偿的。或者说,部分婚姻家庭行为是奉献,是无法获得期待的回报的。例如,婚姻家庭生活伴随着必不可少的家务劳动,虽然法律规定夫妻平等承担家庭责任,然而,由于实际从业状况不同,更为了通过合理分工合作而产出更大效益,在相当一部分家庭中,由夫妻一方承担了全部或大部分家务劳动,因而减少甚至牺牲了职业发展的诸多机会,夫妻之间因人力资本投资方向不同,离婚给双方带来的负面影响会有明显差异,对职业发展慢甚至不得不放弃职业发展的配偶一方而言,其人力资源投资的损失将很大。其次,在社会托幼服务尚不发达,年幼孩子照护责任主要由家庭自我承担时,婚姻家庭结构稳定能够为儿童提供最有利的成长环境。同时,在老龄化社会,照护长者的责任十分沉重。有稳定的婚姻关系和家庭关系时,照护所需的人力比较容易聚集,也能够有效分摊,实现居家养老相对容易些,这有利于老年人群体。

二、《民法典》婚姻家庭编体现"婚姻家庭受国家保护"原则的具体内容

《民法典》婚姻家庭编整编贯彻和体现了"婚姻家庭受国家保护"原则。具体而言,包括防治家庭暴力,坚持一夫一妻、婚姻自由制度,以父母子女关系为主体的家庭制度等。不过,本目仅讨论《民法典》不同于以往《婚姻法》的主要相关规定和方面。

(一)增设了家庭成员制度

《民法典》第 1045 条第 2 款规定"配偶、父母、子女和其他共同生活的近亲属为家庭成员",是新中国成立以来首次在法律上明文确立家庭成员制度。此前,对于家庭成员的范围,法学界和司法实务中,认识曾有所不同。《民法典》建立了家庭成员制度,讲解家庭制度、"婚姻家庭受国家保护"中的"家庭"是由哪些人构成的,在立法上已经非常明确了。诚然,《民法典》婚姻家庭编继续保留了原《婚姻法》有关规定,比方说,禁止有配偶者与他人同居,禁止重婚,禁止家庭成员的虐待和遗弃等,它们都是对婚姻制度和家庭制度的保护。

(二)确立了近亲属制度

《民法典》第 1045 条第 2 款规定"配偶、父母、子女、兄弟姐妹、祖父母、外祖父母、孙子女、外孙子女为近亲属"。我国多部法律和司法解释使用"近亲属"的概念,但是,以往对此概念的理解并不完全相同。立法明文规定了近亲属的种类和范围,将有利于统一认识,加强引导。

立法应该把哪些亲属划入确定近亲属的范围,曾经也有不同意见。《民法典婚姻家庭

编(草案)》(第三次审议稿)第822条第2款、第3款①规定,"配偶、父母、子女、兄弟姐妹、祖父母、外祖父母、孙子女、外孙子女为近亲属。共同生活的公婆、岳父母、儿媳、女婿,视为近亲属"。② 经过讨论和评估,基于权利与义务平衡的考虑,兼顾传统姻亲关系伦理,照顾到民众普遍的社会心理(如岳父母愿意接受女婿的赡养照顾,但愿意将遗产分一半给女婿的人所占比例并不高。),最终确认了较小范围的亲属为近亲属。从《民法典》继承编规定看,所有近亲属都进入了法定继承顺序并被赋予了法定继承权,而且遗嘱继承中的继承人被严格限定在法定继承人范围内。

(三)增加了保护婚姻制度的措施

1. 夫妻在婚姻家庭中地位平等

性别平等是近代以来婚姻法改革的主线。《民法典》第1055条规定"夫妻在婚姻家庭中地位平等"作为调整夫妻关系的首要原则。此前《婚姻法》中的同规定无"婚姻"一词。尽管夫妻关系是家庭关系之一,家庭地位平等也能涵盖婚姻地位平等,但是,婚姻、家庭是两项制度,《民法典》第1055条明文写明夫妻婚姻地位平等、家庭地位平等,不仅是立法技术上成熟,更在于观念上对婚姻地位平等的强调。

2. 无过错配偶享有撤销婚姻的请求权

《民法典》第1053条增设了重大疾病告知制度。一方患有重大疾病的,应当在结婚登记前如实告知另一方;不如实告知的,另一方可以请求撤销婚姻。在原《婚姻法》规定的可撤销婚姻的法定情形基础上,增加了一种法定事由,即,婚前患有重大疾病未告知对方的,无过错配偶享有撤销婚姻的请求权。此请求权只能向法院请求行使,通过司法裁判才能够确认婚姻是否应被撤销;婚姻登记机构没有撤销婚姻的权利,这表明保护家庭、保护婚姻的力度加大了。

3. 婚内分割夫妻共同财产制

《民法典》第1066条规定了婚内分割夫妻共同财产制。在婚姻关系存续期间,夫妻一方有下列行为之一的,另一方可以向人民法院请求分割夫妻共同财产:(1)一方有隐藏、转移、变卖、毁损、挥霍夫妻共同财产或者伪造夫妻共同债务等严重损害夫妻共同财产利益的行为;(2)一方负有法定扶养义务的人患重大疾病需要医治,另一方不同意支付相关医疗费用。关于婚姻存续期间能否分割夫妻共同财产问题,我国婚姻家庭法学理论界和实务界大约从20世纪90年代中期开始讨论和研究,有肯定和否定两种截然不同的意见。持肯定意见者认为,如果婚姻当事人双方不能就财产关系处理达成一致意见,具有重大事由或符合特定情形的,但又不申请离婚时,为保护当事人的财产权利,立法应当提供救济途径。持否定意见者则认为,婚姻关系存续期间不应允许分割夫妻共同财产。按照财产共同共有原理,基于共同共有的目的,各共有人不得请求分割或者让与共有物,以求退出或者消灭共有关系。只要共有关系存在,共有人对共有财产就无法区分各自的份额,无法确定哪部分属于哪个共有人所有。保有夫妻身份关系而分割夫妻共同财产,只有夫妻双方协商分割或者

---

① 暂按民法典各分编草案的条文顺序编排。
② 参见《民法典婚姻家庭编(草案)》(第三次审议稿),中国法官培训网,http://peixun.court.gov.cn/index.php?m=content&c=index&a=show&catid=53&id=1667,最后访问日期:2023年11月2日。

离婚时延后分割这两种情形,如果立法或者人民法院允许夫妻单方请求婚内分割夫妻共同财产的,将弊大于利。到了2011年,法释〔2011〕18号《最高人民法院关于适用〈中华人民共和国婚姻法〉若干问题的解释(三)》(以下简称《婚姻法解释三》)第4条采纳了肯定意见,规定了婚内分割夫妻共同财产的司法裁判规则,允许在不解除婚姻关系的前提下,具有重大理由时,单方可以请求法院裁判分割夫妻共同财产,并将其作为夫妻共同财产分割的一个例外。《民法典》婚姻家庭编吸取了前述司法经验,设立该制度,赋予司法干预婚姻存续期间夫妻财产关系调整权,其目的不仅在于解决夫妻之间的财产纠纷,而且旨在防范夫妻因重大财产利益冲突危及婚姻稳定。①

4. 设立离婚冷静期制度

《民法典》第1077条规定了离婚冷静期,这是对婚姻的保护措施之一。夫妻双方共同向婚姻登记机关提交离婚登记申请之日起30日内,任何一方均可以向受理机关撤回离婚申请;而且,在当事人双方应共同亲自到受理机关申请发放离婚证的30日内,未提请的,也视为撤回离婚申请。婚姻关系成立以后,不能够任由当事人轻率地解除和放弃。即使夫妻遇到了比较大的婚姻冲突甚至产生了婚姻危机,立法秉持"婚姻能挽回就要尽量挽回"的立场和态度,要求当事人双方慎重地、严肃地对待婚姻矛盾和冲突,积极设法解决。离婚是解决婚姻冲突的选项之一,但不应该是首选项。

5. 人民法院判决分割夫妻共有财产时,应秉持照顾无过错配偶方等原则

《民法典》第1087条规定,"离婚时,夫妻的共同财产由双方协议处理;协议不成的,由人民法院根据财产的具体情况,按照照顾子女、女方和无过错方权益的原则判决"。此处的过错,既包括重婚、有配偶者与他人同居、通奸等严重违背一夫一妻制的行为,又包括实施家庭暴力、虐待、遗弃家庭成员等严重伤害家庭成员权利和破坏家庭关系的行为。

6. 增设了离婚分割夫妻共同财产时,对实施严重损害另一方共同财产权益的行为的配偶或者前配偶可以少分或者不分的规定

《民法典》第1092条规定,夫妻一方隐藏、转移、变卖、毁损、挥霍夫妻共同财产,或者伪造夫妻共同债务企图侵占另一方财产的,在离婚分割夫妻共同财产时,对该方可以少分或者不分。离婚后,另一方发现有上述行为的,可以向人民法院提起诉讼,请求再次分割夫妻共同财产。而且该请求权不受除斥期间限制。离婚后,任何时候发现原配偶一方有前述行为,另一方都可以请求再次分割被隐藏、转移、变卖、毁损、挥霍夫妻共同财产,或者因对方伪造夫妻共同债务而被侵占的财产。

7. 扩大离婚损害赔偿的范围,完善了对婚姻的保护

根据《民法典》第1091条规定,离婚损害赔偿的法定事由中,有个概括式兜底情形,即"有其他重大过错",这为调整复杂生活中可能发生的严重损害夫妻人身关系的行为提供了依据,又为社会未来变迁中可以出现新的情况预留了干预空间。一方有严重损害婚姻的行为的,无过错一方可以请求损害赔偿,这是对过错方过错行为给予否定评价,既抚慰无过错配偶,又是对过错行为的处罚。

---

① 参见蒋月:《论婚内分割夫妻共同财产制及其完善》,载《云南师范大学学报(哲学社会科学版)》2021年第1期。

（四）增设了保护家庭的规定和要求

1. 加强对父母子女关系特别是未成年子女权益的保护

首先，确立了最有利于被监护人原则。《民法典》第 35 条规定，监护人应当按照最有利于被监护人的原则履行监护职责。其次，增设了亲子关系确认或者否认权。根据《民法典》第 1073 条的规定，父亲或者母亲对亲子关系有异议且有正当理由的，可以向法院起诉，请求确认或者否认亲子关系。但是，对成年子女而言，对亲子关系有异议的，可以提起诉讼主张权利，但只能请求确认亲子关系，而不能主张否认亲子关系，这是基于父母已将子女抚育成人的事实，保护长期形成的父母子女关系特别是已经付出巨大努力的父母的合理需求。

2. 规定"优良家风"条款，提出家庭文明建设的要求

这是《民法典》新增的保护婚姻家庭的规定和要求。《民法典》第 1043 条第 1 款规定，"家庭应当树立优良家风，弘扬家庭美德，重视家庭文明建设"。该条第 2 款规定，夫妻应当互相尊重，互相关爱，维护平等、和睦的婚姻关系。家庭成员之间应当敬老爱幼、互相帮助，共同建设平等、和睦、文明的婚姻家庭关系。

对于严重破坏一夫一妻制、侵害家庭成员权益的行为，受害人不仅可以请求离婚、离婚损害赔偿，而且可以要求对行为人追究刑事法律责任。首先，现行《刑法》第 259 条——破坏军婚罪，是保护婚姻条款中最典型的情形。根据现行《刑法》第 259 条的规定，破坏他人军婚的具体犯罪构成，并不限于实施重婚行为，只要明知对方是现役军人的配偶而与之同居，就构成重婚罪，应处三年以下有期徒刑或者拘役。如果是利用职权、从属关系，以胁迫手段去奸淫现役军人的妻子的，还应按照强奸罪从重处罚。应该说，这是法律保护婚姻中最严厉的一个条文，也是保护力度最高（达顶格）的一个条文。为保护一夫一妻婚姻制度，对于一般情形下，自然人重复缔结婚姻，我国刑法通过设立重婚罪打击严重破坏一夫一妻制婚姻的行为。凡有配偶者与他人结婚，其行为构成重婚犯罪，将被定罪量刑。其次，对于应该履行或者承担抚养、扶养、赡养义务的人拒不履行养老育幼义务的，或者说无正当理由，却不履行对患病家庭成员或者其他没有独立生活能力的人的抚养、扶养、赡养义务的，将涉嫌构成虐待罪、遗弃罪，行为人将面临刑罚惩罚。《刑法》第 261 条规定，"对于年老、年幼、患病或者其他没有独立生活能力的人，负有扶养义务而拒绝扶养，情节恶劣的，处五年以下有期徒刑、拘役或者管制"。第 260 条之一第 1 款规定，"对未成年人、老年人、患病的人、残疾人等负有监护、看护职责的人虐待被监护、看护的人，情节恶劣的，处三年以下有期徒刑或者拘役"。第 260 条规定，"虐待家庭成员，情节恶劣的，处二年以下有期徒刑、拘役或者管制。犯前款罪，致使被害人重伤、死亡的，处二年以上七年以下有期徒刑。第一款罪，告诉的才处理，但被害人没有能力告诉，或者因受到强制、威吓无法告诉的除外"。这些都是对家庭的坚定有力保护。

三、婚姻家庭受国家保护原则的理解与适用

理解和适用该原则，一定涉及权利义务的设定。在《民法典》中，有哪些权利、义务是能够与该原则及其蕴含着的价值观相匹配？

(一)《民法典》婚姻家庭编中的"家庭关系"章中专节设立了"夫妻关系"

《民法典》第五编婚姻家庭第三章家庭关系之下,第一节"夫妻关系",从第1055条到第1066条共有11条规定夫妻关系。其中,有6条是调整夫妻人身关系的,5条是调整夫妻财产关系的。与《婚姻法》(2001年修正)相比,《民法典》婚姻家庭编调整婚姻当事人权利义务的内容确实有较大幅度增加。不过,增加的内容主要涉及财产关系调整;有关夫妻人身关系的条文与《婚姻法》(2001年修正)中已经有的内容基本上相同。在市场经济环境下,财产关系越来越复杂,现实生活中,夫妻之间围绕财产利益发生的争议越来越多。使得身份关系立法不得不更加重视婚姻家庭成员之间的财产关系调整。[①] 为此,婚姻家庭编完善了夫妻财产制,完善了离婚的法律后果配置,在保护婚姻的价值观上有所落实、有所完善。不过,在完善夫妻人身关系上,《民法典》婚姻家庭编应该说没有大的改变或者说未增设更多新内容,此为留下个遗憾。未来在保护婚姻,如当一个自然人的婚姻受到他人侵犯,自然人的家庭受到他人非法侵害的时候,受害者可以寻求哪些救济呢?既然婚姻家庭受国家保护,立法就应该设立有救济措施,要赋予当事人寻求救济的权利。从《民法典》中,他/她为此可以寻求哪些救济呢?《民法典》婚姻家庭编确立的那些救济(措施),基本上是《婚姻法》(2001年修正)、《反家庭暴力法》等法律中已经设立的,《民法典》没有特别明确地增设新的救济(规则)。

(二)如何理解该原则中的"婚姻"和"家庭"?

随着社会的发展,婚姻家庭处于不断变化之中。婚姻和家庭的变化很大程度上及时地反映了社会变迁。

此处的婚姻是指合法婚姻,即一男一女经过婚姻登记机关批准缔结的夫妻关系。它不包括所谓事实婚姻,即男女双方没有办理结婚登记,却以夫妻名义共同生活的事实。只有完成行政登记的男女结合,才构成婚姻。长期共同生活的男女,虽然自称或者对外宣称他们是夫妻,但是,因未履行结婚登记程序,依法不构成婚姻其通常称之为"同居""非婚同居""事实婚姻"。未经婚姻登记机关批准结婚的男女生育有子女的,他们与子女之间的关系是家庭关系,依法受婚姻家庭编中的家庭法规范调整。2025年2月1日起施行《民法典婚姻家庭编解释(二)》第1条坚持一夫一妻制,对当事人依据《民法典》第1051条第1项规定请求确认重婚的婚姻无效,提起诉讼时合法婚姻当事人已经离婚或者配偶已死亡的,被告抗辩后婚自以上情形发生时转为有效的,人民法院不予支持。因为《民法典》第1042条第2款明文规定"禁止重婚。禁止有配偶者与他人同居"。违反法律禁止性规定的行为,绝对无效,不可能允许区分情形或者划分阶段性转为有效。2024年4月公布的《最高人民法院关

---

① 例如,2003年《最高人民法院关于适用〈中华人民共和国婚姻法〉若干问题的解释(二)》(以下简称《婚姻法解释二》)施行后,围绕夫妻共同债务的争议为社会长期热议的话题。最高人民法院针对法院审理夫妻共同债务纠纷案件,发布了两个专门司法解释,即2017年2月28日发布的法释〔2017〕6号《最高人民法院关于适用〈中华人民共和国婚姻法〉若干问题的解释(二)的补充规定》、2018年1月17日发布的《最高人民法院关于审理涉及夫妻债务纠纷案件适用法律有关问题的解释》。

于适用〈中华人民共和国民法典〉婚姻家庭编的解释(二)(征求意见稿)》第1条关于重婚原则上不适用效力补正的规定中,曾设立但书,即"但另一方有理由相信重婚一方的合法婚姻已经解除或者不存在婚姻的除外"。从一夫一妻制原则出发,该但书与婚姻制度显然相冲突,为违反禁止性规定的行为提供"例外关怀",既无法律依据,又无道德基础。幸而,正式公布的《民法典婚姻家庭编解释(二)》放弃了该征求意见稿中的该立场。针对"假离婚"问题,第2条规定:"夫妻登记离婚后,一方以双方意思表示虚假为由请求确认离婚无效的,人民法院不予支持。"这正是对婚姻自由的保护。该司法解释第4条关于非婚同居关系析产纠纷处理的规定,强调同居期间各自所得归各自所有,只有共同出资形成的财产和收益以及无法区分财产性质的财产,以各自出资比例为基础,综合考虑共同生活情形等因素进行分割。很明显,现行法中,同居关系尚未合法化,故处理其财产纠纷的司法裁判规则不同于夫妻财产纠纷处理规则,是按照陌生人关系来对待。

此处的家庭是指法律意义上的家庭,即相互之间具有特定亲属身份的人在一起共同生活的社会组织。由于多种原因,不具有特定亲属身份而共同生活的人客观存在,但是,只要他们不是以婚姻、血缘、收养为基础而具有特定亲属身份的,他们相互之间的关系依法就不构成家庭关系,他们共同生活的事实不称为"家庭"。在生活观念多元化的当代,个体组织共同生活,除了婚姻、家庭外,不可忽视存在其他组合形式。《反家庭暴力法》第37条将凡共同生活的人之间发生的暴力纳入家庭暴力,准用该法进行调整,但是,并不意味着现行立法和家庭政策承认不符合法定结婚条件的男女结合为婚姻,或者不符合家庭构成要件的共同生活组合为家庭。在这个问题上,我国现行立法的立场不同于世界上大多数国家和地区的公共政策和法律选择。

(三)婚姻家庭受国家保护原则是平衡婚姻家庭共同体利益与其成员个人利益的利器,并成为化解个体权利冲突的方案之一

1. 个人利益与婚姻共同体、家庭共同体利益之间应当达成合理平衡

利益平衡是个复杂的基础问题,它要求调整不同利益关系时,既要保护婚姻家庭共同体的利益,又要考虑作为共同体成员的每个个体的合法权益和合理需求,同时要鼓励善良、奉献等优秀品质。其实现不仅需要依靠完善的立法,而且有赖于公正高效的司法机制。首先,家庭成员都被赋予了各种权利。他们是独立自由的个体,享有法定的人身权利和财产权利,他们相互之间利益并不总是协调一致的;相反,有时是有冲突的。依据法律面前人人平等原则,婚姻家庭地位平等。夫与妻之间,父母与子女之间,以及其他家庭成员之间,他们各自行使法定权利时,可能产生权利冲突。除了涉及儿童时应当以儿童利益最大化为首要考虑外,其他家庭成员之间权利冲突,在无法律明文规定的情形下,应当考虑婚姻共同体、家庭共同体的利益。其次,个人自由是有边界的,不得损害婚姻共同体利益或者家庭共同体利益。当个体生活在同一个共同体中,无论该共同体是婚姻、家庭还是别的组织,作为成员的个体,其必得适度让渡一定的自由,从而使得该共同体得以存续和发展。例如,自愿选择结婚后,夫妻之间,除非当事人订立了夫妻约定财产制;否则,婚后所得依法归夫妻共同共有,从而实现物质利益共享。

2. 该原则划定了婚姻家庭内部成员个人自由的边界，为纠纷解决提供指导

一旦进入婚姻或者家庭中，无论是婚姻当事人双方，还是家庭中的其他成员，其人身自由依法受到了婚姻义务或者家庭义务的约束。在自主决策时，如果突破该法律约束，不仅势必产生不利于自身的后果，而且将损害配偶另一方或者家庭关系另一方的正当权益。以经济自由度为例，在婚姻关系中，夫妻任何一方婚后所得均为双方共同财产，未经另一方同意，任何一方都无权做出重大财产处分。随着个人独立自由价值观持续兴盛，社会快速变迁，婚姻家庭矛盾冲突常见。如果这类争议和纠纷得不到及时有效处理，容易激化矛盾甚至引发刑事案件，这将导致当事人及其所在家庭，还是社会都可能付出沉重代价。近20年来，"民转刑"案件①中有一定比例的案件与婚姻家庭矛盾冲突有关。最高人民法院刑事审判第四庭庭长滕伟于2023年5月至6月先后在浙江省金华市、绍兴市和福建省福州市、泉州市就"新时代农村刑事犯罪对乡村振兴战略的影响"暨"寻衅滋事行为的刑事规制"课题调研发现，农村刑事犯罪特点中，"因恋爱、情感纠纷及涉及农村土地、相邻关系纠纷等产生的'民转刑'案件较多"。② 山东省东营市人民法院于2017年1月至2020年10月间审结因民事纠纷引发的刑事犯罪案件共209件，约占同期刑事一审案件的3%。从民转刑案件的诱发因素看，既有传统的婚姻家庭矛盾，也有经济交往中的利益冲突，还有生活中产生的其他摩擦。其中，位居第一的是经济、债务纠纷，有73件，占35%，以故意伤害、非法拘禁为主；婚恋、家庭纠纷居第二位，有41件，占20%，主要是故意伤害、杀人、非法拘禁，乃至放火；邻里、宅基地、土地、浇地纠纷等14件，占7%；……③为此，要防止"民转刑"案件发生，应持续开展法治宣传和德治引领，教育个人尊重他人的权利，依法行使权利和履行义务，同时，应构建矛盾纠纷多元化解体系，及时化解纠纷，尽快修复人际关系，使得相关各方利益平衡的秩序得以恢复。

（四）当婚姻家庭权益受侵害时，为受害人提供救济

无论是婚姻当事人还是第三人，无论是在婚姻内部还是在婚姻之外，任何人都不得损害合法婚姻家庭关系，不得损害夫妻一方或者双方的正当权益，不得损害家庭成员的正当利益。首先，夫妻任何一方不得侵害另一方对夫妻共同财产享有的平等权利，否则，将受到相应的惩罚。《民法典》第1092条规定，夫妻一方隐藏、转移、变卖、毁损、挥霍夫妻共同财产，或者伪造夫妻共同债务企图侵占另一方财产的，离婚时分割夫妻共同财产，对该过错方"可以少分或者不分"配财产；即使离婚后，该类侵权行为被发现的，受害配偶都可以提起诉讼，请求法院再次分割夫妻共同财产，且不受时效限制。其次，《民法典》第1091条赋予受侵害配偶享有离婚损害赔偿请求权。夫妻一方有下列情形之一，导致离婚的，无过错配偶有

---

① 专指由民事纠纷引起，由于未及时妥善化解或者处理不当，一方实施犯罪行为伤害对方或者导致对方死亡，民事纠纷转化为刑事案件。

② 最高人民法院刑事审判第四庭：《关于"新时代农村刑事犯罪对乡村振兴战略的影响"暨"寻衅滋事行为的刑事规制"课题在浙江、福建的调研报告》，中国法院网，https://www.chinacourt.org/article/detail/2023/08/id/7475152.shtml，最后访问日期：2023年10月20日。

③ 薄其红、延颜：《关于"民转刑"案件的统计分析》，山东省东营市中级人民法院，http://dyzy.sdcourt.gov.cn/dyzy/551590/551592/7385017/7385022/8085961/index.html，最后访问日期：2023年11月30日。

权请求损害赔偿:(1)重婚;(2)与他人同居;(3)实施家庭暴力;(4)虐待、遗弃家庭成员;(5)有其他重大过错。离婚损害赔偿,既包括物质损失,又包括精神损失。夫妻任何一方作为独立个体,其进入婚姻关系或者家庭关系,不仅继续保有其独立人格和尊严不受侵害,而且有权要求配偶另一方严格遵守一夫一妻制,忠诚于婚姻;否则,另一方的行为构成重大过错,应当承担损害赔偿责任,如此,既填补无过错配偶遭受的财产损失和抚慰其受心灵,又谴责和惩戒过错行为,并通过该法律后果的威慑作用,减少过错行为发生,还通过重申婚姻忠实、相互扶养等义务及其背后的价值观,维护婚姻制度的稳定。

四、婚姻家庭受国家保护原则的展望

婚姻家庭编作为调整婚姻家庭关系的基本准则,担负着保护婚姻家庭的使命。婚姻家庭受国家保护原则渗透进了婚姻家庭编的各章节中。展望未来,贯彻执行该原则过程中,下列问题特别值得关注。

(一)该原则在司法实践中是否具有可适用性和可操作性

该原则是否可以援引适用于对某一项具体权利义务争议的裁判?从学理上看,既然它是一项基本原则,无论当事人是否同意适用,法院认为必要时,应该可以援引之对某项相关的具体争议纠纷案件作出具有约束力的决定。司法实践中,近些年来,人民法院裁判说理时援引诚实信用原则是比较常见的。毫无疑问,婚姻家庭受国家保护原则用于法院裁判说理,应该是顺理成章的。

(二)该原则是否能够援引用于解决疑难问题争议

随着"婚姻家庭受国家保护"原则、价值观的落实,有关夫妻忠实协议效力争议问题是不是据此可以形成共识性的评判了?据笔者研究某公开的法律数据库中涉及夫妻忠实协议的诉讼案件,目前有将近54%的诉讼案是判决忠实协议无效的,只有46%左右的案件是判决忠实协议有效的。"婚姻家庭受国家保护"原则确立以后,当事人之间签订了忠实协议,非常明确要维护婚姻的这种民事协议,会不会更多地得到司法支持呢?笔者持比较乐观的观点,未来夫妻忠实协议的司法裁判立场应该会随着"婚姻家庭受国家保护"原则的落实而有所调整,也就是说,会加大承认力度,将来支持忠实协议有效的司法裁判结果会增加。

(三)如何回应新型家庭问题

在当代社会发展中,个人独立意识日益增强,所有年龄段的人群都追求个人自由,年轻一代则驱动力更强。越来越发达且日益精细化的商业服务供应,结合互联网、人工智能等新科技发展,加速促进社会变迁,婚姻、家庭作为传统支持系统面临越来越多的新问题和新挑战。

第一,结婚人数持续减少,婚姻稳定性下降。离婚率上升,"闪婚闪离"现象增多,婚姻持续时间缩短。(见表1-3)

表 1-3　全国结婚夫妻对数、结婚率变化（2018—2023 年）

年份	全国结婚登记对数 万对	与上年结婚对数比较	结婚率/‰	与上年结婚率比较
2018	1013.9	下降 4.6%	7.3	下降 0.4 个千分点
2019	927.3	下降 8.5%	6.6	下降 0.7 个千分点
2020	814.3	下降 12.2%	5.8	下降 0.8 个千分点
2021	764.3	下降 6.1%	5.4	下降 0.4 个千分点
2022	683.5	下降 10.6%	4.8	下降 0.6 个千分点
2023	768.2	增长 12.4%	5.4	增长 0.6 个千分点

来源：本表是笔者根据民政部官网公布的 2018—2023 年各年民政事业发展统计公报中的相关数据制作。

然而，根据民政部公布的 2024 年 4 季度民政统计数据，2024 年全年结婚登记对数为 610.6 万对，它说明 2023 年结婚人数比 2022 年高出 84.7 万对，是受此前数年新冠疫情影响后出现的短暂增长，而非发生了趋势拐点或者改变。

第二，家庭暴力。家庭暴力形式多样化，如肢体暴力、语言暴力、经济控制、精神虐待等。近年来，极端的家庭暴力案件频发。为进一步预防和制止家庭暴力，法发〔2015〕4 号《最高人民法院、最高人民检察院、公安部、司法部关于依法办理家庭暴力犯罪案件的意见》，最高人民法院、公安部等单位共同发布了法发〔2022〕10 号《关于加强人身安全保护令制度贯彻实施的意见》，法释〔2022〕17 号《最高人民法院关于办理人身安全保护令案件适用法律若干问题的规定》等专项规范文件相继发布，对于发生在家庭成员之间，以及具有监护、扶养、寄养、同居等关系的共同生活人员之间的家庭暴力及其犯罪的干预和处理，提供指引。就全社会而言，如何有效地防治家庭暴力，更好地保障每个家庭成员和共同生活人的人权，仍迫切需要加强引导、教育。

第三，新型亲子关系问题，代际冲突加剧。基于社会发展阶段的递进和个体成长条件环境的显著差异，老中青三代人，特别是父母与子女在教育、婚恋、生活方式人生追求等方面，观念差异大，兴趣爱好、行为习惯和模式有所不同，矛盾频发。年轻一代追求个人自由，父母更看重传统家庭责任，导致冲突。过度依赖手机、网络，家庭成员在同一屋檐下，却各自玩手机，面对面交流沟通减少，关系疏离。改革开放以来，数千万留守儿童中，有些已经成年成家，有些还在留守，因长期缺乏父母陪伴，部分人容易出现心理问题或行为偏差。不断增多的单亲家庭中，如果不懂得遵循科学，合理处理两代人之间关系，多种问题也易产生。重组家庭增多，亲子关系因为家庭关系复杂而紧张或者疏离。当然，自然血亲父母子女共同生活的家庭中，因为两代人观念和习惯不同，彼此之间常生摩擦争执甚至吵闹也日渐多见。

第四，单身人口占比增大，少子化与老龄化形势严峻。首先，现代社会流动性很大，工作不稳定，收入不高但开销大，安家地点因工作变动而易变或者不确定，导致许多年轻人对未来缺乏充分信心，没有信心谈恋爱，也因为职业发展投入的时间、精力多，没有足够的时间、精力投入个人生活经营。生育率下降，家庭规模小型化。为提高个人和家庭生活质量，越来越多年轻人自愿少生甚至不生子女,独生子女家庭增多,其原因是家庭经济压力增大,房价、教育成本、医疗费用等经济负担加重,经济、时间和精力等育儿成本高。部分家庭为支付高额房贷或子女教育费用,不得不削减其他开支。2020年完成的第七次全国人口普查结果显示,人口普查家庭户规模仅为2.62人/户。[①] 2021年8月20日,第十三届全国人民代表大会常务委员会第三十次会议通过了关于修改人口与计划生育法的决定,一对夫妻可以生育三个子女。此后,国家完善三孩生育政策配套措施,将3岁以下婴幼儿照护费用纳入个人所得税专项附加扣除,发展普惠托育服务,减轻家庭养育负担。然而,新生儿出生数量并无显著增加。根据2023年人口抽样调查结果,家庭户户数是507031户,其中:一人户家庭户占总样本户数的17.84%;二人户家庭户户数占总样本户数的23.44%;三人户家庭户占21.06%;四人户家庭户占18.41%;五人户家庭户占9.65%;六人户家庭户占样本总数5.93%;七人户家庭户户数及以上户数占样本总数的3.67%。由上可见,三人以内的家庭户数合计已占总样本户数的62.34%。[②] 其次,老龄化加剧,养老压力增大。从2023年人口抽样调查结果看,随着长寿时代来临,老年人生活不易,特别是老年人照护责任大,独生子女家庭面临"421"结构(4位老人、2位父母、1个孩子),个体自我养老责任巨大,家庭养老面临难以承受之重。在2023年人口抽样调查结果中,按年龄分人口,60岁以上人口占人口调查样本总数的21.1%;其中,70岁以上人口占人口调查样本总数的9.90%。[③] 必须大力建设社会养老的设施、服务,筹备更多资金,健全和完善相关制度。

第五,多元化家庭形态。丁克家庭、单人家庭、同居家庭等非传统家庭形态增多,挑战传统家庭观念。部分年轻人选择不婚或丁克,许多中老年人再组共同生活体时选择同居而不婚,搭伴养老,引发社会对的组织形式、定位、家庭功能的重新思考。

上述新型家庭问题是社会变迁的产物,既有经济、文化、政策等宏观因素的影响,又有个体选择、家庭互动等微观方面原因。欲解决这些问题,就需要从法律、政策、教育和社会支持等多方面综合考虑,同时,应尊重家庭形态多样化发展,促进家庭与社会的和谐共进。

第二节
社会主义核心价值观在婚姻家庭编中的地位和作用

自党的十八大以来,社会主义核心价值观融入法治建设受到了社会各界重视。"社会

[①] 国家数据库,国家统计局,https://data.stats.gov.cn/easyquery.htm? cn=C01,访问日期:2024年12月10日。

[②] 国家数据库,国家统计局,https://data.stats.gov.cn/easyquery.htm? cn=C01,访问日期:2024年12月10日。

[③] 国家数据库,国家统计局,https://data.stats.gov.cn/easyquery.htm? cn=C01,访问日期:2024年12月10日。

主义核心价值观"进入了宪法体系,《社会主义核心价值观融入法治建设立法修法规划》强调将社会主义核心价值观融入我国法律体系建设的每个层面。《民法典》对社会主义核心价值观的强调是其中的一大亮点,婚姻家庭编进一步明确了社会主义核心价值观在婚姻家庭关系中的作用,保护婚姻家庭的和谐稳定,积极倡导社会主义核心价值观下的家庭文明建设。

一、社会主义核心价值观融入婚姻家庭编的时代意义

(一)中国特色的社会主义道路自信

社会主义核心价值观是一种较为抽象、深刻的价值观念,欲使其得到大众的广泛认可,则需要与人民群众的实际行动相结合。家庭是每个人生命中最早的教育来源,也是建立个人价值观念的起点。由于社会主义核心价值观与中国的文化传统密切相关,所以在当代婚姻家庭关系上,传统理念被更多的人所认同。①

"家文化"是中国文化的一个主要内容,其中既有家长如何培养孩子的价值观,也有其卓有成效的方法论。而社会主义核心价值观,特别是在个体层次上的价值观念,正是体现在优良的家训、亲善、育子上,这就为社会主义核心价值观落到实处提供了一个很好的共识。② 优良家风的继承能够"深入"到思想的层次,在实际行为中实现"浅出",从而增强人民对社会主义的认识和认同。所以要遵循"古为今用,批判继承"的原则,发掘、运用好这一珍贵的"家文化"资源,吸取其精髓,舍去其糟粕,对社会主义核心价值观的培育具有重要的现实意义。③

《民法典》婚姻家庭编充分体现了社会主义核心价值观,是彰显中国特色社会主义法治文化的必然选择。《民法典》婚姻家庭编的立法思路亦在一定程度上受中华传统文化所影响,而它的核心就也体现为一种源远流长的植根于国家土地上的价值观,为我国的民事法律体系提供源源不断的营养。国家的灵魂是一种普遍的信仰和对它的内部必然的理解。④ 社会主义核心价值观能够赋予《民法典》婚姻家庭编特有的民族文化内涵,使相关法律条文更能适应我国的实际情况和民族的需要,从而防止法律文本与法律实际之间出现排异反应而造成法律闲置、权利失衡等法治乱象。⑤ 传承中华优秀传统文化精髓的社会主义核心价值观,被纳入《民法典》中,可以使其更好地体现出我们的民族精神。⑥ 中华优秀传统文化和社会主义核心价值观既是基础又是主体,两者相辅相成,相互印证。中国优秀的传统文化

---

① 陈景良:《突出"民族性"是中国民法典编纂的当务之急》,载《法商研究》2017年第1期。
② 张琳、陈延斌:《传承优秀家风:涵育社会主义核心价值观的有效路径》,载《探索》2016年第1期。
③ 习近平总书记在中央政治局第十三次集体学习时提出:"一种价值观要真正发挥作用,必须融入社会生活,让人们在实践中感知它、领悟它。要注意把我们所提倡的与人们日常生活紧密联系起来,在落细、落小、落实上下功夫。"
④ 萨维尼:《论立法与法学的当代使命》,许章润译,中国法制出版社2001年版,第87页。
⑤ 陈锐:《社会主义核心价值观融入民法典的理论意蕴与实践样态》,载《理论探索》2021年第3期。
⑥ 习近平总书记指出:"一个民族、一个国家的核心价值观必须同这个民族、国家的历史文化相契合。"习近平:《习近平谈治国理政》,外文出版社2014年版,第171页。

是社会主义核心价值观的源头,它的许多内涵都是从我们的传统文化中继承和发展出来的,它对社会主义核心价值观进行了滋润和滋养。①

(二)推动"德治"和"法治"相结合

在我国婚姻家庭法律体系当中,法律与道德有着紧密联系,婚姻家庭关系则是"德法共治"的特别领域。道德和法律相互补充,在婚姻家庭成员之间的关系中起着调节作用。家庭是社会最为基础的单位,在实现国家的管理能力现代化进程中扮演着举足轻重的角色。未成年人的道德观念和价值观深受父母和家庭的影响,②家庭教育对培养健全人格、培育思想品德、实现文化传承具有重大意义,是实现青少年早期社会化的有效途径。因此,"家"是人们生活的出发点和落脚点,家庭是弘扬社会主义核心价值观的一个很好的平台,父母是儿童的第一任教师,家庭是青少年生活中的"第一个教室",对树立良好家风、弘扬家庭美德、建设家庭文明等方面起着重要作用。要让社会主义核心价值观在父母、家人的引导下真正融入青少年生活中,发挥父母与家庭在青少年的社会化过程中举足轻重的角色作用,助力他们长大后能够做好社会主义的接班人,做社会的好市民。

从德治的视角来看,家庭是人类发展的第一大基础的生存空间,所以要为社会主义核心价值观赋予强大的生命力,就必须把它与家族文化、家族传统相融合。从党的十六大以来,德治和法治的内涵不断清晰、丰富,立法者在《民法典》婚姻家庭编的编纂过程中充分洞悉德治对婚姻家庭关系的意义。"以德治人"的内涵展现了在婚姻家庭德治过程中以社会主义核心价值观为先导的社会意识形态和文化,把它和人民的婚姻家庭日常活动有机地结合在一起,形成一种内在、外在相结合的意识形态。③ 因此,家风建设是家庭文化和精神风貌的体现,是家庭发展及家族世代传承的一种价值观,通过家规、家训等方式体现。社会主义核心价值观进入婚姻家庭关系是一种影响力持久、润物无声的理念,具有滋润人心、教化道德的功能,从而促进全社会优良风尚的形成。④

从法治视角看,在构建社会主义法治体系的过程中,应当把社会主义的价值观念纳入《民法典》婚姻家庭编的立法全过程。《民法典》婚姻家庭编在编纂过程中将中国优良的家庭文明和家庭美德上升到了法的高度,并作为引导我国的婚姻家庭关系的宣言性法规,⑤将某些道德准则转变为法律准则,让道德准则更多地反映道德观念和人情味,并以法的强制力量强化道德作用,确保道德底线,促进整个社会道德质量的提高。⑥ 现代化的政府倾向于用立法来支撑或加强社会内在的伦理,将具有广泛共识的意识形态视作早晚都会形成的一

---

① 张庆花、陈秉公:《传统价值观与社会主义核心价值观关系的理论思考》,载《学术界》2017年第9期。
② 杨大文:《婚姻家庭法学》,复旦大学出版社2002年版,第9页。
③ 刘志刚、郭威:《社会主义核心价值观与法治建设的融合发展及实现路径》,载《社会主义核心价值观研究》2022年第2期。
④ 赵子林、陈丽莹:《社会主义核心价值观生活化的家风路径》,载《华侨大学学报(哲学社会科学版)》2019年第5期。
⑤ 赵万一:《民法概要》,华中科技大学出版社2014年版,第7页。
⑥ 习近平:《习近平谈治国理政》(第二卷),外文出版社2017年版,第117页。

个法令。① 换言之,法律是在国家强制执行力下,人民不得不遵循的一种道德准则。《民法典》婚姻家庭编既是纯粹的法律体系演化与法律规范的演进,也体现了对我国社会、经济、政治体制的不断完善,对社会文化的传承与发展。《民法典》婚姻家庭编的具体条文对于婚姻家庭关系是一种伦理的保证,它能用强制手段规范人们的行为,惩罚违法行为,从而引导人们的行为。

(三)提升《民法典》的体系化程度

习近平总书记在很多场合都提到了家庭的重要性,在任何时代和任何境遇之下,我们都要注重家庭的发展,培育社会主义核心价值观,发扬中华民族的传统家庭美德。在《民法典》特定的法律体系中,与道德关系最紧密的当数婚姻家庭编,主要原因在于婚姻家庭关系中体现的社会主体的社会地位特征十分明显,因而婚姻家庭关系也就带有明显的伦理属性和国家色彩。《民法典》婚姻家庭编的内容以社会主义核心价值观为纽带,法律规范将"中国优良的家庭文明和家风建设"上升到了法律的层面,作为引导婚姻家庭关系的规范性"宣言",使得婚姻家庭编的内容更好融入《民法典》体系。②

国家对社会主义的价值导向,即社会的规范与公民习俗的演变,基于善意习俗的不同而体现良好互动。一方面要通过先进的公共政策来指导人们树立良好的家风,另一方面要从现实的家庭建设中发掘出一些有用的经验,从而在政府和社会习俗之间建立起相互影响、妥协与认同的互动关系。换言之,将社会主义核心价值观纳入《民法典》婚姻家庭编,不仅是一种道义上的法治化,更是一种意图无明确规制效果的单纯的宣言和标语。《民法典》婚姻家庭编中关于忠诚、扶助、关怀等方面的法律规定,也将与《民法典》中的"公序良俗"基本原理相结合,进一步推进了"公序良俗"对各种民事关系的调节作用,提高了对《民法典》婚姻家庭编中规定的制度的调节效果,使其突破《民法典》婚姻家庭编的限制,以"私法"保障家庭建设与社会发展的协调。

《民法典》婚姻家庭编中关于"婚姻自由""男女平等""保护妇女、未成年人、老年人"等内容体现了我国现行婚姻家庭法律制度的重要基本内涵,上述内涵在民法体系原有的自由、平等、友善的基础上强调了社会主义核心价值观在婚姻家庭关系中的体现。其中最具代表性的是《民法典》第1041条,反映了婚姻家庭关系中的文明、和谐、自由、平等、法治、友善等社会主义价值观,其不仅仅是《民法典》婚姻家庭编中的基础内容和重要法律理论,而且为《民法典》中关于婚姻家庭法的各个章节规定的具体法律规定提供了法律基础:树立优良家风,弘扬家庭美德,重视家庭文明,弘扬尊老爱幼、男女平等、夫妻和睦的精神,提倡节俭和邻里团结等中国优良的传统文化,反对不良风气,倡导良好的家庭氛围。③

(四)法律缺陷的弥补和司法解释的技术需求

在我国婚姻家庭关系中,许多立法宗旨和法律准则都是从特定价值观中演化而来的,具有一定的价值观念。为了保障人民在不受阻碍的情况下进行文化行为,一些学者把文化

---

① 夏吟兰:《民法分则婚姻家庭编立法研究》,载《中国法学》2017年第3期。
② 夏吟兰:《婚姻家庭编的创新和发展》,载《中国法学》2020年第4期。
③ 参见习近平2018年11月2日在同全国妇联新一届领导班子成员集体谈话时的讲话。

自由视为最基本的法律准则。① 这些蕴含着社会主义核心价值观的文化与法律理念,在司法实践中有其独特的价值导向作用,可以为司法机关的司法解释和审判实践提供参考,为法律空隙提供具有可行性的实践路径。法律空隙是指应当有而不应该有的一种规制的状况,立法完善跟不上时代变化的发展,在现代法治国家这样的状况也是普遍的。因此,与文化体制的变革、大发展大繁荣以及将社会主义核心价值观纳入法治体系的法律观念相比,我们的文化法律制度仍然落后。② 在《民法典》婚姻家庭编的编纂过程中,相关现实问题的"立法缺失"的局面虽然得到了进一步的缓解,但并非完美无缺,仍然存在着法与法的矛盾以及一些司法上的漏洞。在这种情况下,运用包含着社会主义核心价值观的法定原理,可以解决《民法典》婚姻家庭编在司法实践中的这类问题。③

法律要求所有社会成员必须遵守既定的基本原则,当个体的身份为婚姻家庭成员时,则必须遵守婚姻家庭中特定的法律制度。在我国,文化立法既要将社会主义核心价值观纳入立法宗旨和法律准则中,又要以其作为载体,根据特殊的环境和文化行为特征,将其纳入相关的具体准则中。这对我国的社会主义文化法治建设具有重要意义。中国的传统文化一向强调德育的教育作用,把"立德"放在了文化修养的第一位。社会主义核心价值观作为一种高尚的道德,是法律之外的一种伦理依据,是一种内在的价值指标。它既是"社会主义伦理系统"的价值基础,又是自身的价值取向和内在品格。④

习近平总书记强调,必须加强法治建设的及时性、系统性和针对性,与此同时增强法律和法规的可操作性。⑤ 在处理婚姻家庭纠纷需要对司法制度缺陷的认识进行补充时,必须坚持以社会主义核心价值观为导向,与之相适应。这是我国社会主义法治建设的总体需要,我国的文化法治建设也应该与之相适应。但是,由于其具有较强的抽象性和普遍性,因此,将社会主义核心价值观纳入婚姻家庭的法律体系中,并非仅仅将其作为一种"文化法规",而应将其思想纳入特定的法规条文的实际适用过程中,真正做到社会主义核心价值观在文化与规范上的结合。总之,把社会主义核心价值观纳入婚姻家庭关系的法治文化中,不仅可以在某种意义上填补法的不足,还可以让它更贴近人的本性,成为社会心理活动的"灵魂",并通过依法行政实现与社会主义核心价值观相一致的法律行动。

二、婚姻家庭编中社会主义核心价值观的思想内核

从立法技术和立法方式看,我国社会主义核心价值观对立法体系的影响内容包括立法目的条款、法律原则条款、法律法规条款等。其中最为重要的是立法目的条款,因为"目的条款"是一种法律体系的基本价值,它对"法"的整体起到了引导和规范的功能。因此,以"目的条款"为基础,可保证"法治"中的"核心价值"的内容得到正确体现。《民法典》婚姻家

---

① 周艳敏、宋慧献:《文化法学导论》,北京大学出版社2017年版,第27页。
② 郑文范:《五维契合:社会主义核心价值观与中国特色社会主义理论关系研究》,社会科学文献出版社2015年版,第442页。
③ 肖北庚:《在行政立法中全面弘扬社会主义核心价值观》,载《求索》2021年第1期。
④ 习近平总书记指出:"核心价值观,其实就是一种德,既是个人的德,也是一种大德,就是国家的德、社会的德。国无德不兴,人无德不立。"习近平:《习近平谈治国理政》,外文出版社2014年版,第168页。
⑤ 习近平:《论坚持全面依法治国》,中央文献出版社2021年版,第114页。

庭编中第1043条明确了将社会主义核心价值观融入婚姻家庭关系的法律制度中,是为"目的条款"。该"目的条款"不仅是法律规范的组成要素,而且包含了普遍的社会伦理观念和准则,具备把法以外的要素如价值观等转换为法的具体内涵的能力。

(一)婚姻家庭法律体系中社会主义核心价值观的发展脉络

《民法典》婚姻家庭编是在原有的《婚姻法》和《收养法》的基础之上编撰而出的,既继承了我国传统婚姻家庭法律的相关规定,又在继承中回应实际需求和发展趋势而不断革新,在面对婚姻家庭等问题时引导发展方向,在各种利益矛盾中保持公平公正,旨在构建平等、和谐、文明的婚姻家庭法律制度。

1. 起点:《婚姻法》《收养法》对"婚姻家庭关系"应有之义的界定

婚姻家庭法律体系中的调节目标包括夫妻关系、亲属关系、父母子女关系、祖孙关系、其他亲属关系等。上述夫妻关系及血缘关系具有固有的人伦性、结合的整体性、持续的稳定性等特征。所以,从根本上讲,婚姻家庭关系是道德的主体,它的价值蕴含了关爱、责任、互惠、利他和奉献;其目标不在于寻求最大限度地获得经济上的收益,而是要实现家庭和谐、实质正义和对弱势群体的维护。①

新中国的婚姻法始于1950年《婚姻法》,1980年、2001年《婚姻法》分别进行了修订和完善,既是顺应时代发展的需要,也是我国法律制度不断更新的产物。特别是在2001年颁布的《婚姻法》中,对婚姻制度的一些重要内容(如男女平等、婚姻自由等)进行了更加详细的阐述。其中,《婚姻法》于2001年修改后,第4条强调了夫妇之间要忠实、相互尊重,与此同时应该尊重老人、爱护老人,维护平等、和谐、文明的婚姻家庭关系。本条款旨在以法为导向,促进中国传统道德的传承,并坚持我国婚姻家庭关系的社会主义性质。

另外,《收养法》在1991年颁布,于1998年修改,其内容包括收养的成立、收养行为的效力和收养关系的取消等多个层面上的规范,弥补了我国在家庭关系中形成的血缘关系在立法上的缺憾。《继承法》于1985年颁布,从民法的角度对私人遗产的继承权利予以了明确的界定,同时也反映了《宪法》第13条关于遗产的法定权利受到了法律的保障,将《宪法》精神落实到具体的条款。与此同时,对遗嘱继承、法定继承、财产处置等问题进行了较为详尽的论述,为我国《民法典》的继承立法的确立提供了理论依据。到20世纪90年代,我国已基本建立起以《婚姻法》《收养法》为主体、《婚姻登记管理条例》等有关法规为支撑和辅助的分散式婚姻家庭法律制度,为构建和谐社会提供了强有力的制度保障。

2. 发扬:"优良家风入法"的政策指引

家庭是社会的基础单元,是培育和实践社会主义核心价值体系的一个主要场所。近些年,随着经济体制的变革,在"经济理性"的驱使下,人们的价值观逐渐以经济利益为最高目标,造成结婚率下降、离婚率上升,在婚姻家庭关系中家庭财产继承以及赡养等矛盾频繁发生,使得家庭的传统功能不断削弱。由于人们对婚姻家庭的概念、婚姻家庭的责任的认识都发生了很大的改变,婚姻家庭关系面临着空前的考验。② 这既是对传统观念和传统文化

---

① 张作华:《亲属身份行为基本理论研究》,法律出版社2011年版,第3页。
② 肖北庚、李泽中:《论社会主义核心价值观融入文化法治:理据、内涵与规范表达》,载《湖南大学学报(社会科学版)》2022年第3期。

的冲击,也是对婚姻家庭秩序以及传统民法理论和民法制度的挑战。因此,培育和践行社会主义核心价值观是当前建设中国特色社会主义文化的一个重大课题。以法治为基础,以社会主义法律体系为根本,以社会主义法治文化为支撑。① 党的十八大以来,习近平总书记对我国的婚姻家庭问题给予了极大的关注,曾在不同的场合发表过许多关于我国家庭、家风等方面的重要论述:

习近平总书记在2015年的春节团拜会上着重指出,要培养和落实好社会主义观,培养好传统美德,特别是要重视家庭文明方面的优良传统的继承与培养,要把优良传统中蕴含的有益于当代发展的价值和文化的因素发挥到极致。② 2017年12月12日,习近平总书记与首批全国优秀家庭代表的座谈中,着重指出了婚姻家庭关系对个体的发展、对整个社会的促进作用,并呼吁大家重视家庭、重视家教、重视家风建设。③ 2018年11月2日,习近平总书记重申了以社会主义核心价值观为导向的婚姻家庭观念,指出婚姻家庭主体应该积极承担起家庭的责任与义务,为家庭的和谐、安定发展尽一份绵薄之力。④ 2021年3月12日,在"十四五"规划中,习近平总书记再次强调了"弘扬优秀传统文化"与"树立优良家风"这两项内容之间的内在关联与重要性。树立优良家风充分反映了家庭"德法共治"的特征,树立优良家风、弘扬家庭美德、重视家庭文明,是家庭关系的内在要求,是应对家庭现实问题的必然选择。⑤ 自党的十八大以来,从各个方面加强对优良家风的建设以及充分发挥社会主义核心价值观对婚姻家庭关系的引领作用的政策导向越来越清晰。欲突出优良家风的伦理价值,重视婚姻家庭的团体性价值和功能,彰显关爱、责任与奉献理念,弘扬传统文化中的善良风俗和家庭美德,则必须将社会主义核心价值观作为建构中国特色的婚姻家庭法律体系的基本价值抉择。

3. 落地:《民法典》婚姻家庭编第1043条

《民法典》婚姻家庭编顺应了国家对"优良家风进法律"的要求,在"一般规定"中新增了第1043条第1款,该条款亦是《民法典》第1条关于"弘扬社会主义核心价值观"之立法目的的规定在该编中的具体体现。⑥《民法典》第1043条反映了习近平总书记关于家庭、家教、家风的基本要求,进一步加强了我国社会主义核心价值观在婚姻家庭关系中的引导功能。同

---

① 夏吟兰:《民法分则婚姻家庭编立法研究》,载《中国法学》2017年第3期。
② 习近平总书记指出:"不论时代发生多大变化,不论生活格局发生多大变化,我们都要重视家庭建设,注重家庭、注重家教、注重家风,紧密结合培育和弘扬社会主义核心价值观,发扬光大中华民族传统家庭美德。"《中共中央国务院举行春节团拜会》,载《人民日报》2015年2月18日第3版。
③ 习近平总书记指出:"无论时代如何变化,无论经济社会如何发展,对一个社会来说,家庭的生活依托都不可替代,家庭的社会功能都不可替代,家庭的文明作用都不可替代。"习近平:《习近平谈治国理政》(第二卷),外文出版社2017年版,第353。
④ 习近平总书记指出:"共同升华爱国爱家的家国情怀、建设相亲相爱的家庭关系、弘扬向上向善的家庭美德、体现共建共享的家庭追求,在促进家庭和睦、亲人相爱、下一代健康成长、老年人老有所养等方面发挥优势、担起责任。"参见习近平2018年11月2日在同全国妇联新一届领导班子成员集体谈话时的讲话。
⑤ 参见《中华人民共和国国民经济和社会发展第十四个五年规划和2035年远景目标纲要》第五十章保障妇女未成年人和残疾人基本权益之第三节加强家庭建设:"以建设文明家庭、实施科学家教、传承优良家风为重点,深入实施家家幸福安康工程。"
⑥ 夏吟兰:《婚姻家庭编的创新和发展》,载《中国法学》2020年第4期。

时,这一规定充分反映了新时代中国的法律所具有的明确的伦理取向,坚持以法治为载体,将社会主义核心价值观融入法律体系之中,把家风、家教等基本的伦理要求提升到了法律的高度,弥补了传统家风家教问题难以于法可依的治理短板,对整个社会崇德向善、发扬家族美德、建设良好家风都具有积极重大的意义。①

(二)婚姻家庭编中社会主义核心价值观的三个维度的解读

《民法典》婚姻家庭编从历史、道德、社会三个维度分别展示了我国社会主义核心价值观的基本内涵,与《民法典》所体现的遵循公序良俗的基本原则以及国家对婚姻家庭关系的充分法律保障等基本价值观具有一致性。②

1. 历史维度:赓续传统文化

在社会主义核心价值观融入法治建设的立法、执法、司法、守法等层面的过程中,把社会主义核心价值观上升为以法律为代表的国家意愿,是全世界大多数国家所采取的实践路径。完善的婚姻家庭法律体系既是中华优秀传统文化和先进文化的结合,又是中国文化在时代发展过程中对核心价值的抉择的体现,充分体现了中国特色文化的社会主义特质。③ 将社会主义核心价值观纳入《民法典》婚姻家庭编之中,其本质在于把它提升到民族的意愿中,并以法定的方式加以固化,形成全民共同遵循的规范。通过立法表达社会主义核心价值观,这不仅是维护中国特色社会主义制度的重要体现,而且是我国立法、修法的必然要求,是将社会主义核心价值观作为法定意愿的具体路径。

优良家风是中华传统的一种美德,对家庭与社会的协调具有不可替代的意义。家庭是个人通过婚姻和血缘关系形成的一种生命形态,是身份关系、人格关系和财产关系交错的一种复杂的社会关系。④ 民法体系作为社会管理的一项重要手段,社会主义核心价值观的引入,能够在《民法典》婚姻家庭编的引领下促进全社会平等、和睦、文明的婚姻家庭关系的形成,且这种价值共识与公序良俗的基本要求能够充分吻合。⑤ 因此,《民法典》第1043条第2款规定的夫妇之间要在"互相忠实、相互尊重"的前提下"互相关爱",是延续了我国传统文化对婚姻家庭关系的重视体现了立法机关对公民婚姻幸福的期许,其丰富的历史内涵也是《民法典》中"人亲和谐"的法理所在。⑥

2. 道德维度:提升公民素养

价值观念是最深刻的一种意识形态,它反映了人们对社会发展的期许和信心。只有以"社会主义"为主导,以"以人为本"为中心,才能充分发挥文化自信的力量。"文化自信"关

---

① 党日红、李明舜:《〈民法典·婚姻家庭编〉的变化要点及其价值引领》,载《妇女研究论丛》2020年第4期。

② 龙翼飞、赫欣:《〈民法典〉婚姻家庭编最新司法适用准则探析》,载《法学杂志》2021年第8期。

③ 刘承韪:《民法典的字源解读与重要影响》,载《人民检察》2020年第16期;张力:《"优良家风"写进民法典的法治意义》,载《检察日报》2020年1月8日第7版。

④ 李伟:《亲属法价值取向中的人性根基》,载《法学杂志》2017年第9期。

⑤ 王轶:《民法价值判断问题的实体性论证规则——以中国民法学的学术实践为背景》,载《中国社会科学》2004年第6期;张力:《中国民法典中的"自然人"的制度面向》,载《甘肃政法大学学报》2020年第5期。

⑥ 龙翼飞:《编纂民法典婚姻家庭编的法理思考与立法建议》,载《法制与社会发展》2020年第2期。

系着社会主义核心价值观的培育与实践。"文化"的内核是"价值",而"价值"的灵魂就是"文化"。一个国家的文化发展必然与国民的总体素养和道德水平息息相关,蕴含着一种特殊的价值观。正因如此,社会主义核心价值观是一种值得尊敬的意识形态,它在民族的文明行为和人民的生活习惯中起着举足轻重的作用。①

习近平总书记在谈到我国法治建设的主要工作时,强调了法治建设在发扬家庭美德中的重要性,"在推进依法治国过程中,必须大力弘扬社会主义核心价值观,培育社会公德、职业道德、家庭美德、个人品德,提高全民族思想道德水平,为依法治国创造良好的人文环境"②。把"弘扬家训"纳入《民法典》,充分体现了法治与德治的完美结合、守法与尚善的共同指引、法律思维与伦理思维的理性统一,能够促进我国公民的文化素质不断提高。从积极意义上讲,要在广泛的人民群众中大力发扬良好的家风,用好的家训来支持整个社会的良好风尚,就必须将社会主义核心价值观上升到具有公信力的法律体系的层面。③ 因此,《民法典》婚姻家庭编的第1043条有关"家庭要树立良好的家风,发扬家庭美德,注重家庭文化的培养"的要求无疑是《民法典》中关于婚姻家庭关系的相关规定的修订重点。良好的家风建设是一个周延的、渐进的、合理的家族秩序的构成系统。因此,除了优良家风条款的确立,《民法典》第1043条还从道德的维度提出对配偶和家人之间的忠诚、尊重和关爱的"更高要求",塑造"平等、和谐、文明"的家庭道德,体现了"优良家风条款"的核心要义。

3. 社会维度:建设家庭文明

任何一种体制的建立都必须重视和运用社会信念的作用,良好的制度应该在运作过程中充分地反映并传递其信念的核心价值观。④ 法律信念是人们内心深处的一种精神信念,它是一种客观掌握法的积极内涵的独特方法,是基于理性认知所产生的一种神圣经验,是一种对法的虔诚认同。而如何选择决定广大人民群众日常活动所秉持的文化信念,则成为全球各个国家的重大社会问题。由此看来,社会主义核心价值观与法治文化的结合是我国在这方面作出的主要努力之一,将社会主义核心价值观与法治文化相结合,不仅是在法治社会中增强民众的法律信念,也是在新时代中增强人们的文化信念。⑤

家庭文化建设不仅是家庭生产生活中物质文化和精神文明的构建,也是家庭成员在家庭中进行的文化生活和物质文化的结合。⑥ 强调以社会主义核心价值观为基础,注重以"家庭"为基本单位,充分挖掘其特有的社会功能,实现文明、和谐、法治等价值观念。为落实《民法典》,最高人民法院2021年发布的《关于深入推进社会主义核心价值观融入裁判文书释法说理的指导意见》中强调了社会主义核心价值观对司法解释、司法审判等司法实践活

---

① 王雷:《论身份情谊行为》,载《北方法学》2014年第4期。
② 习近平:《加快建设社会主义法治国家》,载《求是》2015年第1期。
③ 习近平:《在会见第一届全国文明家庭代表时的讲话》,载《人民日报》2016年12月16日第2版。
④ 周刚志:《社会主义核心价值观全面融入中国文化法律体系的法理思考》,载《民主与法制时报》2019年5月15日第6版。
⑤ 倪愫襄:《论马克思主义视野中的社会价值观》,载《马克思主义哲学研究》2014年第1期。
⑥ 王歌雅:《民法典婚姻家庭编的价值阐释与制度修为》,载《东方法学》2020年第4期;安丽梅:《新时代家庭文明建设的意义与路径》,载《思想政治工作研究》2019年第4期。

动的积极作用。① 因此,司法审判机关在处理家庭纠纷时,一是要把社会主义核心价值观与《民法典》第1043条以及其他相关法规相联系,以增强司法解释的合理性和威慑性;二是在弥补立法缺陷时,加强对《民法典》第1043条的应用,使法官在援引相关法条时,充分考虑到司法审判案例在国家治理和社会治理中所起的引导和示范作用。②

(三)婚姻家庭编中社会主义核心价值观的转介路径

社会主义核心价值观体现在《民法典》中有关婚姻家庭关系的规定的内容具有指导性、说明性、抽象性等特点,并不能被视为一种强制的责任。③ 虽然《〈民法典〉婚姻家庭编解释(一)》第4条的内容与《民法典》婚姻家庭编第1043条的基本准则相一致,但是《民法典》婚姻家庭编第1043条不能单独作为请求权基础规范提起诉讼。④ 不能仅依据《民法典》婚姻家庭编第1043条提起诉讼,但可以将其他有关协调准则的条款与其他条款结合起来,构成诉讼依据。⑤ 这种原则规范具有一定的法定约束力,它反映出国家对婚姻家庭成员的义务要求,即对家庭关系的维持和加强亲情的义务,从而制约婚姻家庭关系中的不正当行为。⑥ 因此,应注意不能将良好的家庭美德和纯粹的伦理教育与常见的参与式判决准则的构建直接比较,社会主义核心价值观的引导效果将会更加直接和多元,成为影响司法权力和责任模式的"法律效力"。根据民法的解释学逻辑,援引社会主义核心价值观处理婚姻家庭纠纷时,有以下几种引申途径:

1. "民法典的基本原则"与"婚姻家庭编的基本原则"协调统一

首先,《民法典》婚姻家庭编的基本原则与民事法律体系下的其他基本原则达成渐次的秩序合作。参酌《民法典》婚姻家庭编第1043条的"优良家风条款"与《民法典》总则编第1条的"基本条款"的规定,"民法典的基本原则"与"婚姻家庭编的基本原则"之间形成的是"双层"的体系层次构造,即"民法典的基本原则"具有基础本源性,而"婚姻家庭编的基本原则"具有特殊重要性。⑦ 从基本原则的角度看,"民法典的基本原则"与"婚姻家庭编的基本原则"在社会主义核心价值观的量度上首尾呼应、前后统一。结合考虑原则体系的划分性、公民社会生活场景的特殊性及潘德克顿立法体系的技术性等共同要因的约束,《民法典》第1043条在证成相关法律效力时必然地存在顺位限制——从"婚姻家庭编的基本原则"向"民

---

① 最高人民法院2021年发布的《关于深入推进社会主义核心价值观融入裁判文书释法说理的指导意见》中提到,"各级人民法院应当深入推进社会主义核心价值观融入裁判文书释法说理,将社会主义核心价值观作为理解立法目的和法律原则的重要指引,作为检验自由裁量权是否合理行使的重要标准,确保准确认定事实,正确适用法律"。
② 王利明:《民法典:国家治理体系现代化的保障》,载《中外法学》2020年第4期。
③ 与该原则有相同规范属性的是《民法典》总则编的绿色原则。《民法典》第9条规定:"民事主体从事民事活动,应当有利于节约资源、保护生态环境。"
④ 郭晔:《中国民法典的法理定位》,载《东方法学》2020年第6期。
⑤ 参见《中华人民共和国国民经济和社会发展第十四个五年规划和2035年远景目标纲要》第三十四章所载明的提高社会文明程度之第四节持续提升公民文明素养的目标:"推进公民道德建设,大力开展社会公德、职业道德、家庭美德、个人品德建设。"
⑥ 谢鸿飞:《〈民法典〉中的"国家"》,载《法学评论》2020年第5期。
⑦ 张力、陈鹏:《临界点视阈下民法典继承编基本原则之建构》,载《法学杂志》2017年第10期。

法典的基本原则"的渐次回归。只有良好家风的引导效果能够以多种形式对法定的权利和责任产生影响,才能使优良家风的德育作用得到法治的保证,促使其不脱离单纯的社会风尚和家族内部的自律,实现良好家风的构建。① 无论是转向"民法典基本原则"的"上行化"还是转向"婚姻家庭编基本原则"的"下行化",②均需符合社会主义核心价值观的要求,以期寻求更宏观维度上的逻辑支持。

2. 兜底性转介机制:家风践行与道德感召

优良家风条款固有的伦理道德的传承,使其与民法中已经形成的伦理准则法治化的相似制度有着系统性的联系。一般来说,良好的家风虽然未必能引导每个家庭的成员都能达到社会对良好的家庭道德的期望,但也可以表现出各个家庭的教育差别与责任划分,并将这种差别作为区分各方分配利益份额时的衡量依据。优良家风条款在判决性准则的效力中,对法律上的伦理准则的法律规定进行了转介。正因如此,《民法典》第1043条可以成为法官履行职责时的重要参考,除了"法律规则"、"法律原则"和"文化准则",还可以通过"道德规范"这个技术工具来实现司法审判的公平正义。通过"道德规范"来树立良好的家庭风气,除了符合社会主义核心价值观的社会引导功能,在某些情况下可以转变成法律上的利益。③ 举例来说,《民法典》第1043条为婚姻双方在保持彼此忠诚的良好家庭关系中订立的"忠诚协议书"提供了基本的合法性支撑,一方面给予当事人以有效合同保障,另一方面符合对后续婚姻得以维持的期待利益。

三、社会主义核心价值观在婚姻家庭编中的体现

社会主义核心价值观的提出使我们了解了党要领导人民建设什么样的国家、营造什么样的社会气氛。与此同时,社会主义核心价值观也向民众提出国家自身发展的需求,使他们规范自己的行为,有助于建立起正确的人生观和价值观。《民法典》将社会主义的核心价值观纳入婚姻家庭法律规范之中,充分反映了我国社会主义核心价值观在引导整个社会风尚方面的重大意义,并反映出我国社会主义核心价值观在婚姻家庭中的独特地位。在国家、社会和公民三个层次上,社会主义的核心价值引领公民的思想,激发人们为实现中国梦想而不断地努力。一是国家层面的"富强、民主、文明、和谐",二是社会层面的"自由、平等、公正、法治",三是公民层面的"爱国、敬业、诚信、友善"。一方面,社会主义核心价值观的内容在《民法典》婚姻家庭编中有着特定背景下的内涵,基于特别法优于一般法的原理,当《民法典》总则的基本规定与分则条款的调整范围产生交叉与重叠时,后者应能排除前者的适用;另一方面,社会主义核心价值观"二十四字"要义也并非全部对应到《民法典》婚姻家庭编的内容之中,婚姻家庭关系涉及"国家、社会、公民"在内的三个层面,却并未涵盖社会主

---

① 马新彦:《民法典家事财产法制的教育功能——以社会主义核心价值观为价值理念的研究》,载《当代法学》2020年第1期。

② 王忠诚、马江领:《成文法的局限性与法官的司法对策——以民法基本原则司法适用为视角》,载《中国地质大学学报(社会科学版)》2006年第4期。

③ 有学者指出,在运用转介条款时必须给予一定的合目的性控制,避免因转介条款的运用而再次发生冲突。苏永钦:《走入新世纪的私法自治》,中国政法大学出版社2002年版,第329~330页。

义核心价值观中"国家、社会、公民"的全部内容。

(一) 国家层面:文明与和谐

1. 文明:弘扬家庭美德

用文明的价值观念来引导我国的传统法律文化和法治社会建设。在"文明"一词的含义中,既要维护当今社会已有的文明,又要维护古代文明的成果;既要健全现有的法律制度,为法律制度建设提供保障,又要传承与发扬中国的优良传统。文明是社会主义先进文化的发展趋势,是社会主义精神文明的价值取向,而家庭是一个社会最为基础的组织单位,家庭教育关系着个人的生存和发展。《民法典》婚姻家庭编的编纂以法的强制力量保障并引导社会文明风气,不仅是贯彻习近平总书记有关家庭文化的重要论述,也彰显了对婚姻家庭关系德法共治的独特特征。《民法典》婚姻家庭编当中,除"一般规定"中新增的"家庭应当树立优良家风,弘扬家庭美德,重视家庭文明建设"的提倡性条款(第1043条)之外,在"家庭关系"一节对亲子关系也作了明确的界定,并着重强调父母的抚养义务和互敬义务,以发扬家庭的传统美德,从而促进家庭文明和社会文明的形成。

《民法典》婚姻家庭编提出了中国家庭的集体价值观和作用,强调树立优良家风、弘扬互敬的家庭美德,并将其作为社会道德的重要内容。鉴于近几年来,我国关于亲子关系的争议以及纠纷日益增多,增设了"亲子关系确认与否认"的法律规定(第1073条),明确规定要求承认或否定亲子关系的主体和权利行使要件,将亲子关系确认与否认纳入法治范畴。为了顺应我国的人口政策和法规的变动,《民法典》婚姻家庭编也作了相应规定。例如,第1098条规定将领养"无子女"的规定变为"无子女或者只有一名子女",允许有子女的领养者可以另领养一个子女(第1100条)等。《民法典》婚姻家庭编在不断完善婚姻家庭法律体系的基础上,把社会主义核心价值观纳入了具体条文之中,既反映了我国婚姻家庭法律制度的当代特征,又符合了新时期家庭文明的发展需要。

2. 和谐:重视家风建设

"和谐"一词所指向的内容包括人与人之间的和谐,也包括人与社会性之间的和谐。"和谐"作为法治文化的追求,其目的在于营造一个和谐、良好的社会文化氛围。婚姻家庭是最为基础的社会关系,它对精神文明的发展起到了重要的推动作用,建立健全的法治社会,就需要树立"以人为本"的发展观念。在中国,社会存在着不同的结构,中国人的血缘联系是以和谐相处为基本要求和精神纽带的。[①] 相亲相爱是夫妻间不同于其他任何法定关系的基本特征,它是维持自然人之间的亲情与人伦的关键因素,也是我国社会主义核心价值体系中的一个主要组成部分。[②] 《民法典》婚姻家庭编中的和谐因素一方面表现为夫妇之间要忠实、尊重、关爱,另一方面表现为要尊重老人、关爱未成年人,所有家庭成员之间要互相帮助,共同维护平等、和谐、文明的婚姻家庭关系。

《民法典》婚姻家庭编的内容将中国传统家族文化与美德化为法律法规,充分遵循了《民法典》第1条"弘扬社会主义核心价值观"这一立法宗旨。例如,《民法典》婚姻家庭编当中为防止夫妻间相互勾结、损害债权人利益,或一方违法借款、伪造虚假债务,使另一方"被

---

① 费孝通:《乡土中国》,华东师范大学出版社2017年版,第22~30页。
② 肖新喜:《论民法典婚姻家庭编的社会化》,载《中国法学》2019年第3期。

负债"等情况,对夫妻和债权人的权益进行均衡的保障(第1064条);在实际生活中,对夫妻共有财产的分配要求,由于一方对其家人施以暴力对待、生病不能治疗,或因离婚而将共同财产私自转移至其他地方等行为,司法审判机关都有必要对共有产权进行具有倾向性的划分(第1066条)。以上法律条文针对特定情形下家庭成员的权利保障进行了相应的规定,目的在于通过保障其个体的利益,促进整个社会的整体和谐。

(二)社会层面:自由与平等

1. 自由:保障个人权利

幸福和睦的婚姻家庭关系的最显著特点是:家庭中的每个人都是自由、独立、平等的,家庭成员之间各自主动履职,互相帮助。《民法典》婚姻家庭编强调家庭美德,着重加强家庭中个人(包括未来家庭成员)的自由。自由是指在法律许可的范围内,保障个人行为和思想的独立,在符合法律规定的前提下,根据个人意愿进行行为和思考的权利。这种权利不受任何约束、控制和阻碍,其中既有人身的自由,也包含精神上的自由。个人的自由权是公民的一种重要的合法权益,也是公民行使一切权利的最根本的保证。《民法典》婚姻家庭编同样体现了对婚姻家庭成员个人自由的强调。

(1)婚姻自由与婚姻权利的保障得到了进一步强化,保障结婚、离婚和再婚等权利的自由。在我国,公民的婚姻权利问题,既涉及婚姻的稳定性,也涉及整个社会的安定。《民法典》婚姻家庭编对不能结婚的限制条款进行了修订,取消了不允许"有医疗上不能结婚的病人"的限制,而将"不能结婚的病人"的条款改成了在结婚登记之前没有如实告诉对方病情时,一方可以"撤销"婚姻(第1053条),既尊重了当事人的意愿,又尊重了个人的知情权,加强了对婚姻的限制,并保障了配偶的"要求解除婚约"的权利。此外,《民法典》婚姻家庭编进一步完善了离婚程序并强化了离婚的自由,明确规定了诉讼准予离婚的客观标准,在法院判决不准离婚后,双方又分居满一年,一方再提出离婚请求的,应当允许离婚,以防止"久调不判"。提出的"分居又满一年"的客观条件,有助于帮助判定双方确实存在不可化解的冲突以及离婚的意向,从而在维护双方婚姻关系的前提下,确保双方的婚姻自由(第1079条)。

(2)重视个人的自由与价值观,使夫妻享有平等的参与生产、工作、学习和社会活动的权利。《民法典》婚姻家庭编在强调家庭伦理的基础上,着重于个人权利的保障,重视婚姻家庭成员之间的公平,保障了家庭中的个人自由,覆盖了每个婚姻家庭成员。尤其是对女性而言,如果女性依然被排斥在社会的生产性工作以外,仅仅局限于家庭中的个人工作,则无论在今天还是未来,都无法实现女性与男性的平等。举例来说,《民法典》婚姻家庭编对无效的结婚情况作了限定(第1051条);进一步强调了婚姻的自由不受干涉,规定子女应当尊重父母包括离婚在内的婚姻权利(第1069条);同时,进一步健全了婚姻家庭共有财产分配体系(第1066条),以保证婚姻权利的公平落实。只有女性能够与男性一样在生产、工作、学习、社交中享有平等的权利,夫妻之间的平等才能成为现实。

(3)婚姻自由与自愿的概念不同,自由意味着夫妻之间必须是真正的自愿而非是受到了第三者的强制或干预。[①] 因而,对于超越以上含义的任何司法争议,如夫妻之间的财产权

---

① 杨大文主编:《婚姻家庭法》,中国人民大学出版社2013年版,第50页;巫昌祯主编:《婚姻家庭法学》,中国政法大学出版社2007年版,第37页。

的自主,以及在婚事中任意选择的对象(如同性恋),都不能以婚姻自由的方式来处理。婚姻自由的含义比自愿要少,在婚姻家庭中,它的作用并不是普遍的,只能按照特定的法律法规来实施。换句话说,婚姻自由不等于随心所欲,特别是在涉及别的家庭成员的问题上。由于婚姻与普通的社会关系有很大的区别,它不但涉及双方,而且对孩子(特别是未成年的孩子)、父母、亲属都有一定的影响,甚至还可能对社会的安定造成一定的冲击。《民法典》婚姻家庭编中除了对离婚的自由进行了保护之外,还专门对离婚规定了"禁止令"(第1077条),并适当地加入了对时间的限制,以保证双方自愿地选择了离婚。因此,离婚冷静期并不侵犯个体离婚自由的权利,是在防止轻率离婚、维护家庭稳定的同时,权衡了双方主体的社会权益等方面因素后作出的合理抉择。

2. 平等:实现公平正义

在当代社会,婚姻家庭的权益涵盖了个体和群体两大基本权利制度,也因此涵盖了整个社会的各个层面,包含了生命权利、个人权利、政治权利、经济权利、社会权利和文化权利。《宪法》第33条和第49条关于"国家尊重和保障人权"等内容的规定,都是对人权的法治化保障。《民法典》婚姻家庭编之中,既强调了个人权利的重要性,又把人权的均衡性纳入了法律理念,使婚姻家庭关系的稳定在法律保障制度中得到了充分的反映。中国现行的婚姻家庭关系与传统的婚姻家庭关系之间基本特征差别体现为权利基本特征的差别。《民法典》婚姻家庭编中对夫妻双方的平等权利进行了明确的界定(第1055条),平等原则既表现在对个人的婚姻自由的同样重视上,也表现为对姓名使用自由,参加生活、工作、学习和社会活动的自由,对未成年子女的抚养、教育和保护所需承担的平等的保护责任(第1056条至第1058条)。

(1)《民法典》婚姻家庭编中的平等准则体现在对夫妻财产、债务的有关制度的完善上:规定了普通的家事代理,在法律层面上承认了夫妻对日常家庭生活的有关问题享有平等的家事决定权(第1060条);将夫妻共有财产的范畴进一步扩展,并提出对共有物有同等处理权利的观点,突出了夫妻对共有物的处理地位的均等(第1062条);明确规定了夫妻共同负债的范围,从而使婚姻家庭成员对超出其日常生活需求的负债有更多的知情权利和同意权利(第1064条);借鉴了有关法律条文的规定,引入并完善了婚内夫妻共同财产分割制度(第1066条),使夫妻间的财产权得到了更大的保护。《民法典》婚姻家庭编之中关于对夫妻双方的财产及负债的法律规定,有利于促进夫妻间的平等发展。

(2)《民法典》婚姻家庭编中的平等准则体现在对婚姻家庭中弱势群体的偏向性强化保护上。比如,离婚救济制度中的家务劳动补偿规则中,充分考虑衡量从事较多家务活的一方的利益,以实现对家庭总体发展而放弃其专业发展和能力提高而从事较多家务活的一方的权利保护(第1088条);全面落实"保障未成年人合法权利"的基本要求,包括增加被收养人的范围(第1093条),明确规定收养应遵守最有利于被收养人的规定和不得以收养为名贩卖未成年人的规定(第1044条),从各个方面充分保障了未成年人的合法权益。此外,《民法典》婚姻家庭编着重于对无过失一方权利的保障,给予了无过失一方在婚姻关系中的损失补偿权利(第1054条),如果双方因离婚而未能达成一致,应依据照顾无过失一方的原则进行审判(第1087条)。

(3)《民法典》婚姻家庭编中的平等准则体现在婚姻家庭关系的各项权利义务中的对等上。"男女平等"与普通定义中的平等也是不一样的,《民法典》婚姻家庭编中的"平等"准则体在婚姻家庭的法律关系中,公民的身份没有因为性别的差别而受到区别对待,而非指向所有的公民都享有同等的权利。一般情况下,公平指的是公民之间的"对等对待报酬",但这种平等在婚姻家庭关系中并没有理所应当,反而经常被"保护妇女、儿童和老人的正当权利"的要求所取代。《民法典》婚姻家庭编中着重于保障当事人权利的权利,注重对当事人权利的平等保障,并注重对当事人的平等保障。比如,有关无配偶领养必须符合40岁以上的年龄条件(第1102条),修改了《收养法》第9条中有关无配偶的男子领养妇女的原条款规定,反映出了社会性别平等的领养观念和遵守两性平等。此外,《民法典》婚姻家庭编中增设了离婚损害赔偿法定事由的兜底性条款,规定一方有除列明的重婚等事项外,"有其他重大过错"的,无过错方也有权请求损害赔偿(第1091条)。

(三)公民层面:诚信与友善

1. 诚信:维护婚姻家庭稳定

诚信是我国建设社会主义先进文明所秉持的一种基本观念与基本原则,对我国的法治文化建设具有重大意义。诚信是我国人民赖以生存的根本所在与良好交往的基本准则,在各项政策与制度设计中均强调了要在思想道德建设中推进诚信建设的重要性。作为中国现代社会发展的一项重大成就,诚实信用作为公民参与公民行为的根本准则,也是我国社会主义的一项核心价值观。在民法法律体系之中,诚实信用原则是最受重视的基本原则之一,体现在婚姻和家庭方面更是如此。[①]《民法典》婚姻家庭编中关于婚姻家庭的人伦信用观念,既包含了建立婚约之前的诚信问题,也包含了在婚姻关系存续期间的诚信问题,以及在离婚后的诚信问题;既包含了婚姻家庭成员之间的个人信用问题,也包含了家庭成员与非婚姻家庭成员的个人信用问题。

法治的进程应当是一种增强信任的过程,要坚持诚信的价值观念,尤其是在婚姻家庭关系之中,需要建立良好的婚姻家庭关系,从而推进法治文明的发展、促进社会的和谐。具体而言,在《民法典》婚姻家庭编中,诚信原则体现在如下几个方面:首先,在婚姻家庭的成员之间,夫妻双方都要遵守诚信诚实原则,履行双方的诚实责任与忠诚义务,并在家人中秉持互相信任、互相帮助的原则(第1043条);其次,夫妻双方中有一方身患严重疾病时,需要在办理婚姻手续时如实向另一方说明情况,否则另一方可以要求撤销这桩婚约(第1053条);最后,对违背婚姻义务的隐瞒、转移、变卖、毁损、挥霍夫妻的共有财物或捏造夫妻的债务,在夫妻双方的婚姻关系中以占有对方的利益为目的的,在离婚诉讼过程中法院对非诚信一方的财产分配少分或不分(第1092条)。

2. "友善":保护弱势群体利益

人的本性向往个人的自由行动与自主思维,个人对自身价值观的认同是人与人之间和谐相处、互爱互助的基础,也是民事法律体系的精神与道德之源。马克思指出"人的本质并不是单个人所固有的抽象物。在其现实性上,它是一切社会关系的总和"[②]。友善是人类在交流中所采用的认同、理解、尊重和容忍的态度以及友好合作、理性处事的方式,是社会主

---

① 龙翼飞:《编纂民法典婚姻家庭编的法理思考与立法建议》,载《法制与社会发展》2020年第2期。
② 《马克思恩格斯选集》(第1卷),人民出版社1995年版,第56页。

义核心价值体系中的一个重要组成部分,也是人类社会交流的一种内部需求。① 《民法典》婚姻家庭编倡导家庭成员之间应当相友善的价值取向,在夫妻双方关系中,应将人性友好培育成为个人的自我约束和社会伦理,让自然人在婚姻家庭关系中充分体会到相互关爱的友善与温馨。

在《民法典》婚姻家庭编中,对妇女、未成年人、老年人等弱势人群的合法权利予以了更多保障,使法律的公平正义得到进一步彰显。② 例如,进一步完善离婚救济制度中的家务劳动补偿规则(第1088条),对从事较多家务活的弱势群体的权利保障进行了进一步的规定;新增了关于父母在离异后超过2岁的子女的赡养问题,根据对最有利于未成年儿童成长的原则进行判断和处理,并在面对8岁以上儿童时,应当充分尊重其本人的意愿(第1084条)。取消《收养法》对被领养者年龄不超过14岁的规定,将18岁以内的未成年人纳入可领养的对象(第1093条),同时强调了对领养人必须符合无犯罪记录等有利于被领养人健康成长的考核标准,不得有"不利于被收养人健康成长"的先决条件,注重对青少年的保护(第1098条)。

四、社会主义核心价值观在婚姻家庭编中的司法适用

将社会主义核心价值观纳入中国特色社会主义的法治建设中,需要注重在"修""改""废""释"等方面的全面性规划。随着《民法典》婚姻家庭编的实施,在我国已有了较为系统化的婚姻家庭法律体系的立法条文,对相关法律规定的司法应用的重要性显得尤为突出。从司法审判到对这些法律的基本条款进行诠释和运用均需遵循社会主义核心价值观的基本要求,不仅使上述条款能够更容易与民法体系的总体框架相融合,而且能够更好地在法的执行中起到引导和评估作用。在司法适用过程中,法律法规条款的准确定位和频繁使用,使得它成为将社会主义核心价值观纳入婚姻家庭关系中的主要途径。

(一)社会主义核心价值观的司法效用——补充法源

《民法典》中的社会主义核心价值观的运用在法律条文中的地位越来越受到人们的重视。③ 《民法典》第10条是法源条款,较之《民法通则》第6条,它将"国家政策"改为"习惯",这一条款上的变化被视为一种进步,具体体现在强调了法律规范的权宜性、阶段性等主要特点,当与法治所要求的稳定性以及可预期性发生冲突时,能够进行一定程度上的调和。然而,《民法典》第10条依然有不足之处,在立法机关的限制理性假定下,立法机关无法预测将来会发生的一切问题。如何在司法实践中找到合适的判决根据,是一件十分困难的事情,直接以"社会主义核心价值观"来进行司法审判,其法律来源是否正当?学者们对此有多种看法。

第一种观点认为,在明确法律规范的具体性规定的基础上,需要排除其他的解释原则,

---

① 夏吟兰:《民法分则婚姻家庭编立法研究》,载《中国法学》2017年第3期。
② 张力:《我国〈民法典〉中优良家风条款的规范效力》,载《暨南学报(哲学社会科学版)》2022年第3期。
③ 这种争论主要是针对《民法总则》第10条规定展开的,《民法典》第10条就是《民法总则》第10条,内容没有变化,因此在后文中直接用《民法典》第10条的表述。

我国的民事法律体系的法律来源应当仅局限在《民法典》第10条中所述的法律和习惯中,而不能任意扩展。① 笔者认为,这种观点明显偏离了司法实践的现实,不能很好地克服"经验法滞后"这一固有的缺陷。

第二种观点认为,参照世界各国民法制度的规范分类,将所有的法律规范划分为"法律、习惯、法理"三个层面。尽管《民法典》第10条未明确将法理视为法源,但这并不意味着无法在判决中使用社会主义核心价值观之类的法理。② 笔者认为,虽然从理论上讲,这个看法有一定的道理,但由于没有一条法律条文能清楚地确定法律的来源,所以很难在实际中有效地解决法官的判决问题。

第三种观点认为,《民法典》第3条至第9条确立了民事主体法律地位平等等八大基本原则,应当以"基本原则确立的规则"为补充法源,在实施时,由法官承担选择规则的责任,并在判决中显示由原则至规则的演绎。这不仅在理论上是合理的,也在某种程度上解决了法官判决的问题,可以克服法律的局限,并且在许多情况下,法律与基础原理是相等的。③ 然而,这种观点有一定的局限性,虽然《民法典》所列举的八大原则具有比较特殊的特点,而且在《民法典》中也具有鲜明的特点,但八大原则并未完全涵盖所有的民事法律原则,如未被囊括在内的安全原则、效率原则等在民法学领域均具有十分重大的意义。

《民法典》引入的"社会主义核心价值观"是一种完整的、高度公开的、随着实际情况的不断变换而不断完善的科学性的法律规范体系。《民法典》第1条所确立的"社会主义核心价值观"在实践中应当起到法律渊源的同样效果。④ 一方面是对现行的法规和习俗进行限制,要按照"社会主义的核心价值观"来进行解读;另一方面要依据"社会主义核心价值观"来判断现有法律存在的缺陷,并对存在的缺陷进行补足,使之符合中国特色的发展需要。最高人民法院于2021年1月发布的《关于深入推进社会主义核心价值观融入裁判文书释法说理的指导意见》(以下简称《指导意见》)充分说明了这一点。该《指导意见》第6条规定"民商事案件无规范性法律文件作为裁判直接依据的,除了可以适用习惯以外,法官还应当以社会主义核心价值观为指引,以最相类似的法律规定作为裁判依据;如无最相类似的法律规定,法官应该根据立法精神、立法目的和法律原则等作出司法裁判,并在裁判文书中充分运用社会主义核心价值观阐述裁判依据和裁判理由"。它指明了在《民法典》出现漏洞时,首先,可以考虑适用习惯;其次,可以类推最相类似的法律;再次,可以适用社会主义核心价值观填补法律漏洞。有规则的,应按照"法律规则—法律原则—社会主义核心价值观"的顺序进行,而对已成为法律规范的社会主义核心价值观,应该优先采用转化的法律规范,并通过司法解释等方式揭示其内涵。⑤

---

① 龙卫球、刘保玉主编:《中华人民共和国民法总则释义与适用指导》,中国法制出版社2017年版,第39页以下。
② 梁慧星:《〈民法总则〉重要条文的理解与适用》,载《四川大学学报(哲学社会科学版)》2017年第4期。
③ 于飞:《民法总则法源条款的缺失与补充》,载《法学研究》2018年第1期。
④ 黄茂荣:《民法总则基本规定概论》,载《法治研究》2018年第1期。
⑤ 方新军:《社会主义核心价值观融入〈民法典〉解释的意义和方法》,载《苏州大学学报(法学版)》2022年第1期。

（二）社会主义核心价值观融入婚姻家庭裁判的现状分析

笔者在威科先行网上以"社会主义核心价值观"为关键词进行相关的案例检索，并将案由检索范围划定为民事案由中的"婚姻家庭、继承纠纷"，截止到2022年上半年（2022年6月30日），共检索出相关案例1161件。通过对这些数据分析，可以大致了解全国各级法院在"婚姻家庭、继承纠纷"的民事裁判中援引"社会主义核心价值观"作为审判依据的现状。

从裁判日期看，在2022年上半年（截至2022年6月30日），各级人民法院以"社会主义核心价值观"审结的"婚姻家庭、继承纠纷"的民事案件共计109件，2021年各级人民法院以"社会主义核心价值观"审结的"婚姻家庭、继承纠纷"的民事案件共计522件，2020年各级人民法院以"社会主义核心价值观"审结的"婚姻家庭、继承纠纷"的民事案件共计141件，2019年各级人民法院以"社会主义核心价值观"审结的"婚姻家庭、继承纠纷"的民事案件共计122件，2018年各级人民法院以"社会主义核心价值观"审结的"婚姻家庭、继承纠纷"的民事案件共计68件。随着2021年《民法典》婚姻家庭编的正式实施以及最高人民法院颁布的《指导意见》的指引，各级人民法院在司法审判过程中，援引社会主义核心价值观作为审判依据的民事裁判文书数量也在2021年出现了大量增长。由此可以预见，随着时间的推移，援引"社会主义核心价值观"的"婚姻家庭、继承纠纷"案件的数量仍然会继续保持大幅度的增长。（见图1-3）

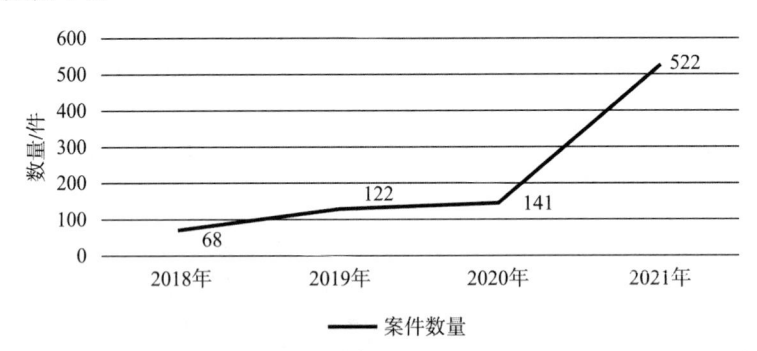

图1-3　2018—2021年我国以"社会主义核心价值观"审结的"婚姻家庭、继承纠纷"案件数量

从审理法院的级别上看，截止到2022年上半年（2022年6月30日），高级人民法院以"社会主义核心价值观"审结的"婚姻家庭、继承纠纷"的民事案件共计11件（占比约0.95%），中级人民法院以"社会主义核心价值观"审结的"婚姻家庭、继承纠纷"的民事案件共计395件（占比约34.02%），基层人民法院审理以"社会主义核心价值观"审结的"婚姻家庭、继承纠纷"的民事案件共计755件（占比约65.03%）。根据上述数据，援引社会主义核心价值观作为判罚依据的婚姻家庭类裁判案件，分散于基层人民法院、中级人民法院、高级人民法院的司法审判之中，然而其中绝大多数的司法审判案件，仍然集中在基层人民法院和中级人民法院之中。根据图1-4的样态分布也可得出这样的结论，基层人民法院和中级人民法院在处理纠纷的过程中，更加接近婚姻家庭的纷争源头，同时也就更有机会在司法审判过程中向当事人宣导和传播社会主义核心价值观的重要意义。

从审理法院的地域分布看，截止到2022年6月30日，我国各地人民法院援引"社会主

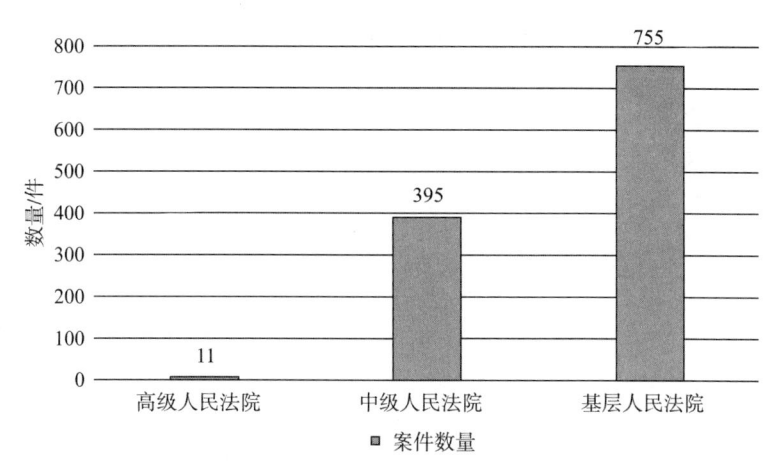

图 1-4 截至 2022 年 6 月 30 日各级人民法院以"社会主义核心价值观"审结的"婚姻家庭、继承纠纷"案件数量

义核心价值观"审结的"婚姻家庭、继承纠纷"的民事案件数量,由高到低排序,位列前五位依次如下:山东省 97 件,北京市 95 件,河南省 90 件,四川省 84 件,广东省 70 件;位列后五位分别是福建省、内蒙古自治区、青海省、宁夏回族自治区、海南省,分别为 12 件、7 件、6 件、4 件、1 件。导致该类民事案件数量差距较大的因素,一方面与当地"婚姻家庭、继承纠纷"的民事案件发生的总数多少息息相关,另一方面也显现出各地区对"社会主义核心价值观"融入"婚姻家庭、继承纠纷"的民事案件理解的程度有所差异,在全国范围内普及"社会主义核心价值观"融入婚姻家庭的案件审理过程仍然任重道远。(见图 1-5)

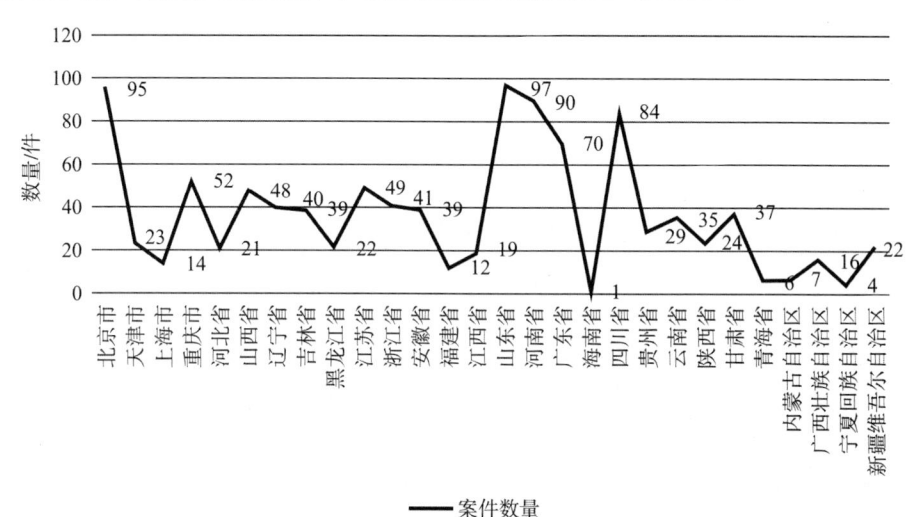

图 1-5 截至 2022 年 6 月 30 日各地区人民法院以"社会主义核心价值观"审结的"婚姻家庭、继承纠纷"案件数量

(三)社会主义核心价值观司法适用存在的问题及发展路径

将社会主义核心价值观与审判活动结合起来,是对社会主义核心价值观的价值追求和对法治正义的评判,是推动我国国家治理能力现代化进程中的重要一环。因此,应继承中华优良的法治文化,发扬社会主义核心价值观的普遍性,进而推动法治建设的全面进行。

1. 存在的问题

如上述统计数据显示的我国各地区各级人民法院以"社会主义核心价值观"审结的"婚姻家庭、继承纠纷"案件的情况表明,我国的各级人民法院在运用社会主义核心价值观审理相关的婚姻家庭纠纷时,还存在着不足之处。

(1)各级人民法院在审理婚姻家庭纠纷的过程中,往往"笼统援引"社会主义核心价值观。所谓"笼统援引",指的是并非明确指出所引用的是社会主义核心价值观的二十四字共十二项中的哪一种内涵,仅仅统一用"社会主义核心价值观"加以套语表达。例如,河南省开封市龙亭区人民法院作出的(2021)豫0202民初2791号判决书中载明"言语行为不是符合社会主义核心价值观的良好体现,更是不能认为尽到了抚养义务";广西壮族自治区融水苗族自治县人民法院作出的(2021)桂0225民初3935号判决书中载明"百善孝为先,孝敬父母、赡养父母是中华民族的传统美德,也是社会主义核心价值观的基本要求";江西省上犹县人民法院作出的(2021)赣0724民初2180号判决书中载明"单方解除婚约,有违社会主义核心价值观,也与婚姻双方应彼此忠贞的精神相悖"等内容,均采用的是"笼统援引"。上述判决文书中将"社会主义核心价值观"作为一种简单的价值宣示,无法与裁判文书的释法说理部分直接相关,因而无法很好地深入诠释社会主义核心价值观的深厚内涵。

(2)在援引社会主义核心价值观的具体内涵时,其中几种内涵受关注多,有个别词被援引比例偏低。截止到2022年上半年(2022年6月30日),笔者以"社会主义核心价值观"+"诚信"进行"婚姻家庭、继承纠纷"案件搜索,共检索出相关案例总计41件;笔者以"社会主义核心价值观"+"文明"进行"婚姻家庭、继承纠纷"案件搜索,共检索出相关案例总计23件;笔者以"社会主义核心价值观"+"和谐"进行"婚姻家庭、继承纠纷"案件搜索,共检索出相关案例总计12件;笔者以"社会主义核心价值观"+"平等"进行"婚姻家庭、继承纠纷"案件搜索,共检索出相关案例总计10件;笔者以"社会主义核心价值观"+"友善"进行"婚姻家庭、继承纠纷"案件搜索,共检索出相关案例总计7件;笔者以"社会主义核心价值观"+"自由"进行"婚姻家庭、继承纠纷"案件搜索,共检索出相关案例总计4件。可见,我国审判部门对"诚信""文明"等社会主义核心价值观的援引比例较高,而忽略了对"友善""自由"等其他社会主义核心价值观的援引和宣导,全国各级法院似乎忽视或者低估了上述核心价值观对审判活动所产生的可能影响①。

(3)在调整婚姻家庭关系时特别引用一项社会主义核心价值观,表明了法院处理的个案与该价值观之间存在联系,但仅有极少数判决将特定的核心价值观与个案中的法律和事实的判断联系在一起,两层皮的表现很显著,证明饱和的程度不够。一些没有法律标准的司法解释,就把社会主义核心价值观当作判决的根据,导致了对婚姻家庭关系中的核心价值的误用,造成了"规则逃逸",也削弱了法律的权威。司法判决是一种严格的法律适用行为,在进行判决时,必须以明确的法律准则为基础,如果没有明确的法律规制,就可以采用与立法精神和立法目的相一致的法律原理。社会主义核心价值观是一种高层次的道德认同,它是一种抽象而非法定的基础,直接以社会主义核心价值观为基础进行审判,很有可能

---

① 马新彦:《民法典家事财产法制的教育功能——以社会主义核心价值观为价值理念的研究》,载《当代法学》2020年第1期。

导致"规则逃逸",其结果不合法,裁判过程亦不严格。

(4)全国各省、自治区、直辖市法院的法官援引社会主义核心价值观进行婚姻家庭类案件的司法审判的比重不平衡。导致这一现象的原因既与各省、自治区、直辖市的案例数目密切相关,也表明有些地方法院在司法解释中引用社会主义核心价值观的含义和方式还不够透彻。多数法院是结合本地审判实际和具体案件事实界定识别,导致实务中识别范围泾渭不分,亦难以形成与审判权监督的有效衔接,进而使社会主义核心价值观融入裁判文书释法说理虚化。上述数据显示,上海、北京、福建等地区的经济发展水平位列我国前茅,所产生的婚姻家庭纠纷的数量不低。总体而言,法官的专业水平和素质也处于前列,但是这些地区的法院在进行婚姻家庭纠纷审判过程中援引社会主义核心价值观的比例处于较低的水平,缺乏援引社会主义核心价值观进行婚姻家庭司法审判的系统性方法。

2. 社会主义核心价值观融入婚姻家庭审判的四个维度

(1)从司法解释的维度看,最高人民法院颁布的《指导意见》仅概括式阐述将核心价值观融入裁判说理重点案件的范围,缺乏具体规范化的识别指引,可能导致各地法院在厘定融入核心价值观裁判说理重点案件的内涵和外延时无依据可循。建议由最高人民法院细化说明"社会主义核心价值观"如何融入司法审判中,并在确定有关年度"社会主义核心价值观"案例的同时,表彰撰写条理清晰、说理解释全面的判决书,使得"社会主义核心价值观"不停留于表面化的简单援引,而是更加深入地挖掘"社会主义核心价值观"与案件事实及审理查明过程的关联,形成更有可信度、更具说服力的判决书。将社会主义核心价值观与释法、说理相结合,是推动社会公平正义价值的重要手段,将其转变成法律决策,对法官的判决能起到更好的引导作用。同时,通过对法律法规进行合理解读,能提高当事人和公众对司法审判的认同感和接受程度,使人们能够自觉地贯彻社会主义核心价值观,实现政治、法律和社会效果的均衡,提高司法判决的权威性。

(2)从司法程序的维度看,部分法官对于将核心价值观融入裁判说理,主观上有畏难情绪,客观上有"融入难"的表象。社会主义核心价值观从社会主义最初的政治话语转变为进阶的法律词语,若是纯粹靠法官的高度自觉驱使落实融入,难以达到预期的目标和效果,必然要求制定相应的程序配套机制。只有充分识别各案由中需要融入核心价值观释法说理的案件,才能在源头上要求法官主动在裁判文书中予以援用,才能在审理中引导法官结合核心价值观释法说理,才能在监督上落实相应配套的考核评价机制,进而从本质上解决"不愿融入""融入难"的阻碍,促使法官重塑融入理念、提高融入水平、统一融入尺度和宣示融入价值,不断助力社会治理体系和司法治理体系完善。

(3)从司法监督的维度看,在司法改革大背景下,法官自主释法说理的权限扩张性增加,对法律条款的理解和适用可能存在差异,裁判尺度的统一性面临挑战。[①]……核心价值观作为融合了常识、常理、常情的朴素正义观,将其融入裁判说理有助于弥合自主审判权与条款理解差异的缝隙,从而规范法官行使自由裁量权,强化裁判尺度统一。为了提升裁判文书的规范程度,提高司法裁判结果的权威性及严谨程度,有必要进一步完善司法审判机关裁判文书的评判考察机制以及相关的问责机制,确保司法审判机关的裁判文书在质量上

[①] 曹贤信、李苏芃:《家庭成为民事主体的理论证成与法律协调》,载《中华女子学院学报》2017年第1期。

有所保证。识别是科学筛查社会主义核心价值观是否需要融入裁判说理和适用何种内容融入裁判文书的考核方式,这个识别的过程一方面是对社会主义核心价值观与裁判文书说理部分契合度的衡量,另一方面也体现了对法官自由裁量权边界的合理限定。充分的案件识别就是释法说理和审判监督有机衔接的进程,恰当识别才能在说理逻辑上顺其自然地融入社会主义核心价值观,强化审判监督释法说理的力度。

(4)从司法宣传的维度看,以司法公正引领家庭和谐、社会公正。各级人民法院应大力弘扬先进典型,通过典型案例亮明态度、明辨是非、弘扬正气,推动和引领良好家风建设,让倡导和践行社会主义核心价值观成为社会风尚。例如,印发婚姻家庭纠纷典型案件,为解决同类问题和争议提供指导;开设专题栏目,公布各种类型的典型案件,邀请法官进行专业讲解等,让民众明确行为规则营造一个以公平为导向的婚姻家庭关系社会舆论环境。邀请相关专家学者分析解读新时期社会主义核心价值观的内涵、融入司法活动的途径等,提高法官把社会主义核心价值观融入婚姻家庭纠纷司法审判的观念和实践能力,培养理论扎实、审判经验丰富的司法审判人员。

结语

习近平总书记在多次讲话中强调家风建设的重要性,"家庭不只是人们身体的处所,还是人们心灵的归宿。家风好,就能家道兴盛、和顺美满;家风差,难免殃及子孙、贻害社会"。[①] 婚姻家庭的调控要义既是实现个体的自由与价值,又要保证家庭的和谐,家风、家教、家庭建设对于促进社会的协调发展起到了不可替代的作用。培育个人的家国情怀,形成良好的家庭美德,维护家庭和睦的亲情,促进社会各方面的主体积极投身到家庭文化的构建之中,以优良的家风来支持良好的社会风尚,是中国政府和民众寻求的一种公共治安需求和社会管理的使命。[②] 社会主义核心价值观在我国的婚姻家庭法律制度体系构建过程中起到了重要作用。德法共治,促进家人和谐相处,是当前我国主流社会所倡导的一种开放性、多元化的理念。《民法典》婚姻家庭编的编纂和实施以文明、和谐、自由、平等、法治、友善等要义为宗旨,全面落实了我国的社会主义核心价值观,引导着新时代的多元文明婚姻观。[③]《民法典》婚姻家庭编的具体规定将中国传统的优良家庭文化和家风美德提升为法律制度的领域,以明晰的准则指导和权利保障方式,指导家庭成员正确地对待家庭内部成员与其他社会成员的关系。因此,只有以《民法典》婚姻家庭编的法律条文为基本依据,严谨合法地进行司法适用,才能更好地体现出蕴含在法律条文里的社会主义核心价值观,在婚姻家庭的实际生活中实现其价值引导作用,从而有助于大众对社会主义核心价值观本质的认识,加强对社会主义核心价值观的认同,推动我国法治建设的全面发展。

---

① 习近平:《注重家庭,注重家教,注重家风》,载《习近平谈治国理政》(第二卷),外交出版社2017年版,第355页。

② 杨柳青、王建新:《新时代中国特色社会主义文化自信的历史逻辑》,载《河南师范大学学报(哲学社会科学版)》2020年第3期。

③ 张鸣起:《民法典分编的编纂》,载《中国法学》2020年第3期。

第三节
家庭整体主义的婚姻法文化释读

一、问题提出

中国家庭法的百年变革经受了四次大的冲击：1915—1919 年新文化运动对家的彻底批判；1966—1976 年"文化大革命"政治运动对家的伤害；2003—2011 年适用《婚姻法》司法解释（二）、（三）特别是其中的经济理性对家的全面侵入；[①]2021 年实行的《民法典》婚姻家庭编、《民法典婚姻家庭编解释（一）》及 2025 年 2 月 1 日起施行的《民法典婚姻家庭编解释（二）》对婚姻家庭法社会法化的疏离[②]。在历次冲击中，婚姻家庭法都表现出"弱家庭化"倾向。

民法典是市民社会中家庭生活和经济生活的基本规则，但这两个领域的运行规则有所不同：家庭生活是基于血缘、亲情、感情、利他、奉献、责任、伦理。而经济生活则基于利益、财产、算计。因此，试图用经济生活冷冰冰的纯粹理性财产逻辑来处理具有高度利他的、充满亲情的、暖洋洋的家庭生活，势必会引发争议。以经济理性化为核心的市场经济和资本的逻辑的扩张，使得当代经济和资本的理性化全面渗透到家庭关系的各个层面，并主导了家庭关系的变动。[③] 现有《民法典》婚姻家庭编相关条款，并不能充分展现婚姻家庭法以家庭"整体"为转轴，实现家庭成员个体与国家公民成员之间身份整合的社会化功能。[④]《民法典》第 1043 条规定："家庭应当树立优良家风，弘扬家庭美德，重视家庭文明建设。夫妻应当互相忠实，互相尊重，互相关爱；家庭成员应当敬老爱幼，互相帮助，维护平等、和睦、文明的婚姻家庭关系。"该条款被认为是新增的"优良家风"条款，并被学界认为是"婚姻家庭道德

---

① 李春斌：《家庭法律化：民法典编纂中婚姻家庭编的重大使命——基于对百年中国家庭法变革的反思》，中国法学会婚姻法学研究会 2016 年年会论文集，中央民族大学法学院承办，北京，2016 年 10 月，第 84~99 页。后修订，以《家庭法律化：民法典编纂中婚姻家庭编的重大使命：基于中国家庭法百年来变革的反思》发表于《辽宁师范大学学报（社会科学版）》2017 年第 4 期，第 31~42 页。

② 张力：《我国〈民法典〉中优良家风条款的规范效力》，载《暨南学报（哲学社会科学版）》2022 年第 3 期。

③ 李春斌：《家庭法律化：民法典编纂中婚姻家庭编的重大使命——基于对百年中国家庭法变革的反思》，中国法学会婚姻法学研究会 2016 年年会论文集，中央民族大学法学院承办，北京，2016 年 10 月，第 84~99 页。后修订，以《家庭法律化：民法典编纂中婚姻家庭编的重大使命：基于中国家庭法百年来变革的反思》发表于《辽宁师范大学学报（社会科学版）》2017 年第 4 期，第 31~42 页。

④ 张力：《我国〈民法典〉中优良家风条款的规范效力》，载《暨南学报（哲学社会科学版）》2022 年第 3 期。

规范的法律化"。但其规范效力仅仅是"道德法律化"所能囊括的吗？从家庭法哲学①和家庭法文化的立场，《民法典》婚姻家庭编的基本思考单位到底是个人还是家庭？到底是个体还是共同体？笔者认为，家庭整体主义、夫妻共同体是中华婚姻法文化的基本表征，维护婚姻家庭法的整体主义法功能，推动婚姻家庭编的社会法化，是《民法典》实施中必须认真面对的命题。

家庭，是人类有意识地建构完成的雌雄共同体，是人类之所以成为万物之灵的显著社会性标志。动物发情是出于本能，并非有意而为。有些植物（如黄瓜）本身就是雌雄同体，只需要借助风力或者蜜蜂传播花粉即可。人类组成家庭则是有意识地完成的雌雄共同体，这是人类的伟大创举，也是人类在进化史上优于动植物的显著标志。

中华文化总体经历了从神话文化、巫觋文化、祭祀文化、礼乐文化、理性文化的演变。自伏羲女娲一体传说，到新石器时代男女胖合一体，再到汉学阴阳和合礼乐文化，直至近现代科学理性之夫妻概念的提出，从来都是将家庭（夫妻）作为命运共同体。一对男女成为夫妻组成家庭的本质目的并非为了个人，而是组成家庭（夫妻）命运共同体。在孩子未出生前是"阴阳和合的夫妻一体"，在孩子出生后是"家庭的一体"，在孩子长大独立成家后还是"夫妻命运共同体"。因此，我国最早的诗歌总集《诗经·国风·邶风·击鼓》中"执子之手，与子偕老"所表达的恰恰就是夫妻同甘共苦、相濡以沫的"家庭（夫妻）命运共同体"理想。

本节综合采取考古学、历史学、神话学、人类学、社会学、文学、哲学等领域的成果，笔者尝试从婚姻法文化学意义上解读"家庭整体主义"论题。

二、传说时代"伏羲女娲"夫妻一体的思想

家庭（夫妻）命运共同体是中华文化中的家文化发展过程中的基本文化意向。"神话传说的本身原系远古各时代人类实际生活所构成的一种遗留到后代的传说，这些传说一经反映到后代人的脑子里，便被复制和混合起来。"②中华文化关于婚配的最早起源，源自伏羲女娲传说。伏羲女娲并称最早见之于《淮南子·览冥训》篇。《淮南子·精神训》载：

古未有天地之时，惟像无形，窈窈冥冥，芒艾漠闵，澒蒙鸿洞，莫知其门。有二神混生，经天营地，孔乎莫知其所终极，滔乎莫知其所止息。于是乃别为阴阳，离为八极，刚柔相成，

---

① 徐国栋教授曾言，家庭法哲学是我国部门法哲学研究领域的处女地。参见徐国栋：《家庭法哲学两题》，载《法制与社会发展》2010年第3期。赵毅认为，作为部门法哲学的民法哲学和亚部门法哲学的家庭法哲学在晚近获得了长足的发展，新人文主义思潮在其中尤为独树一帜。新人文主义民法哲学主张主观诚信与客观诚信之统一、平等原则非民法基本原则和民法的公私法混合性，新人文主义家庭法哲学主张家庭关系的屈从性，包括夫妻关系的相对屈从和亲子关系的绝对屈从。无论是新人文主义民法哲学还是作为其组成部分的家庭法哲学，它们的最终目的都是实现民法对人的回归和对弱者予以保护。新人文主义民法哲学和家庭法哲学透射了社会变迁中的私法研究范式转变，其价值取向是正义。参见赵毅：《新人文主义民法哲学和家庭法哲学述评》，载《河北法学》2013年第8期。笔者认为，应当考量国家管制私密领域的界限及原则等家庭法哲学命题。参见李春斌：《挑战与回应：性别正义视域下的家庭暴力与正当防卫——兼论〈反家庭暴力法〉的家庭法哲学》，载《辽宁师范大学学报（社会科学版）》2015年第2期。

② 吕征羽：《史前期中国社会研究》，生活·读书·新知三联书店1961年版，第55页。

万物乃形；烦气为虫，精气为人。①

最早传说二者为兄妹，"兄妹配偶"是伏羲女娲最基本的传说轮廓。现代人类学之种种证据足以证明，这是一个"兄妹配偶兼洪水遗民型的人类推源故事"。② 后又由"兄妹说"引申为"夫妇说"。伏羲女娲由兄妹结为夫妻的神话最早见于《独异志》："昔宇宙初开之时，只有女娲兄妹二人在昆仑山，而天下未有人民。议以为夫妻，又自羞耻。兄即与其妹上昆仑山，咒曰：'天若遣我兄妹二人为夫妻，而烟悉合；若不，使烟散。'于烟即合。其妹即来就兄。"③

甘肃天水被公认为伏羲的故里，每年都有大型的伏羲公祭，当地流传的伏羲女娲的神话一开篇就说："盘古开了天地，有了日月；女娲伏羲结了婚，有了男女，有了阴阳。"④

当代考古学的系列证据，诸如，山东武梁祠出土之石刻画像（如图1-6所示）足以证明，伏羲女娲两尾相交，确为夫妇。⑤

后世出土的帛书（如图1-7）显示，天地乃由伏羲娶女娲为妻之后才得以开辟，这意味着人类对于天地的认识似乎与一种固定的婚姻制度的产生同步出现，而最早严格意义上的婚姻制度是标志着母系氏族社会诞生的族外婚制。女娲作为古人心目中的女性先祖及婚制的创立者，也正可视为母系制诞生的标志。所讲伏羲迎娶女娲，其实不过是后人以父系对偶家庭为模式对祖先生活的追忆而已。⑥ 可见，伏羲女娲传说作为中华家庭文化最早的起源传说，其两尾相交，基本功能正是要向后世传达夫妻一体的思想。

图1-6　山东嘉祥武梁祠　东汉伏羲、女娲石刻画像

图1-7　隋高昌故址阿斯塔纳(Astana)墓室彩色帛画，斯坦因得

三、新石器时代北斗合日月自然律从而男女胖合一体

新石器时代之初，中国先民开始仿照北斗合日月的规律合男女，这就是中国婚姻法和

---

① 《淮南子》，陈广忠译注，中华书局2016年版，第122页。
② 闻一多：《伏羲考》，田兆元导读，上海古籍出版社2006年版，第12页。
③ 转引自武文：《阴阳和谐的思维原始——论伏羲、女娲的人文意识》，载《西北师大学报（社会科学版）》1993年第1期。
④ 转引自武文：《阴阳和谐的思维原始——论伏羲、女娲的人文意识》，载《西北师大学报（社会科学版）》1993年第1期。
⑤ 闻一多：《伏羲考》，田兆元导读，上海古籍出版社2006年版，第15页。
⑥ 冯时：《中国天文考古学》，中国社会科学出版社2001年版，第49页。

中华法的起源。① 中国先民发现了北斗阴阳合历自然规律,并将之视为宇宙的基本规律。他们认为人应亦同此理,故按照这一规律制定了婚姻法度。② 李幡在其博士论文《中国婚姻法文化考论》③中对此有精彩描述。

将军崖婚姻岩画 A 组(如图 1-8 所示)的右上方(天地分界线以右)是天上自然上帝北斗、日、月,左下方是地下人类上帝北斗、男、女。地下部分还有一个总徽标、一个男徽标、一个女徽标。自然上帝北斗由两部分组成(司日北斗婚姻神、司月北斗婚姻神),人类上帝北斗也由两部分组成(司男北斗婚姻神、司月北斗婚姻神),一部分司日、男,另一部分司月、女。男子皆随日神以"∴"数为标志,有的配以双睛。女子皆随月神以花蕾头为标志,其性别整体上以"∷"配婴儿为标志,而"∷"来自月神四目。地下凡十男十女,他们组成一个婚姻单位。④

图 1-8　将军岩婚姻岩画 A 组

资料来源:李幡:《中国远古婚姻与岩画婚姻法文本》,载《寻根》2015 年第 5 期。

有观点认为,中国远古的十夫十妻制、三夫三妻制和一夫一妻制都是在人人自由、男女平等的背景下发生的,有着共同的男女平等、对等理念。⑤ 李幡认为,自新时期时代始,中国人在长达数千年的婚姻法实践中发展出男女胖合自由平等理念理所当然。只有采取合理的结合形式,阴历月和阳历季节才能结合成紫薇阴阳合历。只有采取合理的结合形式,男女才能成为自由平等的幸福伴侣。婚姻法岩画文本中,无处不表达着这种理念。⑥ 换言之,中国人在相当早的历史时期内就将天地间的阴阳法则,通过比附或者置换的方式应用到人

---

① 李幡:《中国远古婚姻与岩画婚姻法文本》,载《寻根》2015 年第 5 期。
② 李幡:《中国远古婚姻与岩画婚姻法文本》,载《寻根》2015 年第 5 期。
③ 李幡:《中国婚姻法文化考论》,黑龙江大学 2011 年博士学位论文;李幡:《中国婚姻法文化考论》,黑龙江大学出版社 2012 年版。
④ 李幡:《中国远古婚姻与岩画婚姻法文本》,载《寻根》2015 年第 5 期。
⑤ 李幡:《中国远古婚姻与岩画婚姻法文本》,载《寻根》2015 年第 5 期。
⑥ 李幡:《中国新时期时代的婚姻立法》,载《中国法学会婚姻家庭法学研究会 2015 年年会暨中国民法典之婚姻家庭编制定研讨会论文集(上)》,西南政法大学民商法学院及外国家庭法及妇女理论研究中心承办,中国重庆,2015 年 10 月 24—25 日,第 127 页。

类社会之男女秩序上,"敬天""法天""天人一体",从而"法律则天"①。

《周易·系辞上》载:"天尊地卑,乾坤定矣;卑高以陈,贵贱位矣;动静有常,刚柔断矣……在天成象,在地成形,变化见矣……乾道成男,坤道成女……"②《黄帝四经·十大经·果童》载:"观天于上,视地于下,而稽之男女。"③从这些经典的记载中可知,"天人一体观"是中华先祖很早就有的哲学思维。人道效法天道,人道和天道合一,从而"天人一体""天人合一"。家庭(夫妻)如天地乾坤,阴阳和合,成为一体,方能顺应天道。

图1-9 遂公盨铭文

四、商周祭祀文化"婚媾协天"之家庭一体思想

西周青铜器铭文《遂公盨》④称"心好德,婚媾亦唯协天",强调合二姓之好必洽于天意。"婚媾协天"意同天作之合,这是天将归德授命的征兆。铭文于此独称"婚媾协天",足见西周时期,人们已将婚姻之事与天道结合起来考虑。

《左传·文公二年》:"凡君即位,好舅甥。修婚姻,取元妃以奉粢盛,孝也。"《礼记·昏义》:"昏礼者,将合二姓之好,上以事宗庙,而下以继后世也。故君子重之……妇至,婿揖妇以入,共牢而食,合卺(jǐn)而酳(yìn),所以合体同尊卑,以亲之也。"⑤

中国传统婚俗仪式中最称关键的程序,当推"合卺"。过去,人们也常把"合卺"作为结

---

① 法律则天是中国古代法律在设置和运行上的最高原则。关于天学和法律的关联,可参见方潇《天学与法律》(北京大学出版社2014年版)。在笔者的阅读范围内,该书是中国大陆地区第一本就天学和法律的关联进行阐发的著作。
② 陈鼓应、赵健伟注译:《周易今注今译》,商务印书馆2005年版,第582页。
③ 陈鼓应注译:《皇帝四经今注今译:马王堆汉墓出土帛书》,商务印书馆2007年版,第241页。
④ 遂公盨(又名豳公盨、燹公盨)高11.8厘米,口径24.8厘米,重2.5千克,椭方形,直口,圈足,腹微鼓,兽首双耳,耳圈内似原衔有圆环,今已失,圈足正中有尖扩弧形缺,盨盖缺失,内底铭文10行98字。器口沿饰分尾鸟纹,器腹饰瓦沟纹。它是2002年春天由北京保利艺术博物馆专家在海外文物市场上偶然发现的,现已入藏北京保利艺术博物馆。铭文在盨的内底,共有10行98字。遂公盨铭文全文:天命禹敷土,随山浚川,乃差地设征,降民监德,乃自作配乡(享)民,成父母。生我王作臣,厥贵唯德,民好明德,寡顾在天下。用厥邵绍好,益干(?)懿德,康亡不懋。孝友,訏明经齐,好祀无(废)。心好德,婚媾亦唯协。天厘用考,神复用祓禄,永御于宁。遂公曰:民唯克用兹德,亡海(悔)。
⑤ 《礼记·昏义第四十四》,参见[战国]孟子等:《四书五经》,中华书局2009年版,第456页。

婚的代称。《礼记·昏义》："妇至，婿揖妇以入，共牢而食，合卺而酳，所以合体同尊卑，以亲之也。"①《礼记正义》对此段的注疏是："'共牢而食'者，在夫之寝，婿东面，妇西面，共一牲牢而同食，不异牲。'合卺而酳'者，酳，演也。谓食毕饮酒，演安其气。卺，谓半瓢，以一瓢分为两瓢，谓之卺。婿之与妇各执一片以酳，故云'合卺而酳'。'所以合体同尊卑，以亲之也'者，'同尊卑'，谓共牢也。所以'合体同尊卑'者，欲使婿之亲妇，妇亦亲婿，所以体同为一，不使尊卑有殊也。"②从这段记载看，"合卺"在春秋时代就已经流行，具体方式是，将一个葫芦剖为两个瓢，用一根线系住两个瓢的柄端，合起来依然是个完整的葫芦，故名"合卺"。新郎新娘进入洞房后，各执此物的一半饮酒漱口，叫"合卺而酳"。隋唐以后，合卺仪式趋于复杂，有依旧用葫芦瓢为盛酒器的，也有改用酒杯但仍以彩线连接的。行礼时，须新郎新娘互相传饮，美称"交杯酒"或"合欢酒"。宋代孟元老所撰的《东京梦华录》卷五《娶妇》对此就有相关记载："新编事文类聚翰墨全书乙集：按娶妇之家，亲迎入门，妇下车，婿揖以入，行交拜合卺之礼，如是而已。"③直到现代，"交杯酒"依然是婚礼上的重要环节。在一些农村地区，剖瓠为勺共饮喜酒的旧俗也依然保留着。

由此看来，宋词《少年游》所谓"合卺杯深，少年相睹欢情切。罗带盘金缕，好把同心结"④的意境，长期以来确已成为有情人终成眷属时的共同心理。自东汉起，郑玄、贾公彦等经史学家都对合卺之义作过阐释，多认为这是夫妻自此相敬相爱、尊卑相同的象征。清人张梦元在《原起汇抄》⑤卷十五中，又进一步考证了用匏即葫芦瓢饮酒的意义，指出匏"谓之卺，今作卺"。合卺有两方面的含义：一是葫芦（匏）味苦，用之饮酒，可提示新婚夫妇今后当同甘共苦；二是匏乃古代的一种乐器，即笙、竽之类，用之可喻音韵调和，也就是夫妇如琴瑟和好。这些说法，常为后人在解释"合卺之礼"时所采用。

"敬慎重正，而后亲之，礼之大体，而所以成男女之别，而立夫妇之义也。男女有别，而后夫妇有义；夫妇有义，而后父子有亲；父子有亲，而后君臣有正。故曰：'昏礼者，礼之本也。'"⑥郑玄注："言子受气性纯则孝，孝则忠也。"孔颖达正义："所以昏礼为礼本者，昏姻得所，则受气纯和，生子必孝，事君必忠。孝则父子亲，忠则朝廷正。故《孝经》云：'丧则致其哀，祭则致其严。'是昏礼为诸礼之本也。"⑦事实上，时人不仅认为婚姻体现了忠孝之德，而且成为端正一切人伦关系的基础，这些观念与铭文阐述的以孝与信为本质的人道思想吻合无间。有学者指出，这种独特的人道观直接影响了后世儒学道德体系的构建，以至于孔子

---

① 《礼记·昏义第四十四》，参见［战国］孟子等：《四书五经》，中华书局2009年版，第456页。
② 《礼记正义》，［汉］郑玄注，［唐］孔颖达疏、吕友仁整理，上海古籍出版社2008年版，第1168～1169页。
③ ［宋］孟元老撰：《东京梦华录》，邓之诚撰，中华书局1982年版，第149页。
④ 全词为：［宋］无名氏：《少年游·上苑莺调舌》：上苑莺调舌，暖日融融媚节。秦晋新婚，人间天上真奇绝。傅粉烟霄，倾国神仙列。彼此和鸣，凤楼一处明月。歌喉佳宴设。鸳帐炉香对爇。合卺杯深，少年相睹欢情切。罗带盘金缕，好把同心结。终取山河，誓为夫妇欢悦。
⑤ ［清］张梦元：《原起汇抄》，清抄本影印版，作者自藏。
⑥ 《礼记·昏义》第四十四，参见［战国］孟子等：《四书五经》，中华书局2009年版，第456页。
⑦ 《礼记正义》，［汉］郑玄注，［唐］孔颖达正义、吕友仁整理，上海古籍出版社2008年版，第1169页。

论《诗》教以教民向德,必从《关雎》开始。① 这不能不说是儒家伦理对中华文化影响之深远。

五、礼乐文化汉学"阴阳和合"家庭一体的思想

先秦的阴阳观念并无主次、尊卑之分。老子明确说:"道生一,一生二,二生三,三生万物。"②道生了太一,太一生了阴阳,阴阳生了全体为三,三生了宇宙万有。这在《易经》中表现得最为明显。易者,日月交错变易也。古人通过观察天象,自然得出白天—黑夜、光明—黑暗、热—冷等两种对立的自然现象,于是阴阳的观念经过中华人文始祖伏羲氏的创制而生八卦,即八种自然现象,天地日月山泽风雷。

《周易·系辞》载:古者包牺氏之王天下也,仰则观象于天,俯则观法于地。观鸟兽之文,与地之宜,近取诸身,远取诸物,于是始作八卦,以通神明之德,以类万物之情。③

可以说,阴阳哲学观念的出现,是中国哲学的根本。将天地间的自然法则比附人世间的法则,将天道、地道、人道结合起来论述,所谓"人法地、地法天、天法道、道法自然",是中国哲学的典型特点。从"绝地天通"人神分离,再到"天人感应",从而"阴阳和合""天人合一",这一路传下来的中华文化"道统",在很长时间内都具有强烈的人本主义色彩。而"夫妇和""夫妇合"作为这种人本主义文化家庭秩序的根本,则一直以儒家"修齐治平"为基点,所谓"修身齐家"才能"治国平天下"。"家国同构""家国天下"在当时的时代背景下不仅不是倒退,更是最适合农业社会小农经济的制度建构方式。即便在当世,其价值也一如有学者所述,"其以文明间架组织公共空间,遵循承认政治的相互性普遍主义,蔚为一种立国模式,也是一种当下人生价值论,以和平为凭,以自由立国,自由即善,而适成一种世界公民共和主义"。④

在百家争鸣时代,儒家、儒学的地位并非至尊,只是道、墨、兵、农、杂、阴阳等"百家"中的一家。儒学从孔子开始,"述而不作",弟子辑《论语》,传到孟子,大力发挥"性""气"学说,最后到汉儒,才真正成为中华传统文化的主导,而在其中起主导作用的主要是董仲舒。

汉代大儒董仲舒固然强调"三纲",但仔细阅读《春秋繁露》,其"阴阳兼合""夫妻一体"的思想也是非常明显的,有学者将这种思想称之为"传统中国亲属法的阴阳法则"。⑤ 笔者则称之为汉学"阴阳和合"家庭一体的思想。在《春秋繁露·基义第五十三》载:"凡物必有合……阴者阳之合,妻者夫之合……物莫无合,而各合与阴阳。阳兼于阴,阴兼于阳,夫兼于妻,妻兼于夫……君臣、父子、夫妇之义,皆取诸阴阳之道。夫为阳,妻为阴……妻兼功与夫,阴兼功与阳……"⑥

---

① 冯时:《儒家道德思想渊源考》,载《中国文化研究》2003 年秋之卷,第 92 页。
② [魏]王弼注:《老子道德经注》,楼宇烈校释,中华书局 2011 年版,第 120 页。
③ 陈鼓应、赵健伟注译:《周易今注今译》,商务印书馆 2005 年版,第 650 页。
④ 许章润:《论"家国天下"——对于这一伟大古典汉语修辞义理内涵的文化政治学阐发》,载《学术月刊》2015 年第 10 期。
⑤ 金眉:《中国亲属法的近现代转型》,法律出版社 2010 年版,第 8~13 页。
⑥ [汉]董仲舒撰:《春秋繁露》,叶平注译,中州古籍出版社 2010 年版,第 161 页。

本来，先秦思想中"阴阳"概念是地位平等的结构，但经过董仲舒《春秋繁露》的改造，"阴阳"被置于尊卑的地位。阳代表男性、父系，阴则代表女性、母性，阳在上、阴在下，阴要顺遂阳、阴要服从阳，家庭（夫妻）共同体的关系类型由原来的"和"降为现在的"合"。"尽管如此，儒家化的法律还是在充分肯定这种属相对立的基础上保障共同体存在的'合'的状态。"①

这种儒家汉学的"阴阳和合"夫妻一体的思想，在历代典籍及古典法律文化中多有反映。如《仪礼·丧服》载："父子一体也，夫妻一体也，昆弟一体也，故父子手足也，夫妻牉合也，昆弟四体也。"②

可见，在以礼乐文化为核心的中华传统家文化中，的确是将"夫妻一体""夫妻牉合"作为自己的根本思想和理念。当然，这与"家国天下""家国同构"的文化结构、政治秩序密切关联。

《唐律疏议·卷十四·户婚·妻无七出而出之条》载：[疏]议曰："伉俪之道，义期同穴，一与之齐，终身不改。故妻无七出及义绝之状，不合出之。"③

《唐律》作为中华古典法律的典范，后世《大元通制条格》《宋刑统》《大明律》《大清律例》等古典法律几乎均以《唐律》为范本，自然地也就将"伉俪之道，义期同穴，一与之齐，终身不改"之"阴阳和合"夫妻一体之思想加以承继。

实际上，不仅法典有此规定，更有出土的实物证据证明这种思想的存在。公元9—10世纪（唐后期至宋初）的"敦煌放妻书"被视为存世最早的离婚书实物。关于敦煌放妻书的研究，④学界主要认为是体现唐宋时期离婚形式中"和离"问题，认为放妻书的实质是以男方为主体解除婚姻关系的一种契约体现，⑤但对其更为重要的伦理价值意蕴则研究不足。

保存完整俄藏 Дх.11038-3《放妻书》写道："窃闻夫妇义重，如手足似难分；恩爱情心，同唇齿如不别。况且夫妇念同牢之乐，恰似鸳鸯双飞，并胜花颜，共坐两得之美。二体一心，

---

① 金眉：《中国亲属法的近现代转型》，法律出版社2010年版，第12页。
② 陈戍国点校：《周礼·仪礼·礼记》，岳麓书社1989年版，第220页。
③ 刘俊文点校：《中华传世法典·唐律疏议》，法律出版社1999年版，第291页。
④ 学界涉及放妻书的相关研究成果有：[日]仁井田陞：《支那身份法史》，日本东方文化学院出版社1942年版；仁井田陞：《敦煌发见唐宋时代之离婚书》，载《文化汇刊》1941年第2卷第1期；谭蝉雪：《敦煌婚姻文化》，甘肃人民出版社1993年版；刘俊文：《唐律疏议笺解》，中华书局1996年版；王斐弘：《敦煌法论》，法律出版社2008年版；杨际平：《敦煌出土的放妻书琐议》，载《厦门大学学报（哲学社会科学版）》1999年第4期；张艳云：《从敦煌〈放妻书〉看唐代婚姻中的和离制度》，载《敦煌研究》1999年第2期；段塔丽：《从夫妻关系看唐代妇女家庭地位的变化》，载《兰州大学学报（社会科学版）》2001年第6期；刘文锁：《敦煌"放妻书"研究》，载《中山大学学报（社会科学版）》2005年第1期；乜小红：《对俄藏敦煌放妻书的研究》，载《敦煌研究》2008年第3期；邵郁：《敦煌"放妻书"浅议》，载《天水行政学院学报》2009年第3期；胡翠霞：《敦煌放妻书研究综述》，载《丝绸之路》2011年第8期；耿静：《敦煌放妻书浅议》，载《牡丹江大学学报》2013年第7期；买小英：《论敦煌放妻书中所反映的伦理观念》，载《甘肃社会科学》2016年第2期；王阳：《敦煌放妻书词语考释》，载《古籍整理研究学刊》2016年第2期；王阳：《敦煌放妻书校释考辨》，载华东师范大学中国文字研究与应用中心、华东师范大学语言文字工作委员会主编：《中国文字研究》，上海书店出版社2018年版；洪越、刘倩：《从〈放妻书〉论中古晚期敦煌的婚姻伦理与离婚实践》，载南京大学古典文献研究所主编：《古典文献研究》2018年第1期；范学君：《唐五代敦煌婚姻浅议——以敦煌文书为中心的探讨》，南京师范大学2007年硕士学位论文。
⑤ 乜小红：《对俄藏敦煌放妻书的研究》，载《敦煌研究》2008年第3期。

生同床枕于(寝)间,死同棺椁于坟下,三载结缘。"①

所谓夫妻二人"二体一心,生同床枕于(寝)间,死同棺椁于坟下,三载结缘"一方面固然表明夫妻二人"互为连理,恩爱有加,难舍难分的深厚情义",②而更为重要的则是反映家庭整体主义、夫妻共同体的思想。当代社会,"人类命运共同体由原初的以家庭和种族为单位,经过以民族和国度为单位,形成以国度、民族、宗教等元素复杂交织的格局,正在转向以人类整体为单位的新的视角。这是人类文明进步的全新阶段"。③人类命运共同体的基础恰恰是以家庭为最基本单位,所以家庭整体主义、夫妻共同体才是当下构建人类命运共同体的最原始基因。

在沙知先生辑校的《敦煌契约文书辑校》文本 P.4525《年代不详留盈放妻孟氏书》中载:"盖闻夫天妇地,结因于三世之中。男阴(阳)女阳(阴),纳婚于六礼之下。理贵恩义深极,贪爱因性。生前相守抱白头,死后要同于黄土。"④

所谓"生前相守抱白头,死后要同于黄土"这样"既不多揭示矛盾,也不伤害男女任何一方"⑤的家庭(夫妻)命运共同体思想,彰明昭然。

谭蝉雪所著的《敦煌婚姻文化》辑录了两则敦煌"放妻书"。《放妻书一道》和《放妻书[一]道》载:"盖次(以)伉儷(俪)情深,夫妇义重,幽怀合卺之欢,□同□牢之乐。夫妻相对,恰似鸳鸯双飞,并月来(膝)花颜,共坐两德之美。恩爱极重,二体一心,死同棺椁于坟下。三载结缘,则夫妇相和。"⑥

所谓"伉儷(俪)情深,夫妇义重……二体一心,死同棺椁于坟下。三载结缘,则夫妇相和"反映的也是这种家庭(夫妻)命运共同体思想,不可不察。

除法典的规定,一些著名公牍判词也对"阴阳和合"家庭整体主义之思想加以申述。如明代公牍秘本《新纂四六和律判语》"出妻"条中记载:

> 配偶从天作,协女家男室之宜;夫妇重纲常,为居内事外之则。故为关雎叶韵,须如琴瑟调和。配纳弗嫌,德重孔明之盛;赘妻无二,史嘉恭叔之贤。今某伦理不惇,纲常有悖,顿失同心之美,遽成反目之乖。南涧克供,辄藉口蒸梨之失;东派既坦,动驾言食枣之非。殊无可去之端,妄坐当离七恶。效尤百里奚之薄,竟忘庆廖(yǎn yí)之恩;不思宋仲子之仁,必固糟糠之爱。顷违六礼,忍割百年。因衰驰敬,珠宜还于孟尝。倚势移情,法当隶乎萧相。⑦

"阴阳和合"家庭整体主义、夫妻共同体思想最根本的理念就是"夫妻同心"。这种思想

---

① 乜小红:《对俄藏敦煌放妻书的研究》,载《敦煌研究》2008 年第 3 期。
② 买小英:《论敦煌放妻书中所反映的伦理观念》,载《甘肃社会科学》2016 年第 2 期。
③ 欧阳康:《全球治理变局中的"一带一路"》,载《中国社会科学》2018 年第 8 期。
④ 沙知编:《敦煌契约文书辑校》,江苏古籍出版社 1998 年版,第 471~473 页。
⑤ 乜小红:《对俄藏敦煌放妻书的研究》,载《敦煌研究》2008 年第 3 期。
⑥ 谭蝉雪:《敦煌婚姻文化》,甘肃人民出版社 1993 年版,第 72~76 页。
⑦ 郭成伟、田涛点校:《明清公牍秘本五种》,中国政法大学 2012 年第 2 版,第 85 页。

在中国传统社会的"诗教"①传统中更是得到了淋漓尽致的发挥。从《诗经》到唐诗,这种思想在不同诗歌文学作品中不断传唱,延续至今。《诗经·邶风·击鼓》载:

> 击鼓其镗,踊跃用兵。土国城漕,我独南行。从孙子仲,平陈与宋。不我以归,忧心有忡。爰居爰处,爰丧其马。于以求之,于林之下。死生契阔,与子成说。执子之手,与子偕老。于嗟阔兮,不我活兮。于嗟洵兮,不我信兮。②

其中"执子之手,与子偕老"是为世人所憧憬的理想爱情和婚姻状态,而白居易《长恨歌》中的"在天愿作比翼鸟,在地愿为连理枝"更加传神地表达了世人对美好爱情和婚姻的最高理想。

这些证据表明,在我国传统社会中,婚姻的目的"只在于宗族的延续及祖先的祭祀。完全是以家族为中心的,不是个人的,也不是社会的"。结婚就"具有宗教性,成为子孙对祖先之神圣义务"。③

可见,"阴阳和合"家庭整体、夫妻共同而非独立的所谓自由人的个体,才是我国本土化的传统婚姻法文化的最小构成因子。

六、近现代科学理性时代的民法典从未放弃家庭整体主义、夫妻共同体思想

在传统中国社会中,"家族主义和阶级概念始终是中国古代法律的基本精神和主要特征,它们代表法律和道德、伦理所共同维护的社会制度和价值观念"④。但是,随着时代的变化,尤其是晚清时期,随着对内镇压义和团运动失败及外御八国联军侵华,当时的知识分子发现儒家伦理"家国同构"的政治秩序有可能导致亡国灭种;救亡图存成为当时知识界最重要的思想共识。有鉴于此,晚清政府迫于内外忧患,力图"维新",寻找国家和民族的出路。对历经两千年形成的以家为核心展开的儒家伦理的批判,就成为当时社会思潮的主流。

伴随着该种历史社会背景和破旧立新的思潮,1909年诞生了中国第一部民法典草案《大清民律草案》。在该法典制定之初,就有家族主义和个人主义之争。当时,多数立法者认为,家族主义具有数千年的历史传统,是本国固有法,是国人生活的习惯之一。⑤《大清民律草案》"亲属""继承"两编,"虽采用新法,唯虑及人事法缘于民情风俗,自不能强行规抚,乃酌量变通,或本诸经义,或参诸道德,以维民彝于不敝,仍不忘旧情于传统伦理观念,如沿用宗法制度,亲等采寺院计算法,以期与旧服制图相近,乃至家政统于家长等项,固有法色

---

① 孔子曰:"入其国,其教可知也。其为人也,温柔敦厚,诗教也。疏通知远,书教也。广博易良,乐教也。絜静精微,易教也。恭俭庄敬,礼教也。属辞比事,春秋教也。故诗之失愚,书之失诬,乐之失奢,易之失贼,礼之失烦,春秋之失乱,其为人也,温柔敦厚而不愚,则深于诗者也。疏通知远而不诬,则深于书者也。广博易良而不奢,则深于乐者也。絜静精微而不贼,则深于易者也。恭俭庄敬而不烦,则深于礼者也。属辞比事而不乱,则深于春秋者也。"《礼记·经解第二十六》,载[战国]孟子等:《四书五经》,中华书局2009年版,第415页。
② 周振甫译注:《诗经译注》,中华书局2010年修订2版,第41~42页。
③ 瞿同祖:《中国法律与中国社会》,中华书局1981年版,第88页。
④ 瞿同祖:《中国法律与中国社会》,中华书局1981年版,第327页。
⑤ 张晋藩主编:《中国民法通史》,福建人民出版社2003年版,第1128页。

彩遗韵犹存"①。《大清民律草案》起草说明称:"中国今日之社会实际情形,一身之外,人人皆有家之观念存","而家长、家属等称谓散见于律例中颇多……数千年来,惯性家属制度之习尚,是征诸实际"。对于采取何种主义,立法当局解释斟酌如下:"个人主义与家属主义之在今日,孰得孰失,故尚有研究余地,而我国家庭制度,为数千年来社会组织之基础,一旦欲根本推翻之,恐窒碍难行,或影响社会太甚。"②当时,家属主义在这场争论中占有优势。其最终成果是用一章即第二章"家制"专门规定了家的法律地位以及家长和家属之间的关系。③

《大清民律草案》以家族主义为立法宗旨。当时,法案面对的仍是家族占据话语强势的社会,由于家族势力的强大,不得不承认与家庭财产④有关的家族习惯。《大清民律草案》第四编的立法理由曾明确表示:"吾国律例,凡包括族亲、姻亲之处,均用亲属。律中所云亲族,盖专指同宗之亲而言。亲属包括全体,亲族不过指亲属中之一种。按诸律例,文义显明。现拟定名为'亲属律'(小注:以后均用亲属名)。至于亲族,则为专指同宗亲族之名,不包姻族于其内。"⑤可见,其采用"亲属编"之名实际上表达的是中国文化"家属""家族""家庭"之意,是典型的家族主义思路。

1911年10月10日,辛亥革命推翻满清政府,结束了二千余年的封建帝制。帝制推翻后,1915年陈独秀创办《新青年》(原称《青年杂志》)杂志,该杂志的创办标志着新文化运动正式拉开序幕。新文化运动的主将们深知,要破除旧的文化价值就必须对"家"进行彻底批判。当时的知识界普遍有感于封建专制对个人自由的戕害,故对其激烈批判,希望从中找到中华民族的未来。在公共领域,封建专制主义的帝制已经被推翻。因此,下一步私人领域对封建专制主义批判的矛头自然而然地指向了私领域的家——所谓家国同构、皇权与绅权中的"家""绅权",其实都是指私人领域的家。由此,批判私领域中的家,其最核心目标即为构成中国传统社会基础的家族⑥、家庭。

1930年国民党执政期间编纂了重要的民事法典《民法·亲属编》。当时关于亲属立法

---

① 宣统三年(1911年)九月初五日,《修订法律大臣俞廉三等奏编及民事前三编草案告成善册呈览折》,载故宫博物院明清档案部汇编:《清末筹备立宪档案史料(下册)》,中华书局1979年版,第913页。
② 谢振民:《中华民国立法史》,中国政法大学出版社2000年版,第786~787页。
③ 潘维和:《中国历次民律草案校释》,台北汉林出版社1982年版,第329~330页。
④ 关于家庭财产问题,还可参见俞江:《论民法典"家庭编"的体系构造》,载何勤华主编:《民法典编纂论》,商务印书馆2016年版,第62页;林辉煌:《家产制与中国家庭法律的社会适应——一种"实践的法律社会学"分析》,载《法制与社会发展》2012年第4期;方乐:《法律实践如何面对"家庭"》,载《法制与社会发展》2011年第4期;俞江:《中国亟宜确立新型的家制和家产制——婚姻法解释(三)评议》,载《清华法治论衡》2011年第1期;赵晓力:《中国家庭资本主义化的号角》,载《文化纵横》2011年第1期;俞江:《继承领域内冲突格局的形成——近代中国的分家习惯与继承法移植》,载《中国社会科学》2005年第5期;等等。
⑤ 《中华民国暂行民律草案》,法政学社民国元年(1912)校刊本,第四编亲属"定名",第1页。
⑥ 梅因爵士的名著《古代法》早有说明,古代社会,人与人之间关系,局限于家族,各成员均有其独立的身份,而整个社会的秩序,即以此身份关系为基础而建立。故不论在政治经济或社会方面,均以家族为单位,个人当不能有其独立的地位,从而也不能有其独立意思的表达。"人"的一切关系都是被概括在"家族"关系中的,甚至法律的拘束力也只及至各"家族"而不是个人。参见[英]梅因:《古代法》,沈景一译,商务印书馆1959年版,第95~96页。在梅因爵士看来,以家族为单位的考量是古代法的首要特征,所谓现代社会的变化,恰恰是从以家族为单位的身份关系向以个人为单位的契约关系的演进。这就是梅因提出的"从身份到契约"的著名公式。需要说明的是,梅因所言说的是家族而非家庭。

争议的九个方面,其中有两个方面就是关于家的,即家制是否应规定以及家制本位问题。当时国民党中央会议,综合各方意见,采纳维持家制的观点,最后决定,"家制应设专章规定之"。① "我国家庭制度为数千年来社会组织之基础,一旦欲根本推翻之,恐窒碍难行,或影响社会太甚,在事实上似以保留此组织为宜;在法律上自应承认家制之存在⋯⋯"②《民法·亲属编》部分主要系确立男女平等之原则,注重社会的公益,保障弱势的权利。例如,亲属分为配偶、血亲、姻亲三种,泯除父系、母系亲等的差异,改采罗马法计算亲等,废除妻之限制能力的规定,厘定夫妻财产制、夫妻互有遗产继承权。废除宗祧继承制及嫡子、庶子、嗣子、私生子之名义,确立法定继承人及指定继承人之划分、男女继承平等原则、限定继承人之继承、遗嘱方式之厘定、特留份财产之规定等。女子无论出嫁未嫁,均有遗产继承权及代位继承权。家长不论性别,家以共同生活为本位,置重于家长之义务。凡此诸端,对传统律例中的礼教名分、身份差等、家族宗法观念均产生相当大的冲击,有着脱胎换骨的气象。③

这部法典在国民党败退台湾以后,虽历经多次修订,但一直在中国台湾地区沿用至今。中国台湾地区现行"民法""亲属编"第六章规定的依然是"家"、第七章规定的依然是与"家"密切关联的"亲属会议"。④ 当下,中国台湾地区依然坚持家本位、家整体、夫妻共同体思想。

中华人民共和国成立后,制定1950年《婚姻法》时,处于急于建设一个新中国,彻底切断与封建主义、帝国主义的一切联系的时代背景下,法律起草者未深入反思"家庭整体主义、夫妻共同体"的问题。1980年《婚姻法》则是个体自由价值观主导下主动"开放"的婚姻法。直至2011年《婚姻法解释三》公布,彻底将个人主义、自由主义、个人产权发挥到充分,这些内容优先于赡养、抚养、照顾弱者等考虑,而婚姻家庭的牺牲、利他、奉献、责任等基本伦理有所旁落,完全用财产法的逻辑处理强身份属性的婚姻家庭关系。⑤ 这不仅与中国基层社会的实际情况不相符合,而且完全偏离婚姻家庭法自身的利他、合作、互惠、伦理、整体的价值取向,理当受到质疑。

自从1978年实行"改革开放"政策以降,西学东渐,学界引进西学、高举自由旗帜,以个人自由冲撞婚姻家庭法领域的利他、合作、互惠、伦理、整体的价值取向,以结婚自由、离婚自由理念替换夫妻整体、婚姻整体、家庭整体的思想,以原子化个人取代家庭团体,从而导致当代婚姻家庭法领域很多乖张之法律现象。在引进这些西方思想和理论时,忽略了西方的宗教背景,而只进行制度性移植,忽略甚至有意排斥在有着非常深厚本土基础的家庭整体主义、夫妻共同主义思想。更为重要的是,在全球后现代主义思想浪潮的席卷下,去中心化、反同一性、强调解构主义思维方式的盛行,使得整体、集体等共同体思想遭到弱化,家庭整体主义、夫妻共同体思想的法文化内涵不断消亡。其原因,正是与以个体、自由、个人、多

---

① 国民党中央政治会议第236次会议通过《亲属法先决各点审查意见书》第八点,1930年7月23日送交立法院。转引自赵凤喈:《民法亲属编》,台北正中书局1970年第13版,第256页。
② 国民党中央政治会议第236次会议通过《亲属法先决各点审查意见书》第八点以及有关继承先决各点审查意见书,1930年7月23日送交立法院。转引自赵凤喈:《民法亲属编·附录》,台北正中书局1970年第13版,第256页。
③ 黄源盛:《中国法史导论》,广西师范大学出版社2014年版,第427~428页。
④ 陈忠五编:《新学林分科六法:民法》,台北新学林出版股份有限公司2011年第10版,第137、139页。
⑤ 李春斌:《家庭法律化:民法典编纂中婚姻家庭编的重大使命——基于中国家庭法百年来变革的反思》,载《辽宁师范大学学报(社会科学版)》2017年第4期。

元的后现代哲学思潮密切关联。现行《民法典》婚姻家庭编、《民法典婚姻家庭编解释（一）》《民法典婚姻家庭编解释（二）》，同样受到这种后现代解构主义哲学思潮的影响，立法者不仅没有对这种思潮保持应有的警惕，反倒自动顺应了这种思潮。

面对当下逐年增高的离婚率和日益减少的出生人口，我们不得不思考《民法典》婚姻家庭编该如何处理婚姻家庭领域"法治及其本土资源"。将个人（自然人）为主体、为唯一的价值取向还是要将家庭整体、夫妻共同体作为精神气质和伦理旨归，这是必须作出的选择。正如有学者在研究夫妻财产制的价值取向问题时所指出的："夫妻财产制的认知，表象是民法共同共有原理，实质蕴含夫妻甘苦与共的婚姻家庭的伦理期许。"实际上，非但夫妻财产制如此，整个婚姻家庭法均是以家庭整体主义、夫妻共同体作为精神灵魂和价值取向的。

中华民族的伟大复兴需要充分彰显文化自信。中华文化中的家文化、家哲学是中国对世界文化的宝贵贡献。法典是制度文化的固化，民法典是中国市民社会家庭生活和经济生活的制度文化表达。民法典编纂中最能体现中国特色、最具伦理色彩和民族特征的固有法即是婚姻家庭编。因此，真诚维护婚姻家庭法的整体主义法功能，推动婚姻家庭编领域的社会法化，是《民法典》婚姻家庭编实施中必须认真面对的命题。家庭整体、夫妻共同体是当下构建人类命运共同体的最原始基因和最基本单位。

第四节

民法典框架下的亲属关系：亲与疏的界定与分类

人类学家主张"亲属关系是出于共同的生活条件和共同的记忆"，"亲属制度的定义是'存在的相互性'，亲人是相互的成员，内在于彼此的身份和存在之中"。[①] 汉语"亲属"一词，以"言相隐衬""恩相连属"为其本意，将具有血缘和婚姻纽带不同于常人、有着相衬相续的紧密关系人连接在一起。[②] 历史上我们曾用"五服九族"全面概括了以婚姻和血缘为基础，以家庭为核心的社会关系基础。因此，"亲属是基于婚姻、血缘和法律拟制而形成的社会关系，区分为配偶、血亲和姻亲三类。配偶是男女因结婚法律行为而设立的亲属，是血亲和姻亲的基础。血亲是具有血缘关系的亲属；姻亲是以婚姻为中介产生的亲属，夫对于妻、妻对于夫的亲属，均为姻亲"[③]。国家运用亲属关系制定的"身份生活之法"，"一方面为关于身份关系之设定、废止及变更，他方面为有此身份者间所生之权利义务"，制订"关于公共秩序善良风俗之公益的规定"。[④] 费孝通先生认为："亲属关系是根据生育和婚姻事实所发生的社

---

① ［美］司马少林（马歇尔·萨林斯）：《亲属关系是什么，不是什么》，陈波译，商务印书馆2018年版，第10、55页。
② 杨大文主编：《亲属法》（第5版），法律出版社2012年版，第1页。
③ 乔伟主编：《新编法学词典》，山东人民出版社1985年版，第768页。
④ 史尚宽：《亲属法论》，中国政法大学出版社2000年版，第4～5页。

会关系。"①经典作家恩格斯在《家庭、私有制和国家的起源》一文中精辟地对亲属的称谓进行了阐述:"这并不是一些毫无意义的称呼,而是实际上流行的对血缘亲属关系的亲疏异同的观点的表现;这种观点是一个完备地制定了的亲属关系的制度的基础,这种亲属制度可以表现单个人的数百种不同的亲疏关系。"②费先生形象地用"丢石头形成同心圆波纹的性质"阐述了亲属关系性质③,进而比较了中西方亲属关系的特点,指出"在西洋家庭团体中,夫妇是主轴,夫妇共同经营生育事务,子女在这团体中是配角,他们成长了就离开这团体"。"在我们乡土社会中……我们的家就是个绵延性的事业社群,它的主轴是在父子之间,在婆媳之间,是纵的,不是横的。夫妇成了配轴。"④可见,明晰区分亲属关系是对"血缘亲属关系的亲疏和辈分的观点的表达",⑤是对社会人伦的彰显。"近代以来,亲属之间利益依赖关系日渐松散,彼此的密切程度、情谊关系越来越生疏,有些亲属关系变成仅仅是观念上的存在。"⑥"欲治其国者,先齐其家",《民法典》把握了时代的变迁和发展,以婚姻关系作为婚姻家庭编编撰的逻辑起点,开宗明义"本编调整因婚姻家庭产生的民事关系"⑦。将亲属划分为配偶、血亲和姻亲,用家庭成员、近亲属、其他亲属作了分类,规定了家庭成员相互之间的权利和义务,确定了包括配偶、血亲和姻亲为亲属的中国特色婚姻家庭关系。⑧又用"家庭成员"概念阐释中国当代社会基础细胞的法律主体性质,同时将社会主义核心价值观的伦理理念以规则化、制度化方式予以固定。

一、《民法典》确认的亲属关系

(一)基于自然行为和社会行为而建立的关系

"婚姻的本质是自然属性和社会属性的同一。婚姻的自然属性,是指男女两性的生理差别、人类固有的性的本能和种族的繁衍。"⑨男女双方达到法律规定年龄后,无直系血属、三代以内旁系血亲关系的人,自愿结为夫妻的,双方共同到民政部门办理结婚登记手续,获准结婚的,即建立夫妻关系,夫妻互为配偶。法律上,国家承认可以结婚的主体是一男一

---

① 费孝通:《乡土中国》,上海人民出版社2007年版,第25页。
② 《马克思恩格斯选集》第4卷,人民出版社1972年版,第24页。
③ 费孝通:《乡土中国》,上海人民出版社2007年版,第25页。
④ 费孝通:《乡土中国》,上海人民出版社2007年版,第39页。
⑤ 吴江:《解读〈家庭、私有制和国家的起源〉》,吉林出版集团股份有限公司2013年版,第62页。
⑥ 蒋月:《20世纪婚姻家庭法:从传统到现代化》,中国社会科学出版社2015年版,第126页。
⑦ 《民法典》第1040条。
⑧ 《民法典》第1045条。
⑨ 王歌雅:《中国亲属立法的伦理意蕴与制度延展》,黑龙江大学出版社2008年版,第243页。

女,是异性婚姻,不承认同性之间可以结婚。① 结婚应当履行法定程序,是一种附有行政性质的民事法律行为。即就登记行为而言,申请登记的当事人一方与登记机关形成行政法律关系;就登记男女双方而言,则是将自愿互为配偶的意思表示固定下来的民事行为。结婚行为是人类自然属性与社会属性相结合形成的一种自然行为、社会行为和法律行为,其行为结果是男女双方组成一个称作家庭的结合体。恩格斯引用马克思《摩尔根〈古代社会〉一书摘要》中的观点:"家庭是一个能动的要素;它从来不是静止不动的,而是随着社会从低级阶段向较高阶段的发展,从较低形式进到较高的形式。反之,亲属制度却是被动的;它只不过是过了一个长久的时期把家庭逐渐发生的进步记录下来,并且只是在家庭已经急剧变化了的时候,它才发生急剧的变化。"于是得出了"家庭继续发展的时候,亲属制度却僵化起来;当后者以习惯的方式继续存在的时候,家庭就已经超过它了"。② 经典作家深刻而辩证地阐明了家庭与亲属制度相互之间的关系,得出了结婚产生的结合体成为血亲与姻亲的基础,同时也是亲属制度的基础之结论。

1. 互为配偶的婚姻关系

结婚是指男女双方依照法律规定的条件和程序确立配偶关系的民事法律行为,并承担由此而产生的权利、义务及其他责任。结婚行为具有如下基本法律特征:结婚的主体是男女两性;③双方有互为配偶的共同意思表示;男女双方符合法律规定的能够结婚的条件;男女双方亲自到婚姻登记部门进行登记;登记机关审查认为符合结婚的条件,发给结婚证书,取得结婚证书男女即互为配偶。结婚既是个人行为,也是社会行为。因结婚产生的社会关系,从公民个体彼此之间的感情关系向人身关系、财产关系、对外社会关系延伸,最后成为庞大社会关系中最原始、最基本的关系细胞。这个细胞不断裂变,产生了家庭、家族、宗族、民族乃至阶层阶级,进而产生了国家。各国把亲属法作为社会治理最基本和基础性的法律制度来设置,史尚宽先生深刻地指出:"亲属法主要的为关于公共秩序善良风俗之公益的规定。"④新中国成立以来,历次《婚姻法》的制定、修改一直到《民法典》编撰实施,都从结婚自愿性、结婚年龄、禁忌的血亲条件等作为结婚登记的条件,《民法典》用第1046条、第1047条、第1048条、第1049条和第1050条五个条款明确规定民法典时代结婚条件、结婚的禁忌、结婚登记程序和成为彼此家庭成员的要件,建立起亲属关系的法律基础。(见表1-3)

---

① 同性婚姻是指同性之间的婚姻关系。同性婚姻法合法的国家有:阿根廷、澳大利亚、比利时、巴西、加拿大、哥伦比亚、丹麦、芬兰、法国、德国、冰岛、爱尔兰、卢森堡、马耳他、墨西哥、荷兰、新西兰、挪威、葡萄牙、南非、西班牙、瑞典等。在同性婚姻的支持者中,其也称为婚姻平等或平等婚姻权。同性婚姻是对传统婚姻模式的一种创新,体现了现代婚姻多元化的发展趋势,满足了同性恋人士的结婚需求,具有重要的历史进步意义。截至2019年,同性婚姻与民事结合在全球五大洲得到合法化,全球范围内实现同性婚姻合法化的国家或地区达到30个。参见https://m.bala.iask.sina.com.cn/p/4PpEBiqTFcjQ,最后访问日期:2022年7月20日。2017年5月24日台湾地区"司法院"作成释字第748号解释,2017年我国台湾地区成为亚洲同性婚姻合法化的第一地区。关于同性婚姻研究,蒋月教授在《婚姻家庭法前沿导论》(第2版)(法律出版社2016年版)一书的第八章中,以"同性结合与同性婚姻研究"作了专门论述。

② 《马克思恩格斯选集》第2卷,人民出版社1972年版,第25页。

③ 目前,承认同性之间可以建立婚姻关系的由荷兰、挪威等12个国家,又有奥地利、匈牙利等11个国家承认在同性之间可以民事结合。见同性婚姻_360百科,https://baike.so.com/doc/4927622-5147250.html,最后访问日期:2022年6月28日。

④ 史尚宽:《亲属法论》,中国政法大学出版社2000年版,第5页。

表 1-3　新中国《婚姻法》关于结婚条件规定对比

立法时间	结婚年龄	禁忌条件	亲历性	意思表示	互为家庭成员	无效婚姻
1950 年	男 20 岁，女 18 岁	1. 为直系血亲，或为同胞的兄弟姊妹和同父异母或同母异父的兄弟姊妹者；其他五代内的旁系血亲间禁止结婚的问题，从习惯。 2. 有生理缺陷不能发生性行为者。 3. 患花柳病或精神失常未经治愈，患麻风或其他在医学上认为不应结婚之疾病者。	男女双方亲自到所在地（区、乡）人民政府登记。	男女双方本人完全自愿，不许任何一方对他方加以强迫或任何第三者加以干涉。	未作规定。	未作规定。
1980 年	男不得早于 22 周岁，女不得早于 20 周岁	1. 直系血亲和三代以内的旁系血亲； 2. 患麻风病未经治愈或患其他在医学上认为不应当结婚的疾病。	男女双方必须亲自到婚姻登记机关进行结婚登记。	男女双方完全自愿，不许任何一方对他方加以强迫或任何第三者加以干涉。	双方约定，女方可以成为男方家庭的成员，男方也可以成为女方家庭的成员。	未作规定。
2001 年	男不得早于 22 周岁，女不得早于 20 周岁	1. 直系血亲和三代以内的旁系血亲； 2. 患有医学上认为不应当结婚的疾病。	必须亲自到婚姻登记机关进行结婚登记。	结婚必须男女双方完全自愿，不许任何一方对他方加以强迫或任何第三者加以干涉。	登记结婚后，根据男女双方约定，女方可以成为男方家庭的成员，男方可以成为女方家庭的成员。	1. 重婚的； 2. 有禁止结婚的亲属关系的； 3. 婚前患有医学上认为不应当结婚的疾病，婚后尚未治愈的； 4. 未到法定婚龄的。

续表

立法时间	结婚年龄	禁忌条件	亲历性	意思表示	互为家庭成员	无效婚姻
2020年	男不得早于22周岁,女不得早于20周岁	直系血亲或者三代以内的旁系血亲禁止结婚。	要求结婚的男女双方应当亲自到婚姻登记机关申请结婚登记。	结婚应当男女双方完全自愿,禁止任何一方对另一方加以强迫,禁止任何组织或者个人加以干涉。	登记结婚后,按照男女双方约定,女方可以成为男方家庭的成员,男方可以成为女方家庭的成员。	1. 重婚;2. 有禁止结婚的亲属关系;3. 未到法定婚龄。
结论	新中国成立初期30年规定结婚年龄低于施行计划生育后40多年	直系亲属和三代以内旁系血亲在禁止结婚之列。对于生理疾病,随着医学的发展,逐渐不在禁止之列。	结婚登记的亲历性是保障婚姻自主权的有效方法,始终坚持着。	禁止干涉婚姻是保障婚姻自由的又一重要的手段。	基于男女平等的原则,结婚男女双方都可以成为对方家庭成员。	婚姻效力问题有一个渐进的过程,20世纪的立法没有规定婚姻效力,而进入21世纪开始立法开始关注婚姻效力问题。

"配偶为亲属关系之泉源,既无亲等可言,又无直系旁系可分。"①配偶之间,既具有感性的情感关系——爱情基础,又有理性的伦理关系,即维系家庭的情感和伦理的基础。卢梭说:"一切社会之中最古老的而又唯一自然的社会,就是家庭。"②恩格斯在分析家庭起源时,认为在第二次社会大分工之后,一夫一妻制的家庭成为社会的经济单位,③并从血缘关系、亲等关系到姻亲关系,不断向外延伸,编织成网络庞大的社会关系。就法律属性而言,配偶关系既具有人身关系,又有经济关系,即相互扶养、继承的人身与经济关联。

2. 互为伴侣的同居关系

成人男女选择"以共同生活为目的的长期生活合作伙伴关系"④,以对方为伴侣而自愿共同居住、共同生活(包括共同性生活)的社会关系。两性结婚在自然属性上是以建立长期的性关系为目的,符合"以男女两性的生理差别为基础的自然规律,符合婚姻所承担的延续人类的基本生理功能"。⑤ 同居的双方当事人既有相互满足自然生理需要的意愿,也有生活上相互照料做伴的意思表示。以婚姻的形式而同居,在法律上还有一个相互忠诚义务的约

---

① 史尚宽:《亲属法论》,中国政法大学出版社2000年版,第50页。
② [法]卢梭:《社会契约论》,何兆武译,商务印书馆1980年第2版,第9页。
③ 吴江:《解读〈家庭、私有制和国家的起源〉》,吉林出版集团股份有限公司2013年版,第38页。
④ 官玉琴:《亲属身份法学》,厦门大学出版社2010年版,第60页。
⑤ 最高人民法院民法典贯彻实施工作领导小组主编:《中华人民共和国民法典婚姻家庭编继承编理解与适用》,人民法院出版社2020年版,第52页。

束。《民法典》第 1042 条第 2 款"禁止有配偶者与他人同居",将婚姻的伦理约束——相互忠实[1],上升为婚姻的强制性义务,"既包含夫妻之间性生活的专一,也包含夫妻间的情感交流和彼此尊重,以及夫妻不得恶意遗弃对方,不得为第三人利益牺牲、损害配偶一方的利益"[2]。

同居的社会学意义不仅限于婚姻的双方,非婚同居逐渐成为部分人的生活选择。随着观念开放开明,生活方式多元化发展,成年男女基于情感交流、生活需要,甚至是基于生理需求,愿意共同生活在一起,可又不愿受婚姻羁绊,同时也存在着对对方观望、考验的意思,采取"同居"这种"试婚"方式一起生活。这也成为某些不愿意生育的人采取的一种生活方式。近些年来,部分中青年同居者还愿意一起生育子女,有夫妻之实,却未行夫妻关系的法律手续;也因共同生活产生一定的共同财产,却不愿意通过婚姻登记,用"一纸婚约"将自己"束缚"。也有部分鳏寡老年人选择彼此同居,一方面是为生活上相互照料,减少子女负担;另一方面,是为避免将来各自子女之间生活上的矛盾,以及子女之间因遗产分配产生争执、矛盾,甚至百年后事之安排。同居正逐渐成为部分人选择的"性"生活方式。同居关系成为一种亚社会关系,我国立法未对婚姻之外的同居关系进行规范,只有最高人民法院为解决同居引起的社会矛盾采用司法解释的方式设定了解决同居关系带来的财产与子女的抚养问题处理原则。[3]

3. 财产共有的经济关系

结婚的行为使男女双方身份上成为相互配偶,彼此有了相互扶养的义务,有了相互继承的权利,同时各自的各项收入成为共同财产(除非有特别约定)[4],结婚使双方财产归属发生了变化,同时也使双方因履行夫妻义务而消费财产。于是夫妻之间的财产在归属、管理、使用、处分、收益等方面发生了深刻的变化,婚前个人财产在婚姻存续期间的收益成了共同财产,继承的财产也可能成为共同财产;婚姻存续期间的收入也成为共有财产(除非双方有特别约定),共同生活的消费性支出消减双方财产,结婚行为使得男女双方建立起一种紧密的、你中有我、我中有你的经济关系。当然民法典在设定夫妻财产制度中,引入了夫妻财产分别制和财产约定制,使夫妻财产制度形式更加丰富、更加多元,多元的家庭财产关系制度建立。

简言之,两性的结婚行为产生以互为配偶为主要形式的社会关系——婚姻关系,是非血缘纽带社会关系中最为亲近的亲属关系。在此基础上构建的家庭、亲属关系,成为家庭社会关系的基础和泉源,成为所有的社会关系的基石。

(二)亲——基于血缘的直系血亲关系与旁系血亲关系

1. 父母子女关系

"父母与子女、夫与妻这两种关系是家庭组织的基本轴心。但在中国所谓的'家',前者

---

[1] 《民法典》第 1043 条第 2 款。

[2] 最高人民法院民法典贯彻实施工作领导小组主编:《中华人民共和国民法典婚姻家庭编继承编理解与适用》,人民法院出版社 2020 年版,第 35 页。

[3] 最高人民法院《关于适用〈中华人民共和国民法典〉婚姻家庭编的解释(一)》第 3 条第 1 款规定:当事人提起诉讼仅请求解除同居关系的,人民法院不予受理;已经受理的,裁定驳回起诉。第 2 款规定:当事人因同居期间财产分割或者子女抚养纠纷提起诉讼的,人民法院应当受理。第 4 款规定:当事人仅以民法典第一千零四十三条为依据提起诉讼的,人民法院不予受理;已经受理的,裁定驳回起诉。

[4] 《民法典》第 1059 条、第 1060 条、第 1061 条、第 1062 条等。

的关系似乎更重要。家的基本特征是已婚的儿子中往往有一个不离开他们的父母,父母之中如有一人亡故,更是如此。"①费孝通先生用极简的文字把中国"家"的架构解构清楚,深刻地阐明了父母子女关系的核心内涵"家庭组织的基本轴心"。"因为亲属的结构的基础是亲子关系。"②亲子关系是"基于父母子女的身份关系而发生的权利和义务关系,以父母保护、教育未成年子女为根本内容"③。其性质是一种身份权,并由此延伸到各项与身份相关联的权益,并由契约来约束,实现从"身份到契约"的转变,这是近代社会人类发展的理性选择。但由于契约本身无法克服的困境,现代民法兴起了"从契约到身份"的运动,在身份关系中注入了尊重人的价值的进步和平等的理念,体现了人类的更高追求。④

父母子女关系是人类关系中最稳固的人身关系,也是亲属关系中最直接和稳固的,一方面基于血缘繁衍延续,另一方面是基于人伦发展。父母子女关系在法律上可以分为抚养(扶养、赡养)关系、权利保护关系、相互继承关系、相互尊重对方婚姻关系等人身财产关系。

(1)以抚养为特征的关系,主要有下列四种关系:

第一,父母对子女的抚养关系。父母对子女的抚养,既是自然的,也是社会的。子女从受孕到呱呱坠地之始,父母就开始履行自然抚育行为。这种责任既是自然的责任,也是社会的责任。这种责任是以法律义务的形态出现的,不仅《民法典》第26条和第1067条明确规定父母对未成年子女有抚养的义务,对不履行抚养义务的父母,未成年人子女或者不能独立生活的成年子女,有要求父母支付抚养费的权利,《刑法》第261条也规定了对年幼子女不履行抚养义务的父母,或者对年老的父母不履行扶养义务的子女,情节恶劣的构成遗弃罪,承担相应的刑事责任。⑤"抚养义务是父母双方的义务,一方是否与子女共同生活、父母之间是否离异等,均不影响该义务的承担。"⑥对离婚父母而言,直接抚养子女的一方承担了更多的抚育义务,非直接抚养子女的一方应当以及时支付抚育费用的方式,履行自己的抚育义务,同时还需要通过行使探望权,践行父母对未成年子女陪伴成长的责任。

第二,父母对非婚生子女的抚养关系。非婚生子女享有与婚生子女同等的权利,即使是不直接抚养非婚生子女的生父母一方,应当用支付抚养费的方式,⑦用以履行抚养义务。

第三,子女对父母的赡养关系。成年子女对父母,尤其是缺乏劳动能力或者生活困难的父母赡养,传统人伦上是一种"孝"的道德义务,或被赞之为美德;法律上则是一种义务,这种义务不以父母是否履行对子女抚养义务为对价,同时不受父母是否离异影响。"赡养义务的发生具有一定的条件,即父母有受人赡养的必要。"⑧为此,《婚姻法》(1980)在《婚姻法》(1950)确定的成年子女对父母有赡养义务的基础上,进一步明确成年子女不履行赡养

---

① 费孝通:《江村经济》,作家出版社2020年版,第26~27页。
② 费孝通:《乡土中国·家族》,上海人民出版社2007年版,第38页。
③ 官玉琴:《亲属身份法学》,厦门大学出版社2010年第2版,第97页。
④ 官玉琴:《亲属身份法学》,厦门大学出版社2010年第2版,第5、7页。
⑤ 《民法典》第26条、第1067条第1款。
⑥ 最高人民法院民法典贯彻实施工作领导小组主编:《中华人民共和国民法典婚姻家庭编继承编理解与适用》,人民法院出版社2020年第1版,第186页。
⑦ 《婚姻法》(1950)第13条、《婚姻法》(1980)第15条、《婚姻法》(2001)第21条、《民法典》第1071条。
⑧ 最高人民法院民法典贯彻实施工作领导小组主编:《中华人民共和国民法典婚姻家庭编继承编理解与适用》,人民法院出版社2020年7月第1版,第187页。

义务的,赋予缺乏劳动能力和生活困难的父母,有要求成年子女给付赡养费的权利。换句话说,就是成年子女有支付赡养费的义务,并为《婚姻法》(2001)和《民法典》所承继。① 近年来随着社会保障体系的不断完善,有相当一部分老年父母有了不菲的养老金,在经济上无须子女通过给付赡养费来落实赡养义务,而要求成年子女以陪伴为主要形式的赡养,理论界称之为精神赡养。实务中请求赡养的纠纷,虽然以要求经济上的赡养为主,但精神赡养的请求或者在要求经济赡养同时请求精神赡养的越来越多,已是婚姻家庭类纠纷中不容忽视的一项新请求。2018年修订的《老年人权益保障法》确定了对老年人精神赡养是一种法律义务:"赡养人应当履行对老年人经济上供养、生活上照料和精神上慰藉的义务,照顾老年人的特殊需要。"②明确关爱老年人的精神需求,不得忽视、冷落老年人,要"常回家看看";同时要求用人单位给予职工赡养的探亲假,从制度上予以保障和落实精神赡养的法律义务。③ 由于特别法有了相关的规范,《民法典》在立法时并未提及。

第四,拟制父母子女关系。拟制父母子女关系包含养父母与养子女关系、继父母与继子女关系两类。养父母子女关系是基于作为民事行为的收养而产生的,收养人、被收养人以及送养人都应当符合法律规定的条件,同时向县级以上人民政府的民政部门办理收养登记。收养关系自登记之日起成立,收养人与被收养人形成父母子女关系。所谓继父母子女关系是指丧偶或离婚当事人与另一方再行结婚,婚姻当事人任何一方原有的子女与另一方之间形成的一种姻亲关系。"继父母是继子女的血亲的配偶,继子女是继父母的配偶的血亲。"④共同生活的继父母子女、养父母子女享有与生父母子女同等的权利义务。拟亲是基于拟制产生的亲属关系,有两个种类:一是基于契约形成的养父母子女关系;二是基于配偶一方二次婚姻关系形成的继父母与继子女关系。

养父母子女关系,一般是基于契约产生身份上的关系。在近现代以前,无子嗣的夫妻,一般会通过两种方式来使己身的血亲延续。一种是从自己血亲兄弟的子女中挑选一个——一般是挑选男性,作为自己的子嗣,承继己身的宗祧;另一种是从外面通过购买或者由别人送养的方式,作为自己的子女抚养。前一种方式,承继宗祧者可以不脱离自己的血亲父母,也可以转由承继方抚养,形成真正意义上的养父母子女关系。其设立的目的在于让家庭(族)不因子嗣不足而衰亡。从他人处取得的子嗣,就是通过契约的方式,把他人的子嗣通过一定的程序,如签订契约,或者办理登记等方式,转为自己的子嗣,承继自己在宗族的位置和社会活动延展。1992年颁行的《中华人民共和国收养法》摆脱了旧时代家族宗祧承继的目的,设立保障未成年人健康成长的一种特殊制度。⑤《收养法》从未成年人受各种自然和社会因素,失去了家庭的有力保障,需要寻求一个新的家庭给予帮助出发来设立,

---

① 《民法典》第1067条第2款。
② 《老年人权益保障法》第14条。
③ 《老年人权益保障法》第18条:"家庭成员应当关心老年人的精神需求,不得忽视、冷落老年人。与老年人分开居住的家庭成员,应当经常看望或者问候老年人。用人单位应当按照国家有关规定保障赡养人探亲休假的权利。"
④ 最高人民法院民法典贯彻实施工作领导小组主编:《中华人民共和国民法典婚姻家庭编继承编理解与适用》,人民法院出版社2020年版,第214页。
⑤ 1992年颁行的《收养法》第2条规定:收养应当有利于被收养的未成年人的抚养、成长,保障被收养人和收养人的合法权益,遵循平等自愿的原则,并不得违背社会公德。

将可以被收养的未成年人确定为三种:一是丧失父母的孤儿;二是找不到生父母的未成年人;三是生父母具有特殊困难无力抚养的子女。民法典除了删去"十四周岁以下"外,照搬了《收养法》的相关规定,民法典实际上是扩大了被收养的范围。① 同时要求,收养应当向县级以上人民政府民政部门办理登记。未登记的,收养关系不成立。② 收养关系一旦成立并生效,养子女就与生父母脱离父母子女关系,与养父母建立父母子女关系。实务中存在着两种情形容易发生争议。第一种情形是,收养关系建立后,被收养人与生父母之间仍然保持正常的往来,甚至所有的人情世故均是按照父母子女关系来履行,于是产生了是否存在两个以上的父母子女关系的争议问题。第二种情形是,收养人在收养了被收养人后,在收养人成年后亡故,被收养人又与生父母有正常的往来,被收养人在继承了收养人的遗产之后,在生父母亡故后,是否可以继承生父母的遗产?被收养人是否可以享有双重继承权?

继父母继子女关系。生父母因为一方亡故或离异,与第三人重新登记结婚,建立新的家庭,与配偶子女形成新的父母子女关系,法律上定义为继父母继子女关系。继父母继子女关系是基于父母的结婚行为形成的社会关系。这种关系可亲可疏,若继父母与继子女共同生活,形成了事实上相互扶养的关系,则法理上将其推定为养父母与养子女关系,是一种拟制血亲。《继承法》将其作为第一顺序继承人来看待,《民法典》继承编延续了这样的推定。③ 当然,要形成类父母子女这么亲的关系,其直接的条件就是要在事实上形成或存在扶养关系,首先尽责任,然后立法再赋予法律上的权利。闽南有句俗语,深刻地阐释了这种关系:"养的大如天,生的拨一边。"④

(2) 以权利保护为特征的关系。以权利保护为特征的监护关系是父母子女关系中最重要的内容之一。《民法典》第27条规定"父母是未成年子女的监护人"。成年子女是无民事行为能力或限制行为能力父母的监护人。监护的内容是代理被监护人实施民事法律行为,维护被监护人的人身权利、财产权利和其他合法权益等。监护人必须按照最有利于被监护人的原则履行监护职责,除为维护被监护人利益外,不得处分监护人的财产。监护人即使被撤销监护资格,其所承担的抚养费、赡养费、扶养费义务,仍应继续负担。

(3) 以相互尊重婚姻自由为特征的关系。婚姻是构成家庭关系的重要前提,相互尊重婚姻自由是现代法律对父母子女关系的一项基本要求。自1950年《婚姻法》实施以来,经过历次修订,到《民法典》都规定了禁止包办、买卖婚姻和其他干涉婚姻自由的行为。这些规范调整的不仅是父母对子女婚姻的尊重,还调整了子女对父母维持婚姻状态与否的尊重,对丧偶或离异父母再婚自由的尊重。《民法典》以强制性规范调整和维系制度设定,要求"子女应当尊重父母的婚姻权利,不得干涉父母离婚、再婚以及婚后的生活"。用"应当""不

---

① 《收养法》第4条规定:下列不满十四周岁的未成年人可以被收养:(1)丧失父母的孤儿;(2)查找不到生父母的弃婴和儿童;(3)生父母有特殊困难无力抚养的子女。《中华人民共和国民法典》第1093条规定:下列未成年人,可以被收养:(一)丧失父母的孤儿;(二)查找不到生父母的未成年人;(三)生父母有特殊困难无力抚养的子女。

② 《收养法》第15条规定:收养应当向县级以上人民政府民政部门登记。收养关系自登记之日起成立。

③ 《继承法》第10条第3款、第4款。

④ 这句闽南俗语的意思是,对子女的养育功劳比天大,仅仅是生产而没有养育的父母的恩情和作用不如履行养育责任的父母。

得"这种强制性的法律术语来引导、规范子女尊重父母的婚姻自由权;同时,为避免子女因对父母婚姻的异议而不履行相应的义务,强调:"子女对父母的赡养,不因父母的婚姻关系的变化而终止。"从第三个视角强调了子女对父母婚姻的尊重。

(4)以相互陪伴为特征的关系。从自然属性看,人是群居的动物,更是社会人,自襁褓中通过母乳喂养(或父母用替代喂养)与父母开始互动社会交往,实现社会人的基本活动空间。父母对子女抚育的内涵随着经济社会的发展不断丰富起来,从纯自然的生理养育开始,以陪伴为主要形式的现代子女抚育日益成为抚育责任的重要内容;"养儿防老"也不再是低层次的经济扶助(生存性扶助),而是高层次精神抚慰和满足(精神性扶助)。从法律义务视角,父母有履行义务后对子女权利主张期待;子女从对父母的生存依赖,到成年后独立于父母,存在对义务承担的跳脱;从权利义务相一致视角,父母履行义务,子女也不能只享受权益,需要衡平父母子女之间的权利义务。这种衡平关系包含着丰厚的人伦意蕴,不能简单用金钱说事,需要更多的血浓于水的血脉相伴。陪伴已不仅是配偶之间相互依存的方式,也是父母子女维系关系的一种外在表现。年轻父母与未成年子女、成年子女与老年父母之间的相互陪伴已经成为理性的人生活于社会的精神生活中的重要组成部分。千百年来"子欲养而亲不待"始终在提示世俗之人不能留下遗憾,现代社会父母子女的陪伴业已成为现代人精神世界不可或缺的精神养分。社会媒介呼吁出外工作的成年子女,应当"常回家看看",就是期冀和倡导走出家庭的子女,回归家庭,给予父母更多的精神赡养。《民法典》第1043条倡导"家庭成员应当敬老爱幼,互相帮助,维护平等、和睦、文明的婚姻家庭关系",就是对这种精神给养的法治供给。遗憾的是,民法典未就这种精神层次的义务进一步作具体的规定,留待司法机关根据社会发展的状况予以更贴近生活的解释。我们期待着最高人民法院的解释。

(5)以相互继承为特征的关系。通观婚姻家庭编,父母子女之间财产关系交互,有三个层次。第一层是父母对子女抚育的付出,它既是自然法则使然,也是法定强制性义务和责任。第二层是子女对父母的赡养义务,这个层面,父母对子女财产方面的需求相较于第一层要弱化许多,尤其是现代社会,多数父母都有自己的养老金和医疗保险,子女在财产上的赡养付出,较20世纪多数父母没有养老金和医疗保障已减轻了许多。但随着20世纪50年代、60年代出生的人逐渐步入老年,他们绝大多数受过系统的文化和专业教育,至少也完成了初等教育,[①]在步入老年阶段后,对精神层面的需求相较于他们的长辈而言,需求要更多更强烈。第三层面,因亲人亡故出现了继承的财产权属根本性转移。互有继承权是父母子女之间亲权中最重要的权利之一,也是亲权延续、家庭开枝散叶,家族接续、氏族承继、民族发展的最主要的法律特征。为此,自1985年4月10日第六届全国人民代表大会第三次会

---

① 2021年5月11日国家统计局、国务院第七次全国人口普查领导小组办公室发布的第七次全国人口普查公报(第六号)《人口受教育情况》显示全国人口中,拥有大学(指大专及以上)文化程度的人口为218360767人;拥有高中(含中专)文化程度的人口为213005258人;拥有初中文化程度的人口为487163489人;拥有小学文化程度的人口为349658828人(以上各种受教育程度的人包括各类学校的毕业生、肄业生和在校生)。与2010年第六次全国人口普查相比,每10万人中拥有大学文化程度的由8930人上升为15467人;拥有高中文化程度的由14032人上升为15088人;拥有初中文化程度的由38788人下降为34507人;拥有小学文化程度的由26779人下降为24767人。http://www.xizang.gov.cn/rsxz/qqjj/rk/202105/t20210511_201996.html,最后访问日期:2023年2月27日。

议通过《中华人民共和国继承法》(以下简称《继承法》)到《民法典·继承编》,不仅明确规定"父母和子女有相互继承遗产的权利"①,还始终把父母子女的继承权摆在与配偶同一顺序中,作为第一顺序的继承人分享被继承人的财产②,是按照最近的亲权人给予法律制度上的安排。

父母子女关系在亲属关系中既是血缘上最基础最直接的关系,也是辨析亲等关系的第一支,在垂直的血亲亲等上形成自己向上与父母形成的血亲关系,向下与子女形成的血亲关系最近的三代血亲。再通过结婚行为横向延伸拓展,形成其他的旁系血亲。史尚宽先生"称直系血亲者,谓自身所从出或己身所出之血亲,即上下一贯而可成一直线之血亲,即溯至父母、祖父母、曾祖父母、高祖父母以上,降至子、孙、曾孙、玄孙、云孙以下者,皆为直系血亲。称旁系血亲者,谓非直系血亲而与己身处于同源之血亲,如兄弟姐妹同源于父母,伯叔姑同源于祖父母,对于自己均为旁系血亲"③。民法典未采用亲等制,未对亲权进行规定,但明文限定了亲属和近亲属的外延。④

2. 家庭成员

家庭成员是最亲近的亲属关系,是亲属网络中的核心。⑤ 1950 年《婚姻法》有家庭财产的规定,但没有为"家庭成员"设立法例。其后历次修正,虽使用了家庭成员这个概念,但未就这个概念的内涵和外延进行梳理规定,唯《民法典》作了"配偶、父母、子女和其他共同生活的近亲属为家庭成员"⑥的规定。"家庭成员"出现在《民法典》第 1042 条、第 1043 条、第 1045 条、第 1079 条、第 1091 条五个条款中,强调父母、子女无论是否在一起共同生活都是家庭成员,共同生活的近亲属也是家庭成员,但不是所有的近亲属都是家庭成员。理论界和实务界以是否"共同生活"作为认定家庭成员的标准,《民法典》用因虐待、遗弃或者家暴家庭成员,是夫妻感情破裂的判断标准,可以准予离婚,⑦同时也是离婚损害赔偿的追究过错方的条件。⑧ 也就是间接地承认了家庭成员的权利和地位。从该立法例看,家庭成员有两层意义:一是配偶、父母、子女是当然的家庭成员;配偶是亲属中最亲密的人,父母子女是血缘关系中最近的一类亲属,他们成为家庭成员是一种必然现象。二是其他"共同生活的近亲属"可以成为家庭成员,作为近亲属的兄弟姐妹、祖父母、外祖父母、孙子女、外孙子女是否能成为家庭成员,一个必要的条件是"共同生活"。要判断是否共同生活,主要有几个条件:户籍是否在同一户口本中,是否同住在一套房屋内,日常生活是否在一起,如日常三餐在一起享用等。儿媳、女婿在法律上不是公婆、岳父母的近亲属,但是可与公婆、岳父母成为家庭成员,因为儿媳与公婆的儿子是配偶关系,女婿与岳父母的女儿是配偶关系,作为相互配偶的夫妻是家庭成员的基本构成,与配偶的父母也就成为家庭成员。《民法典》以配偶为中心来排列亲疏关系图:配偶,父母子女、家庭成员、近亲属、亲属。

---

① 《民法典》第 1070 条。
② 《民法典》第 1127 条。
③ 史尚宽:《亲属法论》,中国政法大学出版社 2000 年第 2 版,第 55 页。
④ 《民法典》第 1045 条。
⑤ 蒋月:《家庭成员身份的确定及其权利和义务》,微信公众号"蒋讲家事法",2022 年 7 月 8 日。
⑥ 《民法典》第 1045 条第 3 款。
⑦ 《民法典》第 1079 条第 3 款第 2 项。
⑧ 《民法典》第 1091 条。

3. 近亲属

我国法律对近亲属概念几经调整，在不同的部门法中出现了不同定义。《中华人民共和国刑事诉讼法》第108条第6项规定，刑事诉讼中的近亲属包括夫妻、父母、子女、同胞兄弟姐妹。该规定把近亲属界定在最亲近的家庭关系上，基本是在配偶基础上以直接的血缘关系为特征，父母子女是直系血亲，同胞兄弟姐妹则是同样父母的血缘的承继，是最近的旁系血亲，该规定同时排除了非同胞兄弟姐妹作为近亲属的范围。[①] 最高人民法院《关于贯彻执行〈中华人民共和国民法通则〉若干问题的意见（试行）》[②]第12条规定，民法通则中规定的近亲属，包括配偶、父母、子女、兄弟姐妹、祖父母、外祖父母、孙子女、外孙子女。较之刑事诉讼法的规定，扩展到三代，上溯到祖父母辈，下溯到孙子女辈，在辈分上上下都多一辈，形成外拓的第一圈。最高人民法院法释〔2022〕11号《关于适用〈中华人民共和国民事诉讼法〉的解释》第85条则从当事人的委托代理人的资格角度，解释了近亲属是"与当事人有夫妻、直系血亲、三代以内旁系血亲、近姻亲关系以及其他有抚养、赡养关系的亲属"。这个解释在委托代理方面赋予了较宽范围的近亲属的代理人资格，但也表明最高司法机关在近亲属概念外延上向较远亲等延伸的理念。随着居民寿命的增长，三代以内旁系血亲基本保留旁系血亲的基干，直系血亲上溯三代、下溯三代是基本常态，上下四代、五代的情况也在不断增加。最高人民法院《关于适用〈中华人民共和国行政诉讼法〉的解释》第14条规定："行政诉讼法第二十五条第二款规定的'近亲属'，包括配偶、父母、子女、兄弟姐妹、祖父母、外祖父母、孙子女、外孙子女和其他具有扶养、赡养关系的亲属。"还在民事诉讼法司法解释的基础上，增加了"其他具有扶养、赡养关系的亲属"，是目前最高人民法院司法解释中近亲属概念外延最宽的一个解释。上述近亲属外延的界定都是最高司法机关根据不同部门法作出的解释，地方人民法院各审判业务部门根据自己条线的解释予以适用，造成了裁判不一的现象在不同审判业务部门之间出现。《民法典》第1045条第2款规定"配偶、父母、子女、兄弟姐妹、祖父母、外祖父母、孙子女、外孙子女为近亲属"。排除了近姻亲和其他有抚养、赡养关系的亲属作为近亲属，比《继承法》第10条第5款与民事诉讼法和行政诉讼法的解释范围要窄很多。民法典作为实体基本法律，将直接涵摄其他实体法、程序法及司法解释。最高人民法院在2020年为《民法典》施行所作的司法解释梳理中，并未调整。例如，2020年12月23日最高人民法院审判委员会第1823次会议在修正《最高人民法院关于适用〈中华人民共和国民事诉讼法〉的解释》中继续保留了"与当事人有夫妻、直系血亲、三代以内旁系

---

① 关于同胞兄弟姐妹，从语义上解读为同父母的兄弟姐妹。法律上应该就是同一夫妻所生育的子女互相称为同胞兄弟姐妹。笔者有个疑问，对同父异母的兄弟姐妹和同母异父的兄弟姐妹，算不算同胞兄弟姐妹？从字面上所谓同胞，是同一个母亲生育出来的都是同胞兄弟姐妹，那同母异父的是同胞，同父异母的就不能算同胞。区分这个意义在实体上关涉旁系血亲的亲疏界定问题，在程序上还涉及代理权的效力问题。随着民法典对近亲属的明确界定，未就同胞与否进行规定，从一般法律解释来看，包含同胞兄弟姐妹，也包含同父异母和同母异父的兄弟姐妹。《中华人民共和国继承法》第10条第5款规定最为宽域，本法所说的兄弟姐妹，包括同父母的兄弟姐妹、同父异母或者同母异父的兄弟姐妹、养兄弟姐妹、有扶养关系的继兄弟姐妹。《民法典》未将《继承法》这一规定全部吸收，做了折中，删去了"同胞兄弟姐妹"中的同胞二字，按照后法优于前法的原则，应当适用民法典的规定。如此，法律上再使用"同胞兄弟姐妹"就失去了法律意义。

② 该司法解释已于2021年1月1日失效。

血亲、近姻亲关系以及其他有抚养、赡养关系的亲属"①可以近亲属名义作为诉讼代理人。最高司法机关在实体法和程序法中解释同一名词的内涵与外延存在明显不同,与其在民法典实施后强调以民法典界定的概念作为统一司法尺度的理念又略有差别,②应当引起重视。实务中,应注意法律适用的差别,理论界则应给予关注和加强研究。

进入21世纪后,独生子女一代陆续步入婚姻殿堂。儿媳妇或女婿在生活上和公婆、岳父母的关系较自己的父母相差无几,完全符合民事诉讼法司法解释"其他有抚养、赡养关系的亲属"条件。从法律体系上考察,《继承法》第12条将尽了主要赡养义务的丧偶的儿媳和女婿,作为公婆或岳父母的第一顺序继承人来看待。既然法律推定儿媳、女婿在符合一定条件下可以作为第一顺位的继承人,那纳入近亲属的范围亦应无虞,然《民法典》编撰时并未将儿媳、女婿作为近亲属列入法条中。笔者以为,要尊重目前社会发展的实际情况,应将儿媳和女婿纳入近亲属的外延范围。实务界已有法官大胆使用"近姻亲"的概念,把"近姻亲"外延涵盖了媳妇、女婿、孙媳妇、孙女婿和其他有抚养赡养关系的亲属,甚至衍生为近亲属外延,拓展近亲属关系使用范围,以解决独生子女一代步入中老年以后"上有老下有小"的生活尴尬。既然实务已经给出了答案,理论和立法领域或可考虑予以规范。

4. 亲属

《民法典》对亲属的界定直截了当:"亲属包括配偶、血亲和姻亲。"③血亲是有血缘联系的亲属,以自然血亲为基本纽带,以拟制血亲为必要补充。在一夫一妻制中,配偶是确定或者是固定;血亲关系根据自然血亲的亲疏,分为直系血亲和旁系血亲,血亲亲属包含尊亲属、卑亲属和平辈亲属,④姻亲是以婚姻为媒介产生的亲属,与配偶方的血亲之间形成姻亲关系。血亲和姻亲是有辈分代数的,传统上对亲属的衍生一般以"五服九族"作为血亲和姻亲的亲属范围,但《民法典》并没有使用"亲等"概念,对血亲和姻亲的辈分代数进行限定,给实务在适用血亲辈分代数以区分权利义务方面造成困扰。比如,民事诉讼法规定只有近亲属才能作为民事诉讼的代理人⑤,没有把有姻亲关系的子女配偶为亲属范围,那儿媳妇和女婿这种在实际生活中有着紧密关系的姻亲,没有被纳入可以担任诉讼代理人的近亲属范围,这显然不符合当前的实际国情。实务中,绝大多数法院尤其是基层法院都将这类姻亲关系作为近亲属直接确认了他们的诉讼代理人资格。笔者作为长期在中基层工作的法官,尚未发现有当事人或代理律师对这类人的代理资格提出异议,也就是说对当事人子女的配偶以近亲属身份代理诉讼,已经获得普遍认可,那是否可以将近亲属这个概念的外延再延伸一些?中基层的司法实务普遍适用的"近姻亲"概念,其实是对近亲属外延延伸的尝试。为此,我们建议立法机关将"近姻亲"纳入亲属的衍生范围,并作为近亲属概念的外延。当

---

① 2020年12月23日最高人民法院审判委员会第1823次会议修正的《最高人民法院关于适用〈中华人民共和国民事诉讼法〉的解释》第85条。

② 最高人民法院认为,民法典婚姻家庭编中"已经明确规定了家庭成员的范围,在处理具体案件时应当以《民法典》的规定为准"。参见最高人民法院民法典贯彻实施工作领导小组编:《中华人民共和国民法典婚姻家庭编继承编理解与适用》,人民法院出版社2020年版,第50页。

③ 《民法典》第1045条第1款。

④ 最高人民法院民法典贯彻实施工作领导小组主编:《中华人民共和国民法典婚姻家庭编继承编理解与适用》,人民法院出版社2020年版,第49页。

⑤ 2022年《民事诉讼法》第61条第2款第2项

前,可以由最高司法机关作扩张解释,以满足人民群众的司法需求,解决中基层法院在法律适用中的困窘。

(三)疏——基于社会与自然行为结合产生的关系

"我们社会中最重要的亲属关系就是这种丢石头形成同心圆波纹的性质。亲属关系是根据生育和婚姻事实所发生的社会关系。从生育到婚姻所结成的网络,可以一直推出去包括无穷的人,过去的、现在的和未来的。"[1]其中"父母与子女、夫与妻这两种关系是家庭组织的基本轴心"[2]。从简单的两性结合,生殖繁衍,开枝散叶,传宗接代,逐渐演化由亲而疏、由近到远的社会网络状的关系,不断有新的两性结合围绕着基本轴心并形成新的轴心,波纹渐远,叠加渐多,网络渐疏,形成"香火"绵续。民间多沿用宗法制度之"三亲六戚"来表明亲属与亲戚的远近、亲疏。所谓"三亲":第一,"宗亲"。父系的亲属,就是与自己同一姓氏,血缘最近的关系,即与自己同一亲属的亲人,像父母、祖父母、叔伯、兄弟姐妹。第二,"外亲"。母系的亲属,虽然与自己不同姓氏,但在自己出生之前,就已经结成血缘关系了,即母亲家里的父母、兄弟姐妹,是第二重要的亲族。第三,"妻亲"。妻系的亲属,由己身(男性)婚姻所形成的姻亲关系,也就是己身与妻子之直系亲属的关系,这种亲缘关系是后天的,所以最远。女性结婚,嫁入夫家与自己娘家的关系,按照母系亲属"外亲"来对待。闽南地区传统习俗上更多地承继传统的宗法制度内容,用"内家"与"外家"来对"宗亲"和"外亲"进行区分。[3]《吕氏春秋》称:"何谓六戚?父、母、兄、弟、妻、子。"[4]一些国家或地区用亲等来区别亲属关系中的亲疏远近,我国古代用五服九族来区分这种亲疏远近的亲属关系,见图1-10。[5]

图1-10清楚地显示,亲属关系是从人类原始的繁衍生殖历程中由近到远的不断渐变,不断发展壮大。现行法律把这个渐变过程结合传统的亲等制度,从亲属概念入手,将人身关系和社会关系紧密的几个血亲和姻亲作为亲属法调整的对象,纵向血亲保留上下三代直系血亲——血亲五代(上下均含己身,连续算,有五代),所谓"纵观可通血缘关系",横向姻亲保留旁系两服三代,所谓"横看能知亲疏远近",形成"五三"制亲属关系模式,建立起亲属的人身和财产权利义务体系。在以男系血缘为主导的传统中国,将父系称为"堂",有同堂而居的意思,显得更亲,将母系称之为"表",显得疏了些,形成了"堂亲于表"的传统。借古典名著《红楼梦》中贾家亲疏为证。贾宝玉与贾琏是贾母史太君的孙子,他们的父亲贾政和贾赦为亲兄弟,他们为堂兄弟;林黛玉的母亲贾敏为贾赦、贾政的胞妹,林黛玉与贾宝玉、贾琏为表兄妹关系。薛宝钗系贾宝玉姨妈的女儿,二人系姨表姐弟关系。林黛玉和薛宝钗之间系远姻亲关系——林黛玉母亲贾敏与贾宝玉母亲王夫人是姑嫂的姻亲关系,薛宝钗母亲与王夫人是姐妹关系,薛与林通过王夫人搭起远姻亲关系,双方没有血缘联系,也没有直接的姻亲关系,但二人都有与贾家姻亲纽带,形成远姻亲的社会关系。这种远姻亲关系一般

---

[1] 费孝通:《乡土中国·差序格局》,上海人民出版社2007年版,第25页。
[2] 费孝通:《江村经济》,作家出版社2020年版,第26页。
[3] 闽南地区从女性结婚的角度,其嫁入夫家,则夫家的亲属属于其"内家"亲戚,而自己娘家的亲属,则属于"外家"的亲戚。
[4] 《吕氏春秋》(上),陆玖译注,中华书局2011年版,第88页。
[5] https://new.qq.com/omn/20201012/20201012A02I4U00.html,最后访问日期:2022年7月10日。

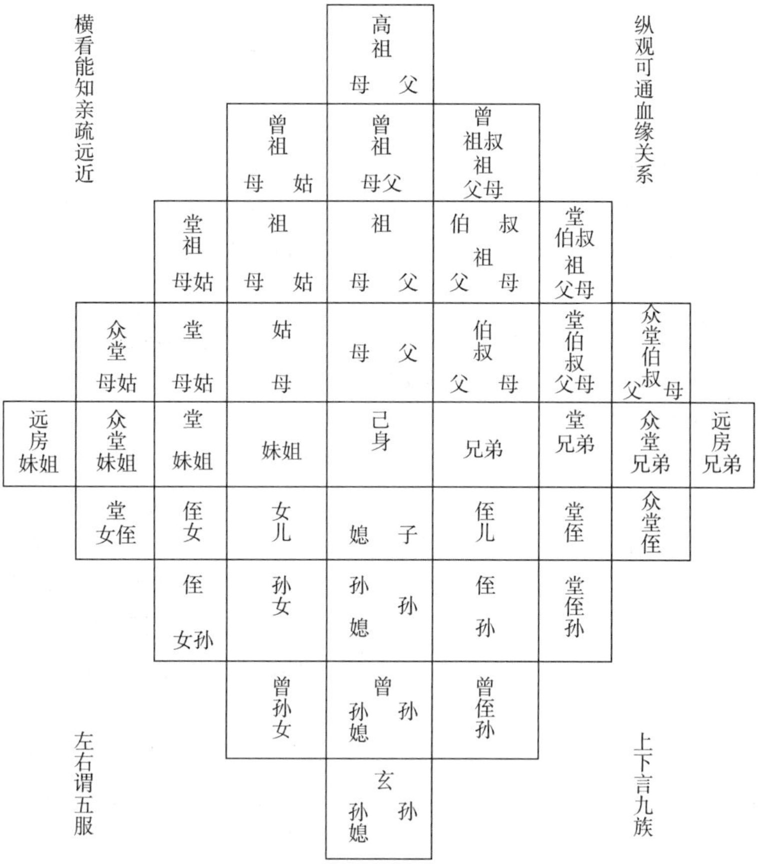

		高祖 父母				
	曾祖 姑母	曾祖 父母	曾叔祖 父母			
	堂祖 姑母	祖 姑母	祖 父母	伯叔祖 父母	堂伯叔祖 父母	
	众堂 姑母	堂 姑母	姑母	父母	伯叔 父母	堂伯叔 父母	众堂伯叔 父母
远房 姐妹	众堂 姐妹	堂 姐妹	姐妹	己身	兄弟	堂 兄弟	众堂 兄弟	远房 兄弟
	堂 侄女	侄女	女儿	子媳	侄儿	堂侄	众堂侄
		侄 孙女	孙女	孙 孙媳	侄孙	堂侄孙
			曾孙女	曾孙 孙媳	曾侄孙
				玄孙 孙媳	

横看能知亲疏远近　纵观可通血缘关系
左右谓五服　上下言九族

图 1-10　五服九族图

不纳入亲属关系中,而是作为一种姻亲纽带的社会关系而存在。①

1. 以旁系血亲为特征的堂、表兄弟姐妹

从血缘的视角来看,直系亲属是直接血缘上的承继衍派,同时也有旁系血缘的衍派。史尚宽先生依"民国民法"将血属和姻属区分为直系亲属与旁系亲属,进而区分直系血亲与旁系血亲、直系姻亲和旁系姻亲;父系亲属与母系亲属,②民间多以堂亲与表亲来区分。在父系亲属中,同胞兄弟之间的子女互称为堂兄弟姐妹;在母系亲属中,同胞兄弟姐妹之间子女则互称为表兄弟姐妹,有姑(舅)表、姨表。《民法典》对兄弟姐妹的外延予以界定,"本编所称兄弟姐妹,包括同父母的兄弟姐妹、同父异母或者同母异父的兄弟姐妹、养兄弟姐妹、有扶养关系的继兄弟姐妹"③。对堂、表兄弟姐妹未作进一步规定。观察历史,20 世纪 70 年代前,我国一对夫妻普遍不只生育一个孩子,在亲属关系上存在同胞兄弟姐妹、堂表兄弟姐妹关系。自 20 世纪 70 年代末以降,国家倡导一对夫妻只生一胎的计划生育政策,多数适育家庭只有一个孩子,同胞兄弟姐妹数量减到最低点,促进了堂、表兄弟姐妹在家庭生活和

---

① 闽南地区,用"面线亲"一词形象地描述这种社会关系。
② 史尚宽:《亲属法论》,中国政法大学出版社 2000 年版,第 55~56 页。
③ 《民法典》第 1127 条。

社会活动中的紧密度和依存度。大量同胞兄弟姐妹的下一代堂、表兄弟姐妹的关系亲密度上升到与同胞兄弟姐妹无异,彼此之间在社会上相互帮衬、支持程度也与同胞兄弟姐妹无二类。作为调整社会关系的法律应对这种社会现象予以关注重视,重新审视血缘上较同胞为远疏的堂、表兄弟姐妹在社会关系上的紧密性,从而对亲属的外延予以延伸。以《红楼梦》中人物来比喻,林黛玉、薛宝钗作为姑表、姨表姐妹到贾家,与贾宝玉同住大观园,彼此关系的亲密度远胜于未居住在大观园的贾宝玉同父异母的兄弟贾环。目前计划生育政策虽然已经做了调整,但亲属关系的演变需要通过时间来调整、适应。

2. 姻亲

史尚宽先生认为,姻亲以婚姻为中心,建立在夫妻平等的基础之上,"谓己身与血亲之配偶,配偶之血亲与配偶之血亲之配偶,彼此谓之姻亲"①。民法典颁行后,最高人民法院对姻亲作了学理归纳,"姻亲是以婚姻为中介而产生的亲属,与配偶方的血亲之间为姻亲关系"。同时提炼了我国传统的三类姻亲关系,(1)血亲的配偶,是己身的血亲包括直系血亲和旁系血亲的配偶;(2)配偶的血亲,即配偶的直系血亲和旁系血亲;(3)配偶的血亲的配偶。② 相关的法律没有对近姻亲作定义,学理上认为,近姻亲关系:姻亲是指以婚姻关系为中介而产生的亲属关系。近姻亲主要指配偶的父母、配偶的兄弟姐妹及其配偶、子女的配偶及子女配偶的父母、三代以内旁系血亲的配偶。③ (1)血亲的配偶,指自己直系、旁系血亲的配偶,如儿媳、姐夫等。(2)配偶的血亲,指自己配偶的血亲,如岳父、夫之妹等。(3)配偶的血亲的配偶,指自己的配偶的血亲的夫或妻,如妯娌、连襟等。姻亲关系因夫妻离婚或夫妻中一方死亡、他方再婚而消失。从立法权限看,近姻亲的定义应属于民法家庭婚姻法律范畴,民法典中应有相应的规定。我们注意到,我国的公务员(含法官、检察官)实行任职回避制度中明确"近姻亲关系"属于任职回避范围,④《公务员法》等将近姻亲作为公务人员任职回避的范围,系将近姻亲与公务人员有紧密社会关系来对待。可见,近姻亲关系已经成为家庭社会关系中重要的部分。然《民法典》仅对近亲属进行界定,未对近姻亲进行定义,也未将近姻亲纳入家庭关系中,显然与上述法律范畴不匹配,系法律漏洞。笔者以为,公务员法等相关法律规范对公务员的任职回避已将近姻亲关系纳入回避范围,可见立法机关对近姻亲关系在社会关系中的作用和地位的判断是明确的,同样这种关系对民事行为的影响也是深刻的。这一漏洞可以先由最高人民法院用司法解释的方式予以填补,待施行成熟

---

① 史尚宽:《亲属法论》,中国政法大学出版社 2000 年版,第 53 页。
② 最高人民法院民法典贯彻实施工作领导小组主编:《中华人民共和国民法典婚姻家庭编继承编理解与适用》,人民法院出版社 2020 年版,第 49 页。
③ 近姻亲关系,https://baike.baidu.com/item/%E8%BF%91%E5%A7%BB%E4%BA%B2%E5%85%B3%E7%B3%BB/9674180,最后访问日期:2023 年 2 月 5 日。
④《公务员法》第 74 条、《法官法》(2022)第 23 条、《检察官法》(2022)第 24 条均明确规定,有夫妻关系、直系血亲关系、三代以内旁系血亲关系以及近姻亲关系,在同一机构中应当实行任职回避。2011 年 12 月 12 日中共中央组织部、人力资源和社会保障部《公务员回避规定(试行)》第 5 条第 1 款规定,公务员凡有下列亲属关系的,不得在同一机关担任双方直接隶属于同一领导人员的职务或者有直接上下级领导关系的职务,也不得在其中一方担任领导职务的机关从事组织、人事、纪检、监察、审计和财务工作。(1)夫妻关系;(2)直系血亲关系,包括祖父母、外祖父母、父母、子女、孙子女、外孙子女;(3)三代以内旁系血亲关系,包括伯叔姑舅姨、兄弟姐妹、堂兄弟姐妹、表兄弟姐妹、侄子女、甥子女;(4)近姻亲关系,包括配偶的父母、配偶的兄弟姐妹及其配偶、子女的配偶及子女配偶的父母、三代以内旁系血亲的配偶。

后,再上升到立法,对民法典的相关规定予以完善。

此外,在部分地区,根据习俗还有其他类型的亲属称呼和归类。例如,在福建闽南一带,将五服之外的姻亲所建立起来的亲戚关系,称之为"面线亲",[①]主要概括了五服外的姻亲彼此之间的关系,并在民间的人情世故活动和社会交往中广泛使用。在当代中国,这种远近血亲关系和远近姻亲关系仍以一种普遍常态式存在,组成了紧密型和非紧密型的社会关系;尤其在农村地区,以此为基础建立的熟人社会,直接影响着一定区域内的社会治理。

二、亲属关系衍生的社会关系

尚有下列四类亲属姻亲关系,需要着重地分析。

(一)丧偶的媳妇、女婿与共同生活的公婆、岳父母关系

由于儿媳、女婿与公婆、岳父母并未成为近亲属,丧偶的媳妇、女婿,在其配偶亡故之后,他们与公婆、岳父母之间基于结婚行为产生的姻亲关系,因婚姻关系的终止而消失,法律上双方再无任何人身关系。我国家庭关系的传统,存在着丧偶的媳妇在家"守寡"之伦理,一些丧偶的媳妇不离家、不再婚。她们既抚养与先夫的子女,同时也代替先夫赡养公婆,与公婆形成了直接的扶养关系。丧偶的女婿虽然没有"守鳏"之约束,但一些丧偶的女婿基于本身的修养、与岳父母的良好关系或者岳父母只有独女等现实情况,代替先妻履行赡养岳父母的义务。为此,1985年《继承法》创设了丧偶的媳妇、女婿作为第一顺序继承人对公婆、岳父母遗产继承的制度。基本条件是,丧偶的媳妇、女婿对公婆、岳父母尽了主要赡养义务。[②]《继承法》将尽了主要赡养义务的媳妇、女婿作为公婆、岳父母拟制子女享有子女的权益,却未创设相应的反向制度,即对尽了主要赡养义务的丧偶媳妇、女婿一旦先于公婆、岳父母死亡的(如意外的事故或急性疾病——猝死等),公婆、岳父母可以成为他们拟制父母作为第一顺序继承人的权益制度。《民法典》原封不动地延续了《继承法》中的这一制度设置。[③] 生活总是瞬息万变,尽了主要赡养义务的丧偶的媳妇、女婿先于公婆、岳父母亡故也是客观存在的事实。立法仅就下对上的关系,排除了上对下关系的设置,未能反映或穷尽复杂社会生活中存在的不同事实状态,明显出现了漏洞。在立法完善之前,考虑可以

[①] 小说《红楼梦》中的几组人物相互关系解析:林黛玉与薛宝钗即系"面线亲"这种远姻亲关系;尚有典型的远姻亲人物是史湘云,她是史太君娘家侄子的女儿,与史太君关系为旁系五代以外的血亲,而史湘云与贾宝玉、林黛玉是近姻亲外的亲戚,史湘云与薛宝钗也是远姻亲外的亲戚。他们联系在一起来自两个关系,林黛玉父母林如海贾敏双双亡故,其外祖母史太君成为林黛玉的监护人,林黛玉因此来到贾府;史湘云是史太君侄孙女,史太君疼惜其年幼丧失双亲靠叔叔生活,经常性让其来贾府;薛宝钗因为进京投靠姨妈王夫人而来到贾府。林黛玉在贾府属于投亲,史太君有法定监护义务,是近亲属关系;史湘云系投靠亲戚,与史太君有较远的旁系血亲关系,但没有法定义务,与贾宝玉属于面线亲,林黛玉、史湘云则属于近姻亲外的戚友,属于"面线亲"。《红楼梦》以复杂的血亲、姻亲关系为纽带,以贾府大观园为场景,构建了一个亲疏远近的社会关系网,也很好地诠释了中国传统社会以"五服九族"为基本框架的亲疏伦理关系。

[②] 《继承法》第12条规定,丧偶儿媳对公、婆,丧偶女婿对岳父、岳母,尽了主要赡养义务的,作为第一顺序继承人。

[③] 《民法典》第1129条。

通过司法解释的方式来填补漏洞,虽然目前尚未看到有法院对此作出判决,但从法理上分析,我们可以设定相应的条件,即对应丧偶的儿媳和女婿作为第一顺序继承人的核心内涵是"尽了主要赡养义务"和长辈先于晚辈死亡事件要素,设定为满足对丧偶的儿媳或女婿对自己的公婆或岳父母"尽了主要赡养义务"和晚辈先于长辈死亡,推定公婆、岳父母作为媳妇、女婿的第一顺序继承人,与其他继承人共同继承。

(二)继兄弟姐妹关系

法律将继父母子女这一姻亲关系延伸到继兄弟姐妹,对有扶养关系的继兄弟姐妹,赋予了第二顺序继承人的权益。① 在实务中,难点在于对"有扶养关系"的事实认定问题。因为在继兄弟姐妹之间,缺乏血缘上的纽带,双方因父母的结婚行为形成继兄弟姐妹关系。从这个意义上,可以认为双方属于姻亲关系。双方是否能够形成更加亲密的亲属关系,受到诸多因素的影响,如父母再婚时,各自子女的年龄、是否共同生活等。立法强调要成为第二顺序继承人,用"有扶养关系"来与同父母的兄弟姐妹和同父异母或同母异父的兄弟姐妹、养兄弟姐妹区别开来。司法审判要落实立法设定的这个条件,必须用事实证据证明。但是什么样的事实才能认定为"有扶养关系",自《继承法》颁布实施以来,最高人民法院始终未对这个问题作出司法解释,确定认定的必要条件、充分条件。遗憾的是,编撰《民法典》时,立法机关仅照搬了《继承法》的规定,依然未进一步完善。笔者作为一线的法官,按照长期的司法工作体验,以为要认定"有扶养关系",必须具备三个事实要件:一是双方有长期共同生活的基础,时间不得少于三年,其外观特征可以表现为户籍在一起,或者同在一个屋檐下生活,习俗上所谓一锅吃饭;二是生活均来源于继父母的共同收入;三是一方的父母或继父母去世后,继兄弟姐妹仍然在一起共同生活,或者其中一方的生活、学习由另一方照料或供给。按照权利义务相一致的原则,认定有"有扶养关系",从而可以进一步认定是否属于第二顺序继承人。②

(三)堂、表兄弟姐妹

《民法典》未将堂、表兄弟姐妹这个具有血缘关系,家庭、社会交往紧密度较高的平辈关系设定为不同层级的关系。在国家机关工作人员任职回避制度中,堂、表兄弟姐妹是任职回避的人员,从行政立法层面确认了堂、表兄弟姐妹在社会关系中的紧密度。《民法典》第1127条第5款界定了一个相对狭窄的兄弟姐妹范围:"本编所称兄弟姐妹,包括同父母的兄弟姐妹、同父异母或者同母异父的兄弟姐妹、养兄弟姐妹、有扶养关系的继兄弟姐妹。"且在继承编中,增加了第二顺序继承人的兄弟姐妹之晚辈直系亲属代位继承的制度设计。从立法层面是拓展了代位继承制度的覆盖面;从司法层面,则健全了顺位继承制度的完整性,从"保障私有财产在血缘家族内部流转,加强亲属之间交流与沟通,促进亲属关系的发展"③,拉近了兄弟姐妹之间的亲情。其在兄弟姐妹一辈的关系中,则强调了堂、表兄弟姐妹不仅

---

① 《民法典》第1127条第5款,《继承法》第10条第5款。
② 最高人民法院《关于适用〈中华人民共和国民法典〉继承编的解释(一)》第13条。
③ 最高人民法院民法典贯彻实施工作领导小组主编:《中华人民共和国民法典婚姻家庭编继承编理解与适用》,人民法院出版社2020年版,第534页。

仅是血缘上的纽带关系,财产上的关系也进一步紧密。将兄弟姐妹之间关系从宗族关系这一纽带,发展或转变为具有现代意义的法律权利义务关系。给计划生育政策推行产生的独生子女一代予以亲疏伦理和权利义务上的调整。20世纪末计划生育政策推行而形成的独生子女一代,直系血亲关系数量上的锐减,基础的社会伦理规则淡薄,促进了上一代紧密同胞的关系。兄弟姐妹尽量地热络自己独生子女一代及其子女的联系紧密度,增加双方亲情。从传统上看,父系血缘的堂兄弟姐妹较之母系血缘表兄弟姐妹在伦理上更加紧密,但随着妇女运动的广泛发展,男女平等成为一种社会共识,兄妹之间、姐弟之间以及姐妹之间的关系维系较之于兄弟之间关系维系要来得简单和宽容,同时表兄弟姐妹之间亲情感情的紧密度上升,其感情交互和生活帮衬高于堂兄弟姐妹,所谓"内家""外家"[①]区别日趋模糊,堂、表兄弟姐妹之间的差异性日渐模糊。同时现代医学技术的发展,人们对于血缘衍生的自然纽带的认知程度不断深入,封建时代遗传的父系为尊理念逐渐被平等对待父母的血缘衍生所代替。立法不应无视这一社会现实,应积极提炼为社会行为规则,用法律的形式确认这种社会现象,从而为社会治理提供法律依据。

(四)嗣子、过继与承祧

民间对于因生理生育障碍而无子女或者早夭的男性,其父辈会为其安排嗣子或称过继。现代汉语词典,嗣子既有继承人的意思,也有过继者的意思。过继,有两层意思:一是将自己的儿子给无子的兄弟、堂兄弟或亲戚做儿子。二是没有儿子的人把兄弟、堂兄弟或亲戚的儿子收养为自己的儿子。承祧,意思是承继奉祀祖先的宗庙。

中国传统上,每个家庭都希望有男丁来承担家庭、家族的责任,更有无男丁不入宗祠的习俗。所谓"不孝有三,无后为大",没有生育儿子的家庭总是千方百计想方设法要拥有一个男性后代,从兄弟姐妹的孩子中"过继"儿子来承祧宗庙成为一种最优选择,于是出现了"嗣子"、"过继"或者"承祧"情形。第一种情形,是直接从与自己有血缘关系的兄弟姐妹中收养一个,作为自己的孩子。所谓的"过继",其实质与现代的收养关系无异,只不过收养人可能是有自己亲生的女儿,缺了儿子,直接收养,被过继者与亲生父母脱离父母子女关系。第二种情形,是与"过继"的父母保持关系的同时,并没有与亲生的父母脱离父母子女关系,实际上存在双重的父母子女关系,一重是生身的父母子女关系,另一重是"过继"父母子女关系。第三种情形是直接"承祧",也就是承祧人与自己生身父母生活在一起,逢年过节需要祭祀祖先时,才承担起祭祀的责任。民间的这种习俗或者做法其实是宗法制度的衍生,出现在一对夫妻没有生育或者没有生育男丁的情况下,其目的在于保障家庭财产能在"内家"传承,而不流入其他。

运用现代法理分析"过继"这一社会现象,可以发现,"过继"在民事法律关系上存在三种可能。第一,过继者与过继父母形成事实上的收养关系。其中,有符合收养法律规范的,形成了养父母子女关系;不符合收养法律规范的,即不符合收养的法律条件,但由过继父母直接抚养,形成事实上的收养关系。第二,过继者未脱离亲生父母,同时与过继父母保持一定的关系,履行一定义务。所谓承祧,一般情况是过继父母自己有生育,只是没有生育男

[①] 所谓"内家""外家"是闽南地区、台湾地区对婆家和娘家的表述。"内家"即婆家,"外家"即娘家,为出嫁女性从夫家的角度来称呼的。

丁,或者生育的孩子因为意外早夭,因生理原因不能再生育。第三,过继父母已经不在人世,过继者奉祀过继父母,即为奉祀而过继,乃至在过继父母的墓碑上以孝子的身份立碑,继而以过继父母的合法继承人的身份受领过继父母的遗产,同时保留着与生身父母的父母子女关系。"过继"是宗法制度遗存的表现,1995年制定的《收养法》对此采取批判否定的态度,设置了严格的收养条件,把"过继"作为封建的糟粕予以摒弃。民法典同样未接受,只是对其中符合收养条件的,履行了收养法律手续的,予以认可彼此存在收养的法律关系,不符合收养条件的,均不予认可。但从权利义务层面出发,司法实务对未形成收养关系的"过继"或"承祧"这种来自传统和民俗的事实,也不能视而不见。笔者以为,对于有履行一定社会义务,但未能形成法律意义上的收养关系者,在司法实务中,法官应该查明"过继者"所实际承担的社会或家庭义务,按照权利义务相一致的原则,从被继承人遗产中予以适当补偿。这也符合给予对被继承人扶养较多的继承人以外的人可以分得适当遗产的规定。[①]

总之,亲属关系是社会关系的基础,社会关系的发展又影响了亲属关系的调整。亲属关系亲与疏,不仅是血缘上,还是法律上;不仅影响人身权利,还影响了财产权利。人身关系越亲,财产关系越紧密;人身关系越远,财产关系一般随之越远,即渐疏渐远。所以对亲属关系的分析亲疏,有助于我们理解最基础的社会关系,调整社会关系。

三、亲属关系中的财产关系

(一)父母子女关系之财产权益

1. 正向财产权益

父母子女关系中的正向财产权益,表现为父母履行子女抚养义务时的财产性支出,和子女履行赡养父母义务时的财产性支出。从经济学角度分析,父母对子女的财产支出,实质上是一种利益投资,祈望子女长大成才,利益的回报则是精神满足和享受多于获得的经济回报。子女从父母处获得正向的财产利益,是伴随着人身依存关系而存在的,是一种纯权利的财产获得。子女对不履行抚养义务的父母,有请求父母支付抚养费的权利。法律还规定父母对子女有教育保护未成年子女的义务,父母对未成年人子女损害了他人合法权益,依法应承担赔偿责任。这种责任是一种义务性的责任,也是父母对子女抚养义务的组成部分。虽然侵权法规定赔偿责任可以从未成年子女的财产中支付,但穷究未成年人的财产来源,绝大多数源于父母或间接来自父母,因为未成年人的财产获得就是以其父母支付对价为前提的,未成年人用其个人财产来支付其侵权的赔偿,从根本意义上可以说还是由负有抚养义务的父母来承担。

子女对父母财产权益的支出,主要是以履行赡养义务为基本方式。随着当代社会保障体系的不断完善,大多数老年人晚年都有社会保障养老金支持养老生活,子女对父母的赡养内容逐渐在发生变化,陪伴式的精神性赡养逐渐增强,财产性的赡养逐渐在淡化、减弱。法律规定子女对父母财产支付,是对缺乏劳动能力或生活困难的父母,才要求成年子女作

---

① 《民法典》第1131条。

财产支出。子女不支出的,父母才有要求成年子女给付赡养费的权利。①

2. 负向财产权益

负向财产权益即父母子女之间需要共担的债务,其有下列三种情形:一是需要共同负担的债务,如为家庭购置房屋,父母子女共同向银行借贷,形成了父母子女共同的债务;二是加入式的债务承担,如子女购置房屋而向银行借贷,为减轻子女负担,父母加入子女的该债务中,承诺与子女共同还债;三是垫付式的对外举债,如前文所述未成年人因侵权行为对他人造成损害的,则赔偿责任由作为监护人存在的父母承担或者垫付。在我国,有两个特殊的主体在出现负向财产权益时,是需要作特殊处理的:一个是城镇的个体工商户,另一个是农村家庭联产承包户。城市的个体工商户的债务,分为个人经营和家庭经营两种情形,个人经营的,债务由个人承担;家庭经营的,以家庭财产承担。农村承包户,由农户承包经营的,由农户财产承担;由农户部分成员经营的,由部分成员的财产承担。② 所以,这两种特殊的民事主体在债务的承担上,存在父母子女之间债务承担的负向财产权益。

3. 或有财产权益③

(1)父母、子女或家庭成员在社会交易中,为他人举债担保。一旦交易方不履行交易义务,则担保方需承担替代履行的责任。家庭成员只要参与这种社会交易,就会形成父母、子女或家庭成员的或有债务。

(2)地方政策性措施。例如,2006年6月12日《厦门市人民政府批转市建设与管理局等部门关于实施金包银工程的指导意见的通知》对成片开发的工业集中区,保留农村人均15平方米的预留发展用地,并可按照容积率为2去折算建筑面积,即按人均30平方米建筑面积给予落实,所有建筑按城市规划最佳用途统一建设。对于已经转变为城镇居民的新农民,这是一笔价值不菲的财富。不过,这些是预留发展用地,是否能够真正转为他们每个家庭的财富,有待于政府政策的落实,同时还有赖于每个家庭、个体运用政策方法、深度、广度,其可能获得的财产权益有所不同,每个家庭成员有了或有的财产权益。

(二)父母子女间财产权益的转化

(1)因抚养、赡养转化。因履行法定的抚养、赡养义务,作为义务人的父母在抚养未成年子女或限制民事行为能力的子女、作为赡养人的子女对被赡养人父母时,需要将自己的财产权益支出,成为被抚养人或被赡养人的消费支出,出现了财产权益的转化。

(2)因赠予转化。父母子女订立赠予合同,由一方将自己所有的财产赠送给受赠人,财产因赠予行为发生权属的变化。

(3)因放弃转化。父母、子女将合法取得共有财产,以放弃对共有财产权利,这样,财产转移到未放弃一方。

---

① 《民法典》第1067条第2款。
② 《民法典》第56条。
③ 我国现行法律没有"或有债权"的概念,也没有相应的规定,但是规定了或有事项和或有债务。或有事项和或有债务的概念存在着本质的区别。或有事项一般是指,将来可能会发生,也可能不发生,只反映在报表附注说明中。或有债务通常是指债务产生的可能性非常大,或已经产生了,只是数额没最后确定下来。见什么是或有债权,https://kuai.so.com/47fd07634532ef53e9aaa494b65dc617/wenda/Selectedabstracts/m.110ask.com?src=wenda_abstract,最后访问日期:2022年10月15日。

(4)因继承转化。父母子女之间发生了继承的事实,即一方死亡,无论是正常死亡还是非正常死亡,则作为第一顺序继承人的父母、子女通过继承的方式,将财产权属在父母子女间移转;或者因为缺乏第一顺序继承人,由第二顺序继承人继承。按照《民法典》第1121条第1款"继承从被继承人死亡时开始"规定的基本逻辑,继承的事实一旦发生,被继承人的财产权属从被继承人转移归继承人所有。司法实务中大量的与继承有关的纠纷,都是对继承的财产数额上的争议,或者对继承份额的争议,或者对被继承的财产范围的争议,真正的继承纠纷,只有继承权确认纠纷。因继承发生的财产权益的转变,是在继承发生之时。

四、其他亲属间的财产关系

配偶、父母、子女是亲属关系中最亲近的亲人,彼此之间既有紧密的人身关系,又有相互依存的财产关系,彼此之间的财产关系比较直接,如配偶间,除非有特别约定,否则婚姻存续期间双方所取得财产为共有财产。① 父母子女之间财产可能因共同生活出现财产权利混同的情形。其他亲属无论是人身关系还是财产关系都较配偶、父母子女要疏远许多,双方之间建立起固定财产关系都要满足一定的法律要件。如《民法典》第1074条规定,祖父母承担对未成年的孙子女的抚养义务,应同时满足两个条件:第一,是祖父母自己要有负担能力,这个负担能力不仅是经济能力,还包括生理能力等实际情况;第二,孙子女的父母已经死亡或者无力(因行为能力受到限制或生理疾病无法履行抚养义务)抚养,只有满足了这两个条件,祖父母与孙子女之间的抚养关系才建立起来;同样孙子女对祖父母的赡养义务,也是建立在其本身有负担能力,同时被赡养的祖父母的子女已经亡故或者无力赡养。第1075条则规定兄弟姐妹之间相互扶养义务,都附条件的——自己有扶养能力,父母已经死亡或者无力抚养。同样,在财产关系上也是处于间接关系。例如,遗产继承,祖父母孙子女以及兄弟姐妹是作为第二顺序继承人被安排在继承编的继承顺序中,当有第一顺序继承人在时,第二顺序继承人不能获得继承权。在亲属关系上,较之与父母子女要远一些。值得关注的是,《民法典》扩大了代位继承的范围,确定了第二顺序继承人,也可以由其晚辈直系亲属代位继承,②"不仅包括婚生子女、非婚生子女,还包括养子女、形成扶养关系的继子女",还"不受辈数的限制"。③

在亲属关系中,一般地可以从彼此之间财产权益的交互程度来判断其亲密度,其关系的亲与疏相对应,亲权内涵亦有所变化。

五、亲属中的人格权益问题

自然人享有基于人身自由、人格尊严产生的人格权益,包括生命权、身体权、健康权、姓

---

① 配偶间特别约定有两种:一是夫妻之间的约定,约定财产分别制,或者个别或部分财产分别制;二是夫妻所取得的财产,原财产所有人在转移财产权利是附加条件,如仅归配偶一方不作为夫妻共有财产的特别指定,也是一种约定。
② 《民法典》第1128条第2款。
③ 最高人民法院民法典贯彻实施工作领导小组主编:《中华人民共和国民法典婚姻家庭编继承编理解与适用》,人民法院出版社2020年版,第535页。

名权、名称权、肖像权、名誉权、荣誉权、隐私权等权利(《民法典》第990条)。作为社会关系最为紧密的亲属,在人格权方面负有相互尊重和维护的责任和义务。

(一)亲属的人格权益保护

《民法典》对人格权的保护在我国是空前的,尤其是将人格权保护纳入《民法典》并独立成篇,强调"人格权受法律保护,任何组织或者个人不得侵害"(第991条),明确规定"人格权不得放弃、转让或者继承"(第992条);不允许他人利用直接或间接的方式侵害自然人(法人)的人格权。"现代平等的身份权制度是以人格权的存在为基础,是人格权的辅助和现实化。"同时又"对人格权进行一定的限制或扩展,从而保护特定身份人的身份权益"①。有部分自然人的人格权保护,是需要亲属来行使、执行和请求保护的。亲属之间也存在着人格权益保护问题,以下从这两个方面来说明。

(1)需要由亲属来行使、执行或请求保护的人格权益。例如,姓名权是自然人享有的一项基本权利,每个自然人所使用的名字,一是源于父母、长辈的赐予,即在出生之时,由本人父母或其他有声望的亲属(一般是祖父母,或者叔伯)赐予;二是成年以后自己也可依法自行决定继续使用父母给予的姓名或者修改自己的名字。而一个人的姓名的使用或者许可他人使用由本人或监护人来决定,②任何人不得干涉、盗用、假冒等方式侵害。自然人的肖像权、名誉权和荣誉权受到侵害,立法赋予本人及其亲属请求排除的权利。还有已故的亲属,其部分人格权需要由亲属来行使、执行或者请求保护。比如,人体细胞、人体组织、人体器官、遗体,当死者生前未作出书面遗嘱时,可以由配偶、成年子女、父母共同决定捐献,只要将决定捐献采用书面形式即可(《民法典》第1006条)。

(2)亲属之间的人格保护。未成年人的人格保护,一般由其监护人来承担。但亲属之间也容易因过失或者无过错对亲属的人格权益造成损害,要严防假借人格保护实际上弱化亲属之间相互之间的人格权益。尤其是对未成年人的保护,《民法典》第34条明确规定由监护人来落实,监护人多数是由其近亲属(父母、祖父母、外祖父母、兄、姐)担任,③监护人必须依法履行职责,包括维护被监护人的合法权益,未履行职责的要承担法律责任。

(3)亲属间的人格保护还延伸到亲属的身后。中国传统文化有"死者为大"的理念,保护死者尸骨的完整性,对死者尊严的充分尊重,一直是中国传统文化中一个突出的特点。《民法典》既承继了《婚姻法》围绕扶养权为中心的亲属权,又进一步派生了亲属权,明确规定对死者的姓名、肖像、名誉、荣誉、隐私、遗体受到侵害,由其配偶、子女、父母行使保护的权利,对没有配偶、父母、子女的死者,则由其近亲属行使该项权利。④ 这既扩大了亲属权的范围,又把亲属权行使衍生到亲属的身后。

(二)亲属合法冷冻胚胎及代孕的保护

随着医学生殖技术的发展,人类生殖的精子与卵子的运用与保护成为新的法律问题,同时对人类亲属的伦理和法律问题提出了新的挑战。2013年江苏省宜兴市人民法院受理

---

① 官玉琴:《亲属身份法学》,厦门大学出版社2010年第2版,第13页。
② 《民法典》第1012条、第1014条。
③ 《民法典》第27条。
④ 《民法典》第994条。

的我国首例冷冻胚胎继承案,①2014年9月27日由江苏省无锡市中级人民法院终审判决确定4枚寄存在南京鼓楼医院的冷冻胚胎由存放者(因交通事故意外死亡)的父母共同监管处置。② 该法院认为,夫妻俩生前与南京鼓楼医院签订相关知情同意书,约定胚胎冷冻保存期为一年,超过保存期同意将胚胎丢弃,现夫妻两人意外死亡,合同因发生了当事人不可预见且非其所愿的情况而不能继续履行,南京鼓楼医院不能单方面处置涉案胚胎。在我国现行法律对胚胎的法律属性没有明确规定的情况下,结合本案实际,应考虑伦理、情感、特殊利益保护等因素以确定涉案胚胎的相关权利归属。判决双方老人享有涉案胚胎的监管权和处置权,于情于理是恰当的。当然,权利主体在行使监管权和处置权时,应当遵守法律且不得违背公序良俗和损害他人之利益。③ 这个案例在将有生命孕育功能的胚胎是否成为民法意义的"物"作为一个课题提到法律理论面前的同时,也让家庭伦理和法律规范成为一个热点。法官以特殊利益保护,将法律权利问题简单化地处理,不能不说这是法官的智慧,虽然仅有的一个案例尚不足以论证一项权利的诞生,但这个判决却让法律人欣喜地看到司法者对权利保护的善意与执着。与此同时,我们也关注到,有生命孕育功能的胚胎不能简单地被看作民法意义上的"物",它充满着人类伦理中亲情的寄托与希望,它的生命意义同时把亲属的人格权益淋漓尽致地表达出来。

有趣的是,2020年4月福建省厦门市湖里区人民法院审理了一起代孕生育子女的抚养权纠纷案件,代孕这个医学生殖技术与伦理问题再次被推到了法律领域,引起法律界关注。在该案中,厦门市湖里区人民法院运用证据推演证明的方式,确定了生育母亲的权利。④ 管辖法院基于证据证明原则,仅就抚养权争议进行处理,不失为一种理性的裁判。但对"代孕"这个敏感新潮的社会问题,尤其是双方当事人均确认所争议的被抚养人其胚胎来源于一方当事人提供的卵子,共同向精子银行购买了精子,借助生育母亲的子宫孕育生产。从当事人陈述的角度,被抚养人的生理母亲并非本案的生育母亲。那作为主张卵子提供者的当事人如何维护自己的合法权益?在"代孕"这个新的社会行为中,作为血缘上母亲的权利如何体现和得到保护?其人格权益如何得到保护?

(三)宗祠及墓葬文化在亲属关系判定中的作用

宗祠,又称宗庙、祖祠、祠堂。祠堂的基本功能是祭祀祖先,通过对祖先的祭祀,以同姓血亲(父系)关系的延续为纽带,把整个家族成员联系起来,蕴藏着一种宗族质朴的精神动力,并形成宗族内部强大的凝聚力和亲和力,形成宗族内部权力空间。新中国成立前,我国很多地方

---

① 无锡市中级人民法院(2014)锡民终字01235号二审判决中,将宜兴市人民法院(2013)宜民初字2729号一审确定的继承纠纷的案由,改为监管权和处置权的纠纷。

② 江苏省宜兴市人民法院(2013)宜民初字2729号民事判决书,江苏省无锡市中级人民法院(2014)锡民终字01235号民事判决书,无锡中级人民法院终审判决书,从伦理、情感和特殊利益保护三个层面对本案进行法律伦理的论述,指出:"白发人送黑发人,乃人生至悲之事,更何况暮年遽丧独子、独女!而夫妻俩遗留下来的胚胎,则成为双方家族血脉的唯一载体,承载着哀思寄托、精神慰藉、情感抚慰等人格利益。涉案胚胎由双方父母监管和处置,既合乎人伦,亦可适度减轻其丧子失女之痛楚。"

③ 魏晓雯:《全国首例冷冻胚胎继承权纠纷案始末》,中国审判网,http://www.chinatrial.net.cn/news/10353.html,最后访问日期:2022年11月13日。

④ 厦门市湖里区人民法院(2020)闽0206民初2057号民事判决书。【今日关注】全国首例!一个孩子两个妈?厦门一对同性伴侣争夺抚养权……法院判了!见公众号"厦门政法",2020年9月10日。

在宗亲间纠纷自行无法解决时,提请宗祠内族中长辈或者族长进行调解或裁断,宗祠起到了道德法庭或者"家庭法庭"的作用。在社会主义新农村文化建设中,宗祠文化中蕴含着传统的善良乡风,成为现代乡村文明建设的重要内容,亲、孝、悌、礼、信、诚等传统伦理规范,已被社会主义核心价值观所吸收。我们今天文明建设中倡导的良好家风,在某种意义上可以说是祠堂文化的流转、延伸,其中的某些规范已经成为某个地区的善良习惯,被看作处理家事纠纷的渊源。

我国历史上由于受"祖先崇拜"以及"事死如生"等传统观念的影响,人们对丧葬十分重视。墓葬资料所提供的就不仅仅是埋葬习俗和墓葬制度本身,往往也能在一定程度上反映出社会政治、经济、生产、生活、风俗、宗教、观念等方面的情况。山东省济南市钢城区审理的养女在过世养父母墓碑上刻名案件,获得法院的支持。法院认为"养子女在过世父母墓碑上镌刻自己的姓名,符合公序良俗和传统习惯,且以此彰显与逝者的特殊身份关系,获得名誉、声望等社会评价,故墓碑刻名关系到子女的人格尊严,相应权益应受到法律保护"①。因此,实务中涉及家庭历史关系的纠纷,当事人往往会提供其家族墓葬石碑上的记载,作为其权利主张的证据,甚至是对其人格权益维护。这种证据,经常被用来证明的客体有三种:

(1)证明立碑人与墓葬主人的关系。中国传统,死者由其后代安葬,立碑人一般是死者的儿子,并按照长幼排序。新中国成立前,女儿还不能立碑。新中国成立后,随着男女平等逐渐成为社会共识,女儿与自己的兄弟共同为父母立碑逐渐被接受,逐渐普遍起来。立碑人出现了孝子、孝女,甚至有的配偶都作为立碑人。通过立碑人证明与墓葬主人的亲属关系。

(2)证明同胞兄弟姐妹被收养,脱离了生父母的家庭。这里是用反向证明方法,通过父母墓碑上镌刻的立碑人,证明纠纷的一方虽是父母生育的孩子,但早被送养,与生父母家没有关系,所以,父母墓葬的立碑人没有他(她)。

(3)证明被"过继",尤其是对于传统的"过继"。是否是立碑人或者在墓碑上落款为孝男孝女孝孙,是一个重要证据。以传统的"过继"观念,通常是同胞兄弟的孩子,且同胞兄弟不止一个男孩,也有在表兄弟的儿子中选择,有的还将在生父母家的姓氏直接改为过继家的姓氏。"过继"是在闽南地区未保持宗祧延续,经常采用的一种民间习俗,如订立契约,或者在宗祠中举行一定的仪式,才完成过继仪式。从过继者而言,除非是从小由父母决定,一般还不愿意随意地以"孝子"身份出现在被过继者的墓碑上。换句话说,一般男生还不轻易为他人作"孝子"。当然,不是在墓碑上有以"孝子"身份出现,就可以认定与墓葬主人有亲属关系,要综合其他证据,才能作为认定的依据。

进入民法典时代,墓碑镌刻记载的事项,无论对于生者还是逝者,已然上升至人格权益保护,回应了新时代发展对新型人格权益的维护。②

总而言之,亲属是一种社会关系,"根据生育和婚姻,每个人都生在一个谱系秩序里。在这个秩序中,他因生活的需要分出亲疏,形成一个亲属范围。更因亲疏的程度分成若干基本类别"……亲属的基本类别"可以直从这基地向外扩展……从亲属基地出发依着谱系秩序扩展到较广的范围"③。可见,梳理好亲属关系的内在逻辑和外在关联,运用亲属伦理关系、法律关系,调整社会最基本单元的家庭。

---

① 《养女在过世养父母墓碑上的刻名权益受法律保护——养女墓碑刻名维权案》,最高人民法院民事审判第一庭编《民事审判指导与参考》,2022年第1期(总第89辑),人民法院出版社2022年版,第54页。
② 《民法典》第990条第2款规定:"自然人享有基于人身自由、人格尊严产生的其他人格权益。"
③ 费孝通:《乡土中国·生育制度》,上海人民出版社2007年版,第584~585页。

第五节
身份关系协议参照适用合同编的理解与运用

一、问题的提出

婚姻家庭法素来重家庭利益、轻个人利益,与民法注重意思自治、个人自由的价值取向之间产生摩擦。由此,如何协调婚姻家庭编与《民法典》其他编法律规范之间的关系,构建有序、自治的民法典规则体系是学界热议的问题。在民法典之前,身份关系协议被排斥适用合同编(法)规定,但是,《民法典》第464条第2款原则性地规定了身份关系协议可以参照适用合同编,而原则性规定之后自然也会存在具体适用的问题。

协议是民事主体意思自治的重要体现。在重财产、轻身份的传统法律观念影响下,协议似乎归属于财产法领域,且关于财产协议的规范在数次法律修改中已经渐趋完善。但在现实生活中,关于身份、与身份及财产有关的协议越来越多地出现,例如,收养协议、忠诚协议等,这些协议的成立、效力、履行、解除及权利义务等也都存在争议点。而在新出台的《最高人民法院关于适用〈中华人民共和国民法典〉婚姻家庭编的司法解释(二)》(以下简称《婚姻家庭编司法解释二》)中就有六个条文涉及到了身份财产协议,这也充分反映出身份财产协议在司法实践中的重要性。身份法有其特殊规定,事关身份关系的协议在身份法和合同法中的合理适用,是个现实问题。为此,《民法典》第464条第2款规定婚姻、收养、监护等有关身份关系的协议,适用有关该身份关系的法律规定;没有规定的,可以根据其性质参照适用合同编规定。但是,该条是个原则性规定,没有指出具体解释和适用规则。我国法律对于身份关系的规定有特殊的调整对象和调整目的,有别于一般合同法的平等、自由,身份法带有保护弱者和利益平衡的天然属性,因此身份关系协议兼具身份和合同两种属性时,如何平衡背后的价值成为一个值得研究的法律问题。

二、相关研究文献综述

关于身份关系协议的研究,在《民法典》颁布之前,张作华、陈信勇和田韶华对于身份行为的分类和与民法总则、《民法典》编纂的体系协调有所研究,王雷对身份关系"回归"合同法的参照适用技术、可能空间、排除适用类型、不同类型适用规则进行了解释分析;[①]孙良

---

① 王雷:《论身份关系协议对民法典合同编的参照适用》,载《法学家》2020年第1期。

国、赵梓晴和李洪祥等分析了夫妻忠诚协议、离婚财产分割协议的效力、性质等。①《民法典》颁布之后,婚姻家庭法和继承法都被纳入法典体系中,总则编与各分编之间、各分编相互之间协调问题应运而生,其中婚姻家庭领域的身份财产协议与合同编的协调是一个热点问题。目前学界对于身份关系协议适用民法典合同编规定的讨论,既有整体理论分析,也有具体类型分析,但是体系化研究成果不多。以往相关研究主要讨论了下列几个方面的问题:

1. 身份关系协议的具体定义

基于限定范围大小有别,主要有三种不同的定义观点。史尚宽和王雷采取广泛说的观点。史尚宽认为,身份关系协议是指以变动身份关系为合意的双方身份行为,称之为亲属法上的契约;②王雷认为,身份关系协议是一种身份法律行为,而身份法律行为引发身份关系以及身份关系当事人之间财产关系的设立、变更或者终止等身份法律后果。③ 薛宁兰则采取相对限定的说法,认为身份关系协议必须是身份法规则明确承认或者符合身份法理念和原则要求的、以纯粹身份关系或附随身份的财产关系为内容的协议。④ 而张作华则采取严格限定说法,认为身份行为仅指纯粹身份行为,身份财产行为是"基于身份的行为",是一种事实行为。据此观点,身份关系协议只能是纯粹身份关系协议,且只能够形成和消灭而无法变更。⑤ 此外,还有学者提出以概念性要素界定身份关系协议的观点,"将身份关系协议所涉法律关系作为重点考察对象,以身份性要素作为身份关系协议的本质要素,适法性要素作为关键要素,并辅以其他要素综合判断"⑥。

2. 身份关系协议的分类

传统亲属法研究领域对于身份行为有"三分法"和"二分法",据此身份关系协议也可以分别分类为形成的、支配的、附随的身份关系协议和纯粹身份关系协议、身份财产协议。⑦ 但是传统的分类方法有不详尽之处,因此也有学者根据不同的标准重新分类:冉克平认为,根据《民法典》第464条第2款的规定,身份关系协议可以分为纯粹身份关系协议、基于身份关系而发生或解除的财产协议、有关身份权利行使和义务承担的协议、近亲属之间的监护协议以及继承编中有关亲属身份关系的财产协议。⑧ 薛宁兰则认为根据身份关系协议内容的本质特征,可以分为纯粹身份性的协议和身份附随性协议;根据是否为身份法确认或者符合身份法理念与原则,可区分为身份法明确规定的身份关系协议和符合身份法理念要求

---

① 孙良国、赵梓晴:《夫妻忠诚协议的法律分析》,载《社会科学战线》2017年第9期;李洪祥:《离婚财产分割协议的类型、性质及效力》,载《当代法学》2010年第4期。
② 对身份行为的分类,史尚宽持着"三分法"的观点,即形成的、支配的、附随的身份关系协议,与日本亲属法上的三分法类似,这里的身份行为广泛包括依附于身份的财产关系的变动。参见史尚宽:《亲属法论》,中国政法大学出版社2000年版,第9页。
③ 王雷:《民法典中的参照适用条款研究》,中国法制出版社2024年版,第141~142页。
④ 薛宁兰、崔丹:《身份关系协议的识别、类型与法律适用》,载《法治研究》2022年第4期。
⑤ 张作华:《亲属身份行为的分类研究》,载《政法论坛》2009年第3期。
⑥ 张力、丁诚:《〈民法典〉背景下身份关系协议的概念性要素》,载《北方法学》2022年第6期。
⑦ 张作华:《亲属身份行为的分类研究》,载《政法论坛》2009年第3期。
⑧ 冉克平:《"身份关系协议"准用〈民法典〉合同编的体系化释论》,载《法制与社会发展》2021年第4期。

的身份关系协议。① 谭佐财从目的结合关系的角度将其分为纯粹身份关系协议、身份财产关系协议和身份人格关系协议。② 王利明基于不同的身份关系协议的性质与特点,尤其是相关协议中身份性的强弱,将身份关系协议分为纯粹身份关系协议、基于身份关系作出的与财产有关的协议和纯粹的财产协议。③

3. 身份关系协议是否可以参照适用合同编规定

持否定说观点认为,家庭法法源具有封闭性,在潘德克吞体系下,无论是总则编的适用还是合同编的准用都需要遵循"原则排除,例外适用",不能超脱家庭法的价值秩序完全导向货币关系。④ 持肯定说观点的,王利明认为我国合同法(合同编)中的"合同"采取的是广义上的合同概念,在没有特别法的规定下可以准用合同法的规定,我国法律甚至扩大了合同法的适用范围。⑤ 邵世星认为,除涉及国家的部分内容外,婚姻家庭法应当贯彻司法领域意思自治的原则,身份关系协议与合同编的精神无冲突时可以参照适用。⑥ 也有学者提出,如果没有人身关系的加持或者在伦理属性较弱的情况下,就应当在考量婚姻家庭编的特殊价值后予以参照适用,满足合同生效要件就应当有限地准用合同编规定。⑦

4. 身份关系协议如何参照适用合同编

在纯粹身份关系协议中,大部分学者持否定说的观点,薛宁兰认为婚姻家庭编规则与合同编规则应为首要和补充的关系,纯粹身份协议不具有财产属性,应当首要且只能适用婚姻家庭编规则;⑧王利明也认为其与《民法典》中的合同有本质区别,原则上不适用合同编的规则。⑨ 但也有学者认为纯粹身份关系不能准用合同编规定存在例外情况,如冉克平和刘征峰认为可以准用缔约过失责任的规定,总则编中的意思表示瑕疵也可以适用。⑩ 而在身份财产协议中,主流观点是肯定说,王雷认为事关财产关系的协议在婚姻家庭编没有规定的情况下可以参照适用;⑪冉克平则具体指出身份财产协议中可以准用合同和法律行为效力规范、合同履行和救济规则及委托合同规则,但同时需要检视婚姻家庭编相关的具体

---

① 薛宁兰、崔丹:《身份关系协议的识别、类型与法律适用》,载《法治研究》2022 年第 4 期。
② 谭佐财:《有关身份关系的协议准用合同编释论——兼析〈民法典〉第 464 条第 2 款》,载《大连海事大学学报(社会科学版)》2022 年第 2 期。
③ 王利明:《体系化视野下〈民法典〉婚姻家庭编的适用——兼论婚姻家庭编与其他各编的适用关系》,载《当代法学》2023 年第 1 期。
④ 刘征峰:《民法典中身份关系法律适用的原则与例外》,载《中国法律评论》2022 年第 4 期。
⑤ 王利明:《合同法研究》,中国人民大学出版社 2015 年版,第 13~14 页。
⑥ 邵世星:《浅谈男女间忠诚协议的性质和效力》,载《中华女子学院学报》2009 年第 5 期。
⑦ 冉克平:《"身份关系协议"准用〈民法典〉合同编的体系化释论》,载《法制与社会发展》2021 年第 4 期。
⑧ 薛宁兰、崔丹:《身份关系协议的识别、类型与法律适用》,载《法治研究》2022 年第 4 期。
⑨ 王利明:《体系化视野下〈民法典〉婚姻家庭编的适用——兼论婚姻家庭编与其他各编的适用关系》,载《当代法学》2023 年第 1 期。
⑩ 冉克平:《"身份关系协议"准用〈民法典〉合同编的体系化释论》,载《法制与社会发展》2021 年第 4 期;刘征峰:《法律行为规范对身份行为的有限适用》,载《现代法学》2024 年第 1 期。
⑪ 王雷:《婚姻、收养、监护等有关身份关系协议的法律适用问题——〈合同法〉第 2 条第 2 款的解释论》,载《广东社会科学》2017 年第 6 期。

规范;[①]谭佐财认为,要先适用总则编内容,再准用合同编,并且要对协议的各要素进行动态的衡量和比较。[②] 也有学者认为参照适用合同编应当有一定限制,身份财产协议要首先并且主要适用婚姻家庭编规则,合同编规则仅作为补充适用的依据。[③]

近年来,身份关系协议的研究越来越热,也逐渐深入,但依然存在一些悬而未决或者有争议的问题。第一,关于身份关系协议的定义都比较宽泛,在现实生活中对具体的协议认定存在一定困难,婚姻、收养、监护以外的协议如同居协议、婚前财产协议是否可以认定为身份关系协议?大部分学者认为身份关系协议涉及了身份关系和财产关系的变动,倘若协议中均无上述两者内容而只是涉及了双方基于身份关系的权利义务变动,又是否可以纳入概念范围内?第二,关于身份关系的类型有诸多分类标准,但也存在各自的局限性,而且一个身份关系协议可能会符合两个标准从而难以界定其类型,也难以确定适用的法律。最后,关于能否参照适用及如何参照适用合同编,学界也有不同的观点,虽然《民法典》第464条第2款规定可以参照适用,但此法条不是强制性规范,身份关系协议本身具有复杂性,协议处在不同类型、内容、效力等情况下都需要进一步思考能不能参照适用和如何参照适用的问题。

三、身份关系协议的基本概念和法律适用演变

(一)身份关系协议的概念和特性

身份关系协议概念在《民法典》之前就已出现。《中华人民共和国合同法》(以下简称《合同法》)第2条第2款规定,"婚姻、收养、监护等有关身份关系的协议,适用其他法律的规定"。该条款明确规定身份关系协议不适用合同法,适用于其他法律。那么,何谓身份关系协议?无论是当年的《合同法》还是《民法典》,均无明确定义,而仅仅列举式规定其为涉及婚姻、收养、监护等有关的协议。学界也存在广泛说和限定说两种观点,广泛说以史尚宽为代表,认为身份关系协议是指以变动身份关系为合意的双方身份行为,是亲属法上的契约。[④] 限定说以张作华为代表,认为身份关系协议是纯粹身份关系协议,身份财产协议并不属于范围内,仅是身份关系下的事实行为。[⑤] 二者的观点都存在一定的局限性。广泛说并未对"身份关系"的合理范围作出界定,而限定说将身份财产行为定为事实行为只是对"合同法不能适用于身份关系协议"的权宜之计,也不符合客观认知,因为身份关系在事实中难以脱离财产行为。本节中所称的身份关系协议一方面是广泛说上的协议,是关于婚姻、收养、监护等身份关系变动以及附随财产关系变动和权利义务关系的协议;但另一方面,广泛的身份关系协议也涉及同居关系等非婚姻家庭领域规定的关系。本节中的身份关系协

[①] 冉克平:《"身份关系协议"准用〈民法典〉合同编的体系化释论》,载《法制与社会发展》2021年第4期;刘征峰:《法律行为规范对身份行为的有限适用》,载《现代法学》2024年第1期。
[②] 谭佐财:《有关身份关系的协议准用合同编释论——兼析〈民法典〉第464条第2款》,载《大连海事大学学报(社会科学版)》2022年第2期。
[③] 薛宁兰、崔丹:《身份关系协议的识别、类型与法律适用》,载《法治研究》2022年第4期。
[④] 史尚宽:《亲属法论》,中国政法大学出版社2000年版,第9页。
[⑤] 张作华:《亲属身份行为基本理论研究》,法律出版社2011年版,第20页。

议不是一切意义上的广泛,仍然限定为婚姻家庭与继承编中明确承认和保护的关系为内容的协议。也即身份关系协议是指以变动婚姻、收养、监护等婚姻家庭与继承编及相关司法解释中明确承认和保护的身份关系以及变动附随财产关系、权利义务关系的双方身份行为。

身份关系协议中所谓的"身份关系"有其特定范围,仅包括亲属法上血缘和婚姻性质的身份关系,而不包括劳动关系、合伙关系等,一般是指婚姻关系、亲子关系、继承关系等婚姻家庭领域明确规定或符合婚姻家庭理念的主体关系。在新出台的《婚姻家庭编司法解释二》第四条中首次对同居关系中的协议持明确支持态度,因而同居关系中产生的与身份和财产处分等相关的协议,也应当认定为身份关系协议。身份关系协议的内容通常包含了身份关系的变动,包括身份关系的成立、变更、终止及其中的权利义务,通常也会附加财产关系的变动,但财产的变动以身份关系的变动为前提,否则只能认定为普通的财产协议。在协议类型上,身份关系协议是一种双方协议,单方承诺并不导致协议的成立,只有双方当事人自由、自愿达成一致合意才能够成立。身份关系协议在日常生活中并不少见,甚至呈现流行的趋势,忠诚协议、收养协议、抚养协议、离婚协议等,都是身份关系协议的具体形式。

身份关系协议是一种"协议",但是相比于合同编中的"合同""协议",其具有一定的特殊性。第一,身份关系协议具有很强的人身性。一方面,身份关系协议的客体是婚姻家庭领域的亲属关系,包括夫妻、亲子关系等,而且有的身份关系协议及于亲属关系特有的权利义务关系和财产关系,并且相互之间存在依附关系,后者以前者的存在为基础。另一方面,身份关系协议的双方主体具有特殊的身份关系,或为血缘关系包括拟制的血缘关系,或为婚姻关系,或为同居关系等,并且双方签订协议的目的并不是一般合同目的上的交易,最终内容都是对身份关系产生、变更、终止的处理。第二,身份关系协议的非功利性大于功利性。身份关系协议虽然名为协议,但实际上仍以身份法作为构建的基础。身份法律行为相对于财产法律行为最为显著的特征就是不具有功利性,虽然身份关系协议兼具二者的特质,相比较而言非功利性的色彩较为明显。合同、物权等的主体角色是"理性人",强调物尽其用和利益的最大化,但是身份法下的主体是一个"伦理人",追求的除了利益还有情感、伦理、道义责任等。第三,受特殊法律的规制。身份法律关系由身份法进行规范,虽然身份法律关系的条文体系在重财产轻身份的法律制度下并不完善,但起着调整社会身份关系的基础作用。身份关系协议始终是基于身份关系建立起来的,必然会受到身份关系法律的规制。身份关系协议的意思自治性会受到限制,如身份关系的成立或者解除、权利义务关系都不可能完全由双方当事人合意私自决定,还需要受到行政机关的管理如民政部门的确认、登记,以维持稳定和谐的社会、家庭秩序。

(二)身份关系协议法律适用演变

1950年和1980年两部婚姻法都确定了婚姻自由原则,但是,在家庭身份关系上仍秉持着法定的原则,致力于维护家庭的和谐稳定,超个人主义和意思自治被排除在外,自然关于约定身份关系的协议在婚姻家庭法中的规定也少之又少。随着个人主义、市场经济的扩大化,家庭内部的意思自治理念也逐渐显现,而合同或者说协议成为个人维护自身利益的有力工具,然而法律并未给予相应承认,仍只在婚姻家庭法范围内规范身份法律行为。

在原《合同法》中,身份关系协议并不能适用合同法,《合同法》第 2 条规定,身份关系协议适用其他法律规定,从而排除合同法的适用。① 在《民法典》之前,身份关系协议的适用在法律上存在着诸多漏洞。隶属于婚姻家庭领域的身份关系协议,同样也受家庭伦理、人伦秩序的价值观念管制,不存在意思自治的空间。《合同法》第 2 条第 2 款将身份关系协议作为合同法的例外性规定,在后续婚姻法的立法变迁中也引起了诸多争议,尤其是《婚姻法(2001 年修正)》承认约定财产制的情况下,身份关系协议的适用范围也在不断拓展,此时再否定其意思自治的可能性已不再符合现实需求。在司法实务中,也有越来越多的法官承认身份关系协议的意思自治性,在《民法典》将婚姻家庭与继承编纳入体系的总体趋势下,合同编也成为身份关系协议可以参照适用的法律。② 但是仅凭借一个条文无法充分指导实务运作。具体如何参照适用,需进一步研究。

四、身份关系协议的类型化

(一)形成的、支配的、附随的身份关系协议

根据身份法律行为的效力,日本亲属法采用"三分"法,分为形成的身份行为、支配的身份行为和附随的身份行为。③ 身份关系协议属于身份法律行为,因而也可以据此分为三个类型,即形成的身份关系协议、支配的身份关系协议、附随的身份关系协议。形成的身份关系协议是指产生、变动、消灭身份关系的协议,其协议的效力直接对标身份关系的形成,典型如结婚协议、离婚协议、收养协议、解除收养协议等。支配的身份关系协议是指基于协议可以对他人为身份法上支配行为的协议,而所谓身份法上的支配行为一般是指身份法规定的可以由身份关系一方当事人在不违背另一方意愿及不损害另一方利益的前提下直接管领和控制的行为,如监护教养、财产管理、行为代理等,具有较强的排他性。附随的身份关系协议是指附随于身份关系的变动而产生的其他领域的协议,如离婚协议中关于财产分配、子女监护等达成的协议。

(二)纯粹身份关系协议和身份财产协议

中国台湾地区根据行为的内容,将身份法律行为二分为纯粹的身份行为和身份财产行为,④ 身份关系协议也可以据协议的内容分为纯粹身份关系协议和身份财产协议。纯粹身份关系协议是指单纯以设立、变更和终止身份关系的法律行为,且不涉及财产关系的变动,收养协议、解除收养协议等属于典型的纯粹身份关系协议。许多离婚协议也涉及了婚姻关系的解除,但是离婚协议通常也包含了共同财产的划分、子女的抚养问题,并不"纯粹"。

---

① 《合同法》第 2 条第 2 款规定:"婚姻、收养、监护等有关身份关系的协议,适用其他法律的规定。"
② 白玉:《身份关系协议的认定难题——兼评我国民法典草案第 255 条》,载《牡丹江大学学报》2020 年第 3 期。
③ 张作华:《亲属身份行为的分类研究》,载《政法论坛》2009 年第 3 期。
④ 史尚宽:《亲属法论》,中国政法大学出版社 2000 年版,第 9 页。

身份财产协议,是基于身份关系变动下还存在财产关系变动的身份财产协议。通常所说的忠诚协议就是典型的身份财产协议,忠诚协议中既规定了婚姻关系终止,又规定了终止之后婚内共同财产甚至个人财产的分割、补偿问题。人身关系虽然不能够通过约定完全决定,但是财产关系完全可以通过意思自治决定,而在家庭领域的财产关系与人身关系存在极强的附随性,因而在身份关系的协议中不可避免会涉及财产关系的变更。

(三)婚姻、收养、监护、同居身份关系协议

根据《民法典》第464条的规定,可以直接将身份关系分为三类:婚姻身份关系、收养身份关系和监护身份关系。① 婚姻身份关系协议,协议中涉及的法律关系主要是婚姻关系,包括结婚、离婚、婚姻中的财产分配与分割、婚姻中的权利义务分配等。收养身份关系协议,是指协议中主要涉及亲子收养法律关系,包括收养关系的成立与解除、收养关系中的财产管理、权利义务分配等。监护身份关系协议,是指协议中主要涉及了监护法律关系,包括监护权的成立、监护权的行使等内容。简而言之,这种分类是根据协议中涉及的不同法律关系类型进行的,可以直接对照《民法典》中相关的身份法和身份法律关系规定进行界定和适用。此外,根据《婚姻家庭编司法解释二》中第四条的规定,同居身份关系协议也同样具有法律效力,因而根据协议涉及的身份关系内容这一分类标准,同居身份关系协议当然成为身份关系协议中的一种。

(四)身份关系协议类型化的检视

根据不同的标准有不同的分类,学界也有其他分类标准,如陈信勇根据合同的分类方法将身份关系协议简单分为无名身份协议和有名身份协议,② 又如冉克平综合第二个和第三个标准将身份关系协议分为五类,分别是纯粹身份协议、基于身份关系而发生或解除的财产协议、有关身份权利行使和义务承担的协议、近亲属之间的监护协议以及继承编中有关亲属身份关系的财产协议。③

从法律适用看,中国台湾地区的二分法较合理。日本法上的三分法看起来比较科学理性,但即使合同处在不同的效力阶段仍然会涉及多方面的身份法律行为,无法厘清协议性质并且在法律适用方面增加了难度,反而将协议复杂化;根据法律规定三分的方法虽然比较简洁易懂,契合法条规定,但是对研究背后的法理而言意义不大,尤其是对法律适用而言并无便利之处。同样,仅就合同类型将身份关系协议分为有名、无名类型在适用法律时作用也十分有限。二分法通过协议内容是否存在财产约定划分类型,既简单明了,又符合我国法律"适用有关该身份关系的法律规定和根据其性质参照适用本编(合同编)规定"的规范,即一般而言,涉及身份关系适用身份法规定,涉及其他关系(最主要是财产关系)可以参照适用合同编规定。

中国台湾地区的二分法其实也不能完全囊括所有的身份关系协议,有的身份关系可能并不"纯粹",但同时也没有财产的要素,而是附随着权利义务,因此在中国台湾二分法的基

---

① 王利明、朱虎:《中国民法典释义(合同编通则)》,中国人民大学出版社2020年版,第12~13页。
② 陈信勇:《自然债与无名身份协议视角下的生育权纠纷》,载《浙江社会科学》2013年第6期。
③ 冉克平:《"身份关系协议"准用〈民法典〉合同编的体系化释论》,载《法制与社会发展》2021年第4期。

础上还可以再分为身份权利义务关系协议①。是故,身份关系协议按照协议的内容可以分为纯粹身份关系协议、身份财产协议和身份权利义务协议。

五、身份关系协议"参照适用"的内涵

(一)参照适用的逻辑与范围

参照适用,又被称作"准用",是重要的立法技术,遵循的是平等原则,类似的事物类似处理,是法律明文授权将法定案型之规定适用于另一相同或类似的案型之上,以实现类似案件类似处理,②是一种授权式类推适用,③属于裁判规范而非行为规范,④史尚宽称之为"法定的类推",在学界也将其称之为"准用"。通常情况下,参照适用的具体法律规范指向性并不明显,需要法官根据案件实际情况进一步寻找适用的法律。参照适用的立法技术,有助于避免立法重复,实现法源动态化,从而弥补法律漏洞,实现民法典的体系化发展。⑤按照被参照适用的规范是单个规范还是规范群,参照适用可以分为概括式参照适用和具体参照适用。⑥ 同样地,《民法典》第464条第2款规定的身份关系协议"参照适用"的范围并不明确,属于概括性参照条款,直接参照适用某一编的法律规范。具体而言,存在适用通则和分则规范的选择、适用哪一分则的选择、其后果及于法律效果抑或是构成要件,尤其是与身份法存在交叉的情况下,如何区分值得探讨。

身份关系协议的参照适用程序应当分为三步,即规范解释、类似性判断和价值评判,而其中最为重要的一个环节就是类似性判断,这直接决定了身份关系协议适用哪一范围的规范。规范解释是类似性判断的前提,规范解释的焦点是身份关系协议的类型认定和对规范原意的正确把握;而价值评判则是类似性判断的重要因素,身份关系协议介于婚姻法和合同法之间,既需要维持家庭的和谐稳定关系,又要充分保护个人的意思自治,因而类似性判断是否可以成立的重要考量因素就是对其进行价值评判。类似性的判断论证更倾向于是一个价值判断和目的考量的问题,不是逻辑上的形式论证,而是价值理念上的实质论证,⑦其论证的过程是一个动态衡量过程,需结合被参照适用条款的规范目、调整对象、性质等进行解释。⑧ 具体而言,婚姻家庭法未直接规定身份关系协议的法律适用,应当先从类似性判断中找出与个案相似的法律规范,并反复衡量该法律条文的规范目的以及婚姻家庭领域中的秩序价值,尤其要注意与婚姻家庭领域基本原则、更高层级的法律规范是否存在冲突,

---

① 冉克平在文中也提到了这个分类,全称是"身份权利行使、义务承担并附带金钱给付义务的协议"。
② 王利明:《民法典中参照适用条款的适用》,载《政法论坛》2022年第1期。
③ 张弓长:《〈民法典〉中的"参照适用"》,载《清华法学》2020年第4期。
④ 王雷:《民法典中的参照适用条款研究》,中国法制出版社2024年版,第5页。
⑤ 王雷:《民法典中的参照适用条款研究》,中国法制出版社2024年版,第53~69页。
⑥ 王利明:《民法典中参照适用条款的适用》,载《政法论坛》2022年第1期。
⑦ 王雷:《民法典中的参照适用条款研究》,中国法制出版社2024年版,第81页。
⑧ 王雷:《民法典中的参照适用条款研究》,中国法制出版社2024年版,第83页。

从而最终得出参照适用某一法条的结论。①

王利明教授也认为类推适用有三个步骤,即考察立法目的和规范旨意、考量相似性(包括法律关系、构成要件、规则选择和差异性考量)和体系上的检验。② 总体而言,参照适用的具体运用方法相差不大,因此身份关系协议在参照适用合同编时也应当采取相应的步骤,以更好地协调婚姻家庭编、继承编与合同编的价值冲突问题。

(二)参照适用的《民法典》合同编范围

身份关系协议是合同项下的一个子概念,二者都是在意思自治下产生的,主要的差异在于身份关系协议的客体包括了婚姻家庭领域上特有的身份关系以及其中特有的权利义务关系。毋庸置疑,身份关系协议可以参照适用合同编第一分编通则的部分,因为合同编通则规定的合同的订立、效力、履行等是合同的一般规定,无论协议的客体是何者都可以适用,与婚姻家庭伦理价值相悖的除外,需进一步探讨。

合同编第二分编和第三分编则是根据合同的客体列举了不同类型的合同及其特殊规定,身份关系协议并不属于合同编下的典型合同,也因为其客体的特殊性不能轻易适用典型合同的规定。身份关系协议应当属于无名合同,《民法典》第467条第1款规定的"无名合同可以参照适用性质最类似合同"的规定是否也可以在身份关系协议中得到"第二次"参照适用呢?③ 笔者持肯定观点。首先,《民法典》第464条规定的参照适用"本编规定"理应是包括了第一分编的所有内容,自然包括第467条的规范。其次,有质疑提出二次参照适用相当于扩大了参照适用的范围。其实不然,因为第467条的规范本身属于范围之内,而其用语是"可以",法官在自由裁量下适用相似典型合同的规范反而更加合理。最后,即便身份关系协议的客体具有特殊性,但并不意味着身份关系协议这种"无名合同"与典型合同不存在相似之处,身份关系协议中也会存在赠与、委托、买卖等内容,如当事人在忠诚协议中约定一方不忠诚则需解除婚姻关系并赠与或者低价买卖部分财产,参照适用性质最相近典型合同规范使得合同编的适用更加周密和合理。当然,第二次参照适用需要采取慎重的态度,对于性质是否相似需要谨慎考虑,因为典型合同的特殊性有可能影响婚姻家庭的基本价值。例如,在收养儿童协议中同时规定了不动产的转移,此时不能够适用买卖合同或者赠与合同规范,因其有涉嫌买卖儿童的合理怀疑,不符合家庭伦理观的要求。换句话说,在适用第464条第2款的规定时,要根据有关身份关系协议的性质来判断其是否适合适用合同编的规定,如若该身份关系协议对合同编规定的适用会导致相关调整身份关系行为法律的规范意旨落空,那么就应当认定该身份关系协议属于依其性质不适用合同编规定的身份关系协议。④

---

① 冉克平:《"身份关系协议"准用〈民法典〉合同编的体系化释论》,载《法制与社会发展》2021年第4期。
② 王利明:《民法典中参照适用条款的适用》,载《政法论坛》2022年第1期。
③ 张弓长:《〈民法典〉中的"参照适用"》,载《清华法学》2020年第4期。
④ 谭佐财:《有关身份关系的协议准用合同编释论——兼析〈民法典〉第464条第2款》,载《大连海事大学学报(社会科学版)》2022年第2期。

六、身份关系协议"参照适用"涉及的具体问题

(一)关于身份关系协议成立

1. 纯粹身份关系协议的成立

在合同编第一分编中,合同的订立主要采取要约和承诺的形式达成一致合意,这个规定是否也适用于身份关系协议?显然在纯粹身份关系协议中是不成立的。合同的内在价值是自由,但自由价值在婚姻家庭领域明显会存在一定限制,婚姻家庭也注重社会关系外观,规定诸多法定条件,如果仅凭借要约承诺就可以成立协议建立新的身份关系,显然容易引起社会关系的隐私化、复杂化,不利于家庭伦理秩序的维护。[1] 在我国,婚姻家庭领域的登记公示制度已经广泛运用,无论是婚姻关系的成立、解除,还是收养关系的成立、解除,都需要在民政局进行登记,类似于一种要件形式。相比于登记的要件,当事人之间的"合意"居于第二位,合意达成并不是关系正式成立,而应适用婚姻家庭编的相关规定给予认定和登记。[2] 此外,对于同居关系,在《婚姻家庭编司法解释二》出台之前,有关同居关系协议的效力一直未被明确承认,而在该司法解释第四条中明确规定了同居关系中双方对于财产的协议约定有效,也即承认了同居关系的法律效力。那么约定同居关系成立该如何认定?同居关系的成立相比于婚姻关系关系而言更具有隐私性,事实上同居关系在某种意义上而言仍是未经法律承认的婚姻关系,需要符合社会基本道德观念,也需要有社会可感知的外观,如共同生活、互相接触亲朋好友等,因而同居关系协议的成立应综合考虑是否存在公示的外观以及符合社会道德理念。

2. 身份财产协议的成立

身份财产协议是身份关系与财产关系混合的协议,首先需要明确的是,财产关系成立以身份关系成立为前提,财产关系不成立并不导致身份关系的不成立。身份关系的成立问题与上述纯粹身份关系协议一致适用特殊的法律规定。而关于财产部分的协议内容可以采取分离的模式,即在身份关系成立的情况下,单独考量财产关系成立与否。关于财产制度,普遍认可的观点是自由和意思自治,即便是处于特殊婚姻家庭关系中的财产,当事人也有充分的处分权,如在婚姻财产制中承认约定财产制的正当性,在继承中承认被继承人的自主权,因而身份关系协议中的财产关系也不应因其身份特殊性而采取有悖于意思自治的认定规范。因此,对于财产关系成立的部分可以参照适用合同编的规定,且不仅可以适用通则分编的规定,还可以根据个案的情形适用性质类似的第二、第三分编中典型合同的规定,充分尊重当事人的意思自治。但也如前文所述,参照适用还需要进行价值评判或者说体系协调,在出现上位规范或者法律原则明显排斥适用合同编内容时应当不予以适用。

3. 身份权利义务协议的成立

身份权利义务关系也涉及了身份关系,与身份财产协议类似,权利义务关系以身份关

---

[1] 王雷:《婚姻、收养、监护等有关身份关系协议的法律适用问题——〈合同法〉第 2 条第 2 款的解释论》,载《广东社会科学》2017 年第 6 期。

[2] 冉克平:《"身份关系协议"准用〈民法典〉合同编的体系化释论》,载《法制与社会发展》2021 年第 4 期。

系成立为前提,但是权利义务关系不成立不影响身份关系的成立。与身份财产协议不同的是,身份关系当事人在财产方面有充分的意思自治性,而对于涉及身份的权利义务方面则会受到婚姻家庭编的限制。但是除了婚姻家庭编以外的权利义务协议,如夫妻之间的分工协议,体现的是夫妻之间的生活安排,应当由其自由决定。因此,对于身份权利义务协议成立与否,应当首先考察婚姻家庭编的相关规定,在不违背婚姻家庭编规定的前提下才可以参照适用合同成立的规范。

(二)关于身份关系协议效力的认定

1. 合同生效时间

《民法典》第502条规定了合同生效的时间为成立时,法律有规定或者当事人另有约定的除外。① 在身份关系协议中自然也可以得到参照适用,身份关系协议属于合同,当事人签署时都希望可以尽快生效,或者条件成熟后尽快生效。不过在身份关系中还有婚姻家庭编关于身份关系成立等的具体规定,甚至需要履行一定的行政手续。第502条的规定符合第464条规定的规范逻辑,即在有特殊规定的情况下以特殊规定为准,没有特殊规定则以一般"成立时生效"规则为准。另外,值得注意的是,当事人另有约定生效时间也会受到婚姻家庭编基本原则和伦理价值的限制,如双方约定女方生育男孩后收养协议生效,成立收养关系并给予一定财物,其中规定协议生效时间不符合婚姻家庭法规定,应当认定为无效。第502条特别规定了需要履行行政手续的效力和后果问题,身份财产协议也可以参照适用,尤其是许多身份关系的成立需要在民政局登记,与报批性质类似,当事人不履行义务时可以要求其承担相应的缔约过失责任。

2. 意思表示瑕疵的法律适用

身份关系虽然具有非功利性色彩,但在社会中确实会给人带来某些利益获取上的便利,从而使它成为牟利的工具,同时也伴随着通谋虚伪、重大误解、欺诈、胁迫和显失公平的情况。② 根据《民法典》第508条的规定,合同效力问题适用《民法典》第一编第六章的规定,因而在第一编第六章下讨论身份关系协议的意思表示瑕疵问题也属于参照适用范围内。事实上,《民法典》第一编第六章的内容属于某种程度上的"上位法",合同编和婚姻家庭编、继承编都应当遵循。在民法典关于婚姻家庭内容中也有许多法条涉及了意思表示瑕疵,具

---

① 《民法典》第502条规定:"依法成立的合同,自成立时生效,但是法律另有规定或者当事人另有约定的除外。依照法律、行政法规的规定,合同应当办理批准等手续的,依照其规定。未办理批准等手续影响合同生效的,不影响合同中履行报批等义务条款以及相关条款的效力。应当办理申请批准等手续的当事人未履行义务的,对方可以请求其承担违反该义务的责任。依照法律、行政法规的规定,合同的变更、转让、解除等情形应当办理批准等手续的,适用前款规定。"

② 冉克平:《论意思自治在亲属身份行为中的表达及其维度》,载《比较法研究》2020年第6期。

体表现在结婚(第1052条①、第1053条②)、收养(第1113条③)、继承(第1125条④)等中,都是对第一编第六章内容的具体体现。因此,身份关系协议中关于意思表示瑕疵的问题可以直接适用婚姻家庭编和继承编的具体规定以及《民法典》总则的规定。⑤

3. 无权代理的法律适用

《民法典》第503条规定了无权代理的效力问题,笔者认为在身份关系协议中不应当得到参照适用。众所周知,身份关系的主体是特定的,身份法对于代理持有较为排斥的态度,如在婚姻编中就强调必须本人自愿缔结婚姻且前往办理手续才能成立婚姻关系。⑥ 推广至其他身份法律行为中,身份关系的建立具有特殊性,毕竟事关当事人的切身利益,本就不应当由其他人进行代理,否则容易导致意思表示不真实从而损害弱势群体的利益。合同编中之所以在一定条件下承认无权代理的有效性,是因为合同编仍是在财产角度下考虑效率问题,即维持既有稳定的财产关系,身份关系显然不能继续运用此种思维,不管当事人是否追认都不应当承认无权代理的有效性。事实上,无论是纯粹身份关系协议还是身份财产协议和身份权利义务协议,都和身份关系密切相关,以身份关系的特定性为基础,因而合同编中关于无权代理的规范始终没有适用的余地,应当根据婚姻家庭编的特殊规定认定其效力。

(三)关于身份关系协议中的权利义务

1. 涉及身份关系下的权利义务

身份关系中的权利义务大都以身份关系的成立为基础,为了保护弱势一方的利益,法律对某些权利义务履行有强制性规定且不存在任意性规定,在这种情况下当事人双方并不能约定权利义务关系。例如,在父母子女之间的排除抚养的协议是无效的,当事人也无须行使或履行相应的权利义务。同时,婚姻家庭法中对家庭成员之间的角色存在许多禁止性规定,尤其是在婚姻法中为了维护家庭稳定关系而作出的禁止性规定不得由当事人约定排除,且不赋予任何救济途径。但是对于强制性规定和禁止性规定之外的权利义务内容,可以参照适用合同编的规定并给予救济程序。⑦ 例如,《民法典》婚姻家庭编下对于夫妻双方

---

① 《民法典》第1052条规定:"因胁迫结婚的,受胁迫的一方可以向人民法院请求撤销婚姻。请求撤销婚姻的,应当自胁迫行为终止之日起一年内提出。被非法限制人身自由的当事人请求撤销婚姻的,应当自恢复人身自由之日起一年内提出。"

② 《民法典》第1053条规定:"一方患有重大疾病的,应当在结婚登记前如实告知另一方;不如实告知的,另一方可以向人民法院请求撤销婚姻。请求撤销婚姻的,应当自知道或者应当知道撤销事由之日起一年内提出。"

③ 《民法典》第1113条规定:"有本法第一编关于民事法律行为无效规定情形或者违反本编规定的收养行为无效。无效的收养行为自始没有法律约束力。"

④ 《民法典》第1125条规定:"继承人有下列行为之一的,丧失继承权:(一)故意杀害被继承人;(二)为争夺遗产而杀害其他继承人;(三)遗弃被继承人,或者虐待被继承人情节严重;(四)伪造、篡改、隐匿或者销毁遗嘱,情节严重;(五)以欺诈、胁迫手段迫使或者妨碍被继承人设立、变更或者撤回遗嘱,情节严重。继承人有前款第三项至第五项行为,确有悔改表现,被继承人表示宽恕或者事后在遗嘱中将其列为继承人的,该继承人不丧失继承权。受遗赠人有本条第一款规定行为的,丧失受遗赠权。"

⑤ 王雷:《论身份关系协议对民法典合同编的参照适用》,载《法学家》2020年第1期。

⑥ 陈信勇:《身份关系视角下的民法总则》,载《法治研究》2016年第5期。

⑦ 秦芳:《身份协议的法律问题研究》,河北大学2010年硕士学位论文,第23~27页。

的权利义务给予了部分自由选择的权利,包括使用自己姓名,参加生产、工作、学习活动等自由,夫妻双方给予此种权利义务另有约定的,不违反婚姻法的基本原则应当认定为有效,双方应履行自己的权利义务。因此,身份关系下的权利义务履行取决于是否违反了强制性和禁止性权利义务规范,对于其他权利义务可以参照合同编的规定进行规制。

2. 涉及财产关系下的权利义务

身份关系协议中的财产关系以身份关系的变动为前提,但它在身份关系成立或者解除之后呈现出游离的状态,只要身份关系维持在同一个状态,当事人双方就可以充分通过意思自治管理财产,所以可以适用合同编的规定进行裁判。具体而言,包括合同的解释、合同的给付等都可以在财产关系下得到适用;同时,由于对方不履行相应义务造成财产损失时,当事人也可以请求相应损害赔偿。值得注意的是,身份财产协议中的"对价性"还需要考虑家庭伦理的因素,如收养关系中给予"相当"的财物,不具有对价性,因其很有可能损害被收养人的利益;但是对于成年人意定监护这类家庭伦理色彩较轻则可以准用合同编的规定予以认定。此外,关于权利义务履行中的代位权和撤销权,身份关系由于具有身份的特定性和公示性不能适用相应规范,但是在财产关系中并不需要特定性和公示性,反而可以考虑双方的自由、效率等因素予以适用。

3. 权利义务履行中的情势变更

情势变更规则是合同法的一项重要制度,我国《民法典》第533条①对其作出相应规定。身份关系协议也存在情势变更的客观情形,例如抚养协议中一方当事人失去劳动能力。②情势变更原则是公平正义在合同法领域的生动体现,而在婚姻家庭法领域,公平正义也是重要的价值理念,二者的内在十分契合。在身份性比较弱的身份财产协议和身份权利义务协议中,情势变更原则可以使得在合同履行基础根本改变的一方当事人不至于遭受更大的给付义务,尤其是在解除身份关系进入新的社会角色中,过重的给付义务容易招致社会的不和谐和家庭的不稳定,有必要通过"理性"的规则予以填补。③但是,在纯粹身份关系协议中,情势变更原则的适用应当慎之又慎,一旦使用该规则就意味着改变双方的身份关系,但是身份关系的变更应当由婚姻家庭法特殊规制,维持身份关系的稳定秩序始终是重要的价值取向。

(四)身份关系协议解除

首先,身份关系部分的解除。对于合同的解除,虽然《民法典》第557条规定了五种具体

---

① 《民法典》第533条规定:"合同成立后,合同的基础条件发生了当事人在订立合同时无法看见的、不属于商业风险的重大变化,继续履行合同对于当事人一方明显不公平的,受不利影响的当事人可以与对方重新协商;在合理期限内协商不成的,当事人可以请求人民法院或者仲裁机构变更或者解除合同。人民法院或者仲裁机构应当结合案件的实际情况,根据公平原则变更或者解除合同。"

② 《婚姻家庭编司法解释二》第16条规定:"……但是,离婚后,直接抚养子女一方经济状况发生变化导致原生活水平显著降低或者子女生活、教育、医疗等必要合理费用确有显著增加,未成年子女或者不能独立生活的成年子女请求另一方支付抚养费的,人民法院依法予以支持,并综合考虑离婚协议整体约定、子女实际需要、另一方的负担能力、当地生活水平等因素,确定抚养费的数额。"

③ 周平、林威宇:《离婚财产协议参照适用情势变更规则:教义诠释、确证与运行》,载《南华大学学报(社会科学版)》2023年第2期。

的合同解除情形,但是结婚与收养关系等身份关系的解除在《民法典》中也有其特殊的规定,其中婚姻关系的解除规定在《民法典》第1080条至第1082条,收养关系的解除规定在《民法典》第1114条至第1116条,且都需要对外公示。因此,纯粹身份关系协议的解除和身份财产协议中身份关系部分的解除属于《民法典》第464条第2款前半部分"适用有关该身份关系的法律规定"。其次,财产关系部分的解除。单独的财产关系的解除和其成立有相似的性质,可以参照适用合同编通则关于合同解除的规定和性质相似的典型合同的规定。财产关系的约定只要不违反婚姻家庭编和继承编的法律规定,符合伦理性要求,就都可以成立或者按照合同编第562条、第563条、第564条的规范予以解除,充分尊重当事人的意愿。①

此外,对于身份财产协议的解除,身份关系的不成立会导致身份财产协议的解除,因为身份财产协议是以身份关系存在为前提的;但是,财产关系的不成立并不会导致身份财产协议的解除,这是因为身份关系具有公示性,或是在登记部门进行相应登记,或是已经产生相应的身份关系外观,尤其是登记过的身份关系受到法律的保护,财产关系只是隶属于或者说附随于身份关系的,并不直接导致整个协议的解除。

(五)身份关系协议责任承担

纯粹身份关系协议涉及了身份关系的变动,或涉及了由于身份关系变动而产生的权利义务变动,身份关系变动有婚姻家庭编明确规定,因而对其责任的承担不应参照适用合同编的规定。而在身份财产协议中的财产关系履行可以准用合同编的规定,如果一方不履行协议的义务或者不符合约定、不完全履行,可以适用合同编第577条规定的违约责任规定。身份财产协议涉及的伦理色彩比较少,反而越发显露出其自由、意思自治的特征,向合同编的内容靠拢。所以对于合同编中的基本原则如诚实信用原则等应予以遵守,否则将要承担一定的合同违约责任,赔偿相应损失。对于财产给付以外的权利义务关系,可以在考虑婚姻家庭与继承编的规定下适用合同编关于强制履行、解除合同或者违约金调整的规定,因为某些义务如探望权等法律也无法强制其履行,而在当事人约定不够合理的情况下,可以婚姻法照顾弱者的态度考虑当事人受损害的程度、过错等有选择地适用合同编的规定调整责任大小。② 换言之,身份关系协议中的涉及身份权利义务履行有其复杂性和特殊性,必须考虑到婚姻家庭领域的价值取向,相应地考虑是否准用合同编的规定,有选择性地准用。

小结

随着社会生活的变迁,合同领域的自由、效率等价值引进到了婚姻家庭领域,最具代表性的例子是身份关系协议。身份关系协议兼具了婚姻家庭领域和合同领域的两种特质,然而在传统理论观点上,婚姻家庭所秉持的家庭伦理的价值取向与合同法坚持的自由与效率的价值取向存在一定冲突,《民法典》将婚姻家庭与继承的法律写入体系内,就必然会面临

---

① 冉克平:《论意思自治在亲属身份行为中的表达及其维度》,载《比较法研究》2020年第6期。
② 邹开亮、邱帅:《夫妻忠诚协议的性质及其内对效力——基于社会关系"泛"契约化的一般认识》,载《华南理工大学学报(社会科学版)》2021年第6期。

两种价值取向如何协调、取舍的问题。

关于身份关系协议适用合同编的规定,首先,应对身份关系协议进行类型化研究,身份关系协议可以分为纯粹身份关系协议、身份财产协议和身份权利义务协议,不同的协议对应着不同参照适用结果。其次,理顺参照适用的逻辑和范围,逻辑上即规范解释、类似性判断和价值评判,价值评判过程中就涉及了两个法领域的权衡与协调;范围即身份关系可以参照适用合同编第一分编通则部分,财产关系和身份权利义务关系还可以在体系化适应下参照合同编各分编的内容。

关于身份关系协议具体问题的参照适用:第一,在合同的成立与解除中,纯粹身份关系协议由于受到法律的特殊规制应当适用特殊法律,而财产关系和身份权利义务关系则可以参照适用合同法判断合同是否成立及解除,值得注意的是,身份财产协议和身份权利义务协议的成立以身份关系成立为前提。第二,在合同效力中,对于合同是否生效可以适用合同编规定;但是对于意思表示瑕疵问题则没有必要准用合同编,可以直接适用特殊规范和总则的规定;对于无权代理问题,由于身份行为具有特殊性不能代理,因而也不能得到适用。第三,在权利义务方面应当要区分身份关系下的权利义务和财产关系下的权利义务,身份关系下的权利义务不得违背法律的强制性规定,财产关系下的权利义务则可以在价值判断合理之后充分尊重当事人的意思自治;在人身性较弱的身份财产协议和身份权利义务协议中也可以适用情势变更原则。第四,对于责任承担,身份关系下的责任承担更多从婚姻家庭领域考量,无法要求其强制履行,可以适用合同编关于责任调整的规定;财产关系下的权利义务则可以参照适用合同编规定。

对于如何适用合同编,其范围、逻辑、具体法条选择等还有待实务的进一步验证和理论的进一步探讨,以使婚姻家庭和继承编充分融入民法典,以便于协调不同法律之间的价值冲突,让民法典的逻辑和体系更加周延和自洽。

第二章 婚姻登记的行政法学探析

  婚姻是男女两性以共同生活为目的而进行的具有公示性的社会结合。婚姻强调夫妻身份的社会承认,不同的社会和不同的历史时期,其承认方式不一。[①] 我国1950年《婚姻法》改变以传统婚礼为公示要件,建立结婚登记制度。1980年《婚姻法》和2001年《婚姻法》(修正案)坚持规定了结婚登记制度。婚姻法回归民法体系后,《民法典》第1049条在婚姻家庭编继续规定了结婚登记制度,"要求结婚的男女应当亲自到婚姻登记机关申请结婚登记。符合本法规定的,予以登记,发给结婚证。完成结婚登记,即确立婚姻关系。未办理结婚登记的,应当补办登记"。该规定明示了婚姻登记[②]的法律意义,只有完成结婚登记的,才能确立婚姻关系,婚姻登记成为婚姻成立的法定程序。与此同时,为保障婚姻登记制度的实施,民政部通过行政法规等规范性文件细化婚姻登记制度,在1955年5月、1980年10月、1986年3月先后三次颁布了《婚姻登记办法》,并在1994年《婚姻登记管理条例》和2003年《婚姻登记条例》中将婚姻登记制度具体化,目前实施的是2003年《婚姻登记条例》。2024年8月12日,民政部公布《婚姻登记条例》(修订草案征求意见稿),该征求意见稿取消婚姻登记的地域限制,明确当事人通过冒名顶替或者弄虚作假办理婚姻登记的法律责任,强化保护婚姻登记当事人的个人信息。

  但是,理论界对于婚姻登记行为的性质一直存在不同观点,实务界对婚姻登记瑕疵与婚姻效力的救济路径和司法判决方式更是多元。2011年最高人民法院《婚姻法解释三》第1条明确规定了婚姻登记行为的行政法属性,2020年《民法典婚姻家庭编解释(一)》第17条再次重申"当事人以结婚登记程序存在瑕疵为由提起民事诉讼,主张撤销结婚登记的,告知其可以依法申请行政复议或者提起行政诉讼"。但是,从民行交叉的视角分析,婚姻登记行为,产生婚姻法所确认的婚姻关系,发生婚姻当事人的权利义务,具有私法上的法效,而由于婚姻登记机关代表国家民政部门履行婚姻登记手续,使得婚姻登记行为又带有较为强烈的公法色彩,如何理解该条款规定的"结婚登记程序存在瑕疵"? 此既涉及违反结婚形式要件而导致身份关系有效或无效的法律后果,也涉及婚姻登记瑕疵在行政法上的救济问题,因此,婚姻登记是融合公法和私法、婚姻法和行政法、当事人意思自治与国家干预的结合。本章以行政法的角度对婚姻登记行为进行研究,以期更好地实施《民法典》下的婚姻登记制度。

---

① 何丽新:《非婚同居的规制不会冲击结婚登记制度》,载《政法论丛》2011年第2期。
② 婚姻登记包括结婚登记和离婚登记,但基于研究的需要,本章写作的重点在于结婚登记制度。

第一节
婚姻登记行为的性质

一、婚姻登记行为的行政法定性

(一)婚姻登记行为并非是私法行为

《民法典》第1049条规定的婚姻登记制度,明确结婚登记是婚姻成立的形式要件,是确认夫妻身份关系的身份行为,缔结婚姻的当事人通过在婚姻登记机关申请、登记而得以确立合法有效的夫妻关系。① 因此,有学者从民事行为理论出发,认为婚姻的成立与婚姻的有效是不同的概念,婚姻的成立只要男女双方当事人达成缔结婚姻关系的合意就成立,但成立的婚姻并不一定就是有效婚姻,只有履行婚姻的特殊要件结婚登记手续,才能产生婚姻的法律效力。② 既然,婚姻登记是当事人缔结婚姻关系的确认,是当事人意思自治(缔结婚姻的意愿)的结果,就此产生婚姻的身份关系和财产关系的法律后果,那么,婚姻登记行为就是民事行为,属于私法行为范畴。③ 更有学者认为,民事行为的构成要件是合意以及在合意的基础上作出的意思表示,婚姻登记行为是在男女双方当事人合意的前提下作出的,当事人达成结婚的合意后才向婚姻登记机关申请结婚登记,申请结婚登记就是"作出意思表示",因此,婚姻登记行为符合民事行为的特征和要件,应肯定其民事行为的性质。④ 还有学者认为,婚姻登记行为应定性为私法行为,婚姻登记的目的在于维护个人的私权利,发端于当事人的申请,婚姻登记机关对于合乎要求的登记申请无权拒绝,且登记行为产生私法效果,所以婚姻登记与不动产物权登记一样,都是私法行为。⑤ 当然,也有学者基于此,提出登记是依据行政机关的公权力而产生私法上的效力,是公权力和私权利的结合,结婚登记的申请只要符合条件,婚姻登记机关必须予以登记,行政机关的职权行为所作出的登记是从属性的,因此,婚姻登记是私法上的民事行为,而不是行政行为。

但是,婚姻是社会关系的特定形式,婚姻关系具有社会性,它根植于社会系统之中,各种社会条件、社会因素的综合影响,是婚姻制度发展的根本动因。婚姻关系的结合就是社

---

① 薛宁兰、谢鸿飞主编:《民法典评注婚姻家庭编》,中国法制出版社2020年版,第70页。
② 参见余延满:《亲属法原论》,法律出版社2007年版,第138~144页。
③ 王书礼:《登记程序瑕疵婚姻的性质与救济路径之选择》,载《家事法研究》,社会科学文献出版社2012年版,第214页。
④ 郭杨:《论婚姻登记行为》,载《南阳理工学院学报》2015年第1期。
⑤ 王洪亮:《不动产物权登记立法研究》,载《法律科学》2000年第2期。

会形式的结合,缔结婚姻家庭是一种社会行为,正如费孝通所言"社会之所以要有婚姻,还要建立家庭,并用法来保护它,用伦理来规范它,是因为要用它来承担和完成一系列重要的功能,如生育和抚育功能"[①]。婚姻关系需要社会行为规则予以规范,这种规范就是法律制度。男女两性的结合,必须按照法定条件和法定程序进行,才能产生为社会制度所确认的婚姻效力。婚姻家庭制度因此成为影响社会秩序和社会稳定的重要因素。婚姻登记制度,是国家公权力对当事人男女双方结婚意愿和婚姻行为的确认,我国从1950年《婚姻法》到2020年《民法典》均采取婚姻登记制,只有当事人履行结婚登记法定方式,婚姻才能有效成立,结婚登记成为婚姻生效的唯一法定形式要件。该登记制度不仅更好地规范当事人双方的权利义务,也有利于国家借助婚姻登记制度对婚姻进行必要的介入和监管。因此,缔结婚姻关系作为身份行为,不仅仅关乎当事人的婚姻关系的确立,而且涉及婚姻秩序和社会秩序,这种人身法律行为不仅以当事人自愿结婚的意思表示为效力来源,同时需要法律从维护社会公共利益和伦理道德的角度予以干预和规范,才能依法产生婚姻当事人权利义务关系。

从本质上而言,婚姻的成立是一种事实,即婚姻关系已经产生或者存在的一种客观事实,但这种客观存在的事实不一定受到法律的保护,不一定产生法定的夫妻之间的权利义务,是否能得到法律的评价,应履行法定程序。婚姻登记是国家对公民私生活进行管理的一种制度,经过行政机关确认后才产生婚姻的法律效力。缔结婚姻并不是一种通过当事人合意就发生效力的任意性行为,若将婚姻登记理解为一种民事行为,而民事行为本身并不对当事人合意的内容进行评价,仅仅是要求当事人在外在的表现形式上应是"合意基础上作出意思表示",就无法得到法律评价而发生法律效力。所以,婚姻登记行为具有民事事实先行性和行政登记并公示的双重属性。我国《民法典》明确婚姻成立的特殊要件是履行结婚登记手续,婚姻的有效成立必须履行法定的成立要件即婚姻登记才能实现。[②] 婚姻登记行为是当事人形成缔结婚姻的合意后,由婚姻登记机关依照当事人的申请以正式的形式确认此种合意的行为。从婚姻关系的属性分析,婚姻关系兼有相对权和绝对权的双重性质,只有通过婚姻登记行为才使婚姻关系具有绝对权的特性,确认婚姻状况的合法地位,从而产生公示效力,依法要求不特定的社会主体尊重这种婚姻关系,但婚姻登记与否并不影响婚姻关系的相对权性质。[③] 相对权的效力来源于缔结婚姻当事人之间的合意,没有婚姻登记不等于当事人缺乏结婚的合意,相对权的效力不能决定婚姻登记行为的法律属性,更不能因此以没有婚姻登记而否认婚姻关系的相对权效力,所以,并不能因产生私法上的身份关系的效力而否认婚姻登记行为的行政法定性。

从行政行为的要件分析,婚姻登记机关是依法履行婚姻登记行政职责的机关,婚姻登记机关进行婚姻登记的行为是行政机关行使行政职权的行为。从婚姻登记机关的职责方面分析,婚姻登记机关的职责包括:办理婚姻登记、补发婚姻证件、出具婚姻登记记录证明、撤销受胁迫的婚姻、宣传婚姻法律和倡导文明婚俗。婚姻登记机关在婚姻登记中的审查权

---

① 费孝通:《乡土中国·生育制度》,北京大学出版社1998年版,第132页。
② 余延满:《亲属法原论》,法律出版社2007年版,第138页。
③ 参见何扬冰在《婚姻登记制度研究》(厦门大学民商法专业2008年硕士学位论文)中提出婚姻关系的绝对权和相对权的双重性质。

和登记权,都是行政权的体现,是行政主体行使行政职权和履行行政职责的行为。这种行为对申请婚姻登记的当事人产生相关权利义务,符合行政行为的要件。并非私法行为才能产生私法效力,行政行为同样可以产生私法效力,为特定的公民、法人或者其他组织设定权利或者义务,婚姻登记行为不能因为对婚姻当事人产生权利义务关系就否认其行政行为的性质。

(二)婚姻登记行为的行政法价值

婚姻登记作为国家对婚姻事务进行法律调控的重要行政手段之一,不仅对当事人所主张的权利、法律关系和法律事实状态提供公权力的认可和保护,而且通过婚姻登记机关履行行政管理职能,为社会秩序和社会公共利益的实现提供保障。因此,婚姻登记是婚姻登记机关依照法定程序对缔结婚姻当事人的婚姻登记申请进行审查,对于符合法律规定的,依法为其婚姻状况进行登记并出具结婚证(离婚证)的具体行政行为。从行政法角度分析,婚姻登记机关作为依法办理婚姻登记行政职能的行政机关,婚姻登记机关的管辖权是按照行政区域和职能划分的,婚姻登记确认了婚姻行为的合法性,履行和实施国家对公民婚姻进行监督管理的职责,有助于国家根据公民的婚姻状况制定相应的人口、教育、经济、社会保障等政策,维护婚姻秩序和社会秩序,也是国家进行户籍管理和人口管理的重要辅助手段。同时,登记婚姻是法律确认的合法婚姻,具有较强的公示性,既维护婚姻当事人的合法权益,又维护第三人的利益,从而使第三人便于查询以识别他人的婚姻状况。立法者在设立婚姻登记制度时就强调"登记即为合法的结婚,对人民有许多好处"[①]。1950年《婚姻法》之所以对婚姻成立实行登记制,主要考虑因素是:(1)体现人民政府对人民婚姻问题的重视,将其视为公私利益统一的大事;(2)便于查明是否符合婚姻法规定的结婚条件;(3)登记制在经济上是极大节省的,受到民众的普遍赞同。[②]

因此,婚姻登记机关通过履行对婚姻关系的审查权和登记权等行政权能,实施婚姻登记机关的婚姻行政管理职能,实现国家对婚姻事务的公共管理职责。在当今的信息社会下,婚姻登记不仅维护和保障正常的婚姻伦理功能和社会秩序,还产生秩序的安全稳定手段性的登记价值,同时达成信息公示,降低社会关系运行中在身份秩序上的信息成本。

(三)婚姻登记行为是行政确认行为

1. 不同观点之争

婚姻登记是公法领域的行政行为,但在行政法领域仍然存在不同的观点:

(1)行政许可行为。该观点认为,婚姻登记符合《行政许可法》第2条规定的行政许可。行政许可是通过颁布许可证等形式,依法赋予特定的行政相对人从事某种活动或实施某种行为的权利或资格的具体行政行为。婚姻登记是依照当事人的申请,婚姻登记机关依法审查,符合法定条件的,准予结婚,进行登记,颁发结婚证,此是行政许可行为。因为"婚姻登记是有明确的法律条件限制的,而且只有通过婚姻登记的构成性事实,公民才实现婚姻的

[①] 陈绍禹:《关于中华人民共和国婚姻法起草经过和起草理由的报告》,1950年4月14日,载中国人民大学法律系民法教研室、资料室编:《中华人民共和国婚姻法资料选编(一)》,未刊稿,1982年,第36页。
[②] 蒋月:《20世纪婚姻家庭法:从传统到现代化》,中国社会科学出版社2015年版,第294~296页。

自由"①。该观点认为婚姻登记与商事登记相近,均是行政许可,未经商事登记管理机关的批准,任何主体不得以商主体的身份参与商事活动;②未经婚姻登记,申请结婚的当事人不能以合法的夫妻身份共同生活。

但是,行政许可是赋权行为,是一种授益性行政行为,赋予当事人行使原来没有的权利,而婚姻登记不具备赋予权利资格的特性,通过婚姻登记并不意味着赋予登记的当事人可以从事某种活动的权利与资格,婚姻登记机关也不能因婚姻当事人未办理结婚登记而以夫妻名义同居生活予以行政处罚,当事人的同居生活具有事实先行性和客观性,是否产生婚姻的法律效力,取决于法律的态度。婚姻登记的目的在于国家对婚姻事务的监管和当事人婚姻信息的公示,通过婚姻登记,确认和保护当事人已有的权利并通过公示让社会认可业已取得的权利。婚姻自由是一项宪法性基本权利,婚姻登记机关不能决定也不能干涉当事人的婚姻自由。尽管《民法典》规定了缔结婚姻的实质要件,如一夫一妻制、法定婚龄、禁止直系血亲和三代以内的旁系血亲结婚等,但这些并非是对婚姻自由的限制,婚姻登记也不是基于登记行为而"许可"婚姻当事人恢复婚姻自由。还有学者提出,即使婚姻登记符合行政许可的定义,也不能因此认为是行政许可行为,因为决定结婚是男女双方当事人行使婚姻自主权下的意思自治,行政机关不能决定和干预这种行为,如果我们将婚姻登记作为行政许可,容易滋长行政权对私人生活的过度侵入和干预。③ 同时,在行政许可行为中,行政机关可以行使行政自由裁量权,但这种行政裁量权存在一定的基准,要综合考虑行政职权的种类、事实、情节、法律要求等。而婚姻登记并不存在行政自由裁量的空间,申请缔结婚姻的当事人符合结婚实质要件的,婚姻登记机关依法必须予以婚姻登记。婚姻登记机关对婚姻当事人提出的登记申请材料所作的行政审查,也并非是行使行政裁量权的过程,更不能自由裁量。因此,婚姻登记是行政许可行为,难以自圆其说。

(2)行政确认行为。行为确认是行政机关按照法定权限和程序对行政相对人的法律关系、法律地位或有关的法律事实给予认定或否定并予以宣告的一种具体行政行为。行政确认的主要作用是证明功效,是对个人或者组织法律地位与权利义务关系以及法律事实状态的行政确定。婚姻关系的行政确认是对符合法定条件的男女自愿建立婚姻关系的一种确认。登记是行政确认的一种形式和手段,是行政机关应申请人的申请,在政府有关登记簿册中记载行政相对人的某种情况或事实,并依法予以正式确认的行为。④ 婚姻登记是婚姻登记机关对当事人婚姻意愿和婚姻行为的确认,是对已经存在的法律关系的认定,不因婚姻登记机关的确认行为而改变既定的事实或产生新的权利义务关系。在婚姻登记过程中,婚姻登记机关负责对申请材料进行审查,并不是行政干预,是通过审查进而向缔结婚姻当事人颁发结婚证,达到确认其婚姻关系合法有效的结果。因此,行政确认中的法律关系并非是行政确认行为所创设的,而是在行政确认行为之前本已存在的,行政确认只不过是对这一既存法律关系存在状态的确认而已,不会产生、变更或消灭新的法律关系,不改变行政

---

① 陈端洪:《行政许可与个人自由》,载《法学研究》2004年第5期。
② 王晨、李亚兰:《从结婚登记程序瑕疵看婚姻法与行政法的竞合》,载《黑龙江社会科学》2008年第6期。
③ 乔晓阳主编:《中华人民共和国行政许可法释义》,中国物价出版社2003年版,第59页。
④ 胡建淼:《中国现行行政法律制度》,中国法制出版社2011年版,第113~115页。

相对人已经形成或存在的法律关系。从行政法角度分析,行政确认对象的事实,是法律事实,本身蕴含着法律评价,是以法律规范为前提的法律事实。这些事实的确认与否,与行政相对人的法律地位、法律关系或权利义务密切相关。[①] 所以,行政确认虽然不会直接处分当事人的权益,但是会间接地产生私法上的法律效果。婚姻登记行政行为是对婚姻关系的确认,是对申请缔结婚姻的当事人是否处于真实、合法、有效的婚姻关系进行的一种确认行为。因此,行政确认行为的理论涵盖婚姻登记的全部内涵和外延,婚姻登记行为是行政确认行为。最高人民法院《民法典婚姻家庭编解释(一)》第17条就婚姻登记的行政法属性的相关规定进行了分析,学界多数学者就此解读为婚姻登记是行政确认行为,既然行政确认作为一种独立的行政行为,当然适用该司法解释中所规定的"行政复议和行政诉讼"。

(3)行政登记。行政登记是行政机关因行政管理的需要,在行政职权范围内,依据法律的规定或者行政相对人主动申请而提供的相关事实资料,由行政机关审核后予以登记记载,公示后予以查阅的行政行为。根据不同的性质和标准,对行政登记进行类型化的区分,一般可以分为人身类登记与财产类登记、权利类登记与义务类登记、资格类登记与能力类登记、机构类登记与产品类登记、自愿类登记与义务类登记、限制类登记与控制类登记等。[②] 持行政登记的观点认为,婚姻登记之所以是行政登记,是因为这种行政登记不以产生法律效果为目的,是对行政相对人客观情况的登载,不论是产生夫妻间的身份关系还是财产关系,行政机关都不存在行政自由裁量的权限范围,而是作为行政管理辅助性手段得以存在,婚姻登记从某种程度上而言,是行政机关基于户籍管理、人口统计等目的而进行的行政登记。

但是,行政确认的登记与行政登记是有所不同的。婚姻登记是当事人之间原不存在法律所确认的合法有效的婚姻关系,而是提供给婚姻登记机关登记后才确认婚姻法律关系,才产生受到法律保护的夫妻人身关系和财产关系。若将婚姻登记作为一种独立的行政登记,则是在婚姻关系业已成立的前提下,依据当事人的申请,婚姻登记机关将其登记记载,以实现查阅或对抗等效力。因此,婚姻登记并非是独立形态的行政登记。

(4)行政公示。该观点认为,婚姻登记是婚姻成立公示的法定形式,婚姻之所以依法履行登记,就是为了取得婚姻公示公信的法律效力,因此,这是行政机关通过登记才具有的法律效果。婚姻登记只不过是当事人之间构成法律婚姻的一种公示方法而已。但是,值得注意的是,婚姻登记产生公示公信公定力,是婚姻登记作为一种行政行为产生的行政法上的效力,婚姻登记并非仅为行政公示而存在。但是,也有学者认为,婚姻登记机关的性质,不宜定位为行政管理机关,它所行使的权力也不宜归属于行政权。将婚姻登记机关定位于行政机关的观点是由计划经济体制下行政权力对社会全面管治的秩序中脱胎而来,它也是实践中导致诸多不必要的行政诉讼和民事诉讼"双轨制"复杂交错局面的根源。婚姻登记只是婚姻行为有效的要件之一,婚姻登记机关的登记只是公权力机关提供的具有公示效力的证明而已,完全无涉行政权的行使。[③]

(5)行政确权。该观点认为,婚姻登记是一种行政确权。但是,婚姻登记的本质是确认

---

① 胡建淼:《中国现行行政法律制度》,中国法制出版社2011年版,第116页。
② 参见杨生、孙秀村:《行政执法行为》,中国法制出版社2003年版,第283~290页。
③ 郝振江:《严肃审视婚姻效力认定中的问题》,载《上海法治报》2022年3月2日第B6版。

婚姻关系的合法性,并不是对婚姻自主权的确认。婚姻自由是宪法赋予公民的基本权利,不是婚姻登记机关通过婚姻登记而产生。因此,婚姻登记的行政确权论,其所确的"权"是宪法赋予公民的,并不是行政确权的结果。

(6)行政证明。该观点认为,婚姻登记是婚姻登记机关作为行政机关证明男女双方存在婚姻关系的行政证明。行政证明是行政机关对某一行为的性质、责任等予以证明,行政机关出具的行政证明,仅发生证明或证据的作用,没有产生确认当事人权利义务关系的作用。而婚姻登记是对婚姻关系合法性的确认,是婚姻有效成立的特殊要件,婚姻登记行为一经作出,婚姻当事人产生合法婚姻关系的权利义务,婚姻登记机关不得随意变更登记的内容,即使存在婚姻登记瑕疵,在未被依法撤销之前,婚姻登记仍然具有公示公定力,任何组织和个人不得否认其法律效力。而且,《婚姻登记条例》不允许婚姻登记机关对结婚(或离婚)申请人作出数个的婚姻登记行为。婚姻登记机关进行婚姻登记后,婚姻关系当事人的夫妻身份关系和财产关系得以确立,具有行政行为的效力要件,有学者因此认为上述的行政证明观点为婚姻登记机关开脱行政责任提供理论基础。[1]

同时,补办婚姻登记证明与婚姻登记是不同性质的行政行为。根据《婚姻登记条例》第17条的规定,结婚证、离婚证遗失或者毁损的,当事人可以持户口簿、身份证向原办理婚姻登记的机关或者一方当事人常住户口所在地的婚姻登记机关申请补领。婚姻登记机关对当事人的婚姻登记档案进行查证,确认属实的,应当为当事人补发结婚证、离婚证。这是对婚姻登记档案真实性的确认。补办婚姻登记证明的行为是对原婚姻关系的确认,不产生新的法律关系,并非是为行政相对人确立婚姻关系,也不改变已存续的婚姻登记的具体时间,是有权补办的婚姻登记机关对原婚姻登记情况予以二次证明。而婚姻登记是对行政相对人之间身份关系的确认,在人身上产生夫妻关系,在财产上产生法定婚后所得共同财产制等民事法律关系。当然,补办婚姻登记证明与婚姻登记,二者所提交婚姻登记机关审核的材料也存在不同,婚姻登记应提供相关的婚姻登记申请材料,而补办婚姻登记证明的主要依据是婚姻登记档案。申请婚姻登记的当事人只能是缔结婚姻关系的男女双方本人,且要求"亲自"共同到婚姻登记机关办理;而补办婚姻登记证明的申请人不局限于婚姻关系的当事人,根据《最高人民法院行政审判庭关于婚姻登记行政案件原告资格及判决方式有关问题的答复》(法〔2005〕行他字第13号)第1条的规定,婚姻登记的一方当事人死亡的,其近亲属有权对婚姻登记行为提起行政诉讼。因此,在继承纠纷中,婚姻登记行为的利害关系人在婚姻关系一方当事人死亡后,存在相应的行政诉讼资格,就此可以理解为申请开具婚姻登记证明的主体并非局限在婚姻当事人,可以扩展到有关的利害关系人。

(7)混合行政行为。虽然多数学者支持婚姻登记是行政确认行为的观点,但是,《民法典》明确婚姻登记是婚姻成立的唯一法定形式要件,没有进行婚姻登记的,应当补办登记,否则不产生婚姻当事人之间的权利义务关系,即在婚姻登记之前,合法有效的婚姻关系尚未产生。因此,婚姻登记具有强制性,有观点因此认为婚姻登记机关作为行政机关,具有设立行政相对人的权利义务关系的作用,并非仅仅是对已经存在的法律关系的确认。[2] 且行

---

[1] 王凤:《论结婚登记行为的法律性质》,载《内蒙古社会科学》2015年第1期。
[2] 孙凌:《婚姻登记的法律属性辨析——由〈中华人民共和国婚姻法〉第八条引发的思考》,载《宁夏社会科学》2010年第3期。

政登记的种类繁多,性质多样,并非单一的行政行为能够完全概括,婚姻登记不是一种独立的行政行为模式。同时,随着现代婚姻登记功能的重心已经从国家对个人或家庭进行管制,转移到国家对公民婚姻的事实进行公示、证明,从原来的强化和突出对婚姻的国家干预监管向强调和彰显对婚姻的公示而转变,因此,单纯以行政许可、行政确认等行政法理论解释婚姻登记行为存在某种不周延。婚姻登记行为存在兼有两种或者两种以上行政行为类型性质的"合体行为",具有行政许可、行政确认、行政证明、行政公示等多种形态,因此可以被称为混合行政行为。[①]

2. 笔者的观点

笔者认为,婚姻登记是婚姻登记机关对申请缔结(或解除)婚姻关系的当事人的法律地位及权利义务的确认,从而赋予婚姻关系的法律约束力和保障力。婚姻自主权是宪法赋予公民的基本权利,具有人权的性质,并不是婚姻登记机关通过婚姻登记而赋予的。在承认婚姻当事人对于"婚意"意思自治的核心地位的前提下,法律通过给缔结婚姻行为设定登记等外在的确认条件,以防止当事人任意性地进行意思表示,婚姻登记机关仅是对当事人行使婚姻自主权的合法性及其结果进行审查和确认,以使缔结(或解除)婚姻行为具有效力来源,产生(或解除)婚姻当事人的权利义务关系。

从历史发展阶段分析,婚姻的缔结并非一直实行登记制,婚姻行为模式是经过长期历史积淀形成的。婚姻是社会结构稳定的需要,婚姻不仅是男女结合的个人行为,也是社会行为,从古到今,社会不仅用法律来控制婚姻,还用其他手段来控制和监督婚姻,[②]婚姻的形式因此也成为社会承认婚姻的方式和途径。纵观而论,婚姻的形式要件是多样的,主要有世俗仪式、宗教仪式、法律仪式等,有学者认为结婚一直构成形式自由原则的例外,[③]缔结婚姻都或多或少实行一定的形式要求。但不同的历史阶段,婚姻的形式要求有所不同。婚姻登记制度的设置,彻底改变了传统仪式婚的公示方式,使婚姻通过登记而具有社会公示公信力。[④] 这在一定程度上简化了结婚程序,体现了国家通过行政手段规范和管理婚姻,有利于公权力机关通过婚姻登记而介入审查当事人的婚姻是否违背法定要件,从而有效地避免买卖婚、早婚、重婚等非法婚姻的产生,有利于国家贯彻其婚姻和家庭政策,维护以婚姻为基础的家庭秩序,客观上为婚姻当事人提供获得公力救济的机会,更好地保护婚姻家庭关系中弱势方的合法权益。同时,传统仪式婚的公开仪式无确定标准,公示性弱,不容易查证核实,在人口流动和迁徙时,第三人无法确知或查阅或获悉当事人的婚姻状况,不利于社会秩序的稳定和社会伦理的维护。因此,婚姻登记制度是一项极为重要的法律制度,通过婚姻登记机关履行行政职权而确认和公示婚姻关系,在保护当事人合法权益的同时维护国家对婚姻事务的管理,在婚姻家庭法中占据重要的地位。

同时,婚姻登记作为行政确认行为,与行政许可行为不同,具有前溯力,是对当事人权利义务关系的确认而非创设。最高人民法院《民法典婚姻家庭编解释(一)》第6条明确规定,男女双方依据民法典规定补办结婚登记的,婚姻关系的效力从双方均符合民法典所规

---

① 王凤:《论结婚登记行为的法律性质》,载《内蒙古社会科学》2015年第1期。
② 潘允康:《论现代婚姻中个人行为和社会行为的矛盾统一》,载《浙江学刊》2005年第6期。
③ [德]卡尔·拉伦茨:《德国民法通论》(下册),王晓晔、邵建东等译,法律出版社2003年版,第556页。
④ 何丽新:《非婚同居的规制不会冲击结婚登记制度》,载《政法论丛》2011年第2期。

定的结婚的实质要件时起算。因此,婚姻登记使得婚姻关系成立和生效的时间具有溯及力,婚姻登记行为是对符合结婚实质要件的婚姻关系的确认,并非许可或创设当事人的婚姻关系。《民法典》第1054条也规定,无效的或者被撤销的婚姻自始没有法律约束力,当事人不具有夫妻的权利和义务。《民法典婚姻家庭编解释(二)》第1条也规定"当事人依据民法典第1051条第一项规定请求确认重婚的婚姻无效,提起诉讼时合法婚姻当事人已经离婚或者配偶已经死亡,被告以此为由抗辩后一婚姻自以上情形发生时转为有效的,人民法院不予支持。"因此,婚姻登记无论是积极的确认还是消极的撤销,都会产生与行政许可行为不同的前溯力或溯及力。

值得注意的是,婚姻登记是行政确认行为上的登记,并非是独立的行政登记。婚姻登记是确认性登记,依据当事人的申请而启动,也不是形成性登记,并非能够形成某种权利义务关系,而是确认婚姻当事人的权利义务关系。而且,婚姻登记机关对符合结婚(离婚)实质条件的婚姻登记申请予以确认,没有行政自由裁量权限,虽然存在一定的行政权运行空间,但该行政权是对当事人是否符合婚姻实质要件的判断,婚姻登记行为产生的法律效力基本依据在于法律规定,婚姻的权利义务关系并非是行政权行使的结果,行政权不及于赋予婚姻当事人的权利义务,婚姻关系是受到婚姻登记机关确认后将婚姻关系对外产生公示公信的法律保障力,从而依法发生婚姻当事人的权利义务关系。总之,笔者支持婚姻登记是行政确认行为。

第二节

婚姻登记行为的行政程序探析

按照2003年《婚姻登记条例》规定的婚姻登记行为的行政程序进行研究分析。

一、受理婚姻当事人的婚姻登记申请

2003年的《婚姻登记条例》删除1994年《婚姻登记管理条例》"管理"字样,且在《婚姻登记工作暂行规定》第46条中明确婚姻登记是当事人申请启动的行政行为,要求缔结婚姻(或解除婚姻)的男女双方必须亲自共同到一方户口所在地的婚姻登记机关申请婚姻登记,申请是婚姻登记的前提条件。《民法典》第1049条明确规定,申请结婚的当事人必须"亲自"到婚姻登记机关的现场申请结婚登记,不得委托他人代理;必须男女双方"共同"到婚姻登记机关申请,不得单方申请。婚姻登记的申请采用书面形式,当事人填写婚姻登记申请书,当事人因客观原因不会书写的,可由婚姻登记员代为填写。结婚登记申请时应向婚姻登记机关提交户口证明、身份证、本人无配偶、与对方当事人无直系血亲或三代以内旁系血亲关系等签字声明;离婚登记申请时应向婚姻登记机关提交本人的户口簿、身份证、结婚证、双方当事人共同签署的离婚协议书。按照《婚姻登记条例》的规定,婚姻登记机关是县级人民政

府或乡(镇)人民政府,省、自治区、直辖市人民政府可以按照便民原则确定农村居民办理婚姻登记的具体机关。

婚姻登记的启动由当事人申请,这种申请体现当事人的缔结(或解除)婚姻关系的意思表示。婚姻登记行为作为行政确认行为,婚姻登记机关行使这种行政权以保障婚姻秩序的有序性和安全性,若脱离婚姻当事人的意思表示,就无法产生确认(或解除)婚姻关系的效力。因此,婚姻登记机关无法直接干预和介入当事人的婚姻关系,对不向婚姻登记机关申请婚姻登记的当事人也没有行政处罚权。值得注意的是,1986年民政部颁布的《婚姻登记办法》第9条规定"申请结婚、离婚或复婚登记的男女双方,对婚姻登记机关必须了解的情况,应如实提供。婚姻登记机关发现婚姻当事人有违反婚姻法的行为,或在登记时弄虚作假、骗取《结婚证》的,应宣布该项婚姻无效,收回已骗取的《结婚证》,并对责任者给予批评教育。触犯刑律的,由司法机关依法追究刑事责任"。该条款体现出婚姻登记机关可以通过行政权而直接宣布"婚姻无效"。关于无效婚姻,由于2001年《婚姻法》(修正案)确立了婚姻无效制度,随后的司法解释将婚姻无效的宣告权配置给了法院。2003年《婚姻登记条例》随之删除了由婚姻登记机关依职权宣告婚姻无效的规定,这种做法在《民法典》婚姻家庭编中得以延续。可见,婚姻登记的行政确认行为性质更加凸显,凡是当事人不向婚姻登记机关申请婚姻登记的,婚姻登记的行政确认程序就无法直接启动;当事人向婚姻登记机关申请婚姻登记的,婚姻登记机关不得无故不受理婚姻登记的申请。即使是离婚登记,依据《民法典》第1077条规定的离婚冷静期制度,夫妻双方自愿离婚的,也应共同到有管辖权的婚姻登记机关提出申请,婚姻登记机关对当事人提交的材料初审后出具《离婚登记申请受理回执单》。不符合离婚登记申请条件的,不予受理。当事人要求出具《不予受理离婚登记申请告知书》的,婚姻登记机关应当出具。因此,离婚登记的"冷静期"是在婚姻登记机关受理当事人的离婚登记申请后才起算,没有当事人申请婚姻登记,亦不存在启动离婚登记的"离婚冷静期"。2024年《婚姻登记条例(修订草案征求意见稿)》第16条对"离婚冷静期"进行细化规定,明确自婚姻登记机关收到离婚申请之日三十日内,任何一方不愿意离婚的,可以向原申请离婚登记的婚姻登记机关撤回离婚申请,婚姻登记机关应当终止离婚登记程序。另外,双方在冷静期届满后未去申请发放离婚证的,视为撤回离婚申请,离婚登记程序自行终止。同时,依据《婚姻登记条例》第12条的规定,办理离婚登记的当事人有下列情形之一的,婚姻登记机关不予受理:未达成离婚协议的,属于无民事行为能力人或者限制民事行为能力人的,其结婚登记不是在中国内地办理的。因此,无民事行为能力人或限制民事行为能力人无法在婚姻登记机关面前作出有效的离婚登记申请,无法达成意思表示一致的离婚协议,是登记离婚的排除性条件,不适用离婚登记程序。

二、婚姻登记机关履行审查职责

审查是婚姻登记行为的重要程序。婚姻登记机关应当对申请婚姻当事人出具的证件、证明资料进行审查并询问相关情况。此处讨论形式审查和实质审查之辨。

行政机关的审查分为实质审查和形式审查。实质审查要求婚姻登记机关核实婚姻登记事项的真伪和合法性,追求登记内容与客观事实的一致,对当事人提供的材料承担查实义务,审查当事人实体上的权利义务是否有效。而形式审查要求婚姻登记机关审查当事人婚姻登记申请材料是否齐全,是否符合法定形式要件,登记机关无须进行调查和核实当事人提供的材料。以追求行政效率为出发点,婚姻登记机关的审查是形式审查,对婚姻登记的申请人提交的材料的合法性、完整性进行审核判断,以普通理性人的标准履行合理审慎的义务,这是婚姻登记机关作出具体行政行为的合理审慎的注意义务。

因此,婚姻登记机关依法作出婚姻登记的行政确认行为,必须建立在婚姻登记机关审查的基础上。但是,婚姻登记并不是行政机关单纯的行政权力,婚姻登记机关对符合婚姻登记条件的,应予以登记。即使是形式审查,婚姻登记实质上也是法律评价的过程,是婚姻登记机关以行政机关依据法律赋予行政职权所实施的行为,依法产生行政责任。①

审查的基本原则。2003年《婚姻登记条例》第1条明确该条例的立法目的,在于规范婚姻登记工作,保障婚姻自由、一夫一妻、男女平等的婚姻制度的实施,保护婚姻当事人的合法权益。婚姻登记机关在审查中应予以贯彻实施。

1. 自愿原则

婚姻登记坚持以当事人自愿为前提和原则,这是保障公民人权的重要体现。在结婚登记中,申请婚姻登记的男女双方必须存在结婚合意,相互具有确立夫妻关系的共同意思表示。这种"自愿"是缔结婚姻当事人本身的自愿,是完全自愿,是双方自愿,是共同自愿。同时,这种自愿是建立在申请婚姻登记的当事人具有婚姻行为能力的基础上,婚姻行为能力是指达到法定结婚年龄并能以自己的行为承担婚姻的权利和义务的资格。② 对于未达到法定婚龄,或虽达到法定婚龄但欠缺完全民事行为能力的人,不能作出有效的同意结婚的意思表示。当然,这种自愿要求同意结婚的意思表示必须真实,当事人的内心意思与其外在表意相符,对意思表示虚假、不自由或错误的,应被认定为意思表示不真实。婚姻登记的审查要求申请结婚的男女双方必须亲自在婚姻登记机关的登记员面前表示同意结婚,才能产生结婚合意和自愿缔结婚姻的效力。只有当事人对以确立夫妻关系为目的的"婚意"达成合意,才能产生缔结婚姻的身份行为的法律效力,且结婚的"合意"必须在婚姻登记机关申请结婚登记时亲自作出,始具结婚合意的效力,当事人双方以其他方式或者在其他场合所作的同意结婚的表示,如在婚礼现场,只能被视为成立婚约即订婚的合意,并非产生婚姻登记的合意。③ 在离婚登记中,也必须基于当事人的自愿,以婚姻当事人订立有效的离婚协议为前提,离婚协议的有效要件要求双方当事人在订立协议时是完全民事行为能力人,就离婚达成的合意是双方当事人完全真实的意思表示,而不是欺诈、胁迫等作出的离婚协议或为其他目的作出离婚的虚伪意思表示。但是,针对"假离婚"情形,婚姻当事人在婚姻登记机关作出有效的离婚意思表示且予以办理离婚登记后,《民法典婚姻家庭编解释(二)》第2条明确规定"夫妻登记离婚后,一方以双方意思表示虚假为由请求确认离婚无效的,人民法院不予支持"。

2. 一夫一妻原则

《民法典》第1041条规定,婚姻家庭受国家保护,实行婚姻自由、一夫一妻、男女平等的婚姻制度。一男一女结为夫妻,互为配偶,任何人不得同时有两个或两个以上的配偶。婚姻关系具有排他性和专一性,实行一夫一妻制是人类文明发展的必然结果,违反一夫一妻

---

① 茅铭晨:《中国行政登记法律制度研究》,上海财经大学出版社2010年版,第88～89页。
② 蒋月、何丽新:《婚姻家庭与继承法》,厦门大学出版社2013年版,第96页。
③ 余延满:《亲属法原论》,法律出版社2007年版,第142页。

制所缔结的婚姻无效。《民法典》明确规定禁止重婚、禁止有配偶者与他人同居。《婚姻登记条例》第 6 条也明确规定,申请结婚登记的一方或双方已有配偶的,婚姻登记机关不予登记。

3. 男女平等原则

男女平等是人类公认的基本道德准则和法律原则。[①]《民法典》彻底否认男尊女卑,贯彻男女平等的婚姻家庭制度。在婚姻登记过程中,男女平等原则强调男女两性在婚姻家庭中的法律地位平等,各自拥有独立的人格,不存在人身依附关系,男女双方缔结婚姻和解除婚姻的意愿必须平等,都有同等的缔结(解除)婚姻关系的权利,结婚(或离婚)的实质要件和形式要件对男女双方是平等适用的。男女双方完全自愿,不允许任何一方对他方加以强迫或任何第三者加以干涉,特别是禁止对女性的任何形式的歧视。

三、婚姻登记机关进行婚姻登记

在结婚登记中,婚姻登记机关审查当事人的结婚申请后,如认为结婚申请符合结婚条件的,应当及时准许登记,发给结婚证;对当事人不符合结婚条件而不予登记的,应当向当事人说明理由。当事人取得结婚证的,确立夫妻关系。根据 2003 年《婚姻登记条例》第 6 条的规定,婚姻登记机关在审查中发现以下情形,依法不予以登记:(1)未达到法定婚龄的;(2)非自愿的;(3)已有配偶的;(4)属于直系血亲或三代以内旁系血亲的;(5)患有法律禁止结婚或者暂缓结婚的疾病。婚姻登记机关对当事人的结婚登记申请不准予以登记的,应当以书面形式说明不予登记的理由。当事人认为符合婚姻登记条件而婚姻登记机关不予以登记的,可以依照《行政复议条例》的规定申请复议,对复议决定不服的,可以依照《行政诉讼法》的规定提起行政诉讼。

在离婚登记中,婚姻登记机关应当对离婚登记当事人出具的证件、证明材料进行审查并询问相关情况。对当事人确属自愿离婚,并已对子女抚养、财产、债务等问题达成一致处理意见的,经过离婚冷静期的,应当予以登记,发给离婚证。

四、婚姻登记行为的效力

婚姻登记机关按照婚姻登记行为的行政程序办理,当事人取得结婚证的,婚姻有效成立,法律承认申请缔结婚姻的当事人之间存在合法有效的婚姻关系,享有和承担法律所规定夫妻之间的权利义务。当事人取得离婚证的,当事人解除婚姻关系。当事人所达成的离婚协议只有在离婚登记后才能生效,在未进行离婚登记前不发生法律效力。这些是婚姻登记行为所产生的民事效力。

由于婚姻登记行为是行政确认行为,因此,基于行政确认行为,同样在行政法层面产生应有的效力。进行婚姻登记的,不论该登记是否合法有效,从行政行为的公定力理论出发,行政行为一经作出,具有被推定为合法、有效的法律效力,即使存在瑕疵,在未经法定程序作出认定和撤销之前,具有被视为合法行为并要求所有国家机关、社会组织和个人尊重的

---

① 蒋月、何丽新:《婚姻家庭与继承法》,厦门大学出版社 2013 年版,第 69 页。

法律效力。[①] 婚姻登记产生婚姻成立(或解除)的公示公信力,从而使得申请缔结(或解除)婚姻的当事人的婚姻关系向社会公开。因此,婚姻登记机关进行结婚登记并公示的婚姻关系应当推定为合法的夫妻身份,社会公众可以信赖该登记且公示的内容,善意第三人因信赖该登记的记载而选择作出特定行为,国家有义务承担认可和保护责任。[②] 即使是婚姻登记存在瑕疵,在没有被依法撤销之前,也不否认该婚姻登记对第三人的约束力,从而使得婚姻登记具有对抗效力,任何第三人可以知悉当事人婚姻关系的存在(或解除)的事实,任何第三人可以推定结婚登记当事人之间的婚姻关系合法有效或离婚登记当事人之间已解除婚姻关系,从而保护婚姻当事人的合法权益和维护婚姻秩序、社会秩序。

第三节
缺失结婚登记的事实婚姻与补办登记之反思

一、法律婚姻与事实婚姻

我国1950年《婚姻法》、1980年《婚姻法》、《婚姻法》(2001年修正案)和2020年《民法典》都将结婚登记作为婚姻合法有效的唯一法定形式要件。在婚姻登记层面,未经婚姻登记的男女同居关系均不受到法律保护,没有办理结婚登记而以夫妻名义共同生活的事实婚姻的法律效力因此受到彻底性的否认。但鉴于非依结婚登记制度而成立的事实婚姻大量存在,立法在坚持结婚登记制度的同时,不得不在一定程度上作出妥协性的规定。[③] 最高人民法院相关司法解释等规范性文件根据我国国情和不同时期的法治状况,尽量协调并在一定程度上认可事实婚姻的效力。

婚姻登记作为婚姻成立的特殊要件,是确认合法有效婚姻关系的形式要件,履行法定的婚姻登记手续的婚姻被称为法律婚姻。事实婚姻是未经婚姻登记的当事人以夫妻名义共同生活但符合婚姻实质要件的"婚姻",是法律婚姻的对应物,并不是婚姻同时产生的概念,只是在立法采用要式婚姻之后,才出现事实婚姻和法律婚姻这两个下阶位的概念。[④]

(一)事实婚姻效力之发展演变

事实婚姻并不是现代社会特有的现象,也不是中国社会的特有现象。各国法律对事实婚姻的态度不尽一样,主要存在三种立法例:(1)承认符合结婚实质要件的事实婚姻具有合

---

① 叶必丰:《行政行为的效力研究》,中国人民大学出版社2002年版,第76页。
② 司坡森:《试论我国行政登记制度及其立法完善》,载《政法论坛》2003年第5期。
③ 何丽新:《非婚同居的规制不会冲击结婚登记制度》,载《政法论丛》2011年第2期。
④ 李黎:《我国事实婚姻问题的婚姻法规制》,载《河南省政法管理干部学院学报》2006年第5期。

法婚姻的法律效力;(2)不承认事实婚姻具有合法婚姻的法律效力;(3)有条件地承认事实婚姻的法律效力,有关条件主要有达到法定同居年限、经法院确认、补办法定登记手续等。新中国成立以后,我国在立法上从未直接承认过事实婚姻的合法效力,坚持以婚姻登记作为法律婚姻的形式要件,但最高人民法院相关的司法解释对事实婚姻的效力却呈现游离态度,在事实婚姻的性质认定上,我国理论界没有出现太多的歧义和争论,都认为事实婚姻是违法婚姻。事实婚姻违反结婚的程序规范,不接受婚姻登记机关等行政机关必要的审查,放弃国家对合法婚姻的确认,且在实体上有可能造成早婚、近亲结婚和无婚姻行为能力者结婚,甚至重婚等违法后果,因此属于违法婚姻。有学者指出:"我国婚姻法对事实婚姻无明文规定。但根据有关政策和婚姻法的立法精神,对于事实婚姻,一般不予以承认和保护。因为它没有进行结婚登记,属于违法婚姻。但是,由于我国情况复杂,在具体处理因事实婚姻而发生的纠纷时,还要考虑到双方同居的原因和实际情况,妥善处理。"① 还有学者认为"事实婚姻没有遵守法定的结婚程序,所以是一种违法婚姻。但是,在处理这类问题时,要分别具体情况,妥善处理。如果男女双方都符合结婚条件,只是欠缺结婚登记手续,应对双方批评教育,指出其婚姻的违法性质,并责令他们补办结婚登记手续。如果双方或一方要求解除婚姻关系,按离婚处理。如果双方或一方不符合结婚条件,又没办理结婚登记,应宣布婚姻无效。在做好工作的基础上,解除其非法的婚姻关系。在解除这种婚姻关系时,如女方怀孕或已生有子女,应按婚姻法的有关规定,对女方和子女利益给予照顾"。② 因此,理论界一方面认为事实婚姻是违法婚姻,另一方面则坚持具体问题具体分析的态度。最高人民法院的相关司法解释也基于事实婚姻的程序违法性和婚姻内容的客观存在性,不得不在维护法律的统一与注重婚姻事实之间进行艰难的选择,③ 导致我国司法解释对事实婚姻的效力一直持变动态度,表现在对事实婚姻的认定标准和原则不断变化,主要经历了承认—有条件的承认—绝对不承认—相对不承认四个阶段。

1950年《婚姻法》明确婚姻登记作为法律婚姻的唯一形式要件。但针对社会中大量存在的没有登记的状况,中央人民政府法制委员会在1953年3月19日《有关婚姻问题的解答》中规定:"婚姻法实施后,在婚姻登记机关已建立而不去登记结婚的是不应该。但对事实上已结婚而仅欠缺结婚登记手续者,仍认为是夫妻关系,可不必补行登记。"可见,将社会现象意义的同居称为"事实上已经结婚",对结婚登记并非采取强制态度,未登记的事实婚姻可自动取得婚姻的效力。1957年3月6日最高人民法院《关于男女已达婚龄未进行登记而结婚的一方提出离婚时应如何处理问题的批复》认为,未进行登记而结婚的男女存在事实上的婚姻关系,与《婚姻法》第6条的规定并不发生抵触。1958年3月3日最高人民法院《关于事实上婚姻关系应如何保护和一方提出离婚应如何处理的问题批复》认为"把由事实婚姻而产生的家庭中的各种权利义务看作与由于登记结婚的婚姻关系一样,法律应给予相同的保护"。因此,这个阶段的司法解释对事实婚姻采取完全承认的态度。1979年2月2日最高人民法院在《关于贯彻民事政策法律的意见》中对事实婚姻提出概念性解释,但仍沿袭承认事实婚姻的态度,对起诉时符合结婚实质要件的,离婚时可直接认定事实婚姻,以离

---

① 巫昌祯:《婚姻法学习指导书》,中央广播电视大学出版社1985年版,第27页。
② 李忠芳、王桂枝、姜保登:《婚姻法概论》,吉林人民出版社1984年版,第129页。
③ 李黎:《我国事实婚姻问题的婚姻法规制》,载《河南政法管理干部学院学报》2006年第5期。

婚案件处理。可见，该《意见》实际上认可事实婚姻的效力，将其与合法婚姻一样作为"离婚案件"予以处理。

1980年《婚姻法》颁布后，学术界出现否定事实婚姻效力的观点，认为："结婚是法律行为，不是当事人的任意行为，只有按照法定程序办理结婚登记手续才是合法的，才能被法律承认，并受法律保护。不能把非法同居既成事实所形成的所谓"事实婚姻"作为例外的标准让法律承认。如果承认"事实婚姻"是合法的，那么，人们就大可不必去进行结婚登记，这样势必会助长事实婚姻的发展，从而使婚姻登记制度名存实亡。①还有学者提出，承认事实婚姻，不利于婚姻家庭向健康文明方面发展，并导致逃避法律监督的事实婚大量产生，且有损法律的严肃性和执法机关的危险。②更有学者基于事实婚姻的危害性认为，事实婚姻给社会、家庭带来不稳定的因素，事实婚姻不利于民族的健康繁衍，事实婚姻不利于计划生育的实行，承认事实婚姻的效力不利于加强社会主义法制建设。③

在学术界对事实婚姻的效力不断置疑的情况下，1984年8月30日最高人民法院审判委员会《关于贯彻执行民事政策法律若干问题的意见》对事实婚姻采取了限制承认的态度，首先认定事实婚姻是违法的，其次对事实婚姻的认定标准作了限制性的解释，除要求当事人以夫妻名义同居外，还同时要求起诉时须达到法定结婚年龄和符合结婚的其他实质要件。1989年11月21日最高人民法院《关于人民法院审理未办结婚登记而以夫妻名义同居生活的若干意见》（以下简称《若干意见》）④重申未办结婚登记即以夫妻名义同居的违法性，并进一步限制事实婚姻的构成，先从产生事实婚姻时间上加以限制，以1986年3月15日《婚姻登记办法》为分水岭，明确了"在一定时期内有条件的承认事实婚姻关系"的原则，对符合结婚实质要件且时间限制条件的情况认定为事实婚姻，按照婚姻关系进行处理；对不符合结婚实质要件或不符合时间限制条件的情况认定为非法同居关系，按照解除非法同居关系处理。同时，又从产生事实婚姻的原因上加以限制，根据该《若干意见》第4条的规定，离婚后的双方未履行复婚手续又以夫妻名义共同生活，一方起诉"离婚"的，应认定为非法同居关系，并依法解除其非法同居关系。这样结束了先前将事实上的复婚认定为事实婚姻关系的历史，进一步缩小了事实婚姻关系的范围。⑤

1994年2月1日民政部《婚姻登记管理条例》颁布后，第24条规定："未到法定结婚年龄的公民，以夫妻名义同居的，或者符合结婚条件的当事人，未经结婚登记以夫妻名义同居，其婚姻关系无效，不受法律保护。"因此起诉到法院的，按照非法同居关系处理。最高人

---

① 陈昭：《对事实婚姻和重婚问题的探讨》，载山东省法学会编：《婚姻法学论文选集》（内部书号）1988年，第55页。
② 王刚：《事实婚姻的效力及处理》，载《法学与实践》1988年第6期。
③ 张小洪：《试析事实婚姻的违法性、危害性》，载《法学天地》1989年第6期。
④ 1989年最高人民法院《关于人民法院审理未办结婚登记而以夫妻名义同居生活的若干意见》开宗明义地指出："人民法院审理未办结婚登记而以夫妻名义同居生活的案件，应首先向双方当事人严肃指出其行为的违法性和危害性，并视其违法情节给予批评教育或民事制裁。但基于这类'婚姻'关系形成的原因和案件的具体情况复杂，为保护妇女和儿童的合法权益，有利于婚姻家庭关系的稳定，维护安定团结，在一定时期内，有条件的承认其事实婚姻关系，是符合实际的。"可见，该规定已明确指明对事实婚姻持"有条件的承认"态度。
⑤ 王洪：《婚姻家庭法》，法律出版社2003年版，第99页。

民法院在《关于适用新的〈婚姻登记管理条例〉的通知》中也明确不再承认事实婚姻的法律效力,进一步规定:"自1994年2月1日起,没有配偶的男女,未经登记即以夫妻名义同居生活的,其婚姻关系无效,不受法律保护。对于起诉到人民法院的,应按非法同居关系处理。"因此,自1994年《婚姻登记管理条例》颁布后,学术界普遍解读:由于现实中出现大量的事实婚姻,只能采用强制性手段来规制欠缺结婚形式要件的事实婚姻,该阶段称为我国不承认事实婚姻时期。

2001年《婚姻法》(修正案)颁布前后,理论界再次对事实婚姻的效力产生争论,主要集中在承认主义、不承认主义或限制承认主义:

承认主义的观点认为:(1)婚姻的结合是身份关系的结合,具有"事实在先"的客观特点,无论法律承认与否,这种身份关系都已经存在。婚姻法不能完全漠视婚姻实体的现实存在以及其带来的各种身份、财产关系和对子女、家庭、社会的效力。[1] (2)事实婚的形成原因很复杂,有些是因为收费过高或婚姻登记不便利造成的,若否认事实婚姻的效力,不利于维护妇女和儿童的合法权益,应区别情况分别处理。[2] (3)在1950年《婚姻法》颁布后的近50年间,婚姻登记制度并没有真正落到实处,事实婚姻仍普遍存在。若对符合结婚实质要件而未办理婚姻登记的事实婚姻明确规定为无效婚姻或同居关系,打击面太大,不符合中国的实际情况。[3] 同时,由于没有办理婚姻登记,影响户口登记的准确程度,直接导致非婚生子女的增多,与计划生育政策相违背,造成人口增长脱离法律控制的范围,事实婚姻俨然成为一大社会问题。[4] (4)结婚登记制度的目的在于保证当事人的婚姻幸福(私益),并维护社会道德秩序和国民伦理(公益),但根本在于当事人的婚姻幸福。[5] 从效力角度分析,既然事实婚姻仅欠缺登记的形式,但包含了当事人的私益,法律应基于价值判断予以保护。民法的终极目标是对权利的关怀和对自由的保护,对符合结婚实质要件的事实婚姻予以承认与保护,体现民法尊崇个人价值的权利本位和注重对身份关系的实质性保护,有助于维护一夫一妻制的基本的婚姻秩序。(5)承认事实婚姻具有法律效力是现代各国结婚法的发展趋势,[6]重现实而轻形式的状况越来越被更多国家接受。[7] 外国诸多的立法例对于缺乏实质要件的事实婚姻以无效婚姻或可撤销婚姻对待,但对仅欠缺形式要件的事实婚姻,则随着各国婚姻立法的改革,逐渐由不承认主义向相对承认主义与承认主义发展。[8]

不承认主义的观点认为:(1)对当事人无视婚姻登记制度的行为过于迁就和放纵,客观

---

[1] 夏吟兰、蒋月、薛宁兰:《21世纪婚姻家庭关系新规制——新〈婚姻法〉解读与研究》,中国检察出版社2001年版,第238、245页。
[2] 杨遂全、陈红莹、赵小平、张晓远等:《婚姻家庭法新论》,法律出版社2003年版,第99页。
[3] 王胜明等主编:《中华人民共和国婚姻法修改立法资料选》,法律出版社2001年版,第246页。
[4] 柳经纬主编:《我国民事立法的回顾与展望》,人民法院出版社2004年版,第335页。
[5] 于海涌:《仪式婚的法律保护》,载《法学》2007年第8期。
[6] 王洪:《婚姻家庭法》,法律出版社2003年版,第69页。
[7] 巫昌祯编:《婚姻法论》,中央广播电视大学出版社1986年版,第114页。
[8] 例如,1998年修订的《德国民法典》第1310条第3项对未办理结婚登记的婚姻关系作出规定,民事身份官员已受配偶双方作出的,就其有效性而言以现有婚姻为前提的亲属法上的意思表示,并且双方以夫妻身份共同生活10年或者共同生活至一方死亡。在此情况下至少共同生活5年,婚姻也视为缔结。详见《德国民法典》,陈卫佐译注,法律出版社2006年版,第427页。

上无异于使婚姻登记制形同虚设,使当事人蔑视法律关于婚姻登记的效力,助长了更多的不登记现象,同时,客观上导致婚姻形式要件双轨化,对遵守结婚登记的婚姻当事人也是不公正的。① (2)事实婚姻是对结婚形式要件的法律规避。承认事实婚姻,使婚姻关系的确立摆脱了国家的监控,为违法婚姻的产生创造了便利条件,放纵对社会公共利益(包括社会道德秩序和国民伦理)的潜在威胁。② (3)承认事实婚姻,虽然是对民俗的尊重和民情的体恤,但也破坏了婚姻立法的严肃性和婚姻登记制度的强制性。③ 在事实婚姻的问题上,法律的态度越暧昧,当事人的行为就会越轻率。④ (4)坚持结婚登记是我国计划生育的要求,承认事实婚姻极有可能冲击人口控制与管理工作。

限制承认主义的观点认为,从维护婚姻家庭关系的稳定,保护妇女、儿童等弱者和善意且无过错方的合法权益出发,我国宜采取其他国家或地区的通常做法,对于符合婚姻实体要件的,应承认其婚姻的效力;对于违反婚姻实体要件的,按其是违反公益要件还是私益要件,确定其为无效婚姻或可撤销婚姻。当然,事实婚姻的当事人事后补办了结婚登记的,则应依法律婚姻的规定认定其效力。⑤

显然,面对事实婚姻的现实生活的逻辑,法律在坚守自己固有逻辑的同时也在不断地调整自己,事实婚姻的轨迹其实是国家法和现实生活博弈的过程,国家试图把所有的婚姻都纳入国家的调整范围,而社会习俗却有自己的一套运转逻辑,几个回合下来,并没有以国家法的全面胜利而告终。⑥ 立法机关从事实婚姻的效力采用回避的态度,2001年《婚姻法》(修正案)第8条规定"未办理结婚登记的,应当补办登记",从积极规定的角度重申办理结婚登记的必要性,并试图以补办结婚登记的办法解决事实婚姻问题。但是,该规定并没有明确:(1)未补办结婚登记当事人之间的结合是婚姻关系还是同居关系?(2)如果是婚姻关系,补办登记是否有溯及力,溯及同居时还是符合结婚实质要件时?(3)仍不补办婚姻登记的,应如何加以处理。特别是既不补办结婚登记又不起诉离婚的情况下,如何认定其关系的性质?作为行政机关的婚姻登记机关是否有权力对此进行主动的干预?为解决这些问题,2001年12月27日最高人民法院《关于适用〈中华人民共和国婚姻法〉若干问题的解释(一)》(以下简称《婚姻法解释一》)对于男女补办结婚登记的,其婚姻效力从何时起算等问题作出明确的规定,以1994年2月1日《婚姻登记管理条例》为分水岭将补办登记手续为要件对事实婚姻加以认定。⑦ 对1994年2月1日《婚姻登记管理条例》公布实施以前,符合结婚实质要件的,按事实婚姻处理;对在1994年2月1日《婚姻登记管理条例》公布实施以后,补办登记的,其效力溯及自双方均符合结婚的实质要件时起算,但对于虽符合结婚实质要件又不补办登记的,不赋予其婚姻的效力,按解除同居关系处理。该司法解释以不承认事

---

① 蒋月、何丽新:《婚姻家庭与继承法》,厦门大学出版社2002年版,第102页。
② 于海涌:《仪式婚的法律保护》,载《法学》2007年第8期。
③ 王歌雅:《中国现代婚姻家庭立法研究》,黑龙江人民出版社2004年版,第492~493页。
④ 巫昌祯主编:《婚姻法执行情况调查》,中央文献出版社2004年版,第5页。
⑤ 余延满:《亲属法原论》,法律出版社2007年版,第182页。
⑥ 朱景文主编:《法社会学》,中国人民大学出版社2005年版,第139~140页。
⑦ 2001年最高人民法院《关于适用〈中华人民共和国婚姻法〉若干问题的解释(一)》之所以仍以1994年2月1日《婚姻登记管理条例》为时间分界点,是基于"科学合理地将本解释与有关法律、法规、司法解释的内容予以有机衔接,并充分考虑了社会实际效果"。

实婚姻为基础,对历史遗留的从宽处理,对今后的从严对待,并坚持结婚登记制度,仍未赋予当事人选择自由,对不补办结婚登记的男女双方即使符合结婚实质要件,仍不产生婚姻的效力,按同居关系处理。

(二)补办结婚登记之反思

就补办结婚登记制度的立法资料显示,有专家认为,对不进行婚姻登记就"结婚"的,一律明确规定为无效婚姻,并不合理,应考虑未办理婚姻登记的原因很复杂,对符合结婚实质要件只是没有办理结婚登记手续的,若简单地宣布为无效婚姻,对保护妇女的合法权益不利,应当采取补办登记等办法予以解决。① 于是,2001年《婚姻法》(修正案)第8条规定补办结婚登记制度。《民法典》第1049条坚持该规定,未办理结婚登记的,应当补办登记。《民法典婚姻家庭编解释(一)》仍然以1994年2月1日为界对补办结婚登记的条件与效力以及未补办登记的效力作出规定。

补办结婚登记,是否破坏婚姻登记制度的强行性?有的学者认为,补办结婚登记虽然解决事实婚姻的效力问题,而事实婚姻和事实婚姻的效力是两个问题,事实婚姻存在身份生活的事实,补办登记不利于婚姻法规定的严肃性。② 司法实践中分析,2001年《婚姻法》(修正案)确立的"补办结婚登记"难以操作。当事人未办理结婚登记而以夫妻名义共同生活,其中必有一定的原因,当当事人双方关系正常而维持共同生活时,一般不会产生补办结婚登记的动力。而对于没有结婚登记而以夫妻名义共同生活的男女一方起诉到法院要求离婚的,人民法院行使释明权,告知当事人在案件受理前补办结婚登记;否则,按照解除同居关系处理。但既已诉至法院请求离婚,当事人双方一般情况下难就"补办结婚登记"达成一致。③ 当事人实施结婚登记的目的在于创设夫妻身份关系,而补办婚姻登记的"目的"是为了"离婚",这种目的使补办登记显得荒谬。④ 同时,补办登记是以双方当事人自愿为前提的,只要一方当事人不愿意,则无法补办登记。由于补办登记的结果是使当事人之间的夫妻身份自同居生活之日起得以确立,夫妻身份的确立意味着相应的财产权利,而夫妻财产权利在离婚时是"敌对性"的,无论认定为夫妻共同共有财产还是夫妻个人财产,必定是对一方有利而对另一方不利,不利的一方自然不愿意补办登记。⑤ 因此,一方既已起诉到法院要求离婚,"补办登记"没有现实操作性。另外,一方当事人死亡时,则更无从"补办"。因此,"补办结婚登记"客观上就是立法妥协的产物。同时,补办登记的婚姻关系具有溯及力,未补办结婚登记的认定为同居关系,通过补办登记有利于维护妇女的合法权益,只有补办后才可以通过判决不准离婚、适用离婚损害赔偿制度和经济帮助制度等给妇女等弱势方带

---

① 王胜明、孙礼海主编:《〈中华人民共和国婚姻法〉修改立法资料选》,法律出版社2001年版,第11页。
② 王歌雅:《中国现代婚姻家庭立法研究》,黑龙江人民出版社2004年版,第492~493页。
③ 何丽新:《论事实婚姻与非婚同居的二元化规制》,载《比较法研究》2009年第2期。
④ 许莉:《我国事实婚姻立法研究》,载夏吟兰等主编:《呵护与守望——庆贺巫昌祯教授八十华诞暨从教五十五周年文集》,中国妇女出版社2008年版,第100页。
⑤ 许莉:《我国事实婚姻立法研究》,载夏吟兰等主编:《呵护与守望——庆贺巫昌祯教授八十华诞暨从教五十五周年文集》,中国妇女出版社2008年版,第100页。

来利益,①但客观上,补办登记对妇女利益的保护是极其有限的。

由于补办制度不具有现实操作性,保护妇女等弱势方合法权益的立法宗旨无法达到,反而培养当事人规避法律和投机行为,"补办"对当事人有利的,当事人就补办;不利的,就不补办。② 双方当事人可能选择对自己最为有利的行动方案,第三人的利益如子女利益等因此置之不顾而可能遭遇不测的损害。结婚登记制度是国家公权力对当事人双方结婚意愿和婚姻行为的确认,客观上为婚姻当事人提供获得公力救济的机会,补办登记虽正视事实婚姻的客观存在,但其制度功能无法得以正常实施发挥,既无从实现结婚登记制度的宗旨,也无益于事实婚姻的救济和适度保护。

另外,以时间作为划分具有婚姻效力的事实婚姻与不具有婚姻效力的同居关系的标准,也缺乏科学性和逻辑性。③ 男女两性存在结婚的合意并获得社会承认的,婚姻就成立,时间的评判并不影响婚姻的缔结或成立与否。时间限制条件是法律人为设定的,婚姻成立后而产生夫妻身份的事实不因人为的时间设立标准而发生变化,"事实婚姻"自形成到延续期间,都在实践着婚姻的职能。进入事实婚姻状态是逐渐进行或展开的过程,界定当事人何时存在以夫妻名义开始同居关系,则是困难和模糊的,即使以1994年2月1日为界,当事人和周边群众都无法确切知道受到法律确认的事实婚姻关系是否成立以及何时成立。④ 因此,划分事实婚姻和非婚同居的时间限制条件随着司法解释规范性文件的修改而不断修订,其人定痕迹明显,容易被理解为是对当事人无视婚姻登记制度的行为过于迁就和放纵,客观上导致婚姻形式要件的双轨化。⑤

综述可见,我国现行立法对事实婚姻及其效力问题未作规定,显然是一个法律漏洞。司法解释对事实婚姻的态度经历了绝对承认到相对承认,再到绝对不承认到相对承认的反复和摇摆,表明司法解释对事实婚姻定性和定位的彷徨和游移。同时由于《民法典》规定的补办登记制没有现实操作性,时间分界点也缺乏科学逻辑性,事实婚姻的效力可谓几经徘徊,又陷入怪圈。许多国家的家庭法对那些以夫妻名义同居生活但未履行法定程序的当事人在一定条件下予以法律保护,婚姻登记行为是行政确认行为,在未被婚姻登记机关的行政确认之前的事实婚姻具有客观先行性,肯定事实婚姻具有法律效力成为现代婚姻法的共同发展趋势。⑥ 基于婚姻关系的特殊性(事实先在性)和我国国情,我国应借鉴其他国家经验,准确科学界定事实婚姻,赋予一定条件的事实婚姻与登记婚姻相同的法律效力。

二、婚姻登记瑕疵的司法审查标准之判断

婚姻登记行为的合法性取决于实体合法和程序合法。在婚姻登记瑕疵的行政纠纷案

---

① 王胜明、孙礼海主编:《〈中华人民共和国婚姻法〉修改立法资料选》,法律出版社2001年版,第11页。
② 何丽新:《论事实婚姻与非婚同居的二元化规制》,载《比较法研究》2009年第2期。
③ 何丽新:《论事实婚姻与非婚同居的二元化规制》,载《比较法研究》2009年第2期。
④ 张学军:《事实婚姻制度研究》(博士后研究工作报告),中国社会科学院法学研究所2006年,第169页。
⑤ 何丽新:《论事实婚姻与非婚同居的二元化规制》,载《比较法研究》2009年第2期。
⑥ 王洪:《婚姻家庭法》,法律出版社2003年版,第69页。

件中,应当对具体行政行为是否合法进行审查,以《民法典》《婚姻登记条例》等法律、法规为依据,审查所作出的婚姻登记是否符合法律依据和相关程序。广义的婚姻登记瑕疵是指在婚姻登记行为中违反《民法典》等法律法规对婚姻登记的实质要件和《婚姻登记条例》等规范性文件就婚姻登记的程序性规定而存在瑕疵的婚姻登记,狭义的婚姻登记瑕疵是程序违法或欠缺必要形式要件而存在缺陷的婚姻登记。自2011年《婚姻法司法解释三》第1条①规定以来,婚姻登记瑕疵的行政纠纷案件不断增加,有必要梳理和总结法院在行政诉讼中对婚姻登记瑕疵的司法审查标准。

(一)婚姻登记行为程序违法

婚姻登记机关作为行政机关,依法行政是行政机关依据法定的权限进行婚姻登记,"法无授权即为禁止",婚姻登记机关只能按照法律、法规或行政规章明确授予的职权进行婚姻登记。对于(1)主要事实不清、证据不足的;(2)适用依据错误的;(3)违反法定程序的;(4)超越或者滥用职权的;(5)具体行政行为明显不当的行政行为,《行政复议法》第28条规定,行政复议机关有权决定撤销、变更或者确认该行政行为违法。《行政诉讼法》第54条第2款也规定,具体行政行为违反法定程序的,人民法院应当判决撤销具体行政行为。《国家赔偿法》第3条和第4条还规定,越权行政行为侵害公民、法人或者其他组织合法权益的,作出该行政行为的行政机关应承担相应的赔偿责任。但是,如何识别婚姻登记行为程序违法?在法院司法审查婚姻登记程序瑕疵时,主要存在以下情形:(1)非管辖地登记,如结婚登记机关在非结婚当事人一方户籍所在地办理结婚登记,离婚登记机关违反《婚姻登记条例》第12条的规定受理了不在中国内地办理的结婚登记当事人的离婚登记申请;(2)给予非结婚当事人本人进行结婚登记行为,给予无民事行为能力或限制民事行为能力人办理离婚登记,给予未达成离婚协议的当事人办理离婚登记;(3)不具有办理婚姻登记员资格的人员办理婚姻登记;(4)婚姻登记机关给予持有瑕疵证件和资料不齐全的申请结婚当事人办理婚姻登记;(5)没有按照《民法典》的规定对未经过离婚冷静期的当事人办理离婚证;(6)没有按照《婚姻登记条例》的规定办理婚姻登记,如登记日期与结婚证(离婚证)的发证日期不一致,登记的婚姻当事人与结婚证(离婚证)的当事人的名字不一致等在婚姻登记中的程序性瑕疵。

由此可见,婚姻登记行为的程序违法,并非是申请婚姻登记的当事人违反结婚(离婚)法定的实质要件,而更多的是婚姻登记机关违反法定程序而作出的婚姻登记。依据2017年《行政诉讼法》第70条的规定,应予以撤销婚姻登记。但是,不能因为婚姻登记机关的程序违法而由申请婚姻登记的当事人承担不利的法律后果,婚姻登记程序瑕疵并不当然地导致婚姻登记被撤销。行政诉讼的裁判结果有多种:维持、撤销、限期履行、变更、驳回起诉、确认违法、驳回诉讼请求、确认合法或有效等。《最高人民法院关于适用〈中华人民共和国行政诉讼〉法若干问题的解释》(以下简称《行政诉讼法解释》)第57条规定,人民法院对于被诉具体行政行为违法但不具有可撤销内容的,人民法院应当作出确认违法的判决。婚姻登记机关进行婚姻登记行为而确认的婚姻关系,是一种具有不可逆转性的人身关系,即使当

---

① 《婚姻法司法解释三》第1条规定:"当事人以婚姻法第十条规定以外的情形申请宣告婚姻无效的,人民法院应当判决驳回当事人的申请。当事人以结婚登记程序存在瑕疵为由提起民事诉讼,主张撤销结婚登记的,告知其可以依法申请行政复议或者提起行政诉讼。"

人解除婚姻关系后复婚,也必须依法重新办理婚姻登记。因此,程序瑕疵的婚姻登记并不必然被撤销婚姻登记,婚姻登记是行政机关对婚姻当事人的婚姻意愿和婚姻行为的确认,婚姻登记行为程序瑕疵,可以适用《行政诉讼法》规定的"确认婚姻登记程序违法",通过判令行政机关及时采取一定的补正措施对程序性瑕疵予以修复或重新确认,而不是简单地撤销婚姻登记,以充分保护婚姻当事人的合法权益和稳定婚姻秩序。

（二）违反婚姻登记的实质要件

广义的婚姻登记瑕疵不仅仅是婚姻登记程序违法,还包括违反结婚(离婚)实质要件的婚姻登记瑕疵。人民法院对婚姻登记瑕疵行为进行审查时,不仅审查结婚的形式要件,而且审查结婚的实质要件。[①] 违反婚姻登记的实质要件常见的情形有:

1. 违背当事人结婚意愿的结婚登记瑕疵

根据《民法典》第1046条的规定,男女双方对缔结婚姻关系的意思表示完全自愿,这是结婚的实质要件。婚姻登记机关违背当事人意愿而办理婚姻登记的,婚姻登记行为违法。最高人民法院行政审判庭在《关于婚姻登记行政案件原告资格及判决方式有关问题的答复》中规定:"婚姻关系双方或一方当事人未亲自到婚姻登记机关进行婚姻登记,且不能证明婚姻登记系男女双方的真实意思表示,当事人对该婚姻登记不服提起诉讼的,人民法院应当依法予以撤销。"可见,当事人对结婚的意思表示不真实主要发生于胁迫和欺诈。根据《婚姻登记条例》第9条的规定,婚姻登记机关撤销婚姻的权限仅限于胁迫情形。对于除胁迫之外的结婚登记程序瑕疵,未必以撤销结婚登记的方式予以处理,而可以补正或重新确认。"胁迫"是指行为人以给另一方当事人或者其近亲属的生命、身体健康、名誉、财产等方面造成损害为要挟,迫使另一方当事人违背其真实意愿而结婚的情形,如被拐卖妇女违背其结婚的真实意思,对方以暴力或精神压迫手段控制与之缔结婚姻。婚姻登记机构受理撤销婚姻的申请的前提是当事人持有公安机关出具的当事人被拐卖、解救的相关材料,或者人民法院作出的能够证明当事人被胁迫结婚的判决书。此类婚姻的意思表示瑕疵而导致婚姻登记瑕疵,其效力取决于被拐卖妇女是否行使撤销权。[②]《婚姻登记条例(修订草案征求意见稿)》第12条明确规定:"因胁迫结婚的,受胁迫的当事人可以依法向人民法院请求撤销婚姻。一方当事人患有重大疾病的,应当在结婚登记前如实告知另一方当事人;不如实告知的,另一方当事人可以向人民法院请求撤销婚姻。"

值得注意的是,《民法典》第1052条就"胁迫结婚"纳入可撤销婚姻的范畴,受胁迫的一方也可以向人民法院请求撤销婚姻。可见,我国对撤销婚姻采用双轨制,有权撤销婚姻的机关包括婚姻登记机关和人民法院。当事人可以向人民法院提起撤销婚姻之诉,也可以向婚姻登记机关申请撤销婚姻。当事人对婚姻登记机关作出撤销婚姻的决定不服的,可以提起行政复议或行政诉讼。但是,《民法典》没有就婚姻撤销权的消灭情形作出明确的规定,仅在第1052条规定:"请求撤销婚姻的,应当自胁迫行为终止之日起一年内提出;被非法限制人身自由的当事人请求撤销婚姻的,应当自恢复人身自由之日起一年内提出。"该规定是婚姻撤销权受一年除斥期间的限制,此期间不能中止、中断或延长。同时,有学者认为,我

[①] 蔡鹏:《离婚登记行为司法审查应注意的几个问题》,载《人民司法》2013年第13期。

[②] 余延满:《亲属法原论》,法律出版社2007年版,第185页。

国仅规定胁迫为可撤销婚姻的原因,是当今世界各国或地区立法中最为狭窄的一种立法例。① 除胁迫之外,欺诈②、重大误解或其他因非自愿缔结的婚姻或虚假婚姻并没有纳入可撤销婚姻的范围,因此,人民法院对婚姻登记瑕疵的司法审查中,仅局限于胁迫婚姻的撤销,其他情形下的非自愿结婚不是通过婚姻登记机关的撤销婚姻方式,而是在民事层面通过离婚方式予以解决。

2. 没有达到法定婚龄和违反禁止结婚亲属关系的结婚登记瑕疵

法定婚龄是判断婚姻行为能力的表现形式之一,在申请结婚的当事人一方或双方没有达到法定婚龄情形下,婚姻登记机关没有就婚姻当事人的身份证等有关资料进行必要的审查而予以结婚登记的,这涉及婚姻登记行为程序违法和违反婚姻登记的实质要件两方面,婚姻登记机关应依法予以撤销。但是,婚姻登记机关仅是履行形式审查,对当事人在申请婚姻登记时提供的证件和相关证明文件进行形式审查,如当事人冒名登记、假身份证登记、篡改身份证年龄等,均涉及因当事人原因而造成婚姻登记瑕疵,人民法院在司法审查中,对婚姻登记机关是否尽到审慎合理的婚姻登记审查义务进行审查。对于当事人故意提供虚假材料,隐瞒事实而虚假陈述进行的婚姻登记瑕疵,因当事人不符合婚姻成立并生效的实质要件,即使进行了婚姻登记,应予以撤销。但2003年《婚姻登记条例》并没有就婚姻登记中"欺诈"情形赋予婚姻登记机关撤销权,因此,应通过民事诉讼予以撤销。

禁止一定范围内的亲属结婚是各国或地区婚姻法基于公序良俗作出的普遍规定。《民法典》第1049条规定,直系血亲或三代以内的旁系血亲禁止结婚。在结婚登记中,婚姻登记机关通过审核当事人的身份证件和结婚声明等资料,以确认当事人之间是否存在法律禁止结婚的亲属关系,但该审查仍然是形式审查,当事人隐瞒禁婚亲而导致结婚登记瑕疵的,婚姻登记机关没有撤销权,应以民事诉讼的方式向人民法院申请宣告无效婚姻。无效婚姻只有在依法被人民法院确认无效时,才确定该婚姻自始不受法律保护。人民法院依法确认婚姻无效或者撤销婚姻的,应当收缴双方的结婚证书并将生效的判决书寄送当地婚姻登记机关。

3. 没有离婚协议下的离婚登记瑕疵

登记离婚以当事人就离婚有关事项达成有效的离婚协议为基础,这是基于双方当事人自愿且就解除婚姻关系、子女抚养、财产分割、夫妻债务承担等问题达成离婚协议,无民事行为能力和限制民事行为能力的当事人无法就离婚协议作出有效的意思表示,因此,依据《婚姻登记条例》第12条的规定,婚姻登记机关不受理属于无民事行为能力和限制民事行为能力的人提出的离婚登记申请。无民事行为和限制民事行为的当事人解除婚姻关系的,应通过人民法院诉讼离婚的方式。

在现实生活中,有的婚姻当事人为了其他目的达成离婚协议的"假离婚",这种"假离婚"协议的当事人的离婚意思表示具有虚伪性,以通谋合意而骗取离婚证,婚姻登记机关本应依法撤销其离婚登记,收回离婚证。但是,婚姻登记机关在办理离婚登记时如何识别婚

---

① 余延满:《亲属法原论》,法律出版社2007年版,第203页。
② 《民法典》第1053条对隐瞒重大疾病这种欺诈行为纳入可撤销婚姻的范围,但其他"外在因素"如身份、地位、金钱等,不成为撤销婚姻的理由,不承认其他欺诈行为可以撤销婚姻,以避免破坏婚姻家庭的安定性。详见龙俊:《〈民法典〉中婚姻效力瑕疵的封闭性》,载《社会学科辑刊》2022年第4期。

姻当事人是虚假离婚的意思表示？婚姻登记机关就离婚登记的审查是形式审查，离婚登记行为具有特殊性，2003年《婚姻登记条例》取消1994年《婚姻登记管理条例》第25条"……申请婚姻登记的当事人弄虚作假、骗取婚姻登记的，婚姻登记管理机关应当撤销婚姻登记，对离婚的当事人宣布其解除婚姻关系无效并收回离婚证……"，如此删除该条款的规定，导致婚姻登记机关就"假离婚"而撤销离婚登记的依据呈现"无法可依"局面。这种离婚登记瑕疵在司法审查中，法院只对婚姻登记机关是否尽到审慎合理义务进行审查，婚姻登记机关对在所有手续资料完备的情形下颁发离婚证并不承担行政责任，骗取的离婚证给当事人一方造成损失的，只能通过民事诉讼来追究过错方的赔偿责任。① 《民法典婚姻家庭编解释（二）》第2条明确规定，夫妻登记离婚后，一方以双方当事人意思表示虚假为由请求确认离婚无效的，人民法院不予支持。

三、婚姻登记瑕疵行政诉讼的类型化司法观点之分析

在数据库威科先行法律信息库中，以"婚姻登记"进行全文检索近5年的相关案件，将案由设定为"行政行为→行政登记→婚姻登记"，共检索到裁判文书128篇，其中2篇为离婚登记相关纠纷，"结婚登记"纠纷案件检索结果为126篇。（检索时间：2022年6月3日）在这些婚姻登记瑕疵的行政诉讼中，进行类型化分析，发现人民法院作出了不同的裁判结果和相应理由。

（一）冒用他人身份信息进行婚姻登记

在原告程娟诉被告株洲市渌口区民政局婚姻登记案中，②审理法院认为，《民法典》第1049条规定："要求结婚的男女双方应当亲自到婚姻登记机关申请结婚登记。"因此，确认涉案结婚登记行政行为是否有效的关键在于原告程娟与第三人刘鹏于2013年6月25日进行结婚登记时是否具有结婚的真实意思表示。原告程娟主张当时到场与其办理结婚登记的不是第三人刘鹏，而是第三人刘鹏的弟弟刘某，与其一起共同生活的亦是刘某，其当时欲与刘某办理结婚登记，但因顾虑二人年龄差距较大，故刘某冒用哥哥刘鹏的身份信息办理结婚登记。第三人刘鹏和刘某对原告程娟的上述主张均予以确认。结合本案证据及当事人陈述，法院确认原告程娟与第三人刘鹏之间没有结婚登记的意思表示，不符合结婚登记的实质要件。据此，株洲市渌口区民政局为原告程娟与第三人刘鹏办理结婚登记的行政行为应当确认无效。就被告株洲市渌口区民政局提出原告程娟的起诉已超过起诉期限，法院认为，结婚登记系对当事人产生重大影响的行政行为，因涉案结婚登记被确认无效，故原告程娟的起诉可不受起诉期限的限制。需要说明的是，原告程娟与刘鹏二人办理结婚登记的时候已按照《婚姻登记条例》的要求提交了双方的身份证、户口簿、申请结婚登记声明书等材料，并在申请结婚登记声明书上签名及捺印，株洲市渌口区民政局已按照《婚姻登记条例》的相关规定对申请人提交的结婚登记申请尽到了审慎审查的义务。虽然事后证实与原告程娟登记结婚之人系冒用"刘鹏"之名，但此登记错误不属于婚姻登记机关的过错。综上所

---

① 蔡鹏：《离婚登记行为司法审查应注意的几个问题》，载《人民司法》2013年第13期。
② 详见湖南省株洲市芦淞区人民法院(2021)湘0203行初85号行政判决书。

述,依据《行政诉讼法》第 75 条和最高人民法院《行政诉讼法解释》第 94 条第 1 款、第 99 条第 3 项之规定,确认株洲市渌口区民政局为原告程娟与第三人刘鹏颁发结婚证的行政行为无效。

在原告谷启友诉被告临清市民政局婚姻登记行为一案中,[①]第三人李庆波提供"谷启友"的身份户籍信息与谷彩云携带相关身份证、户籍信息,到临清民政局申请结婚登记,二人在婚姻登记机关工作人员的监誓下,在声明书和告知单上签字。经该处工作人员审查,后报经批准,被告临清民政局为二人办理了结婚登记,二人领取了涉案结婚证。法院认为,本案第三人李庆波冒用原告身份户籍信息,到婚姻登记机关骗取结婚登记,被告临清民政局虽经审查但未发现此情况,其办理的涉案结婚证主要证据不足,应予撤销。另,被告在办理婚姻登记过程中,应尽到审慎审查的义务。据此,依照《行政诉讼法》第 70 条第 1 项之规定,撤销被告临清市民政局作出的(2004)聊临结字第 005103 号结婚登记行为。

在原告郭群诉被告霍邱县民政局、马继确认婚姻登记无效纠纷一案中,[②]法院认为,公民、法人或者其他组织不知道行政机关作出的具体行政行为内容的,其起诉期限从知道或者应当知道该具体行政行为内容之日起计算。对涉及不动产的具体行政行为从作出之日起超过 20 年,其他具体行政行为从作出之日起超过 5 年提起诉讼的,人民法院不予受理。霍邱县民政局的婚姻登记行为是具体行政行为,郭群的起诉应适用 5 年的起诉期限。本案中,原告与第三人结婚证是在 2004 年 6 月 30 日办理的,郭群于 2020 年 10 月 21 日才提起诉讼,已超过诉讼时效,人民法院不应受理,已经受理的,应裁定驳回起诉。根据《行政诉讼法》第 69 条第 1 款第 2 项的规定,裁定驳回原告郭群的起诉。

通过对上述三个案例进行分析,在冒用他人身份信息进行婚姻登记的行政诉讼案件中,法院重点审查婚姻当事人在婚姻登记机关面前的"婚意"的真实意思表示,被冒用人因缺失缔结婚姻的意思表示,不论婚姻登记机关是否尽到审慎审查的义务,均确认婚姻登记机关对冒用他人身份信息作出的婚姻登记行为无效。但是,其判决或裁定方式却多样,有"确认结婚登记行为无效"、"撤销结婚登记行为"和"驳回起诉"。同时,法院依据《行政诉讼法》的规定,对行政诉讼起诉期限进行司法审查,对婚姻登记机关自作出婚姻登记行为超过 5 年的,有的法院以超过诉讼时效为由驳回起诉,有的法院则认为确认结婚登记行为无效的,可不受行政诉讼起诉期限的限制。但在行政诉讼中,不论是判决"确认结婚登记行为无效"、"撤销结婚登记行为"和裁定"驳回起诉",均没有对婚姻的实体效力作出判决。

(二)使用虚假身份信息进行婚姻登记

在原告李玲玲诉被告新乡市凤泉区民政局撤销婚姻登记行为一案中,[③]法院认为,原告李玲玲和来世忠各自提供本人身份证、户口本,自愿到区民政局进行结婚登记,并填写《申请结婚登记声明书》"上述声明完全真实,如有虚假,愿承担法律责任"且签名按印,在监誓人面前完成申请过程。区民政局制作《结婚登记审查处理表》后,给双方颁发了结婚证书。区民政局工作人员没有认真核对两份声明书中来世忠的身份证号,虽有失误,但此不影响

---

① 详见山东省临清市人民法院(2021)鲁 1581 行初 13 号行政判决书。
② 详见安徽省霍邱县人民法院(2020)皖 1522 行初 66 号行政裁定书。
③ 详见河南省新乡市凤泉区人民法院(2020)豫 0704 行初 11 号行政裁定书。

原告李玲玲和来世忠婚姻登记的客观真实性。该声明中的身份信息产生的法律后果,应由声明人自己承担。区民政局在婚姻登记办理中的粗心马虎行为应当予以改正。原告以此并依据卫辉市公安局太公派出所的证明而认为和其登记结婚的来世忠不存在,要求撤销婚姻登记行为,法院不予支持。原告李玲玲想脱离和来世忠的夫妻关系,可以通过民事诉讼解决。另外,区民政局于2006年1月17日给双方办理结婚登记至今已14年,原告李玲玲于2020年6月28日起诉要求撤销婚姻登记行为,超过了《行政诉讼法》规定的行政行为自作出之日起超过5年的,人民法院应当不予受理的规定。原告称于2020年4月12日方才知道结婚证的行政确认行为违法,未超过诉讼时效的主张不符合行政诉讼法的规定。因此,对该主张不予采纳,依据最高人民法院《行政诉讼法解释》第69条第1款第2项的规定,裁定驳回原告李玲玲的起诉。

在原告彭顺芬诉被告宜宾市叙州区民政局、第三人丰福刚的婚姻登记案中,[①]法院认为,被告宜宾市叙州区民政局是目前宜宾市叙州区辖区内法定的婚姻登记机关,具有办理结婚登记的法定职权职责,即原赵场镇人民政府的婚姻登记职权由被告继续行使,宜宾市叙州区民政局作为本案被告的主体适格。本案中,第三人丰福刚隐瞒其真实身份,使用"谭朝友"这个虚假的身份信息进行结婚登记,欺骗当时的婚姻登记机关办理结婚登记,存在重大过错。同时,现有在案证据不能证明婚姻登记机关依法审核了当事人的户口证明、居民身份证等资料,其作出的结婚登记行为没有事实依据且登记程序明显违法,依照《行政诉讼法》第75条的规定,确认被告宜宾市叙州区民政局于1995年12月11日为原告彭顺芬与第三人丰福刚作出的"赵95字第467号"结婚登记行为无效。

在原告吴增彦诉被告益阳市赫山区民政局、第三人李冬来不履行撤销婚姻登记职责一案中,[②]法院认为,依据《婚姻登记条例》第2条的规定,被告益阳市赫山区民政局具有办理案涉婚姻登记的法定职权,根据该条例第5条第1款的规定,本案原告吴增彦及第三人李冬来负有提供婚姻登记真实情况的法定义务,而吴增彦在与第三人向被告申请办理结婚登记时,提供虚假的身份证和常住人口登记卡,由此导致被告在为其核发"益赫结字010505505"结婚登记证时登记内容错误,其责任和过错在于本案原告及第三人,根据《婚姻登记工作暂行规范》第71条的规定,被告益阳市赫山区民政局对于婚姻登记工作中出现的错误应当予以纠正,当原告向被告提出撤销结婚登记的申请时,被告应当履行对错误登记行为予以纠正的法定职责,而被告未予以履行,故原告的诉讼请求成立,本院予以支持。被告提出的本案不属于行政诉讼受案范围的理由并不成立。同时,本案系诉请履行法定职责,原告于2020年12月18日向被告提出申请,被告当即作出了口头答复,不予撤销结婚登记。原告于2020年2月20日提起本案诉讼,在法定起诉期限内,故亦未超过起诉期限。据此,依据《行政诉讼法》第72条的规定,判决如下:责令被告益阳市赫山区民政局于本判决书生效之日起30日内撤销于2005年12月9日对原告吴增彦、第三人李冬来所颁发的益赫结字010505505号结婚登记。

通过对上述三个案例进行分析,在使用虚假身份信息进行婚姻登记的行政诉讼案件

---

① 详见四川省宜宾市叙州区人民法院(原四川省宜宾县人民法院)(2021)川1521行初8号行政判决书。
② 详见湖南省桃江县人民法院(2021)湘0922行初76号行政判决书。

中,法院重点审查婚姻登记机关是否尽到审慎审查的义务,认为当事人使用虚假身份信息,欺骗婚姻登记机关办理结婚登记的,其过错和产生的法律后果应由当事人承担,若婚姻登记机关无法举证其认真履行审核义务的,则确认婚姻登记行为无效。《婚姻登记条例(修订草案征求意见稿)》明确要求当事人应当对其提交婚姻登记的证件和其他书面材料的真实性负责,当事人通过冒名顶替或者弄虚作假办理婚姻登记的,经核实情况后,民政部门应当及时撤销相关婚姻登记,有关人员纳入失信人员名单。值得注意的是,在处理这类纠纷案件中,法院就判决说理部分对在婚姻登记机关进行结婚登记行为时审核的材料和项目进行详细罗列,并强调婚姻登记机关对办理婚姻登记的法定职责即审核义务承担举证责任,因当事人使用虚假身份信息而导致错误登记的,婚姻登记机关应予以纠正。

(三)当事人身份信息登记错误

在原告潘祖明与被告舒城县民政局,第三人段贤稳、段贤翠婚姻登记纠纷一案中,[1]法院认为,根据《婚姻登记条例》的规定,县级人民政府民政部门是办理居民结婚登记的法定机关,具有颁发结婚证的法定职权。申请结婚的当事人应当向婚姻登记机关如实提交相关证件,不得隐瞒真实情况。潘祖明与段贤稳在办理结婚登记时,提供了段贤翠的身份信息及婚姻状况证明,当时办理登记的婚姻登记机关舒城县千人桥镇人民政府未能审查申请结婚的当事人应当提供的真实身份信息,即将潘祖明与段贤稳二人结婚登记,错误登记为潘祖明与段贤翠结婚登记,现有证据可以证明此事实。由于现婚姻登记管理职权已由舒城县各乡镇人民政府转移至舒城县民政局,故被告舒城县民政局系本案的适格主体。为实质化解案涉的婚姻登记行政争议,切实尽快地解决人民群众急待亟决家庭生活中的实际问题,依照《行政诉讼法》第70条的规定,撤销舒城县民政局1995年3月10日为潘祖明与段贤翠作出的结婚登记行为。

在原告王书峰诉被告禹州市民政局及第三人刘自峰婚姻登记纠纷案中,[2]审理法院认为:(1)根据《婚姻登记条例》第2条的规定,被告禹州市民政局作为县级人民政府民政部门,是办理婚姻登记的具体机关,具有在本行政区域内负责办理婚姻登记的法定职责。(2)根据《婚姻登记条例》第17条的规定:"结婚证、离婚证遗失或者损毁的,当事人可以持户口簿、身份证向原办理婚姻登记的机关或者一方当事人常住户口所在地的婚姻登记机关申请补领。婚姻登记机关对婚姻登记档案进行查证,确认属实的,应当为当事人补发结婚证、离婚证。"原告与第三人于1998年5月2日登记结婚,领取了禹古字第119号结婚证,后因该结婚证丢失,原告及第三人可以到婚姻登记机关申请补领结婚证,而非补办结婚证。根据《婚姻登记条例》第8条的规定,补办结婚证与补领结婚证的前提条件和登记要求迥然不同。原告和第三人在明知其于1998年5月2日已经登记结婚的情况下,却在2014年5月26日的《申请补办结婚登记声明书》中均声明双方"自1998年4月24日起以夫妻名义同居生活,自愿结为夫妻",显然属于虚假声明,存在主观过错。而被告禹州市民政局作为婚姻登记机关,未对原告和第三人婚姻登记档案进行查证,仅以当事人的公开声明作为办理业务种类的依据,未尽到审慎和注意义务,向不符合补办条件的原告和第三人按照补办程序颁发了

---

[1] 详见安徽省舒城县人民法院(2021)皖1523行初29号行政判决书。
[2] 详见河南省禹州市人民法院(2021)豫1081行初7号行政判决书。

2014年的J411081-2014-006239结婚证,造成该证与1998年禹古字第119号结婚证并存。2014年所颁的结婚证因违反法定程序,且与客观事实不符,本应依法撤销,但原告与第三人依据2014年的J411081-2014-006239结婚证于2016年7月25日办理了离婚登记,禹州市民政局也基于2014年的结婚证向原告和第三人颁发了L411081-2016-001663离婚证,原告与第三人基于2014年登记的婚姻关系已经通过法定程序予以解除,双方婚姻关系的结束已经成为既定事实,若再撤销2014年的结婚证,会造成行政行为的不稳定性,增加各方当事人诉累,不利于实质化解行政争议,且被告无法给原告补发离婚证的障碍仅是因其系统中仍存在1998年的结婚信息而在被告内部无法处理。鉴于本案情况特殊,考虑到婚姻关系的特殊性、原告与第三人各自后续的正常生活、婚姻登记机关的可操作性等方面,本着尊重事实、解决问题的原则,依照《行政诉讼法》第70条第6项的规定,撤销被告禹州市民政局于1998年5月2日颁发给原告王书峰和第三人刘自峰的禹古字第119号结婚证(编号为:古J411081-1998-000119号)。

在原告张维中诉被告彭水苗族土家族自治县人民政府(以下简称"彭水县政府")及第三人任定先婚姻登记一案中,[①]法院认为,本案争议的焦点是:张维中的起诉是否超过起诉期限。根据《行政诉讼法》第46条第2款和最高人民法院《行政诉讼法解释》第65条的规定,公民提起撤销婚姻登记的行政诉讼的最长起诉期限为五年。本案中,张维中、任定先以"张维忠、任冬秀"名义在大元乡政府申请办理结婚登记,大元乡政府以彭水县政府名义为二人以"张维忠、任冬秀"名义办理了结婚登记,登记时间为1994年3月30日。张维中不服该结婚登记行为,向本院提起撤销之诉,根据上述规定,张维中最长应当在婚姻登记行为自作出之日起五年内提起,即张维中最迟也应当在1999年3月29日前提起撤销婚姻登记之诉,而张维中在2020年11月才提起本案诉讼,超过了最长起诉期限,其起诉应当被驳回。关于是否审查本诉的婚姻登记无效与否问题,根据最高人民法院《行政诉讼法解释》第162条的规定,"公民、法人或者其他组织对2015年5月1日之前作出的行政行为提起诉讼,请求确认行政行为无效的,人民法院不予立案"。本案中,本诉婚姻登记于2015年5月1日之前作出,张维中的本诉婚姻登记行为是否无效,根据上述规定,本院不予审查。同时根据本案查明的事实,张维中与任定先系自愿结婚,二人共同生活多年,育有三子,说明二人婚姻关系确实存在,若要解除二人的婚姻关系,因涉及子女抚养、财产分割等问题,其可通过民事诉讼等途径解决。综上,张维中的起诉超过最长起诉期限,根据最高人民法院《行政诉讼法解释》第69条第1款第2项之规定,裁定驳回原告张维中的起诉。

通过对上述三个案例进行分析,在当事人身份信息登记错误的行政诉讼案件中,法院首先审核婚姻登记机关作为行政主体的地位,其次对婚姻登记机关因当事人身份信息登记错误作出"撤销结婚登记行为"的判决,但考虑到婚姻关系的特殊性,均重视实质化地解决纠纷,通过向婚姻当事人释明以民事诉讼途径解决婚姻的实体效力,切实维护当事人的合法权益。

---

① 详见重庆市第四中级人民法院(2021)渝04行初5号行政裁定书。

(四)重复办理婚姻登记

在原告黄瑞敏、黄花晓诉被告禹州市民政局撤销婚姻登记行政纠纷案中,①法院认为:最高人民法院《行政诉讼法解释》第64条第1款规定,行政机关作出行政行为时,未告知公民、法人或者其他组织起诉期限的,起诉期限从公民、法人或者其他组织知道或者应当知道起诉期限之日起计算,但从知道或者应当知道行政行为内容之日起最长不得超过一年。禹州市民政局分别于2000年2月12日、2016年5月11日对原告黄瑞敏、黄花晓进行了婚姻登记,并发放了结婚证。原告黄瑞敏、黄花晓在2016年第二次重复申请登记办理结婚证时就知道了该行政行为的内容。原告黄瑞敏、黄花晓如果认为禹州市民政局2016年婚姻登记行为侵犯了自己的合法权益,最迟应在2017年12月之前向人民法院提起行政诉讼。本案中,原告黄瑞敏、黄花晓的起诉时间发生在2021年3月8日,其没有提供因不可抗力或者其他不属于自身原因耽误起诉期限的证据,起诉已超过法定起诉期限。依照最高人民法院《行政诉讼法解释》第64条、第69条第1款第2项的规定,裁定驳回原告黄瑞敏、黄花晓的起诉。

在上诉人牛晓广因与被上诉人卫辉市民政局及原审第三人贾玲云请求撤销婚姻登记一案中,②法院认为,行政行为一旦作出,即具有确定力及执行力。但是对于违法行为或不当行为,行政机关具有自我纠错的职责,对于存在瑕疵的行政行为,行政机关可以通过撤销的方式予以纠正。但是,从行政效率和行政效益的角度,基于保护行政相对人的信赖利益和避免或减少行政争议的因素,行政机关应当采取足够审慎的态度,只有在该行政行为的瑕疵足以影响到实质处理结果时,才采用撤销行政行为的方式予以纠错。故一审法院关于卫辉市民政局不具有撤销婚姻登记的法定职责的理由不能成立,本院予以纠正。《行政诉讼法》第46条规定,在本案中,牛晓广请求判令卫辉市民政局撤销其2003年1月1日颁发的豫字第001号结婚证和2009年12月15日颁发的豫卫补字第000900296号结婚证,其所诉的婚姻登记行为分别发生于2003年与2009年,明显超过了法定的起诉期限。依据最高人民法院《关于当事人在起诉期限届满后另行提起不履行法定职责之诉能否受理问题的答复》之规定,公民、法人和其他组织在起诉期限届满后,又以行政机关拒绝改变原行政行为为由,起诉行政机关不履行法定职责的,人民法院一般不予受理。故一审法院驳回了牛晓广的起诉,认定事实清楚,处理结果正确,依据最高人民法院《行政诉讼法解释》第69条第1款第2项、《行政诉讼法》第89条第1款第1项之规定,裁定驳回上诉,维持原裁定。

在原告邢浩、王亚男诉被告北京市顺义区民政局婚姻登记一案中,③法院认为,根据《婚姻登记条例》第2条第1款的规定,内地居民办理婚姻登记的机关是县级人民政府民政部门或者乡(镇)人民政府,省、自治区、直辖市人民政府可以按照便民原则确定农村居民办理婚姻登记的具体机关。顺义区民政局作为县级人民政府民政部门,具有办理结婚登记并颁发结婚证的法定职权。《婚姻登记条例》第5条第1款规定,办理结婚登记的内地居民应当出具下列证件和证明材料:本人的户口簿、身份证,本人无配偶以及与对方当事人没有直系血

---

① 详见河南省禹州市人民法院(2021)豫1081行初16号行政裁定书。
② 详见河南省新乡市中级人民法院(2020)豫07行终414号行政裁定书。
③ 详见北京市顺义区人民法院(2021)京0113行初465号行政判决书。

亲和三代以内旁系血亲关系的签字声明。本案中,邢浩、王亚男于2011年1月14日到顺义区民政局办理结婚登记时,二人提交的材料从形式上符合上述条款的规定,顺义区民政局对二人提交的材料进行审查并在结婚登记系统中查询二人的婚姻登记情况,确定二人没有其他婚姻登记信息后,为二人办理了结婚登记,其婚姻登记行为不存在主观过错。但事实上,邢浩与王亚男在办理此次结婚登记之前,已于2008年3月31日在原天津市蓟县民政局办理了结婚登记,并领取了结婚证,且该结婚登记并未被依法撤销。在此情况下,邢浩、王亚男在2011年1月14日办理的结婚登记没有依据,故此次结婚登记行为应属无效行为。需要指出的是,邢浩、王亚男在明知王亚男有两套户籍身份信息且已经于2008年3月31日登记结婚的情况下,却对此隐瞒,不向顺义区民政局如实陈述上述事实,明显违反《婚姻登记条例》的相关规定,从而导致顺义区民政局作出重复结婚登记行为,本院在此提出了严肃批评。综上所述,依照《行政诉讼法》第75条之规定,确认被告北京市顺义区民政局于2011年1月14日对原告邢浩、王亚男作出的结婚登记行为无效。

对上述三个案例进行分析,在婚姻登记机关重复办理婚姻登记的行政诉讼案件中,法院通过行政诉讼对婚姻登记机关重复办理婚姻登记行为予以撤销或确认重复结婚登记行为无效,但基于保护行政相对人即婚姻当事人的信赖利益,就婚姻登记行为的行政诉讼起诉期限进行较为严格的司法审查,依据最高人民法院《行政诉讼法解释》的相关规定,行政机关作出行政行为时,未告知公民、法人或者其他组织起诉期限的,起诉期限从公民、法人或者其他组织知道或者应当知道起诉期限之日起计算,但从知道或者应当知道行政行为内容之日起最长不得超过一年。法院以起诉期限届满而驳回婚姻当事人的起诉,间接地达到了稳定当事人婚姻关系的效果。

(五)当事人未亲自到场办理的结婚登记

在原告王某某诉长武县民政局、第三人李某撤销结婚证一案中,① 长武县民政局作为依法履行婚姻登记行政职责的行政机关,负有严格依照法定程序进行婚姻登记的义务,婚姻登记机关应当对当场递交婚姻登记申请的申请人的真实身份、申请人提交的证件和证明材料等进行严格审查,并应当依照《婚姻法》《婚姻登记条例》等相关法律的规定严格审查申请人的办证申请。本案中,被告在办理结婚登记时,仅依第三人李某所提供的材料在未查明原告王某某亲自到场的情况下,而为第三人李某进行婚姻登记,被告未尽审查义务的行政行为,违反了《婚姻法》《婚姻登记条例》关于婚姻登记的程序规定,依法应予以撤销。故对原告要求撤销BJ610428-2010-000135号结婚证的诉讼请求应予支持。

在上诉人林冬梅诉被上诉人陆丰市民政局、原审第三人苏立锋婚姻登记一案中,② 法院认为,婚姻登记行为与一般的行政行为不同,其确立的是特定的身份关系,为维护婚姻关系的稳定性,法律及有关司法解释对婚姻无效、撤销事由进行了严格规制。根据最高人民法院《行政审判庭关于婚姻登记行政案件原告资格及判决方式有关问题的答复》[(2005)行他字第13号]的规定,婚姻关系双方或一方当事人未亲自到婚姻登记机关进行婚姻登记,且不能证明婚姻登记系男女双方的真实意思表示,当事人对该婚姻登记不服提起诉讼的,人民

---

① 详见陕西省长武县人民法院(2012)长行初字00001号一审行政判决书。
② 详见广东省汕尾市中级人民法院(2021)粤15行终2号行政判决书。

法院应当依法予以撤销。可见,婚姻关系双方或一方当事人未亲自到登记机关进行婚姻登记的,并不必然导致婚姻登记被撤销或确认无效。本案中,陆丰市民政局于2016年5月3日在林冬梅与苏立锋未亲自到场的情况下,为二人颁发了结婚证,该婚姻登记行为程序确实存在不当。但陆丰市民政局向一审法院提供的林冬梅与苏立锋用以婚姻登记的身份证、户口本、双方合照等证据材料不存在造假情形,苏立锋一审陈述林冬梅当时对办理婚姻登记知情,林冬梅承认用于办理婚姻登记的证件、照片均是原件,其亦陈述与苏立锋同居并生育一女,再结合林冬梅于2016年12月8日以"儿媳身份"将户口迁入户主为"苏金泉"的户口,婚姻状况显示"已婚"及双方提交的《离婚协议书》载明双方于2013年3月26日按照地方习俗办理结婚典礼等事实,足以证实林冬梅与苏立锋具有缔结婚姻的意愿,双方符合结婚的实质要件,婚姻登记程序存在的不当已被双方具有缔结婚姻的意愿及后来的事实行为加以追认,故该程序不当并不能阻却婚姻的成立及效力。一审判决认定事实基本清楚,适用法律正确,程序合法,依照《行政诉讼法》第89条第1款第1项的规定,判决如下:驳回上诉,维持原判。

在原告刘××诉被告郑州市金水区民政局、第三人尹××撤销婚姻登记一案中,①法院认为,《行政诉讼法》第75条规定:"行政行为有实施主体不具有行政主体资格或者没有依据等重大且明显违法情形,原告申请确认行政行为无效的,人民法院判决确认无效。"行政机关在办理行政登记过程中,应当根据法律规定,对所登记的事项进行形式审查或者实质审查。本案中,涉案婚姻登记中"刘××"的签名字迹不是刘××本人所签,捺印无法确定是否为刘××捺印形成,刘××亦称不认识尹××,不是被告提供婚姻状况证明中郑州铁路分局设计事务分所的工作人员,被告在未核实"刘××"真实身份的情况下,办理涉案结婚登记,没有尽到基本的审查义务,导致婚姻登记错误,该行政行为的主要证据不足,其行政行为存在重大且明显违法情形,故对原告请求确认该行政行为无效的诉讼请求,本院予以支持。对原告要求撤销被告上述行政行为的诉讼请求,该请求已超出法定的起诉期限,本院不予处理。依照《行政诉讼法》第75条之规定,判决如下:(1)确认被告郑州市金水区民政局1998年6月2日作出的原告刘××与第三人尹××的婚姻登记无效;(2)驳回原告刘××其他诉讼请求。

在原告骆莉莉不服被告上蔡县民政局婚姻登记纠纷一案中,②法院认为,《行政诉讼法》第34条规定:"被告对作出的行政行为负有举证责任,应当提供作出该行政行为的证据和所依据的规范性文件。被告不提供或者无正当理由逾期提供证据,视为没有相应证据。但是,被诉行政行为涉及第三人合法权益,第三人提供证据的除外。"本案被告为原告骆莉莉颁发了00400048号结婚证,后又补录为20190728090137。但是,被告既不提供证据又未出庭答辩,也未说明不到庭参加诉讼及不提供证据的原因。因此,应视为被告为原告颁发的结婚证无相应证据。原告请求确认被告为原告颁发的00400048号结婚证无效,本院予以支持。综上,根据《行政诉讼法》第70条第1项之规定,判决确认被告上蔡县民政局于2004年4月25日为原告骆莉莉颁发的00400048号结婚证无效。

通过对上述四个案例进行分析,在当事人未亲自到场办理结婚登记的行政诉讼案件

---

① 详见河南省郑州市金水区人民法院(2020)豫0105行初135号行政判决书。
② 详见河南省上蔡县人民法院(2021)豫1722行初9号行政判决书。

中,法院认定婚姻登记机关负有审查当事人缔结婚姻关系的意思表示的职责,且婚姻登记机关对此承担举证责任,若未能出庭举证或举证不能的,不能因此认定当事人作出缔结婚姻的意思表示,法院进而确认结婚登记行为无效。但为稳定婚姻关系,法院认为,当事人未到场办理结婚登记的,并不必然导致婚姻登记被撤销或确认无效,从户籍登记、生育子女等其他证据可以证明当事人具备缔结婚姻关系的意思表示的,婚姻登记程序的不当已被双方具有缔结婚姻的意愿及后来的事实行为加以追认,故当事人未到场办理结婚登记导致的结婚登记行为不当并不能阻却婚姻的成立及效力,在民事层面应承认婚姻关系的效力。

(六)当事人未提交身份证明材料即办理的结婚登记

在上诉人陈某因诉被上诉人闽侯县民政局婚姻登记案中,[①]法院认为,本案中,上诉人陈某在一审中的诉讼请求为:判令闽侯县民政局履行撤销陈某与何某编号为闽湖婚(98)字第248号的结婚登记的法定职责。本案婚姻登记是于1998年12月9日作出的,上诉人于2020年10月14日才向一审法院提起本案行政诉讼,已超过法定的最长五年的起诉期限,一审法院据此裁定驳回上诉人的起诉,并无不当。上诉人主张其系以《不予办理离婚登记通知书》及要求被上诉人纠正错误婚姻登记为由而提起本案诉讼,但不予办理离婚登记及更正婚姻登记的行为与上诉人本案所诉请撤销的婚姻登记行为并非同一行政行为。上诉人试图以诉被上诉人不履行法定职责为由,达到重启对已经超过最长起诉期限的原行政行为进行审查的目的,不予支持。且因上诉人的起诉应予驳回,上诉人主张的涉案婚姻登记错误属实体审查内容,本院不予评判。综上,依照《行政诉讼法》第89条第1款第1项之规定,裁定驳回上诉,维持原裁定。

在原告聂学军诉被告重庆市奉节县民政局、第三人石丽丽婚姻登记一案中,[②]法院认为,《行政诉讼法》第46条对行政诉讼的起诉期限及起算点作出明确的规定,本案原告聂学军于2003年1月15日与第三人石丽丽办理结婚登记,自办理结婚登记之日起原告就应知道结婚登记的具体内容,原告在2021年3月5日才向本院提起行政诉讼,其起诉已超过起诉期限。依照最高人民法院《行政诉讼法解释》第69条第1款第2项、第3款,第101条第1款第2项之规定,裁定驳回原告聂学军的起诉。

通过对上述两个案例进行分析,在当事人未提交身份证明材料即办理结婚登记的行政诉讼案件中,法院依据《行政诉讼法》第46条的规定,严格审查婚姻当事人起诉期限的起算点"应当自知道或者应当知道作出行政行为之日起六个月内提出",且婚姻登记行为适用"自行政行为作出之日起超过五年提起诉讼的最长诉讼期限",以此驳回婚姻当事人的起诉。

(七)当事人已离婚而婚姻登记机关为之办理的结婚登记

在原告郭忠涛不服被告菏泽市牡丹区民政局、第三人杜丽敏婚姻行政登记案中,[③]审理法院认为,根据《婚姻登记条例》的有关规定,被告菏泽市牡丹区民政局具有补发结婚证的法定职责。牡丹区民政局依照规定审核了原告郭忠涛和第三人杜丽敏提供的相关证件和

---

① 详见福建省福州市中级人民法院(2021)闽01行终272号行政裁定书。
② 详见重庆市奉节县人民法院(2021)渝0236行初36号行政裁定书。
③ 详见山东省菏泽市牡丹区人民法院(2021)鲁1702行初10号行政判决书。

填写的资料,已尽到审查义务,但因原告郭忠涛和第三人杜丽敏婚姻关系已于2017年8月29日经菏泽经济开发区人民法院生效判决而依法解除,双方已不具备补领结婚证的事实和法律基础,故被告为原告郭忠涛和第三人杜丽敏补发结婚证明显不当,应予以撤销。原告郭忠涛和第三人杜丽敏隐瞒已经离婚的事实,未如实填写《补发婚姻登记证审查处理表》《申请补领婚姻登记证声明书》,其行为具有过错,导致本案诉讼的发生,故诉讼费应由原告负担。据此,依照《行政诉讼法》第70条第6项之规定,判决撤销被告菏泽市牡丹区民政局于2020年3月9日为原告郭忠涛和第三人杜丽敏补发的字号为BJ371702-2020-000520结婚证。

在该案中,婚姻登记机关与其他机关就婚姻当事人的婚姻登记信息没有衔接,在当事人业经法院判决离婚的情形下,当事人双方隐瞒离婚事实而向婚姻登记机关骗取补领结婚证。法院就此认为,婚姻登记机关已尽审查义务,婚姻当事人隐瞒不具备补领结婚证的事实,应承担过错责任;但婚姻登记机关作出的补领结婚证的行为应予以撤销。

(八)婚姻登记机关越权管辖发放结婚证

在徐某某、湖南省常德市鼎城区灌溪镇人民政府及王某婚姻登记案中,[①]法院认为,第一,徐某某和王某的户籍所在地均不在灌溪镇政府的行政区域内,灌溪镇政府跨地区办理婚姻登记而颁发结婚证的行为属于违反地域管辖登记婚姻,违反婚姻登记行政管理法规和规章。且该"结婚证"上公章为"常德市鼎城区灌溪乡民政所",该机关亦不是法定的婚姻登记行政机关。第二,灌溪镇政府对于作出本案被诉的具体行政行为所依据的事实方面,其没有提供证据证明徐某某于1990年曾和王某一起到灌溪镇政府申请并办理婚姻登记,没有当时办理该婚姻登记行为的档案资料,仅自述档案资料已遗失,但又未能提供相关证据佐证该宗档案资料确已遗失的事实,因此,灌溪镇政府作出被诉具体行政行为所必须依据的相应资料档案是否确已遗失,或者是否根本不存在,灌溪镇政府未能提供法定理由及证据予以证明。根据《行政诉讼法》第32条及最高人民法院《关于行政诉讼证据若干问题的规定》第1条的规定,灌溪镇政府未提供当时作出该婚姻登记行为时的证据,应视为灌溪镇政府作出的该婚姻登记行为没有相应的事实依据。第三,对于本案所涉"结婚证"及"婚姻登记行为",不仅存在毁损的"结婚证"无编号、无日期以及有无加盖婚姻登记专用章(钢印)等轻微瑕疵,还存在重大违法行为。一审法院以灌溪镇政府超越地域管辖权、作出的具体行政行为没有相应证据的理由而认定灌溪镇政府对王某与徐某某作出的婚姻登记行为违法,上诉法院予以判决维持原判,驳回上诉。

在婚姻登记机关越权管辖办理婚姻登记行政诉讼案件中,法院认为,《婚姻登记办法》是保护婚姻当事人的合法权益而制定的行政法规,若男女双方自愿结婚,必须依照婚姻登记办法进行婚姻登记。被诉具体行政行为的婚姻登记档案材料不存在,没有填写登记表及提供必须提供的必备材料,无法证实结婚登记的真实性或当事人双方是否同时到场,且"结婚证"的颁发机关亦不是法定的颁证机关,且没有办理结婚证的法定职权,因此,从"结婚证"到婚姻登记的管辖权再到婚姻登记程序等,都存在严重缺陷,法院以此婚姻登记行为属于"重大违法行为"而确认无效。

---

① 详见湖南省常德市中级人民法院(2011)常行终字第5号行政判决书。

(九)离婚诉讼中以结婚登记程序存在瑕疵为由申请撤销

在原告曾旭诉被告邵阳市大祥区蔡锷乡人民政府、邵阳市大祥区民政局、第三人沈阳梅婚姻行政登记案中,[1]审理法院认为,结婚是男女双方按照法律规定的条件和程序而建立夫妻关系的民事法律行为。虽然《婚姻法》第8条要求结婚的男女双方必须亲自到婚姻登记机关进行结婚登记,但该规定旨在通过行政权的介入对男女双方是否具备结婚的真实意愿及是否符合结婚的实质要件进行确认和公示,其基础仍是双方建立夫妻关系的意思表示。也正是基于此,法律给予在结婚登记程序中存在瑕疵引发争议的,除非婚姻双方不符合结婚的实质要件,进而应予确认婚姻无效或撤销婚姻,一般结婚登记瑕疵并不当然导致婚姻关系的自始无效,应当视情形采取补正等措施予以解决。本案原告虽然诉称其与第三人仅是男女朋友关系,并无缔结婚姻的意思表示,也不肯定是否为第三人三个小孩的父亲。但可以看出,原告与第三人的关系,第三人户口登记信息上三个小孩的父亲为"曾旭",在人民法院执行其财产时才提出本案诉讼,难免让人产生合理怀疑,且原告于1983年出生,户籍信息中婚姻状态为未婚,其在起诉时未能提交证据证明其就是与第三人沈阳梅缔结婚姻的"曾旭"(身份证号为4305021980××××××××),即其提交的证据尚不能达到起诉的初步证明标准,缺少基本的事实根据,不符合法定起诉条件,裁定驳回起诉。在该案中,法院认为,结婚登记程序存在瑕疵,并不必然导致婚姻关系被确认无效或撤销,除非结婚当事人不符合结婚实质要件。当事人在离婚诉讼中以结婚登记程序存在瑕疵为由诉请法院撤销结婚登记行为,法院认为尚不能达到起诉的初步证明标准而裁定驳回起诉。

第四节

婚姻登记瑕疵行政诉讼与民事诉讼"双轨制"困境与解决

在婚姻登记瑕疵的行政诉讼中,均不同程度地涉及婚姻效力等民事问题。依据《民法典婚姻家庭编解释(一)》第17条的规定,无效婚姻通过民事诉讼方式,无效婚姻之外的婚姻登记瑕疵可通过行政诉讼的途径。而对于可撤销婚姻,根据《婚姻登记条例》的规定,婚姻登记机关作为行政机关的权限仅是撤销胁迫婚姻,对于"未如实告知重大疾病"等其他类型的可撤销婚姻,则是通过民事诉讼加以解决。因此,婚姻登记瑕疵问题的处理途径形成了行政诉讼与民事诉讼的"双轨制"。与此同时,通过上文的类型化分析在婚姻登记瑕疵的行政诉讼案件中的司法观点,发现其行政判决方式多以"确认婚姻登记行为无效""撤销婚姻登记行为""驳回婚姻当事人的起诉"等,那么在婚姻登记瑕疵的行政案件判决后,婚姻的实体效力如何处理?婚姻登记瑕疵行政诉讼与民事诉讼的"打架"问题如何得以解决?婚姻登记行为瑕疵和婚姻瑕疵的立法价值和法律适用的不同,必然产生两者的衔接问题。

---

[1] 详见湖南省邵阳市北塔区人民法院(2020)湘0511行初269号行政裁定书。

一、与《民法典》有关瑕疵婚姻规定的衔接问题

《民法典》规定瑕疵婚姻的类型主要是无效婚姻和可撤销婚姻,第1051条就无效婚姻作出规定,限于重婚、由禁止结婚的亲属关系、未到法定婚龄三种情形。最高人民法院《民法典婚姻家庭编解释(一)》第17条规定:"当事人以民法典第一千零五十一条规定的三种无效婚姻以外的情形请求确认婚姻无效的,人民法院应当判决驳回当事人的诉讼请求。"可见,《民法典》及其司法解释对无效婚姻是封闭式的规定,除上述规定的无效婚姻情形外,其他情形下对无效婚姻请求权作出限制。对于撤销婚姻,《民法典》第1052条和第1053条规定,因胁迫和一方患有重大疾病不如实告知对方的结婚,一方当事人可以向法院请求撤销婚姻。《婚姻登记条例》第9条对胁迫婚姻的撤销作出规定,其第2款规定:"婚姻登记机关经审查认为受胁迫结婚的情况属实且不涉及子女抚养、财产及债务问题的,应当撤销该婚姻,宣告结婚证作废。"那么,就该条款的解释,对婚姻登记机关撤销婚姻登记行为作出了限定,若胁迫婚姻涉及子女抚养、财产及债务问题的,并不能简单地由婚姻登记关系撤销婚姻,且婚姻登记机关只受理"受胁迫结婚"并"不涉及子女抚养、财产及债务问题"的可撤销婚姻。《婚姻登记工作暂行规范》第46条还规定,除受胁迫结婚之外,以任何理由请求宣告婚姻无效或者撤销婚姻的,婚姻登记机关不予受理。可见,除胁迫婚姻外,有关婚姻登记的行政法规并没有赋予婚姻登记机关对婚姻登记瑕疵的撤销权,更没有赋予婚姻登记机关对无效婚姻的处理权。

婚姻登记行为无效(撤销)的行政诉讼和婚姻无效(撤销)的民事诉讼在诉讼职能上具有一定的重叠性,其法律后果都会产生婚姻(登记)没有法律效力,但是,行政法规对婚姻登记的无效或撤销和《民法典》对无效婚姻、可撤销婚姻的上述规定是不同的。

(一)界定的范围不同

狭义的婚姻登记瑕疵是在婚姻登记中存在程序违法或欠缺必要形式要件等缺陷的婚姻登记,法院依据《行政诉讼法》作出婚姻登记行为无效或撤销的判决,但婚姻登记瑕疵不属于《民法典》所规定的无效婚姻和可撤销婚姻。婚姻效力是因婚姻关系的成立而产生的各种法律后果。在婚姻关系成立后,若出现法律规定的情形,可能导致婚姻效力产生瑕疵,即婚姻无效或婚姻可撤销。无效或者被撤销的婚姻在依法被确认无效或被撤销的,才确定该婚姻关系自始没有法律约束力,当事人之间不具有夫妻的权利和义务。多数学者认为无效婚姻是指欠缺婚姻成立的法定条件而不发生法律效力的男女双方的结合,通常是指违反法定的公益有效要件。[①] 可撤销婚姻,是指婚姻当事人一方采取暴力、威胁、恐吓等手段,以给对方或对方亲友的人身自由、健康、荣誉、名誉、财产等造成损害为要挟,迫使对方违背自己的真实意愿作出虚假的意思表示而与之结婚的行为;以及一方在结婚登记前没有如实告知自己患有重大疾病的,另一方可以向人民法院请求撤销婚姻。《民法典》对瑕疵婚姻(无效婚姻和可撤销婚姻)的类型作了严格的限制,其目的在于不轻易否定婚姻关系的存在,以

[①] 余延满:《亲属法原论》,法律出版社2007年版,第173页。

保证婚姻家庭的稳定。[1] 学者就此认为,《民法典》婚姻家庭编关于婚姻效力瑕疵的规定应该解释为具有封闭性,没有规定的瑕疵类型如欺诈、伪造身份信息而骗取结婚登记等并非是立法的"遗漏",而是本就不该影响婚姻的效力。[2]

(二)判决的依据不同

婚姻登记瑕疵行政诉讼案件依据《行政诉讼法》的规定进行判决。《行政诉讼法》第70条规定,行政行为有下列情形之一的,如主要证据不足的,适用法律、法规错误的,违反法定程序的,超越职权的,滥用职权的,明显不当的等;人民法院判决撤销或者部分撤销,并可以判决行政机关重新作出行政行为。《行政诉讼法》第74条还规定,行政行为有下列情形之一的,人民法院判决确认违法,但不撤销行政行为:(1)行政行为依法应当撤销,但撤销会给国家利益、社会公共利益造成重大损害的;(2)行政行为程序轻微违法,但对原告权利不产生实际影响。行政行为有下列情形之一,不需要撤销或者判决履行的,人民法院判决确认违法:(1)行政行为违法,但不具有可撤销内容的;(2)被告改变原违法行政行为,原告仍要求确认原行政行为违法的;(3)被告不履行或者拖延履行法定职责,判决履行没有意义的。第75条还规定,行政行为有实施主体不具有行政主体资格或者没有依据等重大且明显违法情形,原告申请确认行政行为无效的,人民法院判决确认无效。因此,行政诉讼的婚姻登记瑕疵案件,判决方式以《行政诉讼法》为依据,无论作出何种判决,是确认行政行为无效还是撤销行政行为,针对的均是婚姻登记行为本身,并不是就婚姻的效力进行判断。虽然婚姻登记瑕疵的行政诉讼案件同样对婚姻的效力产生重大影响,但是,婚姻登记瑕疵是在履行登记的形式要件时出现的瑕疵,这种瑕疵多是因不具备婚姻的成立要件而导致婚姻不成立,除非婚姻登记机关作出更正,否则不具备转换为有效婚姻的条件。法院以《行政诉讼法》确认婚姻登记行为无效的或撤销婚姻登记行为的,并不当然消灭婚姻关系的效力,就婚姻的民事效力层面,仍然应依据《民法典》婚姻家庭编的有关规定予以认定。以无效婚姻为例,无效婚姻是欠缺婚姻有效要件的瑕疵婚姻,我国目前对无效婚姻的宣告采单一的诉讼程序模式,2003年《婚姻登记条例》已取消依行政程序确认婚姻无效的规定,有权宣告婚姻无效的主体只能是人民法院。同时,无效婚姻并非当然无效和自始无效,只有在人民法院宣告无效后才发生溯及力的无效,且可因法定条件的具备而转换为有效婚姻,如最高人民法院《民法典婚姻家庭编司法解释(一)》第10条规定,当事人依据《民法典》第1051条规定向人民法院请求确认婚姻无效,法定的无效婚姻情形在提起诉讼时已经消失的,人民法院不予支持。

(三)审查的标准不同

行政诉讼的婚姻登记行为无效和撤销,法院重点审查被诉婚姻登记行为的合法性,主要包括:婚姻登记机关是否具有进行婚姻登记的职权,婚姻当事人是否共同亲自到婚姻登记机关现场申请婚姻登记,申请婚姻登记的当事人提交的申请材料是否符合有关规定,婚姻登记机关是否履行相关的法定程序等。而民事诉讼的瑕疵婚姻,法院重点审查被诉婚姻

---

[1] 田韶华:《论婚姻登记行政诉讼的判决方式》,载《行政法学研究》2020年第1期。
[2] 龙俊:《〈民法典〉中婚姻效力瑕疵的封闭性》,载《社会学科辑刊》2022年第4期。

实质要件的合法性和婚姻关系的有效性。《民法典》婚姻家庭编中关于婚姻效力瑕疵的规定具有封闭性。无效婚姻，关乎的多是社会公共利益相关的要件，如法定婚龄、禁婚亲和重婚等，可撤销婚姻则是保护当事人缔结婚姻的意思表示真实性和自愿性，欺诈行为只有在涉及婚姻实质时才影响婚姻效力，法定的涉及婚姻实质的欺诈只有隐瞒重大疾病，重大误解不足以构成撤销婚姻的事由，虚伪的结婚意思表示并不影响婚姻效力，除未达法定婚龄之外，其他人不因其婚姻行为能力欠缺而使婚姻效力受影响。[1]

二、与《行政诉讼法》相关规定衔接问题

在婚姻登记瑕疵的行政案件中，法院对当事人起诉期限的审查较为严格，而对超过婚姻登记瑕疵行政诉讼起诉期限的案件的判决不统一，有的法院判决驳回起诉，有的法院裁定不予受理，有的法院则认为确认婚姻登记行为无效不受起诉期限的限制。但是，无论以何种方式对超过行政诉讼起诉期限进行行政判决，仅仅是程序上结束行政诉讼，并没有在实体上解决当事人的纠纷。而且，行政诉讼与民事诉讼不同，行政诉讼从知道或者应当知道行政行为作出时起算，婚姻登记行为的行政诉讼起诉期限最长一般是从行政行为作出之日起算五年，且没有中断和中止的规定，只有在符合法定情形下延长的规定，人民法院在审理婚姻登记瑕疵行政案件中，一般在受理阶段和开庭阶段依职权进行审查。婚姻登记瑕疵的行政案件严格执行行政诉讼时效制度，虽然能够解决婚姻登记行为的确认问题，但是对于婚姻登记瑕疵而导致婚姻效力问题却无法得到法律的评价。因此，行政诉讼对婚姻登记行为的合法性审查和判断，并不能解决婚姻关系合法与有效问题。[2] 同时，根据《行政诉讼法》的规定，行政诉讼判决的主要方式是确认行政行为无效和撤销行政行为，在婚姻登记瑕疵行政案件中，若将婚姻登记行为与婚姻关系的效力进行隔离，行政判决一方面要确认婚姻登记行为违法或无效，另一方面又要认可婚姻关系成立有效，显然判决内容会自相矛盾。

在行政诉讼中，理论界和实务界对撤销诉讼和给付诉讼适用起诉期限并没有过多的争议，但对于确认诉讼特别是无效行政行为是否受到起诉期限的限制，存在不同的观点。[3] 有的认为无效行政行为自始无效，从作出之日起就没有法律效力，不受起诉期限的限制；有的则认为，从《行政诉讼法》第46条规定分析，没有排除无效行政行为，因此，无效行政行为仍然受到起诉期限和最长期限的限制；有的认为，若无效行政行为适用起诉期限，会造成当事人利用起诉期限规避法律；有的认为，无效行政行为是对原来已经存在的法律关系的确认，不应当适用起诉期限。法院在确认婚姻登记行为无效的行政诉讼案件中，不仅对起诉期限适用与否的观点不同，而且对起诉期限的起算点也存在不同的理解。根据最高人民法院《行政诉讼法解释》第64条的规定，未告知起诉期限的，起诉期限从知道或者应当知道行政行为内容之日起最长不得超过1年。但是，有的法院并没有区分是否告知起诉期限而径行

---

[1] 龙俊：《〈民法典〉中婚姻效力瑕疵的封闭性》，载《社会学科辑刊》2022年第4期。
[2] 王礼仁：《解决婚姻行政诉讼与民事诉讼"打架"之路径》，载《法律适用》2011年第2期。
[3] 李政洋：《我国确认无效诉讼没有起诉期限之考辨——兼评行政诉讼法司法解释第162条的合法性》，载《行政法学研究》2021年第5期。

适用6个月的规定,且对"知道或者应当知道"适用标准不一,有的法院直接将"婚姻登记行为作出之日作为知道或应当知道的起算点"。这些问题不仅会背离行政诉讼的起诉期限的功能定位,而且直接影响着判决内容,关系着婚姻当事人的裁判请求权和行政审判的公信力。

三、对婚姻登记行为的司法审查标准不一

1. 形式审查和实质审查的标准不一

无论是撤销婚姻登记还是确认婚姻登记无效,其前提都是婚姻登记行为不具有合法性。但是,在婚姻登记行为的行政诉讼中,对婚姻登记行为的司法审查标准不一,有的法院采用婚姻登记机关形式审查标准,认为对申请婚姻登记的当事人提供的材料是否真实、合法、有效不具有实质审查义务,婚姻登记机关仅是形式审查,未尽实质审查义务的,并不违反法定程序。如原告谭玉芳与第三人李海滨冒用李小宾的身份信息进行婚姻登记时,茶陵县民政局对其提交的申请材料进行了必要的形式审查,因此依法为原告与第三人李小宾办理了婚姻登记。① 有的法院认为"在被告已尽审慎审查义务的前提下,婚姻登记行为不宜予以撤销"②。有的法院则以婚姻登记机关的实质审查为标准,婚姻登记机关需要履行谨慎合理的审查义务,否则就认定婚姻登记行为违反法定程序,如"婚姻登记机关应当对当场递交婚姻登记申请的申请人的真实身份、申请人提交的证件和证明资料等进行严格审查,并应当依照《婚姻法》《婚姻登记条例》相关法律法规的规定审查申请人的办证申请……被告未尽审查义务的行政行为,违反《婚姻法》《婚姻登记条例》有关婚姻登记的程序规定,依法应予以撤销"③。有的法院没有区分婚姻登记机关的形式审查和实质审查,笼统地表述为"行政机关在办理行政登记过程中,应当根据法律规定,对所登记的事项进行形式审查或者实质审查"。如有的法院认为,在涉案婚姻登记中"刘××"的签名字迹不是刘××本人所签,捺印无法确定是否为刘××捺印形成,刘××亦称不认识尹××,不是被告提供婚姻状况证明中郑州铁路分局设计事务分所的工作人员,被告在未核实"刘××"真实身份的情况下,办理涉案结婚登记,没有尽到基本的审查义务,导致婚姻登记错误,该行政行为存在重大且明显违法情形,故对原告请求确认该行政行为无效的诉讼请求,本院予以支持。④ 对婚姻登记行为的司法审查标准不一,导致"同案不同判"。

2. 婚姻登记行为的撤销标准不一

多数法院撤销婚姻登记判决的依据是《行政诉讼法》第70条的规定。在适用《行政诉讼法》第70条时,法院对登记瑕疵的婚姻一律采用撤销婚姻登记的判决方式,并没有区分一般的登记瑕疵和严重的登记瑕疵,此不利于稳定夫妻的身份关系,不利于保护婚姻当事人的合法权益和维护婚姻秩序。而对于不予撤销婚姻登记的判决,多是依据《行政诉讼法》第74条,法院对该条款的理解则存在不同:有的法院是基于维护社会信赖利益的需要而不予撤

---

① 详见湖南省醴陵市人民法院(2021)湘0281行初75号行政判决书。
② 详见武汉市中级人民法院(2017)鄂01行终字391号行政判决书。
③ 详见陕西省长武县人民法院(2012)长行初字00001号行政判决书。
④ 详见河南省郑州市金水区人民法院(2020)豫0105行初135号行政判决书。

销结婚登记;①有的法院是基于维护离婚登记的公信力以及婚姻家庭与社会的和谐稳定的需要而不予撤销离婚登记;②有的法院是认为婚姻登记机关的工作失误并不能从根本上影响婚姻当事人的婚姻效力而不予撤销结婚登记;③有的法院是基于民事效力层面认为婚姻关系是客观存在的,这种客观性是撤销结婚登记的阻碍事由。④ 因此,法院就撤销婚姻登记的行政判决中对婚姻登记行为的司法审查标准不一,即使适用同一法律条款,其撤销判决或不予撤销的判决,依据的法律理由仍存在较大的差异。

3. 确认婚姻登记无效的标准不一

从《婚姻登记条例》的相关规定进行分析,该条例并没有赋予婚姻登记机关宣告婚姻无效的权利,宣告婚姻无效的机关只有人民法院。⑤ 但在婚姻登记瑕疵的行政诉讼案件中,多数法院依据《行政诉讼法》第75条的规定,认为婚姻登记瑕疵属于"行政行为有实施主体不具有行政主体资格或者没有依据等重大且明显违法情形"而确认婚姻登记行为无效的,因此作出确认婚姻登记行为无效的判决。尽管婚姻登记行为无效与婚姻无效存在重大差异,但有些法院在行政判决时对婚姻登记行为司法审查标准的定位超越了法律法规赋予婚姻登记机关职权与能力的限度,以婚姻行为的实质效力标准评价登记行为的合法性,明显有悖于行政诉讼的宗旨与目的。⑥ 这种确认婚姻登记无效的司法审查标准不统一,对符合结婚实质要件但程序上有瑕疵的婚姻登记宣告为无效,不仅随意扩大了无效婚姻的适用范围,也不符合无效婚姻制度设立的本意。⑦

四、婚姻登记瑕疵的"行政诉讼"和"民事诉讼"之协同解决路径

(一)区分婚姻登记无效与婚姻无效,建构婚姻不成立之诉

法院在确认婚姻登记瑕疵的同时,确认婚姻登记行为无效。但婚姻登记行为无效并非是婚姻无效,而是因为违反婚姻的成立要件而导致婚姻不成立。在行政诉讼中确认婚姻登记行为无效的,当事人婚姻的效力如何?

婚姻无效与婚姻不成立,虽然都会产生婚姻不发生效力的法律后果,但从法律行为理论上分析,两者应严格区别对待。无效婚姻是已经成立的婚姻因违反结婚的实质要件(通常是法律强制性的规定和公益要件的规定)而不产生合法有效的婚姻关系,且无效婚姻在某些情形下如法定婚龄,可以转变为有效婚姻。而婚姻不成立是欠缺婚姻的成立要件,在当事人之间根本就不成立或存在婚姻关系,无论何种情形,均不可能转变为有效婚姻。因

---

① 详见沧州市中级人民法院(2017)冀09行终字205号行政判决书。
② 详见乐至县人民法院(2017)川2022行初字6号行政判决书。
③ 详见山西省太原市中级人民法院(2017)晋01行终字174号行政判决书。
④ 详见南城县人民法院(2017)赣1021行初字20号行政判决书。
⑤ 何志:《婚姻案件审理要点精解》,人民法院出版社2013年版,第125页。
⑥ 文婧:《论行政登记——基于公私法双重视域》,武汉大学宪法与行政法专业博士论文2011年,第99页。
⑦ 马忆南:《论结婚登记程序瑕疵的处理——兼评"〈婚姻法〉司法解释(三)征求意见稿"第1条》,载《西南政法大学学报》2011年第2期。

此,针对婚姻登记瑕疵,应建构婚姻不成立之诉,当事人对婚姻是否成立存在异议的,特别是因不具备婚姻的形式要件而产生婚姻登记瑕疵的,当事人可以提起婚姻不成立的确认之诉。

《民法典》没有明文规定婚姻不成立制度,笔者认为,缔结(或解除)婚姻行为也是一种民事法律行为,《民法典》第134条关于民事法律行为成立的一般性规定当然可以适用于婚姻行为。因此,不能简单地在行政诉讼中确认婚姻登记行为无效,而是按照《民法典》的相关规定确认婚姻不成立。婚姻不成立主要包括两种情形:(1)当事人缺乏缔结婚姻关系的合意或当事人没有解除婚姻关系的有效合意;(2)当事人没有按照法律法规规定办理婚姻登记。婚姻的不成立,自始至终不产生婚姻关系的任何法律效力。如通过拐卖妇女而进行错误登记的婚姻,当事人之间并不存在缔结婚姻关系的合意,应先提起婚姻不成立的确认之诉,再以生效的民事判决书要求婚姻登记机关确认婚姻登记行为无效而作出撤销婚姻登记的行政判决。当然,在确认婚姻不成立之诉中,同样可以追究有关过错方的损害赔偿责任,在婚姻登记瑕疵的行政诉讼中也可以依据《行政诉讼法》第78条的规定要求婚姻登记机关承担损失赔偿责任。

(二)通过行政诉讼不能直接撤销婚姻效力

撤销婚姻登记行为是依据婚姻登记行为而作出的一种具体行政行为。行政机关的撤销权具有法定性,而且,《行政诉讼法》对撤销行政行为的事由也存在明确的规定,同样应遵循法定性原则。《民法典》明确规定了婚姻可撤销事由,具有封闭性,这就排除了其他撤销婚姻关系的情形。婚姻登记行为与其他行政行为的程序和效力不同,婚姻双方当事人符合婚姻实质要件的,不能以违反法定程序而简单直接地撤销婚姻登记行为,撤销婚姻登记行为的情形具有限定性,不能因为保障婚姻登记行为本身的法定性而忽视婚姻登记制度的立法目的。有学者认为,婚姻登记程序固然是为保护婚姻当事人的利益而设定,但有关法律规定更重视婚姻登记的实质,甚至为达到实质目的而迁就婚姻登记程序。[1] 民政部制定的《婚姻登记工作暂行规范》第46条规定:"受胁迫结婚之外,以任何理由请求宣告婚姻无效或者撤销婚姻的,婚姻登记机关不予受理。"因此,可以理解为除受胁迫的婚姻而导致当事人结婚意愿不真实之外,婚姻登记机关没有法定职权来判断婚姻的效力性,婚姻的实体效力问题由人民法院按照《民法典》的规定加以解决。婚姻的基础民事法律关系与婚姻登记行为的合法性之间并没有完全的对应关系,行政判决解决的是婚姻登记行为本身,民事判决解决的是登记行为所涉的民事关系和民事权利事项。婚姻登记瑕疵的行政判决可以采用自我更正方式达到行政行为的合法性,不适用维持或撤销婚姻有效性的形成性判决,法院维持或撤销的行政判决仅仅针对的是婚姻登记机关作出的婚姻登记行为。同时,婚姻登记机关作出的婚姻登记具有公示公信公定力,且产生不特定第三人的信赖利益,这涉及行政法的合理信赖保护原则,要求行政机关保护其行政行为产生的合理信赖,行政判决只能对婚姻登记行为的合法性作出评价,适用确认性判决,而不能对婚姻登记效力予以肯定或否认性的评价;否则,将导致婚姻秩序混乱和法律秩序失衡。

民事诉讼是解决婚姻效力争议的唯一途径,婚姻登记机关无权对婚姻行为的效力予以

---

[1] 孔祥俊:《婚姻登记行为的可诉性与司法审查标准》,载《法制日报》2003年9月25日。

确认。① 婚姻登记机关依据其行政职权只能对婚姻登记行为的合法性予以判断,行政权是"法无明确授权不可为",婚姻效力的判断不是婚姻登记机关作为行政机关的权限,且没有立法上授权的依据。婚姻行为的效力本身应依据《民法典》有关结婚实质要件的规定予以判断,应注重发挥《民法典》的行政法功能,公法功能的核心要义是授予或约束权力、保障私权利。《民法典》通过吸收公法规范补充缺失的行政救济,为构建完整的救济体系提供规范基础,《民法典》所涉行政行为具备的公共性与《民法典》立法目的可以兼容。② 只有充分兼容《民法典》为依据判断婚姻行为的效力和行政法对婚姻登记行为的司法审查标准,才能更好地维护婚姻当事人的合法权益,进而达到维护婚姻秩序和社会秩序的法律价值。

(三)类型化解决婚姻登记瑕疵问题

行政法的比例原则要求在多种手段可供选择时,选择侵害行政相对人权益最小的手段。在婚姻登记领域适用比例原则,其实质内核在于强调公权干预的适度性,反对过度干预。③《民法典》就无效婚姻的效力瑕疵事由体系是封闭规定的,婚姻登记瑕疵产生的原因不同,侵害的法益不同,造成的法律后果也不同。不能因婚姻登记瑕疵就简单地否认婚姻的效力或撤销婚姻,这既不利于稳定婚姻秩序和社会制度,又不利于维护当事人(公民)的合法权益,且当事人的婚姻关系一旦出现效力瑕疵,将导致社会公共利益和当事人多方权益受损。因此,婚姻登记瑕疵,应区分严重的登记瑕疵和一般的登记瑕疵。对于严重瑕疵的婚姻登记行为,《行政诉讼法》将"重大且明显违法"作为认定行政行为无效的标准,最高人民法院《行政诉讼法解释》第75条进一步规定:"减损权利或者增加义务的行政行为没有法律规范依据、行政行为的内容客观上不可能实施以及其他重大且明显违法的情形,均属于上述的"重大且明显违法"。法院判决这种婚姻登记行为无效并予以撤销。婚姻登记的撤销是否定性评价,其本身也是一种行政行为,撤销婚姻登记行为也必须遵循一定的标准和程序,必须符合行政行为的各项要件和效力规则。对于一般瑕疵的婚姻登记并不当然导致婚姻登记行为无效,婚姻登记机关可视情形要求婚姻申请人补齐资料和进行行政补正,在不影响当事人婚姻关系的前提下合理处理婚姻登记瑕疵问题。

在婚姻登记领域有必要建立行政程序违法补正制度。行政补正是行政主体未按照法律法规规定进行活动,而导致行政行为出现不可归咎于行政相对人的错误,当该错误仅导致行政程序瑕疵并未产生损害后果时,行政主体可以在合理期限内自我修正的一种制度。④ 这也是行政主体承担责任的一种方式。婚姻登记瑕疵补正制度由婚姻当事人申请补正或婚姻登记机关自行补正,以满足婚姻登记行为的合法性要求。在维持和满足该婚姻关系的有效性前提下,通过补正婚姻登记瑕疵,以最大限度地减少对婚姻当事人合法权益的损害,稳定婚姻秩序。当然,行政程序违法补正制度,并不能豁免婚姻登记机关对婚姻登记瑕疵所产生的行政责任,同样可依法追究相关过错人员的行政责任。

---

① 陈苇主编:《结婚与婚姻无效纠纷的处置》,法律出版社2001年版,第21页。
② 冉克平、谭佐财:《民法典发挥公法功能的法理逻辑与基本路径——以〈民法典〉中行政主体规范为中心》,载《浙江学刊》2022年第1期。
③ 参见郑晓剑:《比例原则在民法上的适用及展开》,载《中国法学》2016年第2期。
④ 杨登峰:《程序违法行政行为的补正》,载《法学研究》2009年第6期。

第五节
婚姻登记改革与规范的完善

民政部起草的《婚姻登记条例（修订草案征求意见稿）》（以下简称《草案征求意见稿》）于 2024 年 8 月 12 日公布全文向社会征求意见，[1]其中，关于申请婚姻登记无需提供户口簿、申请登记离婚有 30 日冷静期的规定引发了较广泛关注。根据 2024 年 12 月 6 日《国务院关于修改和废止部分行政法规的决定》修订的《婚姻登记条例》仅仅对条例进行了个别小修改，[2]使之与《民法典》相关规定保持一致，并未体现《草案征求意见稿》的改革措施。故本节以该《草案征求意见稿》为中心，以 2024 年施行中的《婚姻登记条例》和 2025 年 1 月 20 日起施行的《婚姻登记条例》（2024 年修订）为基础，探讨婚姻登记改革，试着提出相关立法完善的建议。

一、简化婚姻登记程序改革的背景和主要考虑因素

简化婚姻登记程序，是居民办理婚姻登记的刚需，也应成为婚姻登记改革的着力点。《草案征求意见稿》第 7 条、第 8 条规定"内地居民结婚，男女双方应当共同到婚姻登记机关办理结婚登记"；应当出具本人的居民身份证等，不要求提供户口簿；按第 15 条规定，申办离婚登记也无需要提供户口簿。与 2024 年实施中的 2003 年《婚姻登记条例》原规定和《婚姻登记条例》（2024 年修订）相关规定比较，《草案征求意见稿》删除了要求当事人共同"到一方当事人常住户口所在地的婚姻登记机关"办理的要求；未来一旦实施，全国任何一个婚姻登记机关均可以受理当事人婚姻登记申请，受理申请的婚姻登记机关不再特定化，户口簿将不再是当事人申请婚姻登记时应当提供的证明文件。这一改革值得肯定。如今，户口簿的证明作用显著弱化，而且未来将会进一步弱化。

（一）婚姻登记管辖与户籍分离的考量因素

1. 本次婚姻登记改革时关注和考虑要点

户籍是传统的人口管理手段，户口簿为婚姻登记管辖提供主要依据。在身份证尚未普

---

[1] 《民政部关于〈婚姻登记条例（修订草案征求意见稿）〉公开征求意见的通知》，民政部网站，网址：https://www.mca.gov.cn/aofront/publishopinion.jsp? themeId＝18229219450000292353&ydreferer＝aHR0cHM6Ly93d3cubWNhLmdvdi5jbi9uMTU0L24yMDc0L2MxNjYyMDA0OTk5OTgwMDAwOTUzL2NvbnRlbnQtbQuaHRtbA%3D%3D.

[2] 中华人民共和国国务院令第 797 号《国务院关于修改和废止部分行政法规的决定》，2024 年 12 月 6 日。中华人民共和国中央人民政府，网址：https://www.gov.cn/zhengce/zhengceku/202412/content_6992433.htm.

及时代,户籍起到身份证明作用,现行规定也具有一定的历史延续性。而在电子化、大数据、互联网为代表的信息科技时代,抱着户籍本、纸质证明或介绍信才能建立信任的观念,已经落伍了,必须改革,与时俱进。

首先,适应人口大规模流动的社会现实,让居民能便捷地获得和利用婚姻登记这一公共服务,也符合改革开放发展的趋势。在社会主义市场经济体制环境中,因为上学、工作、经商、照顾亲人或者旅游等原因,居民流动频繁,不在户籍地生活或者工作的人口数量庞大。根据 2020 年第七次全国人口普查结果,人户分离人口达到 4.93 亿;流动人口达到 3.76 亿人。① 其次,信息技术已经能够支持非户籍地进行婚姻登记的需要。在信息时代,各种信息电子化,并且联接连通共享,非户籍地婚姻登记机关能够通过网络查询了解申请人是否已婚、户籍地近亲属关系等相关信息。目前,全国婚姻登记机关已基本实现实时在线登记,婚姻登记管理信息系统联网互通和婚姻登记数据及时汇聚,民政部婚姻信息数据库的现有数据,各地婚姻登记机关都能够实时查询使用。其三,完善婚姻登记服务,降低居民的成本和负担。以 2023 年为例,全年批准结婚登记 768.2 万对,登记离婚 360.5 万对,②合计逾 2000 万余人次接受了婚姻登记服务。可见婚姻登记作为公共服务的受众面之大。婚姻登记须到一方户籍地办理,给长期在非户籍地工作生活的这部分人办理婚姻登记增加了额外负担。最后,试点"跨省通办"婚姻登记成功,为全面开放异地办理积累了经验。从 2021 年 6 月 1 日开始,民政部试点在部分省实行婚姻登记"跨省通办",部分放宽了对婚姻登记的地域管辖,其后,取得了非户籍地办理婚姻登记工作的经验。2023 年,国务院同意民政部扩大内地居民婚姻登记"跨省通办"试点;调整后,全国 21 个省(自治区、直辖市)实施结婚登记和离婚登记"跨省通办"试点,有效解决了长期在外工作、学习、生活的居民回户籍地办理婚姻登记的不便以及增加支出费用的问题,取得了积极成效。在试点通办中,未出现难以逾越的障碍或者困难。这说明全国通办婚姻登记,既便民利民,又切实可行。

2. 身份证是自然人社会身份的权威证明文件,证明力强

身份证是证明公民身份的唯一法定证件,其法律效力覆盖全国,任何单位和个人均不得拒绝认可。身份证号码是公民唯一的终身身份代码,是行使选举权、社会保障权、财产权等权利以及履行纳税、服兵役等法定义务的核心凭证。2003 年 6 月 28 日第十届全国人大常委会第 3 次会议通过的《中华人民共和国居民身份证法》,仅在 2011 年 10 月 29 日第十一届全国人大常委会第 23 次会议对其作过一次修改。该法对身份证的申领和发放、使用和查验、法律责任等作了详细规定。如今,电子化的身份信息能够通过权威网站便捷获取。例如,"铁路 12306"应用软件提供临时身份证明服务,刷脸后 30 秒左右生成,24 小时内有效;支付宝"民航公安服务"提供全国通行 15 天的临时乘机证明,用时 3 分钟左右即生成证明。所以,尽管民政部开展内地居民婚姻登记"跨省通办"试点限定在一方当事人经常居住地的婚姻登记机关办理,但是,此次《草案征求意见稿》不再有任何限定,一步到位地允许当事人

---

① 国务院第七次人口普查领导小组办公室编:《2020 年第七次全国人口普查主要数据》,中国统计出版社 2021 年,第 13 页。https://www.stats.gov.cn/sj/pcsj/rkpc/d7c/202111/P020211126523667366751.pdf。

② 《2023 年民政事业发展统计公报》,https://www.mca.gov.cn/n156/n2679/c1662004999980001204/attr/355717.pdf。

双方自由选择任一婚姻登记机关,可以共同到他们认为最方便或者对他们有特殊意义的某个婚姻登记机关办理。这无疑是能够更妥善地满足居民需求的合理举措。

如果丢失了身份证的,应当及时报失,申请补领。公开信息显示,早在2016年,公安部已建成"失效居民身份证信息系统"并上线试运行。① 借助该系统,可以开展人证一致性核查、辨别身份证是否失效,防范居民普遍关心的丢失身份证被盗、被冒用等问题,还可与现有的公民身份信息系统进行联网核查;通过社会各用证部门和单位联网核查,实现所有丢失、被盗居民身份证即刻失效,无法在社会上继续使用。冒用他人身份证是违法行为,依法予以罚款、拘留、没收违法所得等处罚。

(二)建立和完善全国婚姻登记信息库与共享机制和防重婚机制

结婚,的确是人生大事,应当加强主流婚姻观的教育、引导,避免做出错误决定或者挫折。有人担心结婚不需要户口簿后,会不会有部分人经不住对方花言巧语一时冲动就草率结婚?是否可能诱发少数高龄长者经不住提供近身服务的家政服务人员"软硬兼施"而糊里糊涂地去办了结婚登记,却落得人财两空?骗婚、重婚是否会因此增多?这种担忧、揣测并无根据。针对此类现象和问题,一方面,应建设相关制度,从总体上加强防范;另一方面,每个人都是第一责任人,应当树立正确的价值观,选择结婚对象和做出结婚决定都应本着为自己负责和对对方负责的态度,认真决策,诚实守信。

达到法定婚龄的男女都具有完全民事行为能力,应当对自己的行为负全责;父母依法不享有对子女的"结婚同意权"。有些父母难以赞同这次的改革,担忧年轻人不用找家长要户口簿就能结婚,会不会导致草率结婚呀?"家长好歹可以帮着一起给把把关呀。"骗婚、重婚发生的原因是多方面的,要防范这类现象发生应多管齐下。对于独居老年人,子女平时应当多关心;家政公司应对从业的家政人员履行管理责任,明确劳动纪律、职业伦理道德要求。现行规定申办婚姻登记的当事人应提供户口簿,主要是针对申办婚姻登记应到一方户籍所在地婚姻登记机关办理,户籍是基于行政分块管理需要,是为了明确婚姻登记的地域管辖权。有人担心只需要提供身份证会不会导致被人冒名顶替办理离婚登记或者所谓"被假离婚"?被冒名的"被离婚"与是否提供户口簿并无必然联系,至少不是唯一关联因素。要防堵假离婚、重婚,政府民政部门应当做好全国婚姻登记信息库并联网连通,身份信息与公安机关户口信息系统适当共享。同时,当事人应当承担自我管理责任,应当了解结婚对象的身份真实性和基本情况。每个人都应当诚实守信,不得弄虚作假。

建立全国婚姻基础信息库并全面实现婚姻登记信息联网共享,是该《草案征求意见稿》中的一大突破。全国婚姻登记信息联网,是近些年来社会多方面的呼声。婚姻登记不联网时,当事人婚姻状况核查的确存在一定困难,冒名登记结婚、伪造离婚证等情况也有发生。自然人的个人查询能力有限,要充分满足查询需要,就需要建设完善全国婚姻基础信息库,建立信息共享机制。同时,在信息技术时代,建立全国婚姻基础信息库并开展信息共享,并非难事。这才能从制度上减少和避免骗婚、重婚的发生。为了防范婚姻信息数据联网可能会引发个人信息泄露问题,《草案征求意见稿》增加了婚姻登记机关及其工作人员不得泄露

---

① 《公安部建成失效居民身份证信息系统并上线试运行》,中华人民共和国公安部,网址:https://www.mps.gov.cn/n2253534/n2253535/c5510461/content.html。

个人隐私、个人信息的规定以及罚则。

今天,携带身份证、持有智能手机就能全国走透透了,依然强调户口本的证明作用将与信息时代有些脱节。随着全面深化改革、推进中国式现代化,户籍管理必将进一步放开、放宽,人口流动将进一步活跃,婚姻登记作为基本公共服务应当更多地利用信息技术惠民利民,使得服务更顺畅便捷,让居民接受服务时的成本和负担最轻化。

二、申请登记离婚后的冷静 30 日,是否必要和合理

为贯彻《民法典》第 1077 条、第 1078 条确立的离婚冷静期制度,《草案征求意见稿》第 16 条、第 17 条规定,"自婚姻登记机关收到离婚登记申请之日起三十日内,任何一方不愿意离婚的,可以向原申请离婚登记的婚姻登记机关撤回离婚登记申请,婚姻登记机关应当终止离婚登记程序"。前述规定期限届满后三十日内,男女双方应当持本人的居民身份证、本人的结婚证和离婚协议共同到原申请离婚登记的婚姻登记机关申请发给离婚证。这两条规定是与《民法典》相关规定衔接统一的具体化、操作性规定,并非是《草案征求意见稿》自有的创新。

(一)离婚冷静期是为审慎离婚设置的最后一步

夫妻进入离婚法律程序之后,冷静期为他们提供了一个月缓冲期,提醒并敦促他们抓住最后一个机会冷静思考双方关系是否到了必须结束之机。有些当事人在提交离婚申请之前的确已经冷静思考过较长时间甚至数年,顾虑共同去婚姻登记机关申办离婚时不能当场办成;回头一方反悔了,就离不了婚;个别甚至在离婚冷静期内发生了家庭暴力,但是,这种情形不足以否定冷静期设置的必要性和合理性。受国家保护的婚姻家庭在解体之前,法律法规要求当事人全面考虑夫妻是否有可能和解,从而审慎决定离婚或者不离,是很有必要的。不想离婚,是配偶任何一方的权利;夫妻关系是动态的,当事人的意愿发生改变,属于正常。离婚冷静期内发生家庭暴力,错不在离婚冷静期,而是施暴者的错误认知导致违法行为。民事主体的人格权受到法律保护,任何组织或者个人不得侵害。国家禁止任何形式的家庭暴力。夫妻感情破裂或者因一方过错等其他原因存在纠纷,都不是实施家庭暴力的理由。受害人有权依法请求侵权人承担法律责任。依据《反家庭暴力法》《妇女权益保障法》和《最高人民法院关于办理人身安全保护令案件适用法律若干问题的规定》等相关规定,当事人因遭受家庭暴力或者面临家庭暴力的现实危险,可以向当地公安机关报警求助,可以向人民法院申请人身安全保护令。向人民法院申请人身安全保护令,不以提起离婚等民事诉讼为条件。如果在冷静期内,夫妻一方有隐藏、转移、变卖、毁损或者挥霍夫妻共同财产或者伪造夫妻共同债务等严重损害夫妻共同财产利益的行为,另一方应当及时制止;制止不了的,应注意收集、保存证据,可以向法院请求婚内分割夫妻共同财产。登记离婚不成的,要求离婚一方有权向人民法院起诉离婚。

(二)离婚冷静期与离婚自由权不冲突

离婚是重大的决定和法律行为,其法律后果多,对未成年子女的影响较大。当婚姻危机发生或者濒临破裂时,所有国家和地区的法律法规都鼓励当事人积极采取一切可行的措

施和步骤挽救婚姻。设置30日冷静期引导、督促当事人双方认真负责。认为离婚冷静期不符合离婚自由原则的认识并不客观准确。离婚自由是符合法律规定条件和范围的自由。婚姻具有重要的社会功能,对于双方同意的离婚,法律要求当事人考虑30日,作为审查该离婚申请的一环,尽可能减少乃至避免原本能够存续下去的婚姻却过早结束了。

我国现行登记离婚已称得上是世界上最宽松的离婚程序。在德国,协议离婚的夫妻应当已经分居一年以上。《法国民法典》第230条第3款规定,"夫妻双方在结婚后6个月内,不得提出相同意离婚的请求"。① 在英国,《1973年婚姻诉讼法》第3条规定,"自结婚之日起算,结婚不满一年的,不得向法院提起离婚诉讼",但不禁止在该期间届满之前基于特定事项的发生而向法院提出离婚请求。② 英国法上还设立了"反省"制度,给予婚姻关系破裂并已进入离婚程序的夫妻双方一定期间进行"反省和考虑"。根据《1996年家庭法》第7条规定,夫妻欲申请将分居令转为离婚令,应当反省和考虑期是9个月,且可以因一方申请而批准延长;第8条要求离婚当事人参加多次聆讯会,向法庭提交对未来所作的安排等。③

有人评价该《草案征求意见稿》让"结婚容易、离婚难"或者是"宽进严出",批评其弊大于利,然而,这种说法并不客观精准。在自由婚姻时代,当事人追求互爱为基础的婚姻,双向奔赴,其结婚绝非容易。在茫茫人海中,能遇见那个让心动的人就不容易,同时还要对方也心动于你。每个人找寻、遇见现有的人生伴侣,都得投入多少的时间、精力和机会等成本啊?既然携手步入婚姻,双方都应当相互珍惜。我国现行登记离婚比起法国、德国、英国等许多国家的离婚都容易得多,除了要达成离婚、子女抚养、夫妻共同财产分割等与离婚相关问题一揽子协议外,就只有30天冷静期,无其他前置条件。找工作,求职者需要提交简历、面试、上岗后,用人单位依法还可以设立试用期,为什么离婚设一个月冷静期就"不可接受"呢?当现在的伴侣不适合继续为伴时,离婚自由是赋予婚姻当事人离开的机会,但是,慎重抉择离婚或者不离婚,是对自己、对对方乃至对未成年子女认真负责,是应该做的正确事。

三、进一步修订完善《草案征求意见稿》的建议

该《草案征求意见稿》中的个别条款的结构安排和少数文字表述尚不完善,有必要进一步修改以达精准。按条款顺序,提出下列八条修改完善的建议。

(1)第2条第2款中两处的"同"字、第7条第2款中的"同"字,都比较口语化,宜改为"和"或者"与"。

(2)第5条第2款中的第二句,应另起一段独立成一款。这句话是授权,而同款中的第一句是课加义务,两者是不同性质的法律规范,逻辑不同,也是不同层面的问题。

(3)第7条中,在"婚姻登记机关"之前,应当添加"共同选定的";否则,作为授权性规范,其不够明晰,易引起部分居民理解有误甚至无所适从。

(4)第8条之下的三款,都采用了中文数字加括号来标序号,易混淆。建议针对内地居民结婚、内地居民与港澳台居民结婚两类情形,分设两条各自单独规定。该条中的"签字声

---

① 《法国民法典》(上册),罗结珍译,法律出版社2005年版,第215页。
② 蒋月等译《英国婚姻家庭制定法选集》,法律出版社2008年,第57~58页。
③ 蒋月等译《英国婚姻家庭制定法选集》,法律出版社2008年,第233~236页。

明"应当改成"书面声明"或者"签名确认的书面声明"。既是声明,应当是有签名的,否则,若无声明人签名确认,不可能成为声明的。

(5)《草案征求意见稿》第9条各项规定之间的法律逻辑,对照《民法典》相关规定,并未闭合,需要修订。《草案征求意见稿》第9条有四项规定,其依据为《民法典》第1046条至第1048条、第1051条规定的结婚条件。但是,该第9条的四项并没有包含《民法典》规定的法定结婚要件和禁止结婚的条件的全部事项。因此,对照《民法典》的相关规定,第9条并未在逻辑上闭合,应进一步修订完善。

对于该条中的"非双方自愿的",该如何理解?根据《民法典》的规定,非自愿并非婚姻无效的法定事由。第9条规定"非双方自愿的"不予结婚登记和《民法典》规定的适配度,是否达到了满分呢?

(6)建议删除第12条。该条内容与《民法典》1052条第1款,第1053条第1款内容重复。作为婚姻登记条例,规定赋予起诉权,超越制定者的职权范围,与条例性质不符。

(7)第18条:倒数第二分句之前,应当增添"符合第十五条规定期限要求的",使前后条款相互无缝对接;否则,容易让人误以为当事人一旦提交离婚申请,就有权要求当场准予办理离婚手续。

(8)关于第24条规定:对于为不符合条例规定办理结婚登记的工作人员将被追责。婚姻登记机关的工作人员如何正确判断是否自愿呢?

总之,无论是结婚离婚登记不要求提供户口簿,还是申请人可以到任何一家婚姻登记机关申请婚姻登记,删除"患有医学上认为不应当结婚的疾病的,婚姻登记机关不予登记"的条款等,都是赋予了自然人更大的婚姻自由度。期待民政部门的婚姻登记与法院的判决或调解离婚、外交部门登记的婚姻以及公安部门的人口信息对接,全面实现婚姻登记信息联网,从制度上杜绝冒名结婚或冒名离婚等造假行为,保障各方当事人合法权益。期待该《草案征求意见稿》在进一步修订完善之后,尽早获准通过让婚姻登记改革能尽快顺利向前迈出一步。

第三章 夫妻关系研究

第一节

实质性身份权利义务对婚姻身份关系的影响及其认定

国家通过法律构建一夫一妻婚姻关系,确立、解释、调整婚姻关系中的法定权利和义务。婚姻关系成立后,其效力包括夫妻人身关系和夫妻财产关系两方面。夫妻人身关系是指夫妻之间存在的与配偶身份紧密相连而不具有经济内容的权利义务关系。[1] 夫妻人身关系产生身份上的法定权利和义务。当代婚姻观念迎来了进一步的解放与发展,法律对婚姻关系的确立和调整回应社会需要和民众情感呼吁,婚姻关系依法成立与法定人身权利义务之间的唯一关联性出现柔韧化趋势。身份权利与义务为人伦所赋予的"状态权""状态义务",[2] 由婚姻家庭伦理道德所决定,并依附于法定婚姻关系。婚姻关系不存在或解除,在某些情形下,并不必然意味着双方人身权利和义务的全部消灭。实质性的身份权利义务指当事人双方之间不存在法定的、形式上认可的婚姻关系,但一方或双方能够享有或部分享有法定人身权利,负担全部或部分法定人身义务。面向未来,实质性婚姻关系的多样化发展势头,对法定人身权利义务的影响势必越来越明显。通过法律确立实质性婚姻人身关系情形下,明确法定权利义务的行使与救济规则,保障婚姻关系弱势方的合法权益,维护婚姻关系人身权利义务的情愫,回应社会对婚姻关系责任法定的期待。

一、实质性身份权利义务对法定婚姻关系的影响与突破

(一)婚姻关系确立的发展历程与实质性身份权利义务

婚姻随着人类社会的发展而变迁。男女两性通过婚姻结合,具有生物性和社会性。夫妻之间法定权利义务产生以婚姻关系合法确立为要件。我国婚姻关系的缔结、维系受权力、社会习俗、文化、婚姻礼仪等方面影响。婚姻关系的成立从原始社会婚姻制度符合礼仪程序的道德认可,到婚姻关系成立依礼合法的社会认可,发展至当下以法律规定的行政认可为确立标准。婚姻关系确立的发展历程中,实质性身份权利义务内容不断减少,并逐渐演变为依法确立的法定身份权利义务。

1. 原始婚姻制度中的实质性身份权利义务

早在伏羲时期,男女两性的婚姻制度及缔结婚姻的婚礼已出现。在伏羲式时期的嫁娶制度中,人们开始以俪皮(成双的鹿皮)为聘礼,以表对婚姻缔结的重视。氏族社会早期的婚姻制度无夫妇之分,体现为最原始的婚姻家庭形式——群婚。随着婚姻文明与社会生活

---

[1] 蒋月:《中华人民共和国婚姻法评注·夫妻关系》,厦门大学出版社2021年版,第2页。
[2] 陈棋炎:《亲属·继承法基本问题》,三民书局1980年版,第594页。

生产方式的发展,伏羲变革原始婚姻制度,通过聘礼和媒妁的形式表达缔结婚姻的意愿,表明当时的华夏民族已经形成了社会认可的婚姻制度。① 婚姻制度由原始群婚、对偶婚过渡到一夫一妻制。在五帝时期,结婚的意愿需告知父母,征求父母的意见。婚姻关系的成立与社会习俗、婚姻礼仪及伦理道德有着直接密切的联系。在原始婚姻制度时期,婚姻关系成立的消极条件又称不得结婚的禁止条件或婚姻障碍,要求当事人不可为实质性身份权利义务的消极内容。若当事人之间触犯婚姻成立禁忌,还会受到社会与道德的谴责,谴责的对象既包括婚姻缔结双方,也包括婚姻缔结方的父母。

通过道德礼仪确立的婚姻关系,婚姻关系当事人之间未出现法定的权利义务内容,而是以符合道德伦理的实质性身份权利义务为婚姻关系缔结、存续的根本。

2. 依礼合法的婚姻制度中实质性身份权利义务与法定身份权利义务并存

六礼始于周朝,其内容为纳采、问名、纳吉、纳徵、请期、亲迎。六礼是婚姻关系的缔结程序。周朝"礼不下庶人",六礼并未适用于民间。汉代六礼开始在民间普遍施行。周朝至清末进一步发展与完善,并一直影响至今。以六礼为实质的婚礼程序被视为"礼之本"。② "篇婚之法,必有行媒",唐朝时媒人的说合已成为法律规定的婚姻缔结程序。且唐律规定婚姻缔结理当有彼此承诺的婚书,唐代的"已报婚书"是婚姻关系成立的法律文书,报婚书之后婚姻关系从法律上确认。对违反"许婚"制度的当事人处以杖刑,悔婚者不予追回聘财。③ 从古至今,六礼的核心价值与程序对中国婚姻关系的成立影响至深。日本、朝鲜、韩国等亚洲国家也深受六礼的影响。为保证婚姻质量与婚姻关系的稳定,维护宗族和婚姻利益,婚姻缔结必须通过六礼程序,才能在婚姻当事人之间成立依礼合法的婚姻。

我国古代对婚姻成立的限制是在法律中规定的,这些限制受到政治、宗族、伦理等社会因素的影响。婚姻缔结违反法律对婚姻关系成立的限制规定,不仅婚姻被解除,还需要承担相应的惩罚。同姓不婚制度始于西周,"不娶同姓者何,重人伦,防淫佚,耻与禽兽同也",该制度旨在提高人口繁衍质量,通过外族联姻扩大政治势力,防止同姓血亲之间发生乱伦关系。古代严格的等级制度,在法律上规定了良贱不婚。西周时期《礼记》规定"良贱不婚",该制度发展至隋唐时期为法律所吸收,④ 成为我国古代影响婚姻效力的重要因素。⑤ 《唐律疏议》中规定了大量限制婚姻关系成立的条件,如有妻更娶妻、居父母夫及期亲丧而嫁娶、与奴娶良人女为妻及妾与良人为夫妻等,⑥ 这些限制惩治了不诚信婚姻、违背婚姻伦理道德等违律婚。

中华法系的一个重要特征就是礼法合治,礼的许多内容被用来调整社会交往中的人身

---

① 瞿明安:《中国传说时代的婚姻礼俗》,载《学术界》2020年第8期。
② 刘冰、王英芳:《中国古代缔结婚姻关系中程序和限制条件的演进》,载《河北法学》2013年第13期。
③ 钱大群:《唐律疏议新注》,南京师范大学出版社2007年版,第432~434页。
④ 《唐律疏议·户婚律》"同姓为婚及外姻有服亲尊卑为婚"条。该条惩治同姓为婚及外姻有服亲尊卑为婚之犯罪,其主旨是通过刑罚在婚姻制度上维护同姓不婚的原则。参见钱大群:《唐律疏议新注》,南京师范大学出版社2007年版,第443页。
⑤ 刘冰、王英芳:《中国古代缔结婚姻关系中程序和限制条件的演进》,载《河北法学》2013年第13期。
⑥ 钱大群:《唐律疏议新注》,南京师范大学出版社2007年版,第434~465页。

关系和财产关系。① 对古代礼与法的关系的认识,需要摈弃陈旧的研究模式、改变传统研究思维,用更开阔的学术视野和思维讨论礼法。② 中国古代礼与刑相互渗透,礼指导建立刑事法律规范,部分条文化的规范既是礼又是刑,礼与刑作为统治的工具,共同协调和管理社会。③ 礼外无法,出礼入刑,④古代的礼既具备道德规范的形式,也具备法律规范的形式,不存在独立于礼的法,礼具有道德与法律的双重属性。⑤ 可以说,我国古代依礼合法的婚姻关系确立程序已经具备了法定化要件的雏形。在礼法合治时期,实质性身份权利义务与法定身份权利义务同时存在,通过道德礼仪与法律进行规制。

3. 婚姻关系依法确立下的法定身份权利义务

近代社会以来,人类社会的最大变迁,就是赋予个人独立、自由,并且承认人人平等,将其视为一切社会关系的基础。⑥ 现今社会,个体从传统婚姻束缚中解放出来,婚姻不再成为人生的必经之路,确立婚姻关系也不再是两两之间爱恋与生活的必须选择。婚姻关系的合法成立不仅涉及婚姻当事人的利益,也涉及国家和社会、其他家庭成员的利益。因此,公权力对婚姻关系的确立积极介入,婚姻被确认为一种民事法律关系。婚姻关系的确立不仅需要双方当事人满足法律规定的实质要件,如禁止重婚、近亲禁婚、法定婚龄等条件,同时也要符合形式要件,即结婚行政登记。新中国成立后我国历次婚姻法将结婚登记作为合法有效婚姻的唯一法定形式要件。⑦ 1950年《婚姻法》揭开了婚姻法治的新篇章,确立了婚姻登记制度。1950年《婚姻法》第6条规定婚姻缔结双方本人应到所在地(区、乡)的人民政府登记结婚。凡合于本法规定的结婚实质性要件,所在地人民政府应发给结婚证。凡不合于本法规定的实质性结婚要件,不予登记。自此之后,婚姻登记制度不断完善。1955年民政部颁行《婚姻登记办法》,1983年外交部和公安部颁布《中国公民同外国人办理婚姻登记的几项规定》,2003年国务院发布《婚姻登记条例》,2004年民政部发布《中华人民共和国民政部关于贯彻执行〈婚姻登记条例〉若干问题的意见》,细化对婚姻登记当事人身份证、户口本、照片、补领证件等事项。2015年民政部发布《婚姻登记工作规范》,进一步规范婚姻登记机关、登记员、撤销婚姻、离婚登记等事项。⑧《民法典》第1049条要求结婚的男女双方应当亲自到婚姻登记机关申请结婚登记。符合本法规定的,予以登记,发给结婚证。完成结婚登记,即确立婚姻关系。未办理结婚登记的,应当补办登记。

登记主义模式的婚姻确立形式,具有公示公信的性质,结婚证上载明的主体才是行政机关许可缔结婚姻并承认婚姻关系的当事人。婚姻当事人的人身权利义务自婚姻关系确立时产生。通过法律规定婚姻关系确立的登记形式,为婚姻关系的成立提供法律依据,有

---

① 谢鸿飞:《民法典具有深厚文化底蕴(学术随笔)》,载《人民日报》2022年06月27日第11版。
② 光涛:《一个学者的坚实脚步——评张晋藩先生〈中国古代法律制度〉》,载《政法论坛(中国政法大学学报)》1996年第2期。
③ 钱大群:《唐律疏议新注》,南京师范大学出版社2007年版,第1页。
④ 俞荣根:《中国法律思想史研究应回归礼法体制——王占通〈中国古代法律思想史新论〉序》,载《法治研究》2016年第3期。
⑤ 栗劲、王占通:《略论奴隶社会的礼与法》,载《中国社会科学》1985年第5期。
⑥ 蒋月:《婚姻家庭法前言导论》(第2版),法律出版社2016年版,第470页。
⑦ 何丽新:《非婚同居的规制不会冲击结婚登记制度》,载《政法论丛》2011年第2期。
⑧ 蒋月:《中华人民共和国婚姻法评注·夫妻关系》,厦门大学出版社2021年版,第7页。

法可依地解决婚姻利益的纠纷。对婚姻登记形式存在的认可是毋庸置疑的,学界对婚姻登记形式的讨论多为改善之论。[①] 自登记婚制度确立以来,婚姻关系双方行使身份权利、承担身份义务的道德约束大幅削弱,法定的身份权利义务逐渐成为现代婚姻关系双方的行为标准。违反法律虽未禁止但道德不允的实质性身份权利义务的情形日渐增多,社会道德伦理与法律规范之间对身份权利义务内容的评价产生了差距,出现了分歧。

(二)婚姻关系法定对实质性身份权利义务规制的缺失

1. 非婚同居关系中实质性身份权利义务保护的不足

非婚同居是事实婚姻的上位概念,事实婚姻只是被赋予婚姻效力的一种非婚同居。[②] 事实婚姻是法律婚姻的对称。[③] 事实婚姻是指未完成婚姻的形式要件,但当事人双方共同生活,相互帮扶,形成了事实上的婚姻生活关系。事实婚姻又分为依习惯缔结但未履行行政登记的婚姻,以及既未举行习惯上的婚姻仪式也未履行行政登记的婚姻。法律上的事实婚姻包括狭义的事实婚姻和广义的事实婚姻。广义的事实婚姻指两性结合有婚姻意思、同居事实且存在公示,就构成事实的婚姻。狭义的事实婚姻指两性结合需要符合结婚实质要件且未办理结婚登记,并以夫妻的名义同居生活,群众也认为是夫妻关系。[④]

婚姻存在事实先行性,无论法律承认与否,这些身份关系都已存在。因此,和其他的法律领域相比,身份法律关系是相当尊重具体事实的。[⑤] 事实婚姻当事人举行婚姻缔结仪式、符合法律规定的婚姻缔结实质要件,就应当与法律婚姻有相同的效力。[⑥]《民法典》未对事实婚姻的法律效力作出明确规定,仅在第1054条规定同居期间所得的财产,由当事人协议处理,协议不成由人民法院判决。该条仅对财产争议问题作出原则性规定,并未涉及事实婚姻关系双方的人身权利义务。事实婚姻以外的非婚同居关系,同样在法律层面并未明确,也无法通过法律规范保护当事人的身份权益,非婚同居关系中法定权利义务处于缺失的状态。但非婚同居关系双方相互承担身份权利义务的可能性很大,包括事实婚姻在内的非婚同居双方人身权利义务何时产生,人身权利义务的范围是否也与法律婚姻所产生的人身权利义务范围相同,人身权利义务如何履行,人身权利被侵害、义务拒绝履行时的救济途径为何。事实婚姻中人身权利义务的争议与难点,法律规制依旧存在空缺。

2. 瑕疵婚姻的法律效力与身份权利义务实质存在之间产生冲突

婚姻的无效和撤销是对违法婚姻的效力否定制度,以保障婚姻合法成立、防治违法婚

---

① 参见王礼仁:《婚姻登记瑕疵纠纷诉讼路径之选择——以诉讼时效法律规范的性质为主线》,载《政治与法律》2011年第4期;田韶华:《论婚姻登记行政诉讼的判决方式》,载《行政法学研究》2020年第1期;常亚楠、何志:《结婚登记瑕疵的困惑与破解——兼评〈婚姻法解释(三)〉第一条的缺陷与完善》,载《法律适用》2014年第12期;冉克平、曾佳:《民法典视野下婚姻登记瑕疵的困境及其路径选择》,载《河北法学》2020年第10期。

② 关于事实婚姻与同居关系的关系,参见何丽新:《论事实婚姻与非婚同居的二元化规制》,载《比较法研究》2009年第2期。

③ 金眉:《论我国事实婚姻制度之完善》,载《南京社会科学》2017年第10期。

④ 薛宁兰、金玉珍主编:《亲属与继承法》,社会科学文献出版社2009年版,第82~83页。

⑤ 〔日〕我妻荣、有泉亨:《日本民法·亲属法》,工商出版社1996年版,第6页。

⑥ 金眉:《论我国事实婚姻制度之完善》,载《南京社会科学》2017年第10期。

姻。有学者认为,宣告婚姻无效的效力溯及既往,婚姻自始无效。婚姻被撤销的效力不溯及既往,从撤销之时起婚姻无效。①《民法典》第1054条规定无效或被撤销的婚姻自始没有法律约束力,当事人不具有夫妻的权利和义务。婚姻被确认无效或被撤销,法定婚姻关系宣告解体,当事人之间法定的权利与义务消灭。婚姻关系依形式缔结后,宣告无效或被撤销前,当事人在婚姻关系中承担、履行人身权利和义务。尤其是有撤销事由但婚姻未被撤销之前,婚姻的效力是有效的,当事人之间存在法定的人身权利义务关系。"婚姻是一种持续的关系,在其他环境中很少存在类似的关系。"②夫妻人身关系较财产关系而言,与夫妻身份的联系更为密切,涉及婚姻关系双方的人权和人格利益。从法律层面来看,法律规定的夫妻人身权利义务具有持续性,要求夫妻双方在整个婚姻关系存续期间互负权利义务。从社会层面来看,夫妻人身权利行使和义务承担具有累积性,婚姻生活中相互忠实、相互尊重、相互关爱等婚姻利益的判断和实现,不在一朝一夕,而是需要基于婚姻伦理道德,体现在长久的委身与付出之中。

因此,在婚姻无效与被撤销的情形下,夫妻人身权利义务的法定消灭显得过于匆忙。虽然夫妻间的人身关系在婚姻宣告无效后固然消灭,若婚姻关系双方已经形成了与正常婚姻关系无异的"人身权利与义务",即使不可能将状态回复到婚姻缔结前,③业已存续的人身权利义务也不可简单地终止履行或承担。法律规定婚姻关系的效力为自始绝对无效,双方不发生夫妻权利义务关系,无法通过法律保护对当事人在持续的共同生活中产生的既有现实利益与可信赖的期待利益。涉及当事人双方、子女人身利益的情形下,更要注意对善意当事人一方及子女既得利益和诸多可期待人身利益的保护,子女利益无论何时均应受到法律的保护。④ 否则,当婚姻被宣告无效和被撤销,无过错方仅能获得过错方的经济补偿,而不必承担作为配偶的各种义务。因此,婚姻无效和被撤销的不利后果应不及于他们。效力和后果若不及于他们,那么依据婚姻关系产生的与之相关人身权利义务是否继续存在,以什么样的法律形式存在,存在范围的法定界限如何认定,都是在理论上需要解释的问题。

3. 实质性权利义务关系中的弱势方保护未尽完善

随着男女平等原则的导入及实行,以家庭成员之间的平等关系为主导的家庭结构形成。在法律上,婚姻家庭各方的关系居于平等地位。自由是婚姻的基石,个体有选择婚姻的自由,有选择婚姻生活方式的自由。⑤ 甚至可以说,个体有选择以何种方式建立亲密关系,以何种形式进行结合的权利自由。但是以婚姻关系选择自由为基础所产生的人身权利义务,具有权利义务的延伸性和持续性,人身权利义务的产生和消灭,并不绝对自由。法律需要回应当个体选择法定婚姻关系之外的其他关系,脱离了法律的强制性保护,一旦存续的权利义务即时消灭,如何充分保护弱势方的身份利益。

---

① 马忆南:《民法典视野下婚姻的无效和撤销——兼论结婚要件》,载《妇女研究论丛》2018年第3期。
② [美]艾伦·M.帕克曼:《协议离婚》,载[英]安东尼·W.丹尼斯、罗伯特·罗森编:《结婚与离婚的法经济学分析》,王世贤译,法律出版社2005年版,第67~68页。
③ 申晨:《论婚姻无效的制度构建》,载《中外法学》2019年第2期。
④ 马忆南:《民法典视野下婚姻的无效和撤销——兼论结婚要件》,载《妇女研究论丛》2018年第3期。
⑤ 蒋月:《20世纪婚姻家庭法:从传统到现代》,中国社会科学出版社2015年版,第122、599页。

以《反家庭暴力法》的保护主体范围为例,该法第 2 条规定家庭暴力的主体包括家庭成员,第 37 条通过准用条款的立法手段,规定准家庭暴力的主体为家庭成员以外共同生活的人。依据《民法典》第 1045 条的规定,配偶、父母、子女和其他共同生活的近亲属为家庭成员。《反家庭暴力法》扩大了《民法典》对家庭成员外延的范围,从共同生活的"近亲属"外延至共同生活的"人",即只需要满足共同生活这个前提条件,即可成为《反家庭暴力法》规制的主体。因此学术上对"共同生活"一词的解读和研究成果丰富,[1]对家庭暴力主体范围限缩或扩大从是否存在事实婚姻关系(如非婚同居)、[2]是否存在亲密关系、[3]家庭暴力的救济方式、[4]传统的家庭观念[5]等方面进行讨论,并研究和借鉴比较法上对家庭暴力主体的规定。[6] 通过上述文献整理可以看出,对家庭暴力主体的认定分为两个方面,一方面是对主体关系性质上的讨论,如共同生活、事实婚姻、亲密关系等;另一方面是对主体本身之外的讨论,如救济方式、观念文化等。当事人关系的性质认定在家庭暴力主体确定中起着关键作用。对事实婚姻的讨论如前所述,事实婚姻中人身权利义务的争议与难点,法律规制依旧存在空缺。共同生活和亲密关系表达本身就具有浓厚的社会气息,与其说从法律上判断何为共同生活或亲密关系,不如说是通过社会因素在判断中的比重为判定依据。这些社会因素包括共同生活的住所、共同生活的时间、共同生活的公众评价、共同生活的经济关联、共同生活的精神依赖等。对家庭暴力主体范围的讨论略浮于表象,对该问题的研究理论不足,多基于情感和道德因素而偏重实际生活,深层说理不足。也正是基于此种判断范式,家庭暴力的主体范围外扩至非婚同居、未共同生活的前配偶、直系姻亲关系[7]、继父母子女[8]等,并讨论了同居共餐、同住在一个屋檐下的人、家庭生活照料者(如家庭雇工)[9]等关系中的主体是否属于家庭暴力主体。

(三)实质性身份权利义务对法定婚姻关系的突破

男女双方缔结婚姻关系符合法律规定的要件,即婚姻关系成立。依法成立的婚姻受法

---

[1] 参见夏吟兰:《家庭暴力概念中的主体范围分析》,载《妇女研究论丛》2014 年第 5 期;张智慧:《家庭暴力的多元形式与主体流动——从〈反家庭暴力法〉引发的一点思考》,载《中国图书评论》2016 年第 5 期;但淑华:《准家庭暴力的主体——对〈反家庭暴力法〉第三十七条"家庭成员以外共同生活的人"之诠释与认定》,载《妇女研究论丛》2017 年第 4 期。

[2] 金眉:《论反家庭暴力的立法缺失》,载《法学家》2006 年第 2 期。

[3] 周安平:《〈反家庭暴力法〉亟须解决的几个问题——对〈反家庭暴力法(草案)〉的分析》,载《妇女研究论丛》2015 年第 2 期。

[4] 何丽新:《述评台湾民事保护令制度之最新发展》,载《台湾研究》2009 年第 4 期。

[5] 李洪祥:《"家庭暴力"之法律概念解析》,载《吉林大学社会科学学报》2007 年第 4 期。

[6] 夏吟兰、罗满景:《夫妻之间家内侵权行为的中美法比较》,载《比较法研究》2012 年第 3 期;王世洲:《现代英国反对家庭暴力的主要法律制度研究》,载《法学杂志》2016 年第 1 期。

[7] 但淑华:《准家庭暴力的主体——对〈反家庭暴力法〉第三十七条"家庭成员以外共同生活的人"之诠释与认定》,载《妇女研究论丛》2017 年第 4 期。

[8] 夏吟兰:《论我国家庭暴力概念——以反家庭暴力法(征求意见稿)为分析对象》,载《中华女子学院学报》2015 年第 2 期。

[9] 李瀚琰:《人身安全保护令对传统婚姻法理念的突破:观察〈反家庭暴力法〉》,载《重庆社会科学》2018 年第 1 期。

律保护,并在婚姻关系双方之间产生权利义务关系。与财产行为相比,结婚这一法律行为在严格意义上属于身份行为,婚姻关系的成立产生身份上的法律效果。婚姻关系当事人非经法定程序,不得随意解除依法成立的婚姻关系。婚姻关系是社会关系的重要内容,为维护家庭稳定与社会秩序安定,保护婚姻关系双方及善意第三人的合法权益,婚姻关系的成立有必要通过权威机构进行公示。[①] 如此依法成立的婚姻关系才能得到法律的认可,受到国家的必要审查和登记。婚姻成立的法定要件包括实质要件和形式要件,实质要件指婚姻关系当事人及双方的关系符合法律规定,形式要件指婚姻关系的成立必须满足法定的程序。婚姻成立的要件并非一成不变,无论是形式要件还是实质要件,随着法律制度的不断发展和完善,都更加契合当下社会对缔结婚姻关系的观念认知。婚姻成立的要件通过法律规范的形式进行表达,不免受到法律条文的局限性影响,无法涵盖所有实际具有婚姻关系身份权利义务的当事人。他们之间虽然不成立婚姻关系,不满足婚姻成立的法定要件,但是因为生活事实或其他权利义务的关联,当事人之间产生了实质性的身份权利义务,这些实质性身份权利义务关系同样需要受到法律的保护。

1. 对婚姻关系确立形式要件的突破

《民法典》第1049条规定,要求结婚的男女双方应当亲自到婚姻登记机关申请结婚登记。完成结婚登记,即确立婚姻关系。该规定意味着男女双方履行结婚登记,当事人之间就依法确立了婚姻关系,并受到法律保护。当事人完成结婚登记是婚姻关系确立的唯一法定形式要件。婚姻登记行为与当事人是否举行婚姻仪式、是否共同生活、是否有情感或经济依赖等均无直接关联,只要履行了结婚登记,就成立合法的夫妻关系。

如今,婚姻登记与婚姻关系的确立已非完全对应的关系。一方面,以人为本的立法理念强调婚姻的认可应当充分尊重当事人的结婚合意。[②] 瑕疵婚姻登记与瑕疵婚姻的不同之处在于前者欠缺的是婚姻形式要件,仅为行政登记行为过程中的瑕疵,产生行政机关与当事人之间的行政法律关系,受到行政法调整;而后者欠缺的是婚姻的实质要件,当事人之间的婚姻关系为民事法律关系,受到婚姻法律制度的调整。两者是本质上存在不同的法律行为,行政登记程序违法与结婚要件欠缺进而影响婚姻效力是两个不同的问题。另一方面,在司法实践中,行政登记行为的效力需要通过行政诉讼进行判断,通过行政诉讼只能够确认婚姻登记这一行政行为是否存在瑕疵。婚姻关系的确立需要通过民事诉讼加以判断。婚姻登记行政行为的瑕疵判断并不能代替婚姻关系效力本身的判断。婚姻关系的成立时间,效力与否,不应受婚姻登记行为的影响而改变。[③] 婚姻关系的认定通过司法程序进行"单轨制"审判,既符合行政机关对婚姻成立进行形式要件审查的定位,也利于依法对婚姻效力争议进行事实查明,确保当事人利益合理分配,更好地保护弱势方。

《民法典》第1049条明确规定,未办理结婚登记的,应当补办登记。由此可知,现行立法

---

① 樊非、刘兴旺、刘佳佳:《婚姻登记行政诉讼司法审查研究——以婚姻法与行政法竞合为视角》,载《法律适用》2011年第4期。
② 吕春娟:《婚姻立法更应彰显以人为本的理念——从事实婚姻和结婚登记瑕疵的处理谈起》,载《国家行政学院学报》2013年第2期。
③ 冉克平、曾佳:《民法典视野下婚姻登记瑕疵的困境及其路径选择》,载《河北法学》2020年第10期。

也并未完全否认实质婚姻关系(事实婚姻等),并希望通过形式要件上的补救,给满足实质婚姻关系的当事人双方一个程序上的补救措施。这一规定强调了婚姻成立形式要件的必要性,敦促符合实质婚姻关系的当事人及时履行结婚登记手续,使婚姻关系的确立或解除被国家和社会认可,产生相应的法律效力,在当事人之间发生身份权利义务关系变动。

实质性身份权利义务对婚姻关系的形式要件进一步突破。婚姻关系中的身份权利义务内容,法定婚姻关系并不能完全涵盖。和其他的法律领域相比,身份法律关系是相当尊重身份事实的。① 若通过立法过多地强调行政登记这一形式要件,难免会凸显婚姻事实本身的缺陷,忽略对实质性婚姻身份权利义务的保护。婚姻的事实先行性必然产生身份权利义务关系,除了尊重婚姻生活的事实先在性以外,非婚姻关系双方之间的身份权利义务同样需要进行法律规制。当事人之间存在实质性的身份权利义务,同样需要履行身份权利和承担身份义务。这些权利的履行和义务的承担,是不以婚姻关系的确立为前提的,也不要求当事人之间存在婚姻关系的事实先在性。

2. 对婚姻关系确立实质要件的突破

实质要件和形式要件作为婚姻关系依法确立并受法律保护的共同前提,二者缺一不可。实质要件是指当事人及当事人之间必须满足法律规定的结婚条件。例如,双方缔结婚姻必须满足一夫一妻的要求、符合年龄要求、有真实自由的结婚合意、无禁止结婚的亲属关系。实质要件是婚姻关系依法确立的核心,行政登记作为一种具有公信力的公示手段,本质上是为了保护满足实质要件的婚姻关系。双方具有缔结婚姻的合意,且满足婚姻关系成立的实质要件,即使形式要件未完成或完成有瑕疵,也不会因此便认为婚姻关系不存在或有瑕疵。从另一个方面讲,即使双方完成了婚姻登记手续,若当事人本身及之间的关系不满足实质要件,婚姻关系并不一定具有完全的法律效力,可能存在婚姻无效或可撤销的情形。

法律行为的无效并不意味着法律行为在法律上根本不存在。② 不满足婚姻确立的实质要件,但双方缔结的婚姻具有或部分具有法律效力的情形并不少见。最高人民法院《民法典婚姻家庭编解释(一)》第10条规定,当事人依据《民法典》第1051条向人民法院请求确认婚姻无效,法定的无效婚姻情形在提起诉讼时已经消失的,人民法院不予支持。例如,婚姻缔结一方或双方未达到法定婚龄,随着时间的推移双方均已达到法定婚龄条件,即婚姻的实质要件由不满足转为满足,再去确认婚姻无效有悖于该制度的立法宗旨。③ 在法定婚姻与事实婚姻产生重叠的情形下,事实婚姻双方违反了一夫一妻的法律强制规定,属于法律规定的婚姻无效事由。中国台湾地区"民法"第988条第3款承认诚信缔结的重婚有效。基于主观诚信理论,善意缔结婚姻的当事人(包括对法的不知),所缔结的婚姻对其自始存在婚姻效力。经宣告无效的婚姻,如原本系诚信缔结,对夫妻双方仍产生效果;即使缔结婚姻

---

① 林菊枝:《日本婚姻法上之内缘关系》,五南图书出版有限公司1997年版,第405~406页。
② [德]维尔纳·弗卢梅:《法律行为论》,迟颖译,法律出版社2013年版,第654页。
③ 马忆南:《民法典视野下婚姻的无效和撤销——兼论结婚要件》,载《妇女研究论丛》2018年第3期。

的双方均非诚信,婚姻对子女仍产生效果。①

在部分情形下,对婚姻关系确立的实质要件进行突破,同样存在较多的争议。例如,关于准配偶疾病告知义务,我国《民法典》规定为婚姻可撤销事由。一种观点认为"患有医学上认为不应当结婚的疾病"不应作为婚姻无效或撤销的原因。现行法律禁止结婚或暂缓结婚的疾病,尤其是传染病,大多都是可以预防和治疗的。公民缔结婚姻的权利是由《宪法》保障的,身体上罹患疾病的人,同样也受《宪法》的保护。一方或双方患有疾病时是否选择结婚,涉及的是私人利益。从婚姻自由的内涵来讲,自由意味着一种自我思考与自定的能力,通过深思熟虑,判断、选择自己所向往的"理想"生活模式,并承担婚姻行为的法律后果。② 另有观点认为,个人间的结婚并非私事,而是关系国家公共卫生安全和人口战略的国之大事,国家的干预必不可少。以保障公共卫生为意图,患有医学上不宜结婚的精神性疾病为无效婚姻的情形,传染病人在未被治愈前不得结婚。③ 又如,根据《民法典》第144条、第145条的规定,无民事行为能力人实施的民事法律行为无效。民事能力作为民事活动的基本实质要件,同样也是缔结婚姻的实质要件。无民事行为能力人或限制民事行为能力人缔结的婚姻为无效婚姻。一种观点认为,无民事行为能力人或限制民事行为能力人缔结的婚姻为可撤销婚姻。可撤销的否定性评价具有相对性,是在尊重婚姻当事人的意思基础上的否定性评价,赋予当事人撤销权或维持婚姻的权利,让其自由选择,更有利于保护婚姻当事人的利益,也有利于维护婚姻家庭的安定。④ 持无效的观点认为,让精神病人自由结婚,是完全错误的,是不负责任的,不能辨认自己行为的成年人在结婚时须具有行为能力。⑤ 折中观点则认为,结婚是缔结共同生活伴侣关系,如果有人愿意承担起对无民事行为能力人或限制民事行为能力人的扶养责任,在立法上或者道德上均应受到肯定而非被排斥。完全无民事行为能力者,或者轻度智力低下(愚鲁)者本人表示愿意结婚的意思,法定代理人同意(或者事后追认)的,并且把重大疾病事实告知了准备结婚当事人另一方的,而另一方仍自愿与之结婚的,按照第1053条的规定,应是可以结婚的。⑥

上述观点梳理表明,对婚姻关系确立之实质要件的突破,主要通过对不同实质要件进行类型化研究的方法进行。无论是婚姻的无效实质要件还是可撤销的实质要件,突破法律规定的理由一方面基于婚姻生活的事实,充分尊重当事人的个人选择及双方合意;另一方面,基于对弱势方及子女利益的保护。这些理由都是实质性身份权利义务内容体现的不同

---

① 徐国栋:《我国民法典应承认诚信缔结的无效婚姻效力并确立宣告婚姻无效请求权的时效》,载《上海政法学院学报(法治论丛)》2020年第1期。

② 马忆南:《民法典视野下婚姻的无效和撤销——兼论结婚要件》,载《妇女研究论丛》2018年第3期。

③ 徐国栋:《〈中华人民共和国民法典〉应保留〈婚姻法〉禁止一些疾病患者结婚的规定》,载《暨南学报(哲学社会科学版)》2020年第1期。

④ 马忆南:《民法典视野下婚姻的无效和撤销——兼论结婚要件》,载《妇女研究论丛》2018年第3期。

⑤ 徐国栋:《〈中华人民共和国民法典〉应保留〈婚姻法〉禁止一些疾病患者结婚的规定》,载《暨南学报(哲学社会科学版)》2020年第1期。

⑥ 蒋月:《准配偶重疾告知义务与无过错方撤销婚姻和赔偿请求权——以〈民法典〉第1053条和第1054条为中心》,载《法治研究》2020年第4期。

方面,实质性的身份权利义务关系不仅能够从基本内涵上概括不同的类型,也能更好地克服类型化判断带来的一刀切弊端。当事人具有类型化突破的情形,但并未产生实质性的身份权利义务关系,则不能认定为对法定婚姻关系实质要件的突破。反之,即使不存在现有或未来可能有的类型化情形,但双方之间业已形成实质性的权利义务关系,同样不拘泥于婚姻关系依法成立的实质要件。

二、实质性身份权利义务的判断路径

夫妻相互之间特有的权利义务在法律理论上可称为配偶权,配偶权显示和标志婚姻关系特殊性和事实存在的法律规范,构成婚姻权利中最核心的内容。[1] 学术研究对配偶权持肯定态度,研究包括配偶权内涵、配偶权性质、配偶权冲突、配偶权救济、司法适用问题等内容。[2] 配偶权的内容构成包括姓名权、同居的权利和义务、忠实义务、婚姻住所商定权、日常家事代理权、生育权等。[3]《民法典》第1042条、第1043条、第1056条、第1057条、第1059条、第1060条等条款对配偶权的内容进行了回应和规定。配偶权的内容大致分为两类:一类是不依附于婚姻关系的权利,如姓名权,参加工作、学习和社会活动的权利,生育权等,这类权利之所以在配偶权中加以强调,是因为在不平等的婚姻制度历史中,妇女在这方面的权利被剥夺和随意处置。另一类是依附于婚姻关系的存在而存在的权利,如同居的权利和义务、忠实义务、婚姻住所商定权、日常家事代理权等,这类权利义务在婚姻关系当事人之间产生和履行,没有法定的婚姻关系为前提,则权利义务没有履行和承担的合法基础。《民法典》对配偶权的规定过于简略,权利义务内容仍不够清晰。"即使在法律认为形式是必不可少因而予以规定的情况下,法律也仅仅将形式视为一种达到目的的手段,如果该目的可以以其他方式达成或该目的已失去了意义,那么形式这种手段是可以放弃的。"[4] 对配偶权的判断尚可通过婚姻关系形式的依法存在进行确定,若当事人之间不存在法定的婚姻关系,为克服婚姻人身关系法定在身份权利义务规制中的不足,需要进一步讨论如何判断和认定当事人之间存在与配偶权相关的身份权利义务。当然,不依附于婚姻关系的配偶权,在婚姻关系消灭或不存在的情形下,自然不受影响。以婚姻关系的合法存在为履行和承担权利义务前提的配偶权内容,在婚姻关系不存在的情形下如何判断,是需要讨论的重点。

---

[1] 蒋月:《婚姻家庭法前言导论》(第2版),法律出版社2016年版。
[2] 参见杨立新:《人身权法论》,中国检察出版社1996年版,第719页;杨大文主编:《亲属法》,法律出版社1997年版,第127~141页;马忆南:《论夫妻人身权利义务的发展和我国〈婚姻法〉的完善》,载《法学杂志》2014年第11期;李菊明:《配偶权与隐私权的冲突分析与解决途径探讨》,载《法学论坛》2013年第4期;裴桦:《配偶权之权利属性探究》,载《法制与社会发展》2009年第6期;叶名怡:《法国法上通奸第三者的侵权责任》,载《华东政法大学学报》2013年第3期;冉克平:《论配偶权之侵权法保护》,载《法学论坛》2010年第4期;朱晓峰:《配偶权侵害的赔偿责任及正当性基础》,载《浙江大学学报(人文社会科学版)》2017年第6期。
[3] 蒋月:《婚姻家庭法前言导论》(第2版),法律出版社2016年版,第105页。
[4] [德]卡尔·拉伦茨:《德国民法通论》(下册),王晓晔、邵建东等译,法律出版社2003年版,第556~557页。

(一)以夫妻名义的公示与社会评价

持续地、公开地共同生活,是双方当事人向社会公示其关系的重要方式,是法律确认其为一种相对稳定的家庭生活方式的重要依据。[1] 社会评价是连接当事人关系与法律的必要节点,并借助社会性力量,对当事人之间的法定权利义务关系产生条件性的影响。通过社会公众对当事人之间的关系评价来认定当事人之间是否具有权利义务关系,即当事人之间外在地展现为以"夫妻名义"生活这一身份关系,从而他们之间产生婚姻关系上的身份权利义务。

以夫妻名义生活的理解伴随着两个条件,一是未办理结婚登记手续,二是群众也认为是夫妻关系。1979年最高人民法院《关于贯彻执行民事政策法律若干问题的意见》中规定,事实婚姻是指没有配偶的男女未进行结婚登记,以夫妻关系同居生活,群众也认为是夫妻关系的。1989年11月21日,最高人民法院发布了《关于人民法院审理未办结婚登记而以夫妻名义同居生活案件的若干意见》,该意见第3条规定,自民政部新的婚姻登记管理条例施行之日起,未办结婚登记即以夫妻名义同居生活,按非法同居关系对待。因此,以夫妻名义生活的社会评价成为事实婚姻的重要判断依据。

司法解释中的事实婚姻要求当事人对内对外以夫妻身份相待,当事人居住、工作的周边群众也认为当事人是夫妻。事实婚姻具有婚姻的内核,当事人主观追求婚姻,社会评价即周边亲朋好友也就此识别为婚姻。[2] 域外法上也有相关法律规定,如日本婚姻法上的内缘婚以当事人有社会观念上认定的夫妻共同生活的社会事实存在为成立条件。[3] 美国普通法婚姻的构成要求双方同居生活并在公众面前以夫妻相称。[4]

以夫妻名义共同生活、社会大众也认为双方为夫妻关系的当事人,双方之间满足基于事实婚姻取得夫妻人身权利义务的基础。但是事实婚姻关系只是非婚同居关系获得法律效力的子类型,是非法定婚姻的一种情形。若当事人之间的同居关系未获得法律上的效力,又或是当事人先前合法的婚姻关系消灭,在这些情形下,公众评价并不具有重要的意义。虽然社会评价能在一定程度上反映双方当事人的生活状态,但以何种名义公开,如何识别社会评价对当事人关系的正当性,法律尚未明确。

(二)共同生活

"共同生活"是立法上认可的专业法律术语,且多用于确认身份关系的法律规范中。《民法典》共有四处条文与"共同生活"相关,第1045条、第1064条、第1115条规定在婚姻家庭编,第1130条规定在继承编。第1045条规定配偶、父母、子女和其他共同生活的近亲属为家庭成员。第1064条规定夫妻共同生活的债务为夫妻共同债务。第1115条规定养父母与成年养子女之间关系恶化、无法共同生活可解除收养关系。第1130条规定与被继承人共同生活的继承人,分配遗产时可以多分。《反家庭暴力法》第37条规定家庭成员以外共同生

---

[1] 陈苇、王薇:《我国设立非婚同居法的社会基础及制度构想》,载《甘肃社会科学》2008年第1期。
[2] 何丽新:《论事实婚姻与非婚同居的二元化规制》,载《比较法研究》2009年第2期。
[3] 林菊枝:《日本婚姻法上之内缘关系》,五南图书出版有限公司1997年版,第406页。
[4] 夏吟兰:《美国现代婚姻家庭制度》,中国政法大学出版社1999年版,第22页。

活的人之间实施的暴力行为为准家庭暴力,参照适用《反家庭暴力法》。共同生活与当事人之间身份关系的认定联系密切,利用其不确定的内涵和外延对法律规定的主体范围进行扩大。从本质上来讲,共同生活的认定对法律上判断当事人之间的实质性身份权利义务有重要意义。"共同生活"一词的内涵和判断标准未从法律上确定,体现了科学立法的一面,减缓法律的局限性、滞后性等。立法机关或司法机关并未对共同生活作出解释,"共同生活"一词具有浓厚的社会属性,人们对其概念和认知不尽相同,影响了其法律效能的发挥。

对共同生活界定的学术研究成果丰富。在社会救助法律制度中判断共同生活的家庭成员,以维持供需平衡的生计共同体为认定基准。维持供需平衡的生计共同体并不限于形成在现实社会生活中通常的婚姻、血缘或收养关系。判断"共同生活"应当取决于是否共同居住、共享家计财务的客观事实,即"同财共居"。如果缺乏共同生活的事实基础,在生计上也没有互相支应,即使互负抚养义务,也不应当纳入生计共同体的范畴之中。[1] 在父母离婚后子女与父或母共同生活的情形下,共同生活的界定应当采取儿童本位的价值观念,以子女利益最大化为原则来判断,如考虑子女的年龄需求标准、子女与父母或其他共同生活者的情感状况、[2]心理上的父母标准[3]等。在夫妻共同债务下讨论共同生活,认为家庭日常生活需要属于夫妻共同生活的必要与基本部分,是引起夫妻共同债务的重要原因。从表现形式上来看,家庭日常生活仅限于合同交易,包括具有正当性的日常生活消费、子女抚养与医疗服务,非正当性表现为对夫妻团体产生重大影响、分居期间的交易与分期交易。共同生活产生的债务还包括投资、决议、侵权产生的债务。[4] 另有观念认为,共同生活是排除生产性消费的"休闲活动",包括休养生息、自我娱乐、增加知识和技能、主动参与社团活动等一系列在尽到职业、家庭与社会职责后让自由意志得以尽情发挥的活动。[5] 夫妻双方基于夫妻一方单独或双方共同实施的休闲活动支出为夫妻共同债务。[6] 共同生活的界定作为类推适用《反家庭暴力法》的唯一标准,认为共同生活应包括双方在同一处所较为持续稳定地共同居住、精神或身体上的亲密程度、经济依赖程度、双方所作的有关彼此权利义务的承诺或安排以及公众对双方关系的评价。[7] 民法一般理论认为,所谓"共同生活",是指居住在一起,成为同一个家庭的成员,处在同一个生活消费共同体中。一般情况下,其还包括夫妻之间的性生活和夫妻间的互敬互爱。[8] "共同生活"一般为"精神的生活共同(互相亲爱、精神的结合)、性的生活共同(肉体的结合)及经济的生活共同(家计共有)"。[9]

---

[1] 王健:《我国社会救助制度中"共同生活的家庭成员":问题检视与立法建议》,载《河北法学》2021年第12期。
[2] 夏江皓:《父母离婚后子女与父或母共同生活的确定——以民法典编纂为背景审视〈婚姻法〉第36条》,载《北京理工大学学报(社会科学版)》2020年第4期。
[3] Jonathan H,Family law,Person Education Ltd,2004,pp.496-502.
[4] 冉克平:《论因"家庭日常生活需要"引起的夫妻共同债务》,载《江汉论坛》2018年第7期。
[5] 李经龙:《休闲学导论》,北京大学出版社2019年版,第3页。
[6] 张学军:《〈民法典〉用于夫妻共同生活所负的债务研究》,载《当代法学》2022年第2期。
[7] 但淑华:《准家庭暴力的主体——对〈反家庭暴力法〉第三十七条"家庭成员以外共同生活的人"之诠释与认定》,载《妇女研究论丛》2017年第4期。
[8] 方文晖:《论婚姻在法学上的概念》,载《南京大学学报》2000年第5期。
[9] 史尚宽:《亲属法论》,荣泰印书馆股份有限公司1963年版,第84页。

通过共同生活的标准判断当事人之间的实质性权利义务关系存在与否,目前有三个不能避免的难题。第一,共同生活在法律上并没有清晰定义;第二,不同的法律之间因其立法目的和法益保护偏好,对共同生活的定义有显著的差异,不同的认定因素与身份权利义务的关联影响着身份权利义务的存在与否及范围;第三,共同生活要素当然地不存在于未共同生活的家庭成员之间,但并不能否认他们之间存在身份权利义务关系,包括未共同生活的夫妻、未共同生活的前配偶。

(三)亲密关系

亲密关系(intimacy relationship)是人类社会中的重要关系。亲密关系更多的是心理学、社会学和统计学领域的专业术语。[1] 人们在日常生活中体验到的亲密关系为男女之间结构性的亲密、人与人之间以及与变化无常的景物之间的亲密。[2] 广义上的亲密关系不仅包括人与人之间的亲密关系,也包括人与物之间产生的亲密关系。亲密关系在社会学上被界定为一个人与另一个人持续存在且亲近紧密的情感维系。亲密关系包括亲情、友情、爱情,这些亲密关系不受任何外部因素影响,是一种纯粹的关系,关系中的人们从与对方的亲近与依存中获得情感满足。亲密关系的维系也取决于情感的满足,如果双方无法在关系中获得情感上的收获,亲密关系就无法维持。[3] 家庭社会学者认为亲密关系是双方相互理解、共同享有特殊信息史及情感交流之意的关系。[4] 亲密关系是道德和情感的体现,法律作为社会关系中道德情感的最低标准,法律上亲密关系的内涵大大缩小。法律上的亲密关系为婚姻家庭成员之间基于情感产生的,包括夫妻关系、父母子女关系等[5],非婚姻家庭成员之间的亲密关系如伴侣关系[6]、同性亲密关系、雇主与保姆之间的亲密关系[7]等,同样是法律关注的亲密关系主体。

亲密关系本质上是一种熟人关系,在权利受到侵犯时,面临着是否要主张权利,反抗对手,从而进行斗争,还是为了躲避斗争而放弃权利的抉择。陌生关系主体往往选择通过法律武器来维护自己的合法权益,而亲密关系中的主体权利往往成为和平的牺牲品。[8] 个体的私利和法律的约束,会威胁到亲密关系的存在。[9] 基于情感与伦理道德基础,越亲密的关

---

[1] 以中国知网为搜索工具,输入关键词"亲密关系",搜索结果显示共960篇期刊文章,学科分类显示710篇为心理学学科相关,523篇为社会学与统计学学科相关,54篇为民商法学科相关。搜索时间截至2022年7月10日。

[2] [美]休·拉弗勒斯:《亲密知识》,陈厮译,载《国际社会科学杂志(中文版)》2003年第3期。

[3] [英]安东尼·吉登斯:《亲密关系的变革》,陈永国、汪安民等译,社会科学文献出版社2001年版,第126页。

[4] [澳]唐·埃德加、海伦·格莱:《家庭与亲密关系:家庭生活历程与私生活的再建》,仕琦译,载《国际社会科学杂志》1995年第1期。

[5] 王向贤:《亲密关系中的暴力》,中国社会科学院研究生院2008年博士学位论文,第1页。

[6] 吴小沔:《关注亲密伴侣间的权力:胁迫控制研究述评》,载《妇女研究论丛》2020年第6期。

[7] 周安平:《〈反家庭暴力法〉亟须解决的几个问题——对〈反家庭暴力法(草案)〉的分析》,载《妇女研究论丛》2015年第2期。

[8] [美]鲁道夫·冯·耶林:《权利斗争论》,潘汉典译,商务印书馆2019年版,第35页。

[9] [美]贾斯汀·蒂瓦尔德:《作为"后备机制"的儒家权利》,梁涛等译,载梁涛主编:《美德与权利——跨文化视域下的儒学与人权》,中国社会科学出版社2016年版,第88页。

系主体之间利益冲突的界限就越模糊,权利义务越不倾向于通过法律等强制手段实现,而是寄希望于通过个人道德约束实现。法律上非家庭成员之间的亲密关系能够产生相应的人身权利义务,但不同亲密关系当事人之间,人身权利义务内容应有合理差异。

亲密关系主体之间的利益侵害主要来源于亲密伴侣间的权利胁迫控制。这是一种长期的、有计划性的动态行为模式,是伴侣中的一方通过多种方式建立起对另一方系统性支配的行为策略。① 如在家庭暴力主体的认定上,只要主体之间形成了亲密关系,以一般暴力不足以提供法律保护,自然可以视为家庭暴力。家庭暴力主体亲密关系的判断可以依据主体之间控制与被控制的关系。亲密关系难以获得法律保护的根本原因在于亲密关系之间的控制与被控制关系增加了被控制一方寻求法律救济的难度,从而打击诉诸法律的信赖期待。控制手段包括经济控制、精神控制及情感控制等。因此,具有控制与被控制关系的亲密主体之间发生的暴力视为家庭暴力。在此种情形下,对主体是否存在近亲属关系,是否有共同生活基础,便无须再考虑。②

经济控制和情感控制、精神控制是认定主体之间控制与被控的重要因素,是亲密关系主体之间身份利益存在与实现的事实基础。同时也应该看到,一方面,我国对亲密关系的法律规定并不明确,不似美国从法律制度上对一般性关系、民事结合关系及伴侣关系的内涵和人身权利义务进行规定。③ 另一方面,亲密关系与其认定因素并非绝对的对应关系,经济、情感、精神上的依赖与被依赖也与经济、情感、精神上的控制与被控制不同,前者的被动性更强,而后者的主动性和目的性更强。

(四)依赖关系

在以男性为中心的宗法制度下,"三从四德"要求妇女终身从属于男性。"妇女从人者也,幼从父兄,嫁从夫,夫死从子",④这种从属关系不仅包括了已婚妇女在婚姻、生活、经济上对丈夫的依附,还包括了妇女人格的不独立与依附性。"平等这个词概括了人类迄今为止所取得的一切进步……他代表着人类走过的全部历程的结果、目的和最终的视野",⑤夫妻关系是家庭关系的基础,夫妻关系由以丈夫为中心转向夫妻双向交流。妇女从事职业劳动后,促进了夫妻各自的经济独立。然而,婚姻制度是政治、经济、伦理、道德的综合产物,传统的婚姻制度内容并未被完全摒弃或抹灭,一方面婚姻制度具有独立性,通过价值观替换而被注入新内容,婚姻制度可以适应新的社会需要,吸收传统法律的精华,是保持法律活力的基本路径。⑥ 另一方面,传统婚姻制度的影响深入人心,对其的认识和观念渗入每个婚姻家庭,认识和抛弃传统婚姻制度中的不可取之处并非易事,需要代际传承的不懈努力。

---

① 吴小洵:《关注亲密伴侣间的权力:胁迫控制研究述评》,载《妇女研究论丛》2020年第6期。
② 周安平:《〈反家庭暴力法〉亟须解决的几个问题——对〈反家庭暴力法(草案)〉的分析》,载《妇女研究论丛》2015年第2期。
③ 关于美国法律制度上对一般性关系、民事结合、伴侣关系的研究,参见王薇:《美国非婚同居法律制度述评》,载《暨南学报(哲学社会科学版)》2010年第1期。
④ 《礼记·郊特牲》,转引自瞿同祖《中国法律与中国社会》,中华书局2003年第2版,第112页。
⑤ [法]法埃尔·勒鲁:《论平等》,王允道、肖厚德校,商务印书馆1988年版,第256页。
⑥ 蒋月:《20世纪婚姻家庭法:从传统到现代》,中国社会科学出版社2015年版,第103、114页。

1. 情感依赖

情感构成了行为活动的最初动力,理性是对最原本的情感和意志复本的一种观念,正是理性的这种自身本质的规定性,才使得它在任何时候都不能单独构成任何意志活动的动机,在指导意志方面也不能反对情感。① 情感依赖在婚姻关系中并非一个消极表达的面向。"仅仅根据家庭规模或结构来刻画家庭特征是不够的……必须将家庭情感特征作为一个重要的方面来加以考察。"② 情感是婚姻家庭维系的关键,情感的依赖与慰藉是婚姻关系双方惺惺相惜的根本。情感和情绪与认识或思维相伴。③ 与传统的婚姻制度不同,现代婚姻制度伴随着性别平等观念的发展而发展,个体人格自由与独立,婚恋思想解放,经济充实与自信,使得个体在缔结、维系婚姻关系的过程中,情感因素的受重视程度普遍提高。因此,对实质性人身权利义务的界定中,双方是否有情感依赖显得尤为重要。

情感作为一种身体对行为在生理反应上的评价和体验,一直被视为人类灵魂或精神存在的基础。④ 但是,情感依赖和精神依赖并不相同,良好的婚姻关系表现为双方情感上的依赖和精神上的独立。婚姻关系中的情感依赖并不意味着个体的理性处于依附或处于次要地位,也不否认自由意志的作用。情感中包含着识别(recognition),其间存在着将人们吸引到判断或欲望之中的诱惑,从而为信念和欲望作了铺垫——对于情感所问的问题,判断是用信念来回答。婚姻关系中的情感依赖是一种积极的情绪状态,使个体倾向于节俭启发式策略,进行自上而下的加工,从而达到婚姻关系当事人观念和期望上的婚姻状态。精神依赖则是一种消极的情绪状态,精神依赖在婚姻关系中具有巨大的风险,极易演变为生活控制、精神控制、人格控制等形式。婚姻关系中的精神依赖是一种自下而上的加工形式,产生精神依赖的当事人在婚姻关系中较少地依据自身的认知与情感结构引导婚姻生活,从而影响个体在婚姻关系中的认知策略。⑤ 因此,婚姻关系中的精神依赖,严重情形下需要法律强制介入,调整和平衡当事人之间的利益。精神暴力是婚姻关系中最典型的法律介入调整精神依赖的行为。精神暴力是指实施言语或行为的威胁,使他人心生恐惧而遭受心理伤害及生活在可能遭受暴力的阴影下的各种行为。⑥ 精神依赖作为一种危及婚姻关系主体合法权益的消极情绪状态,无法成为判断实质性权利义务关系的因素。

通过情感依赖判断实质性身份权利义务关系的缺点在于,这种判断方法无法回应身份权利义务的持续性和连贯性。婚姻关系消灭时,若当事人之间不存在情感依赖,并不意味着双方之间身份权利义务关系不存在。情感依赖判断的最大优点在于,这种判断因素可以突破法律形式的桎梏。若当事人之间不存在法律承认的婚姻关系,但双方存在情感上的依赖,即满足产生实质性的身份权利义务关系的基础。情感是一种抽象且无法量化的表达,如何判断自然令人生疑。社会学者通过数据调查及统计分析研究提出,家务劳动是婚姻关系当事人之间的一种情感表达,家务劳动虽然和人们在工作场所中的劳动一样都被称为劳

---

① [英]休谟:《人性论》,关文运译,商务印书馆1996年版,第451~453页。
② [美]马克·赫特尔:《变动中的家庭跨文化的透视》,浙江人民出版社1988年版,第59~60页。
③ [荷]斯宾诺莎:《伦理学》,贺麟译,商务印书馆1997年版,第98页。
④ 费多益:《认知视野中的情感依赖与理性、推理》,载《中国社会科学》2012年第8期。
⑤ 费多益:《认知视野中的情感依赖与理性、推理》,载《中国社会科学》2012年第8期。
⑥ 蒋月:《20世纪婚姻家庭法:从传统到现代》,中国社会科学出版社2015年版,第517页。

动,但家务劳动过程中包含的情感表达是其他劳动所不具有的。男性承担家务劳动可以看作丈夫对妻子的一种情感表达。① 在家庭中,不论是常规性家务还是抚幼养老,夫妻的共担必然形成一条纽带,促进互助互信、情感温暖、关系亲密、家庭和谐。家务上的付出与承担有助于夫妻体会到共建家庭的喜悦与感动,是维持夫妻关系、增进夫妻情感的有效途径。② 将家务劳动承担作为情感依赖表达,或许为判断情感依赖提供了现实路径。

2. 经济依赖

婚姻家庭关系的缔结与维持依赖于其产生的经济化效能,婚姻关系当事人对婚姻的贡献是维持婚姻的基础。调查数据统计研究显示,男性社会经济地位对婚姻关系的影响大于女性。男性的社会经济地位备受重视,从而导致男性的社会经济地位对婚姻关系的影响比较大。女性社会经济地位对婚姻关系没有显著影响。以往的研究结果大多表明妻子收入越高,婚姻关系越差。③ 新家庭经济学理论认为,家庭作为生产单位,夫妻双方共同投入家庭,共享家庭受益。家庭经济活动的价值即家庭产品,如子女、威望、陪伴、健康等。④ 家庭产品不具有对外流通性,只能在婚姻家庭关系主体之间相互传递,个体的家庭经济活动无法从劳动力市场获得经济收益和回报。在家庭经济生活中,女性往往处于不利的经济地位。首先,女性的经济权利得不到充分保障。当女性处于婚姻家庭关系中,她对经济活动的选择自由仍然存在现实困境,可不可以参与市场经济活动,从事何类市场行业,都受到妇女被认为的主内"天赋和能力"的影响。另外,女性选择放弃投身劳动力市场获得收益,在家庭劳动中投入更多的时间精力,承担家务劳动并养育子女,支持丈夫的事业,对丈夫的成就、地位等个体性质的社会收益进行投资。因为家庭劳动无法从市场中获得回报,妻子付出劳务之后的收益则需要通过丈夫的市场劳动来实现。⑤ 在缔结婚姻关系之后,女性作为"妻子"资本的资产价值将处于持续下降的状态,而男性作为"丈夫"资本的资产价值则会是先上升、后下降。如此,在双方婚姻持续一定时间之后,当丈夫这一资产的价值明显超过妻子时,丈夫便会产生终止婚姻的动机。⑥ 若继续维持婚姻关系,经济依赖便产生了。

我国采取法定夫妻财产共有制度,规定夫妻在婚姻关系存续期间所得的财产,为夫妻的共同财产,归夫妻共同所有。夫妻对共同财产,有平等的处理权。婚姻关系当事人之间的经济地位平等为法律认可,受法律保护。现代家庭规模缩小,家庭的生产功能弱化,消费能力提升,经济活动与家庭生活分离,个体主要通过劳动力市场获得经济收入。⑦ 个体经济自由、独立的观念逐渐融入婚姻关系中,个体的经济活动对婚姻的依附减少。如今的话语

---

① 相关统计分析及研究,参见刘爱玉、庄家炽、周扬:《什么样的男人做家务——情感表达、经济依赖或平等性别观念》,载《妇女研究论丛》2015年第3期。

② 杨菊华:《传续与策略:1990—2010年中国家务分工的性别差异》,载《学术研究》2014年第2期。

③ 相关调查数据及统计研究,参见童辉杰、张慧:《社会经济地位对婚姻关系的影响》,载《广西社会科学》2015年第9期。

④ Gary S.Becker, *A Theory of Marriage*, The Journal of Political Economy, Vol.81(4), pp.813~846 (1973).

⑤ 王玮玲:《新家庭经济学下离婚补偿制度的适用规则》,载《政法论坛》2021年第6期。

⑥ [美]劳埃德·R.科恩:《婚姻:长期契约》,载[英]安东尼·W.丹尼斯、罗伯特·罗森主编:《结婚与离婚的法经济学分析》,王世贤译,法律出版社2005年版,第31~32页。

⑦ 蒋月:《20世纪婚姻家庭法:从传统到现代》,中国社会科学出版社2015年版,第110~118页。

环境下,经济依赖与情感依赖不同,经济依赖往往意味着消极依附,是一种以家庭劳动专业化分工为外在表现形式的经济压迫。这种经济压迫意味着双方在取得、占有、分配、处分家庭经济利益时的地位不平等,经济活动的决定权导向被依赖一方。

统计数据研究发现,无论是农村还是城市,对中国育龄夫妻而言,已婚女性表现出更高的经济依赖特征,已婚男性则表现出更高的经济自主特征。超过60%的已婚女性在经济上更依赖丈夫,仅有不到10%的已婚男性在经济上更依赖妻子。农村地区已婚女性对经济的依赖程度更加明显;相反,超过3/4的农村已婚男性具有经济自主特征。子女数量可能是影响已婚夫妻经济依赖的重要因素。子女数量的增加意味着已婚女性需要将更多时间与精力投入到抚育子女以及与之相关的无偿劳动中去,由此牺牲了其有偿劳动、娱乐甚至睡眠时间。子女数量的增加会显著提升已婚女性的经济依赖系数,并且会显著降低已婚男性的经济依赖系数,由此拉开了育龄夫妻之间的经济差距。对配偶经济依赖的提高也会导致其家庭权力的下降,这都可能引发已婚女性的焦虑情绪。[1]

通过经济依赖判断实质性身份权利义务关系,能够更好地保护弱势方。在婚姻关系中,经济地位不平等往往导致经济依赖的产生,经济依赖的弱势方往往演变成为婚姻关系中的弱势方。婚姻关系地位的不平等,直接影响了基于身份关系所产生的合法权益的保障与实现。一方面,在非婚姻关系中,双方虽然不具有法定的身份权利义务关系,但经济依赖的产生足以表明一方对另一方的生活依附,这种生活上的依附同样会造成实质性身份权义务关系的存在。在这种情形下,若婚姻关系解除或不存在直接导致身份权利义务的消灭,对经济依赖的弱势方太不公平。另一方面,经济依赖的判断标准很好地涵盖了非法定婚姻关系双方在子女抚养的经济依赖中形成的身份权利义务关系。《民法典》第1058条规定,夫妻双方平等享有对未成年子女抚养、教育和保护的权利,共同承担对未成年子女抚养、教育和保护的义务。第1068条规定父母有教育、保护未成年子女的权利和义务。父母与子女的身份权利义务关系并不受婚姻关系存续的影响,婚姻关系不存在或解除,父母依法享有抚养子女的权利、承担抚养子女的义务。父或母一方抚养子女时若需要另一方的经济支持,也会产生经济依赖。此时父、母之间虽然没有法定的身份关系,但基于抚养子女的经济依赖,同样会出现实质性的身份权利义务,即双方在抚养子女方面的相互帮扶义务。

(五)身份利益

从身份到契约的社会演变趋势,说明身份法之主宰范围缩小,而财产法主宰范围则日益扩大,但并不意味着身份关系的消亡。[2] 与具有强烈不平等色彩的身份权不同,现代意义上的身份权产生于自由、平等、民主的土壤上,身份权经历了从身份到契约的变革,褪去了权利背后的禁锢和压迫。现代民法充分肯定和承认象征进步与文明的现代身份权,是当代亲属法发展不可逆转的时代潮流。亲疏有别的亲属人伦关系与现代身份权制度并不矛盾,不同的亲属关系对应不同的权利义务关系,从契约到身份的回归,是现代法治社会权责利

---

[1] 孙晓冬、张骏:《子女数量与中国育龄夫妻的经济依赖》,载《西安交通大学学报(社会科学版)》2021年第6期。

[2] 张作华:《认真对待民法中的身份——我国身份法研究之反思》,载《法律科学(西北政法大学学报)》2012年第4期。

相一致基本原则的体现。[①] 身份权以身份关系的存在为前提,以实现和维持特定的身份利益为目的。身份权主体具有特定性,身份权存在于特定身份关系的自然人之间,身份权与其身份不可分离,身份关系产生在前,身份权产生在后,呈现出事实先在性的特点。[②] 婚姻关系当事人之间产生的身份权利义务关系基于身份法律行为等法律事实确定的特殊身份关系。婚姻关系双方通过身份权利义务的履行和承担,实现和保障身份利益。

  婚姻关系的存续不仅需要情感的维系,也需要双方在婚姻关系中通过合作获得婚姻利益。婚姻中内置的合作与分工功能、夫妻之间共同利益与个体利益的平衡需求现实存在。[③] 婚姻关系双方的身份利益冲突,主要体现在婚姻利益和个体利益之间。婚姻的自然属性也反映了个体通过婚姻关系生活自我满足的需要。法律在婚姻关系中关注和保护个人利益具有正当性和必要性。由于个体的自由发展,尤其是女性地位的独立与提升,个体利益在婚姻关系中的内容和诉求日益增多。个体利益包括个体在婚姻中的生理、物质生活、感情与精神等多方面需求的满足。婚姻利益与个体利益并不是对立的,个体利益的满足有助于婚姻利益的实现,两者是相互转化、相互促进的。不重视个体利益的实现,容易降低夫妻关系双方的合作意愿,减弱产生利他利益行为的动机。虽然婚姻个体的素质差异及情感体验与要求不同,个体利益的内容侧重可能因人而异,但只要个体得到利益的实现(多种需求的满足),婚姻就会存续、发展。[④] 现代民法的发展,经历了从义务本位到权利本位的发展。人格权独立成编,彰显了我国《民法典》对个体权利保护的决心。《民法典》第 1001 条规定,对自然人因婚姻家庭关系等产生的身份权利的保护,在法律没有明确规定的情形下,可以根据其性质参照适用本编人格权保护的有关规定。法律通过参照适用这一法律技术对个体的身份权利进行保护,是现阶段实现个体身份利益的重要方式。

  另外,婚姻关系中的身份利益还体现为具有身份属性的信赖利益和期待利益。信赖利益与期待利益都建立在婚姻关系所产生的信赖关系之上,法律保护基于合理信赖所产生的身份利益。信赖关系中的身份利益体现为婚姻关系主体信赖彼此之间的情感关系,相信双方会积极履行身份权利义务,并基于这种信赖的确信行事,以达到维护婚姻关系持久稳定的目的。婚姻当事人享有因缔结婚姻所预期的身份利益和不受对方损害的利益,法律对婚姻当事人因信赖关系而产生的信赖利益和期待利益应予以保护,对婚姻当事人因信赖义务违反的损害后果予以救济。[⑤] 保护婚姻关系中的信赖利益和期待利益,是维护婚姻关系的基础,信赖利益和期待利益的最终实现,需要夫妻之间稳定与长久的合作。[⑥] 信赖关系中身份利益的保护能够增进婚姻关系双方的情感与信任,不仅提高了婚姻生活行为的可预见性,也能在利益受损时为弱势方提供合理的法律保障,实现婚姻利益的实质公平。

  通过身份利益判断实质性权利义务关系,优势在于婚姻关系对身份利益的本质内容影响较小。一方面,对身份利益的保护可以扩张至对合法身份权益的保护。《民法典》保护民

[①] 杨立新:《从契约到身份的回归》,法律出版社 2007 年版,第 88~110 页。
[②] 王雷:《〈民法典〉人格权编中的参照适用法律技术》,载《当代法学》2022 年第 4 期。
[③] 邹小琴:《性别关怀视角下夫妻财产法的反思与完善》,载《政法论丛》2020 年第 3 期。
[④] 王丽萍、李燕:《个体利益——当代中国婚姻的基础》,载《山东大学学报(哲学社会科学版)》2001 年第 3 期。
[⑤] 何丽新:《婚姻关系适用合理信赖保护之思考》,载《中华女子学院学报》2014 年第 2 期。
[⑥] 邹小琴:《性别关怀视角下夫妻财产法的反思与完善》,载《政法论丛》2020 年第 3 期。

事主体的合法权益,包括具有身份属性的合法权益。即使双方不存在法定的婚姻关系,也可以通过合法的身份权益判断双方之间存在的权利义务关系,更好地适应身份利益在表现形式、取得方式、存续期限、社会评价、保护手段等方面呈现出的多样化特点。[1] 另一方面,身份关系本质上具有伦理性。"契约式身份"观点认为,契约之所以不能够取代身份,是因为身份与德性有着紧密的联系,在法治的制度框架和知识体系中,对身份的认识需要重构"心理"以形成新的"伦理"。质言之,契约式身份是一种从理性规制到德性认同的能力。[2] 身份利益本质上是伦理道德在身份关系中的体现,事实的身份关系与法律的身份关系并不是完全挂钩的。基于实质性的身份权利义务关系,从而保护这种事实存在的身份利益,有助于法律制度与伦理秩序之间的平衡互补,为实质性权利义务的实现提供理论基础。

将身份利益作为判断实质性身份权利义务的标准,不足之处在于学术研究的认可并不能全面地作用于司法适用。无救济则无权利,基于事实身份利益产生的权利义务往往缺少法律认可的身份关系要件,实质性身份权利义务虽然在内容上与法定身份权利义务没有区别,但前者不具有法律承认的司法救济性。婚姻关系一方不履行实质性身份权利义务,另一方无法以身份利益受损为由诉诸法律,对事实身份利益受损方的保护在司法适用过程中出现明显不足。

三、法律确认和保护实质性身份权利义务的实现路径

实质性身份权利义务虽未经立法明确规定,无法获得直接的法律保护和救济,但是其具备法定身份权利义务的本质,满足身份权利义务包含的立法目的和价值追求。《民法典》视野下对实质性身份权利义务的确认和保护,应当重视法典体系化的内部衔接与融洽,科学地利用体系化规则,扩大实质性权利义务范围,充分保障民事主体依法享有实质性权利、承担实质性义务。

(一)《民法典》人格权编对实质性身份权利义务的参照适用

1. 婚姻家庭问题参照适用人格权编的合理性分析

《民法典》通过规定人格权编的参照适用规则,协助调整婚姻家庭领域的民事法律行为。《民法典》第1001条规定:"对自然人因婚姻家庭关系等产生的身份权利的保护,适用本法第一编、第五编和其他法律的相关规定;没有规定的,可以根据其性质参照适用本编人格权保护的有关规定。"实质性身份权利义务是未经立法明确规定的,且需要通过立法保护和救济的身份权利义务,因此暂无明确规定的实质性身份权利义务,能够通过人格权编参照适用的方式进行调整。

民法上人格权与身份权属于人身权范畴,两种权利之间联系紧密。人格权与身份权的区别在于,人格权是自然人基于"人"这一天然身份而享有的权利,身份权是基于特殊的身

---

[1] 张作华:《认真对待民法中的身份——我国身份法研究之反思》,载《法律科学(西北政法大学学报)》2012年第4期。

[2] 亓同惠:《法治中国背景下的"契约式身份":从理性规制到德性认同》,载《法学家》2015年第3期。

份关系而享有的权利。狭义的身份权既不属于人格权,也不属于财产权。① 因此,《民法典》人格权编调整人格关系,婚姻家庭编调整婚姻家庭关系中的身份关系和财产关系。但是,身份权亦蕴含人格关系,②现代法的人格权与身份权同属人身权,两者本就联系在一起。③ 婚姻家庭中具有特定身份关系的人,同样符合"人"的天然属性,生而享有人格权。因此,婚姻家庭中的身份权和人格权联系密切。规定婚姻家庭领域有条件地参照适用人格权编的相关规定,能够通过立法技术的衔接,体系化地全面保障民事主体的合法权益。有关身份权利的规定,尤其是婚姻家庭领域有关身份权利的条文,多规定身份权人享有的权利、负担的义务、承担的责任,缺少对身份关系外主体侵害身份权利的规定,造成第三人侵害身份权的法律救济不足。④ 身份权遭受侵害时,参照适用人格权编的救济规则是非常必要的。

在身份权保护与人格权保护规则类似的情形下,已经在人格权编作出规定的,不必要在婚姻家庭编重复规定,避免法律规定的重复,有效精简立法条文。⑤ 通过人格权编参照适用的方式有效保护身份权,也能够避免基于身份关系变动造成立法条文作出相应的繁杂修改,维持法律的稳定性。需要注意的是,在参照适用人格权编的过程中,应当考虑身份权与人格权的差异,辨别不同的身份权类型,对参照适用规则作出适当的限缩解释,不能与婚姻家庭编特有的价值、秩序相悖。⑥

2.《民法典》人格权编对实质性身份权利义务的确认和保护

身份权利是民事主体基于特定的身份关系享有的权利,主要是基于亲属关系如血缘、婚姻、收养等所产生的身份权利。身份权利主要包括基于婚姻关系产生的配偶权、父母对子女的监护权和其他身份权利。身份权由过去以权力为中心变为当今以义务为中心。⑦ 身份权利并非纯粹的民事权利,其法律地位的属性决定了权利义务的总括性。⑧ 身份权利的实现往往包含了身份义务的履行,婚姻的本质是基于夫妻之间的特殊身份关系通过身份法律行为等法律事实所产生的身份权利义务关系。⑨ 如配偶权中的夫妻之间相互抚养、忠实、同居等权利,既是夫妻之间享有的身份权利,也是需要履行的义务,一方权利的实现往往需要另一方承担相应的义务。人身权利包括人格权与身份权,身份权与人格权是人身权利的下位概念,身份权具有对外的绝对性和对内的相对性,权利主体具有特殊性,身份关系先于身份权产生,具有事实先在性的特点。身份关系的特殊性决定了身份权利义务内容和性质的特殊性。《民法典》第112条明确规定:"自然人因婚姻家庭关系等产生的人身权利受法律保护。"通过参照适用人格权编的立法技术保护身份权,从人格权保护的角度来讲,是人格权立法的重大进展;从身份权保护的角度来讲,从立法上保护身份权的相关制度规范仍不明确,是《民法典》亟须补充和完善的内容。

---

① 参见余延满:《亲属法原论》,法律出版社2007年版,第120页。
② 王泽鉴:《民法总则》,中国政法大学出版社2001年版,第136页。
③ 郭明瑞:《人身权立法之我见》,载《法律科学(西北政法大学学报)》2012年第4期。
④ 黄薇主编:《中华人民共和国民法典人格权编解读》,中国法制出版社2020年版,第60页。
⑤ 王利明:《人格权法》,中国人民大学出版社2021年版,第26页。
⑥ 王利明:《民法典中参照适用条款的适用》,载《政法论坛》2022年第1期。
⑦ 薛宁兰、金玉珍主编:《亲属与继承法》,社会科学文献出版社2009年版,第105页。
⑧ 付翠英:《〈民法典〉对身份权的确认和保护》,载《内蒙古社会科学》2021年第4期。
⑨ 王雷:《〈民法典〉人格权编中的参照适用法律技术》,载《当代法学》2022年第4期。

《民法典》有关人格权的规定在身份权之前,表明身份权在权益位阶上应当排在人格权之后。从《民法典》的相关规定来看,与身份权保护的规则相比,人格权保护的规则更具基础性,因而在权益位阶上,人格权应当排在身份权之前。① 在《民法典》未颁布之前,存在通过身份法律关系调整和保护人格权的情况。如在《反家庭暴力法》中,家庭暴力作为严重侵害家庭成员的违法行为,具有法益的双重侵害属性,侵犯了受害人的人格权、身份权。学术研究在对《反家庭暴力法》第 37 条准家庭暴力主体的解读中,以共同生活为法律依据,共居、精神依赖、经济依赖、公众评价等为具体标准,认为至少应将准家庭暴力的主体扩展至前配偶。前配偶之间不具有身份法律制度意义上的身份关系,但由于其曾经缔结过婚姻关系,双方的身份关系存在持续性的特征,当事人之间发生暴力行为,有可能存在侵害身份利益的情形,因此将前配偶纳入准家庭暴力主体范围,有其合理性。但是,将前配偶作为一种主体类型,发生暴力时直接适用《反家庭暴力法》,不仅缺少法定婚姻关系基础,也未考虑前配偶双方在婚姻关系消灭后不存在身份关系关联的情况。因此,在考虑是否将前配偶纳入准家庭暴力主体时,以双方之间是否存在实质性的身份权利义务关系为判断标准最为妥当。前配偶之间可能会延续其既往身份权利义务关系,如在婚姻关系灭失后仍然选择照顾对方,基于选择或约定照料对方父母,双方共同抚育子女等。在这些情况下,前配偶之间存在身份权利义务关系,这种身份权利义务关系虽然没有依法成立的婚姻关系为前提,但在生活中确实履行了身份权利,承担了身份义务。实质性的身份权利义务人之间发生暴力,仍然具有家庭暴力的特征。若前配偶之间婚姻关系消灭,当事人之间并不存在抚养、抚育等身份权利义务,发生暴力行为时应当通过人格权编等相关法律规范保护和救济受害方。

《民法典》人格权编确立的人格权禁令制度,为人格权保护与身份权保护提供了实现路径。人格权禁令是人格权请求权发生作用的方式之一,是一种新的、独特的人格权请求权的实现程序。② 人身安全保护令制度以家庭成员为主体,保护受害人的人身权益,与人格权禁令对一般民事主体的人格权进行保护相似。目前对人格权禁令和人身安全保护令关系的研究中,认为人身安全保护令是人格权禁令的组成部分,③ 人身安全保护令的立法考量与人格权侵害禁令的立法考量是一致的,只是由于人身安全保护令仅局限于家庭暴力领域,且仅涉及家庭暴力所侵害的生命权、身体权、健康权等人格权的保护。④ 人格权禁令是人身安全保护令外延扩大的人格权保护领域。⑤ 人身安全保护令以当事人遭受或面临家庭暴力的现实危险为申请条件,家庭暴力行为的主观要件、归责原则、证据规则具有独特之处,人身安全保护令在申请主体、证据规则、协助主体等方面均有特殊性,且人身安全保护令所保护的法益并不局限于人格权益,施暴者实施家庭暴力行为必然侵害了基于婚姻家庭关系产生的身份权益。因此,以身份关系为前提,非身份关系当事人之间存在实质性身份权利义务关系,发生暴力行为则通过人身安全保护令进行救济,反之则适用人格权禁令制度。

---

① 王利明:《论民事权益位阶:以〈民法典〉为中心》,载《中国法学》2022 年第 1 期。
② 程啸:《论我国民法典中的人格权禁令制度》,载《比较法研究》2021 年第 3 期。
③ 张红:《论〈民法典〉之人格权请求权体系》,载《广东社会科学》2021 年第 3 期。
④ 朱虎:《人格权侵害禁令的程序实现》,载《现代法学》2022 年第 1 期。
⑤ 吴英姿:《人格权禁令程序研究》,载《法律科学(西北政法大学学报)》2021 年第 2 期。

（二）实质性身份权利义务关系协议适用《民法典》合同编参照适用条款

1. 婚姻家庭问题参照适用合同编的合理性分析

《民法典》第464条第2款规定，"婚姻、收养、监护等有关身份关系的协议，适用有关该身份关系的法律规定；没有规定的，可以根据其性质参照适用本编规定。"从婚姻契约说的角度出发，结婚是双方之间订立的婚姻契约，属于有关身份关系的协议。因此，民法能够通过参照适用合同编的方法，调整实质性身份权利义务相关问题。

婚姻契约论认为婚姻是一种契约，婚姻具有明显的契约本质，如婚姻宣誓体现出双方相互承诺，共同达成结婚意愿。全部社会生活都要利用、依靠契约，有了契约才能产生权利义务、责任及法律。① 婚姻契约说是资本主义国家家庭法学的主流学说，并成为家庭法律制度的理论基础。尽管婚姻协议的权利义务和特权大部分不能由婚姻当事人规定，而只能由国家规定，但是婚姻之所以是契约，其本质在于它是由两个符合法定条件的成年人自愿达成的协议。② 婚姻作为民事契约的立法实践，在资本主义国家的法律中也有明确体现。③ 个人主义时代的婚姻契约论认为婚姻就是两个不同性别的人为了终身互相占有对方的性器官而产生的结合体，是依据人性法则产生其必要性的一种契约。④ 现代婚姻契约理论认为婚姻主要是作为平等主体的夫与妻之间缔结的共同生活的契约，婚姻契约的实质内容主要是经济合伙和共同生活，围绕这两方面衍生出夫妻之间的具体人身关系和财产关系。⑤

婚姻契约论在强调婚姻个体和婚姻自由方面具有重大历史意义，但是婚姻契约论存在明显的缺陷。婚姻并非契约，婚姻的内涵多于契约。婚姻契约论无法囊括婚姻的本质与实质，难以处理契约约定与婚姻现实之间的差距，违反婚姻契约所承担的违约责任与违背婚姻伦理应当承担的责任并不一致。契约自由对婚姻稳定产生消极因素，不利于子女利益，损害社会健康发展，扰乱国家对婚姻家庭的保护调整。婚姻具有契约和身份的双重属性。当代西方主要国家的家庭法教科书对婚姻的概念及法律地位通常解释为，婚姻既是契约又是身份，通过契约而缔结身份。⑥ 身份关系协议参照适用合同法规则，必须符合当代婚姻的内在属性。

依据《民法典》第464条第2款的规定，婚姻家庭领域参照适用合同编的前提为：调整对象需属于有关身份关系协议的范围，且暂无对该种协议进行调整的法律规定；且通过对协议性质的判断，方得以参照适用合同编规定。因此，何为身份关系协议，是婚姻家庭领域参照适用合同编的首要前提。身份关系协议的分类主要包括将身份关系协议分为纯粹身份

---

① ［美］伯纳德·施瓦茨：《美国法律史》，王军等译，中国政法大学出版社1989年版，第65页。
② ［美］劳埃德·R.科恩：《婚姻：长期契约》，载［英］安东尼·丹尼斯、罗伯特·罗森编：《结婚与离婚的法经济学分析》，王世贤译，法律出版社2005年版，第12页。
③ 如1791年《法国宪章》第7条规定："法律仅承认婚姻是一种民事契约。"《奥地利民法典》第44条规定："婚姻契约确立双方的家庭关系。"参加《奥地利普通民法典》，周友军、杨垠红译，清华大学出版社2013年版，第6页。
④ 参见［德］康德：《法的形而上学原理——权利的科学》，商务印书馆1991年版，第96~99页。
⑤ 夏吟兰、邓丽：《婚姻关系模型理论与离婚法律制度之间的关联性研究》，载《比较法研究》2005年第6期。
⑥ 蒋月：《婚姻家庭法前沿导论》（第2版），法律出版社2016年版，第90页。

关系协议、身份人格关系协议、身份财产关系协议;①或者将身份关系协议分为纯粹的身份关系协议、基于身份关系作出的有关财产协议、纯粹的财产协议;②或者将身份关系协议分为纯粹的身份协议、随附身份的财产协议。③ 无论采取哪种划分方式,其划分均以身份与财产在身份关系协议中的侧重不同为标准。在身份法框架下,身份关系协议必须符合身份法的价值秩序,与身份关系紧密联系,即使是纯粹的财产协议,也必须依附于身份关系而存在。身份关系以特定的人身属性为核心,婚姻家庭领域参照适用合同编的规定,其规范对象主要为亲属身份关系下的身份关系协议。然而,婚姻缔结当事人之间在未完成结婚程序前,不存在依法产生的身份关系,其准配偶身份属于配偶身份的预先状态。婚姻缔结行为发生在结婚程序圆满之前。若婚姻缔结行为已履行完毕,有关的身份协议则属于夫妻身份关系下的身份关系协议,此时可以依法判断身份协议能否参照适用合同编有关规定。

身份关系协议应当根据协议包含的身份属性强弱为标准,判断能否参照适用合同编规则。一般认为纯粹的人身关系协议原则上无法参照适用合同编规则。纯粹的人身关系协议与合同编的调整对象有本质区别。④ 纯粹的人身关系协议具有浓厚的伦理属性,其不具有财产属性相关的内容,协议包括的权利义务关系也为人身方面的权利义务关系。民法对纯粹人身关系协议的调整应当严格限制在身份法的规则范围内。

2.《民法典》合同编对实质性身份权利义务的确认和保护

民法典以市场经济秩序与家庭生活世界为规范对象,其所包含的众多法条以不同的方式相互关涉,彼此交织,发生共同作用,从而形成一个体系化的规范整体。⑤《民法典》第464条规定婚姻、收养、监护等有关身份关系的协议,没有规定的,可以根据其性质参照适用合同编的规定。该条规定打破了原《合同法》将身份关系协议排除在规范范围之外的原则。意思自治原则适用领域的扩大以及合同法和家庭法中人与人关系趋近的价值理念,为身份关系协议参照适用合同法创造了可能性,而《民法典》婚姻家庭编的内在价值体系为身份关系协议准用合同编提供了充分的价值基础。⑥ 身份关系协议作为一种民事法律行为,《民法典》第464条的规定建立了婚姻家庭编(身份关系)—合同编(参照适用)—总则编(民事法律行为)之间相互补充适用的路径。

基于婚姻关系产生的身份关系协议包括人身性和财产性两个方面的内容,且以人身性内容为核心。身份关系协议包括纯粹的身份关系协议(身份关系成立、变更、消灭的协议,如夫妻之间缔结婚姻的协议),还包括身份权利行使与义务承担的协议(如当事人之间身份权利义务的设立、履行的协议),以及身份财产性协议(包括身份财产混合协议、身份财产关

---

① 谭佐财:《有关身份关系的协议准用合同编释论——兼析〈民法典〉第464条第2款》,载《大连海事大学学报(社会科学版)》2022年第2期。
② 王利明:《体系化视野下〈民法典〉婚姻家庭编的适用——兼论婚姻家庭编与其他各编的适用关系》,载《当代法学》2023年第1期。
③ 薛宁兰、崔丹:《身份关系协议的识别、类型与法律适用》,载《法治研究》2022年第4期。
④ 王利明:《体系化视野下〈民法典〉婚姻家庭编的适用——兼论婚姻家庭编与其他各编的适用关系》,载《当代法学》2023年第1期,第9页第12页。
⑤ [德]卡尔·拉伦茨:《法学方法论》,黄家镇译,商务印书馆2020年版,第336页。
⑥ 冉克平:《"身份关系协议"准用〈民法典〉合同编的体系化释论》,载《法治与社会发展》2021年第4期。

联协议,如婚内夫妻财产协议、意定监护协议)。为保障身份行为的安定与透明,使其满足最低限度的规范性要求,促使当事人慎重行事,维护婚姻家庭制度,纯粹身份关系的成立必须兼具合意与法定形式要件。① 婚姻登记这类"特定形式"具有维持身份关系清晰性与公开性之目的,在此类要式具备之前,不宜令婚姻或收养发生任何拘束力,亦不可像对待欠缺书面形式的合同那样,通过履行行为进行补正。② 身份财产性协议因其伦理属性减弱而财产属性增强,在参照适用合同编相关规定时,可以参照适用"要约—承诺"规则与缔约过失责任规定,包括对通谋虚伪、显失公平的适用。

可见,以身份关系协议内容的本质特征为切入点,并未对身份权利义务履行与承担的协议能否参照适用以及如何参照适用合同编进行深入讨论。"身份关系协议的性质"是身份法律行为及相应身份权利义务关系所展现出的身份共同体特点,也是"参照适用"时对被引用法条限制或者修正变通的判断标准和解释依归。③ 因此,身份权利义务关系的协议能够参照适用合同编相关规定。第一,实质性身份权利义务关系协议符合法定要求。实质性权利义务协议的内容本质上符合法律对身份关系当事人之间权利义务规定的要求,不违反身份法的基本理念与原则,其权利义务内容为身份权利义务所框定;第二,实质性权利义务关系协议具有伦理性。虽然非婚姻关系当事人之间订立实质性权利义务关系并不具有法律意义上的伦理性特征,但其行使身份权利、承担身份义务过程中的伦理性为社会评价所承认,受到社会伦理的约束;第三,实质性身份义务关系协议同样具有专属性。其一,《民法典》第464条向下的合同编规范主体为普通的民事主体,以"婚姻……有关身份关系的协议"对参照适用的范围进行划定,实际上是以协议的本质内容的确定为标准,而非协议签订主体。其二,协议仅为身份关系协议的法定表现形式,法律规范无法穷尽列举所有实质性的身份权利义务关系主体,但依据其权利义务关系的身份属性,具有实质性权利义务关系的主体同样只能在具有特定身份的当事人之间发生效力。他们之间或是存在先前的身份关系,或是存在事实的身份关系,并非任一民事主体之间都能依法成立实质性的身份权利义务关系。

根据是否为身份法确认或者符合身份法理念与原则,可将身份关系协议区分为身份法明确规定的身份关系协议和符合身份法理念要求的身份关系协议。部分身份关系协议类型虽未经法律确认并赋予其相应的效果,但这些协议只要符合身份法理念和原则要求,也应被纳入身份关系协议范畴。④ 身份法明确的身份关系协议即产生法定的身份权利义务关系。符合身份法理念的身份关系协议包含了现有或将来未经法定的身份关系协议。这种身份关系协议产生的身份权利义务关系虽然不具有严格的法定特征,但符合身份法的理念、原则和价值追求,通过对实质性的身份权利义务内容进行保护,能够在一定程序上弥补身份关系法定的不周延性与滞后性,实现对实践中法律未穷尽的身份权利行使与义务承担提供法律保护;避免出现法律应对不能的困境。

---

① 参见王泽鉴:《民法概要》,北京大学出版社2009年版,第495页。
② 金可可:《〈民法总则〉与法律行为成立之一般形式拘束力》,载《中外法学》2017年第3期。
③ 王雷:《论身份关系协议对民法典合同编的参照适用》,载《法学家》2020年第1期。
④ 薛宁兰、崔丹:《身份关系协议的识别、类型与法律适用》,载《法治研究》2022年第4期。

(三)保护实质性身份权利义务契合身份关系立法的价值追求

萨维尼"法律关系"理论构建了民法典的体系基础,通过不同的法律关系来确认权利,并通过法律关系规范主体的行为、协调主体的利益,由此才能实现社会关系中各种利益的均衡,从而形成稳定的社会秩序。[①] 现代社会,国家有必要通过公权力介入身份关系领域,通过法律规范调整身份关系。当然,身份关系诸要素,即使受到法律的调整,也应该依据其传统的伦理秩序、道德习惯予以确定。[②] 在调整和规制的过程中,需要充分考虑身份关系的伦理道德属性,贯穿以特殊的法律规范理念。

民事人身关系,是指与民事主体的人身密不可分,为满足民事主体的各种人身利益所形成的民事法律关系。人身关系的内容经历了二分说(人格关系与身份关系)、三分说(人格关系、人格权关系和身份关系)、[③]五分说(人格关系、人格权关系、身份关系、身份权关系和其他涉及人身要素或因素的社会关系)。[④] 随着身份关系研究的深入,身份关系与身份权应当作出区分。身份关系为"赋予"的关系。[⑤] 身份关系具有事实属性和既定属性,要求具有身份关系的人在法律与实在社会生活的双重环境中遵守基于身份关系产生的权利义务。在法律语境中理解身份关系,受制于法律规范自身的局限性。法律规范的文字表达难以避免出现不能充分表述其要义与内涵的局面。身份关系当事人依法合意地设立、变更、解除身份关系,身份关系当事人只能对法律规定的权利义务内容全盘接受,未经法律确认的身份关系与实质性的权利义务,无法在法律允许的范围内获得保护。此时,需要通过实在社会生活对身份关系相关的权利义务进行解读。事实身份关系只要不违反社会之一般人伦秩序,法律就不应该断然否定其身份关系效果。[⑥] 对于法律未规定的身份关系,只要存在人伦身份秩序上的特征,对其保护应予以法律层面的肯定。

身份权必须由《民法典》进行规范才能成为真正的法定权利。《民法典》将婚姻法纳入其中成为婚姻家庭编,且在身份权请求权中明确使用了身份权的概念,因而身份权不仅是因婚姻家庭关系产生的人身权利,而且被正名,成为《民法典》确认的民事权利类型。但是,坚持权利体系的协调性,并不是冠以权利之名的即是完整的权利,必须有确定的内涵和外延方可将其定义为一项权利。通过设定夫妻双方享有/承担若干具体事项上的权利与义务,指引夫妻认真妥善对待彼此的人身关系,并使之制度化。[⑦] 如果仅仅只有对身份权的表述,缺少对身份权的具体规范,身份权便只能停留在为法律所确认的宣示性条款及参照适用的技术之下,难以为民事身份关系主体真实享有,并且使得对侵犯身份权的司法救济落

---

① 付翠英:《〈民法典〉对身份权的确认和保护》,载《内蒙古社会科学》2021年第4期。
② 张作华:《认真对待民法中的身份——我国身份法研究之反思》,载《法律科学(西北政法大学学报)》2012年第4期。
③ 徐国栋:《再论人身关系——兼评民法典总则编条文建议稿第3条》,载《中国法学》2002年第4期。
④ 周湖勇:《人身关系法论纲——从人格权法到人身关系法》,载《社会科学研究》2016年第5期。
⑤ 刘得宽:《民法总则》,中国政法大学出版社2006年版,第45页。
⑥ 张作华:《事实身份行为与事实身份关系的法律保护——以事实婚姻为中心》,载《四川大学学报(哲社版)》2009年第4期。
⑦ 蒋月:《当代民法典中夫妻人身关系的立法选择》,载《法商研究》2019年第6期。

空。如果不在《民法典》中对身份权予以具体化,会使得身份权成为只存在于法律中的"空中楼阁",无法转化为民事身份关系当事人能够享有的实在权利。①

身份权的客体是身份利益,也是非物质利益。身份利益是指特定亲属之间的身份地位所体现的利益。表明的是配偶之间的身份地位和利益关系。如果缺少了民事权利客体,或者对民事权利客体体系规定不完备,将会引发市民社会生活的规范、民事法律关系的调整以及民事纠纷处理方面的问题,对民法理论的研究和学习也会造成方法的缺失。② 民事权利客体是民事主体之间的权利义务共同指向的对象。③《民法典》第3条规定民事主体的人身权利、财产权利以及其他合法权益受法律保护。该条不仅明确了公民的身份权,还将合法的身份权益纳入法律规范的范围。在社会生活中,实质性的身份权利义务虽然不能基于特定的身份关系行使身份权利、承担身份义务,但其具有合法的身份权益内容,可以通过法律进行保护。《民法典》第186条、第1182条、第1183条同样对民事权益进行了法律规定,侵害他人人身权益的,可以要求侵害人承担违约责任和侵权责任,被侵害人有权请求财产赔偿和精神损害赔偿。

法律的生命力和权威在于实施,法学理论研究应当立足于社会实践,身份权研究的司法适用意义尤为重要。身份权的内容呈现出权利义务相互交织的特点,除法定的身份权利义务以外,还包括与身份相关的其他合法权益。实质性的身份权利义务并不具有法定身份权利义务属性,也无须将其纳入法律规范确认的范围之内。实质性身份权利义务有其独特的社会伦理道德性,一方面,即使法律不将其纳入规范范围,实质性的权利义务内容仍然受到身份关联的认可,社会的认同也从未停止。另一方面,因为实质性身份权利义务具有法定身份权利义务的内容,实质性身份权利义务同样可以获得法律的保护和救济,弥补法律的不周延和局限,填补法律规范、司法适用与社会生活之间的漏洞。当然,实质性身份权利义务内容建立在法定身份权利义务的基础之上,前者与后者都具有相对属性,只能在具有身份关系或类身份关系的人之间行使权利或承担义务。实质性身份权利义务的范围比身份权利义务的范围更广,在界定实质性身份权利义务内容时,需要考虑身份权益的问题。因此,实质性权利义务内容的确定,要基于对身份权概念和内容的把握,不仅需要《民法典》对身份权的确认和保护进行充分阐释,也需要《民法典》将实质性的身份权利义务关系规范进行辨认和肯定,从而奠定正确理解实质性身份权利义务关系和适用相关法律规范的前提。

---

① 刘凯湘:《民法典人格权编几个重要理论问题评析》,载《中外法学》2020年第4期。
② 杨立新:《民事权利客体:民法典规定的时隐时现与理论完善》,载《清华法学》2022年第3期。
③ 王利明、郭明瑞、方流芳:《民法新论》(上册),中国政法大学出版社1987年版,第116页。

第二节
夫妻财产的聚合与析分

夫妻财产因结婚而聚合,因离婚而析分。经营婚姻是现代家庭管理中的一个时尚话题,也是婚姻家庭进入21世纪后,作为社会最小单元的家庭必须思考的问题。从形而上的视角,经济是社会生活的基础,作为社会活动最小单元的夫妻及其组成的家庭要在社会活动中不捉襟见肘,必须聚合各种资源以供使用,其中以财产为特征的物质生活起到了基础性的作用。从形而下的现实生活看,婚姻家庭对财产的运用与消费问题,既有传统优良家风——节俭的弘扬,也有现代盘活家庭资产、不断地增长家庭财富的追求;对内有家庭生活的合理开支、优渥消费,促进家庭和睦的作用,对外有承担社会义务、应对家庭财务危机的功能。在现实生活中,和睦的家庭能够泰然应对诸如成员患重大疾病、重大投资失败等情况,化解家庭生活的危机,不外是这个家庭在财务管理方面有着良好习惯,能够做到花小钱办大事,调集家庭成员的财富共同应对风险。若家庭不能很好地管理、运用家庭成员的财富,则在应对生活重大风险时就显得拮据和窘迫。从法律层面看,家财产管理模式制约着该家庭抵御风险的能力和程度,也影响着家庭成员尤其是夫妻双方经营家庭、履行家庭法上的民事义务。例如,相互扶养义务、赡养父母的义务、抚养子女的义务等。《民法典》关于夫妻财产问题的解决方案不仅规定在婚姻家庭编,也散见于民法典的各章节。本节从理论和实务入手,梳理夫妻关系建立引起的财产聚合和离婚后财产析分所产生的法律问题,以期对《民法典》框架下夫妻财产制度的理论建模和实操指导有所裨益。

一、夫妻财产的来源和法律属性

民法的目的是"保护民事主体的合法权益"[①],但《民法典》仅在第110条用列举方式列举了自然人、法人和非法人的权利种类,对权利的延伸形式作了保护性的规定,而对民事权益及财产权益的内涵却语焉不详。作为权利客体的财产一般是以物的形态存在,为自然人支配和消费(耗)。虽然现代社会发展了非物质形态的权利客体——知识产权,但仍以为民事主体支配和消费为基本特征。物权制度将民事主体享有的财产权分解为占有、使用、处分和收益四项权能,然这四项权能是所有权的全部或仅仅是主要的权能。如何准确把握民事主体合法权益范围、界限,实务界一直处于困扰状态,理论界没有给出明确的意见。

(一)先有身份关系还是先有财产关系

两性因婚姻结合产生家庭共同体,该共同体出现了财产的聚合。蒋月教授认为,"在婚

---

① 《民法典》第1条。

姻家庭法上,身份关系与财产关系的分离是自近代资本主义经济发达开始的",[1]身份关系是一种事实状态。[2] 随着婚姻登记制度的实行和普及,婚姻登记行为(民事行为抑或是行政行为?[3])产生了互为配偶的身份关系。这种身份关系由婚姻的本质决定了其具有契约性,并因此契约性决定了互为配偶的夫妻财产具有契约性,[4]可见婚姻关系产生了身份关系,由身份关系产生具有契约性质的财产关系。契约原理成为处理夫妻财产关系和家庭财产的基本原理和价值取向。[5]

(二)由家庭财产到夫妻财产再到家庭财产的更迭

一对男女结为夫妻,实现了双方收入的聚合,成为一个新家庭的经济基础。夫妻养育了子女,待子女成年结婚,开枝散叶,新一代的家庭建立,在完成辈分升级的同时,一般也会出现家庭财产的析分。夫妻将已经积累的财产分配给下一代,或者因为生老病死缘由,产生了继承、赠与或遗赠等法律形式的财产归属变化,总之出现了财产分离。

在传统的中国家庭中,子女一般并无独立的财产,而是依附于以父母为中心的家庭。已婚子女要到从父母家庭分立出来,才会有自己独立的财产。古时候的皇家开衙建府,士大夫家另辟宅院,到今天寻常百姓家庭立灶分家,财产独立后从家庭中能获得财产的多寡,由家长分配。家庭中长子最早成为家庭财产的主要支撑者,需与父母共同维持家庭基本开销和家庭财富的积累,作为回馈,长子长孙在家庭财产分配中占有优势地位;在多妻制中,嫡子与庶子在家庭分配中的地位有显著区别;女儿在家庭财产分配中能否获得一定财产,基本上是以其结婚时给予的嫁妆为特征的,婚后要获得娘家的财产,基本上不可能。

随着现代家庭制度的建立,法律赋权子女财产独立,成年子女自己的收入不再简单地成为家庭共同财产部分,大家庭财产共享共用的状态逐渐离析,出现了家庭财产和子女个人财产共存的状态。1950年《婚姻法》首先保障了妇女财产权,对妇女婚前独立收入、婚后与丈夫共享财产、对娘家父母财产享有继承权而拥有的财产给予保障。[6] 妇女享有与男性平等的财产权利成为新中国成立以来妇女权益保护的最坚实基础和最大成就之一。家庭财产大多是以家长为财产权利代表或者直接表现为财产的所有权,子女从家庭中获得的家庭财产,多数是以取得一定住宅房屋为特征。1950年中央人民政府委员会第八次会议通过

---

[1] 蒋月:《20世纪婚姻家庭法:从传统到现代化》,中国社会科学出版社2015年版,第125页。
[2] 蒋月:《20世纪婚姻家庭法:从传统到现代化》,中国社会科学出版社2015年版,第125页。
[3] 笔者认为,从双方的意愿,即意思表示角度,双方自愿成为夫妻,登记结婚是民事行为;从行政机关给双方登记后,发给结婚证书的角度,则是行政行为,因为行政登记机关要审查双方意思表示是否真实、是否受到胁迫、是否达到法定年龄条件、是否直系血亲或三代以内旁系血亲,在这个意义上,则又是行政行为,因为从这个层面上看,结婚证是双方互为配偶的"许可证"。
[4] 张华贵:《夫妻财产关系法研究》,群众出版社2017年版,第13~14页。
[5] 张华贵:《夫妻财产关系法研究》,群众出版社2017年版,第29页。
[6] 在福建等很多地方,女儿不分娘家财产的习俗迄今依然流传着,当然,其表现形式出现了变化,有娘家人不同意或不愿意将娘家的财产分配给外嫁女儿的,有外嫁女儿主动放弃对娘家财产继承权的,或者转赠给其还留在家中的某个兄弟姐妹(如留给尚未出嫁的妹妹),或者生活最为困难的某个兄弟。在司法案件中,人民法院对外嫁女儿对娘家财产的继承,一直秉承着男女平等原则予以判决,这种判决为社会普遍接受。于是,就出现了两种形态共存的现象。

《中华人民共和国土地改革法》，用人均土地分配的方式对土地的占有进行改革，[①]出现了家庭成员共有土地和房屋的权利，子女在家庭中享有的财产权利才显现出来。

进入21世纪，我国城市夫妻财产状态由家庭财产共享逐渐向夫妻财产分置过渡，形成了以夫妻共有财产为主，家庭共有财产为补充的财产分布模式。在广大农村，随着家庭联产承包和统分结合的农村土地承包制度的成熟，农村居民家庭的财产逐渐明晰，以"一户一宅"为特征的不动产分户模式，同样诠释了从家庭财产到夫妻财产再到家庭财产的财产模式变化过程，尤其是《农村土地承包法》《物权法》颁行，对农村土地承包确定为用益物权性质的财产权，并为承包家庭共有，农村家庭成员共有的财产模式更加坚固。伴随着独生子女步入成家立业的年龄，新型的家庭财产关系形式不断出现，有传统的夫妻与公婆形成的家庭财产形式，也有夫妻与岳父母形成的家庭财产形式，夫妻不但有自己的独立财产，还从各自的家庭中带来了相当的财产，组合来自两个不同家庭（族）的新型家庭财产形态，以及因两个独生子女结合与双方父母共同组成姻亲家庭组合财产形式等多元形态，富有中国特色的由家庭财产到夫妻财产，再到家庭财产交织更迭发展的规律形成。我们也关注到，新一轮的人口政策，随着计划生育放开二孩、三孩政策的推行[②]必将带来新时代家庭财产形态的发展和变化，更加多元的财产形式将逐渐呈现出来。

（三）共同创造的财产

共同创造是夫妻共有财产的最基本来源，实行婚姻财产共同制是婚姻当事人的不二选择，以保障家庭生活的正常运行，提高家庭生活的水平。[③] 在婚姻存续期间，即自婚姻登记之日起到婚姻终止之日止，夫妻共同创造的财产是夫妻共同财产的主要来源[④]。现实生活中，部分婚姻当事人登记结婚后，并未随即开始共同生活，原因较多样，其中受传统习俗影响待举行传统或宗教婚礼才正式共同生活，是最常见的情形。这段"过渡"期，有部分较短的仅间隔几个月，有些人则可能会在一两年内过渡，还有少数人可能经历数年时间过渡。《民法典》规定夫妻关系存续期间所得的财产为夫妻共同财产[⑤]，从文义上是以婚姻登记日

[①] 1950年中央人民政府委员会第八次会议通过《中华人民共和国土地改革法》第五条 革命军人、烈士家属、工人、职员、自由职业者、小贩以及因从事其他职业或因缺乏劳动力而出租小量土地者，均不得以地主论。其每人平均所有土地数量不超过当地每人平均土地数百分之二百者（如当地每人平均土地为二亩，本户每人平均土地不超过四亩者），均保留不动。超过此标准者，得征收其超过部分的土地。如该项土地确系以其本人劳动所得购买者，或系鳏、寡、孤、独、残废人等依靠该项土地为生者，其每人平均所有土地数量，虽超过百分之二百，亦得酌情予以照顾。此外，在第十二条、第十三条等条款中也都有对家庭人口财产的认可。

[②] 2015年12月27日十二届全国人大常委会第十八次会议修改的《人口与计划生育法》第18条为："国家提倡一对夫妻生育两个子女。符合法律、法规规定条件的，可以要求再生育子女。……"
2021年8月20日十三届全国人大常委会第三十次会议再次修改《人口与计划生育法》第18条为"国家提倡适龄婚育、优生优育。一对夫妻可以生育三个子女"。

[③] 蒋月：《婚姻家庭法前沿导论》（第2版），法律出版社2016年版，第134页。

[④] 此处之所以表述夫妻共同创造是夫妻共同财产的主要来源，是因为夫妻共同财产来源的形式有多样，《民法典》第1062条规定，除了夫妻工资、奖金、劳务报酬、生产、经营、投资的收益，知识产权的收益外，尚有继承或者受赠的财产系夫妻共同财产，继承或者受赠就不是夫妻共同创造的。

[⑤] 《民法典》第1062条。

为起算点的,但在司法实务中必须清醒地看到现实世界的丰富性,婚姻登记仅仅是婚姻关系成立的外观特征,简单地以婚姻登记日为判定的标准,可能会将婚姻关系从登记到共同生活之间"过渡期"一些特殊的财产状态直接认定为共同财产而显失公平。要实事求是地考察夫妻双方是否共同生活,以夫妻共同生活的时间节点确定共同财产的起算点才符合生活客观实际,接近客观真实。对这个特殊时期所创造的财产或获得的财产是否应作为夫妻共同财产,应根据每对夫妻的具体情况而定。其次,共同财产创造方式不同。婚姻双方有不同职业、不同收入水平,成为夫妻之后,共组一个家庭,各自收入多寡不同,有部分婚姻当事人一方选择辞职居家操持家务(所谓"全职太太""全职老公")、抚养子女,以家务劳动作为夫妻共同生活的投入。计算婚姻家庭收入时,不应考虑婚姻当事人的收入差距,而是合并计算。第三,在婚姻存续期间夫妻任何一方因继承、受赠等获得的财产,一般作为共同财产,但受遗产或赠与财产所有人意思表示影响,一旦所有权人指定该部分财产或仅由继承人或受赠人专人享有的,则排除婚姻另一方共有。因此,在认定夫妻关系存续期间收入时,既要考虑该期间的收入情况,也需注意排他的意思表示之存在,避免误将个人财产纳入共有财产中。

随着社会生产力水平的发展和社会化生产与分工的发展,妇女独立参与社会大生产,夫妻双方一般均有自己的劳动收入。为保障婚后生活水平不断提高,婚姻双方将财产和收入合二为一,成为大多数人选择的方式,夫妻财产共有制成为社会普遍接受的夫妻财产所有形式,并为国家立法所固定,但社会分工越来越细,就业面越来越广,传统的"三百六十行"早已被打破,新的行业、新的职业不断出现,普通人个体收入提高,经济独立性越来越强,追求保持自己独立经济地位的人或许会成为一种新的社会时尚,保留自己独立财产权益的婚姻也成为时代给新夫妻的一种选择。为此,《民法典》留下了夫妻财产约定制度空间,允许夫妻自行约定财产的具体归属情况,可以完全各自所有,也可以约定部分归个人所有,部分结合成为夫妻共同财产。按立法本意,夫妻财产约定制必须由夫妻双方协商形成共同的明确的意思表示;双方没有书面约定的,直接适用法定婚后所得共同制。实务中,必须要避免将各自管理的夫妻财产认定为财产约定制,管理形式不能作为约定制的外观特征,"约定应当采用书面形式"。所以,约定制以有书面明确意思表示为前提的,没有约定或者约定不明确的,应当认定当事人双方适用以法定共同制。

(四)聚合中的保留

夫妻财产关系是夫妻关系的基础。[①] 婚姻的契约性,决定了夫妻财产关系的契约性。[②] 男女一旦结婚成为夫妻,双方的财产聚合在一起成为共同财产或家庭财产是一种最为普遍的社会选择。随着女性学历提升,参与社会劳动越来越广,男女平等成为现代社会的基本特征,基于平等的追求,人们保留一部分财产作为自身社会独立的保障需求越来越被广泛接受。

1. 基于男女平等原则,夫妻在婚姻关系中保留了部分独立的财产

首先,保证男女经济平等,男女双方就业机会日趋均等化。依据劳动人事法律规定,用

[①] 张华贵主编:《夫妻财产关系法研究》,群众出版社2017年版,第7页。
[②] 张华贵主编:《夫妻财产关系法研究》,群众出版社2017年版,第13~15页。

工(人)单位招收员工中,除非特殊岗位,不得限制男女比例;否则,影响平等就业机会。其次,对共有财产的平等处分权已经深入人心,在日常生活中夫妻对财产的处置平等化。传统的"男主外,女主内"的基本家庭分工模式,在现代社会也发生了新变化,流行文化将"女主内"解读为"家庭生活中以女主人为中心"的模式,在财产和支配上逐渐出现了新的形态:女性在家庭中的支配和决定权已经接近甚至超过男性。最后,《民法典》对夫妻一方个人财产的保护,使配偶双方在夫妻关系存续期间各自保留着一部分个人财产成为现实。① 下列三种情形的财产都可以成为夫妻存续期间保留的个人财产:一方婚前财产和专用的生活工作用品、一方因受到人身损害而获得的赔偿或者补偿、一方在婚姻存续期间被指定只归个人的受赠与、受遗嘱、受遗赠获得的财产。

2. 基于维护妇女权益原则,婚姻制度对女方财产保护的倾斜始终如一

新中国成立以来,先后已经历四次婚姻法的制定和重大修改,每次均坚持保护妇女财产权,在保障妇女对家庭财产和夫妻共有财产享有平等所有权、处分权之外,同时规定了妇女婚前财产归妇女所有,不因带入夫家而转为夫妻共同财产。

3. 夫妻财产的法律规制日趋完善

中华人民共和国成立以来制定、修改和编撰的四部婚姻家庭法律,均在第一章节中明确是调整婚姻家庭关系的基本准则。但这四部法律都仅仅规定了夫妻共有财产的聚合和析分,却未涉及家庭财产。《民法典》婚姻家庭独立成编,用"家庭关系"独立成章,将"夫妻关系"和"父母子女关系和其他近亲属关系"列出独立的节,但在具体内容里仍未对家庭财产的性质、内涵及外延作出规定。"家庭财产"一词仅在1950年《婚姻法》中出现过,其后的婚姻家庭法文本中都没有再出现过。司法实践中,一般认为,家庭共有财产是指家庭成员在家庭共同生活关系存续期间共同创造、共同所得的财产。一个家庭要有家庭共有财产,须具备两方面条件:一是有共同的劳动行为或受赠事实;二是家庭不仅由一对夫妻和未成年子女组成。《民法典》仅在物权编中规定共有规范,在婚姻家庭编中仅规范了夫妻共有财产、个人财产,让家庭共有财产融在共有财产制度中,立法者以夫妻财产关系涵摄家庭财产关系,对夫妻关系以外的共有财产则用共有制度来调整。

(1)1950年《婚姻法》没有规定夫妻结婚后财产如何聚拢的问题。该法未规定男女双方结婚后,夫妻共有财产由哪些部分构成,仅第10条用"夫妻双方对于家庭财产有平等的所有权和处置权"的表述,强调了夫妻双方平等的经济权利和财产处分权,又用"家庭财产"代替"夫妻共同财产",模糊了夫妻财产概念。有趣的是,该法第23条超前性地明确离婚时女方婚前财产归女方所有;第24条规定在"离婚时,原为夫妻共同生活所负担的债务,以共同生活时所得财产偿还"尚不足以清偿共同债务时,女方不用偿还,由男方负责偿还。从立法层面分析,该规定间接地明确了夫妻共同生活期间所得财产为双方共同财产,直接地免除了离婚妇女在夫妻共同财产不足以清偿债务时的清偿责任。该法同时确立了离婚时处理财产要照顾女方及子女利益的原则。

(2)1980年《婚姻法》改造了夫妻财产制②,实行以共有制为原则,约定制为例外的夫妻

---

① 《民法典》第1063条。
② 《婚姻法》(1980)第13条规定,夫妻在婚姻关系存续期间所得的财产,归夫妻共同所有,双方另有约定的除外。夫妻对共同所有的财产,有平等的处理权。

财产制度。这次对财产制度改造性的修改,把"家庭财产"从婚姻法中剥离出去,用夫妻共有财产、约定财产制度调整夫妻财产关系。其后,1992年4月3日第七届全国人民代表大会第五次会议通过《中华人民共和国妇女权益保障法》第28条至第32条、第43条至第44条从三个维度对妇女财产权益设置了与男子平等保护机制:家庭和夫妻共有财产、妇女在农村集体经济组织中所享有的财产权益和继承享有与男子同等的财产权益;并首次在立法中明确强调了妻子在家庭夫妻共有财产方面的权益,不受收入影响。

(3)2001年《婚姻法》(修正案)进一步改革夫妻财产制度,将家庭共有财产从夫妻共有财产制度中彻底剥离,不在夫妻财产制度中涉及家庭财产事项,建立了较完整的夫妻财产制度。第17条明确规定了夫妻共有财产范围;第18条规定了个人财产的范围,完善了夫妻共有制度和个人财产制度。同时赋予了当事人夫妻财产共有制与约定制的任意选择权,明确无论是婚前财产还是婚姻存续期间所得的财产,只要书面约定的,对夫妻双方均具有约束力;如果第三人知晓财产制约定的,对第三人也有约束力。全国人大常委会2022年10月30日对《妇女权益保障法》妇女在家庭中财产权益相关规范进行了修订,明确了家务补偿制度[1]、妇女在城镇集体财产中的权益,并进一步宣示在农村集体所有财产中与男子同权,[2]同时在2025年5月1日即将施行的《中华人民共和国农村集体经济组织法》第8条第3款中,进一步完善妇女在集体经济组织所有的财产关系中的权益的保护,规定"妇女享有与男子平等的权利,不得以妇女未婚、结婚、离婚、丧偶、户无男性等为由,侵害妇女在农村集体经济组织中的各项权益。"[3]

(4)《民法典》婚姻家庭编在保留2001年《婚姻法》(修正案)的立法成果之外,进一步完善了夫妻财产制度。分述如下:

第一,确立共债共签原则。夫妻共债问题,婚姻法几次立法、修改在共债的认定和债务的承担方面都有一些变化。1950年《婚姻法》确定夫妻存续期间的债务,由夫妻共同财产来偿还;不足的,由男方来偿还。简单用婚姻关系存续作为参照系,确定婚姻存续期间的债务为共同债务,债务偿还原则是:"夫妻共同财产(有限责任)+男方单方承担最后清偿"的方式。1980年《婚姻法》则规定夫妻存续期间的债务,由共同财产偿还;不足部分,则双方协商,协商不成由法院判决。若是一方所负债务,则由其自行偿还。保留了前一次立法用婚姻存续期间作为参照系的规则,同时增加了一方所负债务自行偿还的规则,但没有明确自

---

[1] 2022年修订的《妇女权益保障法》第68条第2款:女方因抚育子女、照料老人、协助男方工作等负担较多义务的,有权在离婚时要求男方予以补偿。补偿办法由双方协议确定;协议不成的,可以向人民法院提起诉讼。

[2] 2022年修订的《妇女权益保护法》第55条:妇女在农村集体经济组织成员身份确认、土地承包经营、集体经济组织收益分配、土地征收补偿安置或者征用补偿以及宅基地使用等方面,享有与男子平等的权利。申请农村土地承包经营权、宅基地使用权等不动产登记,应当在不动产登记簿和权属证书上将享有权利的妇女等家庭成员全部列明。征收补偿安置或者征用补偿协议应当将享有相关权益的妇女列入,并记载权益内容。第56条:村民自治章程、村规民约、村民会议、村民代表会议的决定以及其他涉及村民利益事项的决定,不得以妇女未婚、结婚、离婚、丧偶、户无男性等为由,侵害妇女在农村集体经济组织中的各项权益。因结婚男方到女方住所落户的,男方和子女享有与所在地农村集体经济组织成员平等的权益。第57条:国家保护妇女在城镇集体所有财产关系中的权益。妇女依照法律、法规的规定享有相关权益。

[3] 《农村集体经济组织法》第8条。

行偿还一方债务认定的条件、情形。在债务的清偿方面,坚持夫妻之间的有限责任制,不涉及夫妻双方个人的婚前财产和婚后属于个人财产部分。确定债务偿还原则是,"有限责任＋协商偿还＋法院裁判",但该法没有就法院如何裁判作具体规定,将空间留给了司法解释。2001年《婚姻法》(修正案)作了较大的调整,对夫妻共同生活所负的债务,确定由夫妻共同偿还,不足清偿或财产归各自所有的,由双方协议清偿,协议不成,由法院判决,确定的原则是,"无限责任＋协商清偿＋法院裁判"①。《民法典》在总结我国70多年司法实践经验基础上,一方面延续了2001年《婚姻法》(修正案)确定的原则,保留了"无限责任＋协商清偿＋法院裁判"的责任承担处理方式,另一方面增加了"共债共签"夫妻债务承担制度,排除了以个人名义超出家庭日常生活需要所负的债务为夫妻共同债务。债权人主张夫妻共债,必须举证证明该债务用于夫妻共同生活、共同生产经营或者基于夫妻共同意思表示。② 这也是对夫妻财产共有制与财产约定制的完善,具体如表3-1所示。

表 3-1　我国夫妻共同债务清偿方式的立法发展比较

法案和时间	法条及内容	处理方式	价值取向	备注
1950年《婚姻法》	第24条 离婚时,原为夫妻共同生活所负担的债务,以共同生活时所得财产偿还;如无共同生活时所得财产或共同生活时所得财产不足清偿时,由男方清偿。男女一方单独所负的债务,由本人偿还。	有限责任＋男方清偿	在维护债权人合法权益的基础上,对妇女的权益予以特殊保护。夫妻作为一个基本单元,对外所负债务,由该单元的财产偿还;不足部分,由男方清偿,以维护债权人合法权益。	男方承担最终清偿的义务。
1980年《婚姻法》	第32条 离婚时,原为夫妻共同生活所负的债务,以共同财产偿还。如该项财产不足清偿时,由双方协议清偿;协议不成时,由人民法院判决。男女一方单独所负债务,由本人偿还。	有限责任＋协商偿还＋法院裁判	作为社会生活的基本单元,该单位所负的债务由该单元承担全部责任,不涉及单元的投资方财产。	共同财产承担共同债务,不足部分,双方协商解决,否则由法院裁判偿还,维护债权人权益。

---

① 2001年《婚姻法》(修正案)第41条 离婚时,原为夫妻共同生活所负的债务,应当共同偿还。共同财产不足清偿的,或财产归各自所有的,由双方协议清偿;协议不成时,由人民法院判决。
② 《民法典》第1064条。

续表

法案和时间	法条及内容	处理方式	价值取向	备注
2001年《婚姻法》（修正案）	第41条 离婚时，原为夫妻共同生活所负的债务，应当共同偿还。共同财产不足清偿的，或财产归各自所有的，由双方协议清偿；协议不成时，由人民法院判决。	无限责任+协商清偿+法院裁判	夫妻组成的社会基本单元，该单元所负债务，由组成单元的夫妻双方承担无限责任。	夫妻用双方的共同财产加上个人财产偿还债务，夫妻双方承担了无限责任，共同财产不足或财产各自所有，则双方协商或法院裁决。
2020年《民法典》	第1089条 离婚时，夫妻共同债务应当共同偿还。共同财产不足清偿或者财产归各自所有的，由双方协议清偿；协议不成的，由人民法院判决。	无限责任+协商清偿+法院裁判	夫妻组成的社会基本单元，该单元所负债务，由组成单元的夫妻双方承担无限责任。	夫妻用双方的共同财产加上个人财产偿还债务，夫妻双方承担了无限责任，不足部分采取协商和司法裁决。

从上述立法例可以看出，立法者对夫妻共同生活所负债务的态度和处理方法。立法秉持优先保护债权人权益的价值取向，明确债务义务人夫妻偿还债务是一项基本义务。具体偿还方式或路径，随着经济社会的发展，立法从夫妻共同财产偿还这种有限责任方式，向夫妻共同偿还这种无限责任方式转变。同时强调共同性，无论是有限责任方式还是无限责任方式，均要求夫妻首先须以共同财产偿还，在共同财产不足偿还时，夫妻双方通过协商偿还，否则交由法院裁判。夫妻对外债务的清偿，立法始终坚持保障对外债务共同清偿，对内清偿义务通过用共同财产清偿、协商清偿到司法裁判原则。债务清偿的方式，凸显了婚姻关系的契约性特征。实务中，夫妻存续期间所负的债务，是不是一概认定为共同债务，《民法典》提炼了夫妻共债认定的三条规则：一是"共债共签"，包括共同签名或者一方事后追认有共同意思表示的债务；二是家庭日常生活需要所负债务；三是债权人能够证明该债务用于夫妻共同生活、共同生产经营或者基于夫妻共同意思表示。这三条规则是从三个不同层次来规制"夫妻共同债务"的：基于表面的共同，有共同签名或事后追认；基于普通人生活的基本判断，其债务用于家庭日常生活需要；基于债权人的举证证明。这三个层次，最难把握的是"家庭日常生活需要"，一般把握"为夫妻共同生活过程中产生，以婚姻关系为基础，包括正常的吃穿用度、子女抚养教育经费、老人赡养费、家庭成员的医疗费等"[①]。对超出日常生活所需的债务，不宜认定为夫妻共同债务，而应以个人债务来认定。

第二，家务劳动成果有价。"家务劳动，是指为自己和家人最终消费所进行的准备食物、清理住所环境、整理衣物、购物等无酬家务劳动以及为家庭成员和家庭以外人员提供的

---

① 最高人民法院民法典贯彻实施工作领导小组主编：《中华人民共和国民法典婚姻家庭编继承编理解与适用》，人民法院出版社2020年版，第167页。

无酬照料与帮助活动。"①社会学认为,家务劳动随着生产力的发展发生形态上的变化,家务劳动形态的变化,决定了家务劳动性质的变化。家务劳动具有公共性到家务劳动私人化,再到家务劳动社会化的发展过程。② 家务劳动价值随着社会生产力的发展而发展,变化而变化,从最初的劳动价值归属于公共的共和时代,发展到家务劳动逐渐私人化,成为家庭生活的一部分,再通过社会化分工,家务劳动成为社会化分工的一个组成部分。③ 家务劳动具体体现在对子女的抚养、对老人的赡养以及日常三餐的制作(属于对生产力再生产的一种劳动)上,不仅具有私人化的价值——温馨的家庭、怡悦的精神世界,还具备了社会生产力再加工的功能,同时也是社会和谐稳定和发展的发源地,具有强烈的社会价值感。④ "承认家务劳动的价值,允许付出方提出的经济补偿,实则是保护家庭生活中承担主要家务劳动的女性。"⑤《民法典》确认了家庭劳务的社会价值和法律价值、经济价值,明确在家务劳动中付出较多的人,在离婚时,可以请求另一方补偿。(第1088条)法条使用"请求"一词,是赋予家务劳动付出一方主动的权利,谦抑公权力,"人民法院在当事人未提出经济补偿请求的情况下,不得径行就经济补偿作出判决",但也不排除人民法院可以释明的程序指导。⑥

关于如何补偿,立法规定了两种方式:一种是双方协议解决补偿的方式,另一种是由人民法院判决的方式。立法一方面赋予当事人协商,体现了私权领域意思自治的核心要义;另一方面也给予了司法自由裁量权。最高人民法院根据司法实践提出了行使自由裁量权要综合斟酌考量几个方面的事实要素:第一,家务劳动的时间,既包括每日投入具体的劳动时间长短,也包括婚姻持续期间;第二,投入家务劳动的精力和强度。子女的抚育和老人的照护与日常家务整理;第三,家务劳动的效益;第四,负担较多一方的信赖利益等。⑦

第三,离婚补偿。离婚经济补偿是离婚的三大救济制度之一,⑧主要适用于下列两种情形:其一,家庭超额(特别)贡献一方有权请求对方补偿⑨。在中国传统家庭伦理文化中,"男主外女主内"观念根深蒂固。即使进入21世纪,妇女走向世界舞台成为主角之一,但是在中国仍然有许多妇女(也有一些男性)在结婚之后自愿为丈夫(或妻子)和子女奉献,甚至放弃

---

① 吴燕华:《居民家务劳动时间经济价值研究——以杭州市为例》,载《吉林工商学院学报》2015年第3期。转引自最高人民法院民法典贯彻实施工作领导小组主编:《中华人民共和国民法典婚姻家庭编继承编理解与适用》,人民法院出版社2020年版,第314页。
② 陈煜婷、张心怡:《马克思主义女性思想的当代价值——以家务劳动社会化服务为例》,载《新观察》2020年5月。
③ 恩格斯:《家庭、私有制和国家的起源》,载《马克思恩格斯选集》(第4卷),人民出版社1972年版,第72页。
④ 周凯:《家事劳动的价值分析》,载《求实》2012年第S2期。
⑤ 吴晓芳:《对民法典婚姻家庭编新增和修改条文的解读》,载最高人民法院研究室编著《人民法院调查研究》2020年第4辑,中国民主法制出版社2021年版,第71页。
⑥ 最高人民法院民法典贯彻实施工作领导小组主编:《中华人民共和国民法典婚姻家庭编继承编理解与适用》,人民法院出版社2020年版,第315页。
⑦ 最高人民法院民法典贯彻实施工作领导小组主编:《中华人民共和国民法典婚姻家庭编继承编理解与适用》,人民法院出版社2020年版,第316页。
⑧ 最高人民法院民法典贯彻实施工作领导小组主编:《中华人民共和国民法典婚姻家庭编继承编理解与适用》,人民法院出版社2020年版,第317页。
⑨ 蒋月:《20世纪婚姻家庭法:从传统到现代化》,中国社会科学出版社2015年版,第461页。

优越的工作岗位,就近就简谋取一份工作,获取一定工资,却把绝大部分的精力放在协助丈夫、抚育子女、照顾老人上,让丈夫腾出更多的时间为事业和工作打拼,其实质是代替配偶履行了家庭的法定义务。为此,一旦离婚,照顾家庭的一方可能在经济收入方面与另一方出现巨大反差,甚至本身没有实际收入,如近年来社会上出现的所谓"全职太太",立法机关为此设立离婚经济补偿请求权①,赋予照顾家庭付出较多的一方,离婚时向对方请求补偿的,对方应当予以补偿。(第1088条)这也是《民法典》在婚姻家庭法领域落实社会主义核心价值观的一个体现。其二,离婚造成一方当事人陷入生活困难状态的,对方有负担能力的,应当予以经济帮助。(第1090条)离婚时对经济困难一方经济帮助制度,自1950年《婚姻法》设立以来,经过了多次修改,始终坚持着。有意思的是,2001年《婚姻法》(修正案)第42条把经济帮助限定在"应从其住房等个人财产中"提供,直接导致了实务中多数法官集中地考虑离异后一方的居住问题,忽略了"住房"以外的"等个人财产",较少支持住房外的经济帮助请求。《民法典》删除了这个提示性规定,采取了任意帮助的规定,使用有负担能力的,应当予以适当帮助的表述,全方位地对因离婚陷入生活困顿的个人获得其为家庭所付出相应对价,保证其离异后能够快速地进入新生活。同时,最高人民法院还就"生活困难"之情形进一步作了细化的解释,将"年老、残疾、重病"这些具体情形务实地纳入"生活困难"之情形,要求在"离婚诉讼中,一方存在年老、残疾、重病等生活困难情形,依据民法典第1090条规定请求有负担能力的另一方给予适当帮助的,人民法院可以根据当事人请求,结合另一方财产状况,依法予以支持"。②

第四,婚内共有财产分割制度。婚内共有财产分割在司法实践中一直采取否定的态度,理论界也有肯定论和否定论之争,③最高人民法院在法释〔2011〕18号中,确立了以否认婚内财产分割为原则,有重大理由为例外的处理方式。这个处理方式一方面秉承了物权法对共有财产的分割采取以约定为原则,单方请求分割为例外的共有物保护制度,只允许出现某种特殊情况后,才允许共有人请求分割。④另一方面对出现"(一)一方有隐藏、转移、变卖、毁损、挥霍夫妻共同财产或者伪造夫妻共同债务等严重损害夫妻共同财产利益行为的;(二)一方负有法定扶养义务的人患重大疾病需要医治,另一方不同意支付相关医疗费用的"⑤,这些重大事由,且不损害债权人利益的情况下,可以允许共有人请求分割婚内共同财产。解释经过了十余年的实践,进入了成熟期,于是《民法典》编撰时直接将该解释编进法典,并且删去了解释三中"不损害债权人利益"的限制,完善了婚内财产分割制度,设定了夫妻之间出现法定的"重大事由"情形时,即允许请求分割的制度。⑥

第五,离婚损害赔偿制度。自从2001年《婚姻法》(修正案)增设该项制度以来,对于在婚姻生活中有重大过错的一方,如重婚、婚外同居、家暴、虐待遗弃家庭成员等,在离婚时应

---

① 蒋月:《20世纪婚姻家庭法:从传统到现代化》,中国社会科学出版社2015年版,第459页。
② 《民法典婚姻家庭编解释(二)》第22条。
③ 蒋月:《论婚内分割夫妻共有财产制及其完善》,载《云南师范大学学报(哲学社会科学版)》2021年第53卷第1期。
④ 《物权法》第99条、《民法典》第303条。
⑤ 最高人民法院法释〔2011〕18号《关于适用〈中华人民共和国婚姻法〉若干问题的解释(三)》第4条。
⑥ 《民法典》第1066条。

当给予对方损害赔偿,用于约束、威慑、惩罚过错当事人,促进婚姻家庭和谐稳定。最高人民法院《民法典婚姻家庭编解释(一)》对《民法典》第1091条中规定的离婚损害赔偿,作了扩大解释,认为一方当事人给另一方的损害,具有精神领域事项的,还应当赔偿精神损害,[①]丰富了婚姻损害赔偿领域:不仅有物质损害赔偿,还有精神损害赔偿。

二、夫妻财产聚合

结婚让两个独立的民事主体产生了身份关系的变化,互为对方配偶,同时让这两个独立民事主体发生了财产聚合,基于白头偕老、繁衍发展的良好愿望,将各自的财产归拢到"家"中,由双方彼此合理计划享用、消费,发挥着 $1+1\geqslant 2$ 的作用。

(一)法定聚合

结婚在把两个适龄的单身男女人士聚合为配偶的同时,也将两人的财产归拢到一块,构建了一个新的财产存在形式——夫妻财产或者家庭财产。这种归拢是互为配偶的当事人将各自从社会劳动、社会活动中获得的财产利益归聚在一起,成为双方的共同财产,这是二合一的聚拢。这种聚拢以婚姻契约为基础,无论各自实际收入多寡,都成为双方享有的财产,成为二人共同生活的物质基础。这种情形的聚合,是以夫妻存续为其共同持有的期间,即从婚姻登记之日起到解除婚姻关系之日或者婚姻关系终止(配偶一方死亡)之日。《民法典》规定,从结婚行为发生时起,夫妻双方的工资收入、劳务报酬、生产经营投资收益、知识产权收益、未附条件的继承或受赠财产以及其他应当成为双方共同所有的财产,同时夫妻双方拥有平等的处分权。[②] 此期间从结婚登记日起到婚姻终止之日止,若中间出现身份上的变化,都会因身份的分离得不到聚拢。例如,离婚后再复婚,从离婚日到复婚日之间,无论长短,双方各自通过劳动或其他社会活动所获得的财产都不能成为双方的共同财产,但当事人另有约定的除外。当然,双方获得的财产必须是合法财产,非法获得的财产能否成为夫妻的共同财产,法学理论和实务界鉴于非法程度不同对归属界定存有争议。一般认为,根据非法程度不同,区分为三个层次:缺乏依据取得的财产、因侵权行为取得的财产、因犯罪行为取得的财产。从法律体系上看,上述财产分别被界定为不当得利或无因管理获得的财产、侵权取得的财产和犯罪赃款。对这三类财产,立法通过刑法规范明确了需要予以返还、补偿或者收缴没收等,不能成为民事主体的财产。《民法典》要求民事法律行为不得违反法律、行政法规的强制性规定,不违背善良风俗,[③]随后用列举的方式界定了夫妻共有财产的外延。

1. 劳动报酬类的收入

劳动报酬类的收入包括工资、奖金、津贴、住房补贴及公积金和社会保险金等与劳动报

---

① 最高人民法院《民法典婚姻家庭编司法解释》第86条,《民法典》第1091条规定的"损害赔偿",包括物质损害赔偿和精神损害赔偿。涉及精神损害赔偿的,适用《最高人民法院关于确定民事侵权精神损害赔偿责任若干问题的解释》的有关规定。

② 《民法典》第1062条。

③ 《民法典》第143条规定,具备下列条件的民事法律行为有效:(一)行为人具有相应的民事行为能力;(二)意思表示真实;(三)不违反法律、行政法规的强制性规定,不违背公序良俗。

酬有关的收入,还有其他非固定工作获得的劳务报酬,如咨询费、讲课费、稿费等。[①] 实务中对具有个体属性的劳务收入,如文艺创作收入、著作版税、美术书法作品拍卖收入、演艺人员演出收入等,是否应当认定为共同财产:第一种观点认为,这些收入与个体身份有特别关系,具有特殊主体标签,应该认定为个人收入,而不能成为夫妻共同财产。第二种观点则认为,它们都是劳动取得的收入,属于劳动报酬类的收入,在夫妻存续期间应当作为夫妻的劳动报酬收入而成为双方的共同财产。笔者倾向于第二种观点,因为本条条目中强调的"婚姻关系存续期间所得的"财产,这里的"所得"是夫妻所得,包括夫妻共同所得、夫或妻一方所得,以上创作性的收入,虽然具有知识产权的专属性,但毕竟还是婚姻存续期间的财产性收入,符合婚姻存续期间合法收入为夫妻共同财产的一般性规定。同时,本条的"所得"强调的是财产权利,而不是对财产的实际占有。如在婚姻关系存续期间与工资直接挂钩的住房补贴、住房公积金、养老保险金,需要符合一定的条件才能实际占有,但已是提供劳动者的财产权利所得,属于劳动报酬范畴。[②] 此外,企业的破产安置补偿金以及军人复员费和自主择业费等实质上都是劳动报酬的组成部分。[③]

2. 投资类的收入

投资类的收入即夫妻双方因为生产、经营或者投资获得的收入。(1)作为特殊民事主体的个体工商户和农村承包经营户的收入。法律规定个体工商户和农村承包经营户,是以户为经营单元,其收入是家庭收入来源,应作为家庭共同财产认定。如是个人经营,以个人财产承担对外债务;或由农户部分成员经营,由该部分成员的财产承担债务。所以,个体工商户若是夫妻一方或双方经营,则认定为夫妻的投资性收入;若是夫妻一方与其他家庭成员共同经营的,则属于家庭财产,需要先行从家庭共有财产中分离开来,才能认定为夫妻共有财产。为保持农村土地承包关系稳定并长久不变,维护农村土地承包经营当事人的合法权益,我国立法确定了"以家庭承包经营为基础、统分结合的双层经营体制",[④]农村集体土地由农村集体经济组织或者农村村民委员会或村民小组发包给农户,"农户内家庭成员依法平等享有承包土地的各项权益"[⑤]。同时,村民还享有在集体所有的宅基地上建造房屋的权利。承包地和宅基地的权益属于承包户所有成员。在20世纪80年代初农村集体土地第一次承包时,尚无明确的法律或行政法规的规定,只有相关的政策规定,承包户的权利主要体现在承包合同中;1997—1998年二次延包,中央明确了第二轮承包在第一轮承包20年的基础上再延长30年,并规定要给承包户发放《农村土地承包证》。2002年全国人大常委会制定颁布《农村土地承包法》,用法律形式将家庭联产承包户的法律地位和其他权益固定下来。家庭联产承包地的权益和宅基地的权益成为全体家庭成员所有,也含有夫妻共有财产部分,主要的是联产承包土地的用益物权和宅基地使用权及其房屋的所有权中夫妻享有的

[①] 最高人民法院民法典贯彻实施工作领导小组主编:《中华人民共和国民法典婚姻家庭编继承编理解与适用》,人民法院出版社2020年版,第150页。

[②] 最高人民法院民法典贯彻实施工作领导小组主编:《中华人民共和国民法典婚姻家庭编继承编理解与适用》,人民法院出版社2020年版,第150页。

[③] 最高人民法院民法典贯彻实施工作领导小组主编:《中华人民共和国民法典婚姻家庭编继承编理解与适用》,人民法院出版社2020年版,第151页。

[④] 《中华人民共和国农村土地承包法》第1条。

[⑤] 《中华人民共和国农村土地承包法》第16条第2款。

相应份额。计算夫妻共有财产时,就要按照《农村土地承包法》的规定把其他家庭成员的财产份额剥离后,再计入夫妻的共同财产。(2)与他人一起生产经营类的收入。主要是夫妻关系存续期间,双方或一方与第三人共同从事生产经营取得的收入。该收入要根据合同约定,将他人的收益剥离出去,确认夫妻一方或双方实际获得的收入。实务中认定该部分收入的难点在于审查与第三人法律关系的效力、正负收益以及收益比例,是现实的财产,还是或有财产。从夫妻共同财产统计角度,生产经营类的财产性收入以及公司投资类的财产收入,存在既有财产,即实际拥有或获得的财产,如对相应的生产设备的拥有或者生产经营的收入;也存在或有的财产,如尚未结算的工程款项、应收账款等。这些在司法实务中都需要予以关注,不要遗漏。(3)公司投资类的收入。公司投资类的收入,在目前公司制度下,一般分为三种情形。第一种情形是一人公司,即夫妻一方投资设立的一人公司,该公司只要是在夫妻存续期间设立,则当然属于夫妻共有财产,但由于公司设立,投资者与经营者相分离,投资人的权利范围与公司的权利范围不同,在计算夫妻共同财产时,必须将公司财产与投资者的财产权益区分开来,公司的所有者权益并不当然成为投资人的权益。这是在实务中必须要严格加以区分的,因为公司的权益同时承载着公司债权人的权益事项,需要通过法定程序才能转化为投资者个人权益。第二种情形是夫妻一方或双方与他人共同投资公司,其投资所得的财产属于夫妻共同财产。正如上文所述,公司的权益与投资权益是需要加以区别的,且还存在着其他投资者的投资权益,需要剥离。在处理财产时,需要考虑其他投资者的利益。在共同投资时,即使双方各持的股份在股东名册或公司章程登记不同,但双方的投资依然是夫妻共同财产,除非双方有明确的约定。① 第三种情形是对上市公司的投资,以持有上市公司证券为主要特征,其财产权益随着市场行情的变化处于不断变动状态,夫妻共有财产也随着市场行情有损益。这三种情形,有两个共同特征:一是财产形态不是单一的,处置时需要通过特殊的程序将不同的财产形态转化为一般等价物,才能在夫妻之间进行分配;二是财产价值处于变动状态,处置时要以某一特定时间节点为其处置的时间,否则其财产绝对值就发生了变化。(4)用婚前财产在婚姻存续期间进行经营而获得的收益是否属于共同财产,在实务中是有争议的。一种观点认为既然是婚前财产产生的收益,不仅包括自然孳息、法定孳息,还应当包括用该部分财产进行经营所获得的收益,羊毛长在羊身上,婚前财产的增益还是婚前财产。另一种观点则认为,虽然是用婚前财产进行经营,但是婚姻存续期间的经营,该收益属于婚姻法律制度中关于存续期间的收入为共同收益的范围,符合夫妻共同财产判断的基本条件。最高人民法院在《婚姻法解释三》中采纳了这个观点,认为除个人财产的孳息和自然增值外,个人财产在婚后通过经营方式产生的收益,应认定为夫妻共同财产。② 比如婚前的房屋,在婚后通过出租收取的租金,即属于婚后经营性收入,该租金部分认定为共同财产。《民法典》采纳了最高人民法院司法解释中的基本观点,继续使用婚姻关系存续期间生产、经营、投资的收益为夫妻共同财产的表述。③ 同样的思路,夫妻用个人财产在婚姻存续期间进行证券(股票、基金)交易,其收益属于经营

---

① 《民法典婚姻家庭编解释(二)》第 10 条。
② 最高人民法院法释〔2011〕18 号《关于适用〈中华人民共和国婚姻法〉若干问题的解释(三)》第 5 条。
③ 《民法典》第 1062 条。

性收入,应认定为共同财产。① 这里判断的关键在于区分经营性收入与自然增值或孳息。实务中,有当事人提出了用婚前财产在婚姻存续期间进行证券交易,造成的亏损,应当认定为夫妻共同的债务。同样的思路,夫妻用个人财产在婚姻存续期间进行证券(股票、基金)交易,其收益属于经营性收入,应认定为共同财产。这里判断的关键在于区分经营性收入与自然增值或者孳息。实务中,有当事人提出使用婚前财产在婚姻存续期间进行证券交易造成的亏损,应当认定为夫妻共同的债务。笔者以为,该观点是可以考虑采纳的,因为利用婚前财产进行经营或投资,例如,不动产出租收益是法定的夫妻婚后收入;既然其收益可以认定为夫妻共同财产,那么,一旦出现亏损,其亏损是婚后负收入,属于夫妻共同财产的负资产,即债务,按照权利义务相适应的逻辑顺延,其可以作为夫妻共同债务予以认定。虽然截止行文之时,以笔者有限的阅读范围,尚未发现全国法院有支持该项主张的判决,但从权利义务对等的角度,这种主张有一定的合理性、正当性,只是《民法典》及其司法解释对此均未涉及,需要我们在实践中不断思考。

3. 知识产权的收益

《民法典》规定知识产权是权利人依法对作品、发明、实用新型、外观设计、商标、地理标志、商业秘密、集成电路布图设计、植物新品种和法律规定的其他客体享有的专有的权利。② 专属性是知识产权的重要特性,决定了知识产权的全部权利事项不能全部成为夫妻共同权利,只有纳入夫妻存续期间的财产性收入才是夫妻共有财产。即婚姻存续期间,夫妻双方各自的知识产权财产性收入才是夫妻共有财产。其次,已经取得的知识产权的财产性收益是夫妻共有财产,因为所有的知识产权并不直接体现为财产性收益,甚至有的知识产权自诞生之日起就没有财产性收益,如未被生产领域采用或者被有偿转让的专利权,就未能取得相应的收益。最高人民法院对知识产权的收益,则直接界定为"实际取得或者已经明确可以取得的财产性收益"③。由于知识产权的专属性,只有金钱性的收益才能成为夫妻共有财产,非金钱性质的权益,如署名权这种专属权利不能成为夫妻共有财产。实务中创作一方对知识产权的获得离不开另一方的支持和帮助,由于兼顾非创作一方在创作一方创作期间,要对家庭事务多付出,在分割财产时再根据具体情况,予以适当照顾。④ 这个问题在后面的共有财产析分部分再另行阐述。

4. 因继承或受赠取得的财产

继承或受赠的财产,要成为夫妻共有财产,需要掌握好两点。一是继承或受赠的时间点,这个时间点必须是夫妻婚姻登记日后发生的继承或受赠,若是夫妻婚姻登记日前或离婚登记日(离婚判决调解生效日)后发生的,都不能成为夫妻共有财产。尤其是财产继承,继承获得的财产往往都不会及时地进行分割,会以继承共有的状态存续,乃至很长一段时间都保持着继承人共有的状态,极易引起当事人的误会,认为继承是从被继承的财产分割

---

① 《最高人民法院婚姻家庭、继承案例指导与参考》,人民法院出版社2021年第2版。
② 《民法典》第123条。
③ 最高人民法院法释〔2003〕19号《关于适用〈中华人民共和国婚姻法〉若干问题的解释(二)》第12条。
④ 最高人民法院民法典贯彻实施工作领导小组主编:《中华人民共和国民法典婚姻家庭编继承编理解与适用》,人民法院出版社2020年版,第153页。

之时才发生的。因此,我们必须强调,继承是自被继承人死亡时开始的,从这个时间点,被继承人的遗产就成为继承人共有的财产,而不再是被继承人的遗产。继承权是一种形成权,因被继承人死亡事件产生而在继承人中形成的权利,并在被继承人死亡时形成完毕。继承析产纠纷不是对所继承的遗产的析分,而是对共同继承形成的共有财产的析分,属于共有析产范畴,不属于继承范畴。此外,被继承人或者遗赠人没有特别指明由继承人或受赠人个人取得,属于继承人在婚姻存续期间取得的财产,应当认定为夫妻共同财产。被继承人若有特别指定给继承人或受赠人个人,则该部分财产只能成为被指定人的个人财产,不能成为夫妻共有财产。

5. 其他应当归为共同财产的

《最高人民法院关于适用〈中华人民共和国婚姻法〉若干问题的解释(二)》(以下简称《婚姻法解释二》)规定双方在婚姻存续期间实际取得或应当取得的住房补贴、住房公积金、养老保险金、破产安置补偿金都认定为其应当归共同所有的财产。[①]《民法典》将数据、网络虚拟财产纳入调整范围,[②]表明立法机关已经将数据和网络虚拟财产[③]作为一种财产形态予以法律确认。还有其他福利性的财产权益,如在农村城镇化进程中,农村集体土地被征收后,政策上允许农村居民保留人均15平方米土地的发展用地,这个发展用地是家庭联产承包地被征收后,失地农民的发展用地。因此在提供该发展用地时,一般是以联产承包家庭为单位,再根据人口计算保留的发展用地,提供了土地的使用权。[④]

(二)约定的聚合

新中国成立以来我国对婚姻财产制度的立法,逐渐从家庭财产共有制到夫妻财产共有制,并随着社会发展不断完善、进步,向尊重夫妻个人财产独立的方向发展。《婚姻法》(1950)规定了夫妻对家庭财产有平等的所有权和处理权,注意,是家庭财产,不是夫妻共有财产,同时规定在离婚时女方婚前财产归女方所有,其他财产的处理通过协商或法院裁判处理,[⑤]并未赋予夫妻可以对财产约定的制度。1980年《婚姻法》第13条和第31条规定婚姻关系存续期间,夫妻所取得财产为夫妻共有财产,把夫妻财产从家庭财产中分离出来;同时,用立法首次确立夫妻约定财产制度,夫妻财产制由单一的法定夫妻财产制发展为法定

---

① 最高人民法院法释〔2003〕19号《关于适用〈中华人民共和国婚姻法〉若干问题的解释(二)》第11条。

② 《民法典》第127条 法律对数据、虚拟财产的保护有规定的,依照其规定。

③ 网络虚拟财产也被称为虚拟财产,是一种能为人所支配的具有价值的权利,是财产在网络虚拟空间的表现形式。在法律方面同样是受到相关法规保护的一种财产。第一,广义上的虚拟财产指的是包括电子邮件、网络账号等能为人所拥有和支配的具有财产价值的网络虚拟物。"能够为人所拥有和支配并且具有一定价值的网络虚拟物和其他财产性权利都可以看作广义上的虚拟财产"。第二,狭义的虚拟财产一般指指网络游戏中存在的财物,包括游戏账号的等级、游戏货币、游戏人物、技能等。见网络虚拟财产,https://baike.so.com/doc/1555434-1644263.html,最后访问日期:2022年5月15日。

④ 2007年《厦门市人民政府关于征收拆迁农村住宅补偿安置有关问题的通知》厦府〔2007〕109号。

⑤ 《婚姻法》(1950)第10条 夫妻双方对于家庭财产有平等的所有权与处理权。第23条 离婚时,除女方婚前财产归女方所有外,其他家庭财产如何处理,由双方协议;协议不成时,由人民法院根据家庭财产具体情况、照顾女方及子女利益和有利发展生产的原则判决。如女方及子女分得的财产足以维持子女的生活费和教育费时,则男方可不再负担子女的生活费和教育费。

夫妻财产共有制和约定制并存。2001年《婚姻法》(修正案)拓展夫妻存续期间财产形态的多样化,既有夫妻共有财产,又有夫妻一方个人所有财产,同时延续了约定制。夫妻双方可以就婚后财产的全部财产或部分财产进行约定,也可以对婚前财产进行约定;将夫妻约定制作为一种新型的夫妻财产制度加以规定。《民法典》对夫妻财产约定制进一步完善,既规定双方可以就存续期间的全部财产、部分财产归各自所有、共同所有或者部分各自所有、部分共同所有,也规定了可以对婚前财产进行约定,同时为了保障约定的有效性,要求约定必须采取书面形式,形成了夫妻财产约定的要式性规范。[1] 夫妻财产的聚拢有了新的表现形式——约定式的聚合,即只有夫妻双方在婚姻存续期间,以书面的形式约定哪些财产属于夫妻共有财产,哪些不属于夫妻共有。这种形式体现了社会发展过程中,个体的独立性增强,依附性减弱,婚姻双方都有自己独立的政治、经济和社会地位,组合家庭后,仍保留着各自个体的独立性。一而二,二而一,体现在财产方面,就是有限地聚合,同时又保留着各自的独立财产,全面地落实了夫妻平等性。

1. 审查该约定是否系当事人双方的真实意思表示

实务中,主要是通过审查书面协议等以查明当事人当时真实意思表示为何,一般从如下几个方面对意思表示是否真实进行审查。首先,应对书面合同的表面真实性进行审查,审查约定的条款、范围是否系当事人的意思表示,签字盖章是否属于正常。这里的盖章,通常要求在合同上规范地加盖当事人的指模,法人的公章。20世纪我国社会通行使用的私人印章,随着社会经济和技术的发展,尤其是激光刻印技术和数据化刻印技术的普及,私人印章的专有性逐渐被打破,司法实务中重拾个人签字和个人指模作为个人的印信,以此证明当事人本人的意思表示的存在。其次,排除当事人受到胁迫之情形,当事人是否受到胁迫是一个事实问题,要排除这个事实主要通过举证来实现,如在签订合同前后较短的时间内有否相应的录音录像佐证,受胁迫的现场没有录音录像,是否有通过报警的方式证明协议签订之时非真实意思表示。最后,书面内容是否属于签约夫妻双方婚姻存续期间所取得的合法财产以及个人财产,财产合法性是约定制财产制度的核心内容,因此书面协议中对财产来源和取得方式的记载显然是非常重要的。

2. 审查约定聚合的财产范围

作为约定财产制,其财产范围,第一,由当事人意志来决定。一般而言,能够作为约定对象的财产通常属于大宗财产,如不动产或者价值较大的动产。第二,能够作为约定的财产另一个特征,就是存在着夫妻以外的共有权利人,如夫妻一方与他人共同持有的动产或不动产。第三,财产权益的实现受到他人的约束,如投资的股份、证券投资。第四,或有财产权益可以成为约定聚合的财产。因此,夫妻在进行财产约定的时候,需要对财产范围进行界定。从技术层面上分析,一般是将共同财产中的全部或部分财产进行约定,因为法律告诉我们,倘若没有约定,当事人在夫妻关系存续期间所取得的财产为夫妻共有财产,要将

---

[1] 《民法典》第1065条 男女双方可以约定婚姻关系存续期间所得的财产以及婚前财产归各自所有、共同所有或者部分各自所有、部分共同所有。约定应当采用书面形式。没有约定或者约定不明确的,适用本法第1062条、第1063条的规定。夫妻对婚姻关系存续期间所得的财产以及婚前财产的约定,对双方具有法律约束力。夫妻对婚姻关系存续期间所得的财产约定归各自所有,夫或者妻一方对外所负的债务,相对人知道该约定的,以夫或者妻一方的个人财产清偿。

夫妻存续期间所取得的财产变为个人财产,则需双方通过一定的意思表示形式而确定。

3. 审查聚合约定的形式和效力

《民法典》第1065条规定夫妻财产约定制"约定应当采用书面形式",约定的要式性要求明确。由于财产约定制,产生了夫妻在社会生活中对外债务承担力的变化,法典用要式性规范了该约定,有利于社会生活的稳定和交易安全的保障。但遗憾的是,法条没有规定该要式合同如何保证其征信,是否可以比照抵押、质押的公信形式,向某个行政主管部门备案,由此产生社会公信,对第三人的效力。为提高要式合同的证明力和公信力,笔者主张,考虑下列两种模式:一是加入第三方证明,即通过公证的方式备存,因为《公证法》规定的公证事项中有"财产分割"事项,夫妻财产分别约定,可以解释为夫妻对共有财产的分割的约定,夫妻通过公证方式对财产进行约定,既提高要式合同的证明力,也可以增强约定的公信力,对第三人产生拘束效力,从而稳定社会经济关系;①二是由婚姻登记机关设立夫妻财产备案登记制度,当事人将财产约定的要式合同申请登记机关备案,以产生公示公信效力;同时设立财产约定登记查询机制,供全社会查询使用。

4. 审查约定的时间节点

夫妻财产约定系当事人自身的意思表示,可以在结婚时就作出约定,也可以在婚姻存续一段时间后再约定,或者夫妻日常生活中出现某个特殊事件,双方就财产问题进行约定。《民法典》规定,男女双方可以约定婚姻关系存续期间所得的财产以及婚前财产归各自所有、共同所有或者部分各自所有、部分共同所有。约定应当采用书面形式。没有约定或者约定不明确的,适用第1062条、第1063条的规定。②该条款仅规定双方可以约定,但没有就何时约定进行规制,将约定的自主权留给了意思自治的双方当事人,法律不予干预。实务中关注约定的时间节点的目的,就是运用这个节点,确定财产纳入双方约定的财产范围,区分哪些财产属于夫妻共有财产,哪些财产属于个人财产,使夫妻财产明晰,使得民事主体在社会活动中明晰承担民事责任范围。按照上述规定,时间节点有婚前约定时间点、婚姻存续期间约定时间点两种情形。婚前约定的时间点,在财产权属区分上比较明确,属于婚前财产和婚后财产两种财产状态,根据约定进行区分。而婚姻存续期间约定的时间点,就出现了三种情形:婚前财产、婚后未约定期间法定共有财产(夫妻共有财产)、婚后约定时间后属于约定财产。把这些区分清楚,在处理离婚时,财产权属划分就明确了。

5. 审查夫妻财产约定的对外效力

现行婚姻家庭法夫妻财产共同制为一般情况,夫妻财产约定制为例外。无论是共有制还是约定制,说的都是夫妻之间财产的区分问题。这种区分在对外关系上,什么情况下发生法律效力?产生何种效力?夫妻共有财产情况下,理论界与实务界有共识,即在对外效

---

① 《中华人民共和国公证法》第2条:公证是公证机构根据自然人、法人或者其他组织的申请,依照法定程序对民事法律行为、有法律意义的事实和文书的真实性、合法性予以证明的活动。第11条:根据自然人、法人或者其他组织的申请,公证机构办理下列公证事项:(一)合同;(二)继承;(三)委托、声明、赠与、遗嘱;(四)财产分割;(五)招标投标、拍卖;(六)婚姻状况、亲属关系、收养关系;(七)出生、生存、死亡、身份、经历、学历、学位、职务、职称、有无违法犯罪记录;(八)公司章程;(九)保全证据;(十)文书上的签名、印鉴、日期,文书的副本、影印本与原本相符;(十一)自然人、法人或者其他组织自愿申请办理的其他公证事项。法律、行政法规规定应当公证的事项,有关自然人、法人或者其他组织应当向公证机构申请办理公证。

② 《民法典》第1065条。

力上为共同承担的连带责任;在约定财产制中,情况比较复杂:若债务是为了夫妻共同生活所产生,无论财产约定制或夫妻财产分别制,对外由夫妻共同承担,承担方式是由夫妻共同财产中承担,或者由双方共同连带承担。若夫妻一方举债,没有证据表明该债务用于夫妻共同生活,则需要证明夫妻财产分别制或约定制之约定是否向债权人披露。对债权人有披露的,则债务由举债一方承担;未向债权人披露的,则要考察债权人是否知道或者应当知道举债人实行夫妻分别财产制或约定制。也就是说,在夫妻财产约定制或财产分别制情形下,一方举债要对夫妻之外的第三人产生法律拘束力,即举债一方独立承担的前提是约定向债权人事先披露。在司法实务中,一方举债,另一方以夫妻实行财产约定制抗辩不承担该债务,就需要承担举证责任,证明该约定在债务形成过程中已经向债权人披露。从诚实信用角度看,有夫妻财产分别制或约定制的夫妻,在对外交易过程中,须主动向交易方披露;未披露的,则不对抗善意第三人。实务中要切实加以注意的一种特殊情况,就是夫妻一方在与第三方发生交易之后,或者交易过程中,与配偶进行财产约定,并以此约定来对抗交易方。对此,要对夫妻财产约定的要式合同进行审查,只有该财产约定合同签订于交易产生的债务之前,并在交易时善意地披露才能对抗债权人;否则,债权人可以合理怀疑该约定存在逃废债的故意,可以在知道或应当知道撤销事由之日起一年内向人民法院申请撤销。①

(三)特殊财产的聚合

1. 彩礼

彩礼是中国古代婚嫁习俗之一,又称订亲财礼、聘礼、聘财等。《礼记·昏礼》载:"昏礼者,将合二姓之好,上以事宗庙,而下以继后世也,故君子重之。是以昏礼纳采,问名,纳吉,纳征,请期,皆主人筵几于庙,而拜迎于门外,入,揖让而升,听命于庙,所以敬慎重正昏礼也。"另《仪礼》中说:"昏有六礼,纳采、问名、纳吉、纳征、请期、亲迎。"这是创设于西周而后为历朝所沿袭的"婚姻六礼"传统习俗,也是"彩礼"习俗的来源。"纳彩"的形式直到中华民国都有延续。按照现行法律规定,婚姻是以登记为标志,婚礼虽然不是法律规定仪式,但作为传统向公众宣示的一种习惯形式,依然为众多的夫妻、家庭所接受,谨通过婚礼形式向社会公示,接受亲朋好友的祝福。自中华人民共和国成立以来,婚姻法几经修订摒弃彩礼的习俗,但民间为结婚以钱或物给付"彩礼"的现象依然盛行。虽然很多地方或家庭,彩礼已纯粹成为仪式性事项,不具有实质意义,纯粹是一种仪式性事项,结婚前男方提前到女方家给女方的钱或物,女方家庭收纳后,可能由女方父母收取,也有将彩礼随嫁妆一起再转回到男方成为夫妻共同财产,但还有部分地方或者家庭抱残守缺,将彩礼作为女儿出嫁男方一个重要条件,甚至成为买卖婚姻的一个借口。

纵观世界各国,在订立婚约时双方互赠信物,是人们遵循的一种具有仪式感的誓言,为此各国"关于婚约当事人接受之聘礼、戒指或其他相互之赠与物,于解约、结婚不能,或合意解除婚约而婚约消灭时,应各返还与他方"②。即均赋予了当事人的返还请求权,史先生对"其返还之根据如何?"论述称"通说谓为以婚姻不成立为解除条件之赠与,于婚姻不成立确

---

① 《民法典》第 152 条。
② 史尚宽:《亲属法论》,中国政法大学出版社 2000 年版,第 158 页。

定时,赠与契约失其效力"①。并援引了民国时期司法院于 1931 年 7 月 29 日指令第 1462 号"订婚约而接受聘金礼物,自属一种赠与,惟此种赠与并非单纯以无价移转财产权为目的,实系预想他日婚约之履行,而以婚约之解除或违反为解除条件之赠与,嗣后婚约基础或违反之时,当然失去效力。受赠与人依民法第 179 条自应将其所受利益返还于赠与人"。史先生还强调"依余所见,应不一婚约之解除或违反时未限,婚约解除条件之成就、结婚不能、合意解除契约,均应包括在内,亦不以订婚时所给与者未限"②。男方送彩礼一般会在婚礼前,结婚登记后,就形成了对彩礼是否属于夫妻共同财产的争议。最高人民法院在法释〔2003〕19 号《婚姻法解释二》中对彩礼采用附条件赠与行为的认定,认为只要未办理婚姻登记手续,或者虽办理婚姻登记但确未共同生活的,可以支持男方要求返还的请求。③ 2024 年 1 月 17 日最高人民法院以法释〔2024〕1 号发布《最高人民法院关于审理涉彩礼纠纷事件适用法律若干问题的规定》,明确了彩礼范围的认定标准,和离婚时请求返还彩礼的处理方式。可见,最高人民法院是将彩礼作为一种附结婚条件的赠与行为来认定的,当实现了结婚的目的——不仅仅办理结婚登记,还包括实际共同生活,则彩礼赠与行为完成,成为夫妻双方的共同财产,或者女方家庭的财产;当未实现结婚目的时,则可以请求返还,彩礼俨然成为夫妻财产聚合的特殊形式。2022 年 1 月 4 日,《中共中央、国务院关于做好 2022 年全面推进乡村振兴重点工作的意见》提出:推进农村婚俗改革试点和殡葬习俗改革,开展高价彩礼、大操大办等移风易俗重点领域突出问题专项治理。"风俗者,天下之大事也。"作为传统礼俗,彩礼有着深厚社会基础。彩礼以合两姓之好、并长久共同生活为目的。彩礼授受,既应合"情",更应合"理"合"法"。彩礼治理须厘清情、理、法的边界,过高过重的彩礼,于情于理于法都说不通,须把握好分寸,守得住底线。2024 年 2 月 1 日,最高人民法院法释〔2024〕1 号《关于审理涉彩礼纠纷案件适用法律若干问题的规定》,提出了综合考量当事人共同生活时间长短、孕育情况、当地风俗等因素,确定彩礼是否转化为共同财产的基本路径和方法。

2. 嫁妆

有彩礼,便有嫁妆,传统礼俗安排是按照利益衡平原则展开的。嫁妆是女子出嫁时,女方及其娘家准备的陪嫁至夫家的结婚用品及财产财物,如房子、车子、衣被、家具及其他用品。早在罗马时代,嫁奁是正式婚姻的重要标志。④ 以礼仪之邦著称的中国自战国以降,一直都有嫁奁的记载。唐宋时期,关于嫁妆的法律规定已经出现,宋代更是厚嫁成风。有学者研究认为,奁产是女儿参与娘家财产间接分配,其带到夫家后,始终拥有所有权。⑤《名公书判清明集》中云:"妇人随嫁奁田,乃是父母给与夫家田业,自有夫家承分之人,岂容卷以自随乎。"自明清以降,女儿出嫁陪送嫁妆风俗不变,但含义和形式各个时期、各地却有所差异,可主要原因有二:一是为了女儿能够适应夫家生活,在夫家过得更好些,娘家给予一些物品、钱财以备应急;二是尽量为女儿争取在男方家的地位,嫁妆多可以显示女方家的经济

---

① 史尚宽:《亲属法论》,中国政法大学出版社 2000 年版,第 158 页。
② 史尚宽:《亲属法论》,中国政法大学出版社 2000 年版,第 158~159 页。
③ 最高人民法院法释〔2003〕19 号《婚姻法解释二》第 10 条。
④ 周枏:《罗马法原论》上册,商务印书馆 1994 年版,第 186 页。
⑤ 邢铁:《家庭继承史论》,云南大学出版社 2000 年版。

实力雄厚。①嫁妆曾被认为是女方父母赠送给男方家的财物,全额归属夫家所有,由夫家承分支配,即使丈夫去世或夫妻离异,女方也不可带走嫁妆。现代多数地方保留着结婚时男方向女方送聘金,女方送嫁妆的习惯习俗,但意义已发生变化,更多的是象征意义,象征父母对女儿开始独立生活的祝福,显示婚姻是体面的明媒正娶,男女双方及其家庭对该婚姻的重视。闽南地区在婚嫁上保留着更多更完整的习俗,如晋江市,目前还保留了较为完整的嫁妆是聘礼的倍数这样的习俗。由于时代变化,对嫁妆的归属,司法实践产生了诸多争议。焦点在于嫁妆系女方的婚前财产还是依传统作为夫妻的共同财产？实务中对具体的财物的争议就更细了,如通过送嫁妆送到男方家的那一部分财务,女方随时携带带到男方家的部分财物,如女方身上佩戴的首饰(价值不菲的钻戒、项链、手表等),还有登记在女方名下的汽车,登记在女方名下的房屋等不动产等。

作为嫁妆由女方带入新家庭的汽车,婚前登记在女方名下,一般被认为是婚前财产。若登记在婚姻登记日后,双方共同生活日前,争议就大了。一种观点以婚姻登记日为界限,认为在婚姻登记日后购买登记,无论在夫妻哪一方,都属于夫妻共有财产,称为登记说。另一种观点则以共同生活日为界限,认为只有共同生活,夫妻双方的收入及其他取得的财产才能合在一起共同使用,在此之前购置的,属于购置方用个人财产购置,应认定为婚前财产；若是在共同生活日后,由于双方收入因结婚共同生活,属性发生了变化,成为共同财产,此时购买的汽车无论登记在谁名下,也不论男方出资还是女方出资,应认定为共有财产,称为共同生活说。现实生活中,双方结婚登记日多数早于婚礼日,而婚礼日往往是夫妻开始共同生活的日子,要认定夫妻共同财产时,要注意把结婚登记日与夫妻共同生活日区分开来,才能准确地把握财产聚拢。共同生活说,在实务中还可以找到曾经的司法解释作为依据。20世纪80年代,最高人民法院曾有指导意见,对夫妻一方婚前的房屋,在结婚后共同使用8年之后,转化为夫妻共同财产。该意见一直使用到1995年《婚姻登记条例》出台才被废止。持共同生活说认为,意见被废止的仅是不动产,因为不动产受到不动产物权法定规则的限制,不宜继续使用,但在动产领域,由于动产的物权变动是因占有而发生变动的,所以在夫妻双方共同生活中,对动产共同的占有使用,应当认定为共同所有。

嫁妆是否属于女方的个人专有用品？例如,女方从小学习钢琴或其他乐器,在结婚时,乐器作为嫁妆(可能是原来的用品,也可能是重新采购的新乐器,乐器的价值幅度巨大,很容易成为当事人争议的对象),由女方带入新家庭,还是一个动产占有归属问题。若男方不会使用该乐器,可以简单地认定为女方的个人用品；若男方会使用,且在结婚之后,一直在共同使用,是否也可以转化为共同财产？实务中多数法官认为不因共同使用而转化为共同财产,还是属于个人用品或婚前财产。但也有法官则认为,结婚时用嫁妆的形式带入新家庭的,且是结婚登记后购置的物品,应认定为共同财产。我们认为,自《婚姻法》专门规定了夫妻个人财产开始,对个人专用物品一直持属于夫妻一方个人财产的观点,②对此类物品无

---

① 嫁妆(汉语词语),https://baike.so.com/doc/2240735-2370795.html,最后访问日期：2022年5月30日。
② 《民法典》第1063条：下列财产为夫妻一方的个人财产：(1)一方的婚前财产；(2)一方因受到人身损害获得的赔偿或者补偿；(3)遗嘱或者赠与合同中确定只归一方的财产；(4)一方专用的生活用品；(5)其他应当归一方的财产。

论是认定为个人生活专用物品,还是认为应当归一方的财产,都应归专用一方为宜。

3. 因人身受损而获得的赔偿或补偿

因这类赔偿或补偿,一般是以金钱方式支付的,金钱作为一般的种类物,很容易与家庭收入混同,难以特定化,虽然短期内可以用数额来确定,但经过一段时间后,金钱消费之后,究竟如何确定属于该项赔偿或补偿的金钱增加了判断难度。所以对这些款项的认定,在一定的时间范围内,如治疗期内可以作为受损害人的个人财产来认定,一旦过了治疗期,存在着与夫妻共有财产相混同的情形,难以区分。所以处理此类款项时,要由主张个人财产的一方承担举证责任,既可以举证该部分款项属于特定化的财产,与夫妻共同财产不存在混同情况,也可以举证尚属于医疗期内,应当作为治疗受伤害疾病的专门款项,归其所有。还有人身损害某些赔偿项目是否属于受损害个人财产也是有争议的。如在残疾赔偿金中的被抚养人生活费,在 2003 年最高人民法院关于《人身损害赔偿司法解释》中,残疾赔偿金与被抚养人生活费是分别计算,作为侵权行为造成的损害赔偿的一个组成部分。2010 年《侵权责任法》出台后,最高人民法院根据该法规定,将被抚养人生活费并入残疾赔偿金,合并为残疾赔偿金。立法的变化引起对法律解释的争议,被抚养人生活费的赔偿,是弥补受害人因受到伤害引起劳动能力减弱,致使被抚养人生活费减少,基于此,该部分赔偿应属被抚养人而不作为受害人自身的财产,于是赔偿金额出现了归属第三人的现象。

4. 继承或受赠的财产

婚姻关系存续期间,一方因继承或受赠所获得的财产,除法律规定之外,属于夫妻共有财产。此处法律规定,即《民法典》第 1063 条第 3 项规定的"遗嘱或者赠与合同中确定只归一方的财产",这部分财产属于一方个人财产,而不成为夫妻共有财产。在实务中,争议的不是遗嘱或者赠与合同中的特别要求,而是对继承或者受赠时间的确认。首先是继承开始的时间节点,我们知道,继承是从被继承人死亡时开始①,在这个时间节点上,继承人通常因未能及时对遗产进行分割形成继承遗产共有的事实。此时,若夫妻已经登记为合法夫妻,则属于夫妻共同财产;若夫妻尚未登记为合法夫妻,则该部分财产属于一方的婚前财产。实务中容易将该时间节点与继承析产的时间点混同,把对遗产财产分割时点的婚姻状况作为判断的节点,显然是不符合法律规定的。无独有偶,实务中往往容易把赠与物转移占有的时间作为受赠的节点,同样不符合赠与合同生效的时间是受赠人表示接受赠与时的规定。② 这应该引起司法界和理论界高度重视!

由此产生了一个新的问题,继承或赠与的财产在遗嘱或赠与合同未明确只归一方所有的情况下,继承和接受赠与的一方在做出是继承还是放弃继承、接受赠与还是拒绝赠与的意思表示时,是否应当考虑配偶一方的意见?换句话说,在有配偶的情况下,继承人或受赠人是否有独立接受或放弃的意思表示的权利,还是须与配偶形成共同的意思表示?最高人民法院在《民法典婚姻家庭编解释(二)》第 11 条规定夫妻一方发生继承事实后,是可以任意

---

① 《民法典》第 1121 条第 1 款规定,继承从被继承人死亡时开始。
② 《民法典》第 657 条:赠与合同是赠与人将自己的财产无偿给予受赠人,受赠人表示接受赠与的合同。

放弃继承的,除非因放弃继承导致放弃一方不能履行法定扶养义务。① 这一解释明确决定放弃继承是继承人一方可以独立做出的,另一方主张其放弃侵害共同财产利益是不被支持的,除非导致放弃一方义务履行不能。于是,我们是否可以得到这样一个结论,婚姻关系存续期间,夫妻一方发生继承事实时,能否通过继承增加夫妻的共有财产的量,是以继承人是否接受继承为前提。若接受继承,夫妻共有财产增加了继承份额部分的财产,若拒绝继承,则夫妻共有财产不发生增加。按照这样的逻辑演绎,夫妻一方继承的遗产在与其他继承人共有期间,该财产与其配偶没有关系,当且仅当该共有的遗产分割后,继承一方所分得的遗产部分,才转化为夫妻共有财产。这样的结论显然与《民法典》第1062条第1款第(4)项所规定的夫妻在婚姻关系存续期间所继承的财产为夫妻共同财产的规定有了时间差。②

5. 虚拟财产

《民法典》明确了网络虚拟财产的保护将由特别法来规定③,可见对虚拟财产的重视。所谓虚拟财产,目前主要有网络账号、游戏装备、虚拟货币、网络店铺等几种典型的虚拟财产。按照夫妻共有财产认定原则,只要在婚姻存续期间取得的虚拟财产,都属于夫妻共有财产。虚拟财产的形成也是一个过程,要区分虚拟财产在夫妻之间的权利归属,参照动产保护的原则,从虚拟财产生成的时间点来区分。按照生成于夫妻关系建立或者夫妻财产约定时间点前后区分,而生成点以源代码留存的记录为最终确定的时间点。网络界面上记载的时间点也是证明的证据之一,对该时间点有异议的,异议方应当承担举证责任,必要的时候,可以请求通过鉴定或者公证的方式进行举证。

(四)家务劳动成为家庭聚合财产的特殊部分

随着社会分工层次的拓展,家政事业的发展,家务劳动不再是家庭内部的一种生活状态,而成为一种可量化的社会劳动。启蒙运动以来,对个体的尊重促成民事主体权利日臻完善,家庭财富不仅从参与社会劳动中获得,完成家庭劳务也是家庭财富的来源之一。因婚姻而建立起的家庭,家务劳动的价值成为家庭财产有机有效的组成部分,④将滞留于家庭承担繁重家庭劳务、照顾子女、老人一方的家庭劳动价值直接折算为夫妻创造财富的一部分,即从事家庭劳务也是为家庭创造财富逐渐成为社会共识。妇女从承担家庭日常三餐、生育子女的主要家务劳动走向社会,肩负起创造家庭财富与创造社会财富并重的社会责任。家务劳动不再是女性的专利,而成为夫妻双方乃至家庭成员的共同责任。《妇女权益保障法》第47条更直接地规定夫妻对共同财产平等地占有、使用、收益和处分的权利,不受夫妻实际收入状况的影响;第31条规定不得侵害妇女的财产权益。《民法典》第1087条直

---

① 《民法典婚姻家庭编解释(二)》第11条规定:"夫妻一方以另一方可继承的财产为夫妻共同财产、放弃继承侵害夫妻共同财产利益为由主张另一方放弃继承无效的,人民法院不予支持,但有证据证明放弃继承导致放弃一方不能履行法定扶养义务的除外。"

② 对照《民法典》第1062条,最高人民法院《民法典婚姻家庭编解释(二)》第11条的规定,在强调尊重继承人决定是否继承的意愿时,忽略了继承人的配偶依照法律规定在其配偶继承时已经取得了继承遗产的共有权。解释即使对放弃继承一方因放弃而不能履行扶养义务的情形进行了限制,也没有就二种权利形态——继承权和因继承形成的夫妻财产共有权进行合理的权衡。值得实务和理论再深入研究。

③ 《民法典》第127条规定,"法律对数据、网络虚拟财产的保护有规定的依照其规定"。

④ 蒋月:《20世纪婚姻家庭法:从传统到现代化》,中国社会科学出版社2015年版,第125页。

接肯定了家务劳动的价值,对在家务劳动中多付出的夫妻一方,允许其离婚时要求另一方补偿的权利,对因从事家务劳动而失去参与社会劳动一方的机会损失,责成由对方予以补偿。最高人民法院主张"家务劳动虽然没有直接的量化价值描述,却创造了无数的有形和无形价值,投入家务劳动,承担家庭义务的人,理应获得相应的报酬"[1]。表明最高司法机关将家务劳动价值与社会劳动价值等值对待,并设立制度予以保障,对妇女权益的保障既有力度,更有温度。

(五)特别情形下的财产聚合

1. 再婚家庭的财产聚合与保留

再婚家庭特别是双方各有子女的情况下,在婚姻存续期间要实现财产聚合,相较于原配婚姻的家庭要困难得多,夫妻需要考虑各自子女的具体情况。若两个家庭简单地结合,双方无子女,财产按照法定的夫妻财产制聚合起来,成为新家庭的共有财产,则与原配家庭无异。若一方有子女与再婚夫妻共同生活,另一方则需支付与之未共同生活子女的抚育费,双方可以基本达到权益平衡。若仅一方有子女与之共同生活,另一方无子女,在新家庭中财产的聚合就出现了失衡,即再婚夫妻中无子女的一方可能要多付出一部分财产用于抚育对方的子女。再婚夫妻在婚姻存续期间取得的财产未全部用于夫妻共有生活,部分用于夫妻之外的人,夫妻共有财产部分流失。若各自子女都未独立生活,双方都需要负担,再婚家庭共有财产的聚合就是简单的投入相加。约定分别财产制,成为大多数再婚家庭的选择,只要一方有子女,约定分别财产制就成为一种良好的选择。总之,对再婚夫妻财产聚合的认定,要根据实际情况予以认定。

2. 复退军人的复退费等

复退军人的复退费用是一笔特殊费用。《婚姻法解释二》第14条规定,人民法院审理离婚案件,涉及分割发放到军人名下的复员费、自主择业费等一次性费用的,以夫妻婚姻关系存续年限乘以年平均值,所得数额为夫妻共同财产。前款所称年平均值,是指将发放到军人名下的上述费用总额按具体年限均分得出的数额。其具体年限为人均寿命(75岁)与军人入伍时实际年龄的差额。《民法典》未对此进行规定,从当前的司法实务,依然适用该解释。

3. 外嫁女或入赘女婿农村集体经济组成成员的财产权益聚合

关于农村外嫁女集体经济组织成员财产权益的保留与丧失、入赘女婿集体经济组织成员权益的取得,目前,除了《农村土地承包法》第30条规定"承包期内,妇女结婚,在新居住地未取得承包地的,发包方不得收回其原承包地;妇女离婚或者丧偶,仍在原居住地生活或者不在原居住地生活但在新居住地未取得承包地的,发包方不得收回其原承包地"外,未就入赘女婿在岳父母家取得集体组织成员并获得承包权进行规定。在实务中,村集体组织在制定村规民约时,一般认可嫁入的媳妇为本集体经济组织成员,认可她们是其嫁入夫家家庭承包户中的一员,但对外嫁女或入赘女婿则采取否认的态度,甚至通过村规民约将其排除在外。在沿海发达地区的农村,这种做法比较普遍。自2003年《农村土地承包法》施行以

---

[1] 最高人民法院民法典贯彻实施工作领导小组主编:《中华人民共和国民法典婚姻家庭编继承编理解与适用》,人民法院出版社2020年版,第313页。

来,人民法院受理了相当一部分外嫁女或入赘女婿主张保留其在娘家集体经济组织成员资格,或加入在岳父母家农村集体经济组织,成为其成员之一,其目的是获取该集体经济组织集体所得收益的分配。为此,人民法院按照《村民委员会组织法》中集体经济所得收益的使用、土地承包方案、征地补偿费使用、分配方案以及其他涉及村民利益的事项,都应当由村民会议决定的规定,对集体经济组织成员的剔除和接收,也就是对集体经济组织成员资格的丧失或者取得,均由该集体组织按多数决的方式来决定。① 该做法其实是参照了公司制度中股东的加入方式,由已经入册的股东多数决。各地的做法又有所不同,有的对外嫁女未考虑是否已经取得婆家的相应集体成员资格,直接否认了外嫁女在本村的资格;对入赘女婿也采取拒绝的态度,以不接受为基本意见。笔者认为,村规民约在法律性质上属于软法性质,在一定范围内对他们的成员具有约束力,只要不违反法律强制性规范,应当尊重和保护这些村规民约,维护善良风俗。对于集体经济组织成员身份的确认,《农村集体经济组织法》虽然有了相应的规定,但依然赋予集体经济组织表决决定的权力,各集体经济组织依照村规民约确认成员身份,除相应依据违反法律、行政法规的强制性规范,应当宣告无效外,应尊重他们的决议。目前有部分外嫁女、入赘女婿尤其在东部沿海发达地区,乘法律宽宏之机,利用各个村集体经济组织之间信息不对称的情况,两边牟取利益,侵害了其他集体经济组织成员的利益。因此,要避免这种现象发生,建议农业农村主管部门、民政部门和户籍主管部门联合搭建全国统一的大数据平台,按照《农村集体经济组织法》的规定,制定农村集体经济组织成员资格和权益的取得与丧失的操作细则,将该法确定的"因成员结婚、收养或者因政策性移民而增加的人员,农村集体经济组织一般应当确认为农村集体经济组织成员"②的规定落地,同时,对因死亡、丧失国籍、取得其他农村集体经济组织成员身份和成为公务员,以及法律法规和农村集体经济组织章程规定的其他情形而丧失农村集体经济组织成员身份和享有部分农村经济组织成员权益的人员的情形,在农村集体经济组织名册中予以登记,并在乡镇街道人民政府和县级人民政府农村农业主管部门备案,③实现全国统一的法律适用尺度,规范,实现信息互联互通、共用共享,保障集体经济组织成员既不确实正当合法权益,也不得违法获得双重利益。

4. 因婚姻关系而取得的财产权益

(1)人口自由流动后,城乡居民自愿结婚的情形越来越多,于是就出现了城市人口转入农村经济组织,获得了农村家庭房屋征收后,户籍人口人均不低于50平方米的房屋征收补

---

① 《农村集体经济组织法》第22条:农村集体经济组织成员大会表决确认本农村集体经济组织成员。

② 《农村集体经济组织法》第12条第2款:对因成员生育而增加的人员,农村集体经济组织应当确认为农村集体经济组织成员。对因成员结婚、收养或者因政策性移民而增加的人员,农村集体经济组织一般应当确认为农村集体经济组织成员。

③ 《农村集体经济组织法》第17条第3款:有下列情形之一的,丧失农村集体经济组织成员身份:(一)死亡;(二)丧失中华人民共和国国籍;(三)已经取得其他农村集体经济组织成员身份;(四)已经成为公务员,但是聘任制公务员除外;(五)法律法规和农村集体经济组织章程规定的其他情形。因前款第三项、第四项情形而丧失农村集体经济组织成员身份的,依照法律法规、国家有关规定和农村集体经济组织章程,经与农村集体经济组织协商,可以在一定期限内保留其已经享有的相关权益。

偿权益。① 这个权益随着城镇化进程的快速发展,利益越来越大,成为很多城乡接合家庭的趋利方向。(2)城镇化进程中,农村人口转为城市人口而保留人均 15 平方米经营性用地权益,该权益旨在维护失地农村在过渡时期保持正常的生活水平,符合以人民为中心的理念。随着户籍制度的改革,农户或非农户的区分被取消了,凭户籍已无法判断是否为集体经济组织成员,诸如外出求学、参军人员,待毕业或复退后,他们多数还得回到集体经济组织中来,以集体经济组织成员的身份获取基本生产资料,并因此在相关征收实施后,取得法律和政策给予的保障;少数成为国家机关公务员的依法丧失了集体经济组织成员身份,法律和政策给予的失地农民人均 15 平方米的过渡性经营用地,应随着成员身份的丧失而丧失。但由于集体成员资格认定法律规则阙如,一些地方有关部门简单用户籍人口统计失地人口,部分丧失集体经济组织成员资格的人员挤占集体成员权益的问题,造成了集体成员权益减损,并直接转移到婚姻关系财产认定和离婚后的财产析分中,成为婚姻纠纷处理的一个难点。我们认为,该类问题归根结底是农村集体成员身份认定问题。目前《农村集体经济组织法》有了集体成员资格认定的规定,应逐一落实相关规定,切实保障农村集体经济组织及其成员的正当权益。

5. 农民专业合作社股权权益问题

随着农村"以家庭承包经营为基础、统分结合的双层经营体制"②不断完善,农民专业合作社股权权益在夫妻财产中日趋重要,尤其是在东部沿海的开发区等。合作社的股权权益在婚前取得,应该认定为婚前个人财产,但是如果是在婚姻存续期间股权分红的收入,则属于夫妻关系存续期间的股权收入,则应当认定为夫妻共同财产。农村合作社的股权与投资性的股权,在性质上是一致的,因此,在夫妻财产的认定上也要保持相同的逻辑判断。《农民专业合作社法》鼓励公民法人支持和参与到农村专业合作社中,③农民专业合作社股权走向了公司治理道路,有关股权权益统一到股权权益的分配上来。

(六)聚合中的保留

《民法典》规定了夫妻财产约定制,这项制度排除了夫妻财产的全部或部分聚合,而保留了个人财产。

1. 聚合约定

对于夫妻在婚后取得的财产全部聚合在一起,由夫妻共同经营、共同享用、共同处分,法律采取了法定默示立法例,即当事人未约定,推定为共有。欲将婚后取得财产的部分或全部作为个人财产,需要有明确的约定。部分夫妻,在登记结婚前,已经同居生活很长一段时间的,双方存在大量的财产混同现象;有的则是登记结婚后,因故很长一段时期未能共同生活在一起,取得的财产应作为共同财产还是个人财产,需要双方进行明确约定。《民法

---

① 随着户籍制度的改革,我国已经取消农村户籍与非农户籍的区分制度。户籍迁移越来越自由,大量的城市户籍人口利用婚姻关系转入农村,已经成了一种新的社会现象。这与 20 世纪大量农村人口通过各种方式要把户籍迁入城市一样,只是方向变了,已经从农村往城市转移,变成由城市向农村转移。按照各地相关政策,户籍人口与村集体经济组织成员没有关联。于是在城镇化进程中,出现了大量城市人口利用各种事由将户籍转入农村,其目的还是要取得农村土地和宅基地房屋征收中的政策红利。

② 《农村土地承包法》第 1 条。

③ 参见《农民专业合作社法》第 19 条。

典》第1065条表述为"双方可以约定婚姻关系存续期间所得的财产以及婚前财产归共同所有或者部分共同所有"。这是法律对夫妻财产聚合的典型立法例。

2. 部分保留约定

夫妻双方可以仅就部分财产约定为个人财产,不纳入夫妻共有财产范围。如夫妻双方对用婚前财产进行投资获得的收入,可以约定作为各自的个人财产排除在夫妻共有财产之外;也可以约定,在婚姻存续期间,彼此从各自父母中获得的赠与或者继承取得的财产归各自所有,不纳入夫妻共有财产,等等。这种约定必须是要式的,即采取书面约定形式。

3. 聚合排除约定

双方约定财产分别制,即婚姻存续期间,夫妻双方各自取得的财产归各自所有,不将各自取得的财产聚合在一起,排除了法定聚合的规定,这属于当事人意思自治范围;同时,各自的债务也由各自承担。

三、夫妻财产在婚姻存续期间的处分

家事代理权的行使。家事,在汉语中有家庭事务和家庭境况两个意思。[①] 涉及夫妻财产问题,采用家庭事务一层意思。在夫权时代,夫妻财产的处置权归属于丈夫或者丈夫所在的家庭。古罗马时代男女缔结的"有夫权婚姻",女方的婚姻前财产(原有的财产)和婚姻关系存续期间所得的财产,都归丈夫或丈夫的家长。[②] 自《法国民法典》以降,家事代理权越来越为各国立法所接受,逐渐形成了固定的家事代理的基本理念,并与男女平权紧密地结合起来。所谓家事代理权,是指夫妻因日常家庭事务与第三人为一定法律行为时相互代理的权利,即夫妻于日常家事处理方面互为代理人,互有代理权。只要属家事上的开支,夫妻任何一方都有家事方面的单独处理权,无论对方对该代理行为知晓与否、追认与否,夫妻双方均应对该行为的法律后果承担连带责任。[③] 可见,家事代理权不同于一般代理权的特点,有五个方面特征:①代理人与被代理人之间存在婚姻关系。②行为所指向的对象是双方的共同财产,也就是代理人本身也是共同共有的所有权人之一。③代理人的代理行为指向的对象是双方共有的财产。④代理人可以单独行使代理行为,无须事先取得对方同意;可以自己的名义行使民事行为,也可以以被代理人或共同的名义行使民事行为。⑤行为的结果由代理人和被代理人一起承担连带责任。

(一)家事代理

受经济发展的限制,20世纪家事代理问题未成为夫妻关系中的争议问题,因此在1950年《婚姻法》、1980年《婚姻法》和2001年《婚姻法》(修正案)中均未引入家事代理或者家事代理权的概念。随着我国全面建成小康社会,进入新时代,家庭财产的绝对值和相对值都大大提高,家事代理逐渐成为夫妻争议点,并催生了家事代理权制度的形成。《民法典》第

---

① 参见中国社会科学院语言研究所词典编辑室编:《现代汉语词典2002年增补本》,商务印书馆2002年第3版,第606页《家事》词条。

② 周枏:《罗马法原论》(上册),商务印书馆1994年版,第181页。

③ https://baike.so.com/doc/2250775-2381395.html,最后访问日期:2022年6月4日。

1060条首次在国法层面上确立家事代理权制度,"夫妻一方因家庭日常生活需要而实施的民事法律行为,对夫妻双方发生效力,但是夫妻一方与相对人另有约定的除外。夫妻之间对一方可以实施的民事法律行为范围的限制,不得对抗善意相对人"。立法者认可这个民事行为既有对夫妻个人财产的聚拢行为的肯定,即购置或者接受赠与或其他获得财产的方式,为财产的聚合,也有对原生财产权益的让渡,析分和减少了夫妻财产。但法典未对日常生活的范围进行定义,对家庭重大事项也未作定义,实务界颇多争议,如不动产的购买、出售,对外的担保、抵押等涉及大额财产处置,还能不能适用家事代理?从物权法定制度看,不动产或者需要登记的动产之权利归属具有法定性,在婚姻存续期间,除双方有约定外,属于夫妻共同财产,夫妻均有平等的代理权,同时推定每对夫妻都是理性的,在处理家庭大宗财产时,都能进行充分协商、研究,作出决策后,再由一方代理处置。换句话说,若夫妻一方在处理其家庭大宗财产时,未特别披露,就按表见代理原则推定处置一方具有代理权。比如对不动产的处置,在物权变动时,根据相关规定,还需要夫妻双方到场签字确认或者需要出具书面的委托手续。权利保护方面有相关的配套制度跟进。按照表见代理原则处理也足以达到保护的目的。对于一般动产,则适用《民法典》第1062条第2款的规定,确认夫妻有同等的处置权。可见,法典是用夫妻双方对共同财产有平等的处理权来表述家事代理权的权利性质,夫妻双方均有财产处置权,即家事处分权。

同时《民法典》秉承传统的优秀家事文化,对夫妻一方挥霍家庭财产给予否定性的规定,赋予夫妻一方对夫妻关系存续期间另一方挥霍夫妻共有财产的,可以请求分割共有财产的权利。[①] 离婚时,对挥霍一方可以少分或者不分,以此来约束夫妻双方在日常生活中对夫妻共有财产使用和处分的任性,弘扬了家庭生活中的"节俭"和夫妻之间"举案齐眉"、相互尊重的中华传统文化。最高人民法院在《民法典婚姻家庭编解释(二)》中,更是紧随时代步伐,对在网络直播平台用夫妻共有财产打赏这一新现象进行规制,明确在网络打赏中数额明显超出家庭一般消费水平,严重损害夫妻共有财产利益的,应认定为"挥霍",夫妻另一方可以在夫妻关系存续期间请求分割共有财产,或在离婚诉讼中请求挥霍一方不分或少分夫妻共有财产。[②]

(二)共债共签问题

2001年《婚姻法》(修正案)未定义夫妻共同债务概念,但是当夫妻双方出现了离婚纠纷时,人民法院不仅要处理身份关系的解除问题,还需要同步解决财产分割事宜,这样夫妻共同债务问题就是一个不得不面对的问题。为此,《婚姻法解释二》第24条作出了定义,"婚姻关系存续期间夫妻一方以个人名义所负债务,系夫妻共同债务",除非一方能够证明债权人与债务人明确约定为个人债务,或者能够证明夫妻对婚姻存续期间所得的财产归各自所有,夫或妻一方对外所负债务,第三人知道该约定的,该债务属于夫妻共同债务。最高司法

[①] 《民法典》1066条。
[②] 《民法典婚姻家庭编解释二》第6条:夫妻一方未经另一方同意,在网络直播平台用夫妻共同财产打赏,数额明显超出其家庭一般消费水平,严重损害夫妻共同财产利益的,可以认定为民法典第一千零六十六条和第一千零九十二条规定的"挥霍"。另一方请求在婚姻关系存续期间分割夫妻共同财产,或者在离婚分割夫妻共同财产时请求对打赏一方少分或者不分的,人民法院应予支持。

机构以司法解释特有的表述方式,以"应当按夫妻共同债务处理"之推定来认定夫妻共同债务,显然是用裁判方法替代债的归属的认定,这种推定明显不是在同一个逻辑层面上的演绎,或许是一种无奈之举。《民法典》在总结了司法实践经验基础上,创新性地设立了夫妻共债共签的基本规范。① 实务中,夫妻共同债务的认定一般从如下几个方面予以考量:(1)夫妻是否有共同的意思表示?可以表现为事前的共同签字,或者事后追认。(2)为日常家庭生活需要所负的债务,如日常的吃穿用度、子女抚养教育经费、老人赡养费、家庭成员的医疗费等。(3)债务产生的时间为婚姻关系存续期间。这里的存续期间,实务中更多地倾向于以夫妻共同生活为标准来计算。有部分夫妻虽然履行登记手续成为合法的夫妻,由于工作或其他原因,未能在一起共同生活,要对夫妻共同债务进行认定,需要根据每对夫妻的实际生活状况予以认定。所以,本条第2款又对夫妻一方在婚姻关系存续期间以个人名义超出日常生活需要所负债务,采取了否定性对待,即不认定为夫妻共同债务。同时在但书中规定,债权人能够证明该债务用于夫妻共同生活、共同生产经营或者基于夫妻双方共同的意思表示,依然可以认定为夫妻共同债务,以切断负债夫妻利用是否共同生活逃废债务。

(三)知识产权的收益

2001年《婚姻法》(修正案)第17条第3项、《婚姻法解释二》第12条规定的"知识产权的收益",是指婚姻关系存续期间,实际取得或者已经明确可以取得的财产性收益。从知识产权的分类来看,专利权的许可使用、商标权的许可使用、著作权的版税收入等财产性收益等,都属于知识产权收益,应当作为夫妻共有财产来处分。由于知识产权专属性的原因,其人身权益部分,则归属于权利人本身,由权利人自己处分。只有财产性权益才归夫妻共有。

(四)家务劳动有价

家务内容复杂,既有开门七件事:柴、米、油、盐、酱、醋、茶,又有缝新补烂,洗洗换换,也有饲养家畜、家禽,还有房屋的修建,家具的购置,保管使用,缔结婚姻,生男育女,孩子抚育,老人赡养,亲友往来,红白喜事应酬。具体家务内容为:买菜、洗菜、准备三餐、洗碗、洗锅、洗筷子、收拾饭桌、洗衣服、刷鞋、叠衣服、整理衣柜、打扫马桶、擦窗户、扫地、拖地、倒垃圾、洗杯子、泡茶等,不一而足。要完成这些,需要付出大量的时间和精力。传统的男主外女主内的家庭模式,决定了家务劳动主要由女方承担成为普遍现象,"当婚姻解体时,家务劳动方实际上成为婚姻关系存续期间另一方免费的家务工具"。② 现代社会,许多家庭为了从社会劳动和家务劳动的双重负担中解放出来,通过雇请保姆的方式来完成繁重的家务劳动,家务劳动有价性就从家政市场上显现出来。2001年《婚姻法》(修正案)首次以法律的形式承认了家务劳动的价值,设立了家务劳动补偿制度。《民法典》进一步落实对家庭承担主

---

① 《民法典》第1064条:夫妻双方共同签名或者夫妻一方事后追认等共同意思表示所负的债务,以及夫妻一方在婚姻关系存续期间以个人名义为家庭日常生活需要所负的债务,属于夫妻共同债务。夫妻一方在婚姻关系存续期间以个人名义超出家庭日常生活需要所负的债务,不属于夫妻共同债务;但是,债权人能够证明该债务用于夫妻共同生活、共同生产经营或者基于夫妻双方共同意思表示的除外。

② 吴晓芳:《对民法典婚姻家庭编新增或修改条款的解读》,载最高人民法院研究室编著:《人民法院调查研究》2020年第4辑,中国民主法制出版社2020年版,第71页。

要家务劳动的女性实质性保护,规定夫妻一方因抚育子女、照料老人、协助另一方工作等负担较多义务的,离婚时有权向另一方请求补偿,另一方应当给予补偿。① 但立法未就如何补偿作明确规定,赋予法官自由裁量权。综合目前有关判决可以看到,法官更多地综合考量双方履行义务的多寡来裁量补偿的数量。如陈某诉洪某梅离婚案件中,一、二审法官均认为作为丈夫的"陈某自2013年起长年在深圳工作、生活,虽对家庭有经济贡献,但洪某梅确在抚育子女方面承担较多的义务""虽然家庭事务的负担难以用金钱准确衡量",酌情判定陈某给予洪某梅经济补偿是适当的。② 而在王某山诉吴某玲离婚诉讼中,法官综合考量了双方长期的婚姻关系(30多年)、共同抚养子女的人数(8个子女)、双方的经济能力和居住地区的经济水平等因素,支持了王某山给予吴某玲20万元的家务经济补偿,③让家务劳动有价的理念实质化。进而,最高人民法院更是在《民法典婚姻家庭编解释(二)》中,用司法解释的方式将"家务有价"的理念进一步落地,赋予夫妻中家务负担较多的一方,在离婚诉讼中可以请求另一方给予补偿,从而平衡了家庭关系中夫妻因家庭分工不同造成的财富收入差异给一方带来的负面影响,并要求综合考虑:负担相应义务投入的时间、精力和对双方的影响以及给付方负担能力、当地居民人均可支配收入等因素。④

(五)投资资产处置

夫妻双方在婚姻存续期间,用夫妻共有财产进行投资,对投资资产的处置一般情况下作为投资风险予以认定。但也要区分要二种情形,第一种情形是夫妻用共有财产出资登记在一方名下,可以认定出名一方是经过对方授权对所持有的投资股份开展经营活动,出名方根据市场变化情况转让相应的股份,应当认定有效,转让所得的资金仍然属于夫妻共有财产。未出名一方以未经其同意转让,系侵害其合法权益,否定转让效力,须提供证据证明转让人与受让人恶意串通损害损害其合法权益。⑤ 第二种情形是夫妻用共有财产投资,双方均登记为股东,但对相应的股权归属没有约定或约定不明,双方各自登记的股权份额均属于夫妻共有财产。对投资的公司,夫妻双方按照各自所持的股权份额行使股东的权利,但在夫妻之间则双方分别持有的股权均属于夫妻共有财产,其财产权益属于夫妻双方。⑥

(六)债务的认定

(1)婚前一方所负债务,婚后配偶一方获益,可以认定为共同债务。最高人民法院《关

---

① 《民法典》第1088条。
② 福建省厦门市中级人民法院(2021)闽02民终8139号民事判决书和福建省厦门市思明区人民法院(2019)闽0203民初20707号民事判决书。
③ 福建省厦门市中级人民法院(2021)闽02民终6844号民事判决书和福建省厦门市思明区人民法院(2021)闽0203民初4274号民事判决书。
④ 《民法典婚姻家庭编解释(二)》第21条:离婚诉讼中,夫妻一方有证据证明在婚姻关系存续期间因抚育子女、照料老年人、协助另一方工作等负担较多义务,依据民法典第一千零八十八条规定请求另一方给予补偿的,人民法院可以综合考虑负担相应义务投入的时间、精力和对双方的影响以及给付方负担能力、当地居民人均可支配收入等因素,确定补偿数额。
⑤ 《民法典婚姻家庭编解释(二)》第9条。
⑥ 《民法典婚姻家庭编解释(二)》第10条。

于人民法院审理离婚案件处理财产分割问题的若干具体意见》第18条规定："婚前一方借款购置房屋等财物已转化为夫妻共同财产的,为购置财物借款所负债务,视为夫妻共同债务。"比如,婚前一方购置房屋,除了支付首付款外,其余款项都是向银行借款。婚后,增加了另一方为产权人,成为夫妻共同财产,这一方获益了,那向银行所借款项可以认定为共同债务。

(2)债权人可以证明债务人在婚前举债用于婚后家庭共同生活的,可以认定为夫妻共同债务。比如,债务人与配偶结婚前就向债权人借款,该款项用于举办婚礼或者为共同生活准备而开支,可以认定为夫妻共同债务。在同居期间,一方向债权人借款用于另一方的疾病治疗费用和日常生活开支,结婚后,该债务认定为双方共同债务。

(3)夫妻因感情问题分居,在分居期间,一方为家庭生活而举债,尤其是抚养子女的一方主张举债,可以认定为夫妻共同债务。分居期间证明责任一般由主张自己举债用于家庭生活的一方承担。他(或她)需要举证证明其收入、家庭生活的实际状况,债务的具体情况,用于家庭生活的实际情况等。在实务中对抚养子女一方主张举债,在举债责任分配上要考虑轻于非抚养子女一方,通常可以参照辖区抚养子女一般费用结合抚养一方的收入情况,推断其举债的客观性和应然性。

(4)夫妻一方因生产经营或投资而对外负债,只要收益用于家庭共同使用,就可以认定为夫妻共同债务。实务中主要有以下几种表现形式:一是夫妻共同从事个体工商户或农村承包经营,购买生产资料所负的债务;二是共同从事投资生产经营的企业,包括夫妻一方从事生产、经营活动以及在生产、经营活动中欠缴的税款等;三是夫妻双方共同投资证券、期货或者其他金融活动,这里的共同投资、生产经营活动,只要利益归家庭共享的情形,都可以认定为共同债务。《最高人民法院关于人民法院审理离婚案件处理财产分割问题的若干具体意见》用排除法的方式,以不能认定为夫妻共同债务的情形,倒推应认定为夫妻共同债务之情形。[①]

四、夫妻财产析分的原则

(一)协商析分

离婚时夫妻共同财产的处理,新中国成立以来历次修订的《婚姻法》,均设立协商处理共有财产的基本原则,《民法典》延续了这一基本原则。协商析分源于平等原则和夫妻对共同财产平等处分权,是夫妻处理共同财产的第一原则。

在对共有财产进行分割时,要根据生产、生活的实际需要和财产的来源,注意财产类型和夫妻双方实际使用需要,充分发挥物的价值、充分考虑物的可分性。可分的,可以考虑直

---

① 最高人民法院《关于人民法院审理离婚案件处理财产分割问题的若干具体意见》第17条规定,有如下情形不能认定为夫妻共同债务,应按个人债务处理,由一方以个人财产清偿:(1)夫妻双方约定由个人负担的债务,但以逃避债务为目的的除外;(2)一方未经对方同意,擅自资助与其没有抚养义务的亲朋所负的债务;(3)一方未经对方同意,独自筹资从事经营活动,其收入确未用于共同生活所负的债务;(4)其他应由个人承担的债务。

接分割；不可分的，一般通过协商、竞价、拍卖等方式折价析分。夫妻财产价值较大的一般是房屋，可以采取下列几个步骤：第一步，双方进行协商，房屋归一方使用，则另一方在动产分割上多分一些，达到双方所分得的财产价值在析分时市场价格相当。房屋在确定归一方时，尚要综合平衡双方离婚后的居住条件、未成年子女直接抚养方等因素。第二步双方协商不成，则通过竞价的方式，由价高者得，即相互提出补偿对方价款，出价高的一方取得房屋。同样，动产也可以这种方式进行析分。第三步，竞价不成，当事人可以申请第三人评估，再根据评估结果重新竞价或予以裁判分割。也就是：

协商—竞价—评估鉴定—（重新竞价）裁判。

实务中有观点认为应将均等析分作为首要原则，我们认为共有制本身就蕴含着均等的含义，在法律适用中当然以均等析分为标准，乃不言而喻顺理成章的方法，而协商析分原则更体现当事人的真实意思表示，将夫妻之间不为人知的爱恨情仇，通过协商方式作交代。[1]

（二）过错方少分

离婚的原因，除了双方自愿离婚外，1950年《婚姻法》只涉及双方意思表示，即男女一方坚决要求离婚，经调解无效，准予离婚，未涉及对夫妻感情的判断，之后两次修改直到《民法典》均保留对离婚请求必须调解和授权人民法院判断"夫妻感情确已破裂"这个离婚条件。从大量离婚纠纷提炼，导致"感情确已破裂"的情形大致有三种：第一种是双方感情发生变化，导致"感情确已破裂"；第二种是一方有过错，导致感情破裂；第三种是双方均存在过错，导致感情破裂。法律同时规定，离婚时对共同财产的处理，"按照照顾子女、女方和无过错方权益的原则判决"。可见，"过错"认定是审理离婚案件最重要的事实，又是离婚财产析分的重要尺度。有过错一方可以少分或者不分，以达到保护、照顾无过错一方的立法价值取向。这是离婚时财产处理的第二原则。

1. 一方有过错

离婚财产处理照顾子女、女方和无过错方权益的原则，一直是我国婚姻家庭法律制度秉持的一项原则。（1）一方因婚外情、婚外与他人同居或者重婚，这种情况在离婚时对夫妻共有财产析分时，一般予少分，且根据婚外情、婚外与他人同居、重婚不同过错程度，在析分时逐渐减少对过错方的分配。福建省人大常委会2008年通过的《福建省实施〈中华人民共和国妇女权益保障法〉办法》规定，[2]女方无过错的，分得夫妻共有财产不得少于60％；（2）一方有转移、变卖、毁损夫妻共有财产，或者伪造债务等行径的，无过错的女方分得夫妻共有财产不少于70％，以地方法规的形式直接确定了分配的比例，成为福建省三级法院的裁判依据。《民法典》吸收了地方立法好经验，强调无过错一方对共有财产可以多分，对隐藏、转移、变卖、毁损、挥霍夫妻共同财产或者伪造共同债务企图侵占另一方财产的当事人，少

---

[1] 最高人民法院民法典贯彻实施工作领导小组主编：《中华人民共和国民法典婚姻家庭编继承编理解与适用》，人民法院出版社2020年版，第310页。

[2] 福建省人大常委会《福建省实施〈妇女权益保障法〉办法》第35条 男方有下列情形之一，导致离婚，女方无过错的，女方分割的夫妻共同财产份额不低于百分之六十：（一）重婚的；（二）有配偶者与他人同居的；（三）实施家庭暴力的；（四）虐待、遗弃家庭成员的。离婚时，男方隐藏、转移、变卖、毁损夫妻共同财产，或伪造债务企图侵占夫妻共同财产中女方应得份额和女方个人财产的，女方分割的夫妻共同财产份额不低于70％。

分或不分共有财产,乃至在离婚后才发现有这种情形,也赋予了另一方可以请求再次分配共有财产的权利,[1]提高对有过错一方离婚时少分财产的惩罚力度。(3)全国人大针对家暴屡禁不止的现象专门制定了《反家庭暴力法》,禁止在家庭中使用暴力,否则承担赔偿责任。《民法典》则进一步设立了家暴惩罚制度,对因家暴离婚的,无过错一方请求赔偿时,过错一方应予赔偿。虽然对于实施家暴一方在离婚时对共有财产析分是否有影响没有明确规定,但无论在法律还是实务中,过错方少分是离婚财产处理的一项原则,施暴一方在离婚中被认定为有过错方是不言而喻的,施暴一方受到双重的处罚就成为《民法典》施行后一项重要的惩罚性制度安排。即对施暴一方,离婚时共有财产要少分,同时还得支持受家暴一方的惩罚性赔偿请求。

2. 双方均有过错

俗话说,清官难断家务事。在婚姻家庭中,很多矛盾都是夫妻双方缺乏沟通或者沟通的方式不对路造成的矛盾不断升级,加上夫妻之外的其他家庭成员的介入,家庭之外的其他人员的加入,使得矛盾更加复杂多变。引起感情破裂双方当事人一般或多或少有些过错,要厘清离婚当事人引起感情破裂过错大小,需从感情破裂事由、过程和当事人的主观过错,行为对夫妻感情的伤害程度,对感情破裂的影响和对家庭的影响,乃至对社会的影响等方面平衡过错大小,综合考量,予以平衡。实务中对双方过错行为的认定,要从夫妻感情伤害程度考虑。比如夫妻一方有酗酒、赌博,不承担家庭事务等不良习惯,另一方则有可能出轨第三者等,在判断双方过错责任时,要综合考量出现夫妻矛盾的前因后果,确定双方过错大小。

3. 混合过错

所谓混合过错,是指引起夫妻感情破裂造成离婚的各种因素来自夫妻双方,有时还来自双方的家庭。很多来自独生子女家庭的夫妻婚后生活受各自的父母影响巨大,父母介入子女的夫妻生活太多、太深,因生活方式、城乡差异、婆媳关系紧张引起家庭纷争,导致离婚。在处理该类纠纷时,要综合考虑混合因素,客观地评价夫妻双方不懂得经营小家庭生活,父母干预影响引起夫妻感情破裂,但最终落脚点还在于夫妻自身的感情因素。所谓板子打在该打的地方,法律适用在法律要素上。

(三)照顾子女、女方原则

联合国《儿童权利公约》确立的儿童最大利益原则,是世界诸多国家和地区的公共政策和法律认可的价值观。我国长期司法实践始终将儿童最大利益作为处理各类案件的一个基本原则,用司法手段为保护、促进儿童健康成长提供良好条件。[2]《民法典》也坚持了这一原则,尤其是在规范婚姻家庭中,将其作为一个重要的规则予以规定。[3] 同时,照顾女方原

---

[1] 《民法典》第1092条规定,夫妻一方隐藏、转移、变卖、毁损、挥霍夫妻共同财产,或者伪造夫妻共同债务企图侵占另一方财产的,在离婚分割夫妻共同财产时,对该方可以少分或者不分。离婚后,另一方发现有上述行为的,可以向人民法院提起诉讼,请求再次分割夫妻共同财产。

[2] 最高人民法院民法典贯彻实施工作领导小组主编:《中华人民共和国民法典婚姻家庭编继承编理解与适用》,人民法院出版社2020年版,第310页。

[3] 《民法典》第1087条。

则在现代社会中基本是共识。

五、几种类型的夫妻财产析分

(一)婚内析分共有财产

婚姻存续期间,由于夫妻双方约定或者出现某种事由,双方通过协商或者申请人民法院对共同财产进行分割,析分共有财产。

1. 婚姻关系存续期间夫妻可以自行约定财产分别制

这个约定可以在婚前,也可以在婚后,①因此婚姻关系存续期间可能一段时期财产为夫妻共有制,一段时期为分别制;对采取财产分别制的夫妻,在与他人发生交易时应当披露,相对人知道与之交易的夫妻有财产约定,则该债务就由交易的夫或妻自行清偿。关于夫妻财产分别制问题,笔者以为,随着经济社会的发展,家庭生活的经济关系也随之发生了巨大的变化,夫妻财产分别制仅仅限于在夫妻之间约定,同时仅在交易时给予相对方披露,这种形式有很大的局限性。是否可以考虑在婚姻登记机关设置夫妻财产制的备案或登记制度,夫妻双方在登记结婚时,可以就夫妻存续期间的财产制进行约定,登记机关予以登记备案;婚后,夫妻双方也可以重新约定,再到登记机关登记备案。这样便于与夫妻交易相对方查询知晓,而不单单是靠交易时的披露。

2. 婚内夫妻共同财产分割

婚内财产原则上不允许进行分割,是历次《婚姻法》制定(修订)中一直秉承的原则,其目的在于保障家庭的稳定性,直到2011年7月4日最高人民法院在《婚姻法解释三》中首次出现了婚内财产分割之情形,但也是作为不分割原则之例外,表明只有出现重大理由且不损害债权人利益的情况下,才能申请分割婚内共有财产②。《民法典》则在维护夫妻财产共有制的基础上,进一步拓展了对夫或妻个体财产权益的实质性保护,明确因一方有隐藏、转移、变卖、毁损、挥霍等,或者伪造共同债务等严重损害夫妻共有财产利益的行为,以及一方负有法定扶养义务的人患有重大疾病需要医治,另一方不同意支付医疗费用行为的,夫妻一方可以申请分割夫妻共有财产。③ 可见,《民法典》将夫妻财产共有制作为夫妻和谐共存状态下保留的财产状态,但不拘泥于夫妻存续期间必须保留夫妻财产共有状态,一旦出现有严重损害夫妻各自利益的情况,即使双方不解除婚姻关系,一样可以对存续期间的共有财产进行分割,将共有财产转化分别财产制。④ 这就从立法的深层次中维护了夫妻财产的权利独立性,分与合完全遵从当事人意思表示,由当事人自主决定。《民法典婚姻家庭编解释(二)》更是将"网络打赏"这一新情形纳入了调整范围。虚拟世界不再是无规则,明确超

---

① 《民法典》第1065条。
② 最高人民法院《婚姻法解释三》第4条规定,婚姻关系存续期间,夫妻一方请求分割共同财产的,人民法院不予支持,但有下列重大理由且不损害债权人利益的除外:(1)一方有隐藏、转移、变卖、毁损、挥霍夫妻共同财产或者伪造夫妻共同债务等严重损害夫妻共同财产利益行为的;(2)一方负有法定扶养义务的人患重大疾病需要医治,另一方不同意支付相关医疗费用的。
③ 《民法典》第1066条。
④ 《民法典》第1065条。

过一般家庭消费水平的打赏,属于挥霍,由挥霍一方承担相应的责任,一旦离婚或分割共有财产时,非打赏一方可以请求对方少分或不分。①

(二)夫妻因分居析分共有财产

夫妻是否共同生活是认定是否属于共有财产的一个具有实质意义的考量因素。夫妻分居一般有两种情形:一种情形是因异地工作而分居,双方各自独立生活,各自的收入也就聚合不到一块,未形成夫妻财产聚合的状态。在处理夫妻财产争议时,认定双方何时开始共同生活是关键。另一种情形是双方因感情问题分居,导致双方财产未能全部或部分聚合,但这不等同于双方未共同生活,财产权属上就一定归属各自所有的状态,而一部分系夫妻共有财产,另一部分则属于夫或妻个人所有,财产归属进入复杂状态。处理此类纠纷,要客观认定双方因感情不适分居期间各自的生活支出,属于正常开支予以合理扣减。

(三)因离婚析分共有财产

处理离婚纠纷案件,应一并处理夫妻共有财产析分和子女抚养安排问题。即使当事人未作为独立诉讼请求提出,在离婚案件的处理中均须行使职权主义,主动询问当事人对这两项的意见或处理意见,除非双方当事人均明确表示无须司法干预。析分夫妻共有财产出现,离婚是最主要的原因。离婚时析分夫妻共有财产,应严格掌握如下几个尺度。

1. 析分的财产是"离婚时"点的财产

自1950年《婚姻法》始至《民法典》对离婚财产的析分,都是强调"离婚时"②的财产状况。如何掌握"离婚时",是处理离婚纠纷的一个基础问题,也是一个争议较大的问题。根据离婚程序可以区分确定为离婚登记时的财产状况和判决离婚时的财产状况两种情形。离婚登记时的财产状况,由于离婚登记系当事人主动协商一致情形下的共同的行为,所以对财产的处理可以比较理性地做好财产析分。《婚姻登记条例》明确规定,离婚登记时必须提交双方签署的离婚协议书,离婚协议书应当载明双方当事人自愿离婚的意思表示以及对子女抚养、财产及债务处理等事项协商一致的意见;③否则不予登记。所以,登记离婚时双方对财产析分争议不大。实务中也存在一些对财产析分不完整的离婚协议书,对此,双方可以在离婚后,再次协商析分,协商不成可以启动离婚后财产纠纷,将登记离婚时未处理的共同财产再次予以析分,作为遗漏共有财产析分的补救。

判决离婚时的财产状况,如何把握?实务中争议较大,主要有以下几个观点:一是起诉时的夫妻共有的财产状况;二是一审庭审辩论终结时的夫妻共有财产状况;三是一审判决(调解)时的财产状况;四是一审判决(调解)书送达时的财产状况;五是二审判决(调解)时的财产状况。对于以上几个时间节点,在审判实务中,不同法官掌握的节点不同,甚至同一法官在不同的案件中掌握的节点也不一致。运用上述时间节点也各存有利弊,笔者根据多年的审判经验,认为把"离婚时"节点掌握在一审庭审辩论终结时最为合理。理由是,这个

---

① 《民法典婚姻家庭编解释(二)》第6条。
② 参见1950年《婚姻法》第23条、1980年《婚姻法》第31条、2001年《婚姻法》(修正案)第39条、《民法典》第1087条规定。
③ 2003年,国务院第387号令《婚姻登记条例》第11条。

节点从离婚诉讼的三个技术层面更容易把握,更客观、更合理地掌握离婚当事人实际财产状况,裁判的技术上也更易统一。三个技术层面中,第一个层面是诉讼请求的角度。民事诉讼法规定,一审庭审辩论终结后,当事人不得再增加变更诉讼请求,此时诉讼请求完全被固定下来,当事人的主张事实也被固定下来,此时的财产状况作为一个基本事实,已经被固定了。第二个层面是举证的角度,双方当事人的举证到一审庭审辩论终结时已经完成,争点已经被各自证明,争议双方的财产状况已经固定。第三个层面是裁判的角度,裁判所依据的法律事实已经被证明,法官在此后的工作是适用法律的问题。且这个时间节点距离离婚判决日最短,双方当事人产生新的财产或债务的概率最低。笔者以为,以这个时间节点作为实务掌握的节点最为合理,最为经济。

2. 离婚双方共同财产认定是前提

要析分共同财产首先要对共同财产进行认定,从诉讼的层面上看,双方当事人必须提供证据证明双方的共同财产有哪些,由谁占有或控制,各自占有的财产的价值几何?从财产的形态上,必须明确共有的不动产有多少?分别坐落何处?由谁占有、使用?产权登记状况?价值几何?动产认定属于一个费体力的工作,要针对双方当事人的具体情况认定,一般要求当事人提供财产(动产)清单,逐一相互核对,再根据各自占有和价值进行析分。析分动产时,要掌握抓大放小方法,对于一些价值较小的动产或生活用品,做好当事人各占有使用工作。对知识产权认定,要以权利证书为基础,实际权利需举证为原则,其他权益则需要相应的权益证书或证据证明。从实体法的层面,《民法典》用列举式明确规定了婚姻存续期间属于夫妻共有财产的范围和属于夫妻个人财产的范围,[①]在处理夫妻离婚案件时,应当将夫妻财产属于共有财产部分和属于个人财产部分区分清楚,这是析分的前提。对共同财产进行认定时,要严防离婚当事人为了达到多占有共有财产的目的,在启动离婚诉讼前就通过各种公开或隐蔽的方式转移夫妻共同财产,或者虚增债务,以稀释共有财产。

3. 按照离婚财产析分原则,对照具体的财产进行分割析分

前文提到,离婚财产析分有几项原则,在具体操作中,我们要以平等析分为原则,过错少分为例外,充分把握好照顾妇女儿童的价值取向析分离婚财产。《福建省实施〈妇女权益保障法〉办法》规定,在离婚时男方有过错、女方无过错情形下,女方按照不少于60%的比例分割共有财产。[②]

4. 恶意毁损转移财产是少分的前提,但不存在不分的情形

非有证据证明一方或双方夸大开支、制造债务、转移财产等,一般对"离婚时"之前已经消耗财产不再列入析分范围。若查清"离婚时"之前一方恶意消耗财产或恶意转移共有财产,则在析分夫妻共有财产时要少分。《福建省实施〈中华人民共和国妇女权益保障法〉办法》直接规定对恶意转移财产的,按照"三七开"模式析分离婚财产,即恶意转移方分得夫妻共有财产不得高于30%。[③] 从该条可以看出,福建省人大常委会对夫妻离婚前后

---

① 《民法典》第1062条规定属于夫妻共有财产范围,第1063条规定属于夫妻个人财产范围。

② 《福建省实施〈妇女权益保障法〉办法》第35条第1款:男方有下列情形之一,导致离婚,女方无过错的,女方分割的夫妻共同财产份额不低于百分之六十:(1)重婚的;(2)有配偶者与他人同居的;(3)实施家庭暴力的;(4)虐待、遗弃家庭成员的。

③ 《福建省实施〈中华人民共和国妇女权益保障法〉办法》第35条。

恶意转移与毁损财产行为的惩戒更为严厉。最高人民法院发布的指导案例 66 号《雷某某诉宋某某离婚纠纷案》中,也确定了"一方在离婚诉讼期间或离婚诉讼前,隐藏、转移、变卖、毁损夫妻共同财产,或伪造债务企图侵占另一方财产的,离婚分割夫妻共同财产时⋯⋯可以少分或不分财产"的基本处理规则。①

六、几类特殊财产的处理

1. 关于结婚时的彩礼离婚时如何处理

2017 年 8 月 26 日最高人民法院《关于审理彩礼纠纷案件中能否将对方当事人的父母列为共同被告对十二届全国人大五次会议第 1385 号建议的答复》称全国法院一审受理的以彩礼纠纷为主要特征的"婚约财产纠纷",2014 年为 23092 件,2015 年为 26088 件,2016 年为 24545 件。为最大限度地保护公民的财产权利,最高人民法院根据中国传统习俗中儿女的婚姻一般由父母一手操办,送彩礼也大都由父母代送,且多为家庭共有财产的实际情况,对诉讼方把对方当事人的父母列为共同被告,要求他们承担连带责任,而应诉方以起诉人不适格作为抗辩时,法院不予采信。因为按照一般习俗是父母送彩礼,也是父母代收彩礼,故将当事人父母列为共同被告是适当的。实际处理中,最高人民法院认为"当事人请求返还按照习俗给付的彩礼的,如果查明属于以下情形,人民法院应当予以支持:(一)双方未办理结婚登记手续的;(二)双方办理结婚登记手续但确未共同生活的;(三)婚前给付并导致给付人生活困难的。适用前款第(二)、(三)项的规定,应当以双方离婚为条件"。如果双方确已共同生活但最终未能办理结婚登记手续,给付彩礼方请求返还彩礼的,人民法院可以根据双方共同生活的时间、是否生育子女、彩礼数额并结合当地风俗习惯等因素,确定是否返还以及具体返还的数额。彩礼问题,《民法典》没有规定,前文提及,2021 年 1 月 4 日中共中央、国务院以 2021 年 1 号文件发布《关于全面推进乡村振兴加快农村现代化的意见》,从农村精神文明建设的高度,要求对高彩礼等陋习进行治理。最高人民法院于 2024 年 1 月 17 日发布《关于审理涉彩礼纠纷案件适用法律若干问题的规定》,对一方以彩礼为名借婚姻索取财物予以禁止;对彩礼返还纠纷案件要求根据一方给付财物的目的,综合考虑双方当地习俗,给付的时间和方式,财物价值,给付人及接收人等事实,合理认定彩礼范围,对双方已经办理结婚登记并共同生活,提出不予返还彩礼的处理意见,维护家庭的和谐稳定;对共同生活时间较短且彩礼数额过高的,结合考虑彩礼数额、共同生活及孕育情况、双方过错等事实,结合当地习俗,确定是否返还以及返还的具体比例。② 这一规定既承继了以往的司法经验,也对新情况提出了处理原则和意见,统一了该类纠纷的裁判尺度。

2. 个人专用物品,一般归个人所有

个人专用物品,包括生活用品,工作需要的设备、工具、图书等。《民法典》规定属于个人财产的是"个人专用的生活用品"③,属于工作的专用用品,则需要考虑价值平衡问题。比

---

① 见最高人民法院指导案例 66《雷某某诉宋某某离婚纠纷案》裁判要点。
② 最高人民法院法释[2024]1 号《最高人民法院关于审理涉彩礼纠纷案件适用法律若干问题的规定》。
③ 《民法典》第 1063 条。

如,从事器乐演奏工作的人员,业余型与专业型乐器价值相差太大。在专业型用品中,价值上百万乃至上千万并不寡见,若该专业用品属于夫妻存续期间购置的,在财产分配时,将专用物品归专业方使用的同时,要注意价值平衡,由使用方给予未使用方补偿。对于业余型的用品,同样考虑用品的实际价值和使用效率,综合平衡物尽其用和公平。此外,还有一些与特定人身有关的物品,如各种体育类和文艺类奖牌奖状,具有特定人身属性,属于个人专用的物品。当然,获奖的同时,有一定奖金等财产性收益,则属于婚姻关系存续期间财产性收入,应属于夫妻共同财产,如奥运冠军,其奖牌属于奥运冠军本人,奖金则属于财产性收益,获得冠军时获得者有婚姻关系存续,双方没有特别约定的,则应属于夫妻共有财产。

3. 夫妻共有的房屋析分,按照不同类型的房屋有不同的处理方式

(1)对不宜分割使用的夫妻共有房屋,双方均主张房屋所有权,应根据双方住房情况和照顾抚养子女方或无过错方等原则分给一方所有。分得房屋的一方对另一方应给予相应的价值补偿,在双方条件等同的情况下,应照顾女方。具体有四个处理方案:第一个方案,离婚双方协商一致,共同赠与他们的子女,这种方案实务一般在独生子女的夫妻离婚运用得比较广,夫妻双方也比较容易达成协商一致。或有多个子女、多套房屋,亦可。对此,最高人民法院还在《民法典婚姻家庭编解释(二)》中规定,即使协议的财产权利尚未转移时,也"不可随意撤销",即夫妻双方协商将共有的房屋赠与子女一般是不可撤销的,除非双方都同意。这既维护了双方协议的严肃性,更是维护了未成年子女的正当权益。① 第二个方案,采用竞买的方式,价高者得。双方在法庭或调解员的主持下,借助拍卖规则,由双方分别给出补偿对方的价款,房屋归出价高的一方。第三个方案,由评估机构按市场价格对房屋进行评估,法院根据双方当事人的实际情况和评估情况,判令一方取得房屋所有权,同时给予另一方相应的补偿。第四个方案,法院根据评估价款,征得双方当事人同意后,直接挂网拍卖。拍卖所得的价款再进行分割。

对农村房屋的处理,需考量取得产权的一方是否具有集体经济组织成员资格问题。夫妻双方均为农村集体经济组织成员,享有农村集体土地使用权,且房屋可分割而不影响使用功能和价值功能,可分割房屋。若夫妻一方是非农村集体经济组织成员,不能享有农村集体土地使用权,在离婚财产处理时,不能取得农村房屋,宜用货币或者用其他财产进行补偿。

(2)离婚时对尚未取得所有权或者尚未取得完全所有权的房屋如何进行析分。一种情形是已预登记的房屋,另一种情形是未预登记的房屋。对已预登记的房屋,该登记方已取得了准物权,具有对抗第三人的效力,一般可按预登记情况处理。若预登记在二人名下,则直接参照有产权房屋进行调解或判决权利归属。若预登记在一方名下,则人民法院依争议双方实际情况判决所有权归属,也可判决房屋由当事人使用,待产权登记正式登记后再行处理。对未预登记的房屋,待取得产权证书后,由当事人决定归属,也可另行向人民法院提起诉讼。对于预登记的房产的处理,可能涉及第三人,如房屋有按揭的,涉及金融机构(银行)抵押权的问题;夫妻双方的亲属保留权益问题,需要谨慎处理。

(3)夫妻一方将婚前房产在结婚时赠与对方,但未办理产权过户登记手续,离婚时该房屋权属应如何析分?在实务中有不同的争议,第一种观点认为,这属于附结婚条件的赠与

---

① 《民法典婚姻家庭编解释(二)》第20条。

行为,只要双方结婚了,赠与的条件就成就,赠与行为应认定为有效。第二种观点认为,认定该房屋归属受赠方,属于受赠方的个人财产,至于登记手续问题属于行政管理规范未落实问题,应由争议双方配合做好过户登记手续。第三种观点则认为,赠与行为有效,但属于受赠方婚姻存续期间获得的赠与,应认定为夫妻共有财产。该赠与行为只有权属过户手续完整了,赠与行为才完成。未办理过户手续,赠与行为尚未履行完毕,按照物权法定原则,仍应属于原产权人所有。第四种观点认为,个人财产要如何处置,应由权利人决定。在不动产权属变动上,应当按照《民法典》物权编和合同法编中的相关规定来认定。从物权制度上看,物权法定是物权法的基本原则、基本理念,具有公示公信效力。权利人将财产赠与他人属于其对自己财产的处分权,应当认定其行使权利处分权的正当性。即权利人有将房屋赠与他人的意思表示,按照赠与合同的相关规定,赠与行为是在受赠人表示接受时赠与合同成立并生效,但在赠与财产权属转移登记之前,赠与人可以撤销赠与,除非经过公证或者法律规定不能撤销赠与者外。①

实务中,应当清醒地认识到,赠与合同成立生效,并不必然产生不动产权属的变更,不动产权属变更登记是不动产权属变更的标志,只有不动产登记簿登记的权属人,才是该不动产的权利人。夫妻一方将自己财产赠与另一方的意思表示作出后,另一方表示接受,双方之间的赠与合同关系成立并生效,然未进行权属变更登记,则接受一方不是赠与标的物的权属人,权属人仍是登记人自己,赠与人可以行使任意解除权,只要在合理期限之前通知对方。此时,该房屋的权属仍属于原权利人所有,属于权属人个人财产,不能因为离婚进行析分。但如果该赠与合同是经过公证的合同,则不得撤销。接受赠与一方要求继续履行合同的,应当继续履行合同,则应当将该房屋认定为受赠人一方,并责令赠与人协助办理产权变更登记手续。由此可见,夫妻之间的财产认定,不仅要符合婚姻家庭编的相关规定,还要结合民法典其他章节的规定,综合进行推演判断。

对上述婚前或者婚姻关系存续期间当事人约定将一方所有的房屋转移登记至另一方或者双方名下的情况,最高人民法院区分所有权登记是否转移的两种情形给出了态度。第一种情形,离婚诉讼时房屋所有权尚未转移登记,双方对房屋归属或者分割有争议且协商不成的,要求根据当事人诉讼请求,结合给予目的,综合考虑婚姻关系存续时间、共同生活及孕育共同子女情况、离婚过错、对家庭的贡献大小以及离婚时房屋市场价格等因素,判决房屋归其中一方所有,并确定是否由获得房屋一方对另一方予以补偿以及补偿的具体数额。第二种情形,离婚时房屋已经转移登记至另一方或者双方名下,双方对房屋归属或者分割有争议且协商不成的,如果婚姻关系存续时间较短且给予方无重大过错,要根据当事人诉讼请求,判决该房屋归给予方所有,并结合给予目的,综合考虑共同生活及孕育共同子女情况、离婚过错、对家庭的贡献大小以及离婚时房屋市场价格等因素,确定是否由获得房屋一方对另一方予以补偿以及补偿的具体数额。②

最高人民法院的这一态度,有一个综合考虑离婚原因和尊重当事人意思表示的基本理念在内。但是,对物权的对世性和婚姻双方当事人追求婚姻目的的意思表示的解读尚有欠缺。第一种情形,是物权未发生变动,从双方有约定要将不动产产权变更登记到另一方或

---

① 《民法典》第 657 条、第 658 条、第 659 条。
② 《民法典婚姻家庭编解释(二)》第 5 条。

双方名下,其前提是奔着建立婚姻关系,是为促成或追求婚姻关系建立而做出的承诺,在物权未发生变动时,即使婚姻关系已经建立,但不动产仍属于不动产持有一方的婚前财产,产权变更的承诺仍然处于契约阶段,是债的范畴。从保护物权稳定性出发,基层人民法院的法官更愿意稳定物权关系,判决该不动产仍属于登记人,至于承诺之债的问题,从其他动产调整中去处理。司法解释表述为"判归一方,并由另一方给予适当补偿"显然是模糊了"一方"的指向,究竟是物权登记一方还是非登记一方,不明确的表述会给基层法官带来困惑,即使在实际处理上用"另一方给予适当补偿"解决纠纷,与习惯做法吻合,但存在着物权无序变更之虞。尤其是在不动产市场价格上扬时期,因该不明确表述,提高了裁判的不可接受率。第二种情形,物权发生了变更,此时承诺已经变成了现实,双方变更物权的约定已经完成,该财产已经成为夫妻共有财产的一部分,此时按照离婚处理原则予以处理裁判的可接受性更高。

(4)夫妻双方自结婚开始共同使用一方婚前房屋。有两种情况:一是一方婚前购置的房屋,结婚时使用该房屋,并用夫妻共同财产共同偿还按揭款。离婚时,最高人民法院在《婚姻法解释三》第10条规定,房产一般应归登记一方,登记一方按照增值部分的比例,给予未登记一方进行补偿。该意见仅考虑房产市场增值走势,没有考虑房产市值下行情形。市场是由看不见的手操纵的,市场下行,房产贬值,是否需要考虑由双方对该部分财产的价值进行补偿呢?后疫情时代,受国际市场的影响,我国房地产市场呈现出下行的趋势,相应的案件已经逐渐出现。

笔者认为,按揭买房,在将按揭款交付给出卖人,买受人就已完成房屋全款支付,接收房屋,买卖合同中主要合同义务已完成,即在婚前就取得了购房合同项下的标的物,婚后获得房产的产权只是买卖合同中财产权利移转的表现形式,即合同交付履行的继续。使用银行按揭取得的款项,用于支付房价款,是履行购房合同中付款义务的一种方式。借款人与银行之间的借款抵押合同关系,是另一法律关系,属于婚前借贷之债,法律调整的是贷款人和借款人及按揭担保人关系。离婚时,夫妻共同使用的一方婚前购置的房屋,并不产生该房屋转化为夫妻共有财产的情形,离婚分割财产时将按揭房屋认定为一方的个人财产,另一方无权主张该房产物权。在婚姻存续期间,用双方的共同财产偿还银行的按揭借款,属于债务加入,产权一方应当偿还另一方为偿还借款的权益。婚前一方与银行签订抵押贷款合同,银行是在审查其资信及还款能力的基础上才同意贷款的,其属于法律意义上的合同相对人,产权一方应承担所有的按揭债务。在婚姻存续期间,用双方的共同财产偿还银行的按揭借款,产权一方应当偿还非产权另一方为偿还银行借款的权益,也就是婚姻存续期间偿还的按揭贷款的一半。对按揭房屋在婚后的增值,非产权一方,在房屋占有使用上已获得了利益,离婚时可根据婚后共同使用房屋时间长短、还贷款项及对应房产增(贬)值情况,按照照顾未成年子女和女方权益的原则,由双方协商处理。最高人民法院为贯彻《民法典》实施,修改了相关司法解释规定。[①]

---

① 《民法典婚姻家庭编解释(一)》第78条:夫妻一方婚前签订不动产买卖合同,以个人财产支付首付款并在银行贷款,婚后夫妻共同财产还贷,不动产登记于首付款支付方名下的,离婚时该不动产由双方协议处理。依前款规定不能达成协议的,人民法院可以判决该不动产归登记一方,尚未归还的贷款为不动产登记一方的个人债务。双方婚后共同还贷支付的款项及其相对应财产增值部分,离婚时应根据民法典第一千零八十七条第一款规定的原则,由不动产登记一方对另一方进行补偿。

关于婚后8年内双方对该房屋进行了修缮、装修、翻修翻建,离婚时非产权一方的当事人提出了产权分配的请求问题。对此,20世纪80年代,最高人民法院在全国民事审判工作会议纪要中提出不动产在婚后共同使用生活超过8年转化为共同财产的意见。1993年《福建省实施〈妇女权益保障法〉办法》第35条明确规定"男方婚前个人所有的房屋,婚后由双方共同使用、经营、管理8年以上的,可视为夫妻共同财产"[①]。随着经济社会的发展,家庭的财产结构发生了深刻变化,2001年《婚姻法》(修正案)按照物权法定原则规制了夫妻存续期间的财产权属,强调离婚时未变更产权的,房屋仍归产权人所有。2008年9月28日福建省第十一届人民代表大会常务委员会第五次会议通过的《福建省实施〈妇女权益保障法〉办法》第34条至第35条按照上位法修订的情形,调整了共同居住使用经营管理8年以上推定为夫妻共同财产的规定,调整为离婚时仍归登记的男方,女方确有困难可以暂住或由男方给予房屋租金补偿。房屋在其夫妻存续期间因修缮、装修、翻修翻建等原因产生增值,该增值部分应属于夫妻共同财产。该部分财产已添附在原产权上,由产权登记权利人折价补偿另一方。若该房屋进行扩建的,扩建部分的房屋应按共同财产处理。在处理这类纠纷时,需要核实历史资料、实地勘察建造、修建、翻建情况。因添附增值,用补偿方式,避免减损房屋、价值;属扩建,可独立分割的,则该部分作为夫妻共同财产进行分配;属翻建,考虑原房屋价值与现翻建房屋价值,进行合理处理。

以上情形在实务处理时,尤其涉及产权分割时,要考虑到:①地役权问题,即产权分割后,各自的通风、采光、通行、排水,以及新农村改造建设中出现的废弃物排放处理等。无论调解还是判决都要避免因财产分割造成一方地役权行使受阻的情况。某法院在判决一个农村二层楼房屋,上下楼梯通过厢房案件时,将一楼归男方,二楼给女方,但未就二楼的通行问题进行判决。判决生效后,男方将厢房的楼梯通道堵了,女方失去了上下楼的通道,只好在二楼的窗台上搭一个竹梯临时通行。女方申诉。再审改判支持女方地役权行使,由双方另行建一个通道供女方使用,费用双方共摊,才解决问题。由此延伸到地役权相关的权利,如通水、通电、煤气管道、电信设施、下水道、化粪池等新的地役权表现形式都需要我们在处理该类案件时予以注意。②传统家庭中,家中摆放祖先牌位的情况比较普遍,而且不轻易挪动,"请神容易送神难",福建广东一带这样的习俗尤甚。在对该类房屋进行处理时,需要考虑这些传统习俗问题,切实处理好这些问题。一个原则"谁家祖先谁负责,谁家牌位谁供奉",纠纷处理方无虞。

(5)关于违章建筑。离婚财产纠纷中,违章建筑的处理也很常见,实务界中有不同的处理意见。一种意见认为,违章建筑因无产权依据,法院以不受理为宜。但对于多数仅有该违章建筑居住使用权的当事人,不处理不能解决当事人离婚后的居住问题,纠纷依然没有解决,容易转化为刑事案件。另一种意见认为,违章建筑系行政机关管理事项,应属于行政机关主管范围,离婚案件属于民事纠纷,对违章建筑物的使用,只要不是危房进行分割是可以的。为避免当事人根据《民法典》第229条的规定,以生效裁判文书作为物权设立、变更、

[①] 相关的规定在20世纪最高人民法院关于处理离婚纠纷的相关会议纪要中有类似的规定,福建省人大常委会制订该条,笔者以为出处应是最高人民法院的司法政策。该条后在办法修改中被取消。

转让或者消灭缘由,①向不动产登记部门申请产权登记,造成所有的违章建筑都能通过离婚等民事裁判方式变成合法建筑,破坏国家法律的统一实施,损害行政管理规范与权威,可以附条件地对违章建筑进行分割析分,即在判决当事人分割启用的同时明确本判决不能作为当事人向行政机关证明其建筑物合法性之依据,也不得作为向不动产登记部门申请登记之依据。融通解决现实之尴尬,留给行政机关依法履行行政职能,采取行政处置措施的空间,让共同违章人同等地受到处罚。

(6)父母出资购置婚房问题。婚前,父母出资购置房屋,若登记在自己子女一方名下,该出资应认定为对自己子女的赠与;若登记在双方名下,则认定为赠与双方,属于双方的共同财产。婚后②,父母出资为双方购置房屋(含仅付首付款,月供部分仍由夫妻共同偿还)。一种观点认为是子女向父母借款,应由夫妻共同偿还;另一种观点认为是赠与,其中有主张赠与自己子女一方,也有主张赠与夫妻双方,各执一词。最高人民法院在《民法典婚姻家庭编解释(一)》第29条明确:"当事人结婚前,父母为双方购置房屋出资的,该出资应当认定为对自己子女个人的赠与,但父母明确表示赠与双方的除外。当事人结婚后,父母为双方购置房屋出资的,依照约定处理;没有约定或者约定不明确的,按照《民法典》第1062条第1款第4项规定的原则处理。"即只归自己子女所有。近年来由于房地产政策调整,有的城市推出了商品房限购政策,于是出现了父母出资为子女结婚购置婚房时,要充分利用限购政策,利益最大化地帮助子女购置婚房。对此,在实务操作中,还是要实事求是地分析具体情况。父母出资一方因名下有房,属于限购范围,另一方则不在限购范围内,若登记结婚虽然系一方婚前个人财产,但限购政策推定夫妻双方有房,属于限购范围。为此,出现了在婚前由非限购一方出名购置,由限购一方父母为其支付首付款。有两种观点:一种观点认为是对双方的赠与;另一种观点则认为仍然是父母对自己子女的赠与,这才是父母出资的本意。对于婚后一方父母全额出资为夫妻购置房屋的,最高人民法院进一步规定"如果赠与合同明确约定只赠与自己子女一方的,按照约定处理;没有约定或者约定不明确的,离婚分割夫妻共同财产时,人民法院可以判决该房屋归出资人子女一方所有,并综合考虑共同生活及孕育共同子女情况、离婚过错、对家庭的贡献大小以及离婚时房屋市场价格等因素,确定是否由获得房屋一方对另一方予以补偿以及补偿的具体数额。"③若是由一方父母部分出资或者双方父母出资为夫妻购置房屋,"如果赠与合同明确约定相应出资只赠与自己子女一方的,按照约定处理;没有约定或者约定不明确的","根据当事人诉讼请求,以出资来源及比例为基础,综合考虑共同生活及孕育共同子女情况、离婚过错、对家庭的贡献大小以及离婚时房屋市场价格等因素,判决房屋归其中一方所有,并由获得房屋一方对另一方予以合理补偿"。④

---

① 《民法典》第229条因人民法院、仲裁机构的法律文书或者人民政府的征收决定等,导致物权设立、变更、转让或者消灭的,自法律文书或者征收决定等生效时发生效力。
② 此处的"婚前""婚后",以双方登记日为准。
③ 《民法典婚姻家庭编解释(二)》第8条第1款。
④ 《民法典婚姻家庭编解释(二)》第8条第2款。

(7)关于城市房改房、经济适用房等。城市房改房主要是城市职工购买单位的自管房①,购买资格与职工身份密切相关。经济适用房是指已经列入国家计划经济指标,由城市政府组织房地产开发企业或者集资建房单位,以微利价向城市中低层收入家庭出售的房屋。② 若夫妻用共有财产购买一方父母参加房改的房屋,产权登记在父母名下,即使是夫妻在实际居住使用,离婚时另一方提出要对该房屋进行分割,因不符合房改政策的要求,同时也不符合物权法定原则,该请求不予支持。③ 其出资部分,由双方协商解决。

(8)婚姻存续期间居住的房屋属于一方所有,另一方以离婚后无房居住为由,要求暂住的,实务中经查实,给予一段时间的过渡期,一般不超过两年。④ 若需要租房居住的,无房一方经济上确有困难的,享有房屋产权的一方可给予一次性经济帮助。

(9)农村房屋征收补偿协议中财产权益的享有。农村房屋征收各地均有优惠政策。如厦门市在各区的旧村改造项目征收集体土地房屋时,在遵循"拆一补一"产权调换的同时,对调换后人均合法产权面积不足 50 平方米的,按人均 50 平方米给予补足安置。⑤ 由于"拆一补一"是按照家庭户籍人口计算合法产权,人均不足 50 平方米的,补足到 50 平方米。如被拆迁户合法产权面积为 270 平方米(90 平方米×3 层,一般批建的最大面积),产权调换 270 平方米,但家庭人口只要有 6 人,则调换安置中就要补足人均不足 50 平方米的产权,即需要调换安置房不低于 300 平方米。于是出现了非产权人的户籍人口数贡献问题。我们认为,政策予以被征拆家庭的政策优惠是以产权调换为前提的,若被征拆房屋所有权人在离婚财产析分时,要兼顾其他家庭成员对置换房屋土地的贡献,留存一定比例的财产作为对家庭成员贡献的补偿,最直接的方式就是给予一定的金钱补偿。若离婚的夫妻,不是原房屋所有权人或土地用益物权人,就成为人口贡献的人,按照征拆"拆一补一"原则,人口贡献人能够取得一定的权益,是依存于所有权或物权人身上的,不能单独存在,宜采货币补偿的方式给予补偿。离婚时请求补偿相应权益,要按照贡献大小折算其权益。即人口贡献力=(置换产权-原产权)/有权安置的家庭人口数×置换产权的单价。笔者在处理黄某诉陈某等共有物分割纠纷一案中,持拆迁安置权益的归属与被拆迁标的物所有权的主体是同一的,该权益是被拆迁标的物因拆迁行为而发生的物的形态变换的观点,被安置的标的物所

---

① 房改房,是指于 1994 年国务院发文实行的城镇住房制度改革的产物,是中国城镇住房由从前的单位分配转化为市场经济的一项过渡政策,现如今又可以叫作已购公有住房。已购公有住房,是指城镇职工根据国家和县级以上地方人民政府有关城镇住房制度改革政策规定,按照成本价或者标准价购买的已建公有住房。按照成本价购买的,房屋所有权归职工个人所有;按照标准价购买的,职工拥有部分房屋所有权,一般在 5 年后归职工个人所有。房改房是国家对职工工资中没有包含住房消费资金的一种补偿,是住房制度向住房商品化过渡的形式,它的价格不由市场供求关系决定,而由政府根据实现住房简单再生产和建立具有社会保障性的住房供给体系的原则决定,是以标准价或成本价出售。房改房的销售对象是有限制的,不是任何人都可以享受房改的优惠政策,购买房改出售的住房的人只能是承住独用成套公有住房的居民和符合分配住房条件的职工。

② 参见 房天下:《普及一下经济适用房和商品房的区别!》https://zhishi.fang.com/xf/qg_307122.html,最后访问日期:2022 年 6 月 12 日。

③ 最高人民法院《婚姻法解释三》第 12 条。

④ 2008 年修订的《福建省实施〈妇女权益保障法〉办法》第 34 条第 2 款规定,离婚后,女方确实无房屋可居住且经济困难的,可以在其婚姻存续期间居住房屋暂住不超过 2 年。

⑤ 厦门市人民政府 2018 年第 46 次市政府常务会议纪要。

有权归被拆迁标的物的所有权人。该意见获得二审法官的认同。①

4. 投资类财产的析分

(1)属于夫妻共同财产的生产资料,可分给有经营条件和能力的一方。分得该生产资料的一方对另一方应给予相当于该财产一半价值的补偿。

(2)一方以夫妻共同财产与他人合伙经营的,可以区分为合同型合伙与法人型合伙。对合同型合伙财产分配入伙的财产可分给一方所有,分得入伙财产的一方对另一方应给予相当于入伙财产一半价值的补偿。双方协商一致将其在合伙企业中的财产份额全部或者部分转让给对方时,按以下情形分别处理:其他合伙人一致同意的,该配偶依法取得合伙人地位;其他合伙人不同意转让,在同等条件下行使优先受让权的,可以对转让所得的财产进行分割;其他合伙人不同意转让,也不行使优先受让权,但同意该合伙人退伙或者退还部分财产份额的,可以对退还的财产进行分割;其他合伙人既不同意转让,也不行使优先受让权,又不同意该合伙人退伙或者退还部分财产份额的,视为全体合伙人同意转让,该配偶依法取得合伙人地位。

(3)共有财产投资公司后的析分。

第一,夫妻以一方名义投资设立独资企业的,人民法院分割夫妻在该独资企业中的共同财产时,应当按照以下情形分别处理:一方主张经营该企业的,对企业资产进行评估后,由取得企业一方给予另一方相应的补偿;双方均主张经营该企业的,在双方竞价的基础上,由取得企业的一方给予另一方相应的补偿;双方均不愿意经营该企业的,按照《中华人民共和国个人独资企业法》等有关规定办理。

第二,夫妻用夫妻共同财产投资公司,则根据有限责任公司和股份有限公司的不同性质,对所持股份或折价进行分配。对持有有限责任公司股份的,根据人合与资合相结合投资性质,离婚时需征求公司其他持股人(过半股东)同意,其他股东放弃优先购买权的,未持股的一方在离婚后,可以持有原配偶所持股份的一半或全部股份,成为公司的股东,并办理工商登记手续。若过半股东不同意在离异夫妻之间转让,愿意以同等价格购买该出资股权的,则该款项为股份的折价款,作为夫妻共有财产予以分割。若其他股东既不同意在离异夫妻之间转让,也不行使购买权的,则视为同意在离异夫妻之间转让。用于证明前款规定的过半数股东同意的证据,可以是股东会决议,也可以是当事人通过其他合法途径取得的股东的书面声明材料。② 若是对持有未上市股份有限公司的股份,则可以对股份按比例进行分割。若是上市公司的股份,则可以一审庭审辩论终结之日的市值为准,按照比例进行

---

① 福建省厦门市翔安区人民法院(2022)闽0213民初153号民事判决书,福建省厦门市中级人民法院(2022)闽02民终3519号民事判决书。
② 《婚姻法解释二》第16条。

分割。①

第三,对夫妻共同经营当年无收益的养殖、种植业等。最高人民法院1993年11月3日《关于人民法院审理离婚案件处理财产分割问题的若干具体意见》第11条规定,离婚时应从有利于发展生产、有利于经营管理考虑,予以合理分割或折价处理。实务上有两种方法:一种方法就是双方进行竞价,价高者得,按照财产比例给予另一方补偿;另一种方法就是委托有评估鉴定资质单位对该部分进行评估、鉴定,提出评估鉴定意见后,再折价判决。何谓有利于发展生产和经营管理?实务中的参考标准是具体养殖、种植人继续养殖、种植,另一方则取得折价款。

第四,个体工商户或一人公司。《民法通则》首创个体工商户民事主体,第26条规定:"公民在法律允许的范围内,依法经核准登记,从事工商业经营的,为个体工商户。个体工商户可以起字号。"个人经营的个体工商户的债务,以个人财产承担;家庭经营的,以家庭财产承担。在夫妻关系存续期间,一方从事个体工商户经营,其收入作为夫妻共有财产者,其债务由夫妻共有财产清偿;家庭全体成员共同出资、共同经营的,其债务由家庭共有财产清偿。《民法典》第56条延续了这个规定。夫妻一方个人经营或夫妻共同经营个体工商户的,其收入为夫妻共有财产,离婚时应予析分;若是家庭成员共同出资共同经营的,收入是作为家庭财产,属于家庭成员共有,作为家庭成员的夫妻离婚时,首先要将该部分收入在家庭成员当中先行分割,属于夫妻共同部分,再予以析分。

《公司法》规定,50个自然人或法人可以设立有限责任公司,包括一人公司。由于有限公司是以公司资产对外承担债权债务,在婚姻存续期间设立的一人公司,则属于夫妻共有财产,离婚时,公司资产与公司债务要一并处理。对一人公司资产析分时,需要注意的是经营一方放大债务问题,要切实厘清公司的债务情况,最直接的办法就是对公司进行清算,根据清算,明确债权债务,再予析分和分担。

5. 农村家庭联产承包经营权范围内经营利益分配问题

涉及下列三个方面:

(1)土地家庭联产承包经营权。家庭经营,由家庭承担责任,由部分成员经营的,以该部分成员的财产承担责任。由于承包经营权系用益物权,在离婚时,该用益物权难以分割。2003年颁行的《农村土地承包法》规定,承包权要办理权证,承包户的家庭出现了夫妻离婚时,要将土地承包权从共同共有(联产承包,在法律上表现为共同共有),转化为按份共有,将土地承包权再分配为两个承包权或者四个承包权,即在联产承包的家庭内部进行处理,以确保离婚一方当事人(尤其是女方)在离婚后不会失去农村土地的承包权。2019—2020年全国农村进行全面的土地和宅基地的"双登"工作,全面梳理了土地状况,落实物权法定原则。

---

① 关于持有上市公司股份的市值的计算问题,在实务中有三个观点,第一种观点认为要以起诉之日的市值为准。该观点基本理论依据是,此时为当事人要求解除身份关系之日,以此日开始计算,符合当事人的真实意思表示;第二种观点是以一审庭审辩论终结之日的市值作为计算标准,理由是一审庭审辩论终结时,双方争点都明确了,同时诉讼法也规定,这个时点是当事人最后增加诉讼请求的时点,以这一天的市值作为计算股份价值的时点最为公平。第三种观点则认为要一审判决生效的时点作为市值计算的时点。该观点的最大缺陷是就是何时判决生效难以确定:一审生效、二审生效、再审生效的时间节点确定争议较大,也不是很好确定。实务中,较多法官会采用第二种。

(2)农村承包地流转权益。由于农村劳动力向城市转移,承包地撂荒成为一个比较大的社会问题。《农村土地承包法》制定了承包土地流转的新机制,即进城务工的承包户,将其承包的土地出租或出借给在家务农的承包者,实现双赢的目的。流转中的承包地,因流转出现一定的收益,属于夫妻共同收入,系共同财产。离婚时,应将流转土地的收益作为夫妻共同财产进行分配。

(3)承包地和宅基地征收补偿。在城镇化进程中,许多城郊地区作为城市发展的空间,土地被征收,按照物权法律制度要求,被征收土地获得一定的补偿,尤其是集体所有土地,《民法典》要求"应当依法及时足额支付土地补偿费、安置补助费以及农村村民住宅、其他地上附着物和青苗等的补偿费用,并安排被征地农民的社会保障费用,保障被征地农民的生活"①。目前在东部地区,征收补偿款是一笔巨额财产,在离婚进行夫妻财产析分时,应做好各个补偿项目的析分,保障失地农民不因离婚而陷入贫困。

七、债务分担

《民法典》秉承债务应当清偿,保护债权人合法正当权益这一民法基本原则,明确夫妻共同债务,由夫妻共同偿还。"共同财产不足清偿或者财产归各自所有的,由双方协议清偿,协商不成由人民法院判决。"②就法条的文义而言,夫妻共同债务要先用婚姻存续期间的共同财产偿还,不足以清偿时,需夫妻双方协商进行偿还,表明在对外关系上夫妻就共同债务要承担连带责任。从责任承担的逻辑上分析,首先是夫妻共同债务的认定。按《民法典》规定,有三种情形。

(一)夫妻双方共同签字,即共债共签

一方面,有利于保障夫妻另一方的知情权和同意权,可以从债务形成源头上尽可能杜绝夫妻一方"被负债"现象发生;另一方面,也可以有效避免债权人因事后无法举证证明债务属于夫妻共同债务而遭受不必要的损失,对于保障交易安全和夫妻一方合法权益,具有积极意义。没有共同签字的债务,系一方个人债务,个人债务由个人偿还。夫妻双方共同签字,主要是夫妻双方对外所签订的合同、对外确认的债务。在实务中主要"共签"的书面证据,若有相应的证据,则认定为共同债务。若夫妻一方否认签字或者虽承认签字但否认是其真实意思表示抗辩,提出方要承担举证责任,举证的事项一般是对签字申请鉴定、对合同内容不知晓或者受胁迫的证据,或者有报警记录等证实。不能举证证明非其签字或非其意思表示的,认定为共同债务。

(二)事后追认,即一方欠债,另一方事后追认,也是夫妻共同债务

追认形式可以多样,一般表现为在交易或结算合同债务凭证上签字盖章,并有共同举债或共同偿债的意思表示,或者以其他形式的意思表示确认该债务。为此,证据审查是关

---

① 《民法典》第 243 条。
② 《民法典》1089 条规定,离婚时,夫妻共同债务应当共同偿还。共同财产不足清偿或者财产归各自所有的,由双方协议清偿;协议不成的,由人民法院判决。

键,主张系夫妻共同债务的债权人必须举证证明事后追认。司法实践中,追认一方在诉讼中往往会提出没有追认的意思表示,或者意思表示存在重大误解、被欺诈或受胁迫的抗辩。这也是这类问题审查的难点。追认是一种典型的明示的意思表示,当事人要否认自己的意思表示,须证明自己未作出或意思表示在到达相对人前已撤销,或意思表示尚未到达相对人;对于有重大误解或者被欺诈、受胁迫之情形,当事人要有证据证明已经在法定的除斥期间内提出向人民法院或者仲裁机构予以撤销。若仅仅在相关凭证上签字,无共同举债偿债的意思表示,一般也不认定为追认。

(三)婚姻关系存续期间以个人名义为家庭日常生活需要所负债务

这里"家庭日常生活"的认定,关键要根据每对夫妻、每个家庭的具体情况,是否属于确实需要来判断。最高人民法院《婚姻法解释一》第17条认为,为日常生活需要而处理夫妻共同财产,双方均有权决定。① 《关于审理涉及夫妻债务纠纷案件适用法律有关问题的解释》进一步规定:"夫妻一方因家庭日常生活事务而与第三人交往时所为的法律行为,视为夫妻共同意思表示并由配偶承担连带责任的制度",② 明确了日常家事代理民事责任承担方式。该解释第3条又对超越家事代理权的问题进行了规定:"夫妻一方在婚姻关系存续期间以个人名义超出家庭日常生活需要所负的债务,债权人以属于夫妻共同债务为由主张权利的,人民法院不予支持,但债权人能够证明该债务用于夫妻共同生活、共同生产经营或者基于夫妻双方共同意思表示的除外。"即指夫妻一方在婚姻关系存续期间以个人名义为家庭日常生活需要所负的债务,属于夫妻共同债务;若是"以个人名义超出家庭日常生活需要所负的债务","债权人必须举证证明该债务用于夫妻共同生活、共同生产经营或者基于夫妻双方共同意思表示"。③ 否则不能作为夫妻共同债务来认定。《民法典》第1060条明确为日常生活所为家事代理行为,其效力及于配偶,④ 并在第1064条把上述司法解释全部吸收转化为具体的法律规则。⑤

对投资型的债务,以该项投资的收益是否用于夫妻共同生活为判断标准。无论该项投资在婚前抑或婚后,只要该项投资收益用于夫妻共同生活,则认定为夫妻共同债务。若仅是一方投资收益未用于夫妻共同生活,形成的债务,非共债共签,不应被认为"家庭日常生

---

① 最高人民法院《关于适用〈婚姻法〉若干问题的解释》第17条规定。
② 《最高人民法院关于审理涉及夫妻债务纠纷案件适用法律有关问题的解释》第1条 夫妻双方共同签字或者夫妻一方事后追认等共同意思表示所负的债务,应当认定为夫妻共同债务。
③ 最高人民法院《关于审理涉及夫妻债务纠纷案件适用法律有关问题的解释》第3条规定,夫妻一方在婚姻关系存续期间以个人名义超出家庭日常生活需要所负的债务,债权人以属于夫妻共同债务为由主张权利的,人民法院不予支持,但债权人能够证明该债务用于夫妻共同生活、共同生产经营或者基于夫妻双方共同意思表示的除外。
④ 《民法典》第160条规定,夫妻一方因家庭日常生活需要而实施的民事法律行为,对夫妻双方发生效力,但是夫妻一方与相对人另有约定的除外。夫妻之间对一方可以实施的民事法律行为范围的限制,不得对抗善意相对人。
⑤ 《民法典》第1064条:夫妻双方共同签名或者夫妻一方事后追认等共同意思表示所负的债务,以及夫妻一方在婚姻关系存续期间以个人名义为家庭日常生活需要所负的债务,属于夫妻共同债务。夫妻一方在婚姻关系存续期间以个人名义超出家庭日常生活需要所负的债务,不属于夫妻共同债务;但是,债权人能够证明该债务用于夫妻共同生活、共同生产经营或者基于夫妻双方共同意思表示的除外。

活"所需,不认定为夫妻共同债务。夫妻关系存续期间一方对外担保债务。最高人民法院民一庭认为"对夫妻一方无偿保证所生债务,因保证人既未从债权人亦未从债务人处获得对待给予,无法给保证人带来任何利益,对夫妻共同生活目的实现无任何帮助,故该保证债务并非基于夫妻共同生活可能",不属于夫妻共同债务范畴。① "担保之债的本质属性导致其无法为共同生活创造收益,自然无法成为共同债务。"② 担保行为是一种具有主体相对性原则的意思表示,是一种或有债务,除非担保的债务与家庭生活有关。例如,个人小额担保公司的经营者,其担保业务的收益作为夫妻共同生产经营收入的一部分,属于夫妻共同财产部分,那其对外担保的业务当然也成为夫妻共同债务。所以,债务要认定为夫妻共同债务,必须举证证明担保债务事项与其家庭生活相关,有关则可以认定为共同债务,无关则不能认定为共同债务。因此,夫妻一方对外担保,系其独立的民事行为,只要与夫妻家庭生活没有直接的关联,一般不认定为夫妻共同债务。

债务必须清偿是民事基本规则。夫妻关系存续期间所负的债务,是夫妻因其"共同"性而产生的债务,要先用共同财产来清偿。"直接要求一方以个人财产偿还夫妻共同债务,将产生对偿还一方课以超出其应承担范围的义务的后果,有违公平原则。"③ 同时使离异后的夫妻出现新的债权债务关系。至于哪些财产属于共同财产,无非就是夫妻关系存续期间双方共同创造的财产,或者双方约定作为共同财产部分。前文在财产聚合部分已经作了大量的归纳提炼,不再赘述。当共同财产不足清偿共同债务或者财产归一方所有,在对外债务负担时,采取了双方进行协商清偿的程序,即双方通过自己协商,或者通过第三方进行协商的清偿。协商不成由人民法院裁决。法院裁决的原则,体现了立法对债务清偿的原则没有改变,即对夫妻关系存续期间所负的债务,负债夫妻要承担无限责任,直到债务清偿完毕,即使债务人死亡,也要将其遗产用来清偿债务。④

八、帮助义务的兑现

夫妻离婚时,一方因离婚将陷入生活困顿状态的,另一方应当予以经济帮助。该帮助的财产来自原配偶从其个人财产中再拿出部分给陷入困境的离婚配偶,是夫妻财产聚合与分配中的一个例外。这个义务自中华人民共和国成立设立新型婚姻法律制度以来,始终是处理婚姻纠纷的一项重要原则。(见表3-2)

---

① 转引自杨奕主编:《夫妻共同债务纠纷案件裁判规则》,法律出版社2021年版,第228页。
② 杨奕主编:《夫妻共同债务纠纷案件裁判规则》,法律出版社2021年版,第227页。
③ 最高人民法院民法典贯彻实施工作领导小组主编:《中华人民共和国民法典婚姻家庭编继承编理解与适用》,人民法院出版社2020年版,第319页。
④ 《民法典》第1159条规定,分割遗产,应当清偿被继承人依法应当缴纳的税款和债务;但是,应当为缺乏劳动能力又没有生活来源的继承人保留必要的遗产。第1161条规定,继承人以所得遗产实际价值为限清偿被继承人依法应当缴纳的税款和债务。超过遗产实际价值部分,继承人自愿偿还的不在此限。继承人放弃继承的,对被继承人依法应当缴纳的税款和债务可以不负清偿责任。

表 3-2 新中国成立以来,离婚时生活困难帮助的相关规定一览表

立法时间	法条	接受帮助条件	给付帮助条件	期限
1950 年婚姻法	第 25 条 离婚后,一方如未再行结婚而生活困难,他方应帮助维持其生活。帮助的办法及期限,由双方协议;协议不成时,由人民法院判决。	离婚后,尚未再婚,生活陷入困难。	他方应帮助维持生活。	由双方协商,或由法院判决。
1980 年婚姻法	第 33 条 离婚时,如一方生活困难,另一方应给予适当的经济帮助。具体办法由双方协议;协议不成时,由人民法院判决。	离婚时,一方生活困难。	另一方应给予适当帮助。	由双方协商,或由法院判决。
2001 年修正的婚姻法	第 42 条 离婚时,如一方生活困难,另一方应从其住房等个人财产中给予适当帮助。具体办法由双方协议;协议不成时,由人民法院判决。	离婚时,一方生活困难。	另一方从个人住房等个人财产中提供。	由双方协议,不成由法院判决。
2020 年民法典	第 1090 条 离婚时,如果一方生活困难,有负担能力的另一方应当给予适当帮助。具体办法由双方协议;协议不成的,由人民法院判决。	离婚时,一方生活困难。	有负担能力的另一方应给予适当帮助。	由双方协议,或由法院判决。

新中国成立以来,随着婚姻家庭制度的完善,离婚双方当事人的生活状况始终坚持相互帮助的理念和制度设计,将传统的"一日夫妻百日恩"的观念与现代权利保障制度完善结合起来。从最初单纯为困难一方考虑,逐渐向双方权利平衡,一方对另一方的帮助程度既体现了立法对婚姻关系的谨慎态度,又体现了司法对离异当事人的切实关心;既把帮助作为一种义务来规范,同时又人性化考虑帮助一方的能力和义务承担的范围。立法逐渐走向成熟,义务设计不断完善。为此,最高人民法院综合长期的司法实践,明确"一方存在年老、残疾、重病等生活困难情形",可以请求有负担能力的另一方给予"适当帮助",人民法院根据另一方的实际情况判决支持给予帮助的具体的方式或金额。[①]

总而言之,本节梳理了《民法典》有关夫妻财产的规定,以夫妻登记结婚时为基准点和离婚时为切换点,分析了夫妻财产聚合的各种来源和方式,阐述了夫妻感情变故带来的权益重置、财产析分、债务承担等基本规则,其目的在于用中华优秀传统和民法精神滋养新时代夫妻和家庭生活,促进婚姻家庭关系平等、和睦、文明。

---

① 《民法典婚姻家庭编解释(二)》第 22 条:离婚诉讼中,一方存在年老、残疾、重病等生活困难情形,依据民法典第一千零九十条规定请求有负担能力的另一方给予适当帮助的,人民法院可以根据当事人请求,结合另一方财产状况,依法予以支持。

第三节

夫妻共同财产中的知识产权及其收益归属研究

夫妻共同财产中的知识产权及其收益归属一直是法学理论界、实务界争议的话题。面对婚姻关系存续期间知识产权财产权的归属,不应以婚姻关系的存续作为知识产权权利归属的考量因素,而应坚持以合力投入智力劳动作为共同财产认定的依据。而对于知识产权的收益,应以婚姻关系存续期间是否发挥知识产权使用权能作为夫妻共同财产的划分依据,严格区分既得利益和期待利益,对既得利益证明方举证责任进行再构建,同时将不是在婚姻关系存续期间发挥使用权能的期待利益排除在夫妻共同财产的范围。面对知识产权期待利益分配所产生的实质不公,可以通过离婚经济补偿制度来弥补以实现矫正正义。

一、问题的提出

2021年1月1日起生效的《中华人民共和国民法典》(以下简称《民法典》)专列知识产权条款明确其民事客体的地位,知识产权与传统民法之间的联系也逐渐被建立起来。知识产权作为一项财产权与其他的有体财产权有显著不同,体现在婚姻家庭领域则是婚姻关系存续期间知识产权及其收益归属的特殊设计。《民法典》第1062条第1款第3项规定夫妻在婚姻关系存续期间"知识产权的收益"为夫妻共同财产,应归夫妻共同所有。对于知识产权本身的权利归属,《民法典》婚姻家庭编并无规定,这似乎表明知识产权财产权并非夫妻共同财产,其权利归属应归于个人。"知识产权的收益"的内涵,最高人民法院《民法典婚姻家庭编解释(一)》第24条给出了解释,"知识产权的收益,是指婚姻关系存续期间,实际取得或者已经明确可以取得的财产性收益"。例如,一本小说的作者在婚姻关系存续期间出版发行获得的稿费为实际取得的收益,在婚姻关系存续期间签订出版合同而在离婚后获得报酬为明确可以取得的收益。由此可知,"知识产权的收益"是指知识产权中的财产权带来的实际利益,[1]但是纵使法律明确规定了仅将知识产权的既得利益归入夫妻共同财产的范畴,其在实务中的具体计算仍缺乏统一规定。司法实践中,对知识产权既得利益的计算与分割存在不少疑问。此外,"知识产权的收益"将婚姻关系存续期间不能明确取得的财产性收益排除在外,这种尚未取得的经济利益被称为期待利益。《民法典》及其司法解释明确区分知识产权的确定性收益与不确定性收益,保护婚姻关系中知识产权产生的确定性收益。不确定性收益则难以预估,其收益计算便是一大难题,对其予以保护的可操作性不强。这虽然便于了财产的分割与计算,但是很可能会导致实质不公平。在现实生活中,知识产权人可以在婚姻关系存续期间不积极行动将财产收益实际取得或明确取得,而在离婚后确定该项

---

[1] 蒋月:《中华人民共和国婚姻法评注·夫妻关系》,厦门大学出版社2021年版,第213页。

收益,①以此来规避知识产权的确定性收益作为夫妻共同财产在离婚时被分割。也有在婚姻关系存续期间一方承担了扶养另一方的义务,另一方在婚内创造的知识产权却在离婚后才得以兑现为金钱,若不规制上述这类行为和事件,则对未取得收益一方显失公平。

上述问题可以概括为知识产权财产权及其收益在夫妻共同财产这一视域下的归属问题,这一问题学界尚无定论。针对知识产权财产权的归属,有观点认为,知识产权具有人身性与人身不可分离,故婚后一方取得的知识产权权利本身只能归权利人一方享有。② 亦有观点认为知识产权的财产收益是通过使用许可或转让来实现的,不能将知识产权财产权同知识产权收益割裂开来,应将夫妻关系存续期间所产生的知识产权统一认定为夫妻共同财产。③ 甚至有学者进一步指出知识产权在民法典夫妻共同财产中的缺位,主张《民法典》未来修正时应将知识产权纳入夫妻财产制中,并规定其属于夫妻共同财产。④ 也有学者一针见血地指出婚姻家庭编中"婚后劳动所得规则"与私法领域财产法上的"权利变动规则"之间存在价值与功能上的差异,知识产权财产权是否属于夫妻共同财产不应拘泥于财产权利的取得时间,而应考虑权利的原因或根据,尤其是以另一方配偶对该权利的资金来源、劳务付出等实质性要素是否具有"贡献"或"协力"作为标准。⑤ 这在某种程度上打破了夫妻婚后财产共同所有制的束缚,强调权利取得的缘由,而并非夫妻关系存续的时间。知识产权既得利益的归属在学界尚无争议,均认为婚姻关系存续期间一方知识产权所产生的确定性收益应归于夫妻共同所有,但知识产权期待利益的归属学界莫衷一是。绝大多数观点以知识产权具有人身属性为逻辑基点,推导出知识产权期待利益应归于夫妻一方享有,不能划入夫妻共同财产的范畴。⑥ 也有一些观点试图作出突破,强调知识产权财产权取得的时间为夫妻关系存续期间,所以该权利产生的经济利益理应归于夫妻共同财产。⑦

本节拟从夫妻共同财产的角度出发,对知识产权财产权、知识产权的既得利益以及期待利益这三个利益的归属问题进行分析,并提出相应的解决方案,供立法、司法界参考、借鉴。

二、知识产权财产权的权利归属

关于婚姻关系存续期间知识产权财产权的权利归属,无论是婚姻法时代还是民法典时

---

① 朱红祥:《离婚财产分割热点问题研究》,载《法律适用》2011年第7期。
② 陈苇:《婚姻家庭继承法学》,群众出版社2005年版,第132页。
③ 陈惠:《论婚内所得知识产权期待利益的分割与归属——以离婚及继承纠纷案例分析为视角》,载《法治社会》2018年第4期。
④ 何焕锋:《民法典时代夫妻财产中知识产权缺位的解决之道》,载《黑龙江生态工程职业学院学报》2021年第6期。
⑤ 冉克平:《夫妻财产制度的双重结构及其体系化释论》,载《中国法学》2020年第6期。
⑥ 参见陈苇:《婚内所得知识产权的财产期待权之归属探讨——兼谈对〈婚姻家庭法〉(1999年法学专家建议稿)的修改建议》,载《现代法学》2000年第4期;巫昌祯、杨大文等主编:《中华人民共和国婚姻法释义与实证研究》,中国法制出版社2001年版,第84页;张树森、张妮主编:《婚姻之争——婚姻纠纷典型案例评析》,法律出版社2006年版,第313页。
⑦ 参见徐超、范兵:《知识产权及其收益在婚姻财产中的归属及离婚分割——以法定财产制为背景》,载《山东审判》2007年第6期;余延满:《亲属法原论》,法律出版社2007年版,第269页。

代,法律都未作出明确规定。在夫妻婚后所得共同制下,有体财产的夫妻共有不言自明,但对于知识产权财产权的权利共有,《民法典》的法条设计在一定程度上反映了立法者的困惑。[1] 第 1062 条具体列举的夫妻共同财产内容中仅涉及"知识产权的收益"而未提及知识产权财产权本身。对此,学界的主流观点主要有"个人财产说"和"共同财产说"两种。"个人财产说"认为婚姻关系存续期间一方获得的知识产权不属于夫妻共同财产。其理由主要有两方面。一是知识产权具有人身性,与人身不可分离,故婚后一方取得的知识产权权利本身只能归权利人一方享有;[2] 二是从法经济学的角度出发,认为夫妻关系破裂会导致知识产权的共同行使事与愿违,影响到知识产权法律的效率价值。[3] "共同财产说"认为,人身权的性质不能否定财产性权利共有的可能。[4] 并且知识产权财产权及其收益密不可分,既然知识产权的收益是夫妻共同财产,那么知识产权的财产权也应认定为夫妻共同财产。[5]

笔者认为,并非各项知识产权都具有人身属性,即知识产权中的人身权并非贯穿始终、延及全部。知识产权的人身权实际仅《中华人民共和国著作权法》(以下简称《著作权法》)规定了作品著作权的四项人身性权利。而对专利权的人身权学界未能达成一致意见,虽然有学者主张专利权的人身权,实质上是指专利的署名权。[6] 但是如若一项发明专利申请未被批准,发明人依旧可以就自己的发明创造享有标明自己姓名的权利,[7] 实际上这种署名与专利权无关。至于商标权,任何具备来源识别功能的标识都可以构成商标,作为注册商标权的客体,其核心功能在于识别商品或服务、承载广告宣传所产生的商誉以及指示稳定的品质。[8] 因此商标更多体现的是以商品、服务为本位的经济利益,并不具备人身属性。从知识产权的人身权角度出发来支持夫妻共同财产的主张,显然不具有说服力。但是从知识产权的激励理论来看,无论是具有人身权的著作权抑或是纯粹经济利益的商标权,其核心在于给予知识产权人以一定期限的垄断权来鼓励创新,而将知识产权的财产权利划归为夫妻共同财产,赋予非智力劳动方以知识产权,显然对鼓励智力创造这一目的并无益处。因此知识产权本身的权利归属不应以婚姻关系存续与否来界定,而应该以是否合力创作、投入智力劳动来确定其是否属于共同财产。例如,著作权的原始取得源于作者的共同创作行为,专利申请权源于发明人、创造人的共同发明创造行为,商标申请注册的权利源于对商标的共同使用行为。

司法实践中,法院根据是否对知识产权的创作有作出实质贡献来确定夫妻共同财产。

---

[1] 郑其斌:《论夫妻财产制中知识产权的权利归属及分割规则》,载《妇女研究论丛》2009 年第 4 期。
[2] 陈苇:《婚姻家庭继承法学》,群众出版社 2005 年版,第 132 页。
[3] 何焕锋:《离婚财产分割中的知识产权问题》,载《齐鲁学刊》2009 年第 3 期。
[4] 参见徐超、范兵:《知识产权及其收益在婚姻财产中的归属及离婚分割——以法定财产制为背景》,载《山东审判》2007 年第 6 期。
[5] 陈惠:《论婚内所得知识产权期待利益的分割与归属——以离婚及继承纠纷案例分析为视角》,载《法治社会》2018 年第 4 期。
[6] 参见郑成思:《知识产权论》,法律出版社 1997 年版,第 73~74 页。
[7] 徐莉:《智力成果共有,还是智力成果收益共有——一方智力成果发生之夫妻共有对象探讨》,载《河北法学》2009 年第 12 期。
[8] 参见冯术杰:《商标法原理与应用》,中国人民大学出版社 2017 年版,第 3~8 页。

在梁某某、翁某乙等与翁某丙、吴某某法定继承纠纷案中,[①]被继承人翁某丁生前与原告梁某某系夫妻关系,在婚姻关系存续期间,翁某丁有三个注册商标、三项实用新型专利和一项外观设计专利登记在其名下。因为梁某某没有提供证据证明对翁某丁拥有的知识产权的形成有贡献,所以法院对梁某某认为有关的知识产权属夫妻共有财产的主张不予支持。同时由于知识产权具有公示性,[②]司法实践中法院往往根据知识产权是否在婚姻关系存续期间登记在个人名下或以个人名义发表来判断夫妻共同财产。例如,在刘某与牛某离婚后财产纠纷案中,牛某在与刘某婚姻关系存续期间申请注册了三个商标,均登记在牛某一人名下,法院依据商标注册登记的外观认定涉案三个商标的注册商标权归牛某个人所有,对刘某关于夫妻共同财产的主张不予支持。[③]

三、"知识产权的收益"作为夫妻共同财产的理解与适用

(一)"知识产权的收益"作为夫妻共同财产的立法演变

《民法典》第 1062 条第 1 款第 3 项最早要追溯到 1980 年《中华人民共和国婚姻法》第 13 条,即"夫妻在婚姻关系存续期间所得的财产,归夫妻共同所有"。随后,最高人民法院在 1993 年印发的《关于人民法院审理离婚案件处理财产分割问题的若干具体意见》(以下简称《离婚案件财产分割意见》)第 2 条第 3 款对前述法条作了进一步解释,[④]明确规定婚姻关系存续期间一方或双方由知识产权取得的经济利益,属于夫妻共同财产。尽管在该时期已经有了保护"知识产权的利益"的思维,强调对已经取得和尚未取得利益之间的划分,保护范围仅限于已经取得的经济利益,但是对已经取得的经济利益该作何理解仍处在争议的漩涡之中。2001 年《婚姻法》第 17 条将《离婚案件财产分割意见》的规定纳入其中,规定夫妻在婚姻关系存续期间所取得的"知识产权的收益"归夫妻共有。[⑤] 2017 年《婚姻法解释二》第 12 条对"知识产权的收益"进一步明晰了概念,[⑥]"指婚姻关系存续期间,实际取得或者已经明确可以取得的财产性收益"。自这一时期起,对"知识产权的收益"的保护范围限于已经取得的经济利益,其中已经取得不仅涵盖实际取得,还包括确定可以取得的经济利益,但是对不能确定的期待利益仍未纳入夫妻共同财产的范畴。《民法典》第 1062 条和《民法典婚姻家庭编司法解释(一)》也延续了 2001 年修订后的《婚姻法》和《婚姻法解释二》对"知识产权的收益"的规定。

---

① 参见广东省佛山市顺德区人民法院(2014)佛顺法伦民初字 787 号民事判决书。
② 专利权和注册商标权的取得需要经过有关行政部门的审批通过并公示。尽管《伯尔尼公约》第 3 条确定了著作权的自动取得原则,但是实践中著作权人往往会通过出版作品或登记的方式来公示其作品,表明著作权的归属。
③ 参见甘肃省武威市中级人民法院(2016)甘 06 民终 59 号民事判决书。
④ 参见《关于人民法院审理离婚案件处理财产分割问题的若干具体意见》。
⑤ 参见 2001 年《婚姻法》(修正案)第 17 条第 1 款。
⑥ 参见最高人民法院《适用〈婚姻法〉若干问题的解释(二)》。

(二)知识产权既得利益的证明问题

婚姻关系的存续仅影响着知识产权的收益的分配,在婚姻关系存续期间已经实际取得或确定可以取得的知识产权收益应属于夫妻共同财产,但不能确定的收益即知识产权的期待利益不属于夫妻共同财产的范畴。所以婚姻关系存续期间所产生的知识产权的既得利益属于夫妻共同财产,在离婚时应当予以分割。在司法实践中,知识产权既得利益的认定及其范围的划定是一个难题,在婚姻关系中已经"实际取得"的利益尚且容易认定与计算,但是"确定可以取得"的收益该作何认定与计算则处于无统一指导的证明混乱状态,该问题有讨论的价值。

根据《中华人民共和国民事诉讼法》第67条第1款的规定,"谁主张,谁举证",主张婚姻关系存续期间存在知识产权的收益并要求分割的一方应就其主张的该事实承担举证责任。在离婚纠纷中,承担该举证责任的通常是非智力创造一方,即未取得知识产权的一方。但是知识产权何时投入市场的选择、判断与决策往往另一方并不一定清晰明了地知晓,而对知识产权是否产生收益、产生多少收益的事实又需要由其提交证据证明,显然在离婚财产纠纷中处于劣势地位。在孙某某与徐某某离婚纠纷案中,徐某某主张孙某某在婚姻关系存续期间研发的数项专利所产生的收益归于夫妻共同所有,但是孙某某称所有专利均未被开发利用,未产生经济利益,徐某某亦未能举证证明该知识产权已产生经济利益,于是法院对徐某某的该主张不予处理,待产生经济利益后再行分割。[①] 同样的,在李某与张某的离婚纠纷案中,该案历经两审,[②]在该案中,李某主张分割张某名下登记的六套书籍的著作权以及产生的收益,但两级法院均认为著作权具有人身属性应归于张某个人所有,同时对李某提交的张某在婚内与尹某签订的著作权转让协议主张78万元收益不予认可,理由是张某主张该合同并未实际履行,故并未产生上述收益。此外,李某还就张某名下的商标权要求分割其收益,但法院也以李某未提出充分证据证明该收益而不予支持该主张。由这两个离婚财产纠纷可知,知识产权收益的分割难主要在于收益的存在与否、收益的具体数额以及收益所产生的时间。由前述案例可知,证明收益的存在需要提供两项证据。其一,知识产权人与他人就知识产权交易的资金记录;其二,与该资金记录相匹配的知识产权许可、转让协议,并且该协议的产生时间是在婚姻关系存续期间。然而收益的存在常常被知识产权人主张还未投入使用产生经济利益而反驳,即便证明了收益的存在,当事人也因无法提交充分的证据证明收益的具体数额而未被法院支持。在前述李某与张某案中,李某提出了张某与尹某的著作权协议(产生于婚内),但因缺乏资金转账记录而不被法院支持,同时李某就张某婚后收到的湖南某公司和夏某(公司法人代表)转账60万元主张其为婚内产生的著作权转让款,但未举证婚内著作权转让协议的存在,也未被法院支持。证明收益所需要的两项证据实际是由知识产权人所掌握,而让主张收益方承担无法证明收益事实的不利后果显失公平。笔者认为,可以尝试对举证责任作出部分调整以实现矫正正义,如效仿网络侵权中网络用户的举证责任分配,首先由主张知识产权收益方就收益的存在提供初步证据,如提

---

① 安徽省合肥市瑶海区人民法院(2013)瑶民一初字04548号民事判决书。
② 北京市海淀区人民法院(2018)京0108民初52856号民事判决书;北京市第一中级人民法院(2021)京01民终1087号民事判决书。

供一项知识产权人与他人的资金转账记录并主张该款项为知识产权的许可或转让价款,或者提供一份知识产权的许可、转让协议;其次由知识产权人再提出收益不存在的证据,如资金转账系其他事由产生或许可、转让协议未执行。如此一来,既减轻了主张收益方较重的举证责任,同时也让知识产权人积极地提交证据佐证收益存在与否的事实,有利于案件事实的查明。

(三)知识产权期待利益的归属问题

关于离婚后知识产权的期待利益是否属于夫妻共同财产,学界有"个人财产说"和"共同财产说"两种不同观点。个人财产说的理由主要是将期待利益与既得利益的性质作严格区分,主张法定财产制(婚后所得共同制)与既得利益相一致,不能将期待利益纳入共同财产的范围中来。[①] 另一个理由认为知识产权期待利益的产生源于对财产权的行使,而知识产权财产权的行使往往与人身权不能分离,[②]所以期待利益以人身属性为基础,具有专属性。共同财产说认为知识产权的收益是否为夫妻共同财产取决于知识产权是否在婚姻关系存续期间取得,知识产权的财产权在婚姻关系期间取得,离婚后所产生的收益应为夫妻共同财产。[③] 在财产法领域,判断财产归属看重的应是创造财富付出劳动的时间。[④] 两种学术观点的分歧主要在期待利益与人身属性的关联性和收益的取得时间这两个问题上。

1. 知识产权的收益不具有人身专属性

"个人财产说"认为,未取得经济利益的知识产权是一种不可分割的人身权利。这种观点将知识产权的人身权利当作了知识产权期待利益的基础,从而推导出期待利益具有专属性的结论,这其实是混淆了期待利益的权利来源。知识产权和物权都同属于绝对权,具有排他性和支配性效力。类比物权的四大权能,尽管对于知识产权是否具有占有权能学界莫衷一是,[⑤]但是比较能达成共识的是,知识产权的这种排他性能具体化为权利人可以依法按照自己的意思自由地对其知识产品进行使用、收益和处分。[⑥] 对于知识产权的收益权能,有的学者认为主要是指知识产权许可取得的孳息或转让所得的对价,[⑦]而有学者认为知识产权的收益是指通过知识产权的使用、许可使用所获经济利益以及因他人侵权所获得的赔

---

① 参见王洪:《婚姻家庭法》,法律出版社2003年版,第131页。
② 参见陈苇:《婚内所得知识产权的财产期待权之归属探讨——兼谈对〈婚姻家庭法〉(1999年法学专家建议稿)的修改建议》,载《现代法学》2000年第4期;巫昌祯、杨大文等主编:《中华人民共和国婚姻法释义与实证研究》,中国法制出版社2001年版,第84页;张树森、张妮主编:《婚姻之争——婚姻纠纷典型案例评析》,法律出版社2006年版,第313页。
③ 参见徐超、范兵:《知识产权及其收益在婚姻财产中的归属及离婚分割——以法定财产制为背景》,载《山东审判》2007年第6期;余延满:《亲属法原论》,法律出版社2007年版,第269页。
④ 裴桦:《夫妻共同财产制研究》,法律出版社2009年版,第185页。
⑤ 参见谢在全:《民法物权论》,中国政法大学出版社1999年版,第1033页;参见史尚宽:《物权法论》,中国政法大学出版社2000年版,第605页;参见郑成思:《民法典(专家意见稿)知识产权篇第一章逐条论述》,载《环球法律评论》2002年秋季号,第308页;参见刘家瑞:《论知识产权与占有制度》,载《法学》2003年第10期。
⑥ 尚清锋:《知识产权的物权化探析》,载《知识产权》2014年第9期。
⑦ 郑其斌:《论夫妻财产制中知识产权的权利归属及分割规则》,载《妇女研究论丛》2009年第4期。

偿,而不包含知识产权转让所得。① 尽管对于知识产权收益的来源具体表现形式不能达成一致意见,但可以确认的是知识产权的收益源于使用权能的行使。《民法典》规定婚姻关系存续期间知识产权的收益归夫妻共有实质上是将知识产权中收益的权能归于了共有,同时把使用、处分的权能保留给个人享有。在物权领域中,一栋房屋可以通过使用、处分获得收益,如出租、买卖等,所以收益与否在于有体物是否被使用、处分。这种理解同样适用于知识产权领域,一份作品的收益源于作者对该作品的使用、许可使用以及侵权赔偿。知识产权的使用、许可使用属于权利人对知识产权的主动使用,而侵权获得的赔偿属于对知识产权的被动使用。所以知识产权收益的归属不是纯粹由知识产权的人身权属性和专有性来决定,而是取决于知识产权权利人或其受让方是否实现知识产权的财产权利,②即知识产权收益的功能主要来源于对知识产权中财产权使用功能的发挥。这种行使涉及知识产权人的决策、判断和取舍,需要知识产权人发挥其主观价值选择,与知识产权的人身权利紧密相连,但是使用权能发挥后所产生的收益已经摆脱了知识产权的人身属性,属于纯粹的经济利益。

2. 知识产权的收益应以使用权能的行使时间作为划分依据

知识产权的收益源于知识产权使用权能的发挥,《民法典婚姻家庭编解释(一)》将"知识产权的收益"解释为婚姻存续期间实际取得或明确可以取得的收益,其实可以进一步转化为在婚姻关系存续期间使用知识产权所获得的财产性收益。无论是实际取得还是明确可以取得,都是源于婚姻关系存续期间知识产权人对知识产权的行使。一本小说的作者在婚姻关系存续期间出版发行获得的稿费为实际取得的收益,在婚姻关系存续期间签订的出版合同而在离婚后获得报酬为明确可以取得的收益,两者的共性在于对知识产权的使用都发生在婚姻关系存续期间。知识产权人通过使用、许可他人使用的方式使知识产权获得主动增值,这部分增值收益为夫妻共同财产。③ 我国《民法典》的立法价值理念也要求一方婚前财产婚后收益的归属应当以另一方或双方的劳动和资本的"协力"为标准,与婚姻中的个人努力无关的资本取得则不在分享之列。④ 知识产权的使用依赖权利的决策、判断和取舍,而这离不开婚姻关系中的另一方对此支持、协助所产生的贡献。因此这种对知识产权"协力"地使用导致知识产权的收益归为夫妻共同财产,而不在婚姻关系存续期间的使用所产生的收益并非"协力"产生,应归于个人财产。除此之外,这一划分方式还可以较好地解决婚前完成的智力成果婚后取得经济利益的情况。有学者对此主张区别不同情况处理。⑤ 将婚前所产生的知识产权既得利益在婚后实际取得的情形归为婚前财产。而对婚前完成的智力创造婚后投入市场的情况,不应视为共同财产,但要对在经济利益的取得付出劳动的另一方分得适当财产。虽然对后一种情形也有学者主张应属于夫妻共同财产,⑥但是无论

---

① 何焕锋:《离婚财产分割中的知识产权问题》,载《齐鲁学刊》2009年第3期。
② 曹贤信、姚建军:《离婚后知识产权期待利益归属的立法选择》,载《知识产权》2012年第11期。
③ 参见最高人民法院民一庭:《一方个人财产婚后收益问题的认定与处理》,载《民事审判指导与参考》(2014年第1辑),人民法院出版社2014年版,第147页。
④ 冉克平:《夫妻财产制度的双重结构及其体系化释论》,载《中国法学》2020年第6期。
⑤ 参见王林清、杨心忠、赵蕾:《婚姻家庭纠纷裁判精要与规则适用》,北京大学出版社2014年版,第67页。
⑥ 曹贤信、姚建军:《离婚后知识产权期待利益归属的立法选择》,载《知识产权》2012年第11期。

是适当财产补偿还是划归为夫妻共同财产,两者的核心理由还是在于该智力成果的收益源于婚姻关系存续期间对知识产权的使用。这也是既得利益和预期利益的一个显著不同,获得预期利益的"使用"并不发生在婚姻关系存续期间。所以该"使用"也不能体现夫妻的"协力",若将知识产权的预期收益归于夫妻共同财产显然与民法典夫妻共同财产划分的标准相违背。

(四)知识产权期待利益分配后的救济问题

由于法律对离婚后知识产权的预期利益未加以明确规定,司法案例中,法院裁判主要以个人财产说理论为基础,作出预期利益归个人财产的判决。

在张某诉李某的离婚财产纠纷案中,张某一直在婚内供养无收入的李某,在婚内李某创作了一幅国画,但在离婚后才将画作卖出获得对价。面对张某要求分割国画价款的主张,法院不予支持。同样的,在卞某与王某离婚后财产纠纷案中,对于王某婚内完成的小说在婚后出版获得的稿费,法院也并未支持稿费属于夫妻共同财产的主张,理由是稿费不是在夫妻关系存续期间取得。[①] 尽管这两个裁判结果都在既有的法律框架内对离婚后知识产权期待利益的事实进行了法律适用的合理解释,但是从情理上,这显然没有对婚姻关系存续期间付出家务劳动一方给予充分的关照与保护,忽略了夫妻一方中家务劳动的价值,最终导致实质的不公。1980年《婚姻法》施行期间,最高人民法院发布的《离婚案件财产分割意见》对知识产权的期待利益和既得利益作了区分,并明确规定离婚时尚未取得的经济利益归一方所有,同时可视情况对另一方给予适当照顾。[②] 但是民法典时代的司法解释却删除了这一条的规定,有学者认为这明显是一种倒退,[③]同时也使得需要照顾的另一方在主张经济补偿时缺乏请求权基础,法官自由裁量的参考标准也因此不明确。

尽管离婚财产分割中设置了财产再分割制度救济分配中的不公,但该项制度不适用于知识产权期待利益的分割。适用离婚时财产再分割制度,须符合下列两个条件:第一,再分割的对象是夫妻共同财产;第二,一方采取了隐藏、转移、变卖、毁损等不当措施损害另一方的正当权益。[④]《民法典婚姻家庭编解释(一)》对该制度还进一步规定了3年的诉讼时效。[⑤] 但如前文所述,知识产权的期待利益应归于夫妻一方的个人财产。如此一来,知识产权的期待利益便不能适用离婚财产再分割制度对婚内给付家务劳动一方予以救济,这就要求我们在法律框架内寻找其他救济途径,以实现矫正正义。

---

① 参见邓旭明、王雪梅、张珂嘉:《婚姻纠纷案例答疑》,中国法制出版社2008年版,第165页。
② 最高人民法院《关于人民法院审理离婚案件处理财产分割问题的若干具体意见》第15条:"离婚时一方尚未取得经济利益的知识产权,归一方所有。在分割夫妻共同财产时,可根据具体情况,对另一方予以适当的照顾。"
③ 曹贤信、姚建军:《离婚后知识产权期待利益归属的立法选择》,载《知识产权》2012年第11期。
④ 《民法典》第1092条:"夫妻一方隐藏、转移、变卖、毁损、挥霍夫妻共同财产,或者伪造夫妻共同债务企图侵占另一方财产的,在离婚分割夫妻共同财产时,对该方可以少分或者不分。离婚后,另一方发现有上述行为的,可以向人民法院提起诉讼,请求再次分割夫妻共同财产。"
⑤ 《民法典婚姻家庭编解释(一)》第84条规定,当事人依据民法典第1092条的规定向人民法院提起诉讼,请求再次分割夫妻共同财产的诉讼时效期间为三年,从当事人发现之日起计算。

四、未来立法和司法完善对策建议

夫妻共同财产中知识产权及其收益的归属与分配在理论和实务中产生了诸多问题,知识产权财产权的划分、既得利益的证明问题、期待利益的归属问题及其分配后的救济问题。在前三个问题讨论的基础上,此处专门论述期待利益分配后的救济问题,针对未来的立法及司法完善,提出相应的建议。

(一)离婚救济制度的适用可能性

在权利的初次分配中,知识产权期待利益归属为夫妻一方个人所有,这就要求一个衡平规则的构建来弥补初次分配所带来的实质不公。通常的路径是补偿或赔偿两种方案。损害赔偿强调过错原则,在婚姻制度的法律规则框架下,夫妻一方向另一方主张离婚损害赔偿的请求权基础是《民法典》第1091条,该条适用的一项前提是请求方无过错且另一方有重大过错。① 而知识产权期待利益的归属对另一方造成的损失是在既有的法律框架下实施的合法行为,即使智力成果的创造人婚内获得了知识产权故意在离婚后才行使获得经济利益,这种故意也不属于离婚损害赔偿的过错范畴。依据体系解释的方法,离婚损害赔偿的"重大过错"需要作同前项一致的解释,即这种过错是导致婚姻破裂行为的主观心理态度。显然知识产权的婚后使用行为不在此列,故对非智力成果创造一方的救济无法寻求损害赔偿的方法。

离婚经济补偿的请求权基础在婚姻法时代是第40条,但以夫妻约定分别财产制为前提。《民法典》第1088条将此制度的适用范围扩充到了夫妻共同财产制,②给予婚姻关系期间负担较多义务的一方主张经济补偿的权利。同时这种经济补偿制度需要严格限定例外适用,当义务的负担符合家庭利益最大化的原则时,才能对负担较多义务一方没有获得的必要收益进行补偿。婚内获得的知识产权婚后才产生的期待利益符合离婚经济补偿制度的前提要求,在夫妻达成一致决策的基础上,非创作劳动方协助知识产权人工作所付出的必要牺牲,家庭利益最大化后却因为离婚这一时间结点的分割,导致牺牲方未获得必要的收益。显然这是主张离婚经济补偿的正当理由,在法理基础上使得非智力创造一方获得经济补偿具有了可能性。并且在司法实践中法院也是作这一理解,在马某诉王某离婚后财产纠纷案中,在王某无收入的情况下,王某与马某协议离婚前,马某一直供养无收入的王某的生活,离婚后王某在婚内创作的两部作品均发表并获稿费3万元。法院并未支持马某要求对王某的3万元稿费平均分割的主张,但是要求王某合理补偿马某的家务劳动贡献和丧失职业发展机会的损失。③

---

① 《民法典》第1091条:"有下列情形之一,导致离婚的,无过错方有权请求损害赔偿:(一)重婚;(二)与他人同居;(三)实施家庭暴力;(四)虐待、遗弃家庭成员;(五)有其他重大过错。"

② 《民法典》第1088条:"夫妻一方因抚育子女、照料老年人、协助另一方工作等负担较多义务的,离婚时有权向另一方请求补偿,另一方应当给予补偿。具体办法由双方协议;协议不成的,由人民法院判决。"

③ 参见王林清、杨心忠、赵蕾:《婚姻家庭纠纷裁判精要与规则适用》,北京大学出版社2014年版,第67页。

（二）期待利益转化补偿的问题

虽然知识产权的期待利益可以寻求离婚经济补偿的路径来进行救济，但是知识产权的期待利益又具有极大的不确定性。一项专利、一本小说，进入市场流通后可能无人问津，也可能日进斗金，知识产权的侵权案件判决也从几百元到几十万元或者几百万元之间不等。这种极大的不确定性使得对期待利益的具体计算确定上遇到困难。如果补偿较少，则不能充分补救非智力创造方在婚姻关系存续期间作出的特定牺牲或者付出；如果补偿过大，又显然不利于对智力创造的激励。最高人民法院也表示，知识产权能否实现其财产性权利、何时能够实现等具有不确定性，知识产权权利本身的取得和其财产性权益的取得有时并不同步。① 即使可以聘请专业人员对该知识产权的预期收益进行估价，但因知识产权评估受时间、地域以及不同的评估者等多种因素的影响，会导致评估结果具有很大的不确定性。② 所以直接去对期待利益进行估值计算显然不具有操作可能性，或者说操作成本过高。有学者提出对知识产权的期待利益进行转化补偿，在离婚时对夫妻一方在婚姻存续期间从事家务劳动的价值、其自身丧失职业发展机会的利益损失以及共同财产转化为夫妻他方个人财产后的财产损失进行补偿。③ 这种转化的思路直观上使得经济利益的计算具有可操作性，家务劳动价值的估值可以以当地同种类家政服务的市场价值为参照标准，结合婚姻存续时间以及育儿或养老期限来确定。④ 但是这实际是把离婚家务劳动补偿同离婚经济补偿作了等同理解，显然将补偿定性为劳务补偿是不妥的。因为这样不仅限制了补偿的范围，还会导致家庭生活中的计较。⑤ 而且"负担较多义务"应作广义解释，不仅指履行法定义务如抚养子女、照料老年人等所作出的特定牺牲决策，还包括协助另一方工作的非家务劳动特定牺牲决策。⑥ 但是单独以"协助另一方工作"为依据主张离婚经济补偿要求一方配偶对另一方工作付出了超常的协助，此处的超常付出至少应当体现协助的难度、强度和时间的长期性，如若只是一般的协助，并未达到"较多付出"的要件。⑦ 否则须与"从事其他家务劳动较多"一道才能构成经济补偿适用的前提条件。

有的知识产权会给知识产权人带来巨大经济利益，面对知识产权的期待利益，将其转化为家务劳动的价值显然不合理。所以价值转化的考量因素里不能仅考虑家务劳动的价值，还应强调非家务劳动贡献的价值。但是，这一非家务劳动的贡献在量上有特殊要求，并且这不像家务劳动贡献可以通过市场家政服务的标准比照适用。所以这种超常的工作协助不能直接简单估量出具体数值，因此直接对知识产权期待利益进行转化补偿的做法并不可取。

---

① 最高人民法院司法解释小文库编写组编：《婚姻家庭继承司法解释》，人民法院出版社2006年版，第36页。
② 何焕锋：《离婚财产分割中的知识产权问题》，载《齐鲁学刊》2009年第3期。
③ 曹贤信、姚建军：《离婚后知识产权期待利益归属的立法选择》，载《知识产权》2012年第11期。
④ American Law Institute , Principles of the Law of Family Dissolution：Analysis and Recommendations, 2002, p.356.
⑤ 金眉：《离婚经济补偿的理解与适用研究》，载《江苏社会科学》2021年第4期。
⑥ 汪洋：《共同财产制下离婚经济补偿的价值基础、教义构造与体系协调》，载《妇女研究论丛》2021年第5期。
⑦ 金眉：《离婚经济补偿的理解与适用研究》，载《江苏社会科学》2021年第4期。

(三)离婚经济补偿请求权的再构建

《民法典》明确规定夫妻一方在"离婚时"有权向另一方请求补偿,所以经济补偿请求权只能在离婚时行使。由于此权利的设置旨在弥补配偶一方的贡献,因此其适用排除了婚姻存续期间和离婚以后适用的可能。① 对于知识产权这种需要较长周期才能获得足够回报的财产,将时间严格限定在离婚时显然难以估量这种长期利益。有学者也表示对知识产权期待利益的评估如果无法确定,可以赋予一方当事人期待利益的分割请求权,待实际取得后再主张分割。② 虽然这种主张实际是打破了以离婚为时间节点的既得利益与期待利益之间的区分,不过赋权的思路却值得借鉴。将财产分割权的思路适用到补偿制度上,可以得出经济补偿请求权的结论。面对无法短时间确定知识产权估值的情形,当事人可以选择暂时保留自己的经济补偿请求权,并适用3年诉讼时效制度,待一方知道或应当知道后,3年内可以向智力劳动创造人主张经济补偿。

不过,这种补偿请求权保留的做法可能会走向另一个极端。夫妻一方在婚内获得了知识产权,在离婚后10年,甚至对保护期较长的著作权和可以续展的商标权在离婚后20年或30年,知识产权人才着手实施该智力成果或工商业标记。这时保留补偿请求权一方在得知知识产权变现为现实的经济利益之后,向另一方主张经济补偿。离婚经济补偿制度的目的在于矫正无过错离婚主义,这禁止一方的利益通过离婚而被另一方无偿占有,这种经济补偿的主张或许会导致对知识产权人的经济不公,也影响对知识产权的决策使用,不能在合适的时间投入市场获得利益最大化。笔者认为,知识产权是一种赋予智力创造人一定期限垄断的权利,知识产权本身就受到了固定期限的限制,知识产权人在婚姻期间获得知识产权就面临着在法律规定的保护期限内尽快将知识产权投入市场以收回成本并获得收益。因此期待利益本身就有一定的期限,期待利益若超过知识产权的保护期限便会归于公有领域,导致婚姻中协助劳动的一方丧失了这一补偿机会。所以如果在此保护期间限制的基础之上,对补偿请求权再作进一步的期限限制,或许对补偿请求权人过于严苛。并且知识产权通常需要较长的时间周期才能收回成本,不能仅因期待利益实现时间距离离婚时间过于久远,就拒绝一方要求获得离婚时本应获得的收益。

此外,《民法典》第1088条确立的离婚经济补偿制度的核心在于承认和保护家务劳动的价值。该制度一方面保障全职家庭主妇等超出法定要求地承担较多家庭义务的主体,另一方面却也局限了经济补偿的理论基础,将离婚补偿的标准限定在了"受损人的成本补偿"上,同时也忽略了对"受益人的收益补偿"。婚姻属于双方共同努力、共享收益的共同体,婚姻收益的实现具有不同步性。③ 离婚经济补偿原则上是填平性规则,任何一方不能通过离婚来无偿占有另一方的利益,受损人成本补偿的思路将重心放在思考用受损方付出的成本来计算收益,但有些情况下,这与受益人实际获得的收益悬殊。正如前文所述,将知识产权的收益等同转化为家务劳动价值的做法就会产生这种差异悬殊的结果,显然在知识产权领域"受损人的成本补偿"思路会产生利益失衡。而"受益人的收益补偿"来源主要为直接性

---

① 金眉:《离婚经济补偿的理解与适用研究》,载《江苏社会科学》2021年第4期。
② 何焕锋:《离婚财产分割中的知识产权问题》,载《齐鲁学刊》2009年第3期。
③ 王玮玲:《新家庭经济学下离婚补偿制度的适用规则》,载《政法论坛》2021年第6期。

经济收入和人力资本的积累,婚姻存续期间通过各种方式积累的能够产生未来收入流的人力资本也被纳入补偿标准的参考之下。这在一定程度上打破了家务劳动给经济补偿所划定的范围,将婚姻期间所积累的未来收入,甚至会在离婚后才具体实现的收入纳入考量范围之中。所以我们不能仅仅只从家务劳动、丧失的职业发展机会的角度来确定经济补偿的标准,还需要关注到利益失衡方中获益方所获收益,将双方获利的悬殊、一方所作出的牺牲都纳入离婚经济补偿的实施标准中来。

第四节
夫妻共同债务概念的反思与重构

一、"夫妻共同债务"一词的使用渊源及弊端

(一)使用渊源

夫妻共同债务,是我国法学界用于描述夫妻二人都负有向债权人履行清偿义务时使用的术语,《民法典》颁布前的立法条文中并无此术语。1930年《中华民国民法》中的夫妻约定财产制之一的共同财产制中,使用了"共同财产""共同财产所负之债务"这两个概念。[①] 新中国成立后,1950年《婚姻法》、1980年《婚姻法》以及2001年《婚姻法》(修正案)中均未出现"夫妻共同债务"这一语词。但学术界使用"夫妻共同债务"的历史远远早于《民法典》出台的时间,这与《民法典》出台前的相关司法解释不无关联。

"夫妻共同债务"已出现在《民法典》出台前的相关司法解释中。1993年3月12日〔1993〕民他字第3号最高人民法院《关于曹彩凤等诉许莉债务案如何适用法律问题的复函》中使用了"夫妻共同债务"。法发〔1993〕32号《关于人民法院审理离婚案件处理财产分割问题的若干具体意见》第17条规定,夫妻为共同生活或为履行抚养、赡养义务等所负债务,应认定为夫妻共同债务。法释〔2003〕19号最高人民法院《婚姻法解释二》同样使用了"夫妻共同债务"。其第24条规定:"债权人就婚姻关系存续期间夫妻一方以个人名义所负债务主张权利的,应当按夫妻共同债务处理。但夫妻一方能够证明债权人与债务人明确约定为个人债务,或者能够证明属于婚姻法第十九条第三款规定情形的除外。"在之后的2018年,最高人民法院更是出台了法释〔2018〕2号最高人民法院《关于审理涉及夫妻债务纠纷案件适用法律有关问题的解释》(以下简称《夫妻共同债务司法解释》),其正文的第1条至第3条均使用了"夫妻共同债务"这一概念。

我国立法首次使用"夫妻共同债务"一词是《民法典》的出台。《民法典》第1064条规定

---

① 杨立新主编:《中国百年民法典汇编》,中国法制出版社2011年版,第499~500页。

了夫妻共同债务,条文内容为:"夫妻双方共同签名或者夫妻一方事后追认等共同意思表示所负的债务,以及夫妻一方在婚姻关系存续期间以个人名义为家庭日常生活需要所负的债务,属于夫妻共同债务。夫妻一方在婚姻关系存续期间以个人名义超出家庭日常生活需要所负的债务,不属于夫妻共同债务;但是,债权人能够证明该债务用于夫妻共同生活、共同生产经营或者基于夫妻双方共同意思表示的除外。"

笔者在中国知网,以"夫妻共同债务"为关键词搜索文献,查询出一篇发表时间最早的,于1988年5月15日发表的文章《关于个体工商户和农村承包经营户的几个问题》,该文章中即出现了"夫妻共同债务"一词。笔者在北大法宝,以"夫妻共同债务"为关键词搜索司法案例,查询出审结时间最早的一份判决书,浙江省东阳市人民法院〔1990〕东法民字156号许顺卿、王某诉王加有、陶银香继承案,在该案的判决说理中,法官即使用了"夫妻共同债务"一词。

由上可知,我国的学术论文最迟于1988年已开始使用夫妻共同债务这一概念,而法院最迟于1990年已开始使用夫妻共同债务这一概念。

我国学术界与司法实务部门先于立法使用"夫妻共同债务"一词,这从我国《婚姻法》的立法沿革中可见一斑。1950年《婚姻法》虽未使用共同债务一词,但已有法条规制了夫妻债务,第24条规定:"离婚时,原为夫妻共同生活所负担的债务,以共同生活时所得财产偿还;如无共同生活时所得财产或共同生活时所得财产不足清偿时,由男方清偿。男女一方单独所负的债务,由本人偿还。"1980年《婚姻法》在第32条规定了夫妻债务,该法条内容与1950年《婚姻法》稍有不同,第32条规定:"离婚时,原为夫妻共同生活所负的债务,以共同财产偿还。如该项财产不足清偿时,由双方协议清偿;协议不成时,由人民法院判决。男女一方单独所负债务,由本人偿还。"经2001年修正的1980年《婚姻法》,对夫妻债务的规定比较完善,第19条第3款规定:"夫妻对婚姻关系存续期间所得的财产约定归各自所有的,夫或妻一方对外所负的债务,第三人知道该约定的,以夫或妻一方所有的财产清偿。"第41条规定:"离婚时,原为夫妻共同生活所负的债务,应当共同偿还。共同财产不足清偿的,或财产归各自所有的,由双方协议清偿;协议不成时,由人民法院判决。"

从上述立法条文的变迁中可以看出,自1950年《婚姻法》规定夫妻债务以来,"共同"一词就如影随形地伴随着"债务","共同生活"一直作为夫妻债务的修饰词,久而久之,夫妻因共同生活负担的债务,被简称为"夫妻共同债务"。不仅如此,"共同"一词还隐含了清偿债务时责任财产的范围与清偿顺位。从1950年《婚姻法》第24条所规定的"以共同生活时所得财产偿还",到1980年《婚姻法》第32条所规定的"以共同财产偿还",再到2001年《婚姻法》(修正案)第41条规定的"应当共同偿还",及至《民法典》第1089条保留了"应当共同偿还"的表述,夫妻偿还共同债务的责任财产范围被规定得越来越简略。有学者据此认为,此举扩大了清偿债务责任财产的范围。① 从《民法典》第1089条的第二句中"共同财产不足清偿"可推断出,共同偿还债务时的责任财产第一顺位应当是共同财产。

---

① 裴桦:《夫妻财产制与财产法规则的冲突与协调问题研究》,上海交通大学出版社2020年版,第102页。

(二) 使用弊端

夫妻为复数,夫妻作为债务人与债权人的债权债务关系,系多数人之债。多数人之债的类型有连带之债、按份之债、可分之债、不可分之债、共同之债、准共有之债、共同共有之债等。夫妻对外承担债务究竟属于哪一类型的多数人之债,通过夫妻共同债务这一语词,我们无法获得任何线索。夫妻共同债务的认定,夫妻如何对外承担债务责任,夫妻内部如何确定追偿权,均需通过厘清夫妻共同债务的债务类型加以判断。模糊化地统称为夫妻共同债务,给司法实践带来了较多困惑。其中的典型表现之一,即为夫妻偿还债务时责任财产的范围与清偿顺位的判定。有学者提出,夫妻共同财产应优先清偿共同债务。[1] 在未探讨清楚夫妻共同债务具体内涵的前提下,这种提法显然是错误的,至少是不精确的。

司法裁判中,最高人民法院审理王云与刘美云民间借贷纠纷案件时,表述夫妻共同债务时的用语为:"……从另一个角度来看,王云与刘美云在签订《抵押合同》时系夫妻关系,依照最高人民法院《关于审理涉及夫妻债务纠纷案件适用法律有关问题的解释》第一条关于'夫妻双方共同签字或者夫妻一方事后追认等意思表示所负的债务,应当认定为夫妻共同债务'的规定,王云亦应与刘美云承担共同还款责任。"[2]江苏扬州市中级人民法院对夫妻共同债务的表述为:"……宋秀余所借债务应为其与王伟炜夫妻共同债务,宋秀余、王伟炜对于上述债务应当承担共同清偿责任,故判决驳回上诉,维持原判。"[3]由上述判决书中法官的用词可以发现,夫妻共同债务这一概念广泛用于我国司法判决中,就责任的承担,法官往往采用的是"共同承担"这一语词,而非《民法典》以及《民法典》出台前的《中华人民共和国合同法》(以下简称《合同法》)、《中华人民共和国民法总则》中所使用的"连带责任""连带债务""按份责任""按份债务"。

司法实践中使用"夫妻共同债务"这一概念,认定夫妻偿还债务的责任时使用"共同承担"一词,均不能明确夫妻承担债务的具体性质,且在法学研究上易生误解。有学者就认为,夫妻共同债务是连带债务。[4] 这显然是一种以偏概全的看法,不符合立法、司法以及学界使用夫妻共同债务时的语境,夫妻双方可以与债权人约定连带债务,也可以约定按份债务,法律对此并无限制。只有夫妻与第三人约定的债务类型不清时,夫妻承担的债务才会被推定为连带债务。综上,共同债务无法体现债务的性质与责任承担方式。

二、概念构建的路径之一:夫妻共同债务的类型化

(一) 夫妻共同债务类型概述

《民法典》第1064条规定的夫妻共同债务类型可归纳为:共同意思表示型,包括共同签名和一方事后追认两种情形;夫妻一方负债型,该类型的夫妻共同债务受到家庭日常生活

---

[1] 冉克平:《论夫妻共同债务的类型与清偿——兼析法释〔2018〕2号》,载《法学》2018年第6期。
[2] 中华人民共和国最高人民法院(2020)最高法民再330号民事判决书。
[3] 江苏省扬州市中级人民法院(2018)苏10民终2325号民事判决书。
[4] 蔡福华:《夫妻财产纠纷解析》,人民法院出版社2013年版,第111页。

需要、共同生活、共同生产经营等原因的限制。其中夫妻一方所负用于共同生活、共同生产经营的债务，债务原因的举证责任由债权人负担。细观法条，夫妻共同生活也是产生夫妻共同债务的原因之一，作为独立的类型，笔者在此将其与家庭日常生活这一原因区分，认为共同生活的目的应当排除其中家庭日常生活的部分。除共同意思表示型共同债务，我国立法采纳的是"用途论"的认定方法，依照法定的用途，可将夫妻共同债务分成不同类型。与之类似的立法有《德国民法典》，《德国民法典》夫妻共同财产制下，由配偶双方共同管理共同财产时，第1460条第1款规定，对因配偶一方在财产共同制存续期间实施的法律行为而发生的债务，仅在配偶另一方同意该法律行为，或该法律行为不经其同意也为共同财产的利益而有效力时，共同财产始负责任。① 该立法以夫妻双方同意或为共同财产利益，为构成夫妻共同债务的要件。

除上述类型外，将《民法典》第1064条与第1067条第1款规定的父母对子女的抚养义务、第1068条规定的父母为未成年子女造成的损害赔偿承担责任的义务相结合，可以得出新类型的夫妻共同债务：因抚养子女和为未成年子女的损害赔偿承担责任的夫妻共同债务。与我国《民法典》立法类似的有《越南婚姻家庭法》，该法第25条第1款前段规定，父母对于16岁以下的子女因违法行为造成的损害承担赔偿责任。②

有学者对目的论或用途论的夫妻共同债务认定模式提出了质疑，认为由于"用于夫妻共同生活"具有伦理性和抽象性的特点，婚后的另一方配偶极易被纳入夫妻共同债务作为连带债务人，从而遭受难以预测的风险。这有违个人主义的精神与私法自治的原则。除非夫或妻的个人债务所得收益在婚后混同于共同财产之内而无法进行区分时，债权人才可以要求夫妻双方以夫妻共有财产承担清偿连带责任。③ 对于共同生产经营型的夫妻共同债务，部分经营者承担连带责任的原因并非由于夫妻身份，部分情形被认定为企业债务，部分情形则是由于夫妻的举债合意而成立夫妻共同债务，其他情形则是由于满足共同生活这一要件而被认定为夫妻共同债务，因此共同生产经营型夫妻共同债务是伪命题。④

有学者将夫妻债务区分为连带债务、共同债务和个人债务。⑤ 这种分类方法将夫妻连带债务与夫妻共同债务区分成两种不同的债务类型。该观点将夫妻共同债务认定为夫妻一方名义所负的债务，其责任基础为夫妻法定共同财产制。这种分类方法限缩了夫妻共同债务的范围，笔者并不采纳。

（二）共同意思表示型夫妻共同债务

共同意思表示型夫妻共同债务，符合私法自治的原则。夫妻共同意思表示与财产法上的共同意思表示存在重合，夫妻作出财产法上的共同意思表示当然构成夫妻共同意思表示，但除此之外，有学者提出，其他行为能否被评价为夫妻共同意思表示需要依据《民法典》

---

① 陈卫佐译注：《德国民法典》，法律出版社2020年版，第533页。
② 中国法学会婚姻法学研究会编：《外国婚姻家庭法汇编》，群众出版社2000年版，第534页。
③ 冉克平：《夫妻团体法：法理与规范》，北京大学出版社2022年版，第105页。
④ 陈凌云：《夫妻共同债务认定规则中的伪命题：共同生产经营》，载《当代法学》2020年第2期。
⑤ 汪洋：《夫妻债务的基本类型、责任基础与责任财产——最高人民法院〈夫妻债务解释〉实体法评析》，载《当代法学》2019年第3期。

第1064条的规范意旨和行为在财产法上的效果综合考量。① 在合意认定的思路上,"共债共签规则"应当协调夫妻团体合意表示与个体意思表示,明确配偶方的核心利益是知情权,夫妻合意可区分为一般合意与特殊合意,合意认定规则应当由夫妻真意解释规则、配偶方"知情＋不反对"的合意推定、对债权人信赖利益保护的合意推定以及合意推定的限制适用等四方面构成。② 上述观点在认定共同意思表示型夫妻共同债务时,除了一般的意思表示规则外,还要构建夫妻共同意思表示的特殊规则,其结果是扩大夫妻共同意思表示的认定范围,有利于债权人。这种解释趋势的价值倾斜不利于保护夫妻财产安全。夫妻一方超出家庭日常生活需要所负债务,除非夫妻实行"共债共签",原则上应推定为举债方个人债务。③

在司法裁判中,法院对夫妻的共同意思表示的认定呈扩大趋势。在成效群诉王伟炜等追偿权纠纷案中,王伟炜和宋秀余原系夫妻关系,婚姻关系存续期间,宋秀余以购车为由向银行借款30万元,妻子王伟炜以及成效群、陈某夫妻共同为该笔债务提供连带责任担保。但该款项最终并未实际用于购车。成效群起诉认为上述债务为王伟炜、宋秀余夫妻共同债务,要求其二人共同偿还。法院认为王伟炜为该借款提供担保,表明其知晓借款事实,并且借款用于购车,属于用于家庭生产经营的情况,因此构成夫妻共同债务。④ 法院认为夫妻一方知情并且提供担保的情况下,即可构成共同意思,这与典型的共同意思借贷存在不同。典型的夫妻共同意思表示型的共同债务应当符合"共债共签"的要求,即双方均应当作为债务人签名,而不是一个作为债务人,另一个提供担保。法院的这种认定方式显然扩大了一般意义上的共同意思表示的形式。这种认定方式会使夫妻一方为另一方提供担保变得没有意义,使得提供担保的行为和共同作为债务人的情形等同。与此案有类似之处的"宋某等民间借贷纠纷再审案",丈夫为他人提供担保,该担保之债再审法院认为不构成夫妻共同债务。就夫妻一方以个人名义设立的保证债务而言,如果其对外担保并收取了经济利益,这种利益往往用于家庭生活,那么就属于夫妻共同债务的范畴,应由夫妻对该担保之债承担连带清偿责任。而对于夫妻一方无偿保证所生之债务则应认定为个人债务,因为保证人既没有从债权人也没有从债务人处获得对待给付,无法给保证人带来任何利益,对于夫妻共同生活目的的实现没有任何帮助,因此该保证债务的设定并没有基于夫妻共同生活的可能。⑤ 这个案件中,法院采取了更实质的判断方法,以是否给夫妻双方带来利益为标准,判断是否构成夫妻共同债务。这一立场值得肯定。

(三)夫妻一方负债型夫妻共同债务

1. 夫妻一方负债型夫妻共同债务的正当性基础

除共同意思表示型夫妻共同债务以外,《民法典》将债务人负债的原因或者说负债的目的、动机作为判断是否属于夫妻共同债务的标准。美国《路易斯安那民法典》相关规定与我

---

① 刘征峰:《共同意思表示型夫妻共同债务的认定》,载《法学》2021年第11期。
② 叶涛:《民法典时代夫妻债务"共债共签规则"中的合意认定》,载《法治研究》2020年第5期。
③ 冉克平:《论夫妻共同债务的类型与清偿——兼析法释〔2018〕2号》,载《法学》2018年第6期。
④ 江苏省扬州市中级人民法院(2018)苏10民终2325号民事判决书。
⑤ 杜万华主编:《民事审判指导与参考》(总第65辑),人民法院出版社2016年版,第161页。

国《民法典》立法相似,其第2360条规定,夫妻一方在共同财产制存续期间为了夫妻的共同利益或为了夫妻另一方的利益是夫妻共同债务;第2363条规定,夫妻一方非为夫妻共同的利益或另一方的利益负担的债务是个人债务;因故意的过错产生的债务和为了自身个人财产负担的债务同样是个人债务。[1]《西班牙民法典》在共同财产制下的第1366条也有类似规定,配偶一方的债务如果是为婚姻利益而作出的或者属财产管理领域的结果的,另一方也需承担债务,除非该债务的缔结是由于前者的恶意或重大过失造成的。[2]《华盛顿州法典(修订)》第26.16.205条规定,用于家庭和子女(包括继子女)教育的支出由夫妻双方的共同财产和个人财产清偿,他们可被共同或单独起诉。[3]

这是否符合法律行为效力的正当基础,值得商榷。有学者将此种立法称为"一事一议"的立法模式。[4] 对于法律行为效力的根源与正当化的经典回答是"意志决定论",人既然能以自己的意志创造社会,当然也能以自己的意志在特定当事人之间制定对自己有拘束力的规范,当事人的意志是契约获得法律效力的唯一根据。[5] 当事人的意志依据意思自治的原则,行为人自负其责,夫妻一方对外负债原则上应当仅该方作为债务人。夫妻另一方未与债权人达成意思表示的一致。像《纽约州民法典草案》在"婚姻一题"第三章"夫与妻"下第71条规定,双方均不对对方的行为负责,但一方作为另一方的代理人行为的,除外。[6] 合同或法律行为之效力正当性的问题,其实就是合同正义问题。这种正义首先表现为一种伦理的正义,然后转化为一种法律的正义。换言之,合同或法律行为之效力的正当性,首先应该在伦理上被证成,以便为这些行为产生法律上的效力提供伦理上的正当性。[7] 就合同的伦理正义而言,亚里士多德传统上的道德哲学(包括阿奎那的道德神学)一直把交换的正义和慷慨之德性作为核心概念,而在法律制度上负载这些伦理价值的概念就是"原因"。[8] 这个原因在夫妻共同债务的认定中,即为"为夫妻共同生活所负债务"。在"任华林诉林瑶等夫妻共同债务认定纠纷案"中,法院认定为夫妻共同生活是成立共同债务的实质要件。[9] 在"林某、陈某晔与福建春秋文化发展有限公司民间借贷纠纷再审案"中,最高人民法院认为,债权人明知夫妻一方的借款并非用于夫妻共同生活的不应认定为夫妻共同债务。[10]

《民法典》第1060条为夫妻一方负债而成立共同债务提供了立法依据。该条第1款规

---

[1] Louisiana Civil Code, Art. 2360,2363. 中译本参见《路易斯安那民法典》,娄爱华译,厦门大学出版社2010年版,第262~263页。

[2] 《西班牙民法典》,潘灯、马琴译,中国政法大学出版社2013年版,第351页。

[3] Revised Code of Washington, RCW 26.16.205.

[4] 林承铎:《论夫妻约定财产制度的适用困境——由夫妻二人公司出资协议性质争议引发的思考》,载《法学杂志》2012年第3期。

[5] 李永军:《契约效力的根源及其正当化说明理论》,载《比较法研究》1998年第3期。

[6] [美]戴维·达德利·菲尔德:《纽约州民法典草案》,田甜译,中国大百科全书出版社2007年版,第17页。

[7] 徐涤宇:《原因理论研究——关于合同(法律行为)效力正当性的一种说明模式》,中国政法大学出版社2005年版,第301页。

[8] 徐涤宇:《原因理论研究——关于合同(法律行为)效力正当性的一种说明模式》,中国政法大学出版社2005年版,第303页。

[9] 扬州市中级人民法院(2016)苏10民终1505号民事判决书。

[10] 最高人民法院(2018)最高法民再20号民事判决书。

定:"夫妻一方因家庭日常生活需要而实施的民事法律行为,对夫妻双方发生效力。"该条款的限定条件"家庭日常生活需要"与第1064条规定的夫妻一方负债型共同债务的原因限定一致。在此,行为人自负其责的意思自治原则因法律的特别规定而出现例外。第1060条可以被理解为"夫妻一体主义"的立法展现。由于受到家庭日常生活需要这一条件限制,似乎对夫妻另一方不存在巨大影响。但是,第1060条只解决了其中一个类型的夫妻共同债务正当化的解释问题,对于共同生产经营型夫妻共同债务的正当性依然需要另外解释。共同生产经营型夫妻共同债务往往数额更大,对当事人夫妻的影响更大,在现实中引发了许多极具争议的案例。夫妻一方对外举债,并且利用所借资金经营夫妻共同的企业等,这在实践中即为典型的共同生产经营型夫妻共同债务。一旦被认定属于共同生产经营型夫妻共同债务,夫妻双方即需承担连带责任,双方各自的全部个人财产都要为该债务清偿负责。[1] 假定夫妻双方共同经营的企业形式为有限责任公司,以有限责任公司名义对外举债,股东只需以出资额为限承担责任,即使夫妻共同作为股东,也无须以全部个人财产作为责任财产清偿债务。尽管《民法典》第1064条表述了认定夫妻共同债务的原则,然而,司法实践告诉我们,生产经营性债务的司法判断最为复杂。[2] 由此可见,夫妻一方个人举债构成共同生产经营型夫妻共同债务,对夫妻双方带来的风险巨大。但是,这种享受收益即承担债务的归责逻辑模糊了家庭法与财产法行为规则的区分。首先,共享收益与承担债务产生的法理基础与适用领域完全不同:共享收益是基于家庭成员特殊身份关系,是在家庭世界中为了实现家庭成员全面合作而产生的特殊共有,经营债务的连带责任则是基于共同经营行为、共同意思和财产混同的特定情形而形成的共同债务。其次,在以家庭共同财产从事经营活动时,其他家庭成员共享经营收益,为婚后共同财产制的法定效果,若因经营收益分配不当,债权人可主张收益分配不当撤销该分配行为,就不当分配的经营收益,承担相应收益返还的有限责任,而非与其收益不相匹配的连带责任。再次,以享受收益即承担责任作为司法裁判标准,可能导致经营活动的收益不能为家庭共享,家庭在经济层面上功能遭受破坏,与家庭法的立法初衷相违背。其他家庭成员为防御经营风险,对经营行为进行干预,打破默示委托,破坏经营主体独立经营,经营活动规则和经营组织治理结构面临着重新改写。最后,经营收益共享并非认定家庭成员承担连带责任的依据,因财产混同而直接享受经营利益,才是未参与经营的其他家庭成员承担连带责任的标准。[3] 赵玉教授将经营型夫妻共同债务中未参与经营的一方承担责任的依据,归结到了责任财产的混同以及未参与经营一方对混同后的责任财产的享有。

从法律行为原因的角度理解夫妻单方负债构成夫妻共同债务的法定情形,同样无法提供完满解释。负担债务的行为即民法上的债权行为,原则上为有因行为。[4] 但此处的有因与第1064条规定的夫妻一方负担债务的目的或者动机并非同一概念。人们应当严格区分基于法律行为所确定的给予原因和虽然促使行为人实施法律行为却并不构成法律行为规

---

[1] 新疆生产建设兵团第八师中级人民法院(2019)兵08民终756号民事判决书。
[2] 赵玉:《民法典背景下合伙企业财产制度构造》,载《中国法学》2020年第6期。
[3] 赵玉:《家庭财产功能主义的法律范式》,载《中国社会科学》2022年第8期。
[4] 史尚宽:《民法总论》,中国政法大学出版社2000年版,第317页。

则内容的动机。[1] 有因行为是指行为的原因构成法律行为的一部分。以买卖合同为例,出卖人移转标的物所有权于买受人的原因是获得买受人支付的价款,买受人支付价款的原因为出卖人移转标的物所有权。因此,互为原因的两个义务共同构成了买卖合同。而夫妻一方实施债权行为,负担债务时,其为共同生产经营的动机、家庭日常生活需要的动机,无须外显于债权人,不构成夫妻一方与债权人的意思表示的内容,债权人可能完全不知夫妻一方是否已婚。由此可以看出,夫妻一方负债成立的夫妻共同债务是对债权人有利的制度设计。

有学者将夫妻共同债务认定为连带债务,并将夫妻共同债务成立的正当性基础归结到夫妻共同财产制。夫妻共同财产包括积极财产和消极财产,夫妻共同债务作为夫妻共同的消极财产,双方应当承担连带的清偿责任。[2] 但这种观点的前提即发生了错误,首先,夫妻共同债务规则并不仅适用于法定财产制;其次,夫妻对财产共同共有,依《民法典》第 307 条共有人因共有的财产产生的债务,应承担连带责任,但夫妻共同债务的产生不一定是由共有的财产所导致;再次,财产一般指具有金钱价值的权利,用消极财产指代债务并不妥当;最后,即使承认消极财产的概念,夫妻共同的债务不一定就是连带债务,还有可能是按份债务等其他类型的债务。有学者同样反对夫妻承担共同债务的理由在于财产共有,认为这种理由在比较法上无先例,罔顾了加利行为和增负行为在法理上的差异性。[3]

有观点认为,非举债方是因为在共同生活中享有举债方带来的债务利益,因此基于夫妻共同生活承担夫妻共同债务的清偿责任,以共同财产为限承担夫妻共同债务。[4]

"一方表意"型夫妻债务原则上定性为"夫妻有限债务",但用于共同消费的债务推定为"夫妻连带债务"。[5]

有学者将夫妻共同债务构成的法理基础归结到"法律行为理论",认为夫妻一方举债原则上由行为人个人承担,但为了补充婚姻家庭法领域夫妻债务规则的不足,当这种行为带来的利益用于夫妻共同生活、共同生产经营时,也构成夫妻共同债务。[6]

有学者批判了夫妻一方负债成立的共同债务违反债的相对性原理的观点,认为这种观点仅强调夫妻人格独立,忽略了夫妻因财产共有而产生的密切利害关系。[7] 离婚前,夫妻是单一的共同的债务主体,以共同财产清偿债务,而夫妻连带责任是夫妻关系解除后,双方负有的清偿原夫妻关系存续期间所负的共同债务。[8] 该学者的观点基于夫妻财产的共有而推导出夫妻一体主义的债务构建模式,进而否定夫妻关系存续期间连带债务的成立,认为只有离婚后夫妻一体不再存续,方可成立多数人之债的连带债务。

---

[1] [德]维尔纳·弗卢梅:《法律行为论》,迟颖译,法律出版社 2013 年版,第 185 页。
[2] 夏吟兰:《我国夫妻共同债务推定规则之检讨》,载《西南政法大学学报》2011 年第 1 期。
[3] 叶名怡:《"共债共签"原则应写入〈民法典〉》,载《东方法学》2019 年第 1 期。
[4] 何丽新:《论非举债方以夫妻共同财产为限清偿夫妻共同债务——从(2014)苏民再提字第 0057 号民事判决书说起》,载《政法论丛》2017 年第 6 期。
[5] 申晨:《夫妻债务类型的重构:基于有限责任的引入》,载《清华法学》2019 年第 5 期。
[6] 李洪祥:《〈民法典〉夫妻共同债务构成法理基础论》,载《政法论丛》2021 年第 1 期。
[7] 孙若军:《论夫妻共同债务"时间"推定规则》,载《法学家》2017 年第 1 期。
[8] 最高人民法院民事审判第一庭:《婚姻法司法解释的理解与适用》,中国法制出版社 2002 年版,第 65 页。

有学者从代理的角度解释其正当性。代理以显名为原则,夫妻一方负债的外观在原则上就难以构成代理。所以有学者从表见代理的角度对其正当性加以阐释。最高人民法院《婚姻法解释一》第17条所规定的"他人有理由相信其为夫妻双方共同意思表示的,另一方不得以不同意或不知道为由对抗善意第三人"被认定为适用了表见代理规则。[1] 但仅凭夫妻身份不能推导出表见代理,在婚姻关系之外,还应有其他一些事实足以影响债权人对债务的合理判断才能构成表见代理。[2] 因此,表见代理只能解释足以构成表见代理的特殊情况下的夫妻共同债务的正当性基础。除表见代理说,家事代理理论也被用来解释其正当性。历史上家事代理的成因是丈夫负责家庭的对外交往,承担义务,包括妻子因侵权等行为负担的义务,妻子无独立的财产权,无权与第三人进行交易,法律为弥补妻子能力的缺失,赋予妻子代理权,代理丈夫对外进行交易,交易结果的权利与义务均由丈夫承受,符合代理的构造。[3]《民法典》第1060条关于"家事代理"规定,完全不符合代理的构造,而更像是对夫妻双方的授权。因此,家事代理说不足为取。

就夫妻一方在婚姻关系存续期间以个人名义为家庭日常生活需要所负的债务的判断标准,是否明显超出债务人或者当地普通居民家庭日常消费水平,是否明知或应知债务人从事赌博、吸毒等违法犯罪活动仍出借款项,是否明知或应知债务人已大额负债无法偿还,仍继续出借款项的,[4] 均属于判断夫妻一方负债是否属于共同债务的标准。上述标准也是限定一方负债型共同债务于合理范围的措施。

2. 团体视角为一方负债型夫妻共同债务提供正当性基础

从个人视角出发,以双方法律行为为样板,解释一方负债成立的夫妻共同债务具有天然的劣势。从法律行为的另一类型——决议行为出发,解释夫妻一方负债成立共同债务的正当性可能更加融洽。决议行为不同于单方法律行为和多方法律行为,决议行为不需要全部作出意思表示的人的同意,以多数人的意思为准,这在团体组织中最为常见。例如,公司股东会决议,以获得投票权最多的意见为最终决定,少数不同意的股东需要遵守最终的决定。以决议行为解释夫妻一方负债成立的共同债务的正当性如下:夫妻关系成立,夫妻这一双人团体成立。夫妻团体与公司、合伙的"目的范围"具有相似性,均是构建夫妻团体与组建这类经济团体的"目的",因而可以作为划分个体行为与团体行为的重要界限,在共同生活之内,夫或妻以其个人名义实施的行为属于夫妻团体行为。[5] 团体形成决议的程序由章程、合同或者法律的规定等加以确定,参照《民法典》第1055条的规定,夫妻团体的决议应当遵循平等的原则,平等便无法形成多数决,因此夫妻双方需要通过协议或者法律的授权才能作出拘束夫妻双方的决议;就夫妻协议约定的决议方式,如《民法典》第1060条第2款、第1065条第3款主要侧重于夫妻双方协议限制对方作决议的权限,而法律对夫妻双方决议

---

[1] 最高人民法院民事审判第一庭:《婚姻法司法解释的理解与适用》,中国法制出版社2002年版,第63页。

[2] 裴桦:《夫妻财产制与财产法规则的冲突与协调问题研究》,上海交通大学出版社2020年版,第127页。

[3] 王战涛:《日常家事代理之批判》,载《法学家》2019年第3期。

[4] 最高人民法院民事审判第一庭编:《民事审判指导与参考》(第78辑),人民法院出版社2019年版,第227页。

[5] 冉克平:《夫妻团体法:法理与规范》,北京大学出版社2022年版,第13页。

的授权则主要侧重于扩大夫妻一方作决议的权限,如《民法典》第1060条第1款、第1064条;在法律的授权和夫妻协议约定两条路径下,夫妻团体内部决议的作出便具有了正当性和法理基础。此种解释方法相较于其他的解释路径,更加简洁、完善,可以解释全部类型的夫妻一方负债型共同债务,将婚姻家庭编与总则编联动,完善了民法体系。

通过团体法的视角,夫妻一方负债的目的只要是为了夫妻团体,便可自然落入夫妻共同债务的范围,由夫妻双方共同清偿。家庭日常生活需要型、共同生活型、共同生产经营型债务只是为了夫妻团体目的的具体化,这样也可回应"一事一立"的立法批判。

域外法中,《阿根廷民法典》将夫妻视为合伙,可为团体理念提供支持。该法典第1275条规定,夫妻合伙应承受的负担如下:家庭和共同子女的生活费;夫妻一方的婚生子女的生活费;夫妻一方对其直系尊血亲负有义务的扶养费;使夫或妻的私人财产处于良好状态而花费的修缮和保管费用;夫在婚姻关系存续期间成立的债务和义务,以及妻能合法成立的债务和义务;为婚内子女成家立业提供或耗费的费用;因偶然事件丧失的费用,如抽奖、游戏或赌博等。[①] 与《阿根廷民法典》形成呼应的有《奥地利民法典》对夫妻财产契约的规定,该法典第1233条规定,成立夫妻财产共有关系,须订立特别契约,并且契约内容参照"民事合伙"的规定。[②] 有学者从商事团体法中的有限合伙法理中得出有限责任型夫妻债务,同样是将夫妻团体类比合伙。[③] 综上,夫妻一方负债型共同债务宜从团体视角加以正当化。

三、概念构建的路径之二:多数人之债

(一)夫妻共同债务与连带债务

1. 一种流行的观点——连带债务

夫妻双方在离婚时或离婚后对婚姻关系存续期间一方所负债务,对外应当依法承担连带清偿责任。[④] 司法裁判中,法院一旦认定夫妻共同债务成立,夫妻承担的偿还责任以连带责任为主。[⑤]《婚姻法解释二》第25条规定:"……债权人仍有权就夫妻共同债务向男女双方主张权利。一方就共同债务承担连带清偿责任后……"第26条规定:"夫或妻一方死亡的,生存一方应当对婚姻关系存续期间的共同债务承担连带清偿责任。"有学者认为,这一规定是基于夫妻共有财产是共同共有的特点,共有人生存时应对共同债务承担连带责任,共有人之一死亡后,其他共有人也应对因共有财产所产生的共同债务承担连带责任。[⑥]《夫妻共同债务司法解释》将夫妻共同债务等同于连带债务。[⑦] 但司法实践的态度在《民法典》

---

① 徐涤宇译注:《最新阿根廷共和国民法典》,法律出版社2007年版,第307页。
② 《奥地利普通民法典》,戴永盛译,中国政法大学出版社2016年版,第227、242页。
③ 申晨:《夫妻债务类型的重构:基于有限责任的引入》,载《清华法学》2019年第5期。
④ 吴卫义、张寅编著:《婚姻家庭案件司法观点集成》,法律出版社2015年版,第419页。
⑤ 王轶、包丁裕睿:《夫妻共同债务的认定与清偿规则实证研究》,载《华东政法大学学报》2021年第1期。
⑥ 杨大文主编:《亲属法与继承法》,法律出版社2013年版,第126页。
⑦ 缪宇:《美国夫妻共同债务制度研究——以美国采行夫妻共同财产制州为中心》,载《法学家》2018年第2期。

出台后出现了变化。法释〔2020〕22号最高人民法院《民法典婚姻家庭编解释（一）》第34条至第36条集中规定夫妻共同债务的条文中，没有出现连带责任的规定。据此，有学者提出夫妻单方行为形成的夫妻共同债务，属于"有限连带债务"。[1] 夫妻约定债务的共同意思表示有疑义，应推定为连带债务。[2] 有学者提出，夫妻一方所负的夫妻共同债务是否属于连带债务，应按照日常家事代理权规则认定。[3] 还有学者提出，共同意思表示型的夫妻共同债务由夫妻双方承担连带责任，一方所负的夫妻共同债务的未举债方仅以其共同财产的份额为限承担责任。[4] 夫妻共同债务包含夫妻双方作为抽象人依据财产法规范所形成的连带债务以及依身份根据家庭法规定的用途转换而成的连带债务。[5]

有学者认为夫妻共同债务属于法定连带债务，[6]比较法上存在将夫妻共同债务认定为连带债务的立法例。《日本民法典》在夫妻法定财产制下，规定了夫妻之间因日常家事而产生的债务由夫妻双方承担连带责任。其第761条规定，夫妻的一方就日常家事同第三人为法律行为时，另一方对由此产生的债务负连带责任。但是，对第三人预先告知不负责任时，不在此限。[7]《巴西民法典》在夫妻财产制的一般规定中，第1643条规定夫妻一方可无须他方授权实施以下行为：购买家庭生活必需品，即使是赊购，亦同；为获得为了购买此等物品所需的金钱而借贷。第1644条规定为了实现前条规定的目的缔结的债务，夫妻双方承担连带责任。[8]《泰王国民商法典》第1490条规定，夫妻双方连带负责偿还的债务包括婚姻关系存续期间两个人之中的任何一方所欠下的下列债务：(1)与家庭内部事务相关和为家庭提供必要需求或者用于抚养、医疗和子女教育所欠下的债务；(2)所欠下的与夫妻共同所有的财产相关的债务；(3)夫妻双方一道从事的一项工作所欠下的相关债务；(4)只是妻子或者丈夫所欠下的用于满足个人利益但是已经经过另一方认可的债务。[9]

2. 对夫妻共同债务构成连带债务的质疑

连带之债谓债权人或债务人有数人，各债权人得请求全部之给付或各债务人负有为全部给付之义务，唯因一次之全部给付，而其债之全部关系归于消灭之债权债务关系。[10]《民法典》第178条规定承担连带责任的，权利人有权请求部分或全部连带责任人承担责任，连带责任由法律规定或当事人约定。第518条规定，连带债务的债权人可以请求部分或全部债务人履行全部债务。我国台湾地区"民法"第272条规定："数人负同一债务，明示对于债权人各负全部给付之责任者，为连带债务。无前项之明示时，连带债务之成立，以法律有规定者为限。"连带债务者，指数人负同一债务，依其明示或法律之规定，对于债权人各负全部

---

[1] 冉克平：《论夫妻债务的清偿与执行规则》，载《法学杂志》2021年第8期。
[2] 刘征峰：《共同意思表示型夫妻共同债务的认定》，载《法学》2021年第11期。
[3] 缪宇：《走出夫妻共同债务的误区：以〈婚姻法司法解释（二）〉第24条为分析对象》，载《中外法学》2018年第1期。
[4] 曲超彦：《夫妻共同债务清偿规则探析》，载《法律适用》2016年第11期。
[5] 刘征峰：《夫妻债务规范的层次互动体系——以连带债务方案为中心》，载《法学》2019年第6期。
[6] 胡苷用：《婚姻合伙视野下的夫妻共同财产制度研究》，法律出版社2010年版，第100页。
[7] 《日本民法典》，刘士国、牟宪魁、杨瑞贺译，中国法制出版社2018年版，第187页。
[8] 《巴西新民法典》，齐云译，徐国栋审校，中国法制出版社2009年版，第258页。
[9] 《泰王国民商法典》，米良译，社会科学文献出版社2018年版，第212页。
[10] 史尚宽：《债法总论》，中国政法大学出版社2000年版，第640页。

给付之责任之多数主体之债之形态。①

由上可知,连带债务需要法律的规定或当事人的约定才能得以成立。我国《民法典》关于夫妻共同债务的规定并未释明连带。《民法典》第518条第2款被概括为连带之债不得推定规则。连带之债不得推定就意味着按份之债推定,即在多数人之债中,若无法律规定或当事人约定,给付可分的,应推定按照等份成立按份之债。这体现了保护债务人的意旨。②我国夫妻债务的立法既然为推定夫妻共同债务为连带债务,为了保护债务人的利益,保护夫妻婚姻家庭的经济稳定,不宜将夫妻共同债务推定为连带债务。保护债权人的立法导向使得在商事领域立法存在推定连带债务的情形,③但婚姻家庭明显有别于商事领域,婚姻家庭已被《宪法》第49条强调受国家保护,夫妻共同债务更不应当被推定为连带债务。夫妻债务处理中的配偶另一方利益和债权人利益的价值权衡,应当根据风险控制能力和获益可能性,在不同情形的具体类型认定、责任承担方式和举证责任的整体配置中实现。④

(二)夫妻共同债务与共同之债、共有之债

有学者认为,从夫妻关系的本质出发,法定夫妻财产制下的夫妻共同债务应界定为共同债务,而非连带债务,夫妻作为一个法律共同体共同承担夫妻共同债务。共同债务等同于共同共有债务,在对外清偿规则上,共同债务中共同债务人形成了有别于其个人财产的共同共有财产,应当以共同财产对债务进行清偿,只有共同财产不足清偿时,才由共同债务人的个人财产承担连带或按份责任,也可能无须承担责任。⑤ 有的观点认为,夫妻共同债务是共同共有之债。⑥

然而,共有之债不是一个得到普遍认同的概念。共有之债并非法定概念,仅存在于大陆法系的民法理论上,是多数人之债领域的次要辅助理论。⑦ 我国台湾地区对共有之债的研究集中于共有债权,共有债务鲜有研究。如果将夫妻共同债务理解为共有之债,即夫妻对债务呈共有关系,但我国《民法典》规定的共有对象只有各种权利,包括物权、专利权,而债务是义务,并非是具有金钱价值的财产权利,在我国《民法典》语境下无法成为共有的对象。其次,从比较法上看,《德国民法典》中共有一词为"Miteigentum",其中包含了所有权"Eigentum",由此可以看出德国民法上的共有的对象以所有权为典型。⑧ 所以以共有之债理解夫妻共同债务,并不妥当。

以共同之债理解夫妻共同债务,首先在语词的使用上,二者均为"共同",十分契合。但共同之债有时候会被混用。例如,有学者这样表述,共同之债是以债权债务作为共有的标

---

① 林诚二:《民法债编总论——体系化解说》,中国人民大学出版社2003年版,第477页。
② 齐云:《论多数人之债的类型推定规则》,载《法律科学(西北政法大学学报)》2022年第3期。
③ 齐云:《论多数人之债的类型推定规则》,载《法律科学(西北政法大学学报)》2022年第3期。
④ 朱虎:《夫妻债务的具体类型和责任承担》,载《法学评论(双月刊)》2019年第5期。
⑤ 夏江皓:《论中国民法典夫妻共同债务界定与清偿规则之构建》,载《妇女研究论丛》2018年第4期。
⑥ 麻昌华、郑炜:《论夫妻共同债务的"限定清偿"规则》,载《私法研究》2021年第1期。
⑦ 李中原:《共有之债的理论解析——〈物权法〉第102条之反思》,载《江苏社会科学》2019年第6期。
⑧ [德]鲍尔、施蒂尔纳:《德国物权法》(上册),张双根译,法律出版社2004年版,第33~34页。

的。[1] 史尚宽先生则认为共同债务是基于财产的共有而产生的债务。共同债务唯于其债务由共同财产之关与人,以其共同财产负责时为限,有其存在。共同债务就共同财产而受满足,共同债务人除就共同财产负责外,往往仍由个人负人的责任。[2] 所以在概念的使用上,"共有"与"共同"会存在交织的现象。反观《德国民法典》的"共有"与"共同"区分得就较为清晰。共有"Miteigentum"明确指向的是所有权,在《德国民法典》债法编中规定的共同之债,使用的语词是"Gemeinschaft",其含义更多指向的是共同的关系,而非共有。[3] 但回归到夫妻共同债务,对其概念的探讨回到了起点。

(三)夫妻共同债务的立法开放性

探究夫妻共同债务属于多数人之债下的何种类型的实益在于清偿时的责任财产范围和责任财产的清偿顺位的确定。夫妻共同债务被认定为连带债务,那么夫妻清偿债务时的责任财产即为夫妻共有的财产以及个人的财产,并且无清偿顺位的区分;夫妻共同债务被认定为共同债务时,由于共同债务具有特殊性,并且在我国《民法典》中,不像连带债务有法律明确规定的清偿方式,清偿方式没有明确的规定,没有明确的责任财产范围的规定,便给了学者或者实务界灵活的解释空间,也为学界的大量讨论提供了基础。

四、概念构建的路径之三:引发债务的原因

这种构建方式以引发债权债务关系的法律事实的类型为切入点,具体可划分为:因合同产生的夫妻共同债务、因侵权行为产生的夫妻共同债务以及因不当得利或无因管理产生的夫妻共同债务。因侵权行为产生的夫妻共同债务在比较法上存在立法例。

判断夫妻一方因侵权行为所产生的债务是否为夫妻共同债务,关键在于审查债务人配偶是否分享了利益。如果债务人配偶通过债务人的活动从中收益,如在从事家庭经营等活动中发生侵权行为,按照利益共享、责任共担的原则,应当认定为夫妻共同债务;如果债务人的活动并非为了家庭利益且债务人配偶也未从中收益的,应当认定为债务人的个人债务。[4]

有学者提出,应当将侵权之债纳入《民法典》第1064条的夫妻共同债务体系,以"共债合意"和侵权行为发生于从事"为夫妻共同生活"基础活动过程中的标准认定夫妻共同债务。[5] 在法定夫妻财产制下,夫妻一方因侵权而负债,该债务应被认定为夫妻共同债务,非侵权方配偶的清偿责任限于夫妻共同财产范围,并赋予法定财产制终结时对侵权方的追偿权。[6] 《华盛顿州法》(*Revised Code of Washington*)第26.16.190条规定,夫妻一方造成的伤害(injuries committed by a married person),夫妻另一方的个人财产不受追偿,除非在婚姻不

---

[1] 刘强:《共同之债与连带之债的效力比较》,浙江大学2019年硕士学位论文,第3页。
[2] 史尚宽:《债法总论》,中国政法大学出版社2000年版,第698页。
[3] 参见《德国民法典》,台湾大学法律学院、台大法学基金会编译,北京大学出版社2017年版,第697页。
[4] 最高人民法院民事审判第一庭编:《民事审判指导与参考》(第78辑),人民法院出版社2019年版,第229页。
[5] 包冰锋、訾培玉:《侵权纠纷夫妻共同债务认定的现实困境及其应对》,载《河北法学》2021年第3期。
[6] 叶名怡:《民法典视野下夫妻一方侵权之债的清偿》,载《法商研究》2021年第1期。

存在的情况下依然构成连带责任(joint responsibility)。①

美国《威斯康星州法》(Wisconsin Statutes)第766.55条第(1)款规定,夫妻一方在婚姻关系存续期间负担的义务(obligation),包括因作为或不作为(an act or omission)产生的义务,被推定为是为了婚姻或家庭的利益。负有义务或引发义务的夫妻一方在义务产生的时候或产生义务之前单独签署声明,表明义务是或将会是为了婚姻或家庭的利益而负担,这是具有决定性的证据,能够证明声明中所指的义务是为了婚姻或家庭的利益,除非该声明的存在不影响任何夫妻间的权利或救济途径。第(2)款规定,在夫妻双方结婚后,下列全部规则适用:(a)夫妻一方负担义务是为了履行对另一方的扶养义务,或是为了婚生子女的抚养,这一债务可仅由全部婚姻财产(marital property)和全部负债方的其他财产清偿;(b)为了婚姻或家庭的利益负担的义务可仅由全部婚姻财产(marital property)和全部负债方的其他财产清偿;……(cm)婚姻存续期间夫妻一方因婚姻存续期间的侵权行为负担的债务,由该方婚姻财产以外的财产和在婚姻财产中的权利(interest)清偿;(d)任何其他的夫妻一方在婚姻存续期间负担的义务,包括基于婚姻期间的作为或不作为,以该方夫妻的婚姻财产以外的财产和该方在婚姻财产中的利益这一顺序偿还。第(2m)款规定,除非离婚法令或其他对该法令的补充有其他规定,非负债方的收入在法令生效后不对第(2)款(b)项规定的义务负责。经法令分配给男女双方的婚姻财产,以法令生效之日的婚姻财产的价值为限对债务进行清偿。如果离婚法令认定非负债方负有清偿义务,此债务的清偿将被视为和夫妻双方负担的债务的清偿一样。第(3)款本章不改变夫妻和他们的债权人之间的在结婚时即已存在的财产或义务关系。结婚之后发生的一般保证人、享有先诉抗辩权的保证人、连带保证人的义务,并且相关的保证合同在结婚之前即已生效的,此类义务属于结婚时即已存在的义务。第(4)款债权人签署的任何减损本条规定的债权人权利的书面同意书均对该债权人生效。第(4m)款除第766.56(2)(c)条规定的以外,依据第766.70条婚姻财产协议或法令的条款不应当对债权人的利益产生不利影响,除非债权人在债权发生时明知该条款,或者在进入由第766.555(1)(a)条定义的长期借贷关系(an open-end plan)时明知该条款。如果债权人是在上述的时间之后才知道的,那么相关条款不能对债权人的利益产生不利影响,包括对债权债务关系或长期借贷关系的更新、延期、更改或使用方式的改变。本款规定的效力不能被婚姻财产协议或法令改变,本款不影响第706章的适用。②

美国《俄勒冈州法》(Oregon Revised Statutes)第108.030条规定,婚姻存续期间夫妻一方所应当负担的民事损害赔偿责任只由该方单独负担,另一方不对此类民事损害赔偿负责,除非即使在婚姻关系不存在的情况下双方仍需要共同负责(jointly responsible)。③

上述立法以夫妻侵权之债作为构成夫妻共同债务的原因,鉴于我国《民法典》对侵权类型的夫妻共同债务没有明确释明,有助于填补我国的立法空白。

对于因合同而产生的夫妻共同债务,无论是实践中最常发生的借贷,还是其他合同产生的金钱债务,均可被归纳成基于合同的夫妻共同债务。被我国《民法典》规定在"准合同"下的无因管理或不当得利,同样是民法理论上法定之债的产生原因。这种通过债的产生原

---

① *Revised Code of Washington*, RCW 26.16.190.
② *Wisconsin Statutes*, s.766.55.
③ *Oregon Revised Statutes*, s.108.030.

因而对夫妻共同债务的概念加以概括,会显得概念较为松散,不能体现夫妻共同债务逻辑上的整体性。

五、从责任财产视角重新界定夫妻共同债务的概念

我国法学界,当前对夫妻共同债务所下定义有:夫妻共同债务是指在婚姻关系存续期间,夫妻双方基于共同意思表示所负的债务或者夫妻一方行使夫妻日常家事代理权为家庭日常生活需要所负的债务,或者夫妻一方以个人名义超出家庭日常生活需要而为债权人证明用于夫妻共同生活、共同生产经营的债务。① 夫妻共同债务是指夫妻一方因家事借贷、家事侵权所负债务或者夫妻合意借贷、共同侵权所负债务以及对善意债权人承担的债务。② 夫妻共同债务是指夫妻为共同生活所负债务。③ 有学者甚至认为,"夫妻共同债务"与"夫妻共同财产偿还""共同偿还"是同一概念的不同表述。④ 有学者依据婚姻合伙理论,将夫妻共同债务定义为,夫妻一方或双方因合理、正当地管理、维持婚姻家庭事务所引起的,而由婚姻共同体负担的费用。⑤ 然而,固守夫妻共同债务概念本身,不利于明晰夫妻与债权人间的法律关系。细化夫妻共同债务的概念分解,厘清法律关系,既使得法律语词在民法体系下的融会贯通得以实现,又能够明确夫妻债务的债法性质,可以称得上是法学研究的一大进步。

从责任财产视角界定夫妻共同债务,将是合理可行的路径。罗马法上,债被认为是捆绑债务人和债权人的锁链。⑥ 自此以降,在定义债之法律关系时,债的概念常以债务人和债权人为主要定义要素。这也反映在了我国现行立法上。《民法典》第118条规定,债权是权利人请求特定义务人为或者不为一定行为的权利。所以,债务是债务人为或不为一定行为的义务。由此推导,债务是人的一种义务,它在被定义时,下定义者不从责任财产的角度出发,而是从债务人的角度出发。特别是对夫妻共同债务的定义,多数学者并不在定义中指明责任财产。《民法典》第1064条定义夫妻共同债务时也未释明责任财产的范围。但以责任财产为中心释明夫妻共同债务已为域外立法所接受。

(一)域外法上以责任财产释明夫妻共同债务的立法实践

1. 美国的相关立法

《加利福尼亚州家庭法》将夫妻债务直接规定在了夫妻财产责任项下,该法第910条(a)款规定:"除法律另有规定外,夫妻团体财产为夫妻任一方在结婚前或婚姻关系存续期间负

---

① 卢文捷:《夫妻债务清偿研究——以离婚为中心的具体展开》,人民法院出版社2020年版,第12页。
② 王礼仁、何昌林:《夫妻债务的司法认定与立法完善》,人民法院出版社2019年版,第5页。
③ 郭丽红、何群:《论夫妻的债务认定与清偿》,载《广州大学学报(社会科学版)》2009年第7期。
④ 裴桦:《夫妻财产制与财产法规则的冲突与协调问题研究》,上海交通大学出版社2020年版,第102~103页。
⑤ 胡苷用:《婚姻合伙视野下的夫妻共同财产制度研究》,法律出版社2010年版,第100页。
⑥ Henry S. Maine, *Ancient Law: its Connection with the Early History of Society and its Relation to Modern Ideas*, John Murray Albemarle, 1908, p.287. 原文中拉丁语翻译参见[古罗马]优士丁尼主编:《法学阶梯》,徐国栋译,商务印书馆2021年版,第484~485页;中译本参见[英]梅因:《古代法》,沈景一译,商务印书馆1959年版,第182~183页。

担的债务负责,无论夫妻哪一方对该财产有管理权或控制权,无论是夫妻一方还是双方为债务的当事人或判决书认定的责任人。"第 910 条(b)款规定:"婚姻存续期间并不包括分居期间和离婚判决前和分居判决前的期间。"第 911 条(a)款规定:"夫妻一方在婚姻存续期间的收入不为配偶的婚前债务负责。"①

《得克萨斯州家庭法》婚姻财产责任项下,第 3.201 条(a)款规定:"夫妻一方在下列情况下为配偶的行为负责:(1)配偶作为另一方的代理人而行为;(2)配偶负担的债务是为了第 2 章第 F 分章规定的必要情况。"第 2 章第 F 分章规定的内容是,夫妻一方有扶助另一方的义务,没有履行扶养义务的一方负有为其配偶提供帮助的其他人补偿的义务。第 3.201 条(b)款规定:"除本分章另有规定外,团体财产不为夫妻一方的行为负责。"第 3.202 条规定,夫妻一方的个人财产不为另一方的债务负责除非法律另有规定;除非夫妻双方依据本分章都负有个人责任,由夫妻一方单独管理、控制和处分的团体财产不为另一方婚前所负债务负责,不为另一方在婚姻关系存续期间的非侵权之债负责;由夫妻一方单独或共同管理、控制、处分的团体财产,为该方婚前、婚姻关系存续期间的债务负责;所有团体财产为夫妻任一方婚姻关系存续期间的侵权责任负责;所有退休金、养老金、累积的缴费、可选择的利益、本州范围内各种形式公共退休系统账户的钱为该方单独管理、控制、处分的团体财产,该部分财产不为另一方的刑事赔偿负责,但符合《政府法规》第 804 章规定的另一方可享有的家庭关系利益的除外。② 需要注意的是,《得克萨斯州家庭法》规定的夫妻一方可单独管理、控制、处分的财产除个人财产外,还包括假如未婚情况下一方可以单独所有的团体财产,具体包括个人的收入,单独财产的孳息,个人人身伤害获得的赔偿,一方单独管理的财产的增加额、转化物、孳息。③

《内华达州修订法》(Nevada Revised Statutes)在家庭关系部分第 123 章规定了夫妻债务。该章第 050 条规定,夫妻一方的个人财产或夫妻一方在共有财产中的份额都不对另一方的婚前合同债务负责。第 090 条规定,如果夫妻一方没有为另一方提供充足的支持,其他第三人出于好意为被忽略的一方(the neglected spouse)提供了必要帮助,该第三人基于此向没有履行扶助义务的一方(the neglecting spouse)请求补偿。没有履行扶助义务的一方的个人财产需要为该补偿负责,如果夫妻共有财产无法满足该补偿之债的清偿。④

《爱达荷州法》(Idaho Statutes)家庭关系部分,第 32—906 条(1)款规定,除上述规定的夫妻个人财产外,所有其他婚后夫妻任一方获得的财产都是共同财产。无论是个人财产还是共同财产的孳息,包括租金、债券和利润,都是共同财产,除非在获得孳息的时候约定,或者夫妻双方书面约定,所有财产或指定的财产,和来自所有或指定的财产的收入(租金、债券、利润),属于夫妻一方单独所有;或者约定所有夫妻一方的个人财产或指定的个人财产的孳息(租金、债券、利润)属于该方单独所有。这些个人财产由作为所有人的夫妻一方管理,并且不为夫妻另一方的债务负责。第 32—910 条规定,丈夫的个人财产不对妻子婚前的合同债务负责。第 32—911 条规定,妻子的个人财产不对丈夫的债务负责,但是对妻子自己

---

① *Family Code*,s.910,s.911,California,US.
② *Family Code*,s.3.201,s.3.202,Texas,US.
③ *Family Code*,s.3.102,Texas,US.
④ *Nevada Revised Statutes*,Chapter 123.050,090,Nevada,US.

的婚前和婚后的合同债务(her own debts contracted before or after marriage)负责。第32—912条规定,夫或妻都有权管理、控制共同财产,任一方都有权订立使共同财产担负义务的合同(bind the community property by contract),但夫妻任一方都不能单独出售、转让共同的不动产或给共同的不动产设定负担,除非夫妻另一方加入买卖合同,加入出售、转让、设定负担所需的法律文件。未经夫妻另一方书面同意的情况下,就夫妻一方作出的使共同财产负担的义务,未同意方的个人财产不对该义务负责;但是,夫或妻可以明确授予对方出售、转让、设定负担的权力,无论是动产还是不动产。所有依照本规定制定的涉及转让的法律文件、转让证书、买卖合同或债务的证明都有效(All deeds, conveyances, bills of sale, or evidences of debt heretofore made in conformity herewith are hereby validated)。①

《俄勒冈州法》第108.040条规定:(1)家庭的支出和未成年子女的教育费用由夫妻双方的财产负责清偿,无论夫妻双方均是该未成年子女的父母,还是只有其中一方是该未成年子女的父母;并且在与此相关的诉讼中,父母双方可以被共同起诉或单独起诉。本款所规定的家庭支出只包括为了家庭成员的利益而负担的债务,家庭的含义是夫妻以及该对夫妻的未成年子女。(2)虽然有上述第(1)款的规定,在夫妻一方与另一方分居(separation)后,一方便不再为另一方的合同债务负责,除非是为了夫妻的未成年子女的抚养、照顾、教育。(3)为了上述第(2)款的目的,夫妻双方应当被认为是分居状态,如果夫妻双方已经住在不同的地方并且在债务发生的时候没有重归于好的打算。法院可以考虑下列因素以及其他相关因素以判断夫妻是否处于分居状态:夫妻双方是否接下来会和好,夫妻双方分居与和好的次数,夫妻分居的时间长短,夫妻双方是否有和好的打算,夫妻双方是否已经提出分居或离婚申请。(4)根据本条提起的诉讼应在法律另有规定的期限内开始。②

《路易斯安那民法典》(Louisiana Civil Code)第2345条规定,共同财产制存续期间夫妻个人债务或共同债务由共同财产和负担债务的一方的个人财产清偿。③

《亚利桑那州法》(Arizona Revised Statutes)第25-215条规定了夫妻共同财产和个人财产需承担的债务责任(liability)。其第A款规定,夫妻一方的个人财产不对另一方的个人债务或个人的其他义务(obligations)负责,除非个人财产的所有者同意。第B款规定,夫妻共同财产对一方在1973年9月1日后的婚前个人债务或其他责任(liabilities)负责,但仅限于该方对共同财产的贡献的价值,即如果该方是单身的情况下,将成为该方个人财产的部分。第C款规定,夫妻共同财产对夫妻一方在婚姻存续期间在本州以外的地方负担的债务负责,如果该债务在本州负担将会是夫妻共同债务的情况下。第D款规定,除了第25-214条禁止的情形外,夫妻任一方都可以为夫妻共同的利益缔结债务合同。为了夫妻共同利益而承担的债务或其他义务,夫妻双方应当被同时起诉,并且该债务或其他义务应当首先由共同财产清偿,其次由缔结合同的当事方的个人财产清偿。④

---

① *Idaho Statutes*, Title 32, Chapter 9, s.32-906, 32-910, 32-911, 32-912.
② *Oregon Revised Statutes*, s.108.040.
③ *Louisiana Civil Code*, Art. 2345. 中译本参见《路易斯安那民法典》,娄爱华译,厦门大学出版社2010年版,第259页。
④ *Arizona Revised Statutes*, s.25-215.

《蒙大拿州法》(Montana Code Annotated 2021)第40-2-106条规定了夫妻的行为或负担的债务的责任承担。其第1款规定,夫或妻仅基于夫妻的身份,不对另一方的行为负责,也不对另一方负担的债务负责,除非是为了家庭必需品的支出和子女教育的支出,并且责任财产范围是夫妻双方的全部财产,包括个人所有的和双方共有的,因此类债务涉及的诉讼,夫妻可被共同或单独起诉。[1]

《新墨西哥州法》(Current New Mexico Statutes Annotated 1978)第40-3-9条给夫妻个人债务和共同债务下了定义。个人债务的定义为:婚前或离婚法令(decree)生效后因合同或其他原因负担的债务;依据第40-4-3条(不离婚情况下分割财产、分配子女抚养权、分配赡养费)的法令生效后负担的债务,除非法令有其他规定;法院判决或其他法令认定的属于夫妻一方个人债务的债务;婚姻存续期间因合同而负担的债务,在债务合同成立时负债的配偶与债权人书面约定该债务为个人债务;婚前或离婚法令生效后一方因侵权产生的债务,或者在婚姻存续期间一方单独实施的侵权行为而负担的债务;被法院依据第40-3-10.1条宣布为不合理的债务(依据第40-3-10.1条,法院在判决离婚的最终法令中,可以宣布一项债务为不合理的,如果该债务是一方在分居期间负担的,并且该债务没有对夫妻双方或他们的家属有好处)。共同债务的定义为:除上述规定的个人债务外,夫妻任一方或双方在婚姻期间基于合同或其他原因负担的债务。《新墨西哥州法》对共同债务的清偿也作了特别规定。该法第40-3-11条第A款规定,共同债务应当先由全部共同财产和全部夫妻共有的财产清偿,但是夫妻住宅除外;当上述财产不足以清偿夫妻共同债务时,夫妻住宅应当被用来清偿债务,但本条第B款或第42-10-9条规定的情况除外。当上述财产仍未能全部清偿债务,负担该债务的一方的个人财产应当清偿债务。如果夫妻双方同时负担了该债务,那么夫妻双方的个人财产都要用于清偿债务。第B款规定,除非夫妻双方在结婚后负担债务或其他义务时共同签字(join in writing),一项判决或其他因婚后债务而产生的对夫妻一方或夫妻双方的程序不能在非负债方(the nonjoining spouse)的婚姻住宅的份额上设定担保物权(lien)或其他可以强制执行的权利,无论婚姻住宅是夫妻共同财产还是由夫妻共同共有(joint tenants)或按份共有(tenants in common)。第C款规定,本条规定的夫妻共同债务偿还的优先或例外必须要夫妻任一方依照第42-10-13条(该条规定当事人想要获得豁免,需要在法院提出豁免申请)规定的程序申明,否则这些优先权或例外将在夫妻一方和债权人之间视为放弃(waived)。第D款规定,本条仅适用于夫妻双方都在世,不适用于夫妻一方或双方去世后的债务清偿。[2]

《密苏里州法》(Revised Statutes of Missouri)第451.270条规定,夫妻一方的财产,除了从另一方获得的财产外,不对另一方婚前基于合同或其他原因引发的债务或其他义务负责。[3]

《俄勒冈州法》(Oregon Revised Statutes)第108.020条规定,夫妻一方不对另一方的婚前的债务或其他责任负责。除第108.040条规定外,夫妻一方不对另一方的个人债务负责;

---

[1] *Montana Code Annotated* 2021,s. 40-2-105.
[2] *Current New Mexico Statutes Annotated* 1978,s 40-3-9,40-3-11.
[3] *Revised Statutes of Missouri*,s.451.270.

一方所拥有的财产的租金或其他收益不对另一方的个人债务负责。[1]

《美国统一婚姻财产法》(Uniform Marital Property Act)第8条规定了夫妻债务(Obligations of Spouses),其第(a)款规定,夫妻一方在婚姻存续期间负担的债务,包括婚姻存续期间因某个行为或疏忽而负担的债务,被推定为为了婚姻的利益或家庭的利益而负担的债务。第(b)款规定,在本法生效后(after the determination date):夫妻一方为了履行对另一方的扶助义务或者对子女的抚养义务而负担的债务由全部婚姻财产(marital property)和负有义务一方除婚姻财产外的全部财产清偿;夫妻一方为了婚姻或家庭利益而负担的债务由全部婚姻财产和该方全部除婚姻财产外的财产清偿;夫妻一方婚前负担的债务或婚姻关系存续期间负担的基于婚前的行为、失误等的债务,由该方除婚姻财产以外的财产、婚姻财产中原本由该方单独所有的财产清偿;夫妻一方婚姻期间负担的债务,包括婚姻关系存续期间因作为或不作为产生的债务,只能先由夫妻一方除婚姻财产以外的个人财产清偿,再由该方在婚姻财产中的份额清偿。第(c)款规定,本法不改变夫妻和他们的债权人的关系,包括本法生效后已存在的财产和债务。第(d)款规定,债权人书面签订的同意减损自身依照本条规定享有的权利的条款,对该债权人有效。第(e)款规定,婚姻财产协议中的条款不能有害于债权人的利益,除非债权人在成立债权之时明知协议中的相关条款。本款规定的效力不能被婚姻财产协议改变。第(f)款规定,本法不影响其他法律所规定的夫妻财产的例外豁免(exemption)。[2]

2. 加拿大相关立法

《魁北克民法典》第397条规定,夫妻一方为了家庭的需要订立的合同,对另一方同样有拘束力,如果他们没有分居。然而,夫妻中的非合同缔约方不对债务负责,如果该方提前通知缔约的他方配偶其不愿受合同拘束。法定财产制(《魁北克民法典》中的夫妻法定财产制是收入合伙制)下,第464条规定,夫妻双方各自用他们的私人财产和收入为他们在婚前或婚姻关系存续期间负担的债务负责。在收入合伙制存续期间,夫妻一方无须为另一方的债务负责,但符合第397条、第398条的除外。[3]

《安大略省家庭法》(Family Law Act)第45条规定:(1)在同居期间(cohabitation),夫妻一方有权使自己和配偶共同或分别对第三人负担生活必需(necessities of life)的债务,除非夫妻一方已经通知第三人他或她退出这一权利。(2)如果一个人有权对未成年人请求偿还该未成年人因其生活必需而负担的债务,该未成年人的任意一方父母,只要该方父母有义务抚养该未成年人,就应当为该债务负责。(3)基于本条法律规定而负担债务的人,他们相互之间的义务依照互相扶助义务加以分配。[4]

3. 欧洲国家的相关立法

《欧洲家庭财产法原则》第4:21条、第4:22条,集中规定了夫妻债务的性质和责任财产

---

[1] *Oregon Revised Statutes*, s. 108.020.
[2] *Uniform Marital Property Act*, §8.
[3] *Civil Code of Québec*, s. 397,464, Québec, Canada. 中译本参见《魁北克民法典》,孙建江、郭站红、朱亚芬译,中国人民大学出版社2005年版,第50、59页。
[4] *Family Law Act*, s.45. 需要注意的是,该法所规定的同居既包括已结婚的夫妻同居也包括未婚同居。

范围。第4:21条规定:"夫妻一方负担的债务是该方的个人债务。"第4:22条规定:"个人债务由该方的个人财产和配偶的婚后所得清偿。"①

《意大利民法典》规定的夫妻法定共有财产制下,第186条规定了共有财产应当承担的义务有:取得该财产之时设立的一切负担和费用,全部的管理费用,维持家庭生活的费用、养育子女的费用以及夫妻双方为家庭利益共同或分别承担的债务,任何一项由夫妻双方共同承担的债务。②

《西班牙民法典》第4卷债与合同第四章配偶共同财产制下,第三节专门规定了共同财产的责任和义务,第1362条规定共同财产用于以下用途:家庭的维持,共同子女的抚养和教育,按照家庭消费习惯和实际情形支出的赡养费;配偶一方子女,与配偶共同生活的,应使用共同财产对其进行抚养和教育。反之,使用共同财产的部分,应在配偶共同财产关系破裂时予以赔偿;共同财产的取得、占有和使用;配偶一方独有财产的日常管理;配偶一方经营、职业、手艺或职位的常规进行。第1365条规定,因下列原因,由配偶一方与债权人缔结的债务应从配偶共同财产中偿还:(1)与家庭支配权以及配偶共同财产的管理和支配相关的行为,适用法律或本法典相应章节的规定。(2)与其职业、手艺、职位相关的日常行为,以及对其财产进行的日常管理。但配偶一方为商人的,适用商法典的规定。③

《葡萄牙民法典》第1691条规定了由夫妻双方负责的债务,其第1款规定下列债务由夫妻双方负责:结婚前后,夫妻双方或一方经他方同意而设定之债务;结婚前后,夫妻任一方为家庭生活之正常负担而设定之债务;婚姻关系存续期内,夫妻中管理财产之一方在其管理权力范围内为夫妻共同利益而设定之债务;夫妻任一方在从事商业活动中所设定之债务,但证明有关债务非为夫妻共同利益而设定,或夫妻间采用分别财产制者除外;按照第1693条第2款之规定而视为共同负责之债务。其第2款规定,属一般共同财产制者,夫妻任一方在结婚前为夫妻共同利益而设定之债务,亦属共同负责之债务。第3款规定,不推定债务系为夫妻共同利益而设定,但法律另有规定者除外。第1693条第2款规定,如因所采用之财产制度而导致赠与、继承或遗赠之财产归入共同财产,则有关债务须由夫妻共同负责,但接受之人之配偶仍有权以该等财产之价值不足以应付有关负担为依据,而对债务之履行提出争议。第1694条规定,附于共同财产上之债务,不论在财产成为共同财产之前或之后到期,均须由夫妻双方共同负责。附于夫妻之一方之个人财产上之债务,由其独自负责,但该等债务系因取得有关财产之收益而生,且按照所适用之财产制度该等等收益系视为共同财产者除外。第1695条规定,夫妻双方负责之债务,由夫妻共有财产承担,共有财产不足时,由夫妻任一方之个人财产承担;属分别财产制者,夫妻之责任非为连带责任。第1697条规定,夫妻双方负责之债务,如已单由其中一方之财产支付,该方就其已清偿而超出其应清偿之部分成为他方之债权人,但该债权仅在夫妻财产分割时方可要求,但分别财产制除外;仅由夫妻之一方独自负责之债务而以共同财产支付时,分割时共同财产享有对相

---

① *Principles of European Family Law Regarding Property Relations between Spouses*, Principle 4:21,4:22, Europe.
② 《意大利民法典》,费安玲等译,中国政法大学出版社2004年版,第55页。
③ 《西班牙民法典》,潘灯、马琴译,中国政法大学出版社2013年版,第350~351页。

关款项之债权。①《葡萄牙民法典》规定夫妻债务的承担时,考虑到了不同的夫妻财产制,并据此适用不同的法律规则。

《瑞士民法典》在夫妻共有财产制下(Gütergemeinschaft)第 233 条规定了夫妻共同债务,夫妻任何一方以其自有财产和共有财产对以下债务承担清偿义务:在家事代理和管理共同财产的权利范围内产生的债务;如将共有财产投入职业或经营企业的,或该职业、企业的收入归入共有财产的,因该职业或企业产生的债务;夫妻另一方也应承担清偿义务的债务;夫妻双方与第三人约定以共有财产清偿的债务。②

《法国民法典》在夫妻共同财产制下第 1409 条规定,下列各项构成共同财产的负债:依据第 220 条之规定,为维持家庭日常开支与子女教育费用的支出,夫妻双方应当负担的生活费用以及缔结的债务,属于永久性负债;在共同财产制期间产生的其他债务,视情况,属永久性共同债务,或者应当给予补偿。③

《俄罗斯联邦家庭法典》在夫妻的权利和义务一编,单独规定了一章"夫妻对债务的责任"。其第 45 条规定,对于夫妻一方的债务只能追索该一方的财产。在该财产不足时,债权人为追索债务有权请求分出作为债务人的夫妻一方在分割夫妻共同财产时应分给该债权人的份额。对于夫妻共同债务追索夫妻共同财产,对于夫妻一方的债务,如果法院确定,夫妻一方的债务全部用于家庭需要,也追索夫妻共同财产。当该财产不足时,夫妻以其各自的财产对上述债务负连带责任。④

《德国民法典》在"婚姻的一般效果"下第 1357 条第 1 款规定,夫妻任一方有权在具有也有利于配偶另一方的效力的情况下,从事旨在适当满足家庭生活需要的行为。配偶双方因此种行为而享有权利和担负义务,但由情事产生另外的结果的除外。如果夫妻双方约定实施财产共同制,由配偶一方管理共同财产的情况下,第 1437 条规定,管理共同财产的配偶一方的债权人可以请求就共同财产受清偿,并且,以由第 1438 条至第 1440 条不产生另外的结果为限,配偶另一方的债权人也可以请求就共同财产受清偿(共同财产债务)。管理共同财产的配偶一方,对属于共同财产债务的配偶另一方的债务,也亲自作为连带债务人负责人。在配偶双方的相互关系中,债务由配偶另一方负担的,前句所规定的责任在财产共同制终止时消灭。第 1438 条第 1 款规定,对因在财产共同制存续期间实施的法律行为而发生的债务,仅在管理共同财产的配偶一方实施该法律行为或同意它,或该法律行为不经其同意也为共同财产的利益而有效力时,共同财产始负责任。⑤

《德国民法典》在夫妻财产制以外的婚姻的一般效力中规定了有利于债务人的所有权推定规则。其第 1362 条规定:(1)为配偶中的一方的债权人的利益,推定正在被配偶一方或配偶双方占有的动产属于债务人。配偶双方分居,且动产正在被非债务人的配偶一方占有的,不适用这一推定。无记名证券和附空白背书的指定证券,与动产相同。(2)就专为配偶一方个人使用而被指定的物而言,推定在配偶双方的相互关系中或在与债权人的关系中,

---

① 《葡萄牙民法典》,唐晓晴等译,北京大学出版社 2009 年版,第 299~300 页。
② 《瑞士民法典》,于海涌、赵希璇译,法律出版社 2016 年版,第 81 页。
③ 《法国民法典》(下册),罗结珍译,法律出版社 2005 年版,第 1138 页。
④ 中国法学会婚姻法学研究会编:《外国婚姻家庭法汇编》,群众出版社 2000 年版,第 480 页。
⑤ 《德国民法典》,陈卫佐译注,法律出版社 2020 年版,第 508、527、528 页。

这些物属于它们为其使用而被指定的配偶一方。① 该法典第1362条规定了两类所有权推定：(1)为夫或妻之债权人的利益，可以推定配偶一方或双方占有的动产属于债务人，即在程序中被要求承担债务的配偶一方。配偶一方的债权人在另一方所属之物上设置担保的，该另一方配偶必须对第1362条第1款规定的推定提出异议，并证明自己的所有权。该方配偶只要提出所有权的取得证明即可，对于之后的所有权存续无须举证。此种推定不适用于配偶之间的关系。(2)专供配偶一方个人使用的动产，在双方的互相关系以及和债务人的关系中，推定属于专用一方。该项推定同样适用于分居者，而无须考虑占有状态。②

4. 南美洲的相关立法

《智利民法典》在第一编"夫妻间的义务和权利"第137条规定，采夫妻共同财产制结婚的妇女实施的行为和合同，仅就其依第150条、第166条、第167条而管理的财产对其有约束力。尽管如此，赊购的动产当然用于家庭日常消费的，该买卖就夫的财产以及夫妻共同财产而对夫有约束力；该买卖亦在妻从该行为中获得的特定利益的范围内对其自有财产有约束力，此种利益包括家庭利益中妻依法应提供必需品的部分。在法定财产制下（夫妻共同财产制），第1740条第1款规定，共同财产有义务清偿：(1)所有由共同财产负担的，或由夫妻一方负担且在共同财产存续期间到期的定期金和利息。(2)丈夫在婚姻存续期间缔结的，或者妻子征得丈夫的同意或法官替代性同意缔结的债务和义务，而它们不是丈夫或妻子的个人债务和义务，如并非为前婚子女的成家立业缔结的债务和义务。因此，共同财产对丈夫为设定的保证、抵押或质押垫付的有关费用，在同一限制条件下有义务偿付。(3)夫妻任何一方的个人债务，但作为债务人的一方应赔偿共同财产为偿付此等债务所为的支出。(4)共同财产或夫妻一方财产的全部用益负担和用益修缮。(5)夫妻双方的生活费用，共同直系卑血亲的生活、教育及成家立业费用，所有其他的家庭负担。③

《秘鲁民法典》在夫妻所得共同制下，第316条规定了夫妻共同体的负担，即应当履行的义务，包括：供养家庭和教育共同的子女；配偶一方依法有义务向他人提供的扶养费；夫妻双方向共同子女赠与之物或允诺之物的价额；对配偶自有不动产所为的单纯保存或维护性的必要改良和修缮，以及影响此等不动产的赋税；夫妻共同体经配偶一方同意而决定对该配偶之自有财产实施的有益改良和奢乐性改良；对共同财产所为的改良和修缮，以及影响此等财产的赋税；不问其所属期间，凡是由配偶自有财产和夫妻共同财产所承受之债务产生的欠款或利息；由夫妻各方之自有财产的用益权人承受的负担；共同财产之管理所导致的费用。第317条规定了债务的责任财产范围，首先是共同财产，若没有共同财产或共同财产不足，夫妻双方的自有财产，应按比例对共同体负担的债务承担责任。④

《巴西民法典》在法定的夫妻部分共有财产制下，第1663条规定，夫妻任一方皆可管理共有的总括财产。在行使管理权时缔结的债务，应以共有财产、夫妻中承担管理的一方的个人财产以及他方的个人财产承担责任，但在最后一种情形，此等他方的责任以其获利额为限。第1664条规定，应以共有财产对夫或妻为了维持家用、支付管理费用和到期的法定

---

① 《德国民法典》，陈卫佐译注，法律出版社2020年版，第511页。
② ［德］迪特尔·施瓦布：《德国家庭法》，王葆莳译，法律出版社2022年版，第105页。
③ 《智利共和国民法典》，徐涤宇译，北京大学出版社2014年版，第22、276、277页。
④ 《秘鲁共和国新民法典》，徐涤宇译，北京大学出版社2017年版，第70页。

税负缔结的债务负责。①

5. 亚非地区的相关立法

《埃塞俄比亚民法典》在婚姻的财产效力一节中,第659条规定了夫妻一方负担的债务,第1款规定,配偶一方所负的债务可以由其个人财产和共同财产清偿。第2款规定,为了家庭的利益发生的债务视为由配偶双方承担连带责任,它可以由配偶各自的个人财产和共同财产清偿。第660条规定,下列债务视为为家庭利益发生的债务:为保持配偶或其子女的生活发生的债务,为了履行配偶双方或一方的生活保持义务产生的债务,其他由家事仲裁人根据配偶一方或债权人的请求确认为具有此等性质的债务。②

我国台湾地区"民法"在约定财产制之一的共同财产制下,第1034条规定,夫或妻结婚前或婚姻关系存续中所负之债务,应由共同财产,并各就其特有财产负清偿责任。

《泰王国民商法典》第1488条规定,一旦妻子或者丈夫承担婚前或者婚姻关系存续期间设立的个人履行一项义务的责任,则这种履行必须用夫妻一方的财产首先履行;如果这种义务未完全履行则剩余部分将用夫妻共同所有的财产履行。第1489条规定,一旦夫妻双方共同举债,则用双方夫妻共同所有的财产和夫妻一方的财产偿还债务。③

《菲律宾民法典》第161条规定,夫妻合伙(the Conjugal Partnership)财产应承担下列开支:(1)丈夫为夫妻合伙利益缔结的所有债务和责任,以及妻子在她可以合法约束夫妻合伙的情形为同一目的缔结的债务和责任。(2)婚姻期间构成任一方配偶的财产或夫妻合伙财产之负担的到期欠账或收益债务。(3)婚姻期间对丈夫或妻子的分别财产的小修(minor repairs)或者纯为保存目的(preservation)的修缮,大修不应由夫妻合伙财产负担。(4)对夫妻合伙财产的大修或小修。(5)家庭维持费用和夫妻共同的子女的教育费用,以及配偶一方的正统子女的教育费用。(6)使配偶能够完成职业课程、业务课程或其他课程的费用。第162条规定,为确保夫妻共同的子女有一个好的未来或完成一项事业,丈夫或者经共同协议配偶双方赠与或允诺给该子女一定款项的,此等款项应由夫妻合伙财产负担,但以夫妻没有约定全部或部分此等款项以配偶一方的财产负担为限。第163条规定,丈夫或妻子在婚前缔结的债务之偿付不应由夫妻合伙财产负担。课加于他们的罚款和金钱赔偿也不应由夫妻合伙财产负担。但是,受如上约束的配偶没有专有财产或者其专有财产不足偿付他或她在婚前缔结的债务、课加于他们的罚款和赔偿金的,在夫妻合伙财产满足了第161条列举的责任后,可以强制执行夫妻合伙财产;但在夫妻合伙清算时,此等配偶应承担夫妻合伙财产为如上规定的目的偿付的债务。④

《韩国民法典》第832条规定,因日常家庭生活需要(normal home affairs),夫妻一方与第三人实施法律行为(a juristic act),夫妻双方应当共同(jointly and severally)为该法律行为带来的义务负责;除非已提前告知第三人夫妻另一方不承担责任。第833条规定,夫妻共同生活(communal life)的必需费用应当由夫妻双方共同负责(jointly and severally borne),

---

① 《巴西新民法典》,齐云译,徐国栋审校,中国法制出版社2009年版,第261~262页。
② 《埃塞俄比亚民法典》,薛军译,厦门大学出版社2013年版,第96~97页。
③ 《泰王国民商法典》,米良译,社会科学文献出版社2018年版,第212页。
④ 《菲律宾民法典》,蒋军洲译,厦门大学出版社2011年版,第28~29页。

除非夫妻之间有特殊约定。①

《澳门民法典》专门设立了"夫妻之债务"一节。该法典第 1558 条规定:(1)下列债务由夫妻双方负责:a)结婚前后,夫妻双方或一方经他方同意而设定之债务;b)结婚前后,夫妻任一方为家庭生活之正常负担而设定之债务;c)婚姻关系存续期内,夫妻中管理财产之一方在其管理权力范围内为夫妻共同利益而设定之债务;d)夫妻任一方在从事商业活动中所设定之债务,但证明有关债务非为夫妻共同利益而设定,或夫妻间采用分别财产制或取得财产分享制者除外;e)按照第 1560 条第 2 款之规定而视为共同负责之债务。(2)属一般共同财产制者,夫妻任一方在结婚前为夫妻共同利益而设定之债务,亦属共同负责之债务。(3)不推定债务系为夫妻共同利益而设定,但法律另有规定者除外。第 1559 条规定:下列债务由夫妻中相关之一方独自负责:a)夫妻任一方在未经他方同意下,于结婚前后设定之不属上条第 1 款第 b 项及第 c 项所指之债务;b)因犯罪而产生之债务及因可归责于夫妻中任一方之事实而须承担之损害赔偿、须接受之处罚、应作出之返还或应支付之诉讼费用或罚金,但有关事实仅涉及民事责任,且属上条第 1 款或第 2 款所规定之范围者除外;c)按第 1561 条第 2 款之规定属非共同负责之债务。第 1560 条规定:(1)夫妻之一方接受赠与、遗产或遗赠,即须独自对附于赠与、遗产或遗赠上之债务负责,即使系经他方同意而接受者亦然。(2)然而,如因所采用之财产制度而导致赠与、继承或遗赠之财产归入共同财产,则有关债务须由夫妻共同负责,但接受之人之配偶仍有权以该等财产之价值不足以应付有关负担为依据,而对债务之履行提出争议。第 1561 条规定:(1)附于共同财产上之债务,不论在财产成为共同财产之前或之后到期,均须由夫妻双方共同负责。(2)附于夫妻之一方之个人财产上之债务,由其独自负责,但该等债务系因取得有关财产之收益而生,且按照所适用之财产制度该等收益系视为共同财产者除外。第 1562 条规定:夫妻双方负责之债务,由下列财产承担:a)属取得财产分享制者,由夫妻各自之个人财产共同承担,如一方无个人财产或该财产不足,则以他方之财产补充承担;b)属分别财产制者,由夫妻各自之个人财产共同承担;c)属共同财产制者,由夫妻之共同财产承担,如无共同财产或该财产不足,则以任一方之个人财产连带承担。第 1563 条规定,属共同财产制者,共同财产先用以支付夫妻共同负责之债务,继而支付其他债务。第 1564 条规定:(1)对于由夫妻之一方独自负责之债务,须以该负债一方之个人财产承担,如采用共同财产制,则亦须以该一方在共同财产中所占之半数补充承担。(2)然而,负债一方之劳动收入及著作权,须与其个人财产同时用以承担债务。(3)因负债一方无个人财产及上款所指共同财产,又或该等财产不足,以致共同财产中之财产被指定查封,即须传唤非负债之一方以便其按诉讼法之规定声请作出法院裁判之分产,而在不作声请时该等被查封之财产即被执行。(4)如按上款之规定宣告分产,则非负债之一方得在债务获清偿后六个月内,向法院声请重新采用原有之财产制度。第 1565 条规定:(1)夫妻双方负责之债务,如已单由其中一方之财产支付,则该方即成为共同财产之债权人,债权额为债务之总额;无共同财产或共同财产不足时,该方就其已清偿而超出其应清偿之部分成为他方之债权人。(2)为收取上款所指之债权,夫妻中拥有债权之一方等同于

---

① 《韩国民法典》英文文本参见:https://elaw.klri.re.kr/eng_service/lawView.do? hseq=29453&lang=ENG。

一般债权人。(3)仅由夫妻之一方独自负责之债务而以共同财产支付时,负债一方须向他方负责,以其个人财产将已由共同财产支付之债务金额偿还予共同财产;如负债一方无个人财产或该财产不足,则非负债一方就负债一方未偿还之债务金额成为共同财产之债权人。(4)然而,上款最后部分所指之债权仅在停止采用有关财产制度时方可要求清偿,但以上条第 2 款所指之财产偿还之债权部分除外。(5)仅由夫妻之一方独自负责之债务而以他方之个人财产支付时,非负债一方成为负债一方之债权人,债权额为前者所偿还之债务金额。(6)为收取第三款最后部分及上款所指之债权,夫妻中拥有债权之一方等同于负债一方个人之债权人。①

(二)以责任财产为核心构建夫妻共同债务的优势

夫妻债务的类型化,实则属于一项复杂、琐碎的工程。② 但债务的责任财产是债务最终得以清偿的落实之处。财产执行的标的,简言之,就是被执行人的责任财产。而执行标的,就是法院强制执行行为所指向的对象,以实现债权人债权。③

比较法上存在大量以责任财产为核心的夫妻债务立法。构建夫妻共同债务的概念,以责任财产为核心,进一步将责任财产划分为:夫妻共有(或准共有)的财产、夫妻一方个人单独所有的财产。再依据夫妻共同债务中"共同"二字,将只由夫妻一方个人财产清偿的债务排除出夫妻共同债务的概念范畴。最后,依据责任财产的范围,夫妻共同债务可划分为:只由夫妻共有或准共有财产清偿的债务、由夫妻共有或准共有财产和夫妻某一方的个人财产清偿的债务、由夫妻共有或准共有财产和夫妻双方个人财产清偿的债务。这一概念将涵盖所有夫妻共同债务类型,并能够为实践提供指引。

责任财产是债务人用以满足债权人债权的财产,具有外部属性。责任财产范围明确指向债务人以外的债权人所能够享有的权利,能够凸显夫妻共同债务的特征,即夫妻共同对外承担债务。借此,可以区分夫妻内部相互间的债务关系和夫妻共同债务。在"单洪远、刘春林诉胡秀花、单良、单译贤法定继承纠纷案"中,法院认为,在处理涉及夫妻内部财产关系的纠纷时,不能简单依据该规定将夫或妻一方的对外债务认定为夫妻共同债务,其他人民法院依据该规定作出的关于夫妻对外债务纠纷的生效裁判,也不能当然地作为处理夫妻内部财产纠纷的判决依据,主张夫或妻一方的对外债务属于夫妻共同债务的当事人仍负有证明该项债务确为夫妻共同债务的举证责任。④ 可见在司法实务中,区分夫妻共同债务和夫妻内部债务具有重要意义。夫妻共同债务的外部属性通过责任财产能够充分得以展现。

通过现行立法对夫妻共同债务的类型化,或者通过多数人之债的各类型解释夫妻共债,或者根据债务的产生原因对夫妻共债进行分类,均会使夫妻共同债务的概念碎片化。

---

① 《澳门民法典》,https://bo.io.gov.mo/bo/i/99/31/codcivcn/codciv0001.asp#s2a1557,最后访问日期:2022 年 9 月 29 日。
② 申晨:《夫妻债务类型的重构:基于有限责任的引入》,载《清华法学》2019 年第 5 期。
③ 江必新主编:《强制执行法理论与实务》,中国法制出版社 2014 年版,第 119~120 页。
④ 单洪远、刘春林诉胡秀花、单良、单译贤法定继承纠纷案,载《最高人民法院公报》2006 年第 5 期。

若以责任财产的清偿为中心,在整体上为夫妻共债下定义,那么夫妻共债的概念内涵将更加具有整体一致性。令人欣喜的是,2025年2月1日施行的《婚姻家庭编解释二》第3条对夫妻共同债务的责任财产给予了重视。对于有限连带型夫妻共同债务,若夫妻双方离婚时,将共同财产大部分或全部分配给承担部分连带责任的夫妻一方,则应承担无限连带责任的夫妻一方可能因缺少充足责任财产,使债权人难以及时获得清偿。此时,新司法解释明确债权人有权行使撤销权,撤销离婚财产分割协议中相关条款。该条解释旨在维持夫妻共同债务责任财产的稳定性,表明在学界对夫妻共同债务进行数年研究之后,最高人民法院已发觉夫妻共同债务的本质特征在于责任财产范围。此条解释为以责任财产范围重构夫妻共同债务的概念,提供了司法支持。

第四章 生育权的确认与保护

生育现象自古有之,生育的含义也因时代的变化、不同学科研究视角的差异而有所区别。当前,法学领域对生育的关注点集中于"生"的层面,即因受孕、怀孕、分娩而衍生的权利享有、义务履行、责任分配以及后果承担等法律问题的研究。由于原初的家庭关系和亲属关系的产生和发展需要以婚姻关系的缔结、子女的生育为前提,故本书将"生育权的确认与保护"一章置于"第三章 夫妻关系研究"后单独作一章,以更好实现本书内在逻辑体系的衔接。若无特别说明,本书仅就私法层面生育权的确认与保护展开探讨。

第一节
生育权的内涵阐释

一、生育权的概念界定

随着社会生产力水平的大幅度提高、社会保障体系的完善和医疗技术的进步,人们对生育事项的安排有了更大的自由度,生育也逐渐由义务演变成为权利。与前述生育的定义相对应,所谓生育权,是指对受孕、怀孕和分娩进行控制和支配的一系列权能的总和。

从域外立法例和国际文件的相关规定来看,生育权最早是作为一种基本人权得到认可和保护的。早在1968年第一次世界人权会议通过的《德黑兰宣言》中,夫妇的生育权就作为一项基本人权首次在联合国文件中得到承认。在之后通过的《世界人口行动计划》(1974年)、《消除对妇女一切形式歧视公约》(1979年)和《墨西哥宣言》(1984年)中又对上述生育权的基本人权内涵进行重申和发展,并将生育权的主体由"夫妇"扩展到"夫妇和个人"。直至1994年,生育权的概念才正式出现在开罗国际人口与发展会议通过的《行动纲领》中。其指出:"生育权……的基础在于承认所有夫妇和个人均享有自由、负责地决定生育次数、生育间隔和时间,并获得相应信息和方法的基本权利,以及获得最高标准性和生殖健康保障的权利。此外,每个人有权依据相关人权文件不受歧视、强迫和暴力地作出生育决定。"值得一提的是,尽管域外法和国际文件不断对生育权的内涵加以扩展,但其同样强调生育权行使的"责任"要素。例如,《意大利终止妊娠法》第1条就开宗明义地规定:"国家保证一切具有母爱和责任感的生育权。"由此,类似的"责任"要素后来被各种国际性文件和各国法律所广泛引用。

由于基本人权在权利内容上具有较大的弹性,故实务中出现的生育纠纷不宜通过基本人权意义上的生育权进行解决。各国往往基于人口形势、医疗水平、生育观念等因素的考量,在相应的部门法中对生育权的行使进行明确和限制。

在我国，根植于集体主义和家族主义的传统生育观念中鲜有追求生育自由的意识。自新中国成立以来，生育权的概念主要发轫于一系列公法当中，且多与计划生育的国策密切相关。1992年颁布的《妇女权益保障法》第47条（现为第51条）首次对妇女的生育权利进行确认，规定"妇女有按照国家有关规定生育子女的权利，也有不生育的自由"。2001年的《人口与计划生育法》则首次在立法层面明确"公民有生育的权利，也有依法实行计划生育的义务"。不同于其他国家只是在道德层面强调生育义务的履行，《人口与计划生育法》在法律层面规定公民有实行计划生育的义务，[1]并对公民义务的履行规定了相应的法律责任。值得一提的是，计划生育义务入法的目的绝不在于不合理地限制公民生育自由，而在于实现我国《宪法》中"人口的增长同经济和社会发展计划相适应"的目标，以更好地倡导和保障负责任的生育自由。

随着我国物质资源承载人口的能力增强，"生育权克减现象所依赖的社会条件渐趋式微"，我国计划生育政策逐渐放宽。在这个历史进程中，更大的生育自由度得以被市民生活自行掌控，生育问题遂在私法层面有了越来越大的探讨空间。在立法层面，尽管《民法典》鲜有直接关于生育权的规定，但其通过删除"计划生育义务条款"、将人格权的相关内容独立成编，为生育权的人格权地位证成提供了制度空间。而在司法实践中，无论是当事人对"生育权""优生优育选择权""生育方式选择权"的主张，还是法院对上述权利的确认和保护，都表明了市民生活对生育权的重视。

二、生育权的性质判定

有关生育权性质的主流学说观点可大致归为以下三类。

（一）宪法权利说

该说认为，生育权是一项宪法性权利，其法理依据主要有二。第一，生育权是由宪法保障的基本权利。无论是根据国际公约的有关规定，还是《宪法》在"第二章 公民的基本权利和义务"中有关"国家尊重和保障人权"的表述，都可推导出生育权在《宪法》中的基本权利地位，而"生育权的入宪也将对调整公民生育行为的整个法律体系产生影响，实现对生育权的更高层次、更全面、更深入的保护"。[2] 第二，宪法意义上的生育权可从人身自由权中派生出来。有学者主张通过将精神自由纳入人身自由权的保护范围，使相关权利主体得以自主决定生育或不生育。[3]

（二）身份权说

根据身份权说，生育权是指"在一定历史条件下公民基于合法婚姻而享有的决定是否

---

[1] 《人口与计划生育法》第17条规定，公民有生育的权利，也有依法实行计划生育的义务，夫妻双方在实行计划生育中负有共同的责任。

[2] 湛中乐、伏创宇：《生育权作为基本人权入宪之思考》，载《南京人口管理干部学院学报》2011年第2期。

[3] 韩祥波：《探寻"错误出生案"的请求权基础》，载《求索》2013年第11期。

生育子女以及如何生育子女的自由",且非婚生育违法。① 该说的局限性在于其未能区分生育权的享有与生育权的实现。不可否认,生育权在现行法和我国传统生育观念中主要是通过组成婚姻家庭的形式来实现,但这并不意味着生育权来源于一夫一妻制的家庭。从实践来看,身份权说既无法对越来越普遍的非婚生育现象进行回应,也无法解决夫妻之间的生育纠纷。若把生育权定位为身份权,则夫妻双方互为生育的权利义务主体,且不配合积极生育权行使的夫妻一方将构成侵权。这实际上是把夫妻一方不生育的选择权置于对方选择生育的权利的阴影之下,使生育权变成夫妻之间的一种生育义务。多数情况下女方毫无疑问会因此成为生育义务的主体,进而使多年来保障妇女生育自由的努力付诸东流。

(三)人格权说

人格权说认为,生育权源于自然人延续后代的本质需求,它是维持独立人格的基本要求,与婚姻并没有必然的联系。该说的学理依据主要如下:首先,生育权是民事主体所固有的权利。类似于生命权和健康权,生育权是人们基于自然法则和生物机能所天然享有的权利。其次,作为生育权客体的生育利益是人格利益而非身份利益。生育利益的实现关乎生育主体生活方式的选择和生命延续的希冀,这些都与人格权中行为自由、精神自由的应有之义密切关联。最后,生育权是维护主体独立人格所必备的权利。生育权本质上是以生育决定权为核心的一系列权能的总和,是否生育、如何生育等生育事项的生育自主选择对于生育主体独立人格意识的养成意义重大。以人格权说为基点,可知生育权作为绝对权,其行使须基于当事人的自愿,且不得违背公序良俗。②

(四)小结

生育权既是公法和社会法意义上的权利,也是民法意义上的人格权。对生育权性质的理解,应当根据权利语境的不同作具体分析。

在公法和社会法层面,生育权首先是作为基本人权的一部分而被国际文件和世界各国的宪法所接受,其意义主要有二。一是抵抗国家公权力对生育主体生育权的不恰当限制与剥夺,二是生育主体有要求国家给予生育保障的权利。值得一提的是,生育权本身并未被各国宪法明文规定。这就意味着,作为广义上宪法权利的生育权只是应然权利,生育权的保障还需要通过其他部门法来提供具体的制度保障。在我国,生育权的公法保护要早于生育权的私法保护体现在我国的立法当中。早在 1992 年,《妇女权益保障法》就在立法层面提出女性生育权的概念,通过规定"妇女有按照国家有关规定生育子女的权利,也有不生育的自由"为整体上处于弱势地位,且承担主要生育职能的妇女提供特殊保护。在此基础上,1994 年制定的《劳动法》进一步对生育女职工的特殊劳动保护和产假待遇予以明确。2001 年颁布的《人口与计划生育法》通过"公民有生育的权利,也有依法实行计划生育的义务"的立法表述,首次在公法层面上正式承认所有公民均享有生育权、国家有义务为公民生育权的更好实现提供保障措施的同时,也为与计划生育义务相关的人口调节政策提供正当性依据。随后颁布的《社会保险法》《劳动合同法》亦在生育保险待遇、生育女职工劳动合同权益

---

① 樊林:《生育权探析》,载《法学》2000 年第 9 期。
② 邢玉霞:《从民事权利的角度辨析生育权的性质》,载《东岳论丛》2012 年第 3 期。

保障等方面为女职工提供具体的制度保障。由此可见,公法和社会法层面的生育权在应然层面是基本人权,在实体权利层面则主要体现为生育决定权和生育保障权,且该项权利只能由生育权主体向国家主张。

在私法层面,随着《民法典》对人格权实现从消极保护到积极确权的转变,宜将生育权认定为人格权。首先,从立法趋势上看,生育权主体的"个人化"是趋势。在国际法律文件层面,由于生育权概念的提出肇始于妇女解放运动的开展,故国际上生育权主体的认定先后经历了从"妇女"、"父母"到"夫妻和个人"的转变。在我国,自1980年《婚姻法》始,计划生育义务和生育权的主体在立法层面则呈现出从"夫妻"、"妇女"到"公民"的变化趋势。其次,《民法典》第990条的开放性为生育权的人格权地位预留了制度空间。① 结合生育的自然属性可知,生育权作为生育个体与生俱来的自然权利,不以婚姻关系的存续为前提。尽管生育权的实现往往需要夫妻双方的配合,但是否生育、如何生育的选择本质上仍然需要由生育个体作出,且决定不生育的权利、怀孕阶段女性的生育权能往往因涉及更重要的人格利益而受到优先保护。例如,根据最高人民法院《民法典婚姻家庭编解释(一)》第23条(原最高人民法院《婚姻法解释三》第9条),②妊娠阶段的女性对生育进程享有最终的控制权,且这种控制权与其配偶的身份地位并无直接关联。最后,生育权的行使需要受到法律和公序良俗的制约,且这种制约随着经济社会的发展而有所变化。例如,在一定的历史时期,由于资源承载力有限、人口发展压力较大,我国私法领域生育权的行使在生育数量上曾受到严格控制。近年来,随着人口结构的快速转变、物质生活条件的极大改善,这种人口数量上的严格控制得以放宽,私法意义上的生育权也有了更为积极广阔的适用空间。由此可见,虽然生育权的行使是以生育主体所拥有的自然属性为基础,但却要以其社会属性为依归。

三、生育权的特性分析

(一)主体的平等性

基于生育权的人格权属性可知,生育权的主体具有平等性。由于男女两性生理结构的不同,生育权往往需要男女两性在平等协商的基础上达成生育合意方可实现。需要明确的是,生育主体的平等并不意味着所有生育主体享有完全一致的生育权能,生育主体的生育自主程度取决于其生育能力、承担的生育职能和其所在国对生育权的限制。例如,从国内外的实践动态来看,不具备完全民事行为能力的女性在生育权的行使上往往受到特殊保护和一定的限制,且其生育决定的效力也需要综合考虑个体的身体健康、个人作出生育决定

---

① 《民法典》第990条规定,人格权是民事主体享有的生命权、身体权、健康权、姓名权、名称权、肖像权、名誉权、荣誉权、隐私权等权利。
除前款规定的人格权外,自然人享有基于人身自由、人格尊严产生的其他人格权益。
② 最高人民法院《民法典婚姻家庭编解释(一)》第23条规定,夫以妻擅自中止妊娠侵犯其生育权为由请求损害赔偿的,人民法院不予支持;夫妻双方因是否生育发生纠纷,致使感情确已破裂,一方请求离婚的,人民法院经调解无效,应依照民法典第一千零七十九条第三款第五项的规定处理。

时的心智水平、公共利益、监护人的意见等因素后作出认定。再如,由于生育活动和生育风险主要由女性承担,且女性生育权的行使关乎其人格自由、生命权和健康权的保障,各国立法普遍更加注重对女性的生育自由进行特别保护。这在形式上似乎对男性有失公平,但却有助于实现男女生育权的实质平等。

(二)客体的历史性

生育权的客体是自然人所享有的生育利益。在个人层面,生育利益的外延不断扩展是趋势。一方面,医疗技术的进步,尤其是人工生育技术的运用为生育主体积极生育权的实现提供了更多的可能。无论是受到不孕不育疾病困扰的夫妇,还是单身女性,都有可能通过医疗技术的辅助实现其生育目的。而且,在鼓励生育的部分国家,生育主体还会因生育而享受到配套生育支持措施的保障和福利。另一方面,生育主体不生育的自由也得到了确认和特殊保护。在近代以前,受制于有限的物质生产水平,生育多是以一国国民义务的形式存在,女性的生育功能更是一度成为男性控制女性身体的工具。随着产业结构升级对劳动力需求的减少、性别平等运动的推进、婚育观念的转变,人们尤其是妇女得以在生育与否的问题上有更多元的选择。避孕、绝育、堕胎技术的发展,以及社会保障体系的完善,也使生育主体不生育的选择更具可行性。与个人生育利益的不断扩展形成对比的是,国家对个人生育利益的限制整体上呈现出缩小的趋势。以我国为例,为控制人口的快速增长,我国的计划生育政策一度以控制生育数量为重心。近年来,随着经济社会水平的发展,"提高公民的生殖健康水平"等有关优生优育的规定替代生育数量控制成为计划生育政策的核心内容。

(三)内容的公私混合性

如前所述,对生育权性质的理解应当从公法和私法的层面分别进行。以此为基础,生育权的内容亦呈现出公私混合性的特征,即生育主体的部分生育权能呈现出公法保护和私法保护的双重属性。以生殖健康权为例,在私法领域,其保护重心在于保障民事主体的生殖器官和生殖机能免受其他民事主体的非法侵害。在公法领域,对生殖健康的保护则主要体现在国家为公民提供的生殖健康保护服务当中。

四、生育权的主体确认

(一)男女两性均享有生育权

关于生育权的主体是否包括男性,理论界一度观点各异。有的学者基于生育权的概念系由女权主义者率先提出、女性在生育阶段享有天然的主动权、男性生育权立法较女性生育权立法更为薄弱和滞后等客观事实,认为生育权仅由女性所享有。[1] 甚至有学者认为只有怀孕的女性或妻子才享有生育权。[2] 诚然,没有女性生育权理论与实践的发展和成熟,男

---

[1] 周鸿燕:《论女性作为生育权的主体》,载《华南师范大学学报(社会科学版)》2003年第6期。
[2] 阳平、杜强强:《生育权之概念分析》,载《法律适用》2003年第10期。

性生育权的概念和相关制度难以被完整建构。但随着生育权的人格权性质逐渐明晰,应当在区分生育权享有和生育权实现的基础上确认男女两性均享有生育权。一方面,由《人口与计划生育法》第17条的表述可知,[1]享有生育权的公民不仅有女性,也有男性;不仅有成年人,也有未成年人;不仅有已婚夫妇,也有非婚男女。以此为基础,无论是公法领域还是私法领域,均要求男女两性的生育权基于平等理念而确立。另一方面,在现有的合法医疗技术水平下,男女两性均无法依靠单性的生育功能实现生育权,男女两性的生殖细胞均有不可替代性。需要明确的是,尽管男女两性都享有生育权,但这不意味着男女两性的生育权在权能上没有区别。由于生理结构的不同,女性在生育阶段需要承担更多的风险、痛苦和生育职能。这也意味着女性生育权相较于男性生育权在权利内容上更为丰富,且整体上优先于男性生育权得到保护。

(二)生育权并非以夫妻共同享有的形式存在

有学者曾指出,生育权由夫妻双方平等、共同享有,夫妻一方与婚外第三人的任何生育行为均构成对此等生育权的侵犯。其依据主要包括在夫妻这一利益共同体上只能存在"唯一的,并且相当完整的生育权",以及"在婚姻关系中只设定一个生育权可以与完整的生育行为相契合"。[2] 笔者认为,此观点本质上是生育权身份权说的延伸,因其将生育与婚姻相关联而不具有合理性和可行性。一方面,从国内法和国际文件的规定来看,生育权由"夫妇和个人""公民""妇女"享有是共识。由此可见,生育权是由个人享有的权利。另一方面,将生育权认定为夫妻共同享有,无益于夫妻双方生育权冲突的解决。尽管生育权的实现需要夫妻双方的配合,但生育与否的选择仍然出自作为个人的生育主体。若将生育权认定为身份权,则不愿意生育的一方将不得不承担一定程度的生育义务,有关妇女不生育自由的法律规定可能将形同虚设。此外,这种观点亦无法对国内外越发普遍的非婚生育现象进行合理解释。

(三)单身女性也享有生育权

本部分所探讨之"单身女性",是指正处在生育年龄(15~49周岁),但不处在法定婚姻关系中的女性群体。近年来,随着女性社会地位的提高、人工生育技术的发展、人口政策的放开和婚姻与生育关系的相对分离,单身女性生育权的相关诉求正得到社会各界越来越广泛的认同和支持。

笔者认为,以生育权人格权说为基础,应当在法治层面认可单身女性享有生育权,但单身女性生育权的实现应当受到何种程度的限制则应当秉持具体问题具体分析的立场。从司法实践来看,两类单身女性的生育权实现已得到判决意见中主流观点的承认。一是尚未进入法定婚姻关系,但已处于或曾经处在婚前同居关系的单身女性。对于此类单身女性,尽管部分判决书的观点认为单身女性就婚前怀孕的事实存在一定过错,但在过错程度的认

---

[1] 《人口与计划生育法》第17条规定,公民有生育的权利,也有依法实行计划生育的义务,夫妻双方在实行计划生育中负有共同的责任。

[2] 潘皞宇:《以生育权冲突理论为基础探寻夫妻间生育权的共有属性——兼评"婚姻法解释(三)"第九条》,载《法学评论》2012年第1期。

定上所有的判决意见一致判定男性同居伴侣至少应当承担主要过错责任。[①] 二是以人工生育方式实现生育权的丧偶单身女性。"因丧偶单身女性要求继续实现生育权引起的民事纠纷"是司法实践中出现频率最高的单身女性生育权民事纠纷,其产生或权利诉求或多或少源于单身女性对组建家庭或"传承香火"的美好希冀。现有的司法判决主要从依法保障生育权和有利于患者的伦理原则、人工生育医疗机构不应拘泥于既有的医疗服务合同中有关胚胎移植手术的内容已过世的丈夫无法术前签字这一形式、没有亲生父亲并不必然对孩子产生严重不利影响、丧偶单身女性在内涵上有别于人工生育立法中的"单身妇女"、单身女性对其冷冻胚胎享有处置权等角度论证此类单身女性生育权实现的正当性。[②] 在理论和实务中,争议最大的一类群体当数尚未进入法定婚姻关系,且打算以人工生育方式进行生育的单身女性。当前,除了《吉林省人口与计划生育条例》外,[③]并无其他的法律法规对此类单身女性生育权的实现予以明确保障。在人口政策逐渐放开的社会转型背景下,考虑到我国不同地区发展水平的差异仍然较大,应当在明确单身女性享有生育权的基础上,允许不同地区的立法在综合考量计划生育政策要求、医疗技术水平、区域伦理秩序对单身女性人工生育的接纳度、地区人口形势、社会福利保障水平等因素的基础上对此类单身女性生育权的实现予以规制。

五、生育权的主要权能

(一)生殖健康权

相较于公法意义上的生殖健康权,私法层面上生殖健康权的权利内容较为单一,主要指以维护自然人生殖器官健康、生殖功能正常发挥为内容的权利。在司法实务和理论探讨中,不同学者和法官对生殖器官受损情形下受到损害的权利定性存有分歧。观点一认为,所谓生殖健康权不过是身体健康权的组成部分,此类纠纷只需"将生育利益的丧失作为精神损害赔偿的酌情考虑因素"即可达到填补受害人损害的目的,在理论和立法上亦无单独

---

① 参见广东省广州市中级人民法院(2020)粤01民终13382号民事判决书,河南省洛阳高新技术产业开发区人民法院(2021)豫0391民初1703号民事判决书,广西壮族自治区南宁市江南区人民法院(2016)桂0105民初2386号民事判决书,浙江省长兴县人民法院(2020)浙0522民初2129号民事判决书,广东省清远市中级人民法院(2021)粤18民终5223号民事判决书,四川省成都市高新技术产业开发区人民法院(2020)川0191民初11866号民事判决书,广西壮族自治区贺州市八步区人民法院(2021)桂1102民初1165号民事判决书,广东省珠海市香洲区人民法院(2015)珠香法民一初字第1290号民事判决书。

② 参见江苏省无锡市梁溪区人民法院(2019)苏0213民初10672号民事判决书,浙江省舟山市定海区人民法院(2016)浙0902民初3598号民事判决书,浙江省温州市鹿城区人民法院(2019)浙0302民初4777号民事判决书,新疆维吾尔自治区乌鲁木齐市水磨沟区人民法院(2021)新0105民初6028号民事判决书,浙江省温州市瓯海区人民法院(2020)浙0304民初2066号民事判决书。

③ 《吉林省人口与计划生育条例》第29条规定,达到法定婚龄决定不再结婚并无子女的妇女,可以采取合法的医学辅助生育技术手段生育一个子女。

确认生育权概念的必要。① 观点二则认为,此类情形构成对生育权的侵犯。② 笔者更为认同观点二。其一,将生殖健康权纳入生育权的范畴在学理上具有可行性。结合《民法典》第1004条对健康权的界定可知,③生殖健康的维护既可以被纳入"身心健康"的范畴,也关乎生育自由的实现。其二,生殖健康权作为生育权的子概念已在国际文件和国内法中获得认可。在国际文件层面,自1994年联合国开罗国际人口与发展会议通过《行动纲领》始,"生殖健康"的概念得以在权利的层面上进行界定,并成为计划生育政策的中心。其中,妇女在是否受孕、是否继续妊娠上享有决定权是关乎其生殖健康权利实现的重要组成部分。以此为基础,《中华人民共和国人口与计划生育法》明确规定"保证公民的生殖健康权利"是我国计划生育技术服务的重要内容。由此可见,生殖健康权在正式文件中是一个与生育更为紧密关联的概念。其三,将生殖健康权界定为生育权有利于更好维护配偶的生育利益。如前所述,生育权的实现往往需要配偶双方的协力配合。这就意味着,当配偶一方的生殖健康受到损害时,另一方的生育利益也将因此受到损害。若将生殖健康权定义为健康权,则不利于保护生殖健康未受到损害之另一方配偶的生育利益。

(二)生育决定权

生育决定权是指生育主体有权就是否生育、生育时间、生育伙伴、生育数量、生育间隔、生育方式、出生方式等有关生育的事项依法作出决定和选择的权利。这里需要说明的有两点。

一是关于生育方式决定权的行使。随着医疗技术的进步,男女双方依法享有自主决定采用自然生育方式或利用人工辅助生殖技术生育子女的权利。在采用人工生育方式的情形下,应充分考虑社会转型背景下一国的伦理道德秩序和基本国情对新技术适用的接纳程度。例如,为了维护男女性别比例的均衡状态,多数国家的法律不允许对婴儿的性别进行选择。再如,基于道德、伦理等因素考虑,各国人工生育立法通常对"基因编辑婴儿"技术的运用持极其谨慎的态度。

二是在不违反公共利益的前提下,妇女不生育的自由受到特别保护,主要包括以下内容。一是避孕权,即妇女有权自主选择合法的避孕方式以达到暂时不生育的目的。二是绝育权,即妇女有权通过合法的绝育方式达到永远不生育的目的。三是堕胎权,即妊娠妇女有权在孕期自主决定终止妊娠,且这种不生育的决定权较配偶或伴侣的积极生育权优先。从主要国家的司法实践来看,在自然受孕或冷冻胚胎植入子宫前,无论是男性还是女性,其决定不生育的权利优先于另一方配偶或伴侣决定生育的权利受到保护;进入怀孕阶段后,由于生育职能主要由女性直接负担,且生育决定权的行使关乎女性对其身体的支配,故女性的生育决定权优先于男性的生育决定权受到保护。

---

① 朱晓喆、徐刚:《民法上生育权的表象与本质》,载《法学研究》2010年第5期。
② 李倩、张建文:《后民法典时代生育权的人格权地位证成》,载《重庆大学学报(社会科学版)》。知网上的网络首发时间为2021年9月29日。
③ 《民法典》第1004条规定,自然人享有健康权,自然人的身心健康受法律保护,任何组织或者个人不得侵害他人的健康权。

(三)生育知情权

生育知情权是生育主体实现生育意愿的重要前提,生育主体只有知悉与生育事项相关的信息,才有可能更为合理地作出生育决定。生育知情权主要包括两个方面的内容。一是向生育伙伴了解有关生育信息的权利。如生育伙伴是否有生育意愿、愿意采用什么生育方式、是否已经怀孕、如何分娩、计划的生育数量和生育年龄等。二是从卫生健康主管部门与卫生服务机构了解相关生育信息的权利。如生育主体有权向卫生健康主管部门咨询生育相关政策,有权从卫生服务机构和医疗机构享受了解避孕方法、是否受孕、孕期注意事项等计划生育服务。

第二节
自然生育情形下生育权行使的冲突和救济

如前所述,在自然生育情形下,积极生育权需要由男女两性的配合方可实现。由于现行法并未直接在私法层面对生育权的权利类型、权利边界作出界定,导致生育主体间在行使生育权的过程中常常存在冲突,且实践中对生育权救济途径的选择亦存在争议,故有必要进一步从理论上厘清自然生育情形下有关生育权行使的冲突和救济问题。

一、生育协议的效力认定

生育协议主要体现为夫妻双方或同居男女就其生育的相关事项(包括是否生育、生育时间、生育方式、生育数量、违约责任等)达成的一种书面协议。生育协议的签订,既可能发生在婚姻关系缔结之前,也可能发生在婚姻关系存续期间。

(一)生育协议的效力争议

当事人之间对生育事项的安排能否通过生育协议进行,在理论和实务中争议较大,主要有三类观点。一是否定说。否定说在司法实践中为多数法院的判决意见所采用。该说主要出于女性不生育自由保护的优先性、生育协议的内容违反公序良俗、生育协议约定的事项难以强制执行、身份关系协议难以适用《民法典》颁布前合同法的规定等因素的考量一概否定生育协议的效力。[1] 二是自然之债的效力说。根据该说,生育协议作为无名身份关系协议可由当事人自愿签订和履行,但其效力因缺乏法律依据不受法律强制力的保护。[2]

---

[1] 高荣林:《侵犯生育权类型化实证研究》,载《法治社会》2020年第3期。
[2] 陈信勇:《自然债与无名身份协议视角下的生育纠纷》,载《浙江社会科学》2013年第6期。

三是部分肯定说。该说主张应当承认生育协议对夫妻双方有一定的约束力,即生育协议中违反法律强制性规定和公序良俗的内容应当被认定为无效,而有关违约情形下损害赔偿条款的效力则可以有条件地被承认。该说近年来为更多的学者所认同,其依据主要是违约方应当受到生育协议约定和"道德遗留"义务的约束、生育和婚姻的"公共善"也需要得到重视、守约方的信赖利益和付出应当得到保护。[①] 此外,也有学者建议应直接根据公平原则由违约方向守约方承担一定的经济补偿。[②]

在以上三类观点中,笔者更赞同部分肯定说的观点。首先,否定说和自然之债的效力说中有关生育协议于法无据的理由在《民法典》颁布后已不成立。不同于原《合同法》第2条直接排除身份关系协议在合同法领域的适用,[③]《民法典》为身份关系协议预留了更多的适用空间。根据《民法典》第464条的规定,[④]在没有相关身份关系法律规定的情形下,生育协议中与生育自由不存在直接关联的财产性安排可依其性质参照适用《民法典》合同编的规定。这就意味着,只要生育协议的内容不违反公序良俗、不构成对女性生育自由的直接限制,生育协议的效力应当得到承认。其二,生育协议效力的适度认可有助于引导夫妻对婚姻生活和生育事项的安排形成稳定的预期,从而更好实现婚姻家庭的制度功能。其三,生育协议的订立和履行是男女双方平等行使其生育权的重要途径。随着意思自治在身份关系确认中的作用日益凸显、现代法律对不违背公序良俗之个人自由的自愿限制逐渐认可,适当认可生育协议的拘束力有其合理性。尤其在适用异质人工授精或体外授精等人工辅助生殖技术的情形下,生育协议的事先拟定既有利于夫妻双方基于合意选择生育方式,也可避免丈夫事后因人工生育子女与其不存在血缘关系而拒绝承担抚养义务。

(二) 生育协议的生效条件

基于生育协议效力的正当性证成可知,生育协议的生效需要同时符合以下要求。

其一,生育协议应当在主体要件、意思表示要件和合法性要件上符合法定要求。具言之,第一,缔约的男女双方应当具备完全的生育行为能力。这既要求缔约的双方必须是完全民事行为能力人以充分预期其生育行为可能带来的后果,也要求当事人双方不存在法定禁止生育的疾病(主要包括《母婴保健法》《传染病防治法》等法律及相应的规范性文件所规定的重型精神疾病、严重遗传性疾病和指定传染病)和近亲关系。第二,生育协议的达成须出于当事人自愿真实的意思表示。第三,生育协议的内容不得违反法律、行政法规的强制性规定。例如,生育协议中有关后代性别选择的约定因违反《人口与计划生育法》第39条[⑤]对非医学需要之性别选择的禁止规定而无效。第四,生育协议的内容不得违反公序良俗。例如,生育协议中允许配偶一方出于营利目的而以商业代孕为业的条款,应归于无效。

其二,女性在妊娠过程中的生育决定权不可通过生育协议的约定进行排除或限制。如

---

① 陈雅凌:《夫妻生育权冲突之对策研究》,载《中国社会科学院研究生院学报》2021年第1期。
② 高荣林:《侵犯生育权类型化实证研究》,载《法治社会》2020年第3期。
③ 《合同法》第2条第2款规定,婚姻、收养、监护等有关身份关系的协议,适用其他法律的规定。
④ 《民法典》第464条第2款规定,婚姻、收养、监护等有关身份关系的协议,适用有关该身份关系的法律规定;没有规定的,可以根据其性质参照适用本编规定。
⑤ 《人口与计划生育法》第39条规定,严禁利用超声技术和其他技术手段进行非医学需要的胎儿性别鉴定,严禁非医学需要的选择性别的人工终止妊娠。

前所述,女性因生理结构而需要在生育过程中承担主要的职能和风险。与此相对应,应当将妊娠过程的控制权交由女性,这既是对怀孕女性身体支配权和人身自由的特殊保护,也是保障怀孕女性身体健康的客观需要。

其三,基于合同的相对性以及生育权的人格权属性,生育协议的效力只应及于缔约的双方当事人。易言之,再婚夫妻生育权的行使不应受到配偶一方在婚前与他人所订立之生育协议的限制。

(三)生育协议的违约责任

由于生育行为带有较强的人身属性,且生育自主决定的具体实施往往对妇女的身体健康产生直接影响,故生育协议违约责任的承担方式主要体现为损害赔偿责任的承担,而非生育协议内容的强制履行。

在现行法体系下,生育协议的执行主要存在两种情形。其一,对于同居期间男女双方所缔结的生育协议,原则上可依据生育协议的约定由违约方承担违约责任。若一方存在重大过错的(如通过骗婚致使女方怀孕),过错方还应当承担相应的损害赔偿责任。其二,对尚处于婚姻关系存续期间且实行婚姻分别财产制的夫妻,可按照生育协议的约定执行。根据《民法典》第1065条的规定,①此类夫妻可以约定婚姻关系存续期间所得的财产以及婚前财产的具体归属与处置规则,故在此情形下生育协议违约责任的落实不存在障碍。其三,离婚时,违约一方应当依照生育协议的约定承担违约责任。值得一提的是,由最高人民法院《民法典婚姻家庭编解释(一)》第23条可知,当夫妻双方的生育纠纷无法调和时,离婚成为当事人生育权益最后的救济手段。② 遗憾的是,该条司法解释在赋予妻子中止妊娠之绝对保护的同时,也因未能合理区分妊娠女性生育权行使效力的绝对性与责任的可承担性而受到诟病。笔者认为,对生育协议的有效承认恰恰有助于上述问题的解决。具言之,在离婚诉讼中,若妻子违反生育协议的中止妊娠行为存在重大过错,且不存在合理事由(如继续妊娠会对妻子的身体健康构成重大不利影响、胎儿存在较大的遗传缺陷、丈夫的不当行为让妻子对婚姻关系的存续失去信心、患有禁止生育的疾病且尚未治愈等)阻却该行为的违约性,则应当在充分保障妻子生育自主决定权的同时,对其课加违约损害赔偿责任承担的不利后果。若此,则能在保障妊娠女性生育自主决定权效力优先性的同时,兼顾对基于我国传统婚姻家庭伦理所产生之生育期待的合理保护。

---

① 《民法典》第1065条规定,男女双方可以约定婚姻关系存续期间所得的财产以及婚前财产归各自所有、共同所有或者部分各自所有、部分共同所有。约定应当采用书面形式。没有约定或者约定不明确的,适用本法第一千零六十二条、第一千零六十三条的规定。

夫妻对婚姻关系存续期间所得的财产以及婚前财产的约定,对双方具有法律约束力。

夫妻对婚姻关系存续期间所得的财产约定归各自所有,夫或者妻一方对外所负的债务,相对人知道该约定的,以夫或者妻一方的个人财产清偿。

② 最高人民法院《民法典婚姻家庭编司法解释》第23条规定,夫以妻擅自中止妊娠侵犯其生育权为由请求损害赔偿的,人民法院不予支持;夫妻双方因是否生育发生纠纷,致使感情确已破裂,一方请求离婚的,人民法院经调解无效,应依照民法典第一千零七十九条第三款第五项的规定处理。

二、夫妻生育权冲突的解决

夫妻生育权冲突是指夫妻一方在行使生育权的同时构成对另一方生育权行使的限制或剥夺,进而导致另一方生育权无法圆满实现的情形。在司法实践中,夫妻间的生育权冲突主要体现为以下两种类型:一是因夫妻双方主观生育意愿不一致导致的生育权纠纷,[①]二是因夫妻一方存在难以生育的疾病、身体缺陷或其他客观原因导致另一方生育权无法实现的生育权纠纷。[②]

当前,我国有关夫妻生育权冲突的立法较为薄弱。尤其是在民事立法领域,直接为夫妻生育权冲突提供解决方案的规定仅见于最高人民法院《国民法典婚姻家庭编司法解释》第23条(原《婚姻法解释三》第9条)。根据该条,妻子一方在婚姻关系中有单方面决定终止妊娠的绝对权利,丈夫不得因此主张损害赔偿,但丈夫可以通过离婚的方式对其生育权进行救济。尽管该条确认了对妊娠女性生育权的绝对保护、提供了明确且有效率的生育权纠纷解决思路和替代救济途径,但其仍因未能合理区分妊娠女性生育权行使效力的绝对性与责任的可承担性而受到学理上的责难。[③] 而且,夫妻生育权的冲突也不仅仅出现在妊娠阶段,故有必要在区分不同阶段夫妻生育权权能的基础上厘清此类冲突的解决思路。

其一,怀孕前,夫妻任何一方不生育的自由应受到优先尊重。如前所述,尽管妻子因其在生育过程中承担更多的生育职能而在生育事项上享有更具优先性的自主决定权,但夫妻各方的生育权在相同的权能类型下仍然具有平等性。易言之,在妻子受孕前,由于夫妻双方在生育职能的承担和生育权权能的享有上并没有本质差别,此阶段的夫妻生育权应当受到平等保护。而且,由于生育权的行使关乎生育主体人格自由的实现,消极的生育权应当优先于积极的生育权受到保护。基于此,在妻子怀孕前的阶段,若夫妻任何一方违背不愿生育之另一方的意愿而强制行使生育权,将构成对不愿意生育一方生育权的侵犯。

其二,怀孕后,无论是选择继续妊娠还是终止妊娠,妻子一方的生育自由都应当受到绝对保护。有学者曾指出,在生育权的行使存在冲突的情形下,生育主体应当基于善意行使生育权,否则就要承担因滥用生育权造成的损害赔偿。根据此观点,妻子终止妊娠的决定应当事先经过丈夫的同意,[④] 或至少事先告知丈夫,[⑤] 否则就要承担侵权责任。对此,笔者认为无论是从法理还是公共利益保护的角度来看,妊娠期间女性的生育决定权都应当受到

---

① 参见河南省漯河市源汇区人民法院(2014)源民一初字第120号民事判决书,河北省沧州市新华区人民法院(2015)新民初字第179号民事判决书,辽宁省本溪市南芬区人民法院(2017)辽0505民初265号民事判决书,广东省连州市人民法院(2016)粤1882民初791号民事判决书,山东省东阿县人民法院(2014)东民初字第708号民事判决书,河北省石家庄市中级人民法院(2015)石民二终字第00919号民事判决书。

② 参见甘肃省武威市凉州区人民法院(2016)甘0602民初2601号民事判决书,广东省信宜市人民法院(2015)茂信法合民初字第87号民事判决书。

③ 朱振:《妊娠女性的生育权及其行使的限度——以〈婚姻法〉司法解释(三)第9条为主线的分析》,载《法商研究》2016年第6期。

④ 王晨、艾连北:《再论生育权》,载《当代法学》2003年第1期。

⑤ 李文康:《生育权侵权及其法律救济》,载《湖南科技学院学报》2005年第7期。

绝对保护。一方面,从法理上看,妊娠期间女性享有绝对堕胎自由的正当性依据不仅在于生育权的人格权属性,更在于女性是怀孕和分娩活动的唯一承担者。如果在法律层面赋予丈夫对妻子堕胎的同意权,则在实质上承认了丈夫对妻子的身体享有支配权,进而导致女性面临生育工具化的风险。至于妊娠女性是否应当事先告知堕胎决定,则需要具体情况具体分析,至少应当允许妊娠女性出于个人身心健康保护等因素的考量事后再行告知堕胎情况。从公共利益保护的角度来看,生育除了与女性的生命权、健康权、身体权、人身自由等人格权益密切相关外,也与女性参与就业等社会交往活动的权利紧密关联。由此可见,若使妊娠女性的生育决定权受制于丈夫的支配,则很可能会固化传统的社会性别分工。

其三,应当明确夫妻一方生育权的救济途径不仅仅局限于离婚的方式。根据最高人民法院《民法典婚姻家庭编解释(一)》第 23 条的规定,不予支持男方以女方中止妊娠为由提起的损害赔偿,并且规定因生育权纠纷导致感情破裂的,可准予离婚。但是,对于存在生育权冲突但又不打算因此离婚的夫妻双方,我国现有法律及司法解释并未明确侵犯生育权的婚内责任承担。考虑到轻率或冲动地结束一段婚姻关系不符合我国婚姻法律制度的价值导向与多数夫妻的现实需求,且离婚需要以"感情确已破裂"作为唯一要件、不与其他利益挂钩,有必要就侵犯生育权的婚内责任承担问题予以明确。对此,建议生育权遭受侵犯的夫妻一方在婚姻关系存续期间可主张适用《民法典》总则编以及侵权责任编中关于非财产类民事责任的规定,即要求侵犯生育权的一方承担停止侵害、排除妨害及赔礼道歉等民事责任。这种婚内权利救济路径,既可以有效规制侵犯生育权的行为,也可以抚慰受害方的精神损害、促进婚姻家庭的稳定和平衡。

三、生殖健康受损情形下生育权的救济

生殖健康受损的情形在实践中可以归结为两类,一是医疗机构在诊疗过程中存在过错导致患者生育功能的减损或丧失,二是孕妇在交通事故或肢体冲突中因受到伤害而流产。此类纠纷的共性在于,侵权者的行为在侵害患者或孕妇身体健康权(主要表现为生理健康)的同时,也对其生育权中的生殖健康权造成损害。

对于此类纠纷的处理,在实务中尚有分歧——有的判决认为应当按照健康权侵权纠纷处理,[1]有的判决则直接判定此种情形构成对生育权的侵犯,[2]这主要是由于不同的法官对生育权性质的认识不一致所致。如前所述,作为具体人格权的生育权具有独立性,且生殖健康权所具有之满足个体生命伦理、生理愉悦需求的功能亦难以为身体健康权所涵摄。基于此,笔者认为,在生殖健康受损的情形下宜按照生育权侵权纠纷处理。一方面,按照生育权侵权纠纷进行认定有利于保障生殖健康受损者之生育伙伴的生育权。由于生育过程往

---

[1] 参见安徽省含山县人民法院(2012)含民一初字第 00370 号民事判决书,重庆市渝北区人民法院(2010)渝北法民初字第 2877 号民事判决书,广东省广州市中级人民法院(2011)穗中法民一终字第 784 号民事判决书,广东省中山市中级人民法院(2018)粤 20 民终 3639 号民事判决书。

[2] 参见甘肃省徽县人民法院(2016)甘 1227 民初字 106 号民事判决书,湖南省彬州市北湖区人民法院(2016)湘 1002 民初 1502 号民事判决书,内蒙古自治区呼和浩特市新城区人民法院(2018)内 0102 民初 6940 号民事判决书,四川省南充市中级人民法院(2017)川 1325 民终 372 号民事判决书。

往需要男女双方协力参与才可完成,生殖功能未受损之生育伙伴在生育事项上同上述患者或孕妇具有法律上的利害关系。若仅仅按照健康权侵权纠纷处理,则生殖健康受损者之生育伙伴的合理生育期待利益难以保障。另一方面,在特定情形下,即使未有身体健康权的实质损害,生育器官的机能也有可能受到减损。例如,医生在手术中未征得妇女同意而擅自置入节育环,在此情形下,以生育权侵权纠纷进行认定更有利于对患者生育利益的周延保护。

四、不当怀孕情形下生育权的救济

所谓不当怀孕,是指由于医务人员在诊疗过程中存在过错,提出不当的避孕建议、进行失败的绝育手术或开出错误的避孕药方,导致本已决定不生育的患者意外怀孕的情形。从国内外的相关审判实践来看,主流观点认为不当怀孕纠纷构成违约责任和侵权责任的竞合,本质上是对患者或夫妻生育决定权的侵犯,患者或夫妻有权基于此主张违约或侵权损害赔偿。

若主张侵权损害赔偿,在损害赔偿范围的认定上,笔者认为不当怀孕之诉的损害赔偿应当仅限于物质性损害赔偿。在不当怀孕发生的情形下,患者或夫妻有两种选择。一是选择改变先前不生育的决定,继续妊娠直至完成分娩。在此情形下,患者或夫妻通常会迎来健康新生婴儿的诞生。从我国传统伦理道德观念出发,一个健康新生婴儿给家庭带来的快乐和幸福感非生育行为所带来的物质负担和精神负担可以相提并论,故此情形下几无精神损害赔偿责任的适用空间。在物质性损害赔偿的认定上,也应当以怀孕、分娩所造成的合理损失为限,主要包括因怀孕和分娩所导致的医疗费、住院伙食补助费、必要的营养费、误工费和护理费。二是选择坚持先前不生育的决定,并通过堕胎予以救济。如前所述,夫妻或患者只要不是出于非医学需要之性别选择目的,其作出的堕胎决定在我国面临的公权力阻碍较小。在此情形下,因不涉及胎儿出生这一涉及人的尊严的事实,也不存在精神损害赔偿适用的空间,而物质性损害赔偿的范围主要包括因堕胎而支出的医疗费用。

五、不当出生情形下生育权的救济

所谓不当出生,是指由于医方在产前检查或产前诊断过程中存在失范的医疗行为,未能将胎儿可能存在先天缺陷的事实如实告知患者或采取合适的治疗措施,导致存在先天缺陷的婴儿不受期待地出生的情形。不当出生的案型最早出现于美国的 Gleirman v. Cosgrove 案中,而后在生殖医疗保障水平发达的许多国家也常常出现。随着生殖健康保障水平的不断提高、《母婴保健法》的贯彻落实,我国因先天残疾婴儿导致的诉讼在司法实践中大量发生。鉴于该案型在法律适用上尚有空白,有必要对不当出生纠纷处理中的模式选择、侵权责任构成要件和赔偿责任进一步予以明晰。

(一)不当出生情形下生育权救济的模式选择

在不当出生之诉中,由于事先存在医疗服务合同,患者既可以医方未按约定提供医疗服务为由提起违约之诉,也可基于不当出生造成的损害事实向医方主张侵权损害赔偿。相较于违约之诉,原告一方更倾向于选择侵权之诉处理此类纠纷。一方面,若选择违约之诉,原告方将在请求权主体的产生上面临困境。在产前检查和产前诊断的医疗服务合同中,当事人通常为医院和孕母。若采违约之诉,受制于合同的相对性,缺陷婴儿的父亲无法就缺陷婴儿出生所造成的损害请求医方赔偿。另一方面,原告方精神损害赔偿的诉讼请求也无法在违约之诉中得到回应。在生育和养育成本不断增加、优生优育的配套保障措施不断得到完善的时代背景下,残障婴儿的出生无疑会给夫妻带来精神上的痛苦和负担,通过精神损害赔偿责任的认定对此种精神痛苦予以慰藉有其合理性。因此,无论是在域外发达国家,还是在我国,侵权之诉逐渐成为不当出生情形下当事人生育权救济的主要途径。

在司法实践中,对此类纠纷按照侵权之诉进行处理已成为趋势。但是,我国理论和实务界就不当出生情形下缺陷婴儿父母受损害的是何种民事权益,仍然存在争议,主要可归结于以下几类观点。

其一,高度信赖说。根据该说,患者在孕检乃至产前诊断过程中对医方存在高度信赖,若因医方的缘故导致缺陷婴儿出生,即构成对患者此种高度信赖利益的损害。[1] 该说产生于不当出生案型在我国出现的早期。尽管该说认识到医疗服务合同中的当事人双方存在的信赖关系不同于一般有名合同中的信赖关系,但该说因未能明确界定此案型下信赖的程度标准(既没能说明此种信赖是否以医疗专业性的信赖为限,也没能在医疗专业领域内基于诊疗水平的限制、遗传疾病的不确定性等因素的考量明确专业信赖的具体标准)而缺乏可行性,故在后期的司法实践中适用较少。

其二,生育知情权说。根据该说,正是由于医方未能向患者如实告知、说明胎儿可能存在缺陷的信息,导致患者就是否继续妊娠过程产生错误的判断。[2] 该说在理论上的局限性在于,此种"生育知情权"本质上是产生于医疗服务合同中的权利义务关系,并非作为人格权的生育权权能。以此说为依据进行诉讼,只能采违约之诉的纠纷处理路径。

其三,决定不生育权说。该说认为,医方的违法诊疗行为侵害了患者或父母"防止残疾婴儿出生的权利"。[3] 在理论上,该说面临的诟病主要有两处。一是法律适用依据不明确。从已有判决书的法律适用依据来看,当法院采"决定不生育权说"时,更多是援引《妇女权益保障法》《人口与计划生育法》等公法中的生育权规范,而非依据民法上的条文。这种裁判方式一度引发了学界对私法领域是否存在生育权的质疑。二是在因果关系的认定上较为武断。按照该说,医方对胎儿缺陷的不当诊疗直接导致患者决定继续妊娠过程。但是,从日常生活经验来看,父母是否选择让胎儿顺利出生,不仅仅取决于胎儿能否健全出生,孕母身体健康状况、宗教信仰、婚姻幸福感等也是重要的考量因素。易言之,即使父母事先在诊疗过程中获悉未来出生的婴儿可能带有先天缺陷,其仍有可能作出继续生育的决定,故不宜直接将缺陷婴儿的出生完全归因于医方的违法诊疗行为。

其四,人身自由权说。持该说的学者在反对将生育权权利化的基础上,认为原最高人民法院《关于确定民事侵权精神损害赔偿责任若干问题的解释》(法释〔2001〕7 号)第 1 条第 1 款中规定的"人身自由权"应为该类案型中需要保护的民事权利。该说的弊端主要在于缺

---

[1] 王福友、王珏:《论错误出生之损害赔偿》,载《净月学刊》2015 年第 6 期。
[2] 夏芸:《医疗事故赔偿法——来自日本法的启示》,法律出版社 2007 年版,第 733~740 页。
[3] 朱晓喆、徐刚:《民法上生育权的表象与本质》,载《法学研究》2010 年第 5 期。

乏对民法中"人身自由"内涵的明确界定。在《民法典》颁布以前,持该说的学者通过将生育自由纳入精神活动自由,试图将生育自由纳入最广义的人身自由权范畴当中。[①]《民法典》颁布后,前述司法解释中的对应条款相应调整至《民法典》人格权编第990条第2款,[②]但原有"人身自由权"的表述亦改变为"自然人享有基于人身自由、人格尊严产生的其他人格权益"。由此可见,表述层面从"人身自由权"到"人身自由……产生的其他人格权益"的转变,意味着立法上对人身自由内涵的阐释带有很大的不确定性,将本就权能丰富的生育权纳入人身自由权益的范畴加以保护在因果关系的认定上难免面临与决定不生育权说类似的理论困境。

辨析既有理论观点可知,不当出生案件中的请求权基础难以明确,很大程度上源于现行法未将生育权作为一项民事权利直接加以规定。在确认私法意义上的生育权为具体人格权的前提下,笔者认为,不当出生之诉中需要保护的权利实为优生优育选择权。[③] 相较于前述决定不生育权说,优生优育选择权说更具合理性。一方面,优生优育选择权作为决定生育的权利,在逻辑出发点上同不当出生案件中父母或患者的生育意愿更为一致。不同于不当怀孕之诉,不当出生之诉中的父母或患者并非没有生育意愿,其恰恰希望迎来健康的新生儿,故该案型中受到医方不当诊疗行为影响的实质上是因父母或患者积极行使生育权所带来的预期利益。另一方面,在因果关系的认定上,该说在承认违法诊疗行为对父母或患者的生育决策带来干扰的基础上,并未"一刀切"地将错误出生的后果完全归因于医方的诊疗行为。这在为患者或父母精神损害赔偿的主张提供了更加容易认定的因果关系链条的同时,也有利于在赔偿责任的认定环节根据原因力理论适当减轻医疗机构的过错责任。

(二)不当出生的侵权责任构成要件

在《民法典》颁布之前,由于立法未明确该案型中受到侵害的民事权益,相应的救济途径亦难以确定。在明确不当出生案件的请求权基础为优生优育选择权的基础上,结合产前诊疗活动的特殊性,笔者认为宜将《民法典》侵权责任编第1218条[④]和第1221条[⑤]作为该类案件的救济依据。具言之,在患者因违法的产前检查或产前诊断而诞下缺陷婴儿的情形下,医方无论是在诊疗过程中存在过错,还是因其他原因未能尽到与当时医疗水平相应的诊疗义务,都应当承担相应的赔偿责任。

人民法院既往判决就医疗机构的违法诊疗行为的评判意见,归结起来有下列三类:一是医疗机构因医疗设施水平的限制未能检测出胎儿有先天缺陷,但其事先未将该医疗技术的局限性、风险性如实告知患者一方;[⑥]二是医方在孕检或产前诊断中本应发现胎儿存在缺

---

① 韩祥波:《探寻"错误出生案"的请求权基础》,载《求索》2013年第11期。
② 《民法典》第990条第2款规定,除前款规定的人格权外,自然人享有基于人身自由、人格尊严产生的其他人格权益。
③ 此处的"优生优育选择权",应理解为公法层面生育保障权在医疗服务合同中的具体体现。
④ 《民法典》第1218条规定,患者在诊疗活动中受到损害,医疗机构或者其医务人员有过错的,由医疗机构承担赔偿责任。
⑤ 《民法典》第1221条规定,医务人员在诊疗活动中未尽到与当时的医疗水平相应的诊疗义务,造成患者损害的,医疗机构应当承担赔偿责任。
⑥ 参见北京市西城区人民法院(2016)京0102民初11820号民事判决书。

陷,却因未尽到相应的注意义务导致未能检查或诊断出胎儿的缺陷;[①]三是尽管医疗机构已在孕检或产前诊断中发现胎儿存在问题,但由于医方提出错误的诊疗意见和建议、采取错误的治疗措施,导致婴儿出生时带有先天缺陷。[②]

关于损害后果,近年来国内外的主流观点认为,先天残疾婴儿的出生这一事实本身并非不当出生之诉中的损害后果。一方面,因果关系的认定胎儿的缺陷是由其自身在发育过程中形成,并非出于医疗机构的误诊行为。另一方面,出于对生命尊严、生命伦理和儿童最大利益的尊重和保护,不应当在法律上认定一个已经出生的非理想婴儿本"不应该出生"。基于此,错误出生之诉中损害后果的认定,不能以缺陷婴儿出生之现实与该缺陷婴儿不应出生进行对比,而是应当立足于缺陷婴儿已经有尊严地诞生,对比缺陷婴儿的父母与身体健康的婴儿父母在生育和抚育过程中的区别。通常来说,缺陷婴儿的父母承受的损害主要包括额外的养育负担和难以估量的精神痛苦。

在归责原则的适用上,根据《民法典》侵权责任编第六章的相关规定,医疗损害责任在归责上兼采过错责任、过错推定责任和无过错责任三种归责原则。具体到不当出生的案型,原则上应采用过错责任对医方的诊疗活动进行归责,因为不当的诊疗行为主要是出于医生自身医术层面的过错。只有在因医方提供的医疗产品不合格或存在缺陷造成患者损害的情形下,才有可能例外地适用无过错责任。同时,对于过错责任的具体认定还应根据医疗机构自身的诊疗水平和医疗资质而有所区别。例如,取得产前诊断许可的医疗机构相较于仅有孕检资质的一般医疗机构,因其在医生的资质、医疗器械的配备等方面具有明显优势,在生殖保健服务中往往需要承担更高程度的注意义务;而没有取得产前诊断资质的一般医疗机构自行实施产前诊断或遗传咨询的,由于其未按照《医疗机构管理条例》第30条的规定对患者进行转诊,[③]该医疗机构应就损害后果承担100%的过错责任。

(三)不当出生案件损害赔偿范围的认定

不当出生案件中的父母需要为生育和抚养缺陷子女承担更多的物质支出和精神痛苦。与此相对应,不当出生之诉中的患者一方可以主张物质损害赔偿和精神损害赔偿。从主要国家的判决意见来看,各国普遍认为不当出生情形下因缺陷婴儿的出生带来的额外费用应当由医疗机构承担,但对于额外费用的认定、精神损害赔偿能否适用则尚有观点分歧。

根据《民法典》第1182条的规定,[④]并结合上文对不当出生案件损害后果的认定,物质损害赔偿应当主要体现在父母或患者因出生子女的缺陷而较健康子女的生育和抚养所额外承担的费用,容分述之。

关于孕母的医疗费用(含怀孕期间的费用和分娩费用),多数观点认为不宜将所有的孕母医疗费用都判由医疗机构负担。具言之,在怀孕费用的计算上,由于医方的误诊行为发

---

① 参见中华人民共和国最高人民法院(2016)最高法民再263号民事判决书。
② 参见上海市高级人民法院(2017)沪民申1130号民事判决书。
③ 《医疗机构管理条例》第30条规定,医疗机构对危重病人应当立即抢救。对限于设备或者技术条件不能诊治的病人,应当及时转诊。
④ 《民法典》第1182条规定,侵害他人人身权益造成财产损失的,按照被侵权人因此受到的损失或者侵权人因此获得的利益赔偿;被侵权人因此受到的损失以及侵权人因此获得的利益难以确定,被侵权人和侵权人就赔偿数额协商不一致,向人民法院提起诉讼的,由人民法院根据实际情况确定赔偿数额。

生在孕妇怀孕之后,故在期间认定上应当从医方第一次作出错误的医疗意见或诊疗措施时起,至分娩结束时止。至于分娩费用的赔偿,考虑到孕母无论是选择继续生育还是终止妊娠,其身体健康都会受到损害,故医疗机构就孕母的分娩应当承担全部分娩费用扣除终止妊娠费用后的差额部分。笔者认为,此种做法固然具有一定的经济理性,却有可能误导患者在观念上把缺陷婴儿认定为本不应当存在的生命。因此,出于尊重缺陷子女生命尊严的价值考量,原则上不应当将孕母的医疗费用纳入医疗损害赔偿责任的范畴,除非患者在怀孕或分娩过程中为了治愈胎儿的疾病遵医嘱付出了明显多于健康婴儿生育所需的费用,或按照医疗意见实施引产手术未能成功。

关于缺陷婴儿出生的抚养费用,司法实践中通常有一般抚养费(婴儿出生后需要支出的日常生活费用)和特殊抚养费(主要包括为治疗缺陷婴儿的先天缺陷或减轻其先天缺陷带来的痛苦所支出之专门医疗费用、护理费用、残疾用具费、特殊教育费用等)之分。就一般抚养费而言,笔者认同实务中的主流做法,即通常对原告一方一般抚养费用的诉求不予支持。原因在于,缺陷婴儿的出生和成长本身不宜认定为损害后果,且一般抚养费的赔偿明显加重了医方的责任负担。至于特殊抚养费用,由于其对应的是因出生缺陷而支出的专门费用,应当由医疗机构依其过错程度予以赔偿,且以必要合理的费用为限。根据《残疾人保障法》第9条的规定,[1]特殊抚养费用的适用年限不宜以18年为限,法官应在综合考量缺陷子女的残障程度、父母经济能力、治疗状况等因素后再行确定特殊抚养费用下特定项目的支付年限。

在缺陷婴儿的残疾赔偿金、死亡赔偿金和丧葬费的负担上,因缺陷婴儿的身体残障和最终死亡与医疗机构在产前检查和产前诊断中的违法行为并无直接因果关系,故对该类诉请不应予以支持。

关于精神损害赔偿,笔者认为应当明确将其纳入不当出生案件中医疗损害赔偿的范畴。一方面,在该类案型下作为孕母或者夫妻人格权的优生优育选择权受到了严重侵害。另一方面,在养育成本较为高昂、育龄夫妇普遍生活压力较大的时代背景下,可以预见的是,残障子女的出生和抚养将给该子女的父母带来长期的情绪困扰和心理压力,故需要通过精神损害赔偿的方式对其予以慰藉。在精神损害赔偿数额的认定上,应当结合地区经济发展状况、案件情节、生殖健康服务水平、医方的过错、医疗行为的特殊性等因素的考量后予以明确。

(四)不当出生案件损害赔偿责任的免除或限制

医学是一门对实践性要求较高的学科。若在不当出生案件中对医疗机构课以过重的赔偿责任,可能会促使医疗机构通过增加产前检查项目和产前诊断项目以降低其执业风险。这既不利于医学界诊疗水平的提高,也会对人口素质的提高造成阻碍。因此,在明确不当出生案件损害赔偿范围的基础上,还应当结合产前保健服务的实际情况、《民法典》第1224条有关医疗机构免责情形的规定来对医方医疗损害赔偿责任的减免情形予以明确。通常,医方医疗损害赔偿责任的减免情形主要包括以下四类。其一,因医疗技术的局限性导致缺陷婴儿的出生。受制于有限的生物医疗水平,已有的产检技术不可能检测出所有的

---

[1] 《残疾人保障法》第9条第1款规定,残疾人的法定扶养人必须对残疾人履行扶养义务。

胎儿缺陷,能够通过产前诊断项目发现或治愈的先天缺陷也比较有限,且不少产前诊断项目仍存在着相当的假阳性率和假阴性率。因此,在此情形下应依据医疗机构是否如实告知产前生殖保健技术的缺陷和风险、是否还有其他造成患者损害的原因力来对其医疗损害赔偿责任的减免进行认定。其二,因孕母存在特殊体质,导致部分医疗行为无法正常实施。其三,缺陷婴儿的父母或其他近亲属存在不配合医疗机构进行规范诊疗的行为。其四,缺陷婴儿的父母知情且同意。在对产前检查和产前诊断项目的局限性和风险性,以及胎儿存在先天缺陷的可能性有充分认知的前提下,若缺陷婴儿的父母仍然决定继续生育,则不宜因为缺陷婴儿父母生育自主决定权的行使而将损害后果归责于医疗机构。

第三节 人工辅助生育情形下生育权的行使与限制

受到工作生活节奏加快、初婚年龄和初育年龄提高、生态环境污染加剧、食品卫生安全缺乏保障等多重因素的影响,越来越多的育龄男女选择推迟组建家庭和推迟作出生育决定,且有相当数量的育龄夫妇面临着不孕不育的现实难题。人工辅助生殖技术的出现和发展,在为生育主体提供更为多元的生育选择方式的同时,也对传统伦理秩序和传统民法规则的适用造成了冲击。当前,我国的人工辅助生殖立法主要为原卫生部于21世纪初制定的部门规章。因其存在法律位阶不高、调整对象不完全等弊端,有必要通过调整现有的人工生育立法以使人工辅助生殖技术造福人类的功能最大化。

一、人工辅助生殖技术的类型划分

所谓人工辅助生殖技术,是指利用现代生命科技和医疗手段代替人类自然生殖的特定环节或全部过程,以实现不育家庭繁衍后代目的,或控制生育目的的技术。现有的人工辅助生殖技术主要包括人工授精、体外授精、代孕和生育力保存。

(一)人工授精

人工授精是指以人工方式取代性行为将精液注入女性子宫使其受孕的一种方法。根据精液来源的不同,人工授精分为同质人工授精和异质人工授精。从人工授精技术的发展史来看,相较于异质人工授精,同质人工授精技术在使用过程中产生的伦理争议和法律纠纷明显较少,因其能够保证所生子女与夫妻双方在基因和血缘上的联系。

(二)体外授精

体外授精是指利用医学技术手段使精卵在体外授精并发育至早期胚胎阶段,再将此胚胎植入女性子宫发育直至胎儿成功分娩的技术。体外授精主要针对因男性存在性生活障碍或精子活力障碍、女性输卵管堵塞或不能排卵但子宫妊娠功能正常导致的不孕不育情形。相较于人工授精,因其在具体操作中存在更复杂的基因材料组合的可能,故牵涉的伦理争议和法律问题也更多。

(三)代孕

代孕是指委托人与孕母达成约定,利用现代医疗技术将精液或通过体外授精技术形成的早期胚胎注入孕母的子宫内孕育,待子女出生后委托人以亲生父母的身份抚养该子女。

在代孕的分类上,根据代孕所生子女基因来源的不同,可将代孕划分为完全代孕、局部代孕和捐胚代孕。其中,完全代孕是指将意向父母的精卵通过人工生育技术结合成受精卵,并将该受精卵植入代母体内进行孕育的行为。在完全代孕的情形下,代母与代孕所生子女无血缘关系。局部代孕是指经委托方的妻子同意,将丈夫的精子与代母的卵子相结合授精,由代母怀孕生产的行为。在局部代孕的情形下,代母与代孕所生子女存在基因上的联系,而委托方的妻子则与代孕所生子女没有血缘联系。捐胚代孕则是对应代孕所需之基因材料均来自匿名的精卵捐赠者的情形,此情形下代孕所生子女在血缘上与意向父母、代母都没有联系。

根据授精方式的不同,代孕可分为自然生育型代孕和人工生育型代孕。前者是指意向父亲与代母通过性行为使代母怀孕生子,本质上是现行法所禁止的通奸行为。后者则是通过人工生育手段替代原有生殖过程中的性行为环节使代母怀孕生子。此外,根据代母是否通过代孕牟利,代孕还可分为商业性代孕和利他性代孕。

(四)生育力保存

生育力保存是指对受到年龄、疾病、医学治疗等因素影响出现或可能出现生殖机能减退或丧失的患者,通过人工生育医疗措施的干预,保护其生殖机能或保存其生殖细胞的一种助孕技术。为了应对人类生育能力下降而逐渐发展起来的生育力保存技术,在功能上能起到生殖保险的作用。

由于生理构造不同,男女两性的生育力保存方式有所区别。男性生育力保存主要涉及精液的冷冻保存,即通过冻存精液以预防生育风险,并配合其他人工辅助生殖技术的使用最终达到其生育意愿。由于精子冷冻保存技术的研究起步较早,且《人类辅助生殖技术和人类精子库伦理原则》允许男性自精保存,男性生育力保存技术的适用在我国较为普遍。与此相对应,女性生育力保存多表现为卵子冷冻,即通过对女性的卵巢进行穿刺取卵、将取出的卵母细胞进行冷冻保存,至作出生育决定时再辅以冷冻卵母细胞复苏、体外授精、胚胎移植等辅助生殖技术的利用帮助母体受孕。卵子冷冻技术因其技术起步较晚、技术要求较高且面临更大的伦理争议,故尚未在我国开放使用。

二、人工辅助生殖技术适用的伦理争议

伦理是法律的基础。作为最低限度的伦理,法律的有效性很大程度上取决于共识性的伦理道德规范的支持。在人工生育领域,人工生育立法发展迟滞的重要原因恰恰在于以儒家生命伦理观为主导的伦理道德规范与人工辅助生殖技术在理念上的冲突。具言之,人工

辅助生殖技术的适用动摇了我国儒家生命伦理所倡导之以一夫一妻的婚姻为原点延续家族自然生命的伦理秩序。按照儒家生命伦理中"男女居室,人之大伦也""人伦本于天伦"的伦理逻辑,只有建立在婚姻关系和血缘关系基础之上的生育才具有伦理上的正当性。反观现有的人工辅助生殖技术,其不但为许多有生育意愿的夫妻克服了不孕不育疾病的现实困扰,也为按照人的设想创造符合特定条件的生命(如"基因编辑婴儿")提供了无限可能。由此,儒家生命伦理中的生命神圣性被打破,人类生命也被置入工具化的风险当中。

儒家生命伦理与人工辅助生殖的技术理性所奉行之生命观仍有契合之处。一方面,二者都承认生命延续的价值正当性。按照儒家生命伦理观,"天地之大德曰生""万物并育而不相害",种族延续是其核心要义。而且,出于对子嗣和人口再生产的重视,儒家生命伦理观对婚姻关系或血缘关系之外的子女(如"私生子")也并非绝对排斥。与此相对应,人工辅助生殖技术的产生正是以解决患者生育障碍的现实难题和提高生命质量为目的,且在少数情形下人工生育子女与父亲或母亲并未有血缘上的联系。另一方面,人工辅助生殖技术的适用很大程度上是儒家生命伦理所推崇之彰显个人主体性的医学活动。人工生育医疗技术在更好满足个体生育意愿的同时,也实现了儒家伦理观念所提倡之家庭的完整性。由此可见,不宜仅仅因为人工辅助生殖技术与传统伦理存在理念冲突而遏制该项技术的适用和发展。

面对现代人工生育科技与传统生育伦理之间的冲突,应当通过加强儒家生命哲学与人工辅助生殖技术的交流和会通,在提升医学科技价值理性的同时促进传统生命伦理观的现代转型。具言之,人工辅助生殖技术首先应当受到儒家生命伦理观的价值引导和约束。按照儒家"先知儒理、方可学医""仁医仁术"的价值理念,医疗科技发展的目的不仅仅在于治病救人,更在于促进伦理道德对现实生活的影响,使"为人类的生存与发展谋福利的人本主义终极关怀的人文精神"[①]得以贯穿到医事实践的全过程和各方面。以此为价值指引,人工辅助生殖技术的运用和发展也应当对生命价值的终极意义和家庭伦理秩序保持基本的敬畏之心,竭力避免个体生命被商品化或被技术支配的伦理风险。其次,儒家伦理道德也应当在社会现代化进程中以更加开放包容的态度将以人工生育方式产生的生命纳入家庭当中,通过强调后天的养育之恩以及人工生育子女的情感回报和赡养义务,淡化血缘关系对亲子关系和家庭关系稳定性的影响。

三、社会性冻卵的现实困境与破解路径

随着决定不婚、推迟生育年龄的女性数量越来越多,以及我国冷冻卵子技术的日益精进,女性群体对社会性冻卵的需求也在快速增长。但是,社会性冻卵的实现却面临着重重阻碍。在规范层面,根据原卫生部修订的《人类辅助生殖技术规范》,单身妇女因不符合计划生育制度的有关规定而被禁止在医疗机构实施人类辅助生殖技术,且卵子的采集应当符合社会伦理、出于当事人的自愿、不具有营利目的。值得一提的是,尽管原卫生部的相关规章在制定或修订时均未就冻卵技术的适用进行明确规制(因当时我国的冻卵技术尚处于起

[①] 沈秀芹:《儒家伦理视野下生命科技伦理观之构建》,载《山东大学学报(哲学社会科学版)》2009年第6期。

步研发阶段),但从卫健委于 2021 年发布之《关于赋予单身女性实施辅助生育技术权利,切实保障女性平等生育权的提案》的答复函来看,冻卵技术仍然属于上述部门规章所规制的人工辅助生殖技术。而且,禁止单身女性冻卵的社会化主要是出于避免技术应用对患者(或胚胎)的健康隐患(或质量隐患)、防范卵子商业化、维护传统家庭伦理秩序等因素的考量。受上述规章制度和答复函的影响,人工生育医疗机构在医事实践中往往通过事先核查结婚证、生育证明等方式实质性地拒绝为单身女性实施冻卵。

近年来,随着我国计划生育政策的不断放宽、单身女性生育权的实现在更大的范围内得到认可和保障,上述规章制度和医事实践也受到学者、专家以及政界人士越来越多的质疑。质疑的理由主要包括禁止冻卵限制了女性身体权的行使和生育期待利益、阻碍了卵子的正当利用、冻卵的技术隐患并非不可控、同为生殖细胞的精卵应当受到同等保护、禁止冻卵制度违反了比例原则或法律保留原则等。总体来看,越来越多的学者认识到冻卵社会化的价值正当性和前景,但鲜有研究成果能够提出应对冻卵社会化风险的解决方案。

从有关社会性冻卵的论争中来看,争议焦点主要集中于冻卵技术本身的技术风险和冻卵技术的放开所带来的社会风险。笔者认为,不宜一刀切式地采用"整体控制"的规制理念禁止卵子的冻存和使用,理由在于卵子的冻存和使用本质上是两个联系紧密却彼此独立的阶段。在风险防范层面,冻存阶段的风险主要体现在冻卵技术对女性患者或其卵子带来的技术风险,这种风险与卵子利用阶段可能发生的社会风险完全不同。在法律关系层面,冻存阶段的法律关系体现为女性患者与医疗服务机构之间的医疗服务合同关系,所涉及的利益是女性患者对其身体利益的支配和生育期待利益的维护;而卵子的利用阶段可能涉及的法律关系则更为复杂,卵子自用情形下女性患者个人的生育利益、卵子捐赠情形下供受双方的生育利益、女性患者及其家族的基因人格利益、社会公共利益等多种利益都要在相应的法律关系中进行衡量。由此可见,社会性冻卵的技术风险和社会风险分别存在于卵子的冻存和利用阶段。而且,随着冻卵技术的日渐成熟,正规医疗机构卵子冻存的技术风险逐渐可控。因此,现有的单身女性冻卵禁止制度既没能与《民法典》积极确权、全面保护人格权的立法目标形成合力,也未能区分卵子冻存和利用阶段不同的权益诉求、利益冲突。更为合适的做法应当是采用"放活冻存、限制利用"的分段规制思路。在卵子冻存阶段,应当允许女性患者在充分知情冻卵技术风险的前提下,自主作出是否冻卵的决定;在卵子的后续利用阶段,在确保卵子使用目的正当的前提下,根据不同的卵子利用目的设置相应的适用条件、监管标准和程序要求。

四、冷冻胚胎的法律属性

所谓冷冻胚胎,是指冷冻保存在液态氮中以供将来使用的前胚胎。此处的"前胚胎",是指发育未满两周(14 天)且尚未植入子宫中的受精卵。冷冻胚胎技术的优势主要有二。其一,女性患者可利用冷冻胚胎技术选择在自然的而非人工的月经周期将受精卵移回子宫以增加成功孕育的概率。其二,多余的冷冻胚胎也为其他不孕不育的夫妻或单身女性提供了更多生育方式的选择。通常来说,为提高体外授精的成功概率,人工生育医疗机构会为选择试管授精的患者夫妇制作多个前胚胎,并将多余的胚胎冷冻保存以供备用。

对于冷冻胚胎的法律属性,外国法和判例的观点主要可以分为三类。

(1)"主体说"。"主体说"认为,冷冻胚胎本质上是一个人,且具有与婴儿或正常人同等的法律地位。根据该说,任何一个正常冷冻胚胎的最终归宿应当是植入子宫并发育成为胎儿。[1] 当前,坚持该说的少数国家和地区主要是受宗教影响而将冷冻胚胎视为生命。例如,根据梵蒂冈于1987年发布的《有关对人的生命起源的尊重和生育尊严的指示》,任何故意破坏、可能导致冷冻胚胎毁损的科学研究均被禁止,多余的冷冻胚胎被鼓励捐赠给其他不孕不育患者。

(2)"财产说"。尽管该说内部对于冷冻胚胎作为财产的处分权能、应当受到的尊重程度仍有争议,但持"财产说"的学者均主张冷冻胚胎应被视为精卵提供者的共同财产。[2] 相较于"主体说","财产说"的优势在于尊重患者生育意愿、为有关胚胎的科学研究或销毁提供理论支持。但该说也因为可能将冷冻胚胎商品化而受到诟病。

(3)"中间体说"。"中间体说"是英美法理论和实务中关于冷冻胚胎法律属性的主流观点。根据该说,冷冻胚胎是一种既非人也非物的中间形态。[3] 一方面,区别于普通的物或一般人体组织,冷冻胚胎具有特别的象征意义和发展成为人的潜能。另一方面,冷冻胚胎区别于人,因其自身尚未发展出人格特征,既无法像独立的个人一样表达情感和思想,也可能无法发挥出其生物潜能,故同样不宜对独立个人和冷冻胚胎适用同等的法律保护。

笔者认为,从我国现行法的规定和社会观念来看,不宜对冷冻胚胎的法律属性采"主体说"和"财产说"。一方面,就"主体说"而言,根据《人类辅助生殖技术规范》中有关冷冻胚胎技术的适用须遵守计划生育法律法规的规定,并非所有的胚胎都可发展为人。考虑到发育程度更为成熟的胎儿在我国现行法和传统生育观念中尚且不被认同为"人",且将冷冻胚胎视为权利主体将给冷冻胚胎的处置带来不必要的僵化限制,不宜将冷冻胚胎等同于独立的个人。另一方面,"财产说"在我国同样面临着法律适用上的困境。无论是结合《民法典》第1062条、[4]第1063条[5]对夫妻财产或个人财产的界定,还是从《人类辅助生殖技术管理办法》、[6]《人胚胎干细胞研究伦理指导原则》、[7]《人类辅助生殖技术规范》[8]等人工辅助生育立法中有关严格禁止或限制胚胎买卖、赠送或科学研究的规定,冷冻胚胎的财产性质已在现

---

[1] Carl H. Coleman, "Procreative Liberty and Contemporaneous Choice: An Inalienable Rights Approach to Frozen Embryo Disputes", 84 Minn. L. Rev. 55, 66 (1999).
[2] 张善斌、李雅男:《人类胚胎的法律地位及胚胎立法的制度构建》,载《科技与法律》2014年第2期。
[3] 邢玉霞:《辅助生殖技术应用中的热点法律问题研究》,中国政法大学出版社2012年版,第140页。
[4] 《民法典》第1062条规定,夫妻在婚姻关系存续期间所得的下列财产,为夫妻的共同财产,归夫妻共同所有:(1)工资、奖金、劳务报酬;(2)生产、经营、投资的收益;(3)知识产权的收益;(4)继承或者受赠的财产,但是本法第1063条第3项规定的除外;(5)其他应当归共同所有的财产。
夫妻对共同财产,有平等的处理权。
[5] 《民法典》第1063条规定,下列财产为夫妻一方的个人财产:(1)一方的婚前财产;(2)一方因受到人身损害获得的赔偿或者补偿;(3)遗嘱或者赠与合同中确定只归一方的财产;(4)一方专用的生活用品;(5)其他应当归一方的财产。
[6] 《人类辅助生殖技术管理办法》第3条第2款规定,禁止以任何形式买卖配子、合子、胚胎。医疗机构和医务人员不得实施任何形式的代孕技术。
[7] 《人胚胎干细胞研究伦理指导原则》第7条规定,禁止买卖人类配子、受精卵、胚胎或胎儿组织。
[8] 《人类辅助生殖技术规范》第3条第12款规定,禁止在患者不知情和不自愿的情况下,将配子、合子和胚胎转送他人或进行科学研究。

行法语境下被实质否定。在我国现行立法尚未就冷冻胚胎的法律属性直接进行界定的情况下,建议未来的人工辅助生殖立法在坚持"中间体说"的基础上,将冷冻胚胎界定为具有人格属性的生命伦理物。这不但有助于对冷冻胚胎中所包含的人格利益和情感利益进行特殊保护,也能为冷冻胚胎的处分权能及其限制提供更为充分的法律依据。

五、冷冻胚胎的归属和处置

在医事法律实践中,冷冻胚胎的处分问题可归结为三类:一是当夫妻双方对冷冻胚胎的处置意见不一时,冷冻胚胎应当如何处理?二是在夫妻双方死亡的情形下,人工生育医疗机构是否有权处置患者的冷冻胚胎?三是冷冻胚胎是否应当受到最长冷冻保存期限的限制?

(一)夫妻意见冲突情形下冷冻胚胎的处置

当夫妻双方无法就冷冻胚胎的处置达成一致意见时,域外学说和判例的处置模式可归结为三种。

(1)合同模式(The Contractual Approach)。在该模式下,立法应当强制患者夫妇在试管授精之前就冷冻胚胎的处置达成合法的书面协议,或至少明确患者夫妇之间有关冷冻胚胎处置之书面协议的效力和可执行性。支持此种模式的学者认为,合同模式使患者夫妇的生育计划具有确定性和可预测性,事先订立有约束力的合同有利于不孕夫妇充分实现生育自治、减少诉讼成本、避免立法和司法过多介入家庭。[①] 在此基础上,也有学者提出合同模式下的书面协议应当对特定情形下冷冻胚胎的处置事宜进行约定,并设置等待期供患者夫妇决定是否变更协议中的相关事项。[②] 但是,该说除了在冷冻胚胎处置协议是否违反公共政策上面临争议外,也因忽视了"个人就日后是否选择成为父母这一足以改变其生活方式的重大事项提前作出决定的困难"而受到责难。[③]

(2)同时合意模式(The Contemporaneous Mutual Consent Model)。根据同时合意模式,在作为精卵提供者的夫妻尚未就冷冻胚胎的处分达成合意前,任何一方都不得对冷冻胚胎进行任何处分;即使不孕夫妇事先已就冷冻胚胎的处置达成协议,夫妻任何一方都可以随时对先前达成的处置协议提出异议,且这种异议具有优先性;在关于冷冻胚胎处置的最终合意达成以前,冷冻胚胎应当继续冷冻保存,且保存费用由反对销毁胚胎的夫妻一方负担。[④] 相较于合同模式,同时合意模式并不强求不孕夫妇提前就如何处分胚胎、是否成为父母作出带有终局性的决定,但合意模式同样在可操作性上面临质疑。例如,有学者提出,

---

① John A. Robertson, "Precommitment Strategies for Disposition of Frozen Embryos", 50 Emory L.J. 989, 1039-1040 (2001).
② Peter E. Malo, "Deciding Custody of Frozen Embryos: Many Eggs Are Frozen but Who Is Chosen", 3 Depaul J. Health Care L. 307, 334 (1999—2000).
③ 李昊:《冷冻胚胎的法律性质及其处置模式——以美国法为中心》,载《华东政法大学学报》2015年第5期。
④ Carl H. Coleman, "Procreative Liberty and Contemporaneous Choice: An Inalienable Rights Approach to Frozen Embryo Disputes", 84 Minn. L. Rev. 110—112 (1999).

在此模式下冷冻胚胎可能会成为主张放弃胚胎一方的强有力的谈判筹码,即只有反对销毁胚胎的一方愿意在离婚财产分割中主动放弃更多利益或拿出更有价值的资产作为交换,冷冻胚胎才可能被植入使用;而且,冷冻胚胎的储存费用需要由反对销毁胚胎的一方单独负担。[1]

(3)利益衡量模式。按照这一模式,法院原则上应当认同夫妻双方依法事先就冷冻胚胎的处置达成的协议,但夫妻中的任何一方均有权在冷冻胚胎被处置前改变主意;在夫妻双方不能达成合意的情形下,由法院通过衡量双方的利益来最终决定胚胎的处置方案。从域外判例来看,需要衡量的利益关系主要有两对。一是积极生育权与消极生育权的冲突。通常情形下,只要冲突不是发生在认同"主体说"的国家和地区,法院更倾向于认定消极生育权优先于积极生育权得到保护。但是,在患者一方可能因为冷冻胚胎无法使用而在永远失去生育可能性的情形下,法院往往会照顾该方的利益。[2] 二是男性生育权与女性生育权的冲突。部分女权主义者受到 Roe v. Wade 案判决意见的启发,主张在孕妇堕胎权受到优先保护的时间范围内,应当由女方对冷冻胚胎享有绝对的控制权。其理由在于,提取卵子的过程较提取精子的过程要求女方承担更多的痛苦和遭受身体伤害的风险,基于这种不平等的投入,理应赋予女方更多的控制权。但是,此观点也因可能导致不再有生育意愿的男方在情感和经济上面临不确定的状态而受到质疑,即男方在使用试管授精技术过程中面临女方在不确定的时间植入冷冻胚胎的可能。[3]

笔者认为,夫妻意见冲突情形下冷冻胚胎处置模式的不同,实质上源于对冷冻胚胎法律属性的认知差异。在明确冷冻胚胎为生命伦理物的前提下,应当围绕冷冻胚胎所具有的人格利益和特殊情感利益建构相应的处置规则。具言之,在医事实践中原则上应当引导夫妻双方依法就冷冻胚胎的处置订立书面协议。但在特殊情形下,允许法院基于生育利益衡量、儿童最大利益维护、失独家庭的特殊保护等因素的考量对先前达成的冷冻胚胎处置协议进行突破。

(二)夫妻双方死亡情形下冷冻胚胎的处置

此情形下冷冻胚胎的处置通常应当以夫妻与人工生育医疗机构之间事先约定的合法处分方式为准。在不存在此等约定的情形下,首先应当明确在夫妻双方死亡的情形下冷冻胚胎不得作为遗产被继承。如前所述,作为生命伦理物的冷冻胚胎因其内涵的人格利益具有专属性而无法适用继承制度。其次,人工生育医疗机构在此情形下取得冷冻胚胎的所有权,但不得对冷冻胚胎进行任意处分。一方面,随着冷冻胚胎成为民法上的无主物,人工生育医疗机构得以依据先占规则取得对冷冻胚胎的所有权。另一方面,人工生育医疗机构对冷冻胚胎的处分受到严格的限制。根据《人类辅助生殖技术规范》的规定,人工生育医疗机

---

[1] Mark P. Strasser, "You Take the Embryos But I Get the House (and the Business): Recent Trends in Awards Involving Embryos Upon Divorce", 57 Buff. L. Rev. 1159, 1210—1225 (2009).

[2] Bridget M. Fuselier, "The Trouble with Putting All of Your Eggs in One Basket", 14 Tex. J. on C. L. & C.R. 143, 149-150 (2008—2009).

[3] Shirley Darby Howell, "The Frozen Embryo: Scholarly Theories, Case Law, and Proposed State Regulation", 14 *DePaul J Health Care L*. 407, 416 (2013).

构不得在患者不知情的情况下对冷冻胚胎进行科学研究,或将冷冻胚胎转用于其他不孕不育的夫妻。在医事实践中,人工生育医疗机构通常会选择将此类冷冻胚胎作销毁处理。

(三)冷冻胚胎的最长保存期限

近年来,随着冷冻胚胎技术的普及、人工生育医疗手术成功率的提高、离婚率的攀升,越来越多的人工生育医疗机构面临着多余冷冻胚胎的处置难题。当前,我国立法尚未对冷冻胚胎的最长保存期限进行规定。尽管人工生育医疗机构通常会依据《人类辅助生殖技术和人类精子库伦理原则》在《配子、胚胎去向知情同意书》中同患者就多余冷冻胚胎的保存期限进行约定,但此种条款往往未能就冷冻胚胎的最长保存期限、首次保存期限届满后的续期次数作出约定。已有研究表明,随着保存时间的延长,长期保存冷冻胚胎的主要弊端在于冷冻胚胎的活性将有所降低、患者随着年龄的增加在身体状态上已不适合孕育和养育子女、人伦关系面临混乱、医疗资源被不合理地消耗等。[1] 参考域外立法例,已有国家和地区在立法上严格限制冷冻胚胎的保存期限。例如,根据英国在1990年所颁布的《人类生殖和胚胎学法案》,冷冻胚胎首期允许保存5年,期满后允许申请续期5年一次。以此为鉴,我国未来立法也应当在综合考量冷冻胚胎保存技术成熟度、冷冻胚胎保存成本、家庭伦理、生命伦理、失独家庭的特殊保护等因素的基础上设置冷冻胚胎的最长保存期限。在超过最长保存期限的情况下,除非患者夫妇对冷冻胚胎的合法利用另有安排,保存在人工生育医疗机构的冷冻胚胎应当作销毁处理。

六、人工生育情形下亲子关系认定规则的区别适用

由于代孕情形下亲子关系的认定更为复杂,本部分仅就人工授精和体外授精适用下亲子关系的认定进行探讨。在《民法典》实施以前,我国立法并未就人工生育情形下亲子关系的认定规则进行明确。在司法实践中,法院主要是依据最高人民法院〔1991〕民他字第12号批复的指示,将婚姻关系存续期间夫妻一致同意采人工授精方式所生子女一律认定为婚生子女,且禁止丈夫就事先同意实施的异质人工授精所生子女的婚生性进行否认。由此,人工授精所生子女身份的安定性、法律地位的平等性得以受到保护。遗憾的是,最高人民法院并未通过其他批复或司法解释对体外授精情形下人工生育子女的法律地位进行认定。而且,随着《民法典》实施后最高人民法院《关于废止部分司法解释及相关规范性文件的决定》的公布,最高人民法院〔1991〕民他字第12号批复也已失效。

笔者认为,随着不孕不育疾病发生率的提高、人工辅助生殖技术的发展,应当在未来立法和司法实践中明确人工生育情形下的亲子关系认定规则。而且,此种界定应当以确保人工生育子女的法律地位得到承认、在人格上得到平等保护、在身份关系上尽可能保持稳定为价值旨归。鉴于当事人的意思在亲子关系认定中的作用愈发重要,未来立法和司法实践可参照最高人民法院〔1991〕民他字第12号批复的指示精神,在夫妻双方于婚姻关系存续期间同意依法采用人工授精技术或体外授精技术实现其生育意愿的情形下,人工生育子女应

---

[1] 杜焕涛:《民法视角下冷冻胚胎的法律属性与处分规则》,载《苏州大学学报(哲学社会科学版)》2016年第4期。

视为婚生子女。

七、代孕情形下亲子关系的认定

(一)代孕协议有效情形下亲子关系的认定

代孕因其涉及的当事人更多,故在亲子关系的认定上较一般的人工生育情形更为复杂,理论界的主要观点可归纳为"血缘说"、"分娩说"、"子女最佳利益说"和"契约说"。

所谓"血缘说",是指根据血缘关系来确定代孕子女的法律父母。按照"血缘说",精卵细胞的实际提供者将成为代孕子女的父母。[①] 该说的弊端在于,无论是在传统民法还是现代各国人工辅助生殖技术领域的立法当中,血缘标准均非确定亲子关系的绝对标准,且该说忽视了当事人的意思自治在亲子关系确认中的作用。

"分娩说"提出,代孕情形下"分娩者为母"的传统亲子关系认定规则依然适用,即由代孕母亲获得代孕子女法律上的母亲身份。其理由是基于妊娠期间的痛苦和生理联系所建立的情感联系比血缘关系更值得受到保护。[②] 该说主要有以下不足。其一,该说很可能忽视了代孕母亲自身的生育意愿,即代孕母亲无意与没有血缘关系的子女建立亲子关系。其二,按照该说,委托父母最终是通过收养程序确立父母子女关系,这既违背了代孕协议的初衷,也使委托父母和其通过代孕所生子女的关系具有不确定性和不稳定性,并给代孕者造成不必要的负担。

"子女最佳利益说"主张,亲子关系认定规则的构建应当以维护代孕子女的最大成长利益为价值旨归,进而将能为代孕子女提供更好的成长条件者认定为法律意义上的母亲。按照该说,代孕子女的亲子关系取决于司法机关的个案裁判,立法机关无须事先就代孕子女的亲子关系进行确认。[③] 该说因诱导国家公权力过度介入私领域的家庭事务、将代孕子女的亲子关系置于不确定的状态、可能使代孕子女身处破碎的家庭关系中而受到诟病。

"契约说",该说认为代孕子女的出生是基于委托夫妻与代孕母亲所达成的代孕协议,只要不违反法律规定和社会公共利益,法律应当对这种意思自治予以尊重和保护。[④] 该说的主要依据如下。其一,根据协议将意向夫妻确定为法律上的父母在各种代孕情形下都比较符合当事人的预期。其二,委托夫妻较代孕母亲能提供更为优越的养育条件,将委托夫妻认定为孩子的法律父母,符合孩子的利益。其三,代孕协议在认定亲子关系过程中的一次性执行成本要远低于亲子关系反复确认的重复博弈成本,且这不会对伦理造成较大冲击。

笔者认为,通过借鉴司法实践中有关人工生育情形下亲子关系的认定规则,当事人的

---

① 李志强:《代孕生育的民法调整》,载《山西师大学报(社会科学版)》2011 年第 3 期。
② 杨芳、潘荣华:《台湾地区代孕合法化之争研究》,载《台湾法研究》2006 年第 3 期。
③ 王冠男:《由欧洲人权法院裁判再探代孕中的子女最佳利益原则》,载《锦州医科大学学报(社会科学版)》2020 年第 5 期。
④ 任巍:《论完全代孕中子女身份归属的法律认定——从"儿童最大利益"原则出发》,载《学术探索》2014 年第 8 期。

意思自治在亲子关系认定中的作用愈加重要,代孕子女得以出生正是取决于委托父母的生育意愿。从代孕协议的效力层面分析,代孕协议中有关亲子关系认定的条款本身不违反强制性法律法规。这就意味着,在此类条款不至于强烈冲击公序良俗的情形下,原则上应当依据代孕协议确认代孕子女的亲子关系。事实上,认可此类条款的效力对于代孕所生子女权益的保障意义重大。一方面,代孕所生子女不至于因为出生方式的特殊性而在社会观念上处在类似于非婚生子女的不利地位。另一方面,此类条款的效力认可也有助于提前在委托父母和代孕母亲之间明确生育风险的负担,即保障代孕所生子女不因先天缺陷而被委托父母和意向母亲抛弃。

当然,出于对伦理秩序和公共利益的维护,不宜任由当事人的私人自治在代孕中发挥绝对的支配作用,尤其是对违约责任的承担方式应当进行一定的限制。在具体的实践路径中,可参考域外立法,借助国家公权力对此类条款中的意思自治进行引导、限制和监督。例如,在代孕协议签订前,由主管机关提供代孕契约的范本进行指导,并组织法学、医学、心理学等领域的专业人士提供有关代孕的咨询和指导服务;在代孕协议签订后,通过特殊的登记程序直接将代孕出生的子女登记为委托夫妻的子女,而无须经过诉讼环节确认亲子关系。

(二)代孕协议无效情形下亲子关系的认定

代孕所生子女的亲子关系本质上是基于当事人的法律行为而确立。这就意味着,在公序良俗的严重违反之外,代孕协议的效力也可能因为当事人的意思与表示不一致、委托夫妻间存在欺诈或胁迫等情形而无效或可撤销。在此情形下,原则上应当将委托丈夫和代孕母亲认定为代孕所生子女的父母。而且,参考域外立法例,还应当严格限制亲子关系撤销之诉提起的时效以更好维护身份关系的稳定性,避免出现代孕所生子女监护权上的真空。例如,根据我国台湾地区的"人工生殖法",配偶在发现欺诈或胁迫终止后的6个月内可以提起撤销之诉,而受欺诈后满3年不得再提起婚生否认之诉。此外,若前述无效要件得到及时补正(如受欺诈的委托夫妻一方事后追认),则应当认定代孕协议中约定的亲子关系自始存在。

第五章 家庭关系研究

第一节

裁判视角下离婚父母对未成年子女的监护与制度完善
——兼论变更抚养关系纠纷裁判规则与思路

　　未成年人监护是父母离婚时必然要处理的事项。离婚父母对未成年子女监护问题相关纠纷的妥善处理不仅关乎未成年人的健康成长,也会影响到祖孙间的人伦亲情。我国重视对未成年人权益的保护,除《宪法》《民法典》规定的基本制度保障之外,还修订了《未成年人保护法》,出台了《家庭教育促进法》,但对于离异家庭中未成年人的监护问题,国家与社会尚未建立起系统的保护与追踪机制。法律对离婚父母对未成年子女监护的规定较为原则,对相关权利义务的规范不够完善,这不利于为父母离婚的未成年人提供精准、充分的法律保障,同时对司法裁判水平要求也极高,且不可避免地导致一些司法上的困境。

　　目前司法实践中,离婚父母一方监护子女义务履行不到位时,另一方可以起诉要求变更抚养关系,因此,变更抚养关系纠纷能够一定程度体现离婚父母对未成年子女的监护状况,同时变更抚养关系也成为目前调整离婚父母与子女关系的重要途径,是离婚父母对其中一方存在子女监护不力或监护权利无法得到保障情形的救济手段。在相关离婚父母监护权利义务规范不完善的情况下,此类纠纷裁判的标准、尺度尤其重要,裁判结果将直接影响未成年人的权益。本文将从我国离婚父母对未成年子女监护制度基本情况出发,通过对变更抚养关系纠纷进行实证分析,梳理变更抚养关系纠纷裁判规则与思路,同时,借鉴域外离婚父母对未成年子女监护的相关制度与实践,结合我国的实际情况,从裁判视角对完善我国离婚父母对未成年子女监护制度提出若干建议,以期为离婚父母监护未成年子女提供更好的法律保障。

一、我国离婚父母对未成年子女监护制度基本情况

(一)相关术语析辨:监护与抚养、直接抚养

　　针对父母与子女之间的关系,大陆法系国家设立了亲权制度,英美法系国家则设立了监护制度,二者在功能、价值上有异曲同工的效果,并无太大差异。大陆法系传统理论上亲权的概念及内涵大体一致,是指父母对未成年子女的人身和财产进行管教与保护的权利与义务,具有权利义务双重性及身份权属性,主要包括人身监护权、财产管理权及代理(代表)

权。① 但各个大陆法系国家法律规定中具体亲权的规定及用语不尽相同,其中有些国家也同时使用监护概念。在同时使用亲权和监护概念的国家,二者在逻辑上是相互排斥的,亦即,某人不可能同时担任亲权人和监护人。此外,监护人与被监护人、亲权人与子女之间的权利义务关系并不完全一致。通常,法律对亲权的行使干涉较少,而对监护权的行使干涉较多。②

我国立法规范父母对子女的监护主要体现在《婚姻法》《民法通则》《未成年人保护法》《民法典》中,先有父母子女关系的规定,后有监护制度,并将前者纳入其中,呈现"大监护"格局③。在用语方面,主要使用的表述是"监护"和"抚养"、"直接抚养",司法实践中抚养(直接抚养与间接抚养)、亲权(父母照顾权)、监护三个概念纠缠不清,并直接造成使用抚养权、直接抚养权、监护权以及随某某共同生活等术语时的混乱。④ 有学者提出这一问题是"大监护"的立法体例所导致,也有学者认为是我国"重抚养、轻监护"传统观念等原因所致。讨论离婚父母对子女的权利义务时,有必要厘清在我国法律体系中"监护"与"抚养"、"直接抚养"之含义与区别。

首先,我国《民法典》婚姻家庭编中没有明确规定亲权的概念,但在《民法典》总则编专节规定了监护制度,其中对父母对未成年子女的监护权作了规定。实务界认为,父母对未成年子女的监护权本质上讲是指域外法规定的亲权,是指父母对未成年子女在人身和财产方面的监督、保护权利,是基于父母与未成年子女身份关系产生的。⑤ 可见,我国法律所涉父母对子女的"监护"内涵就是传统理论上"亲权"的内涵。而我国《民法典》婚姻家庭编则主要处理离婚父母对未成年子女的"抚养"问题。但"抚养"的具体内涵在我国法律上并无直接明确规定,父母对子女的抚养具体包括哪些义务不够清晰。通常理解,抚养一般是指父母对子女经济上的供养和生活上的照料,包括负担子女的生活费、教育费、医疗费等⑥,主要体现对未成年子女的人身方面监护,接近于美国法上的"身体监护"以及日本法上的"人身监护权"。可见,"监护"的内涵广于"抚养"的内涵。

其次,从我国法律规定的相关内容可知,"监护"和"抚养"的外延明显不等同。《民法典》总则编"监护"章节第 26 条规定"父母对未成年子女负有抚养、教育和保护的义务",《民法典》婚姻家庭编第 1058 条则规定了"夫妻双方既享有对未成年子女抚养、教育和保护的权利,亦共同负有抚养、教育和保护的义务"。《未成年人保护法(2020 年修订)》第 7 条和第 16

---

① 参见梶村太市、德田和幸主编,郝振江、傅向宇、刘涛译:《家事事件程序法》,厦门大学出版社 2021 年版,第 67 页。

② 夏吟兰、陈汉、刘征峰:《涉台婚姻中离婚后子女抚养权、探视权保障研究》,载《海峡法学》2015 年 6 月第 2 期(总第 64 期)。

③ 参见夏吟兰:《民法典未成年人监护立法体例辩思》,载《法学家》2018 年第 4 期。

④ 大监护是将父母对未成年子女的监护,与父母以外的其他主体对未成年人的监护,以及以未成年人以外的其他主体作为监护被监护人的监护,都归入监护制度,采用广义的监护。小监护则进行区分,采用狭义的监护概念,父母对未成年子女的权利义务成为监护之外独立的制度,称为父母照顾权、亲权等。参见高兴:《关于离婚后父母监护职责的概念澄清》,载夏吟兰、龙翼飞主编:《家事法实务 2020 年卷》,法律出版社 2021 年版,第 54 页。

⑤ 最高人民法院民事审判第一庭主编:《民事审判实务问答》,法律出版社 2021 年版,第 143 页。

⑥ 最高人民法院民事审判第一庭编著:《民法典婚姻家庭编司法解释(一)理解与适用》,人民法院出版社 2021 年版,第 491 页。

条也对父母对未成年人的监护权及监护职责进行了明确的规定。第7条规定"未成年人的父母或者其他监护人依法对未成年人承担监护职责",第16条规定"未成年人的父母或者其他监护人应当履行下列监护职责:(一)为未成年人提供生活、健康、安全等方面的保障;(二)关注未成年人的生理、心理状况和情感需求;(三)教育和引导未成年人遵纪守法、勤俭节约,养成良好的思想品德和行为习惯;(四)对未成年人进行安全教育,提高未成年人的自我保护意识和能力;(五)尊重未成年人受教育的权利,保障适龄未成年人依法接受并完成义务教育;(六)保障未成年人休息、娱乐和体育锻炼的时间,引导未成年人进行有益身心健康的活动;(七)妥善管理和保护未成年人的财产;(八)依法代理未成年人实施民事法律行为;(九)预防和制止未成年人的不良行为和违法犯罪行为,并进行合理管教;(十)其他应当履行的监护职责"。

从以上规定的文字表述足见"监护"的外延涵盖了"抚养"的外延,前者除了"抚养"内容之外,还有"教育"和"保护"两项内容。"监护"职责涉及保护未成年子女的安全、身心健康、文体教育、人格成长、财产等方面的利益,"抚养"则只是其中最基本的一项内容,是保障子女生存和健康成长方面的利益。

最后,"直接抚养"含义之理解。"直接抚养"是我国2001年《婚姻法》(修正案)确定的术语。《民法典》沿用了这一术语,在审判中一般表述为"由某一方直接抚养"或"随某一方共同生活",也有部分判决采用不太规范的表述"由某某抚养成人""由某某抚养教育"等;实务中还常有"抚养权"之用语,认为离婚后直接抚养方享有的是抚养权,另一方则没有抚养权。然而,有学者认为"抚养权"实际上是对"直接抚养"概念的错误指称,"抚养权"概念没有法律依据,我国法律上不存在离婚后专属一方的抚养权。[①] 笔者赞同这一观点,采用"抚养权"这一术语会增加现有法律术语的概念不清晰状态。从前述法律规定内容以及司法实践裁判用语看,不难理解"直接抚养"方就是与子女共同居住生活方,"直接抚养"确定哪一方享有与子女共同居住生活的权利,另一方的权利义务,法律明确规定的则是支付抚养费义务、依法探望;至于其他监护权利义务,按现有法律规定,理应由离婚父母平等地享有、负担。显然,"直接抚养"方对子女除享有人身监护权之外,对子女也享有教育、保护的权利、义务,从这一层面看,"直接抚养"与"抚养、教育、保护"之"抚养"似乎不是同一内涵,"直接抚养"或应理解为"直接监护"。现实中,离婚后直接抚养子女的父母一方的权利义务与离婚前并无变化,能够享有亲权的所有权限,但另一方除按期给付抚养教育费、探望子女外,几乎不能享有其他亲权的权限,这是直接抚养方因与子女共同居住享有监护便利而自然形成的其监护权利义务比另一方更多的现实局面。因此,"直接抚养"从法律专业视角与从大众非法律视角体现出来的内涵是有所不同的。"直接抚养"之"直接"实际是体现与子女共同居住生活的权利,或可由"共同生活"替代之,会更为明了。

(二)监护模式:共同监护与单独监护

针对离婚父母与未成年子女关系的规范,各国法律普遍确定父母离婚后,并不影响父母与子女间的亲子关系,父母对子女仍然享有监护的职责。婚姻存续期间父母对子女的监

---

① 高兴:《关于离婚后父母监护职责的概念澄清》,载夏吟兰、龙翼飞主编:《家事法实务2020年卷》,法律出版社2021年版。

护模式通常都是双方共同监护,而离婚父母对子女的监护模式可能维持双方共同监护也可能是一方单独监护。单独监护指父母离婚时由父母双方协商确定或由法院裁判确定由父或母一方行使对子女的监护;共同监护指离婚父母在任何情形下均同等地享有对子女的监护权。[1] 本文所讨论之监护模式是指父母双方均适格之情形,并不包含一方丧失监护权的情形。

1. 国外立法例

关于离婚父母对子女的监护模式,从国外的立法看,当前较多国家都规定采用共同监护模式,也有国家规定采用单独监护模式。确立共同监护制度的国家,有的规定共同监护制度是优先适用的,只在出于未成年子女权益及需要的情况下,才适用单独监护;有的则规定共同监护不具有优先适用的地位,既可共同监护,也可单独监护。也即,关于离婚父母对未成年子女的监护模式,实际上有三种:一种为单独监护模式,一种为共同监护模式,还有一种为兼采共同监护与单独监护模式。

(1)单独监护模式。20世纪70至80年代之前,父母一方单独监护是世界各国父母离婚后的子女监护的主流模式。德国、法国、美国等很多国家都规定了单独监护。《德国民法典》第1671条(1979年修订、1980年1月生效)规定:"如父母离婚时,由亲属法院确定父母的哪一方应享有对共同子女的亲权。""亲权仅得委托于父母的一方,但为子女的财产利益,得将财产监护之全部或一部委诸他方行使。"《法国民法典》(1979年法典)第287条,美国《统一结婚离婚法》(1971年修订)第401条、第402条也有关于单方行使亲权的规定。[2] 美国在20世纪70年代之前尚未出现共同监护,采用单独监护模式,由于一方单独实施离婚后子女的监护,未获得监护权父母尤其是父亲在子女监护上边缘化的情况严重,他们仅享有探望权,并支付抚养费,但是不再负担任何父母的监护责任。这导致大量的儿童在父母婚姻关系破裂一段时间后便失去与非监护权父母的联络。如今,前述国家规定的监护模式都已发生变化,而日本是当前仍在适用单独监护的少数国家之一。《日本民法》规定在父母婚姻存续中,亲权由父母共同行使,亲权在内容上包括为子女利益而对子女进行监护与教育的身份监护权和管理子女财产(包括概括性代理子女财产上的法律行为)的权利。作为共同亲权人的父母离婚的场合,应当确定一方为亲权人(单独亲权人);在两者合意无法确定的场合,须由家庭法院指定亲权人。亲权内容包含监护,亲权人通常就是监护人(监护人享有亲权权限中的人身监护权),但在必要时,通过处分,亲权人和监护人也可以分离。在父母协议离婚、裁判离婚时,在最优先考虑子女利益的前提下,可以依协议确定子女的监护人、子女与父亲或母亲之间的会见及其他交流、子女监护所需费用分担及其他有关监护必

---

[1] 蒋月、韩珺:《论父母保护教养未成年子女的权利义务——兼论亲权与监护之争》,载《东南学术》2001年第2期。共同监护作为一个概念提出是在20世纪70年代中期,该概念在英美国家存在一定的差异,但一般认为,共同监护是指父母离婚后,所有时间都由父母双方共同对子女负责、共同享有对子女的权利,但不排除由父母一方主要行使对子女人身方面的监护。参见冉启玉:《英美法"儿童最大利益原则"及其启示——以离婚后子女监护为视角》,载《河北法学》第27卷第9期。

[2] 陈苇:《离婚后父母对未成年子女监护权问题研究——兼谈我国〈婚姻法〉相关内容的修改与补充》,载《中国法学》1998年第3期。

要事项。① 当前,像日本这样绝对采用单独监护的国家比较少,单独监护比双方监护更有可能损及子女的权益。

(2)共同监护模式。20世纪80年代后,诸多国家立法上倾向于共同监护模式。共同监护注重儿童与父母双方保持联系,避免任何一方被疏离。1995年修改的《澳大利亚家庭法》建立了离婚后子女共同养育制度。② 即使父母离婚,对于涉及子女重要问题的事项也应当由父母双方共同作出决定,例如,子女的教育、子女健康、子女姓名、医疗、宗教等事项。同时,澳大利亚法院鼓励父母达成养育计划或向法院申请养育令。更早期的《苏俄婚姻和家庭法典》(1968年)第54条规定:"父母对自己的子女享有平等的权利和义务。""即使在离婚之后,父母也仍然对自己的子女享有平等的权利,并承担平等的义务。""一切有关子女教育的问题,都由父母协商解决。""如果不能达成协议,有争议的问题由监护和保护机关在父母参加的情况下加以解决。"③美国各州家族法一般将监护权区分为"法的监护权"(legal custody)和"身体监护权"(physical custody)。传统上,美国家庭法及判例均规定父母离婚后,由父或母单方取得对子女的监护权,他方行使探望权。这种单独监护实际上改变了离婚后家长对儿童的抚养方式。自20世纪70年代出现共同监护,美国各州都对共同监护附加限制条件。多数法院在裁判监护权案件时,将其视为一种较为合理的监护模式,即推定共同监护,只要父母有一方要求共同监护,没有不适合共同监护的情形,而且符合子女最大利益,法院就可以判决共同监护。在共同监护中,通常由一方对子女进行人身监护。

(3)兼采共同监护与单独监护模式。在这一模式下,又有两种不同情形:一是确立共同监护具有优先适用地位,例如法国;二是认为共同监护无优先地位,例如德国。《法国民法典》规定,即使夫妻离婚,监护权也归属父母双方,由父母共同行使监护权,但是作为例外,夫妻离婚后,为了保护子女的利益,法官也可作出父母一方单独行使监护权的决定。④ 德国规定了共同监护模式但同时又认为共同监护模式不具有优先适用地位,德国1998年修改《亲子法》时确立了共同监护原则。除非存在特别状况,父母离婚或分居后,对未成年子女共同行使监护权,即使子女与其中一方居住,影响该子女成长的重要事项也必须由双亲共同作出决定。但同时,《亲子法》立法草案并没有确定共同监护优先原则,对此问题德国理论与司法界存在较大争议,德国联邦法院通过判决强调了不认可共同监护优先适用地位,也就是离婚后,由父母自己决定是否实行共同监护,判断选择共同监护还是单独监护的确切标准发生困难时,不能作出共同监护作为父母承担责任为最佳状态的法律推定。离婚后父母共同照顾权虽然继续存在,但事实上父母已经不能够共同生活,子女只能随一方生活。所以父母必须就子女的照顾问题进行协商;如协商不一致,父母可依据第1671条的规定取得单独照顾权。但是法院有可能会驳回申请,使父母继续共同行使照顾权。

综上所述,从各国立法例看,离婚父母对未成年子女亲权或监护权的行使方式,由传统

---

① 梶村太市、德田和幸主编:《家事事件程序法》,郝振江、傅向宇、刘涛译,厦门大学出版社2021年版,第212页。

② 陶建国著:《家事诉讼比较研究——以子女利益保护为主要视角》,法律出版社2017年版,第75页。

③ 陈苇:《离婚后父母对未成年子女监护权问题研究——兼谈我国〈婚姻法〉相关内容的修改与补充》,载《中国法学》1998年第3期。

④ 陶建国:《家事诉讼比较研究——以子女利益保护为主要视角》,法律出版社2017年版,第108页。

的父或母单方行使监护,发展成以"未成年子女利益为基准"决定离婚后未成年子女监护权(亲权)归属父母双方或一方行使,其中共同监护优先模式是更为普遍的模式。同时,无论是采用何种监护模式,各国普遍规定离婚父母可以协商确定监护事项。

2. 我国离婚父母对未成年子女监护模式:共同监护模式

对于我国离婚父母对未成年子女的监护模式,法学理论与司法实务界观点比较一致,都认为我国针对离婚父母对未成年子女已经确立了共同监护制度。我国《民法典》第1084条规定"离婚后,父母对于子女仍有抚养、教育、保护的权利"。父母离婚后,双方都是子女的监护人,都有权行使监护权,可以平等地履行监护义务,任何一方均不会因为离婚而丧失对子女的监护权。但是,我国法律采用简单的"直接抚养"架构,且直接抚养方未来被变更的比例并不高,直接抚养方一锤定音后,几乎垄断了监护子女的权利义务,另一方除了支付抚养费与探望之外,毫无其他监护事项决定权,无异于单独监护。而如前文对监护模式的分析,监护模式是由单方监护发展为共同监护优先或并行,共同监护注重使儿童与父母双亲保持联系,避免任何一方被疏离,明显符合未成年人利益最大化之要求。可见,我国离婚父母对未成年子女的共同监护制度虽已确立,但急需快速完善具体规范,以改变现实中实际单独监护大量存在的局面。

此外,我国法律也赋予父母就子女监护进行协商的权利。这体现在《民法典》第1076条规定离婚协议应当载明对子女抚养协商一致的意见,同时,《民法典婚姻家庭编解释(一)》第48条特别指出"在有利于保护子女利益的前提下,父母双方协议轮流直接抚养子女的,人民法院应予支持"。那么,离婚父母协商确定子女监护是否包括可约定子女由一方单独监护呢?现实生活中,确实存在不少离婚后未成年子女事实上处于父母单方监护的状况,原因是:根据法律规定,父母离婚时对未成年子女监护问题可以自行协商,但并不强制要求对子女抚养费、探望权等监护权利义务作出约定,因此,父母离婚时也有不少约定由一方直接抚养,另一方无须支付任何抚养费,双方也无约定其他监护子女的权利义务,实际另一方与子女的关系自离婚时起就被切断,子女实际处于单方监护的状态。司法实践中,对离婚纠纷进行调解时,也时有当事人约定子女由一方抚养并自行承担抚养费同时未确认探望等事宜的情形,而此类调解协议法院并无理由不予确认。因此,有学者提出,我国对离婚后未成年子女监护权的行使,以兼采单方行使原则和双方行使原则为宜。但从我国立法上看,父母一方直接抚养与双方轮流直接抚养均是共同监护模式下的监护方式,而从前述司法解释规定的措辞看,离婚父母约定轮流直接抚养可以得到裁判支持,意味着约定单独监护则未明确是否可以得到裁判支持。那么,《民法典》第1076条离婚协议子女抚养的约定范围是否受第1084条第2款共同监护规定的约束?有学者认为,离婚后共同监护原则在我国是法定的,不允许当事人约定或由法院决定因父母离婚而单方行使监护权,也不允许父母任何一方放弃。[①] 笔者认为,这一观点符合未成年人利益最大化原则,应是正解,而通过共同监护模式的制度完善,可以减少与避免现实中实际单方监护现象。

---

① 高兴:《关于离婚后父母监护职责的概念澄清》,载夏吟兰、龙翼飞主编:《家事法实务2020年卷》,法律出版社2021年版。

(三)我国现行离婚父母对未成年子女监护制度现状

1. 立法上的空白:共同监护缺乏系统规定与配套制度

我国法律确立的是父母离婚后对未成年子女共同监护模式。共同监护模式是我国法律一贯以来确立的,也符合当今社会的立法趋势。由父母共同监护,有利于最大限度地减少父母离婚对子女的伤害,保护未成年子女的合法权益。[1] 离婚父母共同监护子女,双方相互有一定的约束与监督,也可以更好地配合合作,通常情况下,共同监护更符合未成年子女利益最大化的要求。然而关于离婚父母对未成年子女的权利义务,我国法律规定过于原则简单,仅在《民法典》第1085条、1086条规定父母离婚后,未成年子女由父母其中一方直接抚养,而另一方享有探望权、支付抚养费义务。也就是说,离婚父母共同监护未成年子女相关具体规范不够完善,具体监护权利义务不明晰,离婚父母双方之间除探望、支付抚养费之外如何配合进行监护立法上呈现空白,特别是未成年子女重大事项决定权的行使(移居移民的决定权、姓名变更权、就学、医疗等方面)缺乏基本的规范,造成父母离婚后一旦确定其中一方直接抚养子女,事实上该子女学习生活各种重大事项的决定权往往都由直接抚养方决定,另一方的监护权限极微,仅是获得与子女共处的少量时间与机会,而难以参与决定子女的重大事项,双方共同监护形同虚设,父母离婚后未成年子女常常实际处于单独监护状态,无法达到共同监护模式保护未成年人利益的预期效果,这既不利于实现未成年子女利益的最大化,亦易引发纠纷。

2. 司法上的困境:重抚养轻监护,裁判尺度难统一

一方面,司法实践中案件的案由是根据《民事案由的规定》进行确定的。根据该规定,离婚父母对子女的监护问题通常在"离婚纠纷"和"抚养纠纷"中涉及,"监护权纠纷"则往往涉及有父母之外的其他监护人的情形,"监护权特别程序案件"则可能涉及父母丧失监护权的情形。显然,在司法实践中离婚纠纷或抚养纠纷中通常只确定"直接抚养方""抚养费""探望"等抚养事项,鲜有使用"监护"或涉及除抚养之外的其他监护内容;监护权纠纷及撤销监护人资格纠纷中,才会涉及"监护",但也仅是针对"监护权"归属的问题,其他监护问题比如教育或者保护方面,往往被动地在变更抚养关系纠纷中有所体现。当然,能够体现离婚父母对未成年子女承担平等监护责任还有一类纠纷,即未成年子女系侵权人的侵权责任纠纷,离婚父母会同时被诉承担相应侵权责任。但实际此类案件中,未成年子女造成他人人身或财产损害的,往往都推定父母对未成年子女未尽监护职责,较少能对监护的具体情况进行充分调查。从案件类型分析可见,我国是成文法国家,现行婚姻家庭法律体系仅是原则性规定离婚夫妻对未成年子女都有监护权,这决定了我国司法实践中离婚或抚养纠纷仅处理未成年子女同何方共同生活以及由此派生的抚养费、探望权等问题,而不需要明确其他监护相关问题,在判决中亦无法对有关权利义务进行细化和明确,司法实践中纠纷裁判实际呈现了"重抚养轻监护"局面,对离婚后未成年子女的利益保护存在一定局限。

另一方面,司法实践中,除极少数父母能够达成协议共同轮流抚养子女之外,大部分经法院判决的离婚父母对子女的监护方式是"由一方直接抚养,另一方进行探望并支付抚养

---

[1] 陈苇:《离婚后父母对未成年子女监护权问题研究——兼谈我国〈婚姻法〉相关内容的修改与补充》,载《中国法学》1998年第3期。

费"。抚养费、探望权在法律及司法解释中都有一定的规定,权利义务相对比较清晰,但也缺乏细化的裁判标准,加之现实情形的复杂性,造成抚养费的支付、探望权的行使纠纷频发,不履行抚养费支付义务或是探望权受阻情形屡见不鲜,裁判尺度也有不统一的情形。及至其他监护权利义务发生的纠纷,因法律规范呈现空白,司法实践中更难以形成统一认识,例如,未成年人姓氏变更纠纷,有裁定不予受理的,有判决支持父母单方变更子女姓氏的,也有认为需要父母双方协商一致方可变更子女姓氏的。[1]

二、变更抚养关系纠纷的实证分析

由于目前我国离婚父母对未成年子女共同监护体系欠缺相应的具体制度支持,离婚父母在监护未成年子女过程中出现纠纷后,往往只能诉诸变更抚养关系纠纷,但变更抚养关系纠纷可变更的法定情形有较高的要求,实际得以支持的情形相对较少,这也就间接地造成离婚纠纷中双方当事人争夺子女直接抚养地位的情形大量存在。变更抚养关系纠纷,审查抚养关系是否应当变更,必然涉及直接抚养方监护职责履行情况的审查,相对于离婚时的直接抚养方确定标准,变更抚养纠纷会触及双方监护权利义务更多内容,以及一定程度反映父母离婚后未成年子女的实际抚养状况。基于此,下文将对变更抚养关系纠纷进行实证分析,旨在通过分析进一步完善离婚父母对未成年子女监护制度,以改变目前父母未尽监护义务对未成年子女造成损害的救济可能滞后的局面。

(一)样本地区变更抚养关系纠纷基本情况

本文选取了2019年至2021年某市法院变更抚养关系纠纷案件(判决46件),从中国裁判文书网搜索2019年至2021年期间某省变更抚养关系纠纷案件全部判决书与调解书(判决11件、调解案件5件),合计60件案件作为样本进行实证分析。重点分析下列三方面内容:一是当事人诉求类型及主要事由;二是案件裁判结果及主要理由;三是案件争议焦点所涉监护权利义务主要事项。

1. 当事人诉求类型及主要事由

(1)原告及未成年子女呈现的特点。60件案件中原告为父亲的仅为18件,占比30%,原告为母亲的为40件,占比66.67%,双方互诉的为2件,占比3.33%;子女年龄自1岁至16周岁不等,其中8周岁以上的为36件,占比60%,8周岁以下的为24件,占比40%;双方只有一个子女的为46件,占比76.67%,双方有两个及以上子女的为14件,占比23.33%,其中13件只诉其中1个子女,1件涉及双胞胎子女。见图5-1、图5-2。

60件案件中其中双方登记离婚的为44件,诉讼离婚的为16件,其中诉讼离婚的16件中15件调解结案,仅有1件判决结案。也即,离婚时抚养关系的确定方式,其中父母双方自行协商确定的为44件,占比73.33%;经法院调解确定的为15件,占比25%;经法院判决确定的仅为1件,占比1.67%。见图5-3。

离婚至起诉时间不满1年的有6件,1年至3年的有25件,4至5年的有22件,6年及以上的有7件。见图5-4。

---

[1] 夏江皓:《父母离婚后对子女的监护问题探究——以民法典婚姻家庭编具体制度构建为目标》,载夏吟兰、龙翼飞主编:《家事法实务》2020年卷,法律出版社2021年版。

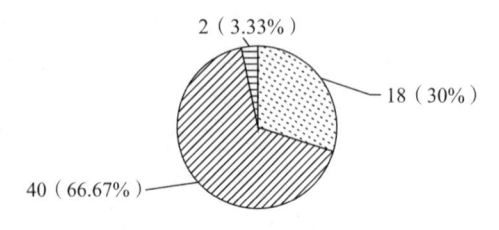

图 5-1　原告的亲属身份

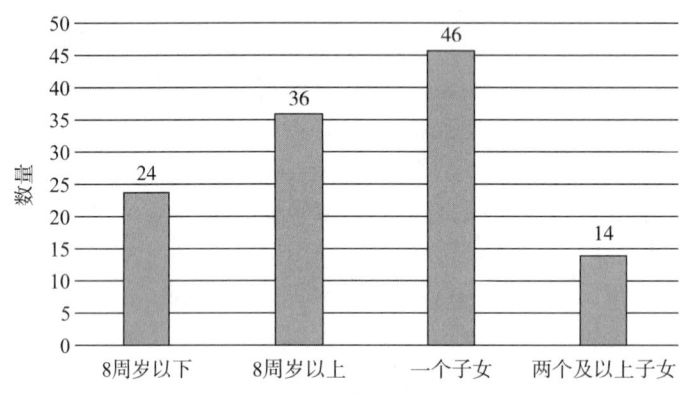

图 5-2　涉案子女情况

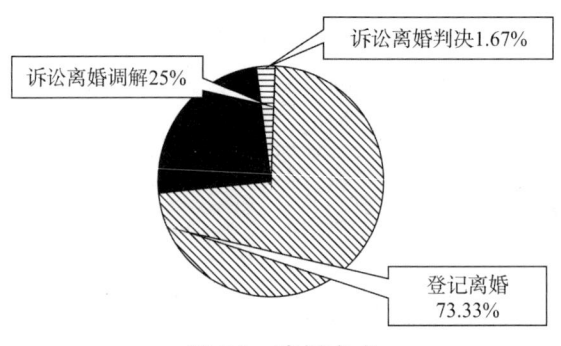

图 5-3　离婚方式

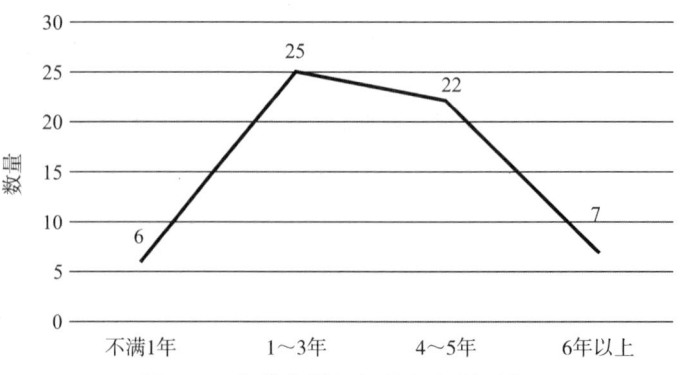

图 5-4　获准离婚至抚养权起诉时间

可见,母亲离婚后没有直接抚养子女的要求变更抚养关系的情形远多于父亲要求变更抚养关系的情形;子女8周岁以上的父母主张变更抚养关系的情形亦高于子女8周岁以下的父母主张变更抚养关系的情形;只有1个子女的父母主张变更抚养关系的情形多于有2个子女的父母主张变更抚养关系的情形。经法院诉讼离婚的父母主张变更抚养关系的情形少于自行协议登记离婚的父母主张变更抚养关系的情形。绝大多数案件都是离婚时父母双方协商确定抚养事宜,履行中出现各种情形而提起变更抚养关系。从时间上看,离婚时间5年之内的占据绝大多数,6年以上主张变更的情形明显较少。

(2)当事人的诉求类型。当事人的诉讼请求分为要求由己方抚养子女和要求由对方抚养子女两种。在60个案件中,争取子女由己方抚养的情形占绝对多数,为56件,占比93.33%;要求由对方抚养子女的案件较少,仅为4件,占比6.67%。

(3)当事人起诉的主要事由。60个案件中,当事人提起诉讼的主要事由集中在以下四种,其中部分案件存在复合事由:

第一,因对直接抚养方抚养子女状况有异议(包括直接抚养方有严重疾病情形)起诉,因该事由起诉的案件有26件。抚养状况涉及子女教育、生活环境和生活习惯等,其中2件与性别有关,1件认为母亲不具备与儿子分房分床睡的居住条件不利于儿子成长,1件母亲主张父亲对女儿有不当亲密行为。第二,双方离婚时约定子女由一方直接抚养,但实际未依约履行,而由另一方长期抚养。因该事由起诉的案件有24件。第三,因离婚后子女探望问题发生冲突而起诉要求变更抚养关系的案件有7件。第四,因直接抚养方不愿意继续抚养而起诉的案件有3件,其中父母均不愿意抚养的案件有1件。

2. 案件裁判结果及主要理由

(1)案件裁判结果

第一,判决、调解变更或判决驳回诉讼请求情况。60个案件中,判决支持变更抚养关系的为33件,占比55%,调解结案的5件均为经调解变更了抚养关系,占比8.33%。其中经判决或调解变更抚养关系的案件子女8周岁以上的为29件,占变更案件总数的76.32%,子女年龄在8周岁以下的为9件,占比23.68%。判决驳回诉讼请求(不予变更)的案件为22件,占比36.66%,子女已满八周岁的6件,占比27.27%,子女未满八周岁的16件,占比72.73%。

第二,8周岁以上的孩子,判决或调解变更抚养关系后由父亲直接抚养的仅为6件,其余23件由母亲直接抚养。8周岁以下的孩子,判决变更抚养关系后由父亲直接抚养的仅为3件,其中2人因母亲患严重疾病,另1件孩子4周岁实际跟随父亲生活母亲已再婚嫁至境外。不满2周岁的2人均随母亲共同生活,其中1件变更为母亲抚养。综上所述,变更抚养关系后,由父亲直接抚养的仅为9件,占比15%,其余案件均由母亲直接抚养,占比85%。

第三,14个子女为2人的案件,起诉前约定父母各抚养1个孩子的为6件,占比42.86%;约定2个孩子均由母亲直接抚养的为4件,占比28.57%;约定2个孩子均由父亲直接抚养的为3件,占比21.43%;约定双方轮流直接抚养2个孩子的为1件,占比7.14%。判决或调解后,3件父亲直接抚养2个孩子的变更为父母各抚养1个,1件轮流抚养的变更为母亲直接抚养2个,1件父母各直接抚养1个孩子的变更为父亲直接抚养2个,1件父母各直接抚养1个孩子的变更为母亲直接抚养2个,其余不予变更。变更后,总计7件由父母各抚养1个孩子,占比50%;6件由母亲直接抚养2个孩子,占比42.86%;1件由父亲直接抚养2个孩子,占比7.14%。

可见,经诉讼得以变更抚养关系的比例较高,同时孩子8周岁以上的比孩子8周岁以下的得以变更抚养关系的比例高。变更后由母亲直接抚养子女的比由父亲直接抚养子女的比例高。2个孩子由父母分别抚养1人的情形与2个孩子由父母其中一方直接抚养的情形,差不多是对半,其中2个孩子均由父亲直接抚养的比2个孩子均由母亲直接抚养的比例低。

(2)支持和驳回的主要理由。判决支持变更抚养关系的主要理由有:

第一,尊重子女意愿。其中23个案件支持变更抚养关系的理由包含尊重子女意愿,且有5件单纯是以子女意愿(另一方具有抚养能力)为变更抚养关系之理由。例如,〔2020〕闽0205民初3153号民事判决中,法院认为"从有利于子女身心健康,保障子女合法权益角度出发,综合原告童某与被告何某1对何某的生活、学习的规划及各自抚养能力,同时尊重何某本人的真实意愿。原告童某与被告何某1虽在登记离婚时对《离婚协议书》对抚养权进行约定,但现何某已年满12周岁,属于限制民事行为能力人,但有一定的认知能力和判断能力,其在本院制作的询问笔录中明确表示愿意跟随母亲童某共同生活。综合考量上述因素,原告童某主张婚生子何某归其抚养,予以支持"。〔2021〕闽0112民初460号民事判决中,法院认为"吴某与李某1协议离婚时虽约定李某2由李某1直接抚养,但李某2现已跟随吴某共同生活。李某2表示愿继续跟随吴某共同生活的意愿,本院应予尊重,故按照'最有利于未成年子女'的原则,应当变更李某2由吴某直接抚养"。

第二,维持子女生活稳定性和连续性。该理由一般在约定直接抚养人与实际直接抚养人不符的案件的判决中适用,共24件,占比40%。例如〔2020〕闽02民终3761号民事判决中,法院认为"虽然双方在离婚协议中明确约定婚生女陈某3归被告陈某1抚养,但双方离婚至今,婚生女陈某3仍跟随原告洪某生活并由原告洪某照顾,形成较为固定的生活及学习环境,其亦明确表示母亲洪某将其照顾得很好,其愿意跟随母亲洪某共同生活,故从有利于孩子健康、快乐成长的角度出发,在尊重孩子的意愿基础上,婚生女陈某3归原告洪某抚养较为适宜"。〔2021〕闽0423民初586号民事判决中,法院认为"原告余某与被告阳某1在离婚时约定阳某2由被告阳某1抚养,但被告阳某1未尽到抚养义务,双方离婚后阳某2跟随原告余某共同生活。阳某2现已年满八周岁,作出愿意跟随母亲余某一起生活意思表示,结合被告阳某1长期在外地开车跑运输等情况,为了更有利于阳某2的成长,宜变更由原告余某抚养"。

第三,父母双方均同意变更抚养权。例如,〔2020〕闽0181民初4705号民事判决中,法院依职权向被告郑某1的弟弟郑某2询问,郑某2称郑某1同意将其孩子郑某3变更由原告翁某直接抚养,郑某1现在外地无法出庭,后法院认为"原告翁某和被告郑某1离婚后,被告郑某1在外地工作,无法更好地照顾郑某3,因而不利于郑某3的教育和成长,现郑某3长期与原告翁某共同生活,为了方便原告翁某更好地照顾郑某3的学习和生活,故原告翁某请求变更郑某3的抚养权,予以支持"。〔2021〕闽0206民初6022号民事判决中,法院认为"原告侯某与被告樊某离婚时虽约定孩子樊某某由被告樊某抚养,但双方离婚后,樊某某一直与原告侯某共同生活,由原告侯某照顾。现樊某某已年满八周岁,其明确表示愿意与原告侯某共同生活,被告樊某亦表示尊重樊某某的意愿,同意樊某某变更由原告侯某抚养。故对原告侯某关于要求将樊某某变更由其抚养的诉求,依法予以支持"。

第四，直接抚养方的抚养能力、抚养条件等发生较大变化，不利于再直接抚养子女。其中有2件因直接抚养方患有严重疾病而变更抚养关系，有2件轮流抚养效果不好、存在冲突而变更抚养关系，还有1件父亲将孩子送至外地给祖父母抚养不利于孩子成长而变更抚养关系，有3件直接抚养方存在再婚再育情形而变更抚养关系。例如，〔2021〕闽0205民初2751号民事判决中，法院认为"被告郑某1、原告熊某自离婚后共同居住并照顾婚生女至2021年5月，其后被告郑某1将郑某2送至其老家长泰县交由其父母照顾生活。被告郑某1未按照《离婚协议书》的约定履行相应的照顾婚生女的义务，而原、被告双方均在厦门市工作生活，双方的婚生女郑某2至法庭辩论终结时尚未满三周岁，正是需要父母关爱和日常照料的年纪，被告郑某1却未能亲自照料并让其远离亲生父母的怀抱，而在此之前郑某2一直与父母共同生活，被告郑某1将婚生女送回老家由其父母照料的行为已背离双方在《离婚协议书》中的约定，从最有利于未成年子女健康成长的原则出发，综合双方的工作时间、工作特点等具体情况，郑某2归原告熊某抚养更有利于其健康成长。综合上述，原告熊某诉求郑某2归其直接抚养的诉求，有相应的事实和法律依据，予以支持"。

判决驳回变更抚养关系诉讼请求的主要理由有：

第一，尊重子女意愿。认定理由涉及尊重子女意愿的为2件。例如，〔2019〕闽0211民初196号民事判决中，法院认为"原告鹿某的证据不足以说明被告杨某在与婚生子女生活期间未尽抚养义务。原告鹿某主张婚生女鹿某1已满十四周岁，缺乏被告杨某的关心和照顾，曾表示不愿跟随被告杨某生活，请求变更婚生女鹿某1的抚养关系，但未提供证据予以证明，故不予支持"。〔2020〕闽0213民初1799号民事判决中，法院认为"本案中，彭某1已年满八周岁，对于随父母哪一方共同生活已有一定的认知和判断能力，其选择与被告郭某共同生活是与其年龄、智力相适应的民事法律行为，对其意愿应予以尊重，故彭某1继续与郭某共同生活更有利于其健康成长。被告彭某2提供的证据不足以证实原告郭某有赌博恶习、没有能力抚养孩子、没有时间照顾孩子，故原告彭某2关于将彭某1变更由其抚养的诉讼请求，不予支持"。

第二，原告未举证或举证不足，未能证明被告有不利于子女身心健康的行为等变更子女抚养关系的法定情形。认定理由涉及该种情形的为19件。例如，〔2021〕闽0982民初1147号民事判决中，法院认为"原告李某在庭审中没有提供证实被告吴某1的抚养能力和抚养条件对女儿吴某2的生活、学习及身心健康成长产生不利的证据。故出于最有利于未成年子女原则考虑，女儿吴某2继续由被告吴某1抚养为宜，原告李某要求变更女儿抚养权的诉讼请求，不予支持"。〔2021〕闽0203民初5874号民事判决中，法院认为"原告陈某称被告王某人品及生活作风不好，但无充分证据证明其说法，在案并无任何证据证明王某在抚养孩子的过程中存在不当行为，亦无证据证明本案存在《最高院关于适用〈中华人民共和国民法典〉婚姻家庭编的解释（一）》第五十六条规定的应该变更抚养关系的情形。综上，原告陈某请求变更婚生女陈某某由陈某抚养的诉讼请求，无事实和法律依据，依法不予支持"。

第三，变更抚养关系不利于维持子女生活稳定性和连续性。认定理由涉及该种情形的为8件。例如，〔2021〕闽0322民初1693号民事判决中，法院认为"原、被告协议离婚时，双方已就婚生子陈某3的抚养问题作出处理，双方均应遵照执行，不应随意变更。婚生子陈某3随被告生活多年，其间被告虽因债务纠纷涉讼，但被告及其同住亲属仍为婚生子陈某3提供了基本的生活和学习条件，婚生子陈某3接受了基本的素质教育，生活学习情况稳定，学校表现优异,身心发育良好。原告主张变更子女抚养关系,但未提供证据证明被告未尽抚养义务及存在抚养能力下降、抚养条件恶化的情形。在陈某3生活环境、生活要件没有发生重大变化的情况下,维持其现有生活的稳定性和连续性,对其健康成长最为有利。综上,原告要求变更抚养关系,证据不足,本院不予支持"。〔2019〕闽0211民初3090号民事判决中,法院认为"本案中,原告杨某的经济条件虽优于被告林某某,但林某自幼由父亲林某某及其家人照看,已在厦门市灌口镇某村生活了六年多,对其居住、生活、就学、人际交往等环境较为熟悉,在无证据证明被告林某某有患病或伤残、不尽抚养义务、虐待子女等不利于抚养小孩的情形下,维持林某现有生活的稳定性和连续性,对林某的健康成长较为有利,故对原告杨某的变更抚养请求,不予支持"。

3. 案件争议焦点所涉监护权利义务主要事项

样本案件争议焦点中,一方当事人主张另一方未尽抚养义务时,所涉及监护子女权利义务主要事项有6大类:(1)探望事宜。(2)抚养费支付问题。(3)孩子就学便利,离婚父母双方是否异地生活。(4)直接抚养方是否亲自照顾子女,争议焦点包括将子女交给老人隔代抚养、将子女送至学校全托是否不利于孩子成长。(5)抚养条件变化,包括子女居住条件及父母再婚再育情况。其中1件涉及母亲与孩子租住在一房,无法提供孩子独立居住房间;3件案件涉及父母再婚再育。(6)抚养能力变化,如经济收入、疾病等。

(二)变更抚养关系纠纷司法实践中存在的问题与难点

1. 现有规定较为原则,法律适用时存在难度,有赖于法官自由裁量权的发挥

有关离婚诉讼中的子女抚养问题,《民法典》第1084条至第1086条、《民法典婚姻家庭编解释(一)》第41条至第68条作了较详细规定。其中,涉及变更抚养关系的规定仅有三条,即《民法典婚姻家庭编解释(一)》第55条规定、第56条规定以及第57条规定。总体看,这些规定内容都较原则。

司法解释明确规定应予变更抚养关系的情形有三类。关于这三类情形,上述第(一)项"与子女共同生活的一方因患严重疾病或者因伤残无力继续抚养子女"较容易认定,一般患病或伤残均会有相应的病历等客观证据;第(二)项及第(三)项中,"不尽抚养义务""虐待"标准较明确,相对易于认定,而"对子女身心健康确有不利影响""有抚养能力"的认定则没有固定的标准,实践中不同的案件存在的情形可能也千差万别,往往需要法官根据生活经验法则作出具体的评判;而第(四)项"有其他正当理由需要变更"赋予了法官对该类案件的自由裁量空间,也足见现实生活中父母离婚后未成年子女的抚养情况是复杂多样的,呈现的情形可能无法全部预判。而自由裁量空间大,则对裁判理念及裁判规则的要求就更高。

2. 当事人证据意识不强,举证难度较大,查明事实难度大

离婚双方离婚后各自生活,未与子女共同生活的一方通常难以掌握孩子的全部生活及被照顾的情况,特别是孩子年纪小的,孩子也无法告知自己的情况,一方主张另一方存在不利于未成年子女成长等情况的取证实际困难大。同时,当事人的证据意识通常亦不够强,诉讼过程中主要以陈述为主,难以对自己的主张提供较全面的证据,查明事实障碍大。因此,一方面,诉讼过程中,法官对当事人举证的引导任务较重,往往需要进行释明,引导当事人积极履行举证责任;另一方面,对当事人举证薄弱的案件,还需要借助家事调查员等制度,才能获取更有效的诉讼资料,最大限度地查明案件事实,保障司法裁判结果的实质正义。

3. 强制执行难度较大

从前述统计数据可以看出,变更抚养关系纠纷中,双方均要求直接抚养子女的占绝大多数,在这种情形下,判决支持变更抚养关系的,可能会出现原直接抚养子女一方不愿意将子女交由胜诉方抚养,判决难以被顺利履行,最终需要进入强制执行阶段。变更抚养关系纠纷执行内容是交付孩子给胜诉方抚养,强制执行效果很难尽如人意,法院在强制执行过程中还要考虑对未成年人的保护,执行难度大,与其他涉及身份关系的家事纠纷一样,执行过程往往是对当事人亲情的再次损耗;同时,随着社会经济的发展,人口流动性亦很大,特别是所涉未成年子女是学龄前儿童的情况,一方若拒不将子女交由另一方抚养,法院实际也很难以强制手段找到该子女并交由对方抚养。

(三)变更抚养关系纠纷的裁判规则与思路探析

1. 裁判规则

(1)秉持调解优先原则,加大调解力度。抚养关系纠纷法律关系本身并不复杂,离婚双方通常均有权也有义务抚养子女,作出由谁抚养的判决结果表面上是很容易的,但判决结果要达到法律效果与社会效果的统一则往往不易,有赖于裁判过程中引导双方真正化解矛盾。变更抚养关系这类涉及人身关系的诉讼若通过强制执行程序执行判决,效果会很差,势必对未成年人再次造成伤害,而通过调解程序则可以帮助彼此减少敌意、消除误解、化解矛盾,双方在协商的情况下作出选择。即使最后进行判决,调解过程中对双方矛盾的调处也有利于后期判决的顺利履行。特别是双方均不愿意抚养子女的,应尽可能引导双方积极承担抚养义务,以免给未成年子女造成不可弥补的心理伤害。因此,变更抚养关系纠纷尤其需要秉持调解优先原则,并且在审理过程中尽可能加大调解力度。

(2)遵循最有利于未成年子女原则与尊重子女意见原则有机统一

第一,变更抚养关系纠纷本质上处理的仍然是父母离婚后未成年子女的抚养问题,直接体现的虽是离婚双方对未成年子女的亲权,但离婚父母亲权的实现必须以保护未成年子女的利益为前提。我国是联合国1989年《儿童权利公约》的缔约国之一,未成年人利益最大化一直是我国司法实践中处理抚养问题的基本原则,《民法典》第1084条第三款明确对此原则予以确认,规定"按照最有利于未成年子女的原则"。因此,最有利于未成年子女原则(或称子女利益最佳原则)仍然是变更抚养关系纠纷中首要的裁判规则。具体而言,变更抚养关系纠纷中,由谁抚养最有利于未成年人的考虑因素与初次决定直接抚养人时的考虑因素是一致的。一般主要考虑以下几方面:(1)父母的抚养条件及能力(包括是否有不利于抚养子女的疾病或行为、祖父母或外祖父母参与照顾情况等);(2)父母的抚养意愿;(3)子女的基本情况(包括年龄、性别、性格和生活习性等);(4)子女生活环境的持续性与适应性;(5)子女与父、母、兄弟姐妹的情感亲密度等。

第二,我国法律还明确规定了抚养问题应尊重子女意见原则。《民法典》第1084条第三款规定处理抚养问题时,子女已满8周岁的,应当尊重其真实意愿。因此,抚养关系纠纷中还需充分注意尊重8周岁以上未成年人意见的原则。变更抚养关系纠纷往往是离婚后经过一段时间又发生的纠纷,大多数案件中子女已达到可以询问意愿的8周岁法定年龄,甚至部分纠纷直接是因子女的意愿发生变化而提起,因此,变更抚养关系纠纷中通常都需要对子女意愿进行询问。根据前文的统计分析,44件判决中有23件均询问了子女的意见并根据子女意愿支持了原告变更抚养关系诉求。可见,子女意愿是变更抚养关系纠纷中需要考虑的重要因素,判决应当充分尊重子女自身的真实意愿。当然部分案件未成年子女并未达到八周岁,虽然无法询问未成年子女的意愿,但适用最有利于子女原则时还是可以考虑父母双方对未成年子女的亲情投入情况,比如直接陪伴的时间等综合作出认定。

第三,在变更抚养关系纠纷的裁判过程中,遵循最有利于未成年子女原则与尊重子女意愿原则,应注意两者的有机统一。虽然未成年子女不是变更抚养关系纠纷的诉讼主体,我国也没有建立未成年子女利益代理人制度,但尊重子女意愿原则的确立,无论是从程序还是实体上都有利于保护子女的利益,从宏观层面看,也是体现最有利于子女原则,两者是有机统一的。同时,适用尊重子女意愿原则时,还需要注意直接由法官询问年满8周岁的未成年人,未成年人在表达自己意愿时可能受到年龄影响,受父母、监护人影响,因此,变更抚养关系纠纷中查明子女真实的意愿以及意愿背后的原因尤为重要,且裁判时不能单纯以子女意愿为准,尊重子女意见的前提是不违背最有利于未成年子女原则。例如,子女更愿意跟随其中一方,但也不排斥跟随另一方,而另一方的抚养条件与能力明显更有利于子女的健康成长,则尊重子女意愿原则要让位于最有利于未成年子女原则。

关于如何探求子女的真实意愿,部分地区法院已尝试引入"社会观护员(儿童观护员)"制度,来帮助探求未成年人的真实意思,这在判决变更抚养关系纠纷以及监护权相关纠纷中是十分必要的。社会观护员在与当事人及涉案未成年子女进行谈话、开展调查时,运用其心理学、社会学、教育学等专业知识,评估和比较亲子关系、未成年子女的意愿、父母的抚养能力与条件等,并制作相应的社会观护报告,为少年家事法官更为精准地判断未成年子女抚养权归属更有利于其健康成长,提供了强有力的专业支持[①],有利于发挥尊重子女意愿原则与最有利于未成年子女原则。

2. 裁判思路:与初次确定抚养时的裁判思路存在一定差异

就是否最有利于未成年人的问题,变更抚养关系纠纷中决定是否支持变更与离婚诉讼中初次对直接抚养人作出确定,考虑的因素范围是一致的,遵循的原则也是一致的。但两类纠纷在裁判思路上存在一定的差异,离婚诉讼中对直接抚养方的确定重点是对父或母双方的抚养能力与条件进行综合对比,而变更抚养关系纠纷是一方已单独对子女抚养一段时间,因此,应更多关注原直接抚养方的抚养条件与能力等是否发生变化、抚养过程中是否存在不利于子女健康成长的行为、变更抚养关系的具体原因与利弊,进而判断变更抚养关系是否对未成年子女最有利,特别是要充分关注变更抚养关系是否明显改变子女的学习、生活环境,是否会对子女的健康成长造成不利影响。具体而言,除去法律规定应当变更抚养关系的三种情形之外,其他情形可以考虑按以下思路进行处理:

(1)判断调解成功的可能性。先查明此前双方决定由谁直接抚养孩子的方式:是协商达成的还是判决确定的。对于原协商一致抚养的情形,双方再协商的可能性亦比较大,调解成功的可能性也更大,在审判过程中应充分进行调解。调解的过程中,应注意轮流抚养

[①] 上海二中院涉未成年人家事纠纷典型案例:《在变更抚养关系纠纷中,可以引入社会观护员:荀某某诉曹某某变更抚养关系纠纷案》,http://140.0.1.78/lib/cpal/AlyzContent.aspx? isAlyz=1&gid=C1380769&userinput=变更抚养关系。最后访问日期:2023年12月20日。

的情形。根据法律规定,如果双方当事人协商一致自愿轮流抚养子女,应当予以支持,但实践中轮流抚养的情形极少发生,轮流抚养意味着子女要经常变换生活环境,还可能会造成各自轮流抚养子女过程中互相推诿责任,轮流抚养子女需要离婚双方高度配合且条件相当,特别是对于已上学的子女,至少需要双方的生活环境均能便利子女的学习生活,因此,绝大多数情形下,相比一方直接为主抚养另一方依法探视,轮流抚养子女更为不利于子女的成长。如果是离婚双方均不愿意抚养子女,判决轮流抚养显然效果亦不好,实践中几乎少有判决双方轮流抚养的。

(2)细致调查子女与原抚养方共同生活的情况。如前述本市案件的统计分析中,存在离婚时双方协商由一方抚养子女然而实际却由另一方抚养子女的情形,查明子女为何实际由另一方抚养,是确定是否需要变更抚养关系的重要事实。经统计,44件判决中,以该种情形为由提起诉讼的16件案件,原告变更抚养的诉求最终均得到了支持。

(3)确定一方起诉主张变更抚养关系的动机与原因,考察双方抚养子女的真实意愿。一般情况下,有较强抚养子女意愿的一方,会更积极地履行抚养子女的义务,更好地照顾子女的生活,对子女的健康成长更为有利。从前述案件分析可知,变更抚养关系原告起诉一般是要求将原由被告抚养的子女变更为由己方抚养,但也有少部分纠纷是原告起诉要求将原由己方抚养的子女变更为由被告抚养,甚至可能出现双方均不愿意抚养子女的情形。原被告是否愿意抚养子女的表象是容易判断的,根据诉求或答辩意见即可知悉,但实务中还应注意双方抚养子女的意愿是不是基于对子女的爱,是否可能存在其他不纯动机,比如,是否存在主张抚养子女实际是不愿意支付抚养费,或者是基于其他财产利益诸如为了享有孩子的拆迁权益等。

(4)双方抚养能力与条件是否存在重大变化。在双方的抚养条件及能力变化不大且原抚养方并无明显不利于孩子成长的行为的情形下,除系了为尊重子女自身的意愿,则不宜轻易变更抚养关系,以保持子女学习、生活环境的连续性和稳定性,尽量防止子女生活环境的多次变动和动荡,以免存在对子女成长不利的风险。在一方的抚养条件、能力存在重大改变的情况下,即使改变子女长期的生活环境可能对子女的成长有一定影响,也只有进行变更才是最有利于未成年子女的。例如,变更抚养关系中也常遇到"一方离婚一段时间后又再婚生育其他子女的,另一方则未再婚的"的情形。根据《民法典婚姻家庭编解释(一)》第四十六条第(三)项的规定,"无其他子女,而另一方有其他子女"可优先考虑由无其他子女方抚养。

(5)综合考量变更抚养关系的利弊,包括判决的后续执行难易。根据前述几个因素综合考量变更抚养关系的利弊,并根据最有利于未成年子女及尊重子女意愿原则,判决是否予以支持变更抚养关系。如前所述,支持变更的,还应考虑判决的后续执行问题,尽可能在审判过程中对执行的相关条件进行调查询问,以备后续便于执行。

三、裁判视角下离婚父母对未成年子女监护制度实体完善的构想

基于前文实证分析我国离婚父母对未成年子女监护制度的基本情况及司法实践中的变更抚养关系,不难发现立法上存在的空白必然导致司法上出现一些困境。目前司法实践中主要依靠法官发挥主观能动性在立法原则性规定的框架下结合案件具体情况确定父母

双方的权利义务并作出相关义务履行情况,虽然法官可以通过探究裁判规则与裁判思路而尽可能实现符合未成年人利益最大化之裁判,各地人民法院在司法过程中也努力尝试各种家事审判机制以尽可能保障未成年人的合法权益,但客观上受地域判别、法官个体差异等因素影响,仅通过司法上的努力难以实现对所涉监护权利义务相关焦点问题达成共识,难以避免裁判尺度不统一等困境,解决问题的根本途径应然是从立法上细化离婚父母对子女监护的具体权利义务以及统一建立配套的审判程序。此外,同其他家事案件一样,涉及离婚父母对未成年子女监护方面的纠纷审理程序和机制上也有别于普通民事纠纷,妥善处理此类纠纷,实现未成年人利益最大化,也有赖于审判程序和机制的完善。为此,围绕父母离婚后未成年子女的直接抚养人的确定以及变更过程,借鉴国外的立法,从裁判视角提出实体方面若干完善对策建议。

父母离婚后未成年子女直接抚养人的确定,直接影响未成年子女能否得到最佳监护,特别是在我国这种监护模式下,一旦法院作出裁判确定直接抚养方,就意味着未成年子女将与直接抚养方长期共同生活。直接抚养方的个人情况也将对未成年子女的成长产生深刻影响。各国民法或亲子法都对离婚时监护权归属裁判依据作出规定,规定的裁判原则大致相同。无论采用何种监护模式的国家,法院在裁判确定离婚父母对未成年子女监护纠纷时,普遍遵循未成年子女利益最大化原则。联合国的《儿童权利公约》规定的儿童最大利益原则要求将儿童视为权利的主体,儿童的利益必须高于成人的利益。目前这一原则早已经为许多国家达成共识,我国也是《儿童权利公约》缔约国之一,未成年子女利益最大化原则也是我国父母离婚后子女监护制度中的首要裁判原则,《未成年人保护法》第4条明确规定"保护未成年人,应当坚持最有利于未成年人的原则";《中华人民共和国民法典》第1084条第3款明确规定对于已满2周岁子女的抚养,父母双方协商不成的,由法院"按照最有利于未成年子女的原则"判决。在父母离婚后确定未成年人直接抚养人的审判中,最有利于未成年人原则的适用,要求对未成年人监护的影响因素进行尽可能详尽的考量,考量要素越详尽,越有利实现子女最佳利益。

(一)进一步细化确定直接抚养方之考虑要素

1. 外国立法例

无论是英美法系国家还是大陆法系国家,各国亲子方面的法律以及司法实践均有体现对有关离婚父母对子女监护权归属的考量因素,角度和方式各有不同。本文选取德国、日本、美国、澳大利亚进行对比分析。

德国法院认定监护权归属的要素有:父母一方是否有了新生活伴侣,后者是否拒绝接受未成年子女;父母一方有无不良生活习惯(如毒瘾、酒瘾等)、有无虐待子女行为、有无拒绝子女和父母另一方交往的情形,能否为子女提供更好的发展机会、是否有利于维护子女已有的社会联系和生活环境。另外,最重要的是考虑子女本身的意愿。[①]

日本法院则认为判断监护权归属的具体要求包括父母方面的要素和子女方面的要求。父母方面的要素包括监护的积极性、目前及将来监护的可能性、父母年龄、父母心理健康状

---

① 庞建琴:《变更抚养关系案件中未成年子女利益之保护》,载《山西省政法管理干部学院学报》2020年9月第33卷第3期。

态、时间、资产和收入情况、父母的父母提供监护上的帮助可能性、生活环境、住房情况、居住地域、学校关系、诱拐的违法性、探望权行使可能性等;子女方面的因素包括子女年龄与性别、子女意思表示、子女身心发育状况、与兄弟姐妹的关系、环境变化的影响以及与父母和亲人间的情感关系等。[①]

美国确定监护权归属同样是以儿童最佳利益为原则,为尽量减少标准的模糊性,立法上列举了一些普遍的考虑因素。《统一结婚离婚法》第402条明确了法官在审酌子女最佳利益原则时,必须考量以下因素:1.儿童父母双方或一方的监护意愿;2.儿童对于监护人选的意愿;3.儿童与其父母或者兄弟姐妹的互动及相处情况;4.儿童对居住场所、学校和社区的适应情况;5.所有利害关系人的心理状态及身体健康状况。同时该条也规定了不得将监护权申请人与儿童无关的个人行为纳入考量因素中。大部分的州也颁布法规指导法院考量诸多因素从而作出对儿童最佳利益的监护权判决。各州列举的因素往往更加丰富,在上述第402条的内容基础上再添加一些本州审判实践中得出的普遍考量因素。如伊利诺伊州《婚姻缔结和解除法案》列举了包括监护人存在暴力或者暴力威胁行为的情况,家长促进和鼓励儿童与另一家长保持亲近且持续的关系的意愿和能力,家长是否为性犯罪者,以及军人家庭照顾计划的条款等因素。加利福尼亚州《家庭法》第3011条则列举了包括儿童的健康、安全和福利,申请监护权人或其他有关人员存在虐待伤害行为,儿童与父母双方联系的程度和质量,父母任何一方滥用药物和酒精的行为等因素。[②]

澳大利亚《1995年家庭法改革法》规定具体考虑共同监护或单方监护是否符合子女利益最大化时的因素有:主要考虑事项与附加考虑事项。其中主要考虑事项为:子女与父母存在意义的关系上的利益;子女是否受虐待、被忽视或家庭暴力或因见闻这些行为而致身心损害。附加考虑事项:子女意见及法院评价子女意见时的要素(如子女的发育状态、理解能力等);子女与父母或其他亲属的关系;子女的父母对于以下问题多大程度上具有或不具有机会(第一,参与决定子女重要且长期的事项;第二,与子女共同度过的时间;第三,与子女交流;第四,父母的抚养义务多大程度内能够实现);子女所处环境的变化可能产生的影响;子女与父母一方共处或交流发生的现实困难或费用问题;子女父母或其他亲属对子女心理需求能否予以满足;子女父母的行为能力、性别、其他背景因素;子女是否为土著居民;父母对子女及责任上的态度;家庭暴力的情况。[③] 同时,澳大利亚《家族法》还对子女与离婚父母居住方式的判断标准作出规定,考虑父母与孩子接触的时间,包括父母住所的距离,时间分配方案的可行性,父母未来联系的可能性等。如果能够实现子女利益最大化且具有合理实行可能性时,法院一般考虑平等分配抚养时间。合理和可行性应当考虑的因素:父母各自的住所距离;目前或将来父母实现与子女共同生活的能力;目前及将来父母之间实现监护权方面能够进行协作、解决相关问题的能力;平均分配居住时间以及利用充分且重要

[①] 陶建国:《家事诉讼比较研究——以子女利益保护为主要视角》,法律出版社2017年版,第85页。

[②] 周超莉:《离婚后子女监护制度研究——从中美比较出发》,华东政法大学2017年硕士学位论文,第22~23页。

[③] 庞建琴:《变更抚养关系案件中未成年子女利益之保护》,载《山西省政法管理干部学院学报》2020年9月第33卷第3期。

的时间对子女产生的影响;法院应当考虑的其他事项。①

2. 我国现行相关规定

我国目前有关父母离婚后未成年子女直接抚养的规定主要体现在《民法典》第1084条及《民法典婚姻家庭编解释(一)》第44至48条的规定。根据前述规定,离婚父母可以协议确定抚养事宜,包括约定轮流抚养。不能就未成年子女抚养权归属问题达成协议的,需要通过诉讼由法院判决确定,判决时应当考虑的因素主要有:第一,不满2周岁的子女以由母亲直接抚养为原则,除母亲具有"患有久治不愈的传染性疾病或其他严重疾病;有抚养子女条件但不尽抚养义务;子女不宜随母亲生活的其他原因"情形外。第二,已满2周岁的,直接抚养方优先考虑因素:已做绝育手术或因其他原因丧失生育能力;子女随该方共同生活时间较长、改变生活环境对子女健康成长明显不利;一方无其他子女,而另一方有其他子女;子女随一方生活,对子女成长有利,而另一方患有久治不愈的传染性疾病或其他严重疾病,或者有其他不利于子女身心健康不宜与子女共同生活的情形;双方抚养条件基本相同时,子女单独随祖父母或外祖父母共同生活多年且祖父母或外祖父母仍有能力帮助照顾的。第三,8周岁以上子女的真实意愿。此外,《第八次全国法院民事商事审判工作会议(民事部分)纪要》规定,在审理婚姻家庭案件中,应注重对未成年人权益的保护,特别是涉及家庭暴力的离婚案件,从未成年子女利益最大化的原则出发,对于实施家庭暴力的父母一方,一般不宜判决由其直接抚养未成年子女。

3. 细化之建议

细化裁判时的考量要素既便于审判人员具体适用,也能够避免自由裁量权被滥用,有利于保护未成年子女的利益。我国法律及司法解释规定的相关考量要素相对较为简单不够全面。根据现行规定,目前司法实践中对于离婚父母无法达成合意的未成年子女直接抚养人的确定问题通常的考量因素为:子女方面包括,子女是否处于2周岁以下的幼年期、子女成长的主要照顾者、子女生活环境的延续性、子女意愿;父母自身条件方面,包括父母身体健康情况、经济收入、住房条件、再生育能力、家庭暴力方,在亲属关系上只考虑祖辈参与照顾的情形。

确定未成年子女直接抚养权不仅要考虑满足子女物质方面的需求,还应考虑子女心理方面的需求,并对未来子女的成长发展进行必要的预判。显然,对照国外父母离婚子女监护权归属司法裁判要素,结合我国的审判实践,尚有一些对于父母与子女关系影响较大的因素适宜纳入考量范围,有必要从立法上予以完善:

(1)父母方面。首先,父母一方对另一方与子女关系的宽容性。增加该要素的必要性:现代社会儿童养育理念强调,离婚后父母双方继续保持稳定参与子女生活有助于子女的健康成长,大多数国家父母离婚后子女监护立法也对此加以提倡和鼓励。离婚父母因为婚姻过程中的矛盾导致关系极为恶劣的情形并不少见,有的甚至希望离婚后能够彻底切断双方的联系,并可能在子女面前对对方进行负面评价,完全不顾及另一方与子女的关系,比如前文分析的变更抚养关系纠纷起诉原因中就不乏探望受阻情形,实践中也存在大量探望权纠纷。因此,在确定直接抚养方时有必要对一方对另一方与子女关系的宽容性进行评估,以降低引发探望纠纷概率,避免给子女带来更多伤害。前文所述德国、日本、澳大利亚、美国

---

① 陶建国:《家事诉讼比较研究——以子女利益保护为主要视角》,法律出版社2017年版,第79页。

的规定均有涉及这一要素,日本规定的"探望行使可能性"、澳大利亚规定的"父母未来联系的可能性"都是同类要素。此外,在德国,父母一方告诫子女拒绝另一方的感情或者说对方的坏话,甚至让子女称呼新的伴侣或再婚的对象为"父亲"或"母亲"的,也可能被法院认定为缺乏宽容性而取消共同监护。① 其次,父母心理健康和品行的考量。增加该要素的必要性:现代社会心理疾病发生的概率较高,经历离异的父母也是心理疾病的高发人群,司法实践中不乏当事人存在心理疾病的情形,而心理疾病甚至比普通生理上的疾病对直接抚养子女产生更重大的影响。根据我国司法解释的规定,"患有久治不愈的传染性疾病或其他严重疾病"的父或母一方将不被考虑确定为直接抚养人。从该条规定的措辞、文义上理解严重疾病只能是与传染性疾病性质一样的生理上的疾病,并未能体现心理疾病亦在其列,故有必要予以增加明确。同时,父母的品行对子女也是影响深远,查明父母有无吸毒、酗酒、赌博、嫖娼等不良嗜好或者其他品行不端情形,亦是必要的。最后,父母教育理念及对子女教育的参与度。增加该要素的必要性:教育是监护的重要内容之一,父母离婚后未成年子女的家庭教育尤显重要,直接抚养方的教育理念与教育子女的参与度,对子女的健康成长起到至关重要的作用。司法实践中,存在离婚父母教育理念差距比较大的情形,有必要让离婚父母对子女的教育作出规划。同时,很多当事人因为需要工作,明显缺乏时间陪伴教育子女,如果由其直接抚养子女,可能将子女送至外地交给祖辈抚养,比如前述变更抚养关系纠纷就涉及这样的情形。

(2)子女方面。首先,子女与兄弟姐妹关系。增加该要素的必要性:随着国家计划生育政策的变化,一个家庭有2个或以上孩子的情况越来越普遍,从前文的实证分析数据可以看出,进入诉讼的大部分离婚父母都是积极争取成为子女直接抚养方,不想直接抚养孩子的父母比例很小,直接抚养方常存在争夺之势。这种情况下,对2孩或多孩离婚父母确定直接抚养方时,很多法官更多倾向于判决2个孩子由父母双方各自直接抚养1个,以平衡父母双方的权利、经济负担等并减少离婚父母之间的冲突,这比较符合大众的心理预期,以致裁判时实际上忽略了子女与其兄弟姐妹之间的关系。当然,根据前文对2个子女的变更抚养纠纷分析,有一半比例的案件判决结果是由父母其中一方直接抚养2个子女的,特别是2个子女是双胞胎的情况,但这些案件判决时亦鲜有将子女与兄弟姐妹的关系作为判决理由。然而,在非独生子女家庭中,兄弟姐妹共同生活通常更有利于子女的人格发展,有些兄弟姐妹之间相互的情感依赖甚至大于对父母的情感依赖。基于未成年人利益最大化考虑,子女与兄弟姐妹关系必然是决定抚养事宜时要考量的因素。从国外的立法看,诸多国家也都强调确定父母离婚后子女监护权归属时要考量子女与其兄弟姐妹的关系,甚至有的国家直接规定"手足不分离""兄弟姐妹不分离原则"。其次,子女身心发育状况。增加该要素的必要性:对于身体素质较差或者存在身心疾病的子女,可能需要父母花费更多的精力和时间来照顾,这时还应当结合父母的职业性质、生活作息来判断由哪一方更适合与子女共同生活,必要时要允许判决由双方轮流直接抚养。根据现有法律及司法解释的规定,轮流抚养一般是要父母协商一致方可在司法上予以确认,在父母双方无法协商一致进行轮流抚养时,原则上不判决轮流抚养,父母双方难以协商一致的情形一般父母离婚后的配合度也是很低的,判决轮流抚养可能引发新的矛盾纠纷。在前文的样本案件中,就有2件是双方轮流抚养

---

① 陶建国:《家事诉讼比较研究——以子女利益保护为主要视角》,法律出版社2017年版,第95页。

后无法配合,甚至其中1件父亲对母亲实施了故意伤害犯罪,最终法院判决变更为单方直接抚养子女。但是,司法实践中还存在部分子女是严重身心疾病的情形,例如脑瘫、孤独症,照顾他们比照顾健康的子女需要花费成倍的时间与精力,往往父母一方难以单独承受,而有疾病的孩子恰恰又更需要父母多加照顾,因此,必要的时候也可以考虑进行轮流抚养。此外,子女发育成长期间,还需要考虑性别因素。样本案件中,就存在母亲以父亲对女儿行为不当为由主张变更抚养关系,也存在父亲以母亲不具条件与儿子分床分房居住主张变更抚养关系。综上所述,查明子女身心发育状况能够更准确地解决子女的抚养需求,是子女利益最大化的必然要求,有必要增加作为考量因素。

(二)建立子女重大事项共同决定制度,细化直接抚养方与非直接抚养方各自的权利义务

在我国,离婚父母对未成年子女仍有抚养、教育、保护的权利与义务,对父母双方的监护权利与义务的内容在《未成年人保护法》第16条有较详细列举,然而,如前分析,离婚后父母双方无法同时与子女共同生活,直接抚养方往往承担大部分的权利与义务,非直接抚养方的监护权限极小,双方权利义务的细化有利于落实非直接抚养方监护权利、义务,真正促进对子女的抚养、教育、保护。有学者提出,我国立法应当明确直接抚养方作为直接监护人,明确其抚养、保护、教育等义务的履行内容和方式。同时把不直接抚养子女一方作为间接监护人,监督直接监护人的行为,明确其用适当的方式抚养和教育未成年子女,从而强化其对未成年子女的责任感。[①] 笔者认为,非直接抚养方因不与子女共同生活,没有制度的保障,现实中难以保证对直接抚养方监护义务的有效及时监督,要从立法上建立离婚父母对未成年子女的重大事项共同决定制度,方能真正起到监督作用。建立子女重大事项共同决定制度需明确重大事项范围及决定权共同行使方式。

1. 重大事项的范围

"重大事项",顾名思义不是指所有事项,是指对子女的生活、成长有重大影响或有重大意义的事项。即使是非离婚家庭的父母也不可能对子女生活中的所有事项进行共同商量决定,离婚父母就更无这种可能,也没有必要。何为重大事项?根据国外的立法例以及我国的司法实践,笔者认为,姓名变更、移居异地或移民国外、重大医疗事宜、就读私立学校及出国留学等重大教育规划、不动产等重要财产处分,当属于重大事项的范围。

关于移居。移居对于子女以及子女与父母另一方的关系影响十分重大。世界各国普遍都对离婚后父母一方带子女移居行为进行规范,多赋予另一方向法院申请禁止移居令的权利。例如,法国《民法典》规定,私自带子女移居是不尊重子女和另一方关系的表现,作为父母是不合格的。未经同意私自带子女移居的,法官会作出不利于移居者的裁判。[②] 美国法律规定离婚父母一方可以申请禁止移居或请求变更监护权。澳大利亚法律规定,如果父母一方准备带子女移居他处而影响监护权和探望权的实现,则另一方可以申请法院作出禁止移居命令。

---

① 陈苇、谢京杰:《论"儿童最大利益优先原则"在我国的确立——兼论〈婚姻法〉等相关法律的不足及其完善》,载《法商研究》2005年第5期。

② 陶建国:《家事诉讼比较研究——以子女利益保护为主要视角》,法律出版社2017年版。

关于重大医疗事宜。德国法规定涉及子女一般事项问题,与子女共同居住的一方有权单方决定,而一些重大事项则必须由父母共同决定。因父母之间对立情绪激烈而无法构筑协作关系的,法院判决由一方行使监护权,并将子女居所指定权委托给一方行使,其余一切权利委托给另一方行使。其中包括子女疾病治疗方案选择,特定的预防接种,子女宗教信仰的选择。法国法规定,法官有权根据未成年子女利益的需要,决定哪些属于日常的行为和重要的行为。重要的行为是指断绝过去而影响未来的行为或有关子女基本权利的行为,其中向教育机关进行最初登记、长期间住院治疗、伴随最大风险的手术、子女的割礼行为等属于重要的行为,应当由父母双方作出决定。①

关于姓名变更、重大教育规划、重大财产处分方面,我国家事审判司法实践中较常涉及,这恰能说明这类事项属于影响重大的事项,显然有作为重大事项予以规范之必要,对此,本文不展开讨论。

2. 重大事项决定权共同行使方式

我国司法实践中涉及子女重大事项决定的常见情形为,一方私自变更子女姓名以及私自出售约定归子女所有的房产而产生的纠纷,而子女出国留学或就读私立学校主要是因高额学费分担产生纠纷,一般是直接抚养方诉另一方分担,另一方往往抗辩子女留学或就读学校等事宜并未与其协商甚至是不知情。可见,我国司法实践中已实际处理一些涉及子女重大事项决定权的问题,但缺乏对重大事项共同决定的制度,难以把握哪些事项需要共同决定,不少纠纷的判决尺度难以统一,比如前文介绍的子女姓名变更纠纷就存在支持单方变更的判例,这难以保障非直接抚养方的监护权利,最终也将伤及子女的权益。因此,极有必要明确哪些重大事项是应当由父母双方共同决定的,如此方能避免同案不同判的情形发生。然而,共同决定重大事项,势必意味着父母双方要进行协商,而对于矛盾较深的离婚夫妻而言这往往难以达成。在双方无法协商一致又确有必要决定的情况下,理当给予司法救济的途径,由法院依子女利益最大化原则进行裁判。这也是国际社会对重大事项决定权的普遍行使方式。例如,我国台湾地区规定,父母对于未成年子女重大事项权利之行使意思不一致时,得请求法院依子女之最佳利益酌定之。② 法国法规定,夫妻离婚后,与子女共同生活的一方迁居的,应当事前通知另一方,对迁居发生争议的,由法院根据有利于子女利益原则作出裁判。

四、父母对未成年子女监护制度的程序完善对策

(一)建立子女诉讼辅助人制度

父母双方矛盾突出时,很可能只关注自身利益而忽略了未成年子女的利益。例如,部分父母为争夺监护权而不考虑未成年子女利益甚至诱拐子女。当作为法定代理人的父母都无法代表子女利益时,建立子女利益代理人制度就有了现实必要性。

---

① 陶建国:《家事诉讼比较研究——以子女利益保护为主要视角》,法律出版社2017年版。
② 高兴:《关于离婚后父母监护职责的概念澄清》,载夏吟兰、龙翼飞主编:《家事法实务2020年卷》,法律出版社2021年版。

从国际视野看,建立子女代理人制度已是比较普遍的法律实践。联合国1989年《儿童权利公约》第9条赋予分居或离婚诉讼中的子女两项重要权利:一是参加诉讼程序的权利;二是表达自己意见的权利。公约的这一规定促进各缔约国建立相关子女利益代理人制度。其后,诸多国家确立了子女利益代理人制度。在大陆法系国家,确立相关子女利益代理人制度,有两种不同立法例:一种是德国代表的程序辅助人模式,另一种是日本代表的特别代理人模式。两种模式区别点在于这种主体参与家事程序的权限设置,一种是仍然沿用普通民事诉讼中法定代理人模式设置特别代理人模式,另一种是强调特别代理人独立性的程序辅助人等相关类似模式。① 英美法系国家也多有建立子女利益代理人制度,子女利益代理人不同于一般的诉讼代理人,其不受子女意思表示的约束,以保护子女最大利益为目的,可以为了维护子女利益而发表不同于子女意见的见解,提供独立的法律服务。

我国法学界早有建立子女利益代理人制度的呼声,离婚诉讼司法实践中也早已存在需要子女利益代理人的情形,主要有父母均坚持放弃子女抚养权的或存在虐待、遗弃子女行为的,以及未成年人名下财产权益可能受到父母侵害的。例如,离婚时约定归子女所有的房产,一方将房产出售,而另一方起诉要求分割该售房款时,则父母双方的立场都可能无法代表子女的利益,可能损害到子女的利益,这种情形下没有子女利益代理人制度,就无法对子女利益予以保障,司法上将陷入僵局。司法实践中也已有一些地区的法院在探索,比如上海市普陀区法院早于2017年在个案中尝试"儿童利益代表人"制②,代表未成年人作为独立的诉讼主体参与诉讼,行使相应的诉讼权利。山东省法院在民事案件审理中加大职权干预力度,2017年以来共为552个案件中的未成年人设置了"诉讼程序辅助人"。③ 可见,子女利益代理人制度的设置既有理论基础又有实践探索,已然是水到渠成之时,建议立法上予以完善,以统一实践中各种探索做法。

笔者建议先明确以下四个问题:第一,统一名称。子女利益代理人在各国实践探索中的名称各不一样,有"子女利益代理人""程序辅助人""程序代理人""辅助人""儿童利益代表人""诉讼程序辅助人""程序监理人"等,笔者倾向于我国可先从诉讼程序中确立子女利益代理人,相应地称之为"未成年人诉讼辅助人",体现"诉讼"与"辅助"之要义。第二,明确"未成年人诉讼辅助人"在诉讼中具有独立的诉讼地位,将子女最大利益作为首要考虑因素,不受子女及子女父母意见的约束。第三,虽然日本学理与德国学理均认为特别代理人并不限制于律师,律师作为法律专业人士没有将未成年人利益最大化的优势,鉴于我国国情,可以考虑先从有家事诉讼经验的律师中选任"未成年人诉讼辅助人"。有家事诉讼经验的律师具有一定专业优势,可以更好地维护未成年人的权益。第四,"未成年人诉讼辅助人",可以经由父母或子女申请后,由法院选任,也可由法院依职权选任。相关费用由申请人预付或由法院财务预付,并作为诉讼费用由父母双方承担。

---

① 林洋:《大陆法系民事程序中的特别代理人制度》,载《人民法院报》2021年9月17日。
② 巩宇晴:《浅谈家事审判改革中儿童权益代表人机制的构建》,载中国民商法律网,2018年8月12日。
③ 《聚焦妇女和未成年人合法权益保护,山东高院召开这场新闻发布会》,载微信公众号"山东高法"2022年5月31日。

(二)规范询问"子女真实意愿"之程序

针对离婚父母对未成年子女的监护问题,世界各国都普遍规定了尊重子女意愿原则,我国法律规定夫妻发生抚养权争议时,应当尊重8周岁以上未成年人的真实意愿,但对未成年子女如何向法庭表达意愿没有具体的规定,有必要规范询问子女的相关具体程序,以实现对子女真实意愿的准确查明,同时,借鉴国外的立法,亦有必要规定不予询问的例外情形。

(1)建议具体规定询问未成年子女的地点、方式、次数、参与人员、内容等。笔者认为,法院询问未成年子女时,询问的事项应当与其年龄、智力相适应,注意采用未成年人能够理解的问询方式,发问方式不应具有诱导性,最好通过间接方式探知子女的意愿,不宜只是简单地让子女选择与父母哪一方共同生活。询问地点应当选择除法庭之外的其他合适场所,最好是温馨舒适的场所。未成年人因客观情况无法到法院接受询问的,可以通过互联网法庭采用在线视频等方式进行。询问时,可以由审判人员单独进行,有条件的尽量邀请从事心理疏导的专业人员、学校教师、社工等人员陪同。对年龄较小的子女,可以借助游戏、漫画、玩具等方式探知其真实意愿。此外,询问情况应当进行记录,其中书面笔录可由未成年人签名确认。询问情况应当告知父母双方,原则上同一审判程序只对未成年人询问一次。

(2)建议规定可以不予询问子女意见的情形。从国外立法例看,对询问子女年龄的要求各国不尽相同,其中美国各州的规定都不相同,有的州规定为10周岁以上,有的则规定为12周岁以上或14周岁以上;瑞典规定应当听取16岁以上子女的意见,必要时也可以听取16岁以下子女的意见;有的国家则对子女的年龄并无明确的限制或规定,例如德国在司法实践中有尊重4~7岁子女的判例,也有对年龄较大未成年子女的意见不予支持的判例。同时,也有国家规定了可以不询问子女的情形,例如日本法律就规定如果子女未满15岁且根据其年龄和智力状况,听取意见不符合其福祉要求时,可以不进行询问。① 可见,对于子女意见问题各国的规定差别较大,最终是否采纳子女的意见,还是要根据其权益最大化的要求而决定。

我国《民法典》规定子女已满8周岁的,应当尊重其真实意愿。从该条款表述看,似乎只要子女已满8周岁,其真实意愿可以决定直接抚养方的确定。当然,结合司法解释的规定,需以该方父母具有抚养能力为前提。然而,该规定还是过于原则与抽象。笔者认为,未成年子女属于无民事行为能力人或限制民事行为能力人,本身缺乏足够的辨别能力和意思表示能力,容易受到他人思想、言行的影响,其真实意愿可能存在因年龄与认知情况限制而无法得以充分表达的情形,或是受到审判人员探知子女真实意见的水平局限等,故司法实践中可能存在子女的意见不是最有利于其自己的情形,如果完全依据当事人主义,则法院确定的直接抚养方未必是最有利于未成年子女的一方。在子女表述的意愿与其利益最大化之间较有可能存在矛盾时,还是应当以利益最大化为首要原则。因此,有必要给予裁判者基于子女利益最大化的要求而对子女意愿不予采纳的自由裁量权,建议立法上对不予采纳子女意见的情形作出规定,甚至可以借鉴前文所述的日本的相关规定,对一些特殊情形基于子女利益的考量也可以不询问。同时,对于8周岁以上子女真实意愿进行采纳的前提也

---

① 陶建国:《家事诉讼比较研究——以子女利益保护为主要视角》,法律出版社2017年版。

应是双方的抚养条件、抚养能力相当的情况下,如果父母双方条件悬殊很大,子女选择了条件差的一方,另一方条件有明显优势且也不存在不利于孩子成长的情形时,则应慎重考虑子女自身的意愿,特别是要考虑子女的年龄与认知水平、表达意愿的原因等。

(三)建立"离婚父母教育"机制

1. "离婚父母教育"机制概况

父母离婚后子女监护纠纷的妥善处理,有赖于离婚父母之间的合意与合作。尽可能达成抚养协议,对子女的未来生活与发展予以最佳安排,这是当前家事立法与司法上的共识。诉讼过程中对离婚父母进行教育与引导也就应运而生。美国率先在家事诉讼中建立了离婚诉讼的父母教育制度,美国各州法院自1986年后都引入了父母教育制度并迅速发展,目前美国有46个州在夫妻离婚时由法院与其他机构合作实施父母教育,27个州实行法院命令实施父母教育制度。其后,很多国家和地区予以借鉴,在亚洲,日本、韩国以及我国台湾地区对父母教育项目的实施也表现出非常积极的姿态。韩国2007年修订的《民法典》第836条第2款规定,协议离婚的夫妻,必须接受家庭法院的离婚指导。2010年1月,首尔家庭法院首先尝试运行裁判离婚的父母教育项目,后在韩国其他地方法院全面实施。[①]

我国司法实践中部分地区法院已尝试建立离婚父母教育制度,厦门市海沧区人民法院近年来借鉴台湾地区合作父母制度的一些做法,在抚养纠纷案件中尝试父母强制教育和治疗性调解制度[②],以善意父母原则审理家事纠纷,与心理咨询机构合作,由机构向法院派驻心理咨询师协助调解,积极地进行探索与尝试,取得了较好的成效:一方面引导当事人协商共同抚养促进调解达成;另一方面引导父母离婚后合作共同履行对子女的监护职责,以发挥共同监护之效能。

基于国外已有的离婚父母教育制度的施行情况,笔者认为,在家事诉讼程序中建立离婚父母教育制度要达成的直接目标是:(1)使接受教育的父母在案件审理或判决前能够自主达成抚养协议。(2)消除双方矛盾隔阂,至少在监护子女问题上能够进行合作,便于离婚后监护职责的履行。而离婚父母教育制度的深层目标应是对离婚父母和子女提供心理层面的充分支持,将父母离婚对子女的影响降至最低,以最大限度保护子女的权益。可见,离婚父母教育制度是实现父母离婚后子女利益最大化的重要辅助机制,是完善离婚父母对未成年子女监护制度的必要措施,有必要上升到立法的高度。可喜的是,我国《家庭教育促进法》已于2022年1月1日起开始实施,家庭教育进入有法可依的时代。根据该法的规定,诉讼过程中法院可以对未成年人父母进行家庭教育指导。当然,其中并未对离婚父母教育问题作出规定,离婚父母教育与普通家庭教育指导存在一定区别,离婚父母教育制度仍有必要在家事诉讼程序中加以明确。况且,如前所述,离婚父母教育制度在我国司法实践中已有一定的探索实践,具有实践基础。

2. 增设之具体程序

在离婚父母教育制度的具体程序方面,美国各州的做法各不相同,有的由法院设有专

---

① 陶建国:《家事诉讼比较研究——以子女利益保护为主要视角》,法律出版社2017年版,第43、52、53页。

② 芦絮:《以促进父母合作为中心的家事审判改革研究——以儿童权益保障最大化为出发点》,载夏吟兰、龙翼飞主编:《家事法实务2020年卷》,法律出版社2021年版,第358页。

门的教育实施部门聘请专家开展离婚父母教育,有的则委托有资格实施离婚教育的民间机构对夫妻进行离婚教育。教育的内容一般包括对离婚诉讼程序的介绍,强调离婚对子女的负面影响,让离婚父母学习离婚后父母的角色、具体意思沟通方法以及抚养子女的技法等。韩国法院裁判中的父母教育由法院调查官组织,主要内容为:①说明父母之间的争议对子女的影响;②分析父母的心理状态;③分析离婚后子女的心理状态与父母应持的态度;④说明诉讼中应保持的态度;⑤讲解家族法律知识;⑥父母对话的技巧说明。日本法院的离婚父母教育主要通过制作宣传手册与录像资料的方式进行。美国俄勒冈州离婚诉讼的父母教育运用阅览手册、观看录像、角色表演、小组讨论等方式进行。①

结合我国国情及司法实践,并借鉴国外经验,从裁判视角回观,在我国建立离婚父母教育制度时,可关注以下方面内容:

(1)要明确离婚父母教育制度的适用范围。虽然从国外立法例看离婚父母教育制度在协议离婚与诉讼离婚中均可适用,但是考虑到我国诉讼离婚中父母教育问题更为突出,且司法上人力有限,可以先从诉讼离婚程序做起,宜先规定在诉讼离婚中适用离婚父母教育制度。

(2)离婚父母教育的实施主体及形式。实施主体可以由审判人员与相关专业人员或诉讼辅助人等共同组成,比如心理咨询师、家事调查员、人民调解员等,也可以委托相关有资质的教育机构进行。由于目前我国家庭教育指导师处在形成阶段,尚缺乏对离婚父母进行教育的专业机构。因此,目前的实施主体还需以审判人员为中心,由审判人员与相关婚姻家庭、儿童权益方面的专家配合进行,特别需要心理咨询师的参与。形式上,阅读教育手册、观看教育录像是通行有效的,也是简单易行的,属于最基础的父母教育形式,应首先予以采用。由专家开设讲座也是必要的,可以一对父母单独进行教育,也可以多对父母同时进行教育,多对父母时可以进行小组讨论。此外,还可以采用心理绘画、游戏、角色扮演等多样的方式。

(3)离婚父母教育的内容。第一,提高父母双方沟通的技巧是离婚父母教育的必备内容。第二,让离婚父母掌握冲突管理办法,学会控制负面情绪。第三,离婚后子女的心理状态,父母应持有的态度。第四,让离婚父母了解离婚的程序内容以及协作的必要性。第五,让父母掌握判决后对判决履行的有效协作方法。如前文分析,从目标看,离婚父母教育可以大致分为两类:一类是拟促成双方进行共同抚养协议;另一类是拟提高其对判决后监护事宜的合作水平。对于第一类可重点实施前4项内容,第二类则5项内容均应实施。

---

① 陶建国:《家事诉讼比较研究——以子女利益保护为主要视角》,法律出版社2017年版,第55~56页。

第二节
继父母子女之间扶养关系形成的判断标准

离婚冷静期制度施行后,离婚率从2019年的3.4‰下降到2021年的约2‰,但2023年又缓慢回升至约2.6‰,说明制度反馈有所钝化。① 较高的离婚率导致社会上出现大量重组家庭,如何准确认定继父母子女之间的关系成为司法实践的难题。确定身份才能够分配不同当事人的权利、义务。《民法典》第1127条规定,子女是第一顺序的继承人,子女包括有扶养关系的继子女。何为扶养令人疑窦丛生。学者杨大文认为,扶养属于"特定亲属之间权利义务关系",广义上来说,这包括了长辈亲属对晚辈亲属的"抚养"、平辈之间的"扶养"和晚辈亲属对长辈亲属的"赡养"。② 当满足扶养条件之时,继父母子女间才能够形成法定拟制血亲关系,其中的问题比较复杂:其一,从义务指向来说,扶养究竟是单方负担义务的单向输出还是双方互负义务的双向输出?其二,从客观标准来说,扶养究竟需要满足何种程度的义务履行要求?在时间、费用等具体负担上是否应明确?其三,从主观标准上来说,扶养本身受当事人意思自治的作用范围究竟有多大?以上问题都是本文的讨论对象,期待能为扶养的认定提供具有操作性的方案。

一、继父母子女之间附义务关系的基本原理

由于人格的抽象平等性,加之儿童最大利益原则的催化作用,不同类型子女之间的平等被一再强调。儿童最大利益原则成为处理儿童问题的首要原则,国际性的人权公约(尤其是《联合国儿童权利公约》)、区域性的人权公约(尤其是《欧洲人权公约》)和国内的宪法共同推进了对非婚生子女的保护。③ 为了避免婚姻状态的变化对子女的权益造成冲击,立法对婚生子女、非婚生子女、有扶养关系的继子女的保护一视同仁。继子女的婚生身份在前婚解除时受到挑战,在后婚建立时是否重新获得不无疑问;即便采取亲属身份解除有限度溯及既往原则,在平权的基准下不挑战继子女的婚生身份,也不同于先在型血缘关系中身份存在的自然正当性,利他主义的原理能够大行其道,在被社会建构的继父母、子女关系中,基本遵从"权利义务相一致"原理。

---

① 《2023年民政事业发展统计公报》,https://www.mca.gov.cn/n156/n2679/c1662004999980001204/content.html,最后访问日期:2024年11月30日。
② 杨大文编:《婚姻家庭法》,中国人民大学出版社2015年第6版,第207页。
③ 刘征峰:《家庭法中的类型法定原则——基于规范与生活事实的分离和整合视角》,载《中外法学》2018年第2期。

(一)回归继承权本质:继父母子女附义务关系的正当性

继子女的法律地位比较特殊:基于血缘关系的存在,先在身份不以自然父母个人意志为转移,故而与自然父母的亲子关系不因父母离婚而解除;在后婚中基于抚养关系形成的事实,在社会层面又建立了一层亲子关系。由于自然亲子关系与社会亲子关系的耦合性,所以这种类型的亲子关系具有双重性。以继承为例:

继承关系处在权利义务的核心地带,属于结果关系;分析原因关系,就能够相对准确把握继承的依据。关于继承权本质的观点主要有家族协同说、死后扶养说、被继承人意思说、无主财产说。[1] 家族协同说认为,继承事实上是家族财富的代际传承,继承人的更迭是财产管理人发生变化而已,继承制度更重要的是维持家庭私有制财富的积累。死后扶养说认为,扶养权利人应该与继承人一致,这种学说从受扶养人基本生存权利的保障为出发点,体现继承制度养老育幼的功能。被继承人意思说认为,继承人的范围取决于被继承人的意愿,财产让与人拥有对个人财产的绝对支配权,体现了对个人意思自由至上价值的尊重,甚至康德也认为处分个人财产属于被继承人单方的契约自由。[2] 无主财产说认为,所有人死亡之后的财产属于无主财产,立法者可以通过规范制定便宜行事。

家庭是社会的细胞,对于继承原因的理解,既应该尊重家庭的私有关系,也应该兼顾家庭需要承担的部分社会功能。无主财产说将国家干预凌驾于个人私有、家庭私有之上,本末倒置,死亡并非终点而是新的起点,将死者遗留下的财产与被抛弃的财产同日而语,一切取决于国家的决断不具有正当性;家庭作为私人领域,自治规则为核心规则,国家干预只能在自治失灵时兜底。除此之外的其它学说,都有合理的成分,相互之间并非绝对冲突;从自由的边界来分析,以被继承人意思说为出发点最有利于个人自由的实现。即便如此,死亡也许对被继承人来说属于突发事件而未留下妥当财产安排,而家庭协同说、死后扶养说此时具有补充的解释力;同时,死者曾经为抽象的民事主体,也是具体的家庭成员,家庭成员之间的关系属于人伦秩序,完全不顾及任何家庭成员的生活、生存状态很不道德,从家庭与社会的联动效应上来说,对社会稳定秩序的维持也不友好。家庭协同说和死后扶养说对个人自治的限制,属于不同立场,前者关注家庭持续的生存发展,后者关注弱势家庭成员的生存发展,是局部与整体的关系。透过学说,对于继父母子女之间继承关系的原因,可纳入思考的因素已十分明确:自然血缘、义务履行、被继承人个人想法以及家庭整体利益实现。自然血缘下的义务履行具有法定性,而继父母子女之间的相互付出却更多依赖个人主观愿望;具体到继承,虽然被继承人未必当然接受继父母或继子女作为继承人,但如果有义务付出,至少主观上并不排斥,一则继承和扶养同样包含对财产的消耗,原物所有权人都不受益;再则立法已提供遗嘱继承机制更多尊重被继承人的自治,自己不选择纠偏等同于默认。从家庭整体利益来说,既然不以血缘为前提,社会建构的亲属或多或少相较自然血亲存在隔阂,如果将义务承担对应权利实现,会增强主动履行的意愿,为再婚家庭的融合、亲情的实现提供更多便利。学者房绍坤认为,继父母子女这种附义务的继承权,"只有对继子女尽了抚养义务才能享有继承权,继子女只有对继父母履行了赡养义务才能享有继承权,这样

---

[1] 陈英:《继承权本质的分析与展开》,载《法学杂志》2017年第6期。
[2] [意]密拉格利亚:《比较法律哲学》,朱敏章等译,中国政法大学出版社2005年版,第548页。

的操作符合立法意旨、中华民族的传统美德以及权利与义务相一致原则"①。

(二)继父母子女之间关系的类型

从大陆法系、英美法系大多数国家的立法现状出发,并不认可继子女的继承权,哪怕未成年继子女长期和继父母共同生活,这种事实上的亲子关系也不能成为继子女取得遗产的正当理由。中华人民共和国成立前后,我国的婚姻家庭立法较多受到苏联立法的影响,正是因为东欧个别国家认可继父母子女之间的继承权,当时我国进行了参考,才使其成为得以延续的立法传统,其他区域只有越南、朝鲜等少数几个国家有条件地承认继子女的继承权。《俄罗斯联邦家庭法典》第79条规定:"曾培养和抚养自己继子女的无劳动能力而需要帮助的继父母,如果他们不能得到自己的有劳动能力的成年子女或配偶(原配偶)的扶养,有权依诉讼程序要求有能力提供赡养费的继子女提供赡养。如果继父母培养和抚养继子女少于五年,或者他们以不适当的方式履行自己培养和抚养继子女的义务,法院有权免除该继子女的赡养义务。"②根据《越南社会主义共和国民法典》第676条至第679条的规定,子女是法定第一顺位继承人;同时该法第679条规定,如果继父或继母与继子女之间存在类似于父母和子女间的相互照顾与扶养关系,那么继子女与继父或继母之间相互享有继承权。③ 这样的规定和我国《民法典》第1072条(原《婚姻法》第27条)第2款规定比较类似:"继父或者继母和受其抚养教育的继子女间的权利义务关系,适用本法关于父母子女关系的规定。"

大多数国家将继父母子女的关系保留于"仅存名分"的程度,建立实质上的亲子关系需要依赖收养程序的完成。包括我国在内的部分国家,却另辟蹊径,通过"扶养"事实建立了亲子关系形成的其他通道。总之,在我国,继父母子女的关系可以分为三种类型:其一,名分型。继父母子女之间因为继父母结婚仅仅带来名义称谓的改变、结成姻亲,对其他的权利取得和义务承担几乎没有影响。其二,扶养型。继父母子女之间以存在法律义务的相互付出为前提,取得其它相关联的法律权利,身份变为立法认可的拟制直系血亲关系,最主要的是取得继承权。其三,收养型。完成法定的收养程序,和血缘父母之间的法律关系消灭。据最高人民法院法官吴晓芳的观点,收养型继子女在现实生活中不太常见,主要因为"生父或生母因离婚而无法直接抚养未成年子女,又因继母或继父的收养行为而导致与自己权利义务关系的消除,一般人在感情上很难接受这种结果"④。

以"扶养"事实作为亲子关系形成的通道,有两个问题:其一,无论是扶养概念本身,还是被分解为"教育、抚养"两个层面的内涵,都很模糊,当事人不知何种付出才导致形成扶养关系的结果;其二,因为是事实,不具有类似血缘关系的自然正当性,司法实践中倾向于以比较严格的标准判断"扶养"。从学者的观点可见一斑,对"扶养"事实形成亲子关系持怀疑、保守态度的学者甚至建议限缩继承范围,"继承人是继子女的,其继承遗产的范围应限

---

① 房绍坤、郑倩:《关于继父母子女之间继承权的合理性思考》,载《社会科学战线》2014年第6期。
② 解志国译:《俄罗斯联邦家庭法典》,载梁慧星主编:《民商法论丛(总第17卷)》,香港金桥文化出版有限公司2000年版,第709页。
③ 参见《越南社会主义共和国民法典》,吴远富译,厦门大学出版社2005年版,第165~166页。
④ 吴晓芳:《〈民法典〉婚姻家庭编涉及的有关争议问题探析》,载《法律适用》2020年第21期。

定于继父母遗产中属于继父母与生父母结婚后共同生活期间劳动所得并经分割夫妻财产后归继父母个人所有的部分"[1]。在司法实务中,部分法院对"扶养义务"的解读很严格,必须是双方互负义务的双向输出,不仅存在继父母对未成年继子女的抚养,又随后发生成年继子女对父母的赡养,才能够相互继承。

二、继父母子女之间扶养关系形成的客观标准

家庭成员之间身份取得的正当性与共同生活密不可分,继父母子女也不例外。学术界通常认为,"满足共同生活条件"的继父母子女视为形成了扶养关系,属于拟制血亲,人民法院裁判案件亦以"共同生活"为标准来认定。[2] 但是由于共同生活的模糊性,实践中很难把握:其一,在空间上,共同生活是否意味着一起居住;其二,从时间上,共同生活是否存在强制的时间要求,以及时间条件满足的连续性;其三,从义务履行程度上,共同生活意味着日常生活照料还是事实上的费用支出,物质支持还是精神支持,受不受子女监护形式或者夫妻财产制的制约。

(一)共同生活作为实质标准的模糊性

既然共同生活属于所附义务,应理解为"条件"。从条件的角度可以厘清"扶养义务"究竟是单方负担义务的单向输出还是双方互负义务的双向输出。在未成年继子女继承的理想模型中,继父母在子女未成年时抚养教育,等待继父母年老时继子女进行赡养,最后在继父母死亡时取得继承权;在成年继子女继承的理想模型中,成年继子女进行赡养,等待继父母死亡时取得继承权。我们之所以对理想模型如此执着,主要是因为继父母子女之间不存在血缘关系的自然正当性,只剩下"权利义务相一致"的被社会事实所建构的正当性。既然是条件,那么条件具有不确定性,只要不人为干预条件,保持条件发生的客观性,就不必苛求条件绝对符合理想模型。《民法典》第159条规定:"附条件的民事法律行为,当事人为自己的利益不正当地阻止条件成就的,视为条件已经成就;不正当地促成条件成就的,视为条件不成就。"故而,条件只要属于自然规律发生的结果即可,在扶养事实的形成上,双方互负义务的双向输出不必强求。未成年继子女受到抚养,如果其不属于主观拒绝履行赡养义务,例如未等到赡养之时,继父母即死亡,则仍有继承权;理论上,成年继子女主动赡养继父母而形成"扶养"事实,继子女和继父母互为第一顺序继承人,继父母也可以继承继子女的遗产。

在共同生活的认定中,抚养具有推定性,赡养却往往需要主动证明。《最高人民法院关于适用〈中华人民共和国婚姻法〉若干问题的解释草案(三)》(以下简称"婚姻法司法解释三草案")第10条曾规定,继子女和继父母形成抚养教育关系,一般情况下需要"继父(或继母)和享有直接抚养权的生母(或生父)与未成年继子女共同生活三年以上,承担了全部或部分抚育费,付出了必要的劳务,并且履行了教育义务"。故而,基层法院在进行判断时,关注点

---

[1] 马新彦:《遗产限定继承论》,载《中国法学》2021年第1期。
[2] 参见吴国平:《论继父母子女关系法律规制的立法完善》,载《江南大学学报(人文社会科学版)》2018年第1期。

就集中在了两个方面:前婚离婚之后,某一方生父母是否取得直接抚养权;取得抚养权的生父母将孩子是否带到了再婚家庭中。这里面隐含着两个推定:既然是未成年子女,就必须依赖他人生活,谁直接抚养未成年人,谁就是主要的义务履行方;如果将未成年子女带到再婚家庭,例如物理上存在共同居住的事实,再婚夫妻(子女的生父母和继父母)在日常家事协作过程中,相互存在费用支出是家庭生活的常态,不用刻意进行举证。在推定关系中,"未成年人""直接抚养""共同居住"这三个条件是相辅相成、缺一不可的。有些案件存在特殊的情况,例如未成年人的生父母离婚后,虽然生母直接抚养,为了不影响自己再婚,生母把未成年人户口挂在外祖父母名下,事实上和外祖父母经常居住,这样的推定便会因为欠缺共同居住要件而无法成立。

成年继子女与继父母的扶养关系很难推定,共同居住不太常见。一种情况是,成年继子女的赡养行为是拟制血亲形成之后、相关法律义务的延续,其在未成年时接受过继父母的抚养,此时赡养便有了一定的强制意味,根据《民法典》第 26 条的规定,"成年子女对父母负有赡养、扶助和保护的义务"。另一种情况是,生父或生母再婚时,继子女已成年并独立生活,但在继父母年老时,继子女自愿承担了赡养扶助义务。正因为扶养概念的包容度,自愿承担赡养扶助义务似乎也能构成"扶养",这种扶养的形成需要更强的证据支撑。理想情况下,需要细致考察共同生活的形成。如果不符合这个条件,费用支出就成了主要的评估标准,需要考察继子女对继父母是否进行了日常生活照料,并且有生活费用和医疗费用的持续性较大额度支出,此时扶养的形成难度颇高。此外,赡养型拟制血亲的形成,如果没有之前的抚养条件,若成年继子女死在继父母之前,由继父母继承成年继子女的遗产,可能面临很多质疑;这种小概率事件,使得继父母完全成为享受权利的一方,几乎不承担义务。

(二)维持扶养关系的相关性要素分析

在共同生活作为实质标准的涵射之下,相关联的客观判定因素已经初现端倪:围绕着共同居住的核心标准,扶养时间、费用支出、日常生活照料都是值得考虑的重要因素。按照《民法典婚姻家庭编解释(二)》第 18 条的最新立场:"以共同生活时间长短为基础,综合考虑共同生活期间继父母是否实际进行生活照料、是否履行家庭教育职责、是否承担抚养费等因素予以认定。"又根据《民法典》第 1045 条的规定,"配偶、父母、子女和其他共同生活的近亲属为家庭成员"。共同生活是家庭成员身份关系形成的重要方面,而共同生活意味着朝夕相处,共同居住为朝夕相处提供了空间可能性。

除了空间,还需要考虑时间。有学者认为,共同生活的继父母与继子女互相扶养 5 年以上的,其权利义务适用本法关于父母子女关系的规定;[①]也有学者认为,继父母子女共同生活持续 3 年及以上的,可以推定双方具有共同生活的意愿。[②] 对于三年五载的标准,"婚姻法司法解释三草案"曾经有呼应:(1)继父(或继母)和享有直接抚养权的生母(或生父)与未成年继子女共同生活 3 年以上,承担了全部或部分抚育费,付出了必要的劳务,并且履行了

---

① 参见王歌雅:《〈民法典·婚姻家庭编〉的编纂策略与制度走向》,载《法律科学(西北政法大学学报)》2019 年第 6 期。

② 参见王利明:《中国民法典学者建议稿及立法理由(人格权编、婚姻家庭编、继承编)》,法律出版社 2005 年版,第 397 页。

教育义务;(2)继父或继母因工作等非主观原因,无法与未成年继子女共同生活,但承担了全部或部分抚育费5年以上;(3)未成年继子女的生父母一方死亡,继父或继母与未成年继子女共同生活2年以上,并承担了本条第1款的相关义务。从身份关系被认可的历史传统来说,3年已经足够。例如,在封建社会,于直系亲属和最亲近的人之间,比如儿子为父亲服丧,妻子为丈夫服丧,需要3年;又如,宋朝户绝的财产,同居3年以上的亲属、赘婿、义子、随母改嫁的儿子等,在有出嫁女或姑姊妹侄的情况下,可继承三分之二,没有时,可全部继承。①

有共同居住的事实存在,费用支出似乎顺理成章,毕竟未成年人无法自立,在经济上主要依赖他人。继父母子女之间有共同生活,又有费用支出和日常照料,是最容易判断的一种情况。但是也有几种比较特殊的情况:其一,有共同居住,但是再婚父母实行分别财产制,未成年子女的日常生活费用都是生父母负担,但由于同在一个屋檐下,继父母还是进行了生活照料,能够形成"抚养关系";如果实行共同财产制,则举轻以明重。其二,继子女判给生母,但事实上长期与他人(生父、祖父母、外祖父母等)等共同生活,生母和继父是共同财产制,生母消耗共同财产支付抚养费,不能形成"抚养关系";但如果生母和继父是分别财产制,继父愿意主动消耗个人财产支付抚养费,有形成"抚养关系"可能性。通过以上分类可以归纳出以下规律:共同居住是核心判断因素,如果这个要素具备,哪怕不存在明确的费用支出,也可以成立"抚养关系",主要因为"继父或继母长期对其在生活上关心照料,在思想上帮助教育,在学业上的支持指导以及在监护责任上的承担,其艰辛与重要性并不亚于甚至超过生父母"②。生活照料是一种劳务付出,共同居住的事实让这种劳务付出无法避免,除非继父母存在不配行为用以反驳抚养关系形成,即对继子女有虐待、忽视等挑战法律底线的行为。此时,对继父母的要求并不高,只要配合生父母抚养即可。当不满足共同居住时,其他辅助判断的因素要足够强大,以便独立支撑"抚养事实"的形成。所以如果没有共同居住,导致子女没有进入再婚家庭,可能是再婚父母没有获得抚养权或事实上不抚养,都需要继父母以个人财产长期供养继子女才可能形成"抚养关系",仅仅配合生父母抚养的行为不充分。

三、继父母子女之间扶养关系形成的主观标准

继父母子女关系的形成也取决于继父母、子女的主观态度。不同于自然血缘关系所产生义务的不可反驳性,继父母子女对抚养关系的主观态度非常重要。一方面,应该注意到,再婚父母之间的婚姻关系对继父母抚养意愿的影响比较大,愿意共同生活、支出费用或者日常照料均说明意愿比较强烈,如果不愿意共同生活,则判断主观意愿要具体问题具体分析,有时"继父母很有可能为顾及夫妻感情而未表示异议,但未提出反对并不意味着其有抚养教育继子女的主观意愿";③另一方面,还应该尊重继子女的想法,不考虑未成年继子女的

---

① 参见蒋胜男:《论我国继子女法定继承制度的立法完善》,南京航空航天大学2018年度硕士学位论文,第9页。
② 吴国平:《有扶养关系的继父母关系的认定及其继承权问题》,载《中华女子学院学报》2015年第5期。
③ 参见顾薛磊、张婷婷:《论我国继父母子女形成抚养关系的认定标准》,载《青少年犯罪问题》2014年第4期。

意见不仅违反儿童最大利益原则,而且在共同生活中可能会发生对抗矛盾、影响家庭生活的和谐,但有时也需要对成年继子女的意愿进行限制,不使其存在逃避义务的机会。

(一)建立扶养关系主观意愿的作用空间与限制

扶养关系的初始认定遵从客观标准,而扶养关系是否延续却较多受到主观意愿的制约,毕竟人的想法有变化,义务的付出未必一如既往。此时,负担义务的人有一定意思自治的空间。扶养关系的认定应该具备四大要件,以继父母对子女的抚养为例:第一,继父母对继子女有抚养的意思。第二,继父母应当对继子女进行了教育和生活上的照料。第三,抚养的标准应当尽到生活扶助义务的程度。第四,被抚养人应当同意。所以,在被抚养人接受的情况下,抚养人抚养意思表示的延续性体现在义务的程度符合客观标准的要求,这是以行为推定抚养人已经行使了同意权;如果苛刻要求继父母对继子女的抚养以达成协议的方式完成,从而明示同意权,很不现实,也不符合家庭生活的常态。

继父母和继子女之间完成从直系姻亲到拟制直系血亲的过渡,始终受到扶养事实的约束。当扶养事实消灭,身份关系应该溯及既往的解除。继父母婚姻关系存续期间,扶养事实消灭是通过继父母或者继子女行使反悔权而消灭,反悔即不愿意继续承担扶养义务,或者有证据可以证明扶养义务履行的程度不符合客观标准的要求。既然继父母、子女之间不存在强制性的法律义务,则意思自治有作用的空间,可以改变继父母子女之间关系的状态。

对未成年继子女而言,当继父母的婚姻关系依然存在,而继父母行使反悔权,则未成年继子女与继父母回归名分型继父母、子女关系。当继父母之间的婚姻关系解除,而继父母没有主动行使反悔权,情况比较复杂:有学者认为,当继母与生父、继父与生母离婚时,继父母子女间的扶养事实和业已形成的继父母子女关系并不因此而自动解除,双方之间的权利义务仍然存在。① 这样的观点似乎在立法或司法实践中也能找到支撑:《民法典》第1072条规定"继父或者继母和受其抚养教育的继子女间的权利义务关系,适用本法关于父母子女关系的规定",《民法典》第1084条规定"父母与子女的关系,不因离婚而消除",最高人民法院〔1987〕民他字第44号批复曾提出,离婚后继父母子女之间的权利、义务不能自然消灭。也有学者反对,认为应该从严解释,唯有在姻亲关系(继父母子女关系)存续期间,形成扶养关系的继父母和继子女才互相享有继承权。②

史尚宽先生指出,继父母子女关系由名分而生,因离婚、改嫁而消灭。③ 从继父母子女拟制血亲关系的产生基础以及过程来分析,继父母结婚给了继子女名分,在获得名分的基础上,一些继父母尽到了与自然血缘父母同等程度的义务,才变成拟制直系血亲。继父母离婚之后,所谓皮之不存、毛将焉附,连名分都没有、姻亲也不是,何来成为拟制直系血亲的机会?如果说在婚姻关系存续期间,继父母停止付出,是通过行使反悔权而主动解除身份关系;那么离婚之后,继父母没有继续付出的理由,这样的身份关系亦因离婚而被动解除。

---

① 参见吴国平:《有扶养关系的继父母关系的认定及其继承权问题》,载《中华女子学院学报》2015年第5期。
② 参见王葆莳:《论继父母子女之间的法定继承权——〈民法典〉第1072条和第1127条解释论》,载《法学》2021年第9期。
③ 参见史尚宽:《亲属法论》,中国政法大学出版社2000年版,第52页。

《民法典婚姻家庭编解释(一)》第54条规定:"生父与继母离婚或者生母与继父离婚时,对曾受其抚养教育的继子女,继父或者继母不同意继续抚养的,仍应由生父或者生母抚养。"如果不愿意因离婚而解除继父母、子女关系,抚养人应该在规定的时间内作出明确的意思表示,可以继续成立抚养关系;否则应该视为继父母、子女之间的抚养关系消灭。《民法典婚姻家庭编解释(二)》第19条第1款进一步明确:"生父与继母或者生母与继父离婚后,当事人主张继父或者继母和曾受其抚养教育的继子女之间的权利义务关系不再适用民法典关于父母子女关系规定的,人民法院应予支持。"成年继子女对继父母之间的关系也可以这么处理:当继父母离婚,除非继子女与继父母就继续履行赡养义务达成一致,否则就不再继续承担赡养义务。

一般规则应有例外,在权利和义务不平衡的情况下,由于离婚是主观原因导致的失衡,为了补偿扶养人的付出,应该引入不当得利请求权进行救济或者酌分遗产请求权进行调整,两者提起的时间不同,分别由有权人在生前提起和死后提起。其一,继父母离婚时继子女已经成年,继父母对继子女已完成履行长期抚养义务;其二,成年继子女对继父母履行了长期赡养义务,而后继父母之间又离婚的。根据《民法典婚姻家庭编解释(二)》第19条第2款之规定,继父母对曾经形成抚养关系的继子女主张费用返还请求权的条件适用较为苛刻,必须满足继父母"缺乏劳动能力又缺乏生活来源"的双重条件,人民法院依照具体情况支持,只能够生前主张,死后无平衡利益方法。

(二)意思自治参与扶养关系的弊端:弱势的亲属照顾权

继父母子女之间的扶养关系非常弱势,似乎不受身份法原理的统率,而更多受财产法原理的约束。基于身份法原理,在不同代际之间,利益主要是向下、向弱势家庭成员流动,血缘关系为利益向下流动创造了正当性。[①] 由于身份承担了分配作用,这种分配往往具有法定性,因不能推卸、无法拒绝而欠缺意思自治的空间。继父母子女之间的扶养关系,遵从权利义务相一致的财产法原理,排除小概率事件下偶然失衡的状况,付出与回报基本匹配,所以这种身份关系便有了身份契约的味道,意思自治作用的空间较大,无论是进入还是退出这样的关系,都能主观决断。吊诡的是,即使扶养关系形成,针对父母对子女所拥有人身财产权的各种类型,尤其是人身方面的权利,也并非绝对。如果把继父母子女之间的监护权利束分解成不同方面,具有以下特点:

虽然继子女存在多父母,但是自然父母和继父母之间若存在权利冲突,继父母的权利明显劣后。例如,对于姓名权,《民法典婚姻家庭编解释(一)》第59条第2句规定"生父母擅自将子女姓氏改为继母或继父姓氏而引起纠纷的,应当责令恢复原姓氏"。抚养作为意思自治符合客观标准后所形成的身份权利,似乎不如法定身份支配力那么强大,自然父母和继父母难以平权。再如,如果没有生父母和继父母之间的婚姻作为前提,生父母和继父母无法协作抚养,那么抚养关系的延续性会受到巨大的挑战。通过前述分析得知,婚姻是原因关系,继父母子女形成拟制血亲是附条件的结果关系,所以继父母的权利范围取决于与之缔结婚姻的生父母的权利范围。从情感上说,继父母愿意接纳继子女,主要是看在生父

---

① 参见冯源:《〈民法典〉视域下亲属身份行为与财产行为的冲突与整合》,载《云南师范大学学报(哲学社会科学版)》2020年第6期。

母的情分上,不排除生父母死亡之后继父母仍然对继子女有强烈的抚养意愿,可以意思自治,但此时也需要给予继父母相应的退出机会。如果生父母死亡,那么从监护人的选任上,继父母并非当然的监护人,而应该考虑将子女生存的生父母作为当然的监护人;再则,涉及遗嘱监护,由子女的自然父母行使决定权。

遵从权利义务相一致的财产法原理,决定了扶养关系形成的相对性。毕竟,义务的付出人和权利的享有者才是当事人双方,任何其他第三人的参与都会令权利义务关系失衡,不具有正当性。例如,有扶养关系的继子女享有第一顺位的法定继承权,但不及于继父母的其他近亲属,即此种继承权仅存于继父母子女间,继兄弟姐妹并不因此而当然地互为第二顺位法定继承人,继兄弟姐妹间的继承权亦须他们之间以扶养关系的形成为前提条件,即该"拟制血亲"效果并不及于旁系血亲。再如,根据《民法典婚姻家庭编解释(一)》第15条的规定,与被继承人已形成扶养关系的继子女的养子女可以代位继承,反之与养子女有扶养关系的继子女则不能代位。继子女可以继承被继承人的财产,作为代位继承人的养子女自然可以;但是养子女虽然可以继承被继承人的财产,但是有抚养关系的继子女从相对性的角度只有资格继承养子女的财产,但无法越级继承被继承人的财产。

根据以上分析,继父母子女之间的扶养关系类似一种"报偿性"的关系,主要调整财产关系。晚辈子女的贡献既体现于服从长辈成员的要求,又体现于可能为家庭财富的增值提供生产性的付出,所以继承权相当于一种回复。因此,即使继父母子女之间扶养关系形成,其主要作用的法律关系范围也相对比较狭窄,一方面解决继父母、继子女之间的抚养、赡养关系;另一方面解决继父母和继子女之间的财产继承关系。

四、继父母子女之间扶养关系形成与否的判断方法

身份关系具有事实先在性,先有社会事实,后有法律事实,所以继父母子女之间的关系因为具备相关事实要件而受到法律的认可,并无不当。这样操作也具有一定的现实意义,作为附义务权利,以将来的回报作为动机驱使,鼓励没有血缘关系的继父母向继子女多承担义务,有利于重组家庭的关系融合,继子女对继父母义务付出亦然。即便如此,当直系姻亲因具备扶养的条件变为拟制直系血亲,不仅具备名分,也存在实质的权利义务关系,这给司法实践的操作带来很多难题,不仅认定标准很模糊,而且与血缘父母之间容易引发权利冲突。

客观标准上,共同生活应该作为核心条件。共同生活满3年的,应该判定继父母和继子女之间形成了扶养关系。共同生活一般指共同居住,具有一定的推定性,如果继子女未成年,由承担直接抚养权的生父母带入再婚家庭,则时间从继父母结婚时起算,可以先推定形成抚养关系,等待反驳。只要物理上存在共同生活的事实,不论再婚夫妻之间是法定共同财产制还是约定分别财产制,在日常家事协作过程中,相互存在费用支出是家庭生活的常态,不需要刻意举证费用支出;哪怕继父母不存在明确的费用支出,对继子女基本只有日常生活照料,也不影响抚养关系的成立。如果不存在共同生活,抚养关系的认定需要从严掌握,认为关系成立的当事人需要承担更加积极主动的证明责任,如果未成年子女与他人共同生活,因生父母再婚不影响之前法定责任承担,继父母履行义务的标准需要超越"配合生父母的抚养行为",例如以个人财产资助抚养继子女长达3年的可以形成"抚养关系",以显

著连续费用发生(例如教育费用、医疗费用等)之时起算,重大偶然的费用支出仅成立赠与关系。在理想状态下,权利义务相一致能够被贯彻,幼有所养与老有所依相互对应,未成年子女受到继父母抚养,成年之后赡养继父母,并作为第一顺序继承人继承继父母的遗产。但现实未必如此理想,"扶养"是事实条件,只要不人为控制、干预,条件的发生、形成符合自然规律即可。未成年人与继父母抚养关系形成之后,继父母死亡、未成年人没有机会赡养继父母,不影响其作为法定第一顺序继承人的身份。反之,如果成年继子女主动赡养继父母,虽然《民法典》也认可继父母作为继子女的法定第一顺序继承人,但是应该区分情况对待:符合共同居住条件的,由于有家庭成员关系形成的主观意愿,自共同居住之日起3年,成年继子女和继父母形成赡养型扶养关系;不符合共同居住条件的,也许成年继子女对继父母的费用支出,只是出于关怀、照顾,大概率按照好意施惠关系处理。

主观标准上,形成扶养关系关注继子女和继父母意思表示达成一致的过程。如果两者的主观意愿发生变化,会给这段关系的延续带来明显的危机。其一,主动解除的情况。继父母婚姻关系存续期间,扶养事实消灭是继父母或者继子女行使反悔权的结果,反悔即不愿意继续承担扶养义务,或者有证据可以证明扶养义务履行的程度不符合客观标准的要求。其二,被动解除的情况。继父母与生父母之间也有离婚的可能性,再婚家庭一般都是先有婚姻而后亲子关系形成,原因关系出现动荡势必影响结果关系,所以一般情况下可以根据《民法典婚姻家庭编解释(二)》第19条第1款之规定,继父母子女的关系因为继父母离婚而被动解除,除非继父母和继子女另行约定维持关系。特殊情况下,被动解除后引入不当得利请求权或酌分遗产请求权平衡继父母、子女的关系。例如,继父母离婚时继子女已经成年,继父母对继子女已完成履行长期抚养义务;又如,成年继子女对继父母履行了长期赡养义务,而后继父母之间又离婚的。

此外,在继父母、子女之间关系的处理规则中,财产法理应该优先于身份法理,主要考虑继父母的付出与回报是否相匹配,所以其对继子女监护权权能不健全,本质上是一种弱势的照顾权:一方面,继父母与生父母权利冲突,尤其当涉及人身性的权利时,继父母权利显然劣后,例如姓名权、监护权等;另一方面,继父母和继子女之间的权利义务具有相对性,在旁系血亲的继承关系、代位继承中,并不当然享有权利。

第六章 离婚研究

第一节

《民法典》第 1079 条法定离婚标准研究

人民法院审理离婚案件时,夫妻感情是否确已破裂是判决准许或者不准许离婚的原则标准。《民法典》第 1079 条规定了诉讼离婚的法定程序和判决标准。从 1980 年《婚姻法》实施到如今的民法典时代,人民法院审理离婚案件,如果感情确已破裂,调解无效的,应当准予离婚。四十余年来,诉讼离婚的法定原则标准,并无改变。夫妻感情确已破裂是该法定标准的核心;调解是法院审理离婚案件的法定程序之一,且是前置程序。关于如何判断夫妻感情是否确已破裂,在既往长期司法实践经验中总结出了"五看",即看婚姻基础、婚后感情、离婚原因、夫妻感情现状、是否有和好可能,为个案评判提供了具体的综合判断指引,相关研究成果丰富。本节不讨论单纯的夫妻感情是否破裂之判断,而探讨理解和适用法定离婚标准时,以往研究少有讨论的下列四个问题:第一,第 1079 条各款之间关系;第二,当原被告存在法定离婚事由之一项或者多项时,法院是否就应当认定该对夫妻感情确已破裂而只能准许离婚? 第三,当原被告双方都同意离婚时,法院是否有权判决不准离婚? 第四,法院判决不准离婚后双方分居满一年的,一方再次请求离婚,法院是否只能批准离婚,而无权驳回?

一、《民法典》第 1079 条各款之间关系

《民法典》第 1079 条有五款规定,关于各款之间关系的认识和理解,对于正确适用该条及各款,既具有理论性,又关乎司法适用,是个重要问题,然而以往研究几乎未涉及此问题。

(一)如何理解该条第 1 款中"夫妻一方要求离婚的"

该条第 1 款规定"夫妻一方要求离婚的,可以由有关组织进行调解或者直接向人民法院提起离婚诉讼"。这是否意味着该条文是针对仅由夫妻一方要求而另一方不同意离婚的? 其实不然。首先,基于民事诉讼机制,向人民法院起诉的,只能是原告,不可能原被告同时起诉,即使被告后续提出新的诉求,也只能构成反诉原告而非本诉原告,本诉原告则成为反诉被告。其次,此款中的"一方要求离婚",既可以是夫妻一方要求离婚,另一方不同意离婚,又可以是夫妻双方不能就离婚或者与离婚相关事项达成一致意见。即使夫妻双方都同意离婚,但由于就未成年子女抚养安排、财产分割或者其他与离婚相关问题无法达成一致,无法通过行政程序获准登记离婚,不得不诉诸法院。再次,因为涉外等复杂因素的考虑,部分当事人愿意选择诉讼离婚。最后,该款主要是程序规定,是赋予起诉资格,并不限制或者排斥双方要求离婚的情形。即使起初仅由夫妻一方要求的离婚案件,经过调解,原被告双方可能就离不离问题达成一致意见:都同意离婚。在离婚诉讼案件中,夫妻双方都同意离

婚的并不少见。所以,该款规定并不应理解为单纯指夫妻一方要求离婚而另一方不同意离婚的情形,而是应该将"夫妻一方要求离婚"进行概括理解。

(二)夫妻感情破裂和调解前置程序

1. 将调解设定为强制性的前置程序

凡是人民法院审理的离婚案件,在判决之前都应当先行调解;未经调解,不得径行判决,否则,违反程序规定。这是自从1950年《婚姻法》颁布以来,我国诉讼离婚制度坚持的一贯做法旨在通过司法多元化干预,减少对抗性冲突,有利于个体、家庭和社会。该条第2款规定"人民法院审理离婚案件,应当进行调解;如果感情确已破裂,调解无效的,应当准予离婚"。

第1079条规定的"调解",既指调解和好,也指调解离婚。法院应当尽力促成原被告双方和好。如果当事人双方和好的,通常原告申请撤回起诉,法院依法批准,离婚诉讼终结。如果原被告调解和好不成或无望,法院可以朝着离婚进行调解,如果双方都同意离婚,法院通常会准许离婚。关于未子女抚养、夫妻共同财产分割、夫妻共同债务清偿等问题,能调解达成一致意见的,尽量调解;调解达不成一致意见的,法院依法判决。

该前置性的调解程序是适用于第1079条第2、3、4、5款规定?还是仅适用于第2款、第3款,而不适用于第4款、第5款的?从学理上分析,应该解释为适用于各款。首先,该条第2款规定调解是离婚诉讼的必经程序,没有设置例外或除外情形。其次,即使是一方被宣告失踪,不可能出庭表达其意愿,但针对原告一方仍可进行调解的,如果原告愿意放弃离婚打算,维持其婚姻对社会并无不利。对于判决不准离婚后又分居满一年的情形下,夫妻一方要求离婚,无论当事人本人是否到庭(法院通常要求离婚诉讼当事人到庭),调解可以进行。诚然,第4款、第5款中没有出现"调解无效"作为批准离婚的前置条件,似乎该两款规定情形下的离婚,可以选择调解,但调解并非必经程序,笔者以为,根据第2款规定,结合离婚诉讼成本、诉讼效果等因素,第4、5款规定的情形下,仍有必要适用调解。

2. 夫妻感情破裂是法院批准离婚或者不准离婚的原则标准

以夫妻感情破裂作为法院判决准许离婚的原则标准,是我国离婚法的创新规定。从1980年《婚姻法》第25条规定至《民法典》第1079条第2款规定,已有40年立法史。1980年《婚姻法》第25条第2款首次规定,"人民法院审理离婚案件,应当进行调解;如感情确已破裂,调解无效,应准予离婚"。其主要依据源于马克思主义经典作家和社会主义婚姻观强调婚姻以感情为基础。该原则实施四十余年来,总体而言已广为接受,但是,也有一定争议。

笔者一直认为,如果使用"婚姻关系破裂"或者"婚姻关系不可挽回地破裂"来替代"感情破裂",表述将会更精,虽然两者的意思已区别不大。法律关系才存在破裂或者未破裂的事实,感情只会是存续或者消失,与"破裂"一词不太搭配。婚姻关系破裂且不可挽回,是离婚立法从过错离婚发展到无过错离婚后,大多数国家和地区普遍采用的表述。[①]

(三)法定离婚事由

《民法典》第1079条第3款规定有五大类法定离婚事由。"有下列情形之一,调解无效

---

① 参见蒋月:《我国现行法定离婚理由立法主义》,载《东方法学》2009年第4期。

的,应当准予离婚:(一)重婚或者与他人同居;(二)实施家庭暴力或者虐待、遗弃家庭成员;(三)有赌博、吸毒等恶习屡教不改;(四)因感情不和分居满二年;(五)其他导致夫妻感情破裂的情形"。该五类事由被确定为识别和判断夫妻感情破裂的事实,是为了统一法院对"夫妻感情确已破裂"的认识,统一理解和适用判决离婚的标准,避免过于主观,防范发生"同案不同判"。在该款中,除了"因感情不和分居满二年"不涉及过错,前三类法定离婚事由均涉及当事人过错。这说明我国离婚法定理由立法实行混合主义,有过错的,可以导致离婚获准;无过错的,离婚请求也可以获准。①

将"夫妻感情破裂"具体化为五类情形,是承袭 2001 年《婚姻法(修正案)》第 32 条规定,且是源于 1989 年最高人民法院相关司法解释。1989 年 11 月,最高人民法院印发法(民)发〔1989〕38 号通知,其中《关于人民法院审理离婚案件如何认定夫妻感情确已破裂的若干具体意见》规定,具备"因感情不和分居满 3 年,确无和好可能的,或者经人民法院判决不准离婚后又分居满 1 年,互不履行夫妻义务的"等十四种情形之一的,"一方坚决要求离婚,经调解无效,可以依法判决准予离婚"。2001 年修订婚姻法时,吸收了该司法解释关于夫妻感情破裂认定应当基于具体事实的列示立法模式,但内容仅吸收了其中几款情形,且将分居期限由 3 年缩短为 2 年;未将包办、买卖婚姻、草率结婚导致离婚等情形纳入法条内容。《民法典》第 1079 条第 3 款复制了 2001 年《婚姻法(修正案)》第 32 条规定。

关于第 4 款规定夫妻一方被宣告失踪,另一方要求离婚的,应当准予离婚,这是对婚姻关系实质性破裂的推定,是平衡个人利益与社会秩序的安排。一方失踪,必然导致夫妻共同生活、相互扶养等法定义务履行的长期缺位;同时,夫妻情感联结中断和情感疏离,客观上使夫妻关系难以为继。还导致共同财产管理的困难或者债务风险。批准离婚,确认婚姻关系终止,避免无意义的法律关系延续而长期继续约束另一方配偶。婚姻关系当事人一方失踪了,该婚姻已名存实亡,司法批准其终止,可以让配偶另一方有开始新生活的机会。

关于第 5 款规定判决不准离婚后分居满 1 年且又起诉离婚的,应当准予离婚。立法为不同意离婚的配偶一方提供了 1 年缓冲期,允其去努力挽回婚姻。如果当事人离婚请求被法院驳回之后,婚姻又存续了 1 年,夫妻双方仍处于分居状态,没有和好的,这说明该婚姻双方确实和好无望,特别是当一方起诉要求离婚,表明其离婚意愿坚定,强行维持该婚姻非但达不到婚姻生活应有效果,相反,很可能对双方均不利。故法律赋权法院批准离婚。这其中,有个程序问题值得讨论:对"再次提起离婚诉讼"一方是否有特定限制?换言之,再次起诉的原告应当是指上次离婚诉讼的原告吗?或者夫妻任何一方起诉均符合适用该款规定的条件?从"再次"一词使用看,似乎强调上次要求离婚的夫妻一方,在判决不准离婚后,不改初衷,继续坚决要求离婚,但是基于离婚自由原则,从夫妻感情确已破裂作为法定离婚标准界限看,对于是谁再次提起离婚诉讼,不应该设苛刻限定。笔者理解,对于再次起诉离婚的原告,可以是上次离婚诉讼的原告,可以是夫妻另一方,因为此处立法没有限定原告主体资格仅限特定一方的理由。

---

① 蒋月:《论我国现行法定离婚理由立法主义》,载《东方法学》2009 年第 4 期。

二、当事人一方或双方具备法定离婚事由之一项或者多项时,法院是否必须判决准许离婚?

当事人具备第1079条第3款或者第5款规定的法定情形的,人民法院是否只能批准离婚而不得驳回离婚请求或者不准离婚?提出此问题,是基于对下列三个问题的思考和存疑:

(一)对法定离婚理由的理解

法定离婚理由是法院应该允许解除婚姻的充分理由和法律依据。在第3款规定中,多数离婚事由涉及过错。男女结婚共同生活,是期待相互尊重、相互扶养、相互满足,让自己生活得更好而非变糟。因感情不和而分居满2年等,属于无法调和的分歧,应归入无过错离婚的理由。

首先,请求离婚的配偶一方应当证明法定离婚事由存在。如果配偶一方声称另一方具有该款规定的过错情形之一或者之二或者更多,另一方拒绝承认的,主张者负担举证责任,需要提供证据去证明其主张成立,这也是离婚诉讼最困难的情形之一。其次,当法定离婚事由事实存在,意味着满足法院批准离婚的条件。最后,如果当事人的确具备法定离婚理由之一或者更多项时,法院认为具有正当理由的,应该依然有权不批准离婚。法院是司法审判机关,不是离婚登记机关,其代表国家行使审判权,在查明事实基础上,综合个案情况进行公正裁决。法院判决不准离婚的依据应当是夫妻感情没有完全破裂,双方有和好可能。法院从当事人双方的婚姻基础、婚后感情、夫妻关系现状、离婚原因、有无和好可能五个方面综合进行判断,如果认定原被告夫妻感情没有完全破裂,就不应当准许离婚。根据该条规定,夫妻感情确已破裂,调解无望,才应当准许离婚。夫妻离婚事由,是指导当事人和法官去认识并评判夫妻关系现状和未来的指引,并不意味着任何情形下或者任何时候,只要当事人具备法定离婚理由之一,法院就必须批准离婚。

(二)当事人自证其错,是否满足法定离婚事由要求?

按照无过错离婚主义,无论原告是否有过错,只要满足法定离婚理由要求的,都可以获准离婚。但是,如果原告为达到离婚诉讼目的,自证其曾实施过该条款规定中的过错行为之一的,是否同样具备了法定离婚理由呢?从立法条款看,无论哪一方当事人证实符合法定离婚理由的事实存在,都可以满足法定离婚条件要求,立法并未限定由何方当事人证明,尽管从诉讼上看,证据法规则要求是"谁主张谁举证"。然而,如果原告或者上诉人(原审原告)自证其错,就可以满足法定离婚理由要求,将会明显存在道德风险——原告只要认个错,就可以获准离婚,这不仅让原告从先前的违法行为中获益了(原告既起诉离婚,获准离婚就是其诉讼目的),而且对被告不公平。笔者以为,在证明导致夫妻感情破裂事实上,法律不仅不排斥任何一方当事人承认其实施过的过错行为,而且是要求当事人如实陈述;这在诉讼过程中的事实查证上,随处可见,不容置疑。离婚立法从过错主义转向无过错主义,其分水岭正是离婚仅仅是终止无可挽回的破裂婚姻,是对婚姻当事人双方的救济,而不仅仅是对无过错夫妻一方的救济,是否批准离婚与当事人本人的过错无关。《民法典婚姻家庭编解释(一)》第 63 条规定,法院审理离婚案件,符合《民法典》第 1079 条第 3 款规定"应当准予离婚"情形的,不应当因当事人有过错而判决不准离婚。从这个意义上讲,不能从违法行为中获益的原理,在离婚法上并不全然适用。诚然,这不意味着"自证其错"是好的。

三、当原被告双方均同意离婚时,法院是否有权判决不准离婚?

《民法典》第 1079 条没有将原被告双方都同意离婚的情形规定为认定夫妻感情确已破裂的法定事由,但是,从法律理性和社会生活经验判断,将诉讼中的原被告都同意离婚视同夫妻感情确已破裂,应当不会有争议,故应理解为该情形无须法律再规定。近年司法实践中,出现了原被告双方均同意离婚,但是,审理法院以夫妻感情没有完全破裂等为由,判决驳回原告诉求的案例。相关案例经媒体公开披露后,引起了较多讨论。这说明当事人双方都同意离婚的情形下,法院裁判准许或者不准许离婚的标准,确有进一步研究的必要。此处结合受到社会较多关注的相关离婚案件,探讨对第 1079 条的理解与适用。

(一)应某诉徐某离婚案评述

1. 案件基本情况及裁决结果

2023 年 4 月,应某(女)向法院起诉请求与丈夫徐某离婚案,一审法院审理结束时,原告应某和被告徐某双方都同意离婚,对原告离婚请求,判决不予支持。一审法院认定夫妻感情没有破裂,故判决不支持原告的诉讼请求。[①] 该判决结果受到较多人关注。原告应某和被告徐某均同意离婚的情形下,法院判决不准离婚,是否有法律依据? 当原被告双方都同意离婚时,以往法院判决针对原告请求与被告离婚的诉讼请求,该项判决主文表述通常是"依法予以照准"。离婚诉讼双方都同意离婚,法院却认定"未提供任何有关感情破裂的实质性证据",据此判决不准离婚,是个非常罕见的案例。应莹女士在其社交媒体上公开披露了上海市黄浦区人民法院〔2019〕沪 0101 民初 11385 号民事判决书全文(扫描)。根据该民事判决书内容,简略讨论应莹与徐翔离婚纠纷案的一审判决结果。

在应某与徐某离婚纠纷案中,原被告双方都同意离婚。一审法院民事判决书十分明确地写明原被告双方都同意离婚。一审法院是 2019 年 5 月 13 日受理该案件的。首先,原告应某向一审法院提出的诉讼请求很清楚:"1. 原、被告离婚。2. 双方所生之子随原告共同生活,不要求被告支付抚养费"。后来,该案件审理中,"原告新增一项诉讼请求:要求分割夫妻共同财产"。其次,看被告徐某的辩称,"对原告所述事实理由无异议,双方本无原则性矛盾,后因处理被告的刑事案件产生婆媳矛盾。现同意离婚,同意双方所生之子随原告共同生活,夫妻共同财产由法院依法处理"。

法庭调查"夫妻感情"事实时,一审判决称被告表示"感情不错",但又说"我不管那么多了",且不回答法庭的其他询问,"情绪消沉不稳定"。原被告双方均表示无原则性矛盾,仅因被告入狱导致长期分居,为处理被告刑事案件而引发婆媳矛盾。审理法院认定当事人双方"携手共度已近二十年,感情基础深厚""婚后感情良好",但是,2017 年 1 月 22 日,被告徐某经山东省青岛市中级人民法院(2016)鲁 02 刑初 148 号刑事判决书"判决犯操纵证券市场

---

① 参见上海市黄浦区人民法院(2019)沪 0101 民初 11385 号民事判决书。

罪,被判处有期徒刑五年六个月。因被告长期被关押致二人分居,原告只能独自抚养孩子,照顾双方父母,承担了较大的社会压力,致夫妻感情失和",导致夫妻分居多时,"同时引发婆媳矛盾"。而且,法院是明确认定"双方仍要求判决离婚"的。据此,原告应某和被告徐某都同意离婚,应是无疑问,无异议。

2. 如何评判法院判决驳回原告应某的离婚请求

在应某与徐某离婚纠纷一案中,应某起诉请求离婚,徐某同意离婚。一审法院依调解程序要求,肯定进行了调解。从应莹和徐翔夫妇分别向法庭作出的意思表示看,他们俩都同意离婚,这就意味着调解和好不成;调解离与不离则无必要;关于婚生子抚养,双方都同意由原告直接抚养;唯一不明晰的只有夫妻共同财产认定与分割,但双方都同意"依法分割"。尽管"双方坚持要求处理夫妻共同财产",但是,一审法院民事判决书内容中,并无涉及夫妻共同财产查明情况。

该一审判决不支持原告诉讼请求,其理由是法院认为"被告入狱前后未产生其他事由致双方感情恶化并达到破裂的程度,双方之间的关系并未发生实质性变化。现被告已刑满释放,原告所述产生感情问题的原因已消除,在此情况下,双方仍要求判决离婚,并在第二次庭审中新增了分割夫妻共同财产的诉求,要求处理刑事案件尚在执行中、无法分割的财产。鉴于双方关于离婚事项的诉辩意见均缺乏感情破裂的相关事实,且未提供任何有关感情破裂的实质性证据,综合分析现有情况,本院难以认定原、被告双方感情确已破裂,根据婚姻法的立法精神,对原告的诉请难以支持",判决"原告应某要求与被告徐某离婚的诉讼请求,不予支持"。

目前,没有充分依据评议该案的一审法院判决不当。法院的司法审判权包含了自由裁量权。人民法院审理案件过程中,在法律规定范围内或者法律没有规定以及规定不明确时,依据立法原意或者法律精神、原则和规则,秉持公正司法的理念和良知,遵循经验法则,运用逻辑推理方法,对案件事实认定、法律适用以及程序指挥等事项进行合理甄别、判断和选择,并最终作出合法、合理、公平裁判的权力。离婚案件审理中,同样适用自由裁量权。行使该自由裁量权应当遵循法律的精神和规定,不可越位或任性。

在应某诉徐某离婚案中,原被告都同意离婚,特别是被告出狱后,其并未改变同意原告离婚请求的态度。如果说原告于2019年起诉离婚时及被告出狱之前,丈夫犯罪的事实严重冲击了夫妻关系,加之夫妻长期分居,那么客观上无机会修复出现严重裂痕的夫妻关系。但是,被告出狱,恢复了自由后,双方关系是否就会有和好可能,这要看原被告双方的态度、认知、感情关系现状等。一审法院认定原被告"缺乏感情破裂的相关事实,且未提供任何有关感情破裂的实质性证据",故认定原被告夫妻感情未破裂。这判断确实令人有点儿费解。当离婚诉讼中,原告坚持离婚,被告也同意与原告解除夫妻关系时,还要求原告举证证明夫妻关系破裂事实,确有商榷余地。如果有证据证明当事人的意思表示真实性存疑或其目的有违法律或者不合乎道德,则应有针对性地予以甄别和辩驳。当然,民事判决书篇幅有限,没有看到详细卷宗材料,对一审判决的评论有可能不精准。

应莹与徐翔离婚纠纷案中,复杂事项应是夫妻共同财产的认定与分割,因为徐翔所得财产牵涉到刑事案件。如果他们夫妻共同财产复杂或者一时难以查清,法院依法可以决定不在离婚纠纷案件中一并审理,决定并要求或者准许当事人"另行处理"。一审法院确实也告知当事人鉴于被告徐翔的财产尚在刑事案件的执行过程中,"夫妻共同财产范围不明,故本案中不予处理"了。

3. 夫妻共同财产分割与判决准许离婚之间可以间隔多长时间？

假如法院批准原被告一致同意的离婚，决定夫妻共同财产分割另行处理的，后者最迟可以延后到什么时间进行处理？笔者认为是无限期，因为现行立法或者相关司法解释对此均未规定时限。首先，无论是婚姻法时代或者民法典时代，立法对该问题并无规定。其次，从司法实践看，特别离婚后财产纠纷案件处理情况看，也未设定期限。《民法典婚姻家庭编解释（一）》第81条规定，"婚姻关系存续期间，夫妻一方作为继承人依法可以继承的遗产，在继承人之间尚未实际分割，起诉离婚时另一方请求分割的，人民法院应当告知当事人在继承人之间实际分割遗产后另行起诉"。如果继承人多年以后才实际分割遗产，则该原配偶方就有权在多年后请求分割该部分夫妻共同财产。该司法解释第83条规定离婚后，一方以尚有夫妻共同财产未处理为由向人民法院起诉请求分割的，经审查该财产确属离婚时未涉及的夫妻共同财产，人民法院应当依法予以分割。此类情形，裁判规则也未设定期限。而对另一类离婚后分割夫妻共同财产的情形，该司法解释明确规定请求权行使的除斥期间为三年。第84条针对夫妻一方隐藏、转移、变卖、毁损、挥霍夫妻共同财产或者伪造夫妻共同债务企图侵占另一方财产的行为，另一方在离婚后发现的，赋予另一方"请求再次分割夫妻共同财产的诉讼时效期间为三年，从当事人发现之日起计算"。此条也仅针对故意损害另一方夫妻共同财产权的行为，设立了三年追诉期；其他情形则无期限规定，可以佐证另行处理夫妻共同财产可以是长长久久的事。《民法典婚姻家庭编解释（二）》第20条第4款规定，离婚协议约定将部分或者全部夫妻共同财产给予子女，离婚后，一方有证据证明签订离婚协议时存在欺诈、胁迫等情形，请求撤销该约定的，法院依法予以支持；当事人同时请求分割该部分夫妻共同财产的，依照《民法典》第1087条的规定，先由当事人协商处理；协商不成，根据财产的具体情况，按照照顾子女、女方和无过错方权益的原则进行判决。从离婚协议约定夫妻共同财产分割的履行纠纷看，裁判规则同样未限定期限。

（二）夫妻双方同意离婚，但均不愿抚养未成年孩子，法院判决不准离婚

最近几年，仅经媒体公开披露的这类案件已有数起。

案例1，何某与王某离婚纠纷。原被告双方感情破裂，均表示愿意离婚，但是，都表示没有能力抚养孩子。承办法官考虑到孩子年幼，正上小学，为了不影响孩子的生活和学习，对当事人进行多次调解，但当事人双方仍坚持不愿意养孩子。新疆维吾尔自治区温宿县人民法院认为，何某、王某双方互相推诿、视孩子为累赘的表现，严重不负责任，此种行为有违社会公德、家庭美德，将很影响孩子身心健康。抚养未成年子女，是父母的法定义务，双方应当履行，现双方都不愿意抚养孩子，亦与夫妻双方共同承担对未成年子女的抚养、教育和保护的法律规定相悖，故判决不准何某与王某离婚。[①]

案例2，吴某与赵某离婚案。吴某（女）和赵某（男）于2014年相识恋爱，2015年5月20日登记结婚，婚后生育一女已满五岁；婚姻生活简单又温馨。2021年4月某日，吴某意外得知丈夫赵某婚前育有一女的真相，双方因此发生冲突。赵某曾与他人于2011年非婚生育一

---

① 参见《夫妻离婚均不愿养孩子 法院判决不准离婚》，中国法院网，https://www.chinacourt.org/article/detail/2023/11/id/7640110.shtml，访问日期2025年1月20日。

女,当时因赵某未达法定婚龄,双方未登记结婚。赵某与吴某相识后,一直对吴某谎称该女孩是自家外甥女,吴某信以为真。2021年8月,吴某以夫妻感情破裂为由起诉离婚,赵某应诉后,表示同意离婚;双方对夫妻共同财产分割并无异议,却都不愿抚养婚生女。经法院调解双方均不同意和好,且坚持让对方抚养孩子。

安徽省芜湖市鸠江区法院经审理认为,婚姻以感情为基础。吴赵二人婚前、婚后感情均尚可,已共同生活六年,近期只因吴某意外得知真相而引发矛盾,而该矛盾并非不可调和。综合双方的庭审表现发现,双方对离婚之后果均未作慎重思虑,离婚实属冲动之举。吴赵二人虽均表示同意离婚,却均不愿承担直接抚养、教育未成年子女的法定义务,既不合法亦不合理,应予纠正。因现有证据无法证实吴赵二人夫妻感情确已破裂,鸠江区法院判决不准双方离婚。①

夫妻离婚时,应当妥善安排好未成年子女抚养问题。抚养教育未成年子女是父母的法定义务,也是一项权利和责任。父母任何一方都不得阻碍对方行使抚养教育保护子女的权利,更不得抛弃抚养义务,损害子女权益。该项权利义务不以任何人的意志为转移,也不因夫妻双方离婚而消除。无论是离婚时争抢、藏匿子女,或者逃避身为父母抚养教育保护子女的义务,都会对未成年子女的身心健康造成极大的伤害。2024年修正的《未成年人保护法》第4条规定,保护未成年人,应当坚持最有利于未成年人的原则。处理涉及未成年人事项,应当给予未成年人特殊、优先保护;尊重未成年人人格尊严;适应未成年人身心健康发展的规律和特点;听取未成年人的意见等。该法第16条规定了未成年人的父母或者其他监护人应当履行为未成年人提供生活、健康、安全等方面的保障,关注未成年人的生理、心理状况和情感需求等十类监护职责。父母离婚时,应当妥善处理未成年子女的抚养、教育、探望、财产等事宜,听取有表达意愿能力未成年人的意见。第21条规定"未成年人的父母或者其他监护人不得使未满八周岁或者由于身体、心理原因需要特别照顾的未成年人处于无人看护状态,或者将其交由无民事行为能力、限制民事行为能力、患有严重传染性疾病或者其他不适宜的人员临时照护"。因此,为保护未成年子女权益,法院酌情判决不准原被告离婚,是适当的。不过,判决生效后,应当加强监督,防范父母不履行抚养教育职责的情形发生;对于确有经济困难的,告知当事人向民政系统寻求救助;对于单纯因主观原因而不愿意尽职的,应严肃批评教育;不思悔改的,可由相关主体申请法院剥夺父母的权利,以示惩戒。

四、如何理解和适用第1079条第5款规定?

解析该款"经人民法院判决不准离婚后,双方又分居满一年,一方再次提起离婚诉讼的,应当准予离婚"规定,遇到两个疑问:一是"再次提起离婚诉讼的"主体是否必须是原离婚诉讼中的原告?二是再次起诉离婚后,法院是否只能判决离婚而不得判决不准离婚?

(一)"再次提起离婚诉讼的"主体是否应该是原离婚诉讼中的原告?

答案应该是否定的。首先,从法理上讲,对离婚诉讼的原告资格进行法定限制,需要以

---

① 徐众群:《同意离婚却都不愿抚养孩子,法院判决不准离婚》,https://www.wuhucourt.gov.cn/DocHtml/341/21/12/00131981.html,最后访问日期:2024年8月6日。

某种重要事实为依据,否则,其正当性将明显不足。例如,《民法典》第1082条规定在妻子怀孕或者分娩后1年内或者终止妊娠6个月内,丈夫不得提出离婚,这是基于保护母亲和胎儿利益的需要。该规定有心理学、社会学的依据。在此期间的妇女,有安定情绪的需求,承担着哺乳的重任,还有适应新亲子关系建设的需要,并且有比较普遍的社会心理共识。然而,第1079条第5款规定中的原告,不存在需要特殊限定资格的事实。其次,从维护婚姻的立场看,第一次离婚请求被法院驳回后,夫妻双方相处一年中,始终处于分居状态,这说明无论是想离婚一方或者不愿意离婚一方,都已就挽回婚姻做了力所能及的努力,遗憾的是结果事与愿违。再次,如果将适用该款规定的原告资格仅仅赋予上次请求离婚的夫妻一方,不符合离婚自由权平等精神。在离婚自由时代,夫妻感情破裂时,夫妻任何一方都有权请求离婚,而不可能仅赋权某一方。最后,从立法技术设计看,如果该款规定是仅赋予上次请求离婚的夫妻一方,将可能导致夫妻将无限循环地起诉离婚,偏离生活常理和常识。如果上次离婚诉讼的被告在法院判决不准离婚后,分居满1年就抢先于另一方而提起离婚诉讼的,因其是第一次起诉离婚,如果本次判决不准离婚,该方想离婚的,未来还得再次起诉离婚。如果夫妻双方轮番起诉另一方而要求离婚,是否会发生上次起诉离婚的原告无法成为紧接着下次离婚诉讼中的原告的情形?

(二)当事人再次起诉离婚后,法院判决是否只能批准离婚?

原则上讲,当事人再次起诉离婚,说明夫妻感情完全破裂且和好无望,强行维持该婚姻关系,对当事人双方均不利,故法院应当批准离婚。只要"当事人再次起诉离婚",法院"应当准予离婚",清楚地表明,前一分句的事实成就时,就已满足了批准离婚的法定要求,法院行使裁判权的结果应是批准离婚请求,而非再次驳回离婚请求。但是,如果将该款规定内涵解释为"只要当事人再次起诉离婚的,法院只能判决批准离婚,且无权不批准离婚",则将过于机械地解释该款规定,不符合司法审判权行使机理。一方面,若果真如此,解除一桩婚姻,其诉讼次数就将可以绝对地量化为"两次",离婚法律程序做如此这般设计,将有违司法基于个案事实进行公平裁判的原理。另一方面,此处的"应当"一词是否意味着对法院裁判义务的设定而不是赋权法院?笔者以为,理解该款规定为赋权法院为更妥。法院查明事实后,综合个案全部情况,在当事人分居满1年后,第二次起诉离婚的,一般情况下,会批准离婚请求,但少数情形下,有正当理由的,法院依然可以不批准第二次离婚请求。

五、完善《民法典》第1079条及相关司法解释的建议

建议未来修订民法典时,就该条增设第5款规定法定离婚事由的抗辩,以救济不同意离婚权,赋权人民法院在特殊情形下,有权驳回离婚请求等内容规定。再多的条款,再频繁地修法,都不可能使得法律调整全面覆盖社会生活。如今,科技快速发展,社会急剧变迁,婚姻会遇到新情况、新问题。司法秉持公平正义,衡平夫妻双方利益,充分保护未成年子女利益。当个别案件中,确实出现当事人已具备了法定离婚事由,但暂时不宜离婚的特殊情形,法官决定不批准原告离婚请求,是其行使司法审判权特别是自由裁量权的结果,应是适当的。

(一)增设专门的和解制度,鼓励和解

对于遭遇婚姻冲突乃至危机的当事人,立法应当多方面地鼓励他们积极想方设法解决冲突,以挽救婚姻。其中,最值得重视的措施是鼓励已分居夫妻恢复同居,即使不能因此重归旧好,也非枉然。以往的婚姻法未明文设立鼓励夫妻和解的制度。《民法典》有了鼓励夫妻和解,但其制度设计不够全面。调解作为离婚必经程序,在一定程度上可以理解为鼓励夫妻和解的程序和制度设计,不过,该调解包括调解和好、调解离婚两个面向,并非单一指向夫妻和解的。《民法典》第1077条规定的离婚冷静期是鼓励夫妻和解的制度,仅适用于登记离婚,是在当事人共同提交离婚申请之后启动,且其期间为30日。该冷静期设立尽管受到诸多人质疑、批评,但是,从比较法角度看,其有明显源于域外法相关经验的借鉴,而非"横空出世",并且在确立有相同或者类似制度的立法例中,30日冷静期是最短暂的期间。

未来立法宜增设专门的和解制度。无论离婚程序开始之前或者开始之后,立法应当旗帜鲜明地鼓励夫妻和解。首先,在第1079条增设一款作为其第1款,规定"夫妻面对婚姻冲突时,应选择理性对话,有效沟通,必要时寻求专业帮助,以解决矛盾,化解冲突,修复彼此关系。若婚姻关系确无挽回可能的,离婚是解决问题的正常选项,应尊重配偶的合理选择"。以此引导婚姻当事人理性应对婚姻矛盾、冲突和危机,尽力修复双方关系,尊重彼此的权利,避免实施极端行为。其次,在第1079条第4款之后,增设一款作为第5款规定"双方为和好而短暂地共同生活,不导致分居期间的中断。夫妻双方在恢复同居后三个月内再次分居,且该次分居持续到提出离婚申请之日的,同居之前和同居之后各自持续的两个期间可以合并计算为连续分居期间"。近十余年来,我国离婚率较高,离婚纠纷当事人婚姻存续期间越来越短,全国离婚纠纷案件中,婚后1年至5年为婚姻破裂的高发期,[①] 鼓励夫妻和解有其现实需求。对有未成年子女的婚姻而言,离婚涉及未成年子女健康成长,选择应当特别谨慎而为。在域外法上,也有促进当事人和解的立法例。例如,英国《1973年婚姻诉讼法》第6条规定,法庭规则应当责令离婚申请人的代理律师确认其是否与委托人讨论过和解的可能性,是否已为离婚申请人提供了适格调解人,并在双方当事人相互隔离的条件下实施了有效的调解努力。在离婚诉讼的任何阶段,法庭认为婚姻当事人双方有和解的合理可能性,应当在其认为合理的期间中止诉讼,以促使双方做出和解努力。[②]

(二)诉讼离婚程序中也应设立冷静期

诉讼离婚也有必要设立冷静期。《民法典》在诉讼离婚程序中明文确立冷静期,这可谓是个缺漏。一方面,离婚毕竟是大事,应当审慎对待。部分当事人可能因为种种原因而冲动起诉离婚,冲动同意对方提出的离婚要求。设立冷静期,有助于让当事人的冲突有个缓冲期,双方冷静下来思考婚姻是否真到了无可挽回的地步。另一方面,法院审理离婚案件中,基于调解的必要,基于促成夫妻和解、协商解决离婚纠纷的考虑,常有安排一定缓冲期,供当事人及其代理人协商沟通。如果立法没有明确在诉讼离婚程序中设立冷静期,地方法

---

① 参见司法大数据研究院、司法案例研究院《司法大数据专题报告离婚纠纷》,https://www.court.gov.cn/upload/file/2019/11/22/14/27/20191122142707_21939.pdf。

② 蒋月等译:《英国婚姻家庭制定法选集》,法律出版社2005年版,第58~59页。

院自行制定冷静期,确易就法律依据等问题引发争议。此外,自行政程序离婚确立冷静期以来,因当事人规避冷静期的考虑,法院诉讼离婚数量明显增长,详见表6-1。

表6-1 全国批准离婚夫妻对数、不同程序离婚夫妻对数及离婚率(2018—2023年)

年份	全国批准离婚夫妻总对数(万对)	与上年离婚夫妻对数比较	民政部门登记离婚夫妻对数(万对)	法院判决、调解离婚夫妻对数(万对)	离婚率
2018	446.1	年增长2.0%	381.2	64.9	3.2‰
2019	470.1	增长5.4%	404.7	65.3	3.4‰
2020	433.9	下降7.7%	373.6	60.3	3.1‰
2021	283.9	下降34.6%	214.1	69.8	2.0‰
2022	287.9	增长1.4%	210.0	77.9	2.0‰
2023	360.53	—	259.37	101.16	2.6‰

数据来源:本表是根据民政部官网公布的2018—2023年各年民政事业发展统计公报中相关数据制作的。

由表6-1可以计算得出,2018年至2023年间,法院判决、调解离婚夫妻对数分别占当年全国批准离婚夫妻总对数的14.5%、13.9%、13.9%、24.6%、27.1%、28.5%,以2021年1月《民法典》生效为界,呈现出《民法典》生效前与生效后,法院判决、调解离婚夫妻对数的显著增长,相应地,行政登记离婚夫妻对数占获准离婚夫妻总对数中的比例明显下降了。欲平衡两个不同离婚程序,提升司法审理离婚纠纷案件的效果,期待未来立法在诉讼离婚程序中增补规定冷静期。

(三)增设法定离婚事由的抗辩

这类抗辩主要包括宽恕、共谋等。夫妻已经原谅另一方的过错行为,并且继续同居的,则意味着宽恕另一方的过错,则该过错不应再成为符合法定离婚事由的情形。同时,如果夫妻和解失败的,则该过错仍然可以被允许作为诉请离婚的理由。如果夫妻双方离婚是基于合谋获得某种社会福利待遇等利益,而非基于婚姻破裂导致双方难以继续共同生活的,法院应当驳回离婚申请。

(四)增设阻却离婚事由

未来立法确有必要增设规定在某些特殊情形下,法院有权驳回双方同意的离婚或者具备法定离婚事由的离婚申请。首先,在夫妻双方协商同意离婚的情形下,如果离婚协议明显不利于未成年子女保护的,赋权法院考虑驳回当事人离婚请求。域外法上,无论大陆法传统或者英美法传统的国家,都有要关立法例。关于"依夫妻双方共同请求而离婚",《法国民法典》第232条规定,在允许双方共同申请离婚的情形下,如果法官确信离婚协议对子女利益或者对一方配偶的子女利益保护不够,有权拒绝予以认可,并且不宣判离婚。法国最高法院第二民事庭于1998年5月解释该条时表示,"法官只有在确认离婚协议能够充分保护子女以及夫妻双方的利益的情况下,才能认可离婚协议并宣告离婚"。[①]《法国民法典》第

---

① 《法国民法典》(上册),罗结珍译,法律出版社2005年版,第216页。

230条还规定"夫妻双方结婚后6个月内,不得提出相互同意离婚的请求"。① 换言之,婚后的第一个半年内,即使两愿离婚,仍不为法律许可。《德国民法典》第1568条关于离婚苛刻条款规定,为婚生未成年子女的利益,如果且只要由于特殊原因而例外地有必要维持婚姻,或者如果且只要离婚由于非正常的情况而对拒绝离婚的被申请人会意味着较为严峻的苛刻,以至在考虑到申请人的利益的情形下,也明显地例外地有必要维持婚姻的,即使婚姻已经破裂,也不应该离婚。② 德国法阻却离婚的强度相对于前述法国的拒绝批准离婚,有过之无不及。《日本民法》第770条关于诉讼离婚的事由,规定有其他难以继续婚姻之重大事由,可以起诉离婚;又规定尽管具有夫妻一方有不贞、恶意遗弃、生死不明三年以上、配偶患重度精神病而无恢复希望四类法定诉请离婚的任一情形,但是,"法院考虑一切情事而认为继续婚姻为相当时,亦得驳回离婚请求"。③ 英国《1973年婚姻诉讼法》第3条原则上禁止结婚未满一年的夫妻起诉离婚,但发生特定事项的除外。该法第5条也确立了法院拒绝批准以分居已满五年为由提出的离婚申请,其理由是"基于离婚将对被告造成严重困难"。④ 离婚自由权是一项重要的人身权利,但对于有年幼孩子的夫妻而言,不能仅仅考虑自己的利益。法院平衡夫与妻、未成年子女各方利益时,应当充分保护未成年人利益,公平保护当事人双方。

第二节

离婚冷静期的理解与适用及立法评估

《民法典》第1077条在登记离婚程序中设立离婚冷静期,明确规定当事人双方提交离婚申请后,应当冷静考虑30日,并且在冷静期间夫妻任何一方当事人都可以向婚姻登记机关申请撤回离婚申请。该规定期限届满后30日内,双方应当亲自到婚姻登记机关申请发给离婚证;未申请的,视为撤回离婚登记申请。这是我国立法首次确立离婚冷静期制度。设置离婚冷静期的最主要目的是抑制夫妻尤其是年轻夫妻轻率离婚、冲动离婚等现象,降低我国离婚率,维护婚姻家庭稳定。该制度引发了学术界和社会的高度关注。近20年来,我国婚姻家庭领域出现了诸多新问题,例如,离婚率持续攀高,轻率离婚、冲动离婚现象屡见不鲜,婚姻存续期间缩短,复婚率高等。离婚冷静期的设置正是回应新时代婚姻家庭所出现的新问题,让婚姻双方当事人应对婚姻状况变化时,通过离婚登记程序中的时间成本增加,引导当事人再次谨慎思考,妥善抉择,防止当事人轻率离婚、冲动离婚。《民法典》施行以来,该制度在降低登记离婚数、减少轻率离婚和冲动离婚等方面确实起到了积极作用,强化

---

① 《法国民法典》(上册),罗结珍译,法律出版社2005年版,第215页。
② 《德国民法典》,台湾大学法律学院、台大法学基金会译,北京大学出版社2017年版,第1150页。
③ 王融擎编译:《日本民法条文与判例》,中国法制出版社2018年版,第717~718页。
④ 蒋月等编译:《英国婚姻家庭制定法选集》,法律出版社2005年版,第57~58页。

了社会主义核心价值观在婚姻家庭中的导向作用,有利于维护和谐稳定的婚姻家庭关系。婚姻是家庭的基础,家庭是社会结构中的一个主要社会制度,①和谐的婚姻关系,可以促进个人更好发展,促进家庭关系和睦,推动社会稳定发展。离婚冷静期所蕴含的法理及作用不容忽视。

一、离婚冷静期争议背后的法理分析

自离婚冷静期写进《民法典》婚姻家庭编以来,无论在学术界还是社会层面,都引发了较大的争议和讨论,支持者众,反对者亦发出合乎法律情理的声音。社会公众也存在普遍疑问,婚姻好不好、离不离婚到底是不是自己说了算?当感情破裂无法持续、婚姻已经几乎没有质量的情况下是否需要再多设置一个月的冷静期来维护所谓的婚姻秩序?离婚冷静期并非我国《民法典》首创。那么,为什么要设置离婚冷静期?或者说,我们的国家和社会以及婚姻家庭当事人是否真需要离婚冷静期?离婚冷静期是否真的不恰当地动了离婚自由的"奶酪"?

(一)离婚冷静期是对离婚自由的合理限制

1. 设置离婚冷静期和离婚自由和离婚限制的争议

婚姻自由是宪法保护婚姻的一个重要原则。《宪法》第 49 条规定"婚姻受国家的保护""禁止破坏婚姻自由"。② 有学者认为,教义学意义上的"婚姻自由"是指自然人缔结和解除婚姻的自由,是保障行为人能够不受外力干预、依照自主意愿安排个人私人生活的空间。③ 离婚自由是婚姻自由的重要内涵之一,没有解除婚姻的自由,在一定意义上就等同于丧失了婚姻实质缔约的自由,人们会因为畏惧离婚的不确定性而放弃缔结婚姻。从这个角度而言,离婚自由所体现的价值则是人作为独立的个体,其在保障人身自由中的独立性和自主权。

保障离婚自由是马克思主义对待离婚的一个基本观点。在社会主义国家,保障离婚自由,一方面是婚姻关系的本质要求,另一方面也是国家、社会视野下婚姻家庭制度的基本意涵。④ 男女双方以爱情作为缔结婚姻或解除婚姻的基础,夫妻婚姻关系的存续以此为关键要素。婚姻的缔结是美好的,但实际上,随着社会的不断发展变化,尤其是在人口剧烈变迁的社会大环境之下,离婚率虽然在不同的社会、阶层、年龄以及文化中呈现不同的方式和节奏,但离婚率的不断上升是人类文明进程中的必然发展趋势。⑤ 当夫妻双方感情发生变化,甚至消失殆尽出现关系恶化等情形时,这已明显不符合婚姻关系的本质,从保护婚姻当事人及构建和谐稳定家庭社会关系来看,对于夫妻关系难以存续且无法恢复的婚姻家庭关系

---

① 蒋月:《婚姻家庭法前沿导论》,法律出版社 2016 年版,第 4 页。
② 《宪法》第 49 条规定,婚姻、家庭、母亲和儿童受国家的保护。夫妻双方有实行计划生育的义务。父母有抚养教育未成年子女的义务,成年子女有赡养扶助父母的义务。禁止破坏婚姻自由,禁止虐待老人、妇女和儿童。
③ 周海源:《风险预防视角下离婚冷静期的运行机制优化》,载《浙江学刊》2022 年第 2 期。
④ 马忆南:《离婚冷静期是对轻率离婚的限制和约束》,载《妇女研究论丛》2020 年第 4 期。
⑤ 吴小英:《"离婚冷静期"争议背后的几个学术焦点》,载《妇女研究论丛》2020 年第 4 期。

应当按程序予以合法解除。婚姻家庭受国家保护是我国《民法典》中明确规定的,其中婚姻自由、一夫一妻、男女平等是我国婚姻家庭基本原则,判定夫妻感情是否破裂是离婚的法定标准,宪法和法律同时保护公民的离婚自由。

2. 离婚冷静期的设置是否侵犯了婚姻双方当事人的离婚自由

离婚自由是一种相对的、有条件的自由,而不是绝对的自由。反对轻率冲动地结婚和离婚是婚姻家庭法律的基本精神内核所在,设置离婚冷静期能够帮助在婚姻矛盾中容易作出轻率冲动决定的夫妻双方当事人冷静、慎重地对婚姻家庭进行再思考,从而作出更为理智、清醒和更有利于双方当事人及家庭的决定,这有利于维护婚姻家庭的稳定与和谐,引领和谐家风。[①] 对离婚冷静期持反对态度的学者或社会公众,多聚焦婚姻自由和离婚意思自治等原则,认为该制度的设置干涉了婚姻双方当事人的离婚自由,主张法律对离婚应当是"非限制性"或者"低限制性"。纵观我国婚姻家庭制度的发展,无论在历史上哪个时期,我国在离婚制度的设计上始终秉持着一个指导思想,也是一以贯之的离婚立法基本原则和司法实践,那就是保障离婚自由但也反对轻率或冲动离婚。设置离婚冷静期很重要的一个目的就是避免夫妻轻率或冲动离婚,促使当事人充分理解和冷静考虑双方达成的离婚协议,确保当事人能够清醒认知因此产生的法律后果和相应的责任,实现巩固婚姻关系的目的。

轻率离婚,是滥用离婚自由的行为,以轻率的态度随心所欲地对待和处理离婚问题,这不符合现代社会的发展规律和婚姻本质。在宪法保护之下,婚姻自由内涵之形成依然受制于内外两种因素,绝对婚姻自由在宪法框架下是不存在的。"既不是立法者的任性,也不是私人的任性,而每一次都只是事物的本质来决定婚姻是否已经死亡。"[②]"离婚仅仅是对下面这一事实的确定:某一婚姻已经死亡,它的存在仅仅是一种外表和骗局。""婚姻不能听从已婚者的任性,相反地,已婚者的任性应该服从婚姻的本质。"[③]因此,在双方当事人之间的因感情而缔结的婚姻确实已经面临死亡,夫妻双方无法按照各自意愿再共同生活的时候,离婚则是一种解决的方式。保障离婚自由且反对轻率离婚是目前我国婚姻家庭法律的基本原则和精神,通过离婚冷静期的设置来实现离婚自由和婚姻家庭稳定之间的价值目标,亦是我国社会主义国家婚姻道德伦理在离婚制度上的具体体现。[④] 因此,离婚冷静期的设置是一种障碍性的程序,可以在一定程度上防止轻率离婚或冲动离婚,限制婚姻双方当事人任意离婚或完全自主离婚,达到离婚自由与离婚限制的平衡,将夫妻双方应满足相应的离婚条件、履行合法的离婚程序进行前置,确保了离婚程序正义,这种限制和约束契合恰恰体现了夫妻双方的意思自治,将婚姻关系所蕴含的伦理本质凸显出来,切实保障当事人的离婚自由。

(二)离婚冷静期是基于婚姻质量与婚姻秩序的综合考量

婚姻作为一种特殊的社会关系,随着社会生产的发展而呈现不同的形式,但无论社会

---

① 叶英萍:《婚姻法学新探》,法律出版社2004年版,第302～308页。
② [德]卡尔·马克思:《马克思恩格斯全集》(第1卷),人民出版社2001年版,第183～184页。
③ 中共中央马克思恩格斯列宁斯大林著作编译局:《马克思恩格斯全集》(第1卷),人民出版社,1956年版,第183～185页。
④ 参见巫昌祯、夏吟兰:《婚姻家庭法学》,中国政法大学出版社2007年版,第171～174页。

物质生产方式如何变化,维系婚姻关系的前提和基础依然是爱情。黑格尔认为婚姻是"具有法的意义的伦理性的爱"。婚姻家庭不同于其他社会关系,关爱、责任、互惠、利他、奉献等是其核心价值追求,维持和经营婚姻家庭中的伦理秩序、守护家庭婚姻和谐幸福、保障弱者权益是其根本目的,因而其本质就是一个伦理实体。① 具体来说,法律保护婚姻神圣不受侵犯,但婚姻自由又无不在秩序的枷锁之中。因婚姻缔结后形成的婚姻家庭成员关系比如夫妻、父母子女、兄弟姐妹等是人类社会关系中最原始和最基本的形态,这也是社会关系赖以生存和发展的基础。因而处理好婚姻家庭成员关系能够有效维护婚姻家庭的和谐稳定,同时也是事关社会和谐共生、稳定发展的大事,涉及我国社会公共利益与社会整体幸福指数,是中国梦的重要内容之一。② 在人类漫长的历史长河中,人们始终未停止对幸福婚姻的追求,然而幸福婚姻的标准也在不断地发生变化,随着人类文明程度的进展与社会经济水平的提升,人们越来越注重婚姻过程与婚姻质量。"执子之手与子偕老""百年好合""长长久久"等较为传统的对婚姻的美好期待,在现代社会已经发生悄然变化。婚姻的幸福感、满意度等事关婚姻质量的标准越来越被重视,成为衡量婚姻能否存续的重要指标。当理想型的婚姻不复存在,婚姻的脆弱则愈加明显,在强调婚姻家庭关系中个人的主观感受与对婚姻质量的追求之下,放弃婚姻的稳定性与持久性也成为当下主流中产阶层的选择。毫无疑问,在此情形下,离婚自由的保障,很明显有利于提高婚姻质量,允许那些感情已经破裂、名存实亡的夫妻按照个人意愿依法自主离婚,在一定程度上能够终结家庭矛盾日益恶化升级,真正维护夫妻双方及家庭成员的合法权益,这也是从夫妻双方、子女等家庭成员的长远利益出发考虑,有利于维护社会的安定团结与和谐稳定,促进社会主义现代化建设,符合社会主义核心价值观在婚姻家庭中的导向。

传播和倡导符合社会主义核心价值理念的婚姻家庭价值观与意识形态是立法者所追求的目标价值之一,尽管离婚冷静期在减少冲动轻率离婚和降低离婚率这件事上的功效并未得到权威认证,但这并不影响政府对此制度的执着和其所传达的正向引领功能。与婚姻秩序比起来,社会个体则更关注婚姻质量本身给个人或家庭所带来的影响。婚姻兼具自然属性和社会属性,法律保障离婚自由,同时应充分考量离婚将带来的家庭问题和社会问题,对离婚自由进行合理限制和约束来维持良性社会秩序。当前我国离婚率节节攀高,离婚冷静期制度的正当性与合理性更加显现无遗,通过设置离婚冷静期来实现国家公权力在婚姻秩序中的保护作用,能够较好地维护婚姻家庭和谐稳定,契合我国一以贯之的婚姻家庭价值追求。③ 通过离婚冷静期的缓和,使婚姻双方当事人更冷静地省思,理性对待家庭婚姻,从而减少冲动离婚、草率离婚,不断引导家庭树立优良家风,倡导社会弘扬家庭美德,重视家庭文明建设,维护家庭婚姻稳定,也是立足于婚姻家庭的社会功能而对婚姻秩序的规约。

(三)离婚冷静期是对婚姻私人性和公共性的双重规约

除了上述两个争议之外,离婚冷静期还要回应和妥善解决婚姻私人性与公共性的争议。婚姻家庭作为私法领域,国家公权力是否能够干预以及如何干预?

---

① 夏吟兰:《婚姻家庭编的创新和发展》,载《中国法学》2020年第4期。
② 夏吟兰、薛宁兰:《民法典之婚姻家庭编立法研究》,北京大学出版社2016年版,第11页。
③ 秦奥蕾:《论婚姻保护的立宪目的——兼回应"离婚冷静期"争议》,载《法学评论》2021年第6期。

婚姻基于爱情而缔结,因爱情消失而终结。爱情是人类情感中最真挚、最具有爆发力的一种情感,不受控制地产生,其消亡同样不受人意思控制。婚姻是有关个体生活的一种自主选择,是一种高度私人性的行为,这也是现代文明国家婚姻法律制度的基础,只有婚姻当事人才有权决定是否缔结婚姻或者终结婚姻,有时候甚至连自己都难以控制,更不用提国家机关的限制。离婚冷静期的规定中没有禁止性规定,而是行为规范与授权性规范。婚姻当事人任何一方在婚姻登记机关收到离婚登记申请之日起30日内,可以根据本人意愿撤回离婚登记申请。赋予夫妻双方当事人中的任何一方可以反悔和重新选择的权利与机会,通过再次选择的可能性产生对当事人利益关系调整的实质性影响。[1] 也就是说,婚姻当事人完全可以遵循内心判断按照法律指引完成离婚整个手续的办理与登记,离婚冷静期的设置并未从本质上限制当事人的离婚自由,婚姻双方当事人完全可以基于个人需求和抉择来决定离婚与否。

　　婚姻始终摆脱不了其公共性的属性,无论婚姻的缔结、婚姻关系的持续还是婚姻关系的解除,以及由此产生的人身关系、财产关系等均受到社会和伦理的制约。有学者认为,从"道德义务论"的视角出发,在婚姻缔结方面,婚姻被视为两姓宗族之事,而非男女个人之事;在婚姻维持方面,以男尊女卑观念为基础来规范夫妻关系;在婚姻解除方面,无论何种婚姻,对离婚财务限制态度,强调人们对家庭的责任与义务。[2] 马克思指出,"人的本质不是单个人所固有的抽象物,在其现实性上,它是一切社会关系的总和"。[3] 婚姻具有社会属性。费孝通指出,传统婚姻制度的意义在于建立社会结构中的基本三角,夫妻并不只是男女之间的两性关系,还是共同向儿女负责的合作关系,因此夫妻在婚姻契约中缔结了夫妇和亲子两种相连的社会关系,它们不能分别独立,而是相互依存。[4] 婚姻关系建立后还催生了一系列其他法律关系,比如夫妻人身关系和财产关系,人身关系又包括扶养关系、忠实义务、子女关系等,这就必然形成了错综复杂的社会关系,无法避开其公共性属性。

　　婚姻私人性与婚姻公共性是共生并存的。《民法典》离婚冷静期的设置,透视时代当下婚姻的脆弱与复杂,以30天"冷静期"措施适度提高协议离婚的门槛,符合现代社会倡导的树立优良家风、德法共治理念,符合社会主义核心价值观对婚姻家庭关系的引导,符合降低登记离婚率、防止轻率登记离婚的立法意旨,是伦理价值与自由价值平衡的产物。婚姻具有公共性的特征,这是毋庸置疑的。国家以公权力介入适度限制了离婚的高度自由,达到了个人自由与社会正义的价值衡平,利于维护婚姻家庭稳定,构建了平等、和睦、文明的婚姻家庭关系,从而利于社会和谐、安定、团结。

二、新时代我国婚姻家庭领域新问题的实践透视

　　随着时代不断发展,我国婚姻家庭领域的新问题不断出现。离婚率的持续攀高是较为突出的新变化与新情况,与此同时轻率离婚、冲动离婚较为显著,出现了高离婚率与高复婚

---

[1] 王轶:《民法典的规范类型及其配置关系》,载《清华法学》2014年第6期。
[2] 马智勇:《"离婚冷静期"制度的生成逻辑及其反思》,载《法学家》2022年第3期。
[3] 《马克思恩格斯选集》(第1卷),人民出版社2012年版,第135页。
[4] 费孝通:《乡土中国·生育制度》,北京大学出版社1998年版,第129、159页。

率并存的现象,部分婚姻家庭经常处于不稳定的变动之中。透过该局面,探究现象背后产生的原因及揭示的社会问题,化解婚姻家庭危机,更好地预防轻率离婚、减少离婚对婚姻家庭和子女的冲击及负面作用,以维护婚姻家庭和睦稳定,而《民法典》离婚冷静期的设置正是回应现实问题的积极探索与有益实践。

(一)离婚率持续攀升,增速较大幅度加快

自改革开放以来,以2002年为界,较之过去的离婚率缓步持续上升,20多年来我国离婚率增速较大幅度加快,这也从一个维度反映出我国婚姻家庭的现状:处于躁动不安、较不稳定的状态。这种状态与社会人口因素的变化和我国婚姻制度的变迁有着密不可分的关系。随着改革开放的深入,我国社会经济发展水平不断提升,城市化、工业化迅猛发展,流动人口规模大幅度增加,人口流动和迁移较为密集,因而导致家庭分居现象与日俱增,这也是夫妻关系、家庭关系日渐淡漠减弱的重要原因之一。同时,社会发展也引发了人们婚姻家庭观念的重大转变,普通大众对离婚的接受度逐渐增强,抛弃了全盘否定离婚的态度。当离婚逐步向私人空间发展,往往可以摆脱传统伦理道德的约束与社会舆论的裹挟。[1] 离婚自由成为法律原则得以确立,离婚制度朝着个体进一步自由的方向发展。办理登记离婚时,不再需要工作单位出具相关证明或者婚姻双方当事人以外第三人的许可,程序越来越简化,离婚登记部门"随到随离""当场办理",离婚几乎"零成本",这也从另一个维度加剧了离婚率快速上升。离婚手续"简易化",也可能会引发婚姻家庭关系中的弱势群体权益保护缺位问题,包括未成年人抚养、妇女权益保护、老人赡养等。[2]

民政部统计数据显示,从1986年到2002年,我国每年的离婚夫妻对数从21.4万对增长至117.7万对。2003年《婚姻登记条例》颁布实施,我国获准离婚的夫妻为133.1万对,之后的十几年中离婚率持续增长,尤其2013年至2017年的离婚数量更是大得惊人。[3] 到2019年即离婚冷静期被写入《民法典》婚姻家庭编之前一年,获准离婚夫妻对数已经增长到470.1万对,是2003年的3.5倍。

(二)登记离婚比例逐年提高

自2002年起,我国诉讼离婚基本保持平稳,2002年至2017年全国法院调解和判决离婚的对数基本稳定在60万~69.9万对,[4]因此逐年增长的离婚对数主要来自持续攀升的

---

[1] 张晓冰、王记文:《改革开放以来中国青年离婚水平变动分析》,载《中国青年研究》,2021第9期。
[2] 郭剑平:《我国离婚冷静期制度构建的法理学思考》,载《社会科学家》2018年第7期。
[3] 中华人民共和国民政部网站2003—2017年民政事业发展统计公报显示:我国2003年离婚对数133.1万,2004年离婚对数166.5万,2005年离婚对数178.5万,2006年离婚对数191.3万,2007年离婚对数209.8万,2008年离婚对数226.9万,2009年离婚对数246.8万,2010年离婚对数267.8万,2011年离婚对数287.4万,2012年离婚对数310.4万,2013年离婚对数350.0万,2014年离婚对数363.7万,2015年离婚对数384.1万,2016年离婚对数415.8万,2017年离婚对数437.4万。
[4] 中华人民共和国民政部网站2003—2017年民政事业发展统计公报显示:我法院调解和判决离婚的对数2002年60.4万对,2003年64万对,2004年61.9万对,2005年60.1万对,2006年62.6万对,2007年64.1万对,2008年65.9万对,2009年66.6万对,2010年66.8万对,2011年66.7万对,2012年68.1万对,2013年68.5万对,2014年67.9万对,2015年69.3万对,2016年67.2万对,2017年66.9万对。

离婚登记数量,其中登记离婚对数占所有离婚对数的比例从 2002 年的不足 50% 上升至 2020 年的超过 80%,带动了整体离婚率的不断上升。2002 年,我国民政部门登记离婚的有 57.3 万对,比上年增加 4.5 万对,占离婚总数的约 49%;2003 年,我国民政部门登记离婚的有 69.1 万对,比上年增加 11.8 万对,占离婚总数的约 52%;2004 年,我国民政部门登记离婚的有 104.58 万对,占离婚总数的约 63%;2005 年,我国民政部门登记离婚的有 118.4 万对,比上年增长 13.2%,占离婚总数的约 66%;2015 年,我国民政部门登记离婚的有 314.9 万对,占离婚总数的约 82%;2016 年,我国民政部门登记离婚的有 348.6 万对,占离婚总数的约 84%;2017 年,我国民政部门登记离婚的有 370.4 万对,占离婚总数的约 85%;2018 年,我国民政部门登记离婚的有 381.2 万对,占离婚总数的约 85%;2019 年,我国民政部门登记离婚的有 404.7 万对,占离婚总数的约 86%;2020 年,我国民政部门登记离婚的有 373.6 万对,占离婚总数约 86%。2021 年,我国民政部门登记离婚的有 214.1 万对,占离婚总数的约 75%;2022 年,我国民政部门登记离婚的有 210.0 万对,占离婚总数的约 73%。[1] 从上述数据可以清晰看到,过去的 20 多年里我国法院调解或诉讼离婚数量基本保持平稳,民政部门登记离婚对数逐年增加,占当年离婚总数的比例也逐年增高,由此可见,夫妻更愿意选择登记离婚来结束一段失败的婚姻,到婚姻登记部门登记离婚成为婚姻当事人选择离婚的最主要方式。这与 2003 年 8 月 8 日颁布实施的《婚姻登记条例》密不可分,该条例取消了婚姻双方当事人申请离婚登记时应当提供单位出具的婚姻状况证明及一个月的离婚审查期,婚姻登记机关仅对夫妻双方提交的材料进行形式审查,离婚程序简易化,登记离婚成本较低。

(三)轻率离婚、冲动离婚现象较为严重

1. 婚姻存续时间短

冲动轻率离婚的一个重要表现就是婚龄短,夫妻婚姻存续期间缩短。最高人民法院司法大数据专题报告显示,全国离婚纠纷案件中,婚后 1 年至 5 年为婚姻破裂的高发期,其中婚后 2~3 年离婚的占比最高,"闪离"现象较突出。这表明一部分当事人尤其是新婚夫妻对婚姻家庭持无所谓的态度,双方处于互相磨合阶段甚至都没有完全了解、适应对方就轻率地选择离婚。一方面是新婚夫妻角色转换和夫妻调试尚处于磨合期,很容易引发矛盾与争议,从而导致轻率、冲动离婚;另一方面也体现了当代年轻人自我意识觉醒、个性较强,对婚姻生活质量抱有较高期待和要求,当婚姻出现矛盾或不尽如人意的情形,容易选择放弃和逃避,同时较大部分群体认为离婚成本极低、程序简易,对个人再婚市场持乐观态度,认为重新开始一段新的婚姻概率较大,因而容易冲动作出决定。有调查结果显示,2010—2014 年,陕西省青年离婚夫妻中,婚姻关系持续时间少于五年的大约为一半,而"70 后"离婚人群的婚姻持续时间为 11.8 年,"80 后"离婚人群的婚姻持续时间仅为 4.1 年[2]。

离婚群体中确有一部分人是冲动、轻率离婚。婚姻双方当事人感情"尚未破裂",尚有修复和好的可能,他们的婚姻还有机会争取挽回。全国各地民政部门的统计数据显示,冲动离婚在登记离婚中存在一定比例。目前,化解婚姻矛盾的手段方法相对传统、单一,对于

---

[1] 数据来自中华人民共和国民政部网站民政事业发展统计公报。
[2] 陕西省社会科学院:《陕西社会发展报告(2016)》,社会科学文献出版社 2015 年版,第 250 页。

轻率离婚,无论是制度层面还是社会层面的介入和干预都较缺乏。相比较登记离婚而言,我国诉讼离婚有着更为严格的诉讼程序、完整的调解制度和判决离婚的标准,还明确规定"两次离婚诉讼之间不得少于六个月"[1]的限制内容,通过程序限制来促使夫妻双方当事人更加理性对待离婚事宜,有利于减少轻率、冲动离婚,但是在登记离婚中并没有这些限制。我国登记离婚制度作为协议离婚的一种类型,只对离婚申请进行简单的形式审查,没有实质性关切到采取这种离婚方式家庭中弱势者的权益,加之离婚程序简化,民政部门没有进行必要的调解、辅导或者实质性审查等其他限制措施,导致离婚成为解决婚姻问题代价最小、最快速便捷的常见方式,这在一定程度上促成了轻率、冲动离婚的实现。

2. 离婚群体复婚率高

冲动、轻率离婚的另一个重要表现就是离婚后悔率高,离婚群体复婚率较高。离婚率是衡量婚姻家庭是否稳定的一个重要指标,婚姻家庭和谐稳定直接影响着整个社会的和谐稳定与发展进程,把我国离婚家庭群体作为一个研究主体进行密切关注与全方位透彻研究,搞明白其现状、特征与解决路径,将对我国社会发展、国家长治久安产生重大影响。国内有一项调查由某权威媒体发起,对国内5000名已经离婚的夫妻进行调查,结果表明,其中有约67%的男性当事人在离婚后5年内表示后悔离婚。重庆一机构的调查结果也同样表明,离婚双方当事人在离婚后较短期间内后悔的达到一半。从我国国家统计局调查数据来看,我国近年来离婚夫妻对数逐年增加,同时复婚率也不断攀升,近20年(截至2017年共计295.8万对夫妇经历离婚后又复婚。2007年,我国离婚夫妻中大概有10.71万对夫妻办理了复婚登记,自2007年以后,我国复婚夫妻对数逐年攀升,2014年复婚人数较前一年增长超过30%,随后的2015年、2016年这个数字逼近35万和40万,2016年复婚对数是1997年的8倍。我国多省市曾经出现井喷式增长"假离婚"以获取购房资格的现象,为遏制这种不良行为,上海多区实行离婚限号等限制政策,以此缓解登记离婚人数太多现象。[2] 如此高的复婚率让我们不得不认真审视冲动离婚的社会现状,如何通过国家手段来改变这样的现状是亟待解决的社会问题。

3. 轻率离婚带来的社会问题凸显

轻率离婚、冲动离婚将带来社会问题,隐患大。首先,轻率、冲动离婚将会影响夫妻一方当事人和子女尤其是未成年子女的经济生活水平,单亲家庭的收入远低于原双亲家庭收入总量,尤其在夫妻双方收入不对等的情况下,势必会导致另一方或子女的生活水平大大降低甚至生活贫困。其次,国家相关数据显示,我国逾50%离婚夫妻的婚龄仅1~5年,而这期间夫妻已生育子女的比例较大,父母离婚会沉重打击幼小孩子的心灵,给孩童的成长带来极大负面影响,严重者还会诱发未成年人违法犯罪。再次,高离婚率会间接影响公众对婚姻家庭的信心,传递给青年群体"婚姻是靠不住"的信号,越来越多年轻人对婚姻望而却步,认为"婚姻是爱情的坟墓",对婚姻生活不再抱有期待和想象,出现了不敢结婚也不想结婚的现象,选择做"不婚族",这种婚恋观对国家和社会的和谐发展是不利的。虽然在一

---

[1] 《中华人民共和国民事诉讼法》第127条第7款规定:判决不准离婚和调解和好的离婚案件,判决、调解维持收养关系的案件,没有新情况、新理由,原告在六个月内又起诉的,不予受理。

[2] 《中国近20年复婚数据分析:哪个省的复婚率是最高的呢》,https://www.huazhen2008.com/article/12034.html?tdsourcetag=s_pcqq_aiomsg,最后访问时间:2022年5月10日。

定程度上离婚是夫妻双方当事人的私事,标识着夫妻双方的人口属性和契约身份,但离婚所带来的社会问题不容小觑,将直接关系到社会的长期稳定发展。①

三、我国离婚冷静期的前期探索与司法实践

《民法典》颁布之前,我国已经有多地市率先实践离婚冷静期制度。从前期探索到各地司法实践,离婚冷静期的设置成为一种约定俗成。从司法实践看,离婚冷静期有助于减少冲动离婚、草率离婚,改善对婚姻不慎重的现状与不良风气,使申请离婚的夫妻经过冷静期的思考后再次判断离婚意愿真实性从而放弃离婚念头,一定程度上维护和保持了婚姻家庭的稳定和谐。其中,也有地市将离婚冷静期适用于诉讼离婚,探索对离婚案件设定一个冷静期限,区别于诉讼程序中的诉讼时限概念,用于打破我国民事诉讼法"第一次不判离"的局限性以确保当事人无论是程序上还是实体上的合法权益实现。② 比如《最高人民法院关于进一步深化家事审判方式和工作机制改革的意见(试行)》(以下简称《家事审判意见》)规定了离婚冷静期相关内容,明确人民法院在审理离婚案件过程中,经过双方当事人的同意后可设置冷静期,该期限不超过3个月。③ 尽管《家事审判意见》中提及的离婚冷静期非《民法典》规定的离婚冷静期,但这些经验都成为《民法典》设置离婚冷静期的有益借鉴。离婚冷静期制度是对我国各地婚姻登记机关在离婚冷静期方面探索所得经验的归纳与总结。④

(一)我国离婚冷静期的前期探索

1. 雏形阶段:1994年《婚姻登记管理条例》颁布实施

新中国成立后,1950年《婚姻法》规定了男女双方离婚自由,离婚不附条件,无论夫妻双方是否有过错,均有权利提出离婚;而批准离婚与否仅取决于夫妻双方感情,强调爱情在婚姻缔结、维持和解除中的决定性作用。这是一部破旧立新的法律,推翻破除了封建婚姻制度,真正建立起在男女平等自愿前提下保障男女离婚自由的婚姻制度。在当时的社会制度之下,婚姻仍被视为人生大事,所谓"父母之命、媒妁之言",尤其是在农村地区更甚,离婚自由几经周折才最终被写入《婚姻法》,也成为保障妇女权益、解放妇女的一个重要标志。1980年《婚姻法》充分保障离婚自由,但未出现离婚冷静期或者相关制度。

1994年1月颁布的《婚姻登记管理条例》明确规定了离婚审查期,可视为我国立法上首

---

① 杨菊华、孙超:《我国离婚率变动趋势及离婚态人群特征分析》,载《北京行政学院学报》2021年第2期。
② 《中华人民共和国民事诉讼法》第127条规定:判决不准离婚和调解和好的离婚案件,判决、调解维持收养关系的案件,没有新情况、新理由,原告在6个月内又起诉的,不予受理。在司法实践中,原告第一次起诉离婚但没有充分的证据证明被告有重大过错,而被告又不同意离婚时,法院通常判决不准离婚,被称为"第一次不判离"。
③ 《最高人民法院关于进一步深化家事审判方式和工作机制改革的意见(试行)》第40条规定,人民法院审理离婚案件,经双方当事人同意,可以设置不超过3个月的冷静期。在冷静期内,人民法院可以根据案件情况开展调解、家事调查、心理疏导等工作。冷静期结束,人民法院应通知双方当事人。
④ 中国审判理论研究会民事审判理论专业委员会:《民法典婚姻家庭编》,法律出版社2020年版,第139页。

次出现离婚冷静期的雏形。该条例第16条规定:婚姻登记管理机关对当事人的离婚申请进行审查,自受理申请之日起1个月内,对符合离婚条件的,应当予以登记,发给离婚证,注销结婚证。当事人从取得离婚证起,解除夫妻关系。该离婚审查期主要增加了婚姻登记机关的离婚审查程序,延长了登记离婚的时间,提高了离婚的时间成本,侧重于让婚姻登记机关工作人员更为审慎地对待夫妻双方提交的离婚申请书面材料,以更好地研判夫妻双方当事人提出的离婚理由是否充分、夫妻双方是否具备登记离婚的条件。审查期完全是一个自上而下的决策过程,婚姻登记机关可以根据工作规程对离婚申请进行审核,因此夫妻双方当事人对婚姻登记机关是否准予夫妻离婚这件事无法予以事先判定,唯有该冷静期满后等待婚姻登记机关告知,那么该种局面就会造成当事人在此期间深思熟虑后决定继续保持婚姻状态但婚姻登记部门已作出准予离婚的登记而导致婚姻关系被解除。

在执行离婚登记审查阶段,也给了夫妻双方当事人一个冷静缓冲的时间,可以让当事人有更多时间冷静地思考夫妻感情和婚姻存续等问题,认真考虑清楚再作出抉择。虽然此离婚审查期非彼离婚冷静期,也缺乏相应配套的制度实施来真正达到最佳效果,但从让夫妻双方当事人"冷静"下来的视角出发,该审查期的确发挥了"冷静期"的作用,让夫妻双方获得了一定期限内可以"反悔"的机会从而减少冲动离婚现象。相关数据显示,在该条例实施期间,虽然离婚审查期制度对离婚率的降低并未起到明显作用,我国离婚率并没有降低,[①]然而以离婚审查期的尝试与实践引导夫妻双方更为理智处理离婚问题和充分考量婚姻家庭是否存续是有积极意义的。

2. 停滞阶段:2003年《婚姻登记条例》颁布实施

2003年7月颁布实施的《婚姻登记条例》不再规定离婚审查期的相关内容。明确夫妻双方当事人自愿离婚的,对子女抚养、财产债务等事宜协商一致后签署离婚协议书,共同到婚姻登记机关当场办理离婚登记,婚姻登记机关对夫妻双方当事人的证件和材料进行审查、了解当事人相关情况,确认后当场予以办理登记离婚、发放离婚证,无一个月审查期。自此,离婚手续更简单、程序更便捷、办理更快速,我国成为离婚"最容易"的国家之一。相关数据表明,自2003年以后,我国离婚率明显增高,离婚夫妻对数从2002年的117.7万对增加到2003年的133.1万对,其中仅民政部门登记离婚的就增加了11.8万对,离婚率从2002年的1.8‰增加到2003年的2.1‰。[②]有学者认为,我国协议离婚制度是"自由充分,限制不足",协议离婚较为注重意思自治、保护婚姻自由,但忽略了婚姻关系与社会关系之间密不可分的本质关联。在这一阶段,我国离婚水平波动较大。一方面,随着经济社会不断发展,人们的婚姻家庭观念产生了巨大变化;另一方面,鉴于离婚手续简易化、便捷化,夫妻双方当事人选择协议离婚的比例越来越高,总离婚率逐年增高。法律对社会具有导向功能,婚姻法律制度体现社会对婚姻家庭的价值判断,会显著地影响广大民众的婚姻理念和行为,从而影响国家整体的离婚率和离婚水平。

3. 发展阶段:2016年和2018年最高人民法院相关规范文件发布试行

作为社会组成的基本单位,家庭安定和谐能够促进社会整体安定和谐。自2016年起,

---

① 中华人民共和国民政部网站1993—1999年民政事业发展统计公报显示:1993年离婚率1.54‰,1994年离婚率1.64‰,1995年离婚率1.75‰,1996年离婚率1.85‰,1997年离婚率1.94‰,1998年离婚率1.92‰,1999年离婚率1.91‰。

② 数据来源于中华人民共和国民政部网站民政事业发展统计公报。

《最高人民法院关于开展家事审判方式和工作机制改革试点工作的意见》(法〔2016〕128号)以及《最高人民法院关于进一步深化家事审判方式和工作机制改革的意见(试行)》(法发〔2018〕12号)(以下简称《家事审判改革意见(试行)》)等文件发布,以切实回应社会大众之需求,推动婚姻家庭审判工作机制的革新,维护婚姻家庭的和谐稳定,力求切实保障在婚姻家庭领域处于弱势地位人群的合法权益,切实发挥社会主义核心价值观在婚姻家庭领域的引导作用,弘扬优良家风,维护社会和谐稳定。

《家事审判改革意见(试行)》规定,人民法院在审理离婚案件时,经得夫妻双方同意后可设置冷静期,该期限不超过3个月,人民法院可以根据案件情况在该期间内充分发挥司法审判对婚姻关系的调查诊断、调解疏导和治疗修复作用。[①] 该试行意见,对推动家事审判中的离婚案件无疑是具有重要意义的,多地试点后取得良好效果,因此在一定程度上能够较好地阻断或者缓和冲动离婚或轻率离婚,但在登记离婚中,离婚登记手续并不需要经过严格复杂的程序,只要符合离婚登记的要件经过表面真实性审查后都是现场办结的,因此冷静期的设置就有可能为尚未完全破裂的感情提供一次机会,使得夫妻双方可以缓冲情绪从而慎思夫妻感情和婚姻状况,倘若夫妻双方爱情依然存在、感情尚有修复的可能,那么这段冷静期的设置则为避免轻率作出离婚决定提供了一种较好的机制保障。即使冷静期结束后,当事人执意要离婚依然可以按规定办理离婚,并不影响其离婚自由。离婚冷静期特别是登记离婚冷静期的设置,收到较好的成效,很明显能够减少不必要的自愿离婚,减少了冲动离婚、轻率离婚,促使夫妻双方在经过适当的时间冷静后,能够更加理性、温情地重新审视婚姻关系,从而作出更加符合内心真实想法的判断和选择。相关数据显示,经过离婚冷静期的静默与思考,一些原本打算离婚的夫妻认为两人感情并未彻底破裂,双方各退一步海阔天空持续维系婚姻家庭关系,从而减少了离婚夫妻对数、真正降低了离婚率,有利于维护婚姻家庭和谐稳定。

(二)司法实践:我国离婚冷静期的先行先试

1. 浙江省慈溪市民政局试行"预约离婚"

浙江省慈溪市民政部门于2012年4月开始试行"预约离婚"。夫妻双方当事人申请离婚需填写预约登记表并于1周后方可办理,这等于换一种方式给了婚姻双方当事人1周时间的"冷静期"。通过这样的措施,旨在让那些一时冲动的夫妻冷静下来,让他们有一段认真思考的缓和期,能够更为全面理性地看待婚姻和家庭。当地民政部门统计数据显示,截至2012年11月底,共有1992对夫妻前往婚姻登记机关提交离婚预约申请,而1周后真正办理离婚的仅1045对,离婚夫妻对数减少了近一半。[②] 为了切实增强婚姻调解效果,慈溪市婚姻登记处组建了由不同行业志愿者构成的公益服务团队,包括婚姻家庭咨询师、心理咨询师、法律服务工作者、医护工作者等专业人士,免费为离婚冷静期间的婚姻双方当事人

[①] 《最高人民法院关于进一步深化家事审判方式和工作机制改革的意见(试行)》第40条规定,人民法院审理离婚案件,经双方当事人同意,可以设置不超过3个月的冷静期。在冷静期内,人民法院可以根据案件情况开展调解、家事调查、心理疏导等工作。冷静期结束,人民法院应通知双方当事人。

[②] 《浙江慈溪试行预约离婚半年近半数预约夫妻未离》,http://politics.people.com.cn/n/2012/1218/c1001-19929948.html,最后访问日期:2022年7月15日。

提供咨询和服务,开展法律咨询、情感辅导、心理疏导、危机处理等,充分帮助夫妻双方倾诉困扰与问题,深层次解析婚姻关系中存在的矛盾及原因,提出疏导路径或可供参考的解决方案,避免草率离婚和极端行为,通过专业调解挽救更多婚姻。慈溪市自试行"离婚冷静期"制度后,全市离婚率总体保持相对平稳,每年平均有近40%的夫妻经过冷静期的思考后,取消了离婚预约。2019年,慈溪市离婚登记共1988对,法院起诉离婚486对,离婚率为2.40‰,低于全国和全省水平。①

社会各界对预约离婚制度评价不一。有反对观点指出,婚姻具有私人性,国家行政权力机关不应当通过公权力来进行限制或约束。但是,更多人持肯定意见,认为在价值观多元化的社会,预约离婚为婚姻的持续经营提供了"和缓期",即使存在一定程度上的行政干预,这种干预并非以限制和剥夺婚姻自由为目的,恰恰相反,它是为了让理性的婚姻自由得到过渡,尊重人的情感规律,也是遵循人性心理,让夫妻双方处于一个冷静和缓的空间里重新思考,往往在短短7天里,一个小小的触点就能挽救一场婚姻。持久婚姻的构成需要信任、关心、责任等多种元素,对于冲动型的离婚夫妇,预约离婚制度确实可以成为一剂良方。② 部分夫妻因为一时冲动作出草率决定,给双方家庭带来诸多不利,通过"预约离婚登记"等做法可以减少冲动型离婚、平衡婚姻登记工作量,给那些没有完全考虑清楚的家庭一次挽救婚姻家庭的机会和缓冲地带,引导夫妻双方当事人在此期间冷静思考婚姻这件人生大事。

"预约离婚"在几个省份的试行与推广,确实在降低离婚率、预防轻率离婚方面发挥了积极的作用,取得了较好的预期效果,因此逐步在全国各地民政部门推行开来。"预约离婚"主要适用于冲动型离婚,对感情确已破裂或者有家暴、虐待、财产转移等情形的并不适用,其可以有效缓解冲动、轻率离婚现象,促进家庭婚姻关系和睦融洽、互敬互爱,有利于社会关系的和谐稳定。

2. 四川省安岳县人民法院发出全省首份《离婚冷静期通知书》

2017年3月,四川省安岳县人民法院创设了"离婚冷静期"制度,这是全国范围内的首创。一对夫妻因为日常照看小孩等生活琐事经常发生争吵进而决定离婚,该法院给这对年轻夫妻签发了全省首份《离婚冷静期通知书》。经调查,这对年轻夫妻发生矛盾的主要原因是在家庭生活中两个人都比较有个性,加上年轻气盛互不让步,因而作出了离婚的冲动决定。经调解后,双方都表达了不愿意离婚的真实想法,这也是双方家人的共同期盼。③ 因此,安岳县人民法院发出了此份通知书,指出"家和万事兴"是中华民族传统佳话,也是老百姓经营婚姻家庭生活中的准则和美好心愿,劝解当事人珍惜婚姻家庭,用耐心和真情去温暖子女,珍惜身边人。2017年,安岳县人民法院共发出10份《离婚冷静期通知书》,其中仅2对夫妻最终离婚,其他8对夫妻都决定重新审慎对待婚姻而没有离婚。因《离婚冷静期通知

---

① 《浙江一地试行"离婚冷静期"已8年,效果怎么样?》,https://t.ynet.cn/baijia/29245811.html,最后访问日期:2022年7月15日。
② 《探访浙江慈溪"预约离婚"举措》,http://news.enorth.com.cn/system/2012/09/23/010046310.shtml,最后访问日期:2022年7月15日。
③ 《四川发出首份离婚冷静期通知书限定夫妻冷静3个月》,https://www.sohu.com/a/129681318_162758,最后访问日期:2022年7月15日。

书》效果良好,该法院2018年签发13份《离婚冷静期通知书》设置离婚冷静期,期限为1个月到3个月不等。① 截至2021年3月,安岳法院已向28件诉讼离婚案件的当事人发出《离婚冷静期通知书》,其中7件和好、17件撤诉,成功率达82%。

2022年3月,安岳县人民法院再次创新工作机制,与当地民政局推出"家事纠纷协同化解工作室",针对提交离婚申请的夫妻发出了首份《离婚冷静期提示书》,告知在离婚冷静期内,夫妻双方当事人不得再向婚姻登记部门提出离婚申请也不得向法院提起离婚诉讼,但出现家庭暴力、虐待、遗弃、转移财产等情形的除外。安岳法院与安岳县民政局联合向78对登记离婚的夫妻签发了《离婚冷静期提示书》。据悉该提示书成功率达70%,法院在审判离婚案件中牢固树立人性化审判理念,不断创新工作机制,以达到家事审判对婚姻关系的诊断、修复和治疗作用。②

当前,在我国广东省、山东省、河南省等多省市基层法院已逐步试行"离婚冷静期"制度,且社会反馈较好。试行离婚冷静期制度,是国家司法机关的一种积极尝试,试图减少轻率离婚,引导当事人更耐心地疏解婚姻困惑、矛盾,互相理解尊重,珍惜婚姻家庭。③

3.《广东法院审理离婚案件程序指引》

2018年7月,广东省高级人民法院发布《广东法院审理离婚案件程序指引》(以下简称《广东指引》),这是全国法院系统内首个出台的离婚案件审理的指引性文件,法律界人士甚至评价其为国内"史上最全离婚案件审理宝典"。④

《广东指引》明确规定了离婚冷静期制度的启动条件、期限设置和运用规则等,增设当事人履行相应配套协同的机制,"当事人在情感修复冷静期内未积极履行承诺及修复计划的,应当作为法院认定夫妻感情是否破裂的不利因素"。《广东指引》在一定程度上能够在夫妻双方稳定情绪、修复情感和表达合理诉求等方面有积极的推动作用。其确定了离婚冷静期,并将离婚冷静期区分为"情绪约束冷静期"和"情感修复冷静期",法院可以根据个案情形设置一定期限的冷静期,进行情绪调整、婚姻救治和理性选择。"情绪约束冷静期"指的是法院在审理离婚案件时,可以根据申请离婚当事人的开庭情况自主裁量后确定是否适用"情绪约束冷静期"(不超过20日),如果夫妻一方或双方无法客观陈述观点并且情绪激动已经影响到庭审甚至加剧双方矛盾的,法院可以通过设置这个冷静期来缓冲。其本质可以理解为休庭或延期开庭,冷静期限不能从审限中扣除。对处于冷静期内的夫妻,法院认为当事人难以自我修复的,除了对夫妻双方开导劝阻之外,还可以通过借助婚姻家庭咨询专家、心理咨询师、律师等专业力量来进行相应的引导和干预。"情感修复冷静期"指的是法院认为提出离婚申请的夫妻双方还存在和好的基础,尤其是一方表达愿意接受调解、承诺愿意积极修复婚姻关系的情形下,法院可以设置不超过60日的情感修复冷静期。在该期间

---

① 中央电视台《新闻1+1》栏目对该探索进行了专题报告。该家事司法改革探索荣登《法制日报》"2017年度政法机关创新指数排行榜",在全国法院系统中排名第二,为四川省唯一上榜法院。
② 《安岳法院"离婚冷静期"制度入选四川省全面深化改革典型案例》,https://www.ayrmfy.gov.cn/xinwenzhongxin/2021/0331/1776.html,最后访问日期:2022年7月14日。
③ 姜大伟:《离婚冷静期:由经验到逻辑——〈民法典〉第1077条评析》,载《华侨大学学报(哲学社会科学版)》2020年第4期。
④ 《深度解读"史上最全离婚案件审理宝典"》,http://www.gdcourts.gov.cn/index.php?v=show&id=51780,最后访问日期:2022年7月15日。

内,法院应对当事人是否履行情感修复承诺进行回访督促。

家事国事天下事,事事无小事。《广东指引》全面贯彻弘扬社会主义家庭伦理价值观、修复家庭成员之间的情感、保障未成年人利益最大化的家事审判理念,针对不同的家事案件的需求,通过"离婚冷静期"制度的设计来修复夫妻感情、保护婚姻家庭,坚持以人为本、以家庭和睦和最大限度保护未成年人利益为导向,为有效化解家庭纠纷和修复家庭成员心理创伤提供条件。同时《广东指引》也明确了并不是所有家事案件都得适用离婚冷静期,哪些条件下可以适用、哪些条件下不适用都已规定好,是一个个性化和人性化的设计,由法官、家事调查员、调解员在具体离婚个案中去评估是否需要适用。离婚案件审理,不能单纯求快、求结案率,即使夫妻双方当事人冷静下来评估感情,认为确实是破裂了,那还是可以离婚的,但也是利用这个冷静期让大家更好地去反思在婚姻中应该承担什么责任,去学习、思考和矫正自己的行为,同时将离婚所带来的子女抚养、财产分割问题较为平和地进行处理。

四、离婚冷静期的立法评价

构建离婚冷静期在我国当今社会具有相当的必要性和迫切性,这一点是毋庸置疑的。离婚冷静期的设置,是我国在总结司法实践的基础上,针对新时代婚姻家庭领域出现的新问题而推出的新举措,从我国婚姻立法的制度层面、司法实践层面和社会生活层面等三个不同的维度契合了我国当前社会与民众的需求,对完善我国现有的婚姻制度、提高司法效率、促进社会和谐稳定发挥着不可替代的重要作用,将更好地满足各方利益需求。

(一)设置离婚冷静期遵循了我国《民法典》基本法理思想

1. 契合《民法典》立法精神

《民法典》颁行后,婚姻家庭法成为民法典中的一编。从法律体系上说,婚姻家庭法应归民法范畴,这也是婚姻家庭的本质所决定的。[1] 民法学研究不能忽视家庭法的内容,需要注意家庭法规则的特殊性,对婚姻家庭法的研究要体现维护家庭和睦和谐的价值理念。[2] 从民法典立法的宏观视角出发,婚姻家庭编的立法工作全方位展现了新时代法治精神与法治理念。婚姻家庭编顺应了民法典编纂的立法思路,遵循了高度重视亿万人民群众对婚姻家庭和谐幸福的根本利益需求、高度重视婚姻家庭关系的人伦本质和人文关怀、高度重视社会主义核心价值观的融会贯通和坚持大民法的理念等基本思路,[3]符合基本法理思想,通过增设相应的基本制度来实现国家的立法要求和目标。婚姻家庭立法的科学性依赖于问题意识,必须从社会现实出发、面向实际问题、提出解决方案,具有极强的实用性和可操作性。[4] 婚姻家庭编弘扬了社会主义核心价值观,重视家庭文明、优良家风建设,在立法理念

---

[1] 曹诗权:《中国婚姻法的基础性重构》,载《法学研究》1996年第31期。
[2] 王利明:《构建〈民法典〉时代的民法学体系——从"照着讲"到"接着讲"》,载《法学》2022年第7期。
[3] 龙翼飞:《编纂民法典婚姻家庭编的法理思考与立法建议》,载《法治与社会发展》2020年第2期。
[4] 李拥军、雷蕾:《论我国婚姻家庭关系的伦理价值与立法表达》,载《政法论丛》2019年第2期。

上维护了婚姻家庭的伦理属性,平衡婚姻家庭当事人与他人利益和社会公共利益,强化了对弱者的合法利益保护,与时俱进地回应了社会和民众的需求与呼声,实现了法律的实质正义。

离婚冷静期的设立体现婚姻家庭的伦理本质和法理正义,实现自然人在婚姻家庭领域的人权平等和家庭和谐,注重家庭婚姻的整体性以及家庭成员之间的情感维系和人文关怀,这也符合《民法典》婚姻家庭编保护婚姻家庭的价值观和立法使命。婚姻缔结后形成家庭,家庭关系是社会关系的基础,其不仅是一种契约关系,更构成一个伦理实体从而形成一种伦理关系。婚姻的本质是一种伦理关系,离婚就是家庭的离散。婚姻家庭法是典型的身份法,调整亲属身份关系以及基于该身份关系而衍生的财产关系,因而婚姻家庭法更应重视伦理正义。婚姻是家庭的基础,离婚不能仅凭个人任性,仅关注夫妻双方的主观意志,还要将婚姻家庭置于社会之中,兼顾他人利益和社会公共利益:一方面有利于人与人之间的和谐相处,另一方面推动社会整体的稳定与和谐。设置离婚冷静期,在登记离婚的程序中构建任意、轻率离婚的障碍性程序,符合我国长期以来"宁拆一座庙,不破一桩婚"的文化背景与我国当下高离婚率和轻率离婚现象严重的社会背景。离婚冷静期的设置,有利于衡平离婚自由与社会家庭稳定,调整婚姻家庭关系和社会关系,是民法的人文精神和公平正义在婚姻家庭领域的重要体现。

2. 契合社会主义核心价值观在婚姻家庭中的导向

2012年11月,党的十八大报告首次以24个字概括了我国的社会主义核心价值观。[①]习近平总书记强调,"人类社会发展的历史表明,对一个民族、一个国家来说,最持久、最深层的力量是全社会共同认可的核心价值观","核心价值观是文化软实力的灵魂","如果没有共同的核心价值观,一个民族、一个国家就会魂无定所、行无依归","要把培育和弘扬社会主义核心价值观作为凝魂聚气、强基固本的基础工程"。党的十八大以来,习近平总书记多次谈及"家风"问题,强调家庭是社会的基本细胞,是社会风气的重要组成部分,要重视家庭建设,注重家庭、注重家教、注重家风。2016年12月12日,习近平总书记在会见第一届全国文明家庭代表时讲话指出:"无论时代如何变化,无论经济社会如何发展,对一个社会来说,家庭的生活依托都不可替代,家庭的社会功能都不可替代,家庭的文明作用都不可替代。无论过去、现在还是将来,绝大多数人都生活在家庭之中。我们要重视家庭文明建设,努力使千千万万个家庭成为国家发展、民族进步、社会和谐的重要基点,成为人们梦想启航的地方。"[②]

天下之本在国,国之本在家。中华民族历史悠久,上下五千年文明沉淀了重视家庭、注重家风的优秀历史文化传统,家风文化是中国传统文化和中华文明的重要方面。习近平总书记指出:"广大家庭都要弘扬优良家风,以千千万万家庭的好家风支撑起全社会的好风气。"[③]家风作为中国传统文化传承的重要形式,蕴含丰富的道德素质教育和价值观培育的内涵要义,不仅能够积极宣贯其核心思想理念,亦是我国社会主义核心价值观落地实践的

---

① 党的十八大报告指出:倡导富强、民主、文明、和谐,倡导自由、平等、公正、法治,倡导爱国、敬业、诚信、友善,积极培育社会主义核心价值观。
② 习近平:《习近平谈治国理政》(第二卷),外文出版社2017年版,第353~356页。
③ 习近平:《在会见第一届全国文明家庭代表时的讲话》,载《人民日报》2016年12月16日第2版。

主要阵地之一。我国民法典婚姻家庭编将社会主义核心价值观作为立法指引和遵循,体现了其对重视、践行家庭文明建设和传承、弘扬家庭美德的立法思想及法理精神。树立优良家风,是对社会主义核心价值观的融会贯通,有助于倡导新时代健康向上婚姻家庭关系,形成家庭成员互敬互爱、和谐融洽的氛围。婚姻家庭编在第一章"一般规定"中增加了婚姻家庭的倡导性规定,[①]指出家庭应当树立优良家风,注重弘扬家庭美德,不断加强家庭文明建设,全面贯彻习近平总书记关于注重家庭、注重家教、注重家风的重要指导思想,深刻展现家庭在国家政治、经济、文化建设和社会生活中的重要地位,顺应《民法典》总则中关于"适应中国特色社会主义发展要求,弘扬社会主义核心价值观"的立法目的。

设立离婚冷静期,是社会主义核心价值观在《民法典》婚姻家庭编导向作用的重要表现,有利于树立优良家风、弘扬家庭美德、加强家庭文明建设。首先,离婚冷静期的设立在一定程度上可以减少轻率离婚、冲动离婚,挽回和挽救了那些因一时冲动而作出离婚决定的家庭,维护了婚姻家庭关系与社会关系的和谐稳定。其次,离婚冷静期的立法旨意系通过赋予夫妻双方当事人合理期间的冷静思考,切实保障当事人的婚姻自由、意思真实表达,防止当事人任性地作出不真实、不一致的意思表示,保护双方当事人的合法权益。最后,离婚冷静期是完善婚姻救济制度的一种方式,也有助于当事人更好地安排子女抚养、夫妻财产等问题,特别注意维护家庭未成年子女和弱者的权益,体现家庭文明在未成年人人生观、世界观、价值观的重要引导作用。

3. 契合婚姻自由与离婚限制的价值衡平

1950年《婚姻法》和1980年《婚姻法》均以保障离婚自由为指导思想。2001年《婚姻法》(修正案)注重保护弱者利益、强化离婚救济,是在对前两部婚姻法传承基础上进一步实现社会正义。离婚不仅关系夫妻双方的利益,而且关系到其家庭其他成员权益甚至社会的共同利益。然而,自2001年以来,我国离婚率始终保持上涨状态,出现了大量冲动离婚、轻率离婚的案例。要贯彻我国离婚立法一以贯之的保障离婚自由、反对轻率离婚的指导思想,就有必要采取适当举措来防范轻率离婚。通过对离婚条件及离婚程序进行限制性规定,给予夫妻双方再次冷静思考婚姻关系存续问题的缓冲期,是离婚冷静期制度的初衷和目的,为没有完全破裂的婚姻提供一次挽救的机会,也有利于未成年子女权益保障。实行登记离婚冷静期制度,有利于防止冲动离婚、草率离婚,保障婚姻关系稳定,维护当事人和子女的合法权益,对社会的良性运转起着重要作用。[②] 离婚冷静期制度汲取了婚姻家庭法学、社会法学、社会学、法制史等相关学科的研究成果,丰富了我国离婚制度。

婚姻家庭不仅维系夫妻双方之间的关系,而且与未成年人利益保护和社会稳定深刻结合。离婚自由是离婚问题中一个面向,并非全部。离婚,只有在夫妻之间冲突达到必须离婚的程度、不离婚反而对夫妻双方不利时才成为解决冲突的最后选择。在离婚自由与离婚限制之间找到平衡,也是被社会所接纳与认可的价值追求。对离婚自由予以适当限制是合理的,在一定程度上可以有效防止夫妻双方对待婚姻问题时作出轻率或冲动的决定,保护

---

① 《中华人民共和国民法典》婚姻家庭编第1043条规定:家庭应当树立优良家风,弘扬家庭美德,重视家庭文明建设。夫妻应当互相忠实,互相尊重,互相关爱;家庭成员应当敬老爱幼,互相帮助,维护平等、和睦、文明的婚姻家庭关系。

② 杨立新:《民法典婚姻家庭编完善我国亲属制度的成果与司法操作》,载《清华法学》2020年第3期。

子女等弱势一方的合法权益,实现子女尤其是未成年子女利益最大化,是法律追求公平正义的具体体现。原先较为宽松的离婚政策并不利于婚姻家庭关系的稳定和谐、不利于保护子女利益,反而给轻率、冲动离婚提供了便利。增设登记离婚的程序性限制,可以平衡个人离婚自由选择权,引导当事人冷静思考以确定是否必须离婚,给予当事人一段合理期间重新审视婚姻和家庭,若能挽回,是最理想,即使夫妻双方在冷静期届满后依然决定结束婚姻,也是当事人双方冷静再思考后的共同选择,是平衡相互利益的结果。

(二)设置离婚冷静期是回应新时代婚姻家庭领域新问题之亟需

1. 降低离婚率,减少轻率、冲动离婚

"离婚冷静期",是保护婚姻的重要制度。改革开放以来,我国离婚率持续呈现上升趋势,其中法院办理离婚人数保持基本稳定状态,登记离婚人数大幅攀升,登记离婚是我国离婚率持续上升的最主要方式。离婚冷静期的设置,给夫妻双方一个冷静思考的时间,让情绪化、冲动型的离婚夫妻舒缓情绪、缓冲矛盾,正视夫妻之间存在的问题,接受婚姻指导和调解建议,从而化解矛盾冲突,挽救婚姻。施行离婚冷静期以来,民政部门离婚程序包括申请、受理、冷静期、审查、登记(发证)共五个步骤。实施冷静期满后,登记离婚对数20年来首次出现"断崖式"下降(见图6-1)。

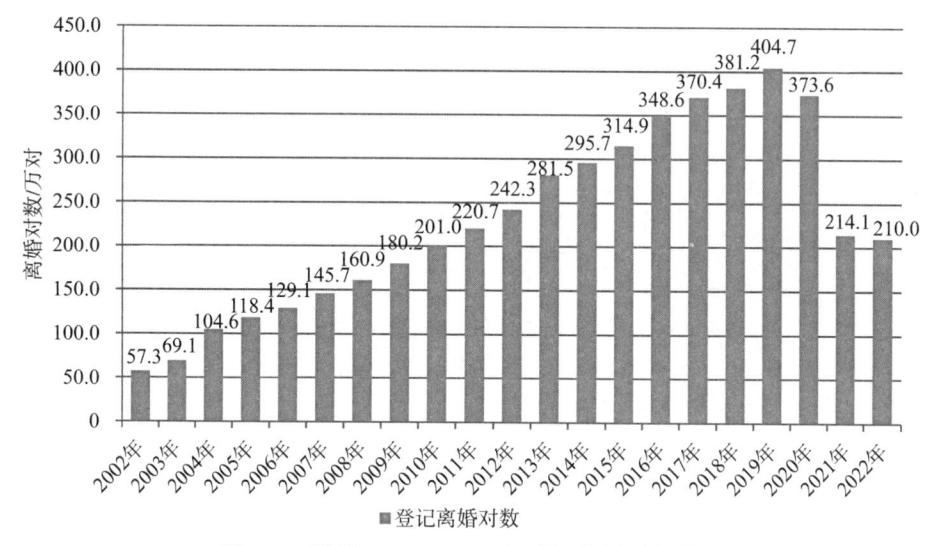

图6-1 我国2002—2022年登记离婚对数情况

随着我国经济社会不断发展,社会大众尤其是青年群体的婚恋观发生了较大变化。自2014年起,我国结婚登记对数逐年减少,呈持续下降趋势。① 结合我国每年结婚登记情况看,离婚冷静期制度实施后,我国登记离婚下降的幅度远大于我国结婚登记下降的幅度,在一定程度上切实有效地降低了我国的离婚率(见图6-2)。

民政部数据显示,我国2021年共214.1万对夫妻完成离婚登记,较2020年的373.6万对少了159.5万对,离婚登记量同比下降约43%,其中河南、四川、广东、江苏、山东、安徽、

---

① 国家民政部发布的统计数据显示:2014年,全国依法办理结婚登记1306.7万对。这是自2005年以来我国首次出现结婚登记对数同比减少的情形。此后每年结婚登记人数逐年减少。

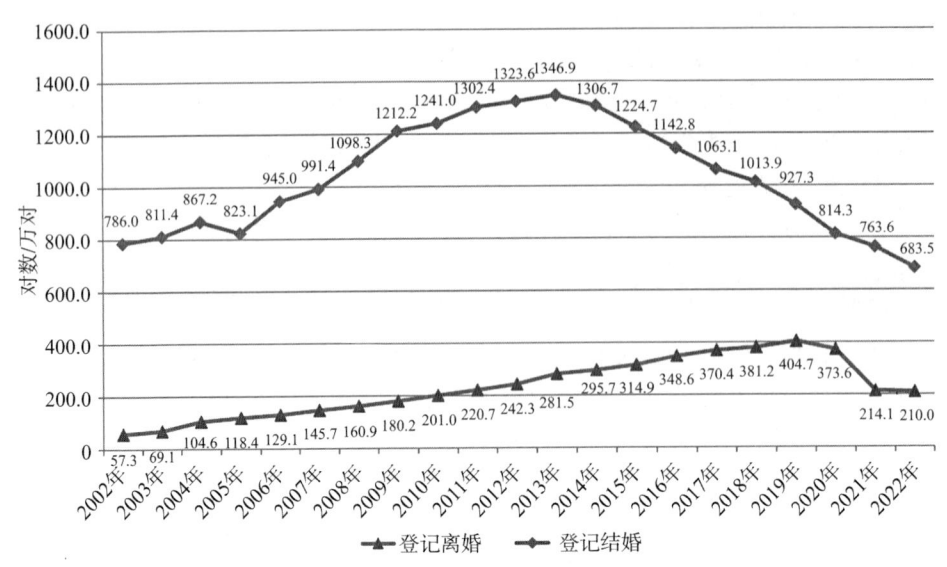

图 6-2 我国 2002—2022 年登记结婚对数与登记离婚对数对比情况

河北等省份离婚登记超过 10 万对,河南以 15.2 万对位居第一,四川以 14.7 万对位居第二。[①] 离婚冷静期实施后,通过全国各地离婚夫妻数量变化可以实证地来检验离婚冷静期是否与立法宗旨、立法目的相一致。笔者根据查询搜索的部分案例数据制成表 6-2。

表 6-2 我国不同省市区离婚冷静期实施情况

序号	地点	时间	实施情况
1	江苏省	2021 年 1 月至 12 月	2021 年,江苏省共受理申请离婚登记夫妻为 240435 对,当年度完成离婚登记对数为 134943 对,获准离婚登记对数占离婚登记申请总数的 56.12%;其中 87635 对申请离婚夫妻在冷静期内撤回离婚申请或逾期未办理视为撤回,占比 36.45%;17857 对因处于离婚冷静期或登记发证期,尚未办结,跨年至 2022 年继续办理。
2	深圳市	2021 年 1 月至 9 月	2021 年前三季度,深圳市离婚登记申请人数为 21537 对,实际办理离婚登记人数为 14204 对。2021 年 1—9 月,离婚冷静期制度实施以来,深圳 7333 对夫妻改变了主意,34% 的离婚登记申请被撤销,冲动型离婚大大减少。
3	安徽省合肥市	2021 年 1 月至 11 月	2021 年全年安徽省合肥市共计 16851 对夫妻在民政部门获准离婚登记。2021 年 1 月至 11 月,合肥市申请离婚夫妻有 30107 对(12 月申请的最早需要在次年 1 月办理),但约 44% 的离婚申请者撤回了离婚申请,较 2020 年降幅超 51%。

---

① 数据来源于中华人民共和国民政部发布的《2021 年 4 季度民政统计数据》,其中离婚有民政部门登记离婚和法院判决、调解离婚两种途径,此处统计数据系民政部门登记离婚的数据。

续表

序号	地点	时间	实施情况
4	山东省德州市德城区	2021年2月1日至2022年1月24日	从2021年2月1日到2022年1月24日,德城区离婚登记1262对,而2020年离婚登记1899对。比起2020年离婚登记的人数,2021年减少了三分之一。
5	成都市龙泉驿区	2021年1月至12月	2021年,该区离婚登记数量明显下降,离婚申请4473件,实际获准离婚登记2114件,占离婚申请的47%,同比下降了40%。

资料来源:搜狐网:《民政部:2021年离婚登记人数较2020年下降四成》,https://www.sohu.com/a/531533056_120952561,最后访问日期:2022年7月3日访问;澎湃新闻网:《离婚冷静期落地10个月,实施的效果如何呢?》,https://m.thepaper.cn/baijiahao_15143039,最后访问日期:2022年7月26日;德州新闻网:《离婚冷静期实施一年效果显著》,http://www.dezhoudaily.com/shehui/p/1575252.html,最后访问日期:2022年7月26日;成都市龙泉驿区人民政府民政局官网:《离婚冷静期实施一年效果显著》,http://www.longquanyi.gov.cn/lqyqzfmhwz_gb/c123691/2022-01/11/content_fbf4dad3ab7f48218d6ebda3eb4e9d59.shtml,最后访问日期:2022年7月26日。

从不同省市地区离婚冷静期实施情况和效果看,30天离婚冷静期的设置为夫妻双方当事人提供了更多的选择和可能性,对于轻率离婚、冲动离婚确实起到了缓冲作用,效果较明显。在30天冷静期届满后,夫妻双方愿意离婚的,可以遵循本意自愿办理离婚从而结束婚姻关系;也可以根据双方意愿重新考虑解决婚姻冲突的办法,通过撤回离婚申请或者放弃继续申办离婚登记的方式继续保持婚姻,或者一方要求离婚而另一方不愿意离婚时,要求离婚一方向法院起诉离婚。冷静期为婚姻当事人双方提供一个冷静思考和挽回婚姻的机会,有利于减少当事人轻率、冲动地申请登记离婚。

2. 缩小不同离婚方式之间的差距

在我国现行法律体制下离婚主要有两种方式,分别是登记离婚和诉讼离婚,相较登记离婚而言,诉讼离婚有着更为严苛的程序,法院对所有离婚案件进行调解,只有在判定夫妻双方确已感情破裂、调解无效的才能判令离婚。法院诉讼离婚需要经过较为复杂的诉讼程序,当事人需花费较高费用,同时离婚官司还面临着感情完全破裂认定标准、"第一次不判离"和"第二次起诉期间限制"等一系列实体和程序要求,是时间、人力、物力等成本均较高的离婚方式。司法实践中,法院立案后,根据具体情况在诉讼离婚程序中采取相应的"冷静期"措施,例如,"第一次不判离"即原告第一次起诉离婚但没有充分证据证明被告有重大过错,且被告不同意离婚时,法院通常判决不准离婚;"第二次起诉期间限制"即法院判决不准离婚以及调解成功的离婚案件,原告在没有新情况或新理由的前提下在6个月内再次选择起诉的,则法院不予受理。尽管"第一次不判离"和"第二次起诉期间限制"受到来自学术界和实务界的较大争议,但这些离婚诉讼中的程序性规定并未侵犯夫妻双方当事人的离婚自由和合法权益,也未构成任何制度性的阻碍。从诉讼离婚"冷静期"的性质来看,其实是人民法院合理行使程序控制权的一种方式,在征求夫妻双方当事人同意的情形下对审理程序进行特殊处理,并未侵犯夫妻双方所享有的程序性权利。[1] 鉴于诉讼离婚程序的复杂性,面

---

[1] 王琦:《诉讼离婚冷静期制度的构建:必要性、可行性及与现行法的对接》,载《贵州社会科学》2020年第12期。

临更长的"冷静期",夫妻双方当事人对诉讼离婚这种离婚方式的选择也更为慎重、严谨,较大程度决定了我国每年诉讼离婚情况保持相对稳定的状态。相比较而言,我国登记离婚只需要当事人达成合意,通过线上或者线下预约成功,携带相关资料到民政部门就能现场办理,较为简单和便捷。国家民政部门数据显示,从 2003 年《婚姻登记条例》颁布实施前到 2021 年底,我国持续攀升的离婚率主要来自登记离婚,登记离婚与诉讼离婚呈现极不平衡的状态(见图 6-3)。

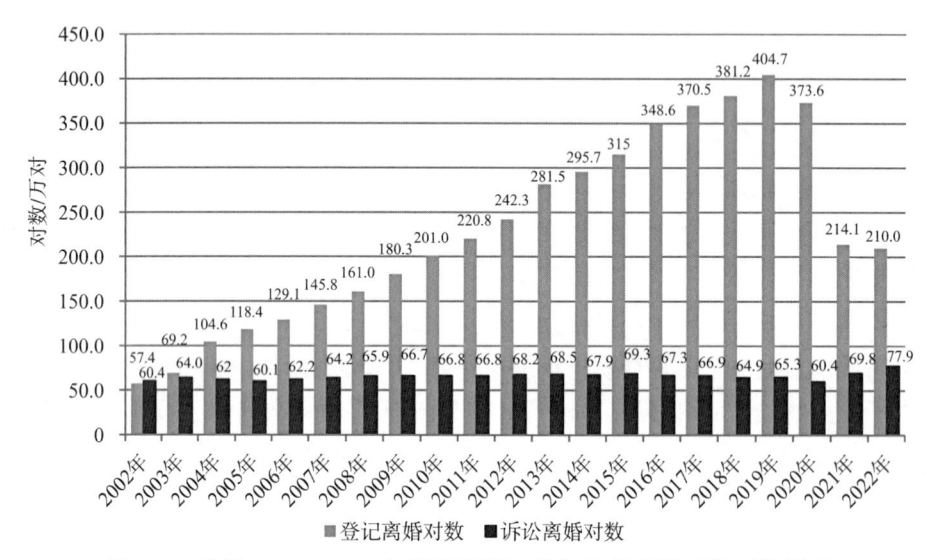

图 6-3 我国 2002—2022 年登记离婚对数与诉讼离婚对数对比情况

与我国诉讼离婚严格复杂的程序比起来,我国登记离婚制度极为宽松自由,两者在立法理念、价值遵循方面形成较为强烈的对比,在整体离婚制度的安排上出现严重失调和极不和谐的现象,阻碍了制度本身发挥社会功能的实现。家庭和谐稳定是国家发展的基石,在登记离婚程序中增设离婚冷静期,对冲动、轻率离婚现象起到积极遏制作用,在一定程度上能够降低离婚率、缓解离婚率高速增长的问题,维系婚姻家庭关系稳定和谐,减少因离婚对夫妻双方当事人的伤害,减少对子女成长和身心健康的影响,减少轻率离婚给家庭、子女和社会带来的不利后果。在婚姻退出的"疏堵平衡"上,其可以挽救那些仅因临时的情绪冲突而濒临破裂的婚姻,而代价是短期延长确已丧失存续基础的婚姻,在价值权衡上是可以被接受的。[①] 离婚冷静期的设置,赋予了当事人对选择是否离婚问题上充分的处分权和选择权,打破了原有离婚登记程序的固有思维,从而降低我国离婚率增长速度,实现了登记离婚和诉讼离婚两种不同离婚方式的衡平,实现了离婚自由与离婚限制的价值衡平,减少了不同离婚方式之间的差距,减缓我国离婚制度内部矛盾与冲突。

3. 维护家庭与社会和谐稳定

婚姻家庭关系和谐稳定是社会关系的重要方面和基础。家庭是繁衍生息、情感交流的重要场所,关系着夫妻双方的幸福和子女的健康成长,不仅对其家庭及成员本身乃至对社会的安定都具有至关重要的作用。只有当婚姻家庭和谐稳定,社会才能和谐安定,国家方

---

① 申晨:《民法典婚姻家庭编的回归与革新》,载《比较法研究》2020 年第 5 期。

能长治久安、繁荣富强。① 家庭不仅是调整结婚、生育等亲属关系的私法领域,更是社会的基本单位和细胞组织,与社会结构和整体状况紧密连结、互相影响。从国家与社会的角度出发,家庭既是人口生产单位,又是为国家培养现代公民、帮助个体实现社会化的最基础教育单位,也是开展经济活动的重要主体。② 婚姻破裂和家庭解体将给社会带来不确定性的风险,家庭所承担的抚养和教育子女、赡养老人等社会功能无法实现,还将引发由家庭关系而产生的经济社会关系的不稳定。

设立离婚冷静期的根本目的就是调节婚姻危机,促使夫妻双方当事人在离婚问题上谨慎地加以思考和平衡。随着社会物质生活和精神生活的不断丰富,婚姻家庭关系变得更加脆弱、复杂,离婚冷静期的价值目标在于挽救那些没有真正濒临"死亡"的婚姻,维护家庭的完整。离婚冷静期给浮躁社会冲动型夫妻一个踩刹车的机会,挽救还未真正到必须离婚地步的婚姻,避免了不必要的家庭悲剧,保护了可能因家庭破裂而遭受痛苦的未成年人或老年人,维护了家庭稳定,从而维护了社会安全稳定,实现了法律效果和社会效果的统一。

和谐稳定的家庭关系带给家庭成员关爱、互惠,同时在养老、育儿等方面有着不可替代的作用,大大减少了社会不稳定因素,促进了国家和社会的治理。离婚冷静期的设置与直接干预离婚不同,其既限制离婚的放任与自由,又注重社会效果,兼顾家庭成员个体利益和社会公共利益。理解离婚冷静期,要立足中国特色社会主义国家的特色和历史发展方位,充分借鉴世界范围内关于该制度的有益实践,结合婚姻家庭制度的根本原则和发展规律,寻求离婚自由与离婚限制的衡平,突出在离婚案件或离婚纠纷过程中的情感干预功能,积极总结经验探索出与我国经济社会发展相适应、符合我国国情的离婚制度,满足人民对美好生活的向往和追求,使离婚冷静期制度的立法意涵融合于和谐社会的全面建构之中。③ 平等、和睦、文明的婚姻家庭关系是我国传统文化历来倡导的,也是《民法典》婚姻家庭编以制度和规范予以明确的。离婚冷静期的设立遵循婚姻家庭立法价值目标,积极引导婚姻当事人团结互助、文明友爱,用心经营和珍惜婚姻与家庭,体现了个人利益、家庭利益和社会利益的协调统一。

(三)设置离婚冷静期是完善我国婚姻家庭法律制度的重要举措

1. 以婚姻家庭制度基本原则为价值追求,完善我国婚姻制度

婚姻家庭法的基本原则反映着婚姻家庭法的本质、基本内容和基本精神,体现了社会生活的需要。④ 离婚冷静期制度是一个比较成熟的制度,国外许多国家早已有明确的法律规定且有配套的相应制度,比如韩国的离婚熟虑期制度、英国的反省与考虑期制度等。在《民法典》婚姻家庭编离婚冷静期制度被确立前,我国婚姻法及相关法律中并没有明确规定离婚冷静期制度,但该制度已经在全国多个法院先行先试,取得不错社会效果,但一直未有

---

① 薛宁兰:《社会转型中的婚姻家庭法治新面向》,载《东方法学》2020年第2期。
② 唐冬平:《宪法如何安顿家——以宪法第49条为中心》,载《当代法学》2019年第5期。
③ 郭峻维:《离婚冷静期制度实施中的价值冲突与衡平》,载《东北师范大学(哲学社会科学版)》2021年第6期。
④ 杨立新、蒋晓华:《对民法典婚姻家庭编草案规定离婚冷静期的立法评估》,载《河南社会科学》2019年第6期。

法律相关规定,法律依据缺失。

当前,随着经济社会不断进步和发展,各种文化相互激荡,我国社会进入转型期,婚姻家庭矛盾和家事纠纷也与日俱增,给相关政府机构和法院带来新的挑战和问题,为了满足人民群众的需求和时代的发展要求,推进婚姻登记和家事审判的工作方式和机制改革具有重要的现实意义和历史意义。在这种形势下,离婚冷静期的提出和构建要求我国婚姻登记机关更加关注当事人的情感、人格和身份利益,不断优化婚姻登记工作,促进婚姻登记的人性化,充分发挥婚姻登记对夫妻关系的诊断、修复和治疗功能,建立多元婚姻家庭关系纠纷调解和咨询机制,调处有危机婚姻的当事人,挽救危机的家庭和危机的婚姻。离婚冷静期制度及其配套措施不仅涉及法律问题,还涉及大量社会学、心理学问题,其蕴含深刻的人文主义精神和伦理价值,是解决社会问题和现象的有机整体。

当今社会,轻率、冲动离婚成为人们普遍关注的社会问题,设立离婚冷静期有利于防止轻率、冲动离婚,维护婚姻家庭和社会关系稳定和谐。《民法典》婚姻家庭编增设离婚冷静期制度,立法旨意是防止轻率、冲动离婚,降低离婚率,保障我国婚姻登记管理机关可以依据现行法律法规适用离婚冷静期相关规定,确保各地婚姻登记机关按照统一标准适用,杜绝各自为政、滥用冷静期规定的情形。设置离婚冷静期,不仅为婚姻登记机关提供执法依据,保障合法合规履职,同时也有利于化解婚姻危机,防止轻率、冲动离婚,降低节节攀升的离婚率,维护家庭婚姻关系和睦稳定和社会安定团结。离婚冷静期是离婚制度的重要组成部分,填补了我国婚姻家庭法律相关领域的空白,完善了我国婚姻家庭制度和法律。

2. 保障未成年人等弱势群体的合法权益

保护未成年人等弱势群体的合法权益是《民法典》婚姻家庭编的基本原则。[①] 家庭作为伦理性的载体,承担着生育、经济、教育和扶助等社会职能,是夫妻共同生活、抚养教育子女以及赡养老人的主要场所。[②] 婚姻不仅是夫妻双方的事,还会涉及家庭成员比如未成年子女、老年人以及多个家庭之间的复杂关系,婚姻关系的破裂尤其对子女的抚养、教育和生活以及老年人的扶养问题带来重大影响。当前社会,离婚率节节攀高,轻率、冲动离婚屡见不鲜,未经冷静思考的离婚往往会对家庭成员造成重创,未成年人、老年人、妇女的合法权益难以得到保障。

(1)离婚冷静期的设置有利于维护未成年子女利益。夫妻离婚会给未成年子女带来伤害,包括生活、学业、心理健康、人际关系等方面,对未成年人成长过程所造成的后果是不可逆的。离婚双方当事人尤其是轻率、冲动离婚的夫妻往往没有全面考虑未成年子女的抚养问题:一方面父母离异会导致未成年子女生活环境、人际关系等发生较大变化,甚至未成年子女需要面对新的家庭及家庭成员;另一方面父母离异后常常出现物质保障水平降低、亲子陪伴匮乏等问题。这些都会给未成年子女的成长带来巨大负面影响,对未成年人的成长发育极为不利,导致未成年子女长期处于自卑、恐惧、焦虑、偏激、愤怒、憎恨等不良心理状态下,极有可能带来性格缺陷等人格发育问题,诱导未成年人的过激行为甚至是违法行为,给国家、社会带来危害,从而引发一系列的社会问题。

---

① 《中华人民共和国民法典》第 1041 条第 3 款规定,保护妇女、未成年人、老年人、残疾人的合法权益。

② 夏沁:《民法典登记离婚冷静期条款的解释论》,载《法学家》2020 年第 5 期。

离婚冷静期的设置,首先,是要使得夫妻双方当事人冷静下来全盘思考双方的婚姻家庭问题,寻求解决问题的出路,在一定程度上可以减少轻率、冲动离婚现象,挽回那些并未真正破裂的婚姻,通过化解矛盾的方式减少离婚家庭对数和受此负面影响的未成年人数量,从源头上减少因为父母离婚而给未成年人带来的不幸,使得未成年人能够拥有完整的家庭生活获得稳定健康成长的家庭环境。其次,通过30天冷静期的缓冲,可以唤醒父母的家庭责任感和对子女的关爱,有更充分的时间权衡利弊作出有利于家庭和子女的选择,同时认真思考未成年子女的生活安排,即使最后选择离婚也要尽可能保障子女生活平稳,把伤害减少到最低程度。最后,离婚冷静期的设置是针对夫妻双方当事人的,但它鼓励子女和其他亲属等帮助当事人审慎思考,促进夫妻积极沟通对话,避免任性的选择。此外,离婚冷静期可能有利于未成年子女调整适应父母离异这一家庭结构的重大变化。

(2)离婚冷静期的设置有利于维护老年人利益。受我国传统文化及社会保障机制影响,家庭养老依然是我国当前最主要且普遍为大众所接受的养老模式。2016年以前我国较长一段时间实行限制性的计划生育政策,即独生子女政策,正常一个家庭两个年轻人需要赡养四位老人,责任较重。目前,国家生育政策衍生的独生子女群体已步入婚姻家庭生活,成为稳定承担家庭养老的主力军,婚姻家庭的稳定不仅关系到夫妻双方当事人的幸福生活,也关系到两个家庭老人的养老生活。一方面,子女幸福美满的婚姻为老年人提供了享受天伦之乐的精神家园;另一方面,也是老年人能够安享晚年、安心养老的重要物质保障,能够维系家庭养老模式的稳定。夫妻双方婚姻关系破裂,会给老年人的心理和生活都带来负面影响,不利于老年人身心健康。离婚冷静期的设置,较好地阻断了一些感情尚未真正破裂的婚姻,有效避免了轻率、冲动离婚,挽救了无数面临支离破碎的家庭,能够为老人养老提供一个稳定的家庭环境,有利于保障老年人合法利益。

(3)离婚冷静期的设置有利于维护妇女利益。面对离婚时,妇女依然是弱势群体,一段婚姻的结束会给妇女带来生理、心理、社会各方面的压力,也会影响妇女的物质生活基础。因为社会分工和性别差异,妇女常常在家庭生活中付出更多时间精力,导致她们在职场跟男性比往往处于劣势地位,竞争力相对弱,更有部分已婚女性成为全职家庭主妇,长期照顾家庭和子女,没有工作和稳定的经济来源,离婚会导致妇女生活质量明显下降,面临更多压力,不利于维护社会公平正义和安全稳定。

离婚冷静期制度的设计,虽然没有打破婚姻自由的原则,夫妻双方当事人依然可以自主决定是否离婚,但通过法律将冷静期确定下来给当事人离婚增加时间门槛,能够引导夫妻双方谨慎思考,在一段时限内作出更有利于家庭或者利益最大化的决定,会更好地平衡夫妻之间的权力关系,让夫妻双方通过离婚冷静期将财产、抚养和赡养等现实问题妥善处理好,处于弱势地位的妇女等弱势群体可以有更多时间和机会维护自身权益,保障妇女等弱势群体合法权益,彰显《民法典》婚姻家庭编的人文关怀和社会公平正义。

五、离婚冷静期的再思考

《民法典》颁布实施以来,离婚冷静期在实施过程中发挥的作用不容小觑,但其所带来的各种争议及价值冲突将长期存在。为平衡离婚冷静期所承载的多元价值,我们需要在总结实践经验的基础上进一步思考该制度的优化路径,不断完善相应的配套制度,以实现离婚冷静期立法宗旨和价值意蕴。

（一）离婚冷静期时间可作更合理设置

1. 离婚冷静期时间的域外比较

国际上很多国家和地区均通过在离婚程序上进行合理合法的设置，增设离婚门槛和离婚时间成本，往往以离婚冷静期的方式来对离婚时间进行强制性的约束和限制，以此实现降低离婚率的目的，这是一种普遍做法。《英国家庭法》规定了离婚考虑期，法院为主张离婚的双方当事人指定9个月的反省与考虑期，该期限可根据不同的实际情况进行中止或延长。夫妻双方可以在这个期间内接受咨询、调解、心理疏导等配套服务，来确认双方感情是否破裂、审慎思考双方婚姻关系的存续以及未成年子女的抚养问题等。《韩国民法典》详细规定了离婚熟虑期，当事人向家庭法院申请确认协议离婚并接受法院提供离婚咨询之日起算，有未成年子女需抚养的离婚熟虑期为3个月，无未成年子女需抚养的其他情形则为1个月。同时，法典还区分了存在家庭暴力情形、有需扶养人时离婚熟虑期的期限。《俄罗斯婚姻家庭法》规定了离婚冷静期，夫妻双方当事人必须严格按照国家法律规定认真履行离婚司法程序，冷静期的期间根据夫妻双方是否同意离婚来判定，双方同意离婚的冷静期为1个月，不同意离婚的冷静期则设置为3个月。

2. 我国离婚冷静期时间存在的不足

《民法典》规定离婚冷静期为1个月，未区分不同情形进行该期限长短的调整，未能充分考虑当事人及弱势群体尤其是未成年子女的利益保障问题，存在若干不足，可以借鉴其他国家和地区较为成熟的经验进一步优化。

（1）离婚冷静期时间较短，1个月的时间能否真正实现设置离婚冷静期的目的，是否能够满足已申请离婚夫妻冷静下来进行思考并审慎合理对待婚姻的需求？在社会整体离婚率不断上升的背景下，我国中青年离婚情况更值得关注。2010年，厦门市海沧区人民法院民一庭法官在对该院受理的136件离婚案件进行分析时发现：诉讼离婚夫妻婚龄在5年内的计67件，占总数的49.26%；婚龄在5年以上10年以内的计36件，占总数的26.47%；婚龄10年以上的计33件，占总数的24.26%。[①] 该组数据表明结婚10年内是离婚诉讼高发期，同时也表明离婚多为中青年夫妻。现代中青年生活节奏快、工作压力大、接受信息多元、思想观念开放独立，在面对婚姻中存在的矛盾和困难时，往往容易情绪激动作出冲动决定。离婚冷静期时间过短则不足以为夫妻双方当事人提供充足的时间来重新认真考虑是否以离婚方式解决婚姻家庭矛盾，较难充分发挥其立法旨意从而让这些面临婚姻危机的夫妻尤其是中青年群体对婚姻问题进行有效的冷静思考，这不利于双方当事人作出理性抉择，其预防轻率离婚、冲动离婚的效果将大打折扣。

（2）离婚冷静期时间未能区分不同情形设置，未区分有无未成年子女及子女个数包括家庭暴力、财产转移等情况，亦未考虑夫妻双方当事人接受婚姻咨询、心理疏导、专业调解等所需时间，一律适用同一标准，未有除外适用情形等规定，比较呆板僵化，无法较好匹配离婚冷静期制度所蕴含的价值目标以体现人伦正义和人文关怀从而有效保护婚姻家庭关系。

---

① 黄鸣鹤：《心理干预在离婚调解过程中的运用》，载《人民司法》2011年第13期。

3. 离婚冷静期时间的优化路径

有学者提出,离婚冷静期的规定可以参考《最高人民法院关于进一步深化家事审判方式和工作机制改革的意见(试行)》第 40 条的规定,[1]即经双方当事人同意,人民法院审理离婚案件时可以设置不超过 3 个月的冷静期,这样的设置具有合理性和人文关怀,值得借鉴。[2] 笔者认为,离婚冷静期的时间应遵循保障离婚自由及合理约束衡平原则,不宜过长或过短,方能彰显该制度的优越性和实效性。目前我国离婚冷静期时间较短,可以适当延长冷静期时间。其一,通过延长离婚冷静期的时间来契合现代家庭工作压力大、生活节奏快、夫妻双方实际有效沟通时间短、容易情绪冲动作出不理智决定的婚姻生活现状,冷静期的设置根本目的就是让申请离婚当事人有一段时间可以冷静思考、审慎对待婚姻家庭矛盾。针对当下社会凸显的婚姻家庭问题,1 个月的时间显然过于短暂仓促,夫妻双方当事人无法真正冷静下来思考和权衡夫妻关系及家庭关系从而作出更理智的决定;其二,通过区分不同情形来延长离婚冷静期的时间,可以为申请离婚的夫妻双方当事人设置更为合理的冷静期限。通过婚姻辅导、专业调解等方式,实现修复婚姻关系、保护未成年子女利益及家庭其他弱势群体利益等目的,彰显该制度以人为本、人文关怀的精神内核。

(二)离婚冷静期应特别对待未成年子女和家庭暴力等情形

家庭是社会的基本单位,是人类社会繁衍发展的纽带和维系,是人们生产与生活的主要场所和载体,因此婚姻家庭权利与基本人权密不可分。联合国的一系列国际公约、文件都提出,婚姻家庭权利一方面是民事权利,另一方面是每一个公民基本的人权,因此尊重和保护家庭,保护妇女、儿童等家庭中弱势群体权利是国家的责任和义务。为了保障在家庭中弱势一方婚姻家庭权利的实现,国家应当采取立法、司法、行政等一切措施,适度介入家庭生活,保护家庭成员的基本人权,特别是妇女、儿童、老人免受虐待、遗弃、家庭暴力的权利,并应当为他们提供有效的救济途径和救济措施。[3]《民法典》婚姻家庭编亦将保护妇女、未成年人、老年人、残疾人的合法权益作为调整婚姻家庭关系的基本原则,但在离婚冷静期的规定中比较简单,没有特别针对未成年子女、家庭暴力等其他情形作出除外规定或者适用期限的中止、延长等规定,未能较好兼顾未成年子女利益及受家庭暴力或虐待的弱势群体利益。上述《英国家庭法》和《韩国民法典》均在离婚冷静期制度中体现了保护未成年子女利益、反对家庭暴力、维护妇女合法权益相关内容,对离婚冷静期作出了更为周全合理的制度设计。

1. 特别对待未成年子女情形

保护未成年人的合法权益,即未成年子女利益最大化原则是国际通用的一项基本原

---

[1] 《最高人民法院关于进一步深化家事审判方式和工作机制改革的意见(试行)》第 40 条规定,人民法院审理离婚案件,经双方当事人同意,可以设置不超过 3 个月的冷静期。在冷静期内,人民法院可以根据案件情况开展调解、家事调查、心理疏导等工作。冷静期结束,人民法院应通知双方当事人。

[2] 龙翼飞:《编纂民法典婚姻家庭编的法理思考与立法建议》,载《法治与社会发展》2020 年第 2 期。

[3] 夏吟兰、薛宁兰主编:《民法典之婚姻家庭编立法研究》,北京大学出版社 2016 年版,第 19 页。

则。《民法典》婚姻家庭编规定了父母对未成年子女的抚养、教育和保护义务。[①] 抚育子女是父母不可推诿的天职,父母要关心子女的身心健康,履行抚养职责,使子女在德智体美劳诸方面全面发展。[②] 婚姻的解体不仅是夫妻双方感情的破裂,更是一个家庭的离散,这将给未成年子女带来不同程度的伤害。中国司法大数据研究院 2017 年发布的相关数据显示:未成年人犯罪罪名多集中在盗窃罪、故意伤害罪和抢劫罪,62.63% 的案件被告人为初中生,年龄主要集中在 16 周岁和 17 周岁,在未成年人犯罪案件中,家庭多存在各种不同因素,留守家庭、利益家庭、流动式家庭、单亲家庭、再婚家庭出现未成年人犯罪情况的排名前五。[③] 中国司法大数据研究院 2018 年发布的《从司法大数据看我国未成年人权益司法保护和未成年人犯罪特点及其预防》指出,流动、离异等家庭因素对未成年人健康成长影响巨大,是开展未成年人犯罪家庭预防的重点。[④] 完整稳定、和谐美满的婚姻家庭关系对未成年子女来说,无疑是最大限度提供物质保障和精神满足的最佳选择。为了保障未成年子女利益最大化,即使夫妻感情破裂最终选择离婚,夫妻双方也要最大限度地对未成年子女作出妥善合理安排以减少离婚对未成年子女的伤害,这不仅是保护未成年子女的利益,也是降低未成年人犯罪维护社会安全稳定的重要举措。

父母离异无疑会给未成年子女的成长带来较大负面影响,甚至引发未成年人犯罪行为的发生,与此同时,未成年子女的心理状况和行为模式也会受父母离婚不利影响,对其学业、生活、人际关系和婚恋观念形成不良示范,大大增加不良行为发生的概率。未成年子女的抚养、教育以及成长所需的环境均应遵循未成年人利益最大化原则,尤其在夫妻离婚中应得到重视与保护。因此,离婚冷静期制度应特别对待未成年子女情形。有学者指出,离婚冷静期应根据实际情况进行设置,应区分有无未成年子女。以是否有未成年子女为例,无未成年子女的,为 1 个月;有未成年子女的,为 3 个月,比较合适。[⑤] 笔者认同该观点。离婚冷静期应考虑家庭是否有子女尤其是未成年子女来决定是否延长离婚冷静期时间,还可以更细致地考虑到未成年子女的个数来区分不同的离婚冷静期时长,以保障夫妻双方当事人审慎考虑双方婚姻问题以作出更有利于子女的决定,即使夫妻双方经冷静思考后仍要离婚,该延长的期间也有利于当事人对离婚后子女生活作出周到细致的安排,妥善安排好离婚后未成年子女的抚养费等物质生活保障,通过这段冷静期帮助孩子调整好心理状态逐步接受和适应父母离婚的现实,以最大限度减小对子女健康成长的不利影响,从而实现未成年子女利益最大化原则来切实保护未成年人的合法权益。

2. 离婚冷静期除外适用情形

离婚冷静期是否要规定除外适用情形,一方面要基于维护婚姻家庭的价值追求,另一

[①] 《中华人民共和国民法典》第 1067 条规定,父母不履行抚养义务的,未成年子女或者不能独立生活的成年子女可有要求父母给付抚养费的权利。《中华人民共和国民法典》第 1068 条规定:父母有教育、保护未成年子女的权利和义务。

[②] 黄薇主编:《中华人民共和国民法典婚姻家庭编释义》,法律出版社 2020 年版,第 10 页。

[③] 中国司法大数据研究院 2017 年《司法大数据专题报告之未成年人犯罪》。

[④] 中国司法大数据研究院 2018 年《从司法大数据看我国未成年人权益司法保护和未成年人犯罪特点及其预防》。

[⑤] 杨立新、蒋晓华:《对民法典婚姻家庭编草案规定离婚冷静期的立法评估》,载《河南社会科学》2019 年第 6 期。

方面也要维护个人权益。相关数据显示,家庭暴力仍然是我国夫妻离婚的主要原因之一。当夫妻一方当事人处于遭受家庭暴力情形之中,如果仍要强制适用离婚冷静期则不利于维护受家庭暴力一方的合法权益,也无益于夫妻感情修复。如果婚姻家庭中存在家庭暴力情形,那么一概适用离婚冷静期将给受害方带来更大的伤害,变相加剧了对施暴方的纵容,甚至助长了其危害社会的严重后果。尽管遭受家庭暴力导致人身安全受到危险的可以依据《中华人民共和国反家庭暴力法》向人民法院提请人身安全保护令,但笔者认为仍需在离婚冷静期的规定中对该情形予以明确规定除外适用为宜。当申请登记离婚的当事人之间存在家庭暴力、虐待、遗弃等情形的,应特殊处置不适用离婚冷静期,经一方或双方当事人申请,由婚姻登记机关确认属实后,可免除离婚冷静期规定之期限予以办理离婚登记以保护受害人。

(三)完善与离婚冷静期相配套的制度

《民法典》仅确立了登记离婚冷静期,并未规定相应的配套措施或建立相应的配套制度辅助夫妻双方化解家庭纠纷。《民法典》婚姻家庭编中规定的离婚冷静期制度实施后,相应的配套制度也随之在实践中逐步兴起,由各地发挥不同地域优势采取形式各样的配套措施来巩固离婚冷静期的效果,以真正实现离婚冷静期之设立宗旨。建议根据各地实践情况,摸索建立科学合理的离婚冷静期配套制度,充分发挥该制度的优越性以达到其理想社会效果。

(1)离婚调解。离婚冷静期的设置主要是为了让申请离婚夫妻冷静下来认真思考婚姻家庭从而减少冲动、轻率离婚,因此此时的离婚调解作用不容忽视,在这个期间辅以离婚调解将事半功倍,有利于夫妻化解矛盾、达到和解。有学者指出,可以利用地方优势建立婚姻家庭纠纷人民调解委员会,真正将矛盾化解在社区,吸纳在心理咨询、法律服务、社会调解等不同领域的专家和实务工作者,充分为老百姓调解婚姻家庭领域的疑难杂症。[1] 笔者认为,在离婚冷静期内,申请离婚的夫妻双方当事人应接受离婚调解。可以在离婚冷静期制度中加入相关条款内容,通过人民调解制度,发挥调解优势,在婚姻登记机关设立相应的调解机构,配备专业人员,鼓励吸纳具有婚姻家庭咨询师、心理咨询师、律师等具备调解资质和能力的专家,专门针对进入离婚冷静期的夫妻双方当事人进行调解,疏导夫妻负面情绪,积极引导夫妻双方当事人逐步化解矛盾,避免作出冲动选择,尝试帮助当事人唤醒夫妻感情以和好如初,努力用心经营婚姻家庭。

(2)婚姻咨询。自改革开放以来,我国青年离婚率不断上升,历次人口普查和1%人口抽样调查数据显示,我国青年的离婚比例在40岁之前随年龄增加而升高并且逐年攀升。[2] 青年离婚率攀升在较大程度上受社会观念开放、婚姻观念转变以及外部条件等影响,新的离婚理由也不断涌现在青年离婚夫妻中。因此,在离婚冷静期配套婚姻咨询制度非常必要。在离婚冷静期间,由婚姻登记机关为当事人提供专业的婚姻咨询,有助于促使夫妻双方更好地兼顾婚姻质量与婚姻秩序的平衡,引导当事人理智对待婚姻家庭关系,协助当事人从离婚冲动中走出来逐步化解夫妻矛盾。同时,也可以通过婚姻咨询为当事人提供法律

---

[1] 郭剑平:《我国离婚冷静期制度构建的法理思考》,载《社会科学家》2018年第7期。
[2] 张晓冰、王记文:《改革开放以来中国青年离婚水平变动分析》,载《中国青年研究》2021年第9期。

或政策方面的辅导,使当事人能够快速高效地得到解答,这样有利于夫妻双方平复情绪、权衡利弊从而作出更周全更有利的决定。再者,婚姻咨询也对将来可能出现的未成年子女抚养、婚姻家庭财产分割等问题作出合法、合理指引,以强化法律对未成年子女、夫妻共同财产的保护。

(3)心理辅导。在当事人进入离婚冷静期后,由心理咨询师等专业人士及时介入给予夫妻双方心理辅导,提供专业的心理咨询和心理疏导,对当事人进行心理修复,舒缓当事人负面情绪、化解夫妻激烈矛盾,以调整、修复家庭关系。对有未成年子女的家庭,应专门安排针对未成年子女的心理辅导,帮助未成年子女减轻父母家庭矛盾或离异带来的痛苦与伤害,学会心理调适和坦然应对。心理咨询师能够结合其专业知识与实践经验,采取专业的研究方法,对咨询对象的婚姻基础、性格特点、原生家庭、成长经历、教育背景等诸多方面进行了解,进而得出咨询对象婚姻状况的综合评估,最终形成独立专业判断,并针对咨询对象婚姻关系的破裂点或冲突点进行修复或引导当事人自行修复。[1] 离婚冷静期中引入心理辅导制度,不仅可以对当事人婚姻进行调和,还可以借此机会让当事人充分认知自我、悦纳自我,能够清醒地认识到自身所存在的问题和不足,即使最后夫妻双方选择离婚,也能够让双方当事人汲取上一段失败婚姻中的经验教训,更好地经营往后的生活。

第三节

民法典时代离婚经济救济制度实证研究

现代婚姻家庭观念不断转变,部分婚姻当事人不得不面对和接受婚姻破裂的结局,离婚成了越来越普遍的社会现象。离婚法学研究也从是否应当离婚、离婚时财产分割、子女抚养等离婚双方共同面临的问题,深入到对离婚中的"弱势"一方个人权益保护层面。婚姻是双方以夫妻名义共同生活,夫妻相互扶助、生儿育女、赡养父母、料理家事是婚姻生活的日常,"夫妻双方可以从共同生活中得到共同的利益","为了得到这些收益,当事人双方必须对婚姻进行投资",[2]但是"投资"方式不同会导致离婚对他们的影响不同。比如,"如果配偶一方的责任是赚钱养家,离婚对其的打击是有限的,因为其生存技能没有因离婚受到影响"。"然而,对于在家操持家务的夫妻一方,离婚的打击是巨大的","离婚将使他们的状况恶化"。[3] 夫妻分工不同包括为家务劳动付出程度各异,将影响到双方在职场或者事业上的发展程度以及工资收入,影响到离婚后的生活水平。夫妻离婚时,在婚姻生活期间为家务劳动投入更多的一方能否获得合理回报?能否得到相应补偿?夫妻双方从不同家庭走到一起,婚前各自的家庭条件、生活经历、个人财产等均有不同,离婚时双方的身体状况、工作

---

[1] 黄鸣鹤:《心理干预在离婚调解过程中的运用》,载《人民司法》2011年第13期。
[2] 蒋月:《婚姻家庭法前沿导论》,法律出版社2016年第2版,第72页。
[3] 蒋月:《婚姻家庭法前沿导论》,法律出版社2016年第2版,第73页。

待遇等也均各异,如果一方因离婚而陷入生活困境,其是否有权要求对方给予帮助? 表面看,离婚对双方而言是"两败俱伤",但真正受害者是本人无过错但因为配偶过错而不得不痛苦结束婚姻的一方当事人,他们能否要求损害赔偿?"对此,法律不能视而不见。"①立法者们不断尝试建立和完善各种救济制度以期更加公平合理地解决上述问题。本节探讨"离婚经济救济制度"以离婚经济补偿、离婚经济帮助、离婚损害赔偿等为主要内容。离婚经济救济制度是法律为弥补离婚一方对家务劳动的付出、缓解一方因离婚生活困难以及赔偿一方因离婚受到损害而设立的一项救济制度,以缓和离婚为一方当事人带来的苦痛、损失和不公。该制度在公平理念和人性温情中体现法律对离婚当事人合法利益的平衡以及对离婚自由的制度保障,具有重要作用和积极意义。新中国的离婚经济救济制度雏形始于1950年《婚姻法》,随后在各个时期的婚姻法及其司法解释中不断得到充实完善。《民法典》以及《民法典婚姻家庭编解释(一)》在承继婚姻法时代离婚经济救济制度基础上,有了进一步丰富和发展。为方便表述,下文涉及离婚经济补偿款、离婚经济帮助金或者离婚损害赔偿款三者并提的场合,统称"离婚经济救济金"。在司法实务中,该制度的适用还存在不尽如人意之处,反映出其立法、司法层面都有进一步完善、提升的空间。

一、关于离婚经济救济制度既有研究文献综述

我国离婚经济救济制度的构建获得学界普遍赞誉,不过,围绕构成该制度的三项具体制度在各自制度的存废、制度的性质、适用范围、适用条件等方面存在不少分歧和争论,相关观点主要集中在以下几个方面。

(一)关于离婚经济帮助制度

离婚经济帮助是指夫妻一方在离婚时生活有困难,经济条件较好有负担能力的另一方一次性或分期给予适当帮助以保障困难方生活需求的制度。离婚经济帮助制度虽然对保护离婚后经济弱势方的合法权益,维护社会和谐稳定有着积极意义,但围绕该制度的存废、制度的性质等问题仍存在分歧。

1. 存废之争

持"废除论"者认为,离婚经济帮助制度在适用时间、适用条件上都过于苛刻,且在司法实践中存在适用的参照因素不明、保障性措施缺失等情形,该制度无法真正实现立法目的。② 赵玉在其《司法视域下夫妻财产制的价值转向》一文中指出,我国离婚经济帮助制度虽解决了离婚时当事人的生活困难,却忽视了离婚前后过渡性制度安排,未树立促进当事人离婚后经济自立的理念。③ 他们主张,应当废除离婚经济帮助制度并借鉴国外立法,代之以离婚后扶养制度,以全面有效保护离婚后弱势一方当事人的合法权益。蒋月认为,离婚经济帮助制度的局限,与制度本身设计有关,应"改弦易辙",采用"离婚后扶养费"制度替

---

① 蒋月:《婚姻家庭法前沿导论》,法律出版社2016年第2版,第78页。
② 袁少华:《离婚经济帮助问题探析》,西南政法大学2009年硕士学位论文,第9~13、17页。
③ 赵玉:《司法视域下夫妻财产制的价值转向》,载《中国法学》2016年第1期。

代。①

反对者主张,离婚经济帮助制度虽然在制度设计上存在缺陷导致其适用较难、功效较低,但其"符合我国的立法习惯和传统观念、符合中国国情,有其自身合理性,在我国有着广泛的群众基础和认知程度",②在我国完全有存在的必要,无须照搬国外的离婚扶养制度。冉克平在其《〈民法典〉离婚救济制度的体系化阐释》一文中强调:"鉴于我国《民法典》规定的经济帮助制度与离婚扶养制度在社会功能与价值追求上的一致性,因此没有必要在经济帮助之外再创设离婚扶养制度,但是应当对经济帮助制度予以更好的完善。"③持保留观点的学者基本主张,离婚经济帮助制度在立法和司法实践中存在的问题,可以通过完善制度加以解决。

2. 性质之争

"离婚经济帮助制度承担着保障离婚时生活困难一方的基本生存利益的重要功能,可以说是离婚救济体系中的兜底条款。"④对此功能学术界基本持一致意见,分歧在于如何理解离婚经济帮助制度的性质,主要有"道德约束说"、"扶养义务说"和"社会保障补充说"三种观点。持"道德约束说"者相对较多。多数学者认为,离婚经济帮助责任应解释为"道义上的责任",不应是夫妻扶养义务的延伸。⑤马忆南在其《离婚救济制度的评价与选择》一文中提到,我国的离婚经济帮助责任"一般被解释为一种道义上的责任,而不是夫妻扶养义务的适当延伸"。⑥因为婚姻关系作为一种特殊的社会关系具有亲密性,婚姻关系结束后,本着传统道德的约束,一方也应该向经济困难的另一方施以援助。

持"扶养义务说"者主张,法律明确要求婚姻关系终结时一方应当给予生活困难另一方适当帮助,实质是夫妻间扶养义务的延续。⑦离婚经济帮助的前提是婚姻关系解除,履行经济帮助义务是夫妻扶养义务在离婚后的延伸,好比合同解除后"后合同义务"是合同义务的延伸一样。⑧徐梅桂反驳"道德约束说",认为道德约束没有法律强制力,对离婚后生活困难方合法权益的保障不利,离婚经济帮助制度的法理依据应该是夫妻间扶养义务的延续。⑨

第三种说法是"社会保障补充说",薛宁兰的观点颇具代表性。该学者认为,离婚后经济困难的一方应当首先寻求与其曾经有密切关系的原配偶的帮助,只有在难以获得帮助时才寻求社会保障的救济,离婚经济帮助应作为社会保障的补充。⑩李俊则理解为这是一种"制度性致损",认为正是由于社会保障制度的不完善,才使得离婚后生活困难的一方不得

---

① 蒋月:《中华人民共和国婚姻法评注·夫妻关系》,厦门大学出版社2019年版,第436页。
② 王楠:《论离婚经济帮助制度存在的必要性》,载《楚天法治》2014年第11期。
③ 冉克平:《〈民法典〉离婚救济制度的体系化阐释》,载《政法论丛》2021年第5期。
④ 最高人民法院民法典贯彻实施工作领导小组主编:《中华人民共和国民法典婚姻家庭编继承编理解与适用》,人民法院出版社2022年版,第324页。
⑤ 蒋月:《改革开放三十年中国离婚法研究回顾与展望》,载《法学家》2009年第1期。
⑥ 马忆南:《离婚救济制度的评价与选择》,载《中外法学》2005年第2期。
⑦ 黄薇主编:《中华人民共和国民法典婚姻家庭编释义》,法律出版社2020年版,第179页。
⑧ 蒋月:《改革开放三十年中国离婚法研究回顾与展望》,载《法学家》2009年第1期。
⑨ 徐梅桂:《我国离婚经济帮助制度探析》,载《学理论》2015年第14期。
⑩ 薛宁兰:《民法典离婚救济制度的功能定位与理解适用》,载《妇女研究论丛》2020年第4期。

不寻求原配偶的支持,赋予离婚后的扶养以社会保障补偿补充的性质。①

3. 困难标准之争

如何理解"生活困难",也即以什么样的标准判断离婚一方处于另一方应当给予经济帮助的"生活困难"境地?对此,分别有"绝对困难"标准和"相对困难"标准。《婚姻法解释一》第 27 条将 2001 年《婚姻法》(修正案)第 42 条所称之"一方生活困难"明确解释为"依靠个人财产和离婚时分得的财产无法维持当地基本生活水平",并明确"一方离婚后没有住处的,属于生活困难",即采"绝对困难"标准。孙若军在其《离婚救济制度立法研究》一文中明确支持这一标准。他认为,离婚经济帮助遵循的规则是人的基本生存利益优先于其他生活利益,经济帮助的功能应仅限于帮助弱势方解决生活困难,但不能让帮助方的利益过度受损。他甚至认为,以住房对生活困难者进行帮助,明显与经济帮助的性质不匹配,属于救济过度。②

但是,随着社会保障体系的完善,似乎越来越多的学者认为应从"绝对困难"标准转变为"相对困难"标准,主张对"生活困难"的理解应是"离婚后一方生活水平与婚姻期间相比显著降低",③否则会影响离婚经济帮助制度的适用程度和适用效果。因为基本生活水平标准是"当事人仅能维持生存,这保障水平低到不能再低,实在有失公允","也与现阶段社会保障法定标准之间存在不协调"。④ 蒋月认为,离婚经济帮助应达到使受帮助方基本保持与婚姻生活期间不相上下的生活水平。⑤

(二)关于离婚经济补偿制度

离婚经济补偿是指,婚姻关系存续期间为家务劳动贡献较多义务的一方,在离婚时有权请求另一方给予一定经济补偿以弥补其付出的制度。离婚经济补偿制度系以法律形式肯定了家务劳动、家事付出的价值,得到社会大众特别是女性的普遍认可。但由于该制度在司法实践中适用率较低,且在适用范围、适用时间上也有限制,故该制度从其是否应当予以保留开始就存在争议。

1. 存废之争

部分学者认为,离婚经济补偿制度应当予以废除。主张该观点的理由,以宋豫在其《试论我国离婚经济补偿制度的存废》一文中的表述最有代表性。宋豫认为,首先,从经济分析法学的角度看,作为经济行为的立法需要消耗资源、计付成本,但大量的实证调查资料显示,司法实践中当事人离婚时要求离婚经济补偿的情况极少,说明立法投入产出比很低、资源配置低效。其次,从实证分析的方法看,婚姻是一种合作,双方为婚姻投入时间、感情等资源并期待将来的收益。而采用分别财产制的婚姻不存在可期待利益,配偶一方为家务劳动付出较多缺乏动力支持。宋豫提出,应整合离婚经济补偿制度和夫妻共同财产制度,删除 2001 年《婚姻法》(修正案)关于离婚经济补偿制度的规定,完善夫妻共同财产制度,规定

---

① 李俊:《离婚后扶养制度的性质探析与检讨》,载《甘肃政法学院学报》2007 年第 6 期。
② 孙若军:《离婚救济制度立法研究》,载《法学家》2018 年第 6 期。
③ 王玮玲:《离婚经济帮助制度的规范目的及其适用规则》,载《法律方法》2021 年第 3 期。
④ 蒋月:《中华人民共和国婚姻法评注·夫妻关系》,厦门大学出版社 2019 年版,第 437 页。
⑤ 蒋月:《中华人民共和国婚姻法评注·夫妻关系》,厦门大学出版社 2019 年版,第 437 页。

离婚时夫妻共有财产以均分为基础,在夫妻双方协议不成时,法院综合夫妻双方承担家务劳动、夫妻各自就业能力等情况判决,以实现既对家务劳动价值的肯定和补偿,又科学合理利用立法资源。①

更多学者主张,离婚经济补偿制度通过对家务劳动价值的肯定和补偿,平衡离婚时夫妻双方的经济利益,填补了离婚经济救济体系的缺失,该制度应予保留。陈苇、于林洋认为,法律制度体系的完备性及内容的系统性是评价该制度资源配置是否合理的重要依据,不能以该制度被适用较少就认定其资源配置低效并决定将其废除。况且在我国即使夫妻约定实行分别财产制,也往往存在夫妻一方在家务劳动方面实际上承担了较多义务的情况,更应对在家务劳动中付出较多一方进行合理补偿。他们提出,我国离婚经济补偿制度虽有不足,但不足以将其废除,应结合我国实际并借鉴他国立法经验,补充、完善该制度,以彰显法律在婚姻家庭领域的公平与正义。② 李欣认为,离婚经济补偿制度认可家事劳动的社会经济价值,有利于维护当代中国妇女合法权益,在当代中国有必要存在。③

2. 适用前提之争

围绕我国离婚经济补偿制度是否只适用于夫妻分别财产制也有两种观点。持"肯定"观点者中,李俊的观点最有代表性。李俊在其博士学位论文《离婚救济制度研究》中认为:首先,夫妻共同财产制已经体现出对家务劳动的承认,将离婚经济补偿制度扩张至该领域没有意义。如有需要,也能以提供离婚抚养费或离婚财产分割等方式体现对家务劳动价值的承认,无须通过将离婚经济补偿制度的适用范围扩大至夫妻共同财产制来实现。其次,离婚经济补偿制度的建立是为解决夫妻分别财产制难以保护经济上处于弱势地位的配偶这一缺陷,故离婚经济补偿制度和夫妻分别财产制之间存在必然联系,扩张适用范围是对两者内在联系的忽视。将离婚经济补偿限制于分别财产制中进行是恰当的,无须扩充其适用范围。④

"否定派"们则认为,实际生活中,我国的双薪家庭总有一方对家务投入更多,对于不实行分别财产制的家庭而言,法律没有规定如何承认和保护家务劳动的价值,对其中家务劳动付出较多方是不公平的。⑤ 特别是这类家庭如果双方婚后没有获得财产,离婚时也就不存在可分割的财产,这对家务劳动付出较多方更是不公平。因此,立法不应当考虑夫妻财产制类型,不管是夫妻分别财产制还是共同财产制,只要夫妻一方对家务付出更多而另一方因此获益,离婚时获益方都应当给予经济补偿。⑥

3. 适用时间之争

离婚经济补偿制度的核心在于对家务劳动的补偿,该补偿是否只能适用于"离婚时",对此有三种不同观点。一种观点认为,在婚姻关系存续期也可以主张家务劳动补偿。王歌雅教授在其《家务贡献补偿:适用冲突与制度反思》一文中认为,家务劳动补偿适用于婚姻

---

① 宋豫:《试论我国离婚经济补偿制度的存废》,载《现代法学》2008年第5期。
② 陈苇、于林洋:《论我国离婚经济补偿制度的命运:完善抑或废除》,载《法学》2011年第6期。
③ 李欣:《论离婚经济补偿制度的完善》,载《法学杂志》2011年第6期。
④ 李俊:《离婚救济制度研究》,西南政法大学2006年博士学位论文,第233~235页。
⑤ 夏吟兰:《离婚救济制度之实证研究》,载《政法论坛》2003年第6期。
⑥ 李洪祥:《论离婚经济补偿制度的重构》,载《当代法学》2005年第6期。

关系存续期间,"不仅肯定了家务劳动的价值,而且赋予了家务贡献者在婚姻关系存续期间,获得定期的、合理数额的支配财产的权利,有助于夫妻双方根据各自的能力承担共同维持家庭的责任,有助于家庭的稳定与和谐"。① 赵丽霞教授在《我国离婚经济补偿制度的立法完善》一文中提出,对家务付出较多一方在婚姻关系存续期间请求经济补偿,可以避免另一方在离婚时可能逃避义务、转移财产致使对方无法得到补偿。②

另一种观点认为,家务劳动补偿只能适用于离婚时。理由是,家务劳动经济补偿请求权是法定独立的请求权,夫妻双方在离婚时没有提出该请求权,是对自己权利的处分,该处分合法有效,不能反悔。③

第三种观点主张,家务劳动补偿请求权应延长至离婚后适当时间行使。理由是:首先,该权利系不当得利返还请求权,只要在诉讼时效之内均可以行使该请求权。不应规定只是在离婚诉讼中提起。④ 其次,离婚后照顾子女等部分家事劳动仍在继续,且从事家事劳动而减损的人力资本也无法立即恢复,应对这段合理期间的损失予以补偿。⑤

(三)关于离婚损害赔偿制度

离婚损害赔偿制度是指,在婚姻关系存续期间因一方的法定过错行为导致夫妻离婚的,无过错的另一方有权请求过错方承担损害赔偿责任的制度。2001年《婚姻法》(修正案)确立离婚损害赔偿制度,丰富完善了我国的离婚经济救济制度,极大抚慰了无过错一方离婚当事人所受到的身心伤害,得到社会各界的肯定和好评,但关于我国是否应当设立离婚损害赔偿制度的争论依然未停歇。此外,在制度性质、适用范围、适用主体等问题上也都各自存在争议。

1. 存废之争

反对者主张应当废除我国离婚损害赔偿制度,通过一般侵权责任予以救济即可。夏江皓从法社会学的视角进行论证,认为该制度与我国传统文化相冲突,立法初衷难以实现。⑥ 马忆南从诉讼成本与效益的视角进行分析,认为该制度需要耗费的经济成本、伦理成本和心理成本过高,不符合效率与效益规则。⑦ 有的学者还认为,该制度违反婚姻伦理,会造成婚姻关系商品化。⑧

支持设立离婚损害赔偿制度的占大多数。支持者们认为,离婚损害赔偿制度有惩戒婚姻中过错当事人、维护无过错方合法权益、抚慰痛苦、填补损害、预防违法的特殊功能,该制度独立存在有其必要性,不能用一般侵权责任代替。陈苇、张鑫认为,从我国的社会现实、权利救济、立法价值、制度体系等方面看,离婚损害赔偿制度在我国有存在的必要性,且不

---

① 王歌雅:《家务贡献补偿:适用冲突与制度反思》,载《求是学刊》2011年第5期。
② 赵丽霞:《我国离婚经济补偿制度的立法完善》,载《当代法学》2006年第1期。
③ 蔡福华:《夫妻财产纠纷解析》,人民法院出版社2013年版,第135~138页。
④ 周维珩、曾玉梅:《再议离婚家务补偿请求权》,载《社科纵横》2008年第6期。
⑤ 刘廷华:《离婚经济补偿制度的理论依据与完善措施》,载《吉林师范大学学报(人文社会科学版)》2012年第5期。
⑥ 夏江皓:《论离婚损害赔偿制度的废除:法社会学的视角》,载《思想战线》2019年第2期。
⑦ 马忆南:《离婚救济制度的评价与选择》,载《中外法学》2005年第2期。
⑧ 蒋月:《改革开放三十年中国离婚法研究回顾与展望》,载《法学家》2009年第1期。

能被一般侵权损害赔偿等制度所代替。① 对于损害赔偿将使婚姻关系商业化的说法,属于似是而非,就如人格权被侵害而请求损害赔偿不足以使人格权商业化,让离婚过错当事人承担赔偿责任也不会导致婚姻关系商业化。②

2. 性质之争

关于离婚损害赔偿的法律性质,一直以来存在侵权责任和违约责任两种不同观点。大部分学者都赞同侵权责任之说,认为行使离婚损害赔偿请求权的前提是离婚一方当事人的过错侵害了无过错方当事人的合法权益并造成损害,无过错方有权要求过错方承担侵权责任。邹发云在其《离婚损害赔偿定性分析》一文中,从权利主体、侵权对象、归责原则以及侵权行为与损害后果之间的因果关系进行分析后得出,离婚损害赔偿除了自身的特殊性以外,具有侵权责任的一般特征,可以适用侵权责任原理。③ 也有人提出,既然最高院司法解释明确规定离婚损害赔偿包括精神损害赔偿,④就相当于确认了离婚损害赔偿的侵权责任性质,否认其契约性质,因为精神损害赔偿不适用于合同领域。⑤

有少部分学者坚持认为离婚损害赔偿责任属于违约责任。理由是,夫妻关系是特殊契约关系,夫妻之间相互负有忠实义务,一方违反该义务致使婚姻破裂,应对无过错方承担违约的赔偿责任。只有当离婚无过错方对没有婚姻义务的第三方当事人主张损害赔偿时,才适用侵权责任之诉。⑥ 冉克平在其《〈民法典〉离婚救济制度的体系化阐释》一文中,也旗帜鲜明地表明其关于离婚损害赔偿属于契约责任范畴的态度,认为不论是从文义解释还是目的解释看,将离婚损害赔偿定位于合同责任符合立法精神,"而且符合《民法典》第464条第2款将婚姻视为身份契约的规定,更有利于厘清离婚损害赔偿责任与夫妻间侵权责任的关系"。⑦

3. 主体之争

虽然相关法律及司法解释均明确规定,离婚诉讼当事人中的无过错方有权向其配偶主张离婚损害赔偿,但法学界还是存在离婚损害赔偿制度的主体争议,争议既包括权利主体之争,也包括义务主体之争。

(1)权利主体之争。围绕权利主体的争议,分歧在于与离婚双方当事人有着密切关联的家人,如未成年子女或其他家庭成员能否主张离婚损害赔偿?主流观点对此持否定态度。陈苇强调,离婚损害赔偿是夫妻一方因过错导致离婚并给无过错另一方造成损害而应承担的民事赔偿责任,行使请求权的主体只能是无过错离婚当事人。如果离婚家庭中的未成年子女或老人因为离婚过错方的暴力、虐待或遗弃等行为受到损害,可以依照其他保护公民人身、财产权利的法律规定追究过错方当事人的侵权责任,而不能提起离婚损害赔偿

---

① 陈苇、张鑫:《我国内地离婚损害赔偿制度存废论——以我国内地司法实践实证调查及与台湾地区制度比较为视角》,载《河北法学》2015年第6期。
② 蒋月:《改革开放三十年中国离婚法研究回顾与展望》,载《法学家》2009年第1期。
③ 邹发云:《离婚损害赔偿定性分析》,载《当代法学》2002年第5期。
④ 不论是《婚姻法解释一》还是《民法典婚姻家庭编解释(一)》均规定,离婚损害赔偿包括物质损害赔偿和精神损害赔偿。
⑤ 王丽萍:《对我国离婚救济制度的法理思考》,宁夏大学2008年硕士学位论文,第31页。
⑥ 郭丽红:《论离婚损害赔偿之诉》,载《河北法学》2002年第5期。
⑦ 冉克平:《〈民法典〉离婚救济制度的体系化阐释》,载《政法论丛》2021年第5期。

之诉。① 蒋月也认为,2001年《婚姻法》(修正案)第46条规定的离婚损害赔偿,根据法律逻辑判断,"是限定为'离婚'+'损害赔偿',应该是重在强调侵权人与受害人之间存在婚姻关系"。② 因此,如果夫妻一方针对配偶以外的其他家庭成员施暴而导致夫妻离婚的,其他家庭成员不能主张离婚损害赔偿。

持肯定观点者则认为,与婚姻过错相关的行为不一定仅在夫妻双方中实施,如家暴、虐待与夫妻长期共同生活的其他家庭成员等,这些人也是婚姻关系中的受害者,他们的合法权益应该得到离婚损害赔偿制度的保障并成为权利主体,以更大发挥制度效用。③

(2)义务主体之争。该争议主要集中在离婚双方当事人以外的第三人是否应当承担离婚损害赔偿责任。这里的第三人,主要指破坏他人婚姻导致夫妻双方离婚的"第三者"。持肯定观点者主张,第三者可以成为离婚损害赔偿责任的义务主体,应与离婚过错方作为共同侵权人负连带责任。马强在其《试论配偶权》一文中认为,第三者与配偶一方共同侵害无过错配偶另一方的,应当承担共同侵权责任,无过错配偶有权要求侵权人承担物质损害赔偿和精神损害赔偿。④ 持否定观点者认为,离婚损害赔偿解决的是离婚双方当事人之间的民事责任问题,对"第三者"应当根据其社会危害性的不同,或者追究刑事责任,或者通过道德谴责,或者由无过错方依法另行提起侵权之诉,不能纳入离婚损害赔偿责任义务主体中。⑤

二、我国离婚经济救济制度的立法演变

如前所述,新中国离婚经济救济制度雏形初创于1950年《婚姻法》,2020年《民法典》在总结多年来司法实践经验、征求并听取多方意见的基础上,对该制度进行了有针对性的最新修改和完善,形成了更适应新时代中国特色社会主义发展要求、更符合我国国情和实际、更加科学合理完整的离婚经济救济制度。根据法律命名的不同阶段,我国离婚经济救济制度的立法演变分为婚姻法时代和民法典时代。

(一)婚姻法时代的离婚经济救济

我国婚姻法对离婚经济救济制度的规定经历了一个单一到多元、从零散到体系的过程,特别是2001年《婚姻法》(修正案)对离婚经济救济制度体系构建起了决定性作用。

1. 离婚经济帮助制度

离婚经济帮助是我国婚姻家庭立法中最早确立的离婚经济救济制度的内容和形式,并且延续至整个婚姻法时代。新中国成立初期,一方面女性长期受封建社会男权主义的影响,经济上处于被支配地位甚至难以单独获取生存资源;另一方面随着妇女解放、女性平权思想的传播,立法也在努力推进男女平等,提高妇女政治、经济地位。在此大背景下,以保

---

① 陈苇:《离婚损害赔偿法律适用若干问题探讨》,载《法商研究》2002年第2期。
② 蒋月:《中华人民共和国婚姻法评注·夫妻关系》,厦门大学出版社2019年版,第452页。
③ 朱小路:《我国离婚损害赔偿制度现状及其完善建议研究》,载《法制与社会》2021年第3期。
④ 马强:《试论配偶权》,载《法学论坛》2000年第2期。
⑤ 陈苇:《离婚损害赔偿法律适用若干问题探讨》,载《法商研究》2002年第2期。

障离婚妇女权益为主要目的的离婚经济救济制度得以出台,旨在保护离婚后女性的基本生存权利。"我国1950年《婚姻法》基于解放前大多数女性没有独立的人格和财产,离婚后无法维持其基本生活而设立了离婚经济帮助制度:'离婚后,一方如未再行结婚而生活困难,他方应帮助维持其生活;帮助的办法及期限,由双方协议;协议不成时,由人民法院判决。'(1950年《婚姻法》第25条),旨在通过帮助离婚时生活困难一方维持基本生活的方式,保障离婚自由权利的实现。"[1]但是,该规定关于"离婚后未再婚"的表述过于简单、宽泛,实践中较难把握,例如,离婚后即使再婚一般也需要一定期限,是否离婚后只要未马上再婚,出现生活困难就应该立即予以帮助?为此,1980年《婚姻法》做了适当修改,明确规定了启动帮助的时间点。该法第33条规定,"离婚时,如一方生活困难,另一方应给予适当的经济帮助。具体办法由双方协议;协议不成时,由人民法院判决"。2001年《婚姻法》(修正案)则进一步规定了另一方提供帮助的财产来源包括住房等个人财产,而且在"帮助"前去掉了"经济"二字。[2] 对于为何去掉"经济"二字,官方并未对此作出说明或解释。有学者认为,该改动的目的在于"将帮助种类扩大,不限于经济帮助"。[3] 最高人民法院在《婚姻法解释一》第27条中,对离婚经济帮助从两个方面进一步细化解释。[4] 一是明确"生活困难"的标准为依靠个人财产和离婚时分得的财产无法维持当地基本生活水平。最高人民法院民一庭对此解释为,离婚经济帮助应是对确实、真正生活困难方的救济,在社会救济和保障机制尚不健全时,生活困难方的原配偶替代了这一原不需要由其承担的责任,故应采取"绝对困难"的标准。[5] 二是认定一方离婚后没有住处也属于生活困难,同时对用住房进行帮助的形式作了具体规定。2001年《婚姻法》(修正案)及相关司法解释之所以特别增加住房这一内容,更多是"基于切实有效地保障离婚妇女必需的居住条件的现实考虑而作出修改"。[6] 因为受传统观念和习惯的影响,现实生活中双方婚后通常以男方的房产为住所,一旦离婚女方的居住将无法保障,故该修订主要是强调对妇女权益的保障。离婚经济帮助制度是我国离婚经济救济制度在立法中的"奠基者",对保障婚姻自由、保护弱势群体、彰显法律人文关怀、促进社会整体公平有着积极的意义。该制度在婚姻法时代贯穿立法始终,也体现了扶弱济贫、互助体恤等中华民族传统美德的传承和发扬。

但是,从立法层面看,2001年《婚姻法》(修正案)第42条规定仍存在不足。首先,"生活困难"的认定标准过于严格。"基本生活水平"按理解应是指最低生活需求;"住所"也仅指可以容身不需要所有权的"栖息之地"。但随着社会经济的发展和进步,现阶段离婚后"财产无法维持当地基本生活水平或没有住处"的情形少之又少,如此条件限制势必造成很多

---

[1] 夏吟兰:《婚姻家庭编的创新和发展》,载《中国法学》2020年第4期。
[2] 2001年《婚姻法》(修正案)第42条规定,离婚时,如一方生活困难,另一方应从其住房等个人财产中给予适当帮助。具体办法由双方协议;协议不成时,由人民法院判决。
[3] 蒋月:《中华人民共和国婚姻法评注·夫妻关系》,厦门大学出版社2019年版,第435页。
[4] 《婚姻法解释一》第27条规定,婚姻法第四十二条所称"一方生活困难",是指依靠个人财产和离婚时分得的财产无法维持当地基本生活水平。一方离婚后没有住处的,属于生活困难。离婚时,一方以个人财产中的住房对生活困难者进行帮助的形式,可以是房屋的居住权或者房屋的所有权。
[5] 夏吟兰、夏江皓:《〈民法典〉视野下残疾妇女离婚经济帮助权利的实现》,载《人权》2020年第5期。
[6] 中国审判理论研究会民事审判理论专业委员会:《民法典婚姻家庭编条文理解与司法适用》,法律出版社2020年版,第189页。

人被挡在离婚经济救助的大门之外,缩小离婚经济帮助制度的适用范围并影响其救济功能的发挥。其次,未客观考量提供帮助方的经济能力。提供帮助方至少应具备给予对方帮助后还能让自己维持基本生活水平的经济条件,若不设置这一前提,实践中一旦出现一方在"无奈"帮助对方后却自己陷入生活困难境地的"尴尬"情形,则有悖立法初衷。同上原理,法律也不能让当事人在以其住房对生活困难方进行帮助后反而成为"无房户"或"生活困难者",或者离婚后为了帮助而双方继续同居一处,这既不适合也不现实。

2. 离婚经济补偿制度

离婚经济补偿制度是 2001 年《婚姻法》(修正案)新增设的制度,之前不论是 1950 年《婚姻法》还是 1980 年《婚姻法》,对离婚经济补偿均只字未提;2001 年《婚姻法》(修正案)对此有了"零"的突破。该法第 40 条规定,"夫妻书面约定婚姻关系存续期间所得的财产归各自所有,一方因抚育子女、照料老人、协助另一方工作等付出较多义务的,离婚时有权向另一方请求补偿,另一方应当予以补偿"。2005 年修订的《中华人民共和国妇女权益保障法》第 47 条第 2 款作出了相似规定,该规定专门针对女方在婚姻家庭生活期间对家庭事务付出较多的情形,规定离婚时有权要求男方补偿。2001 年《婚姻法》(修正案)之所以增加这一制度,主要是基于当时社会的经济发展情况和民众的呼声。从 20 世纪 90 年代到 21 世纪初,中国市场经济体制改革步伐不断加快,对外开放持续推进,国民经济保持高速增长,百姓的生活也发生了深刻变化。"随着劳动力人口适应市场需求而大规模地流动,个人财产增多,婚姻稳定性明显降低,离婚夫妻对数急剧地增加,离婚率逐年走高,因此,为家事劳动付出特别多的配偶一方,其期待利益常因婚姻半途解散而落空。"①社会期待家务劳动的价值能够得到尊重,希望在婚姻生活期间付出更多家庭义务的一方在离婚时有获得相应经济补偿的权利。2001 年《婚姻法》(修正案)对此予以积极回应,通过立法将家务劳动的无形付出和贡献转化为有形的经济补偿,使婚姻生活期间夫妻一方对家务劳动的辛勤付出得到积极肯定和合理评价。这一方面有效促使夫妻通过合理分工共同经营家庭以达到和谐美满,另一方面为夫妻离婚自由提供法律保障以实现社会公平正义。2001 年《婚姻法》(修正案)引进离婚损害补偿制度,对填补我国法律空白亦有积极意义。

2001 年《婚姻法》(修正案)第 40 条虽然在法律上取得突破,但从规定内容看仍有不完善的地方,主要是适用范围过于狭窄。该法规定适用帮助的前提是夫妻约定实行分别财产制,而对于夫妻共同财产制的情形则不适用。我国的现实状况是大部分家庭为夫妻共同财产制,实行分别财产制的家庭占比很低。②这样的规定直接导致离婚经济补偿制度的适用率明显偏低。同时对于实行夫妻共同财产制家庭中对家务劳动付出更多的一方而言,特别是双职工家庭的一方,如此规定显然是极不公平的。在时间和精力上投入家务劳动更多的一方,其职业发展和个人综合能力提升势必受到影响,进而影响谋生能力、收入水平等,而这些贡献和牺牲在离婚时理应与分别财产制家庭的一方一样得到补偿。

3. 离婚损害赔偿制度

与离婚经济补偿制度一样,2001 年《婚姻法》(修正案)之前的法律对离婚损害赔偿未有

---

① 蒋月:《中华人民共和国婚姻法评注·夫妻关系》,厦门大学出版社 2019 年版,第 405 页。
② 根据王歌雅对北京、上海、哈尔滨三个城市 2008 年审结的离婚案卷进行的抽样调查,在上述三个城市中,夫妻财产制主要是婚后所得共同制,占案件总数的 90% 以上,分别财产制低于 10%。见王歌雅:《家务贡献补偿:适用冲突与制度反思》,载《求是学刊》2011 年第 5 期。

涉及,2001年《婚姻法》(修正案)及相关司法解释不仅填补了这一空白,而且还围绕损害赔偿诉讼作了一些具体规定。离婚损害赔偿制度的出台与离婚率逐年上升和百姓维权意识不断增强紧密相关,越来越多的夫妻因为重婚、家暴等原因走向离婚,那些在婚姻中情感受到伤害、身心受到摧残的无过错一方当事人(女性居多)强烈期盼法律能够让过错方得到惩罚,维护无过错方的合法权益。据报道,北京市妇女法律援助分中心在2000年10月至2001年5月短短7个月内受理的796件离婚咨询中,许多咨询者希望通过设立离婚损害赔偿制度实现对自己权益的保护。① 如此背景下离婚损害赔偿制度的出台,可以说适应了我国新形势下调整离婚关系新情况的需要,反映了广大人民群众的意愿。2001年《婚姻法》(修正案)第46条规定,因重婚、有配偶者与他人同居、实施家庭暴力、虐待、遗弃家庭成员等情形导致离婚的,无过错方有权请求损害赔偿。② 此后陆续实施的《婚姻法解释二》《婚姻法解释三》比较详细地解释了"家庭暴力""虐待""有配偶者与他人同居",对离婚损害赔偿的范围、承担责任的主体、不同情况下提起请求权的时限、不予支持的特定情形以及法院的告知义务等也都做了详尽规定。③ 离婚损害赔偿制度通过法律形式得到确立,是我国婚姻法立法的一大进步。作为离婚经济救济制度的重要内容之一,离婚损害赔偿一方面通过国家公力救济使得因对方过错致使权益受到损害的一方当事人得到赔偿和安慰,另一方面让加害人承担不利后果而受到惩罚,彰显了法律惩恶扬善、维护公平正义的功能,对预防警示违法、促进家庭和谐也起到了作用。

立法引入离婚损害赔偿制度后,收获赞誉无数,但法条规定依然存在令人遗憾以及产生争议的地方。首先,有权请求离婚损害赔偿的过错情形范围过窄。2001年《婚姻法》(修正案)第46条规定的与他人同居、家庭暴力等4种情形虽容易造成夫妻离异、家庭破裂,但现实生活复杂多样,导致夫妻离婚的过错情形原因远不止这4种。同样是因为对方的过错导致感情受到伤害、夫妻各奔东西、家庭不能维系,如果不属于法律条文规定的过错情形之一,无过错一方就失去得到损害赔偿的权利,这显然是无法令人接受和信服的。其次,相关司法解释对无过错方作为被告,不同意离婚而单独提起离婚损害赔偿诉讼的一年时间限制,既不科学也缺乏依据。适用离婚经济救济制度的一大难点是取证难、举证难,体现在离婚损害赔偿中更为明显。有的家庭因为夫妻一方坚持不懈地"努力离婚"最终被迫解散,但无过错另一方却难以在离婚后一年内收集到对方重婚、与他人同居等过错行为的证据,或者要离婚多年以后才知道当年家庭破裂的真相是对方"外面有人"。这种情况下无过错方不可能在离婚后一年内起诉或者即使在一年内起诉也可能因证据不足而败诉,"一年"期限的规定是对无过错当事人行使权利的限制。且该"一年"属于诉讼时效还是除斥期间从法条上也不得而知,容易造成司法实践中的混乱。

综上所述,《婚姻法(2001年修正)》在调整离婚经济帮助规则的基础上增设了离婚经济补偿制度和离婚损害赔偿制度,至此全面建构了我国婚姻法时代的离婚经济救济制度,为民法典时代进一步完善和发展我国离婚经济救济制度打下了基础,也留下了空间。

---

① 陈苇:《离婚损害赔偿法律适用若干问题探讨》,载《法商研究》2002年第2期。
② 2001年《婚姻法》(修正案)第46条。
③ 《婚姻法解释一》第1条、第2条、第28条、第29条、第30条,《婚姻法解释二》第27条,《婚姻法解释三》第17条。

(二)民法典时代的离婚经济救济

虽然我国婚姻法对离婚经济救济制度有较完整的规定,但是,在司法实践中仍发现相关立法存在一些不足,有完善的必要。《民法典》相关规定弥补了婚姻法时代存在的若干缺陷。

在离婚经济帮助制度的完善上,《民法典》一方面对给予帮助方设定了"有负担能力"的前置条件,增加了适用的严谨性和可操作性,另一方面删除了2001年《婚姻法》(修正案)及其司法解释中关于"住房"部分的表述,将"应从其住房等个人财产中给予适当帮助"修改为"应当给予适当帮助",①使经济帮助的内容与形式更加宽泛灵活,也更贴近百姓现实生活。特别值得注意的是,《民法典婚姻家庭编解释(一)》并未吸收《婚姻法解释一》第27条的规定,意味着取消了颇受学者们诟病的"离婚时财产无法维持当地基本生活水平"以及离婚后没有住处的"绝对困难"认定标准,扩大了离婚经济帮助的适用范围,制度的救济功能更加强大。

针对离婚经济补偿,《民法典》取消了2001年《婚姻法》(修正案)规定的只适用于夫妻分别财产制的限制,将其扩大到夫妻共同财产制或其他财产制。《民法典》第1088条规定,夫妻一方因抚育子女、照料老年人、协助另一方工作等负担较多义务的,离婚时有权向另一方请求补偿,另一方应当给予补偿。具体办法由双方协议;协议不成的,由人民法院判决。该规定删除了离婚经济补偿对夫妻财产制类型的要求,无论夫妻关系存续期间,双方采取的是法定共同财产制还是约定分别财产制,如果一方在婚姻中相比另一方对家务劳动负担了更多的义务,均有权利在离婚时请求补偿,即家务补偿从只有在约定夫妻分别财产制的情况下适用,改为可以不附带条件适用。这一修改扩大了离婚经济救济的适用范围,更能充分发挥制度的功能和效用,更全面公平保障为家务劳动贡献更多力量这部分离婚群体的合法权益。同时增加规定补偿具体办法先由双方协商,协商不成再由法院判决,倡导当事人通过协商和谐解决纠纷。

更值得称道的是,《民法典》在离婚损害赔偿方面的改革不负众望。《民法典》第1091条在2001年《婚姻法》(修正案)规定的"重婚、与他人同居、实施家庭暴力、虐待、遗弃家庭成员"等四种情形外,增加"有其他重大过错"的兜底性条款作为离婚无过错方有权请求损害赔偿的法定情形。② 该兜底条款扩大了离婚损害赔偿的适用范围,解决了2001年《婚姻法》(修正案)对离婚损害赔偿情形规定过于局限从而导致法律适用与现实生活脱节的难题。此外,《民法典婚姻家庭编解释(一)》第88条、第89条删除了《婚姻法解释一》第30条、《婚姻法解释二》第27条中无过错当事人必须在离婚后或者办理离婚登记手续一年内提起离婚损害赔偿诉讼的时限规定,该修改契合现实需要,给予无过错方更充分的法律救济以维护其合法权益。同时突破了我国民事诉讼中的审级利益规定,在双方同意的前提下,二审法院可一并审理和裁判作为被告的无过错方二审提出的离婚损害赔偿请求,为当事人提供了

---

① 《民法典》第1090条规定,离婚时,如果一方生活困难,有负担能力的另一方应当给予适当帮助。具体办法由双方协议;协议不成的,由人民法院判决。
② 《民法典》第1091条规定,有下列情形之一,导致离婚的,无过错方有权请求损害赔偿:(一)重婚;(二)与他人同居;(三)实施家庭暴力;(四)虐待、遗弃家庭成员;(五)有其他重大过错。

更大的权利处置空间,也有利于提高解决纠纷的效率。①

(三)三种离婚经济救济方式之比较

虽然三项离婚经济救济制度都是我国婚姻家庭立法中为了保护婚姻家庭关系中的"弱势方"、更全面实现社会公平正义而进行的制度设计,都通过离婚一方向另一方提供经济上的救济而实现制度初衷,三项制度相辅相成,共同构成中国离婚救济的制度框架且在适用条件满足时可以合并适用;但,立法上之所以把三者设计在不同的条文中,就是因为三者毕竟在立法宗旨、制度功能、适用条件、请求权基础等方面还存在很大区别。

(1)救济对象不同。离婚经济补偿系用于补偿婚姻家庭生活期间对家庭事务付出较多的一方;离婚经济帮助是针对离婚时生活困难的一方给予的救济;而离婚损害赔偿则用于救济因一方的重大过错导致离婚的另一方。

(2)对经济能力的考量不同。离婚经济帮助是针对离婚时生活困难的一方,由有负担能力的另一方给予适当帮助,因此帮助方和被帮助方的经济能力是适用的必备条件。离婚经济补偿与离婚损害赔偿无须考虑双方的经济能力。

(3)对导致离婚有无过错的要求不同。离婚损害赔偿要求义务人对离婚存在重大过错,而权利人则必须没有过错。离婚经济帮助和离婚经济补偿对当事人在离婚事由上是否存在过错则在所不问。

(4)解决方式的要求不同。离婚经济帮助和离婚经济补偿的具体办法根据法律规定均要求先由双方协商,协商不成再由人民法院判决,而离婚损害赔偿则无此规定。

(5)经济救济的性质不同。离婚经济补偿具有经济补偿性质;离婚经济帮助可理解为更多在于道义上的救助,不具备补偿属性;离婚损害赔偿则兼具赔偿和惩罚的性质。

(6)价值导向不同。离婚经济帮助制度通过对离婚时生活困难一方施以援手,彰显人文关怀、保障离婚自由,体现仁爱与自由的价值追求;离婚经济补偿则以对家务劳动价值的肯定和补偿,促进家庭合理分工、实现社会公平公正,侧重于追求平等与公平;离婚损害赔偿制度让婚姻中的过错方付出代价受到惩罚以赔偿无过错方的损害,是以正义为导向,突出惩恶扬善、警示违法。

(四)从社会主义核心价值观看离婚经济救济制度的价值和意义

党的十八大提出,要大力加强社会主义核心价值观体系建设,倡导富强、民主、文明、和谐、自由、平等、公正、法治、爱国、敬业、诚信、友善的社会主义核心价值观。《民法典》第1条开宗明义:"为了……弘扬社会主义核心价值观,根据宪法,制定本法。"②民法典婚姻家庭编充分阐释了上述立法宗旨和目的。《民法典》第1043条规定:"家庭应当树立优良家风,弘扬家庭美德,重视家庭文明建设。夫妻应当互相忠实,互相尊重,互相关爱;家庭成员应当敬老爱幼,互相帮助,维护平等、和睦、文明的婚姻家庭关系。"法律设定离婚经济救济制度,使得那些在婚姻生活期间因照顾家庭付出较多、离婚时生活困难以及因对方过错导致离婚的"弱势方"得到了精神上的安慰和物质上的实质帮助,降低了离婚给当事人和社会造成的负

---

① 参见《民法典婚姻家庭编司法解释》第88条、第89条。
② 参见《民法典》第1条。

面影响,是社会主义核心价值观在婚姻家庭编的具体体现,与社会主义核心价值观的要求高度契合。首先,该制度通过日益完善的制度设计和权益保障,让因抚育子女、照顾老人、协助另一方工作而负担较多家务劳动的一方在离婚时能得到补偿、离婚时生活困难方能得到帮助、无过错的离婚受害方能通过赔偿弥补心灵上的创伤,减少离婚给当事人造成的负面影响,在一定程度上缓解了双方的紧张关系,既维护了社会的和谐稳定,也顺应了文明社会的发展趋势,体现了国家层面上文明、和谐、法治的价值目标。其次,家务劳动付出较少方在离婚时给予的补偿、有负担能力一方在离婚时提供的帮助以及离婚过错方得到的惩罚,在一定层面上使得失衡的双方得以平衡甚至获得实质平等,实现了社会的公平正义,体现的是社会层面上平等、公正的价值取向。最后,相对于步入婚姻殿堂时爱的承诺,离婚是一种道德上的背叛或者"失信",而离婚经济救济制度则体现了社会主义核心价值观中所蕴含的个人层面上诚信、友善的价值标准,它尽量通过经济救济减少或填平"失信"的损失,让过错方付出代价、让困难方能够得到善待和保护,彰显了法律的温情和关怀。

三、民法典时代离婚经济救济制度的司法适用

在《民法典》实施以后,对司法实务中适用《民法典》审理、裁判的涉离婚经济救济案件进行梳理、归纳、分析、总结,提出存在问题和解决对策,有益于进一步深入研究、完善、发展并构建更加科学、合理、务实、有效的离婚经济救济制度。为此,笔者在中国裁判文书网以"离婚纠纷"为案由,搜索裁判日期为 2021 年 1 月 1 日至 2021 年 12 月 31 日的一审民事判决书,共得到 115151 份民事判决书;再分别把"第一千零八十八条""第一千零九十条""第一千零九十一条"作为关键词在"全文搜索"栏输入①,在其余搜索条件不变的情况下,再数度搜索,分别得出涉及离婚经济补偿 43 份、涉及离婚经济帮助 69 份和涉及离婚损害赔偿 92 份,共 204 份一审民事判决书,剔除掉实际上不涉及离婚经济救济的 25 个案件②和法条重叠的 8 个案件③,涉及离婚经济救济的案件仅有 171 件。考虑到《民法典》生效日是 2021 年 1 月 1 日,上述时间段仍有部分离婚案件是适用《婚姻法》进行判决的,为更加准确地进行统计,笔者将关键词分别替换为"第四十条"、"第四十二条"和"第四十六条",④分别搜索出涉及离婚经济救济一审民事判决书 0 份、3 份和 3 份,共计 6 份。从中可以看出,离婚经济救济制度在离婚案件中的适用度极低,在上网的 115151 个离婚案件中仅有 171 个案件,占比

---

① 根据最高人民法院关于民事案件文书样式的规定,民事判决书引用同一部法律几个法条时,都并列表述,比如"根据《中华人民共和国民法典》第一千零七十九条、第一千零八十八条……",因此在全文搜索时输入"《中华人民共和国民法典》第一千零八十八条"进行检索,不能完整统计。

② 不涉及离婚经济救济,是指民事判决书法律条文虽然有引用我国《民法典》第 1088 条、第 1090 条和第 1091 条,但实际上案件中未涉及离婚经济补偿、离婚经济帮助和离婚损害赔偿,这种情况的民事判决书分别有 6 份、3 份和 16 份。

③ 法条重叠,即有的案件因涉及判决两种经济救济方式故引用两个法条,比如既判决经济补偿又判决经济帮助,同时引用了我国《民法典》第 1088 条和第 1090 条,这类案件有 1 件;既判决损害赔偿又判决经济帮助,同时引用了我国《民法典》第 1090 条和第 1091 条,这类案件有 3 件;既判决经济补偿又判决损害赔偿,同时引用了我国《民法典》第 1088 条和第 1091 条,这类案件有 4 件。

④ 即我国 2001 年《婚姻法》涉及离婚经济补偿、离婚经济帮助和离婚损害赔偿的三个法条。

仅为1.54‰。离婚案件因涉及个人隐私，上网公开的法律文书虽会少于其他案由的案件，但前述搜索所得文书和统计比例还是具有代表性的。基于本文是对《民法典》施行后离婚经济救济制度的研究，故下文均以适用我国《民法典》相关条文审理判决的171份民事判决书为样本。上述171个离婚经济救济案件中，其中8件涉及两种类型离婚经济救济请求，故以总件次179件次进行统计，涉离婚损害赔偿的案件76件次，占比最大，为42.46%；相比之下，涉离婚经济补偿的案件仅有37件次，占比为20.67%；涉离婚经济帮助的有66件次，占比36.87%①（见表6-3）。为进一步考察《民法典》中的离婚经济救济制度在司法实务中的适用情况，笔者以适用《民法典》判决的171个案件（179件次）为样本进行梳理、统计和分析。

表6-3　各类离婚经济救济司法请求的适用率

离婚经济救济	数量/件次	占比/%
离婚经济补偿	37	20.67
离婚经济帮助	66	36.87
离婚损害赔偿	76	42.46
经济救济实际总数	179	100.00

经过查阅每一份判决书并进行统计分析，笔者发现司法实践中，《民法典》中的离婚经济救济制度适用具有如下共性特点，离婚经济补偿、离婚经济帮助和离婚损害赔偿三种救济方式又呈现出各自独特的特点。

（一）共性情况和特点

1. 提出请求的女性占比高

在涉离婚经济救济制度的179件次案件中，女性提出离婚经济救济请求的案件有124件次，占请求人中的大多数。特别是主张离婚经济补偿的女性，在涉离婚经济补偿案件的37件次中占了33件次，占比高达89.19%。而女性主张离婚经济帮助和离婚损害赔偿的案件，也分别有42件次和49件次，各自占了相关案件的63.64%和64.47%（见表6-4）。

表6-4　女性提出离婚经济救济请求的类型数量及占比

离婚经济救济	总数/件次	女性请求/件次	占比/%
离婚经济补偿	37	33	89.19
离婚经济帮助	66	42	63.64
离婚损害赔偿	76	49	64.47
总　计	179	124	69.27

从原因分析：一是女性为家庭事务付出更多、牺牲更大；二是女性在婚姻关系中处于弱势地位；三是女性在离婚后面临经济困难更大；四是离婚案件中女性维护自身权益的意识特别强烈。以离婚经济帮助为例统计，哈尔滨、北京、厦门三地的离婚案件，离婚时女性要

---

① 上述统计包含8件涉及两种离婚经济救济方式的案件。

求经济帮助的,哈尔滨最高,占被调查案件总数的91%;北京次之,占90.8%;厦门最低,也占71.43%。①

2. 离婚经济救济的启动方式不一

原告是提起诉讼的人,诉讼请求由原告提出,法院围绕原告的诉讼请求是否能够得到支持进行审理,所以离婚经济救济的请求原则上是原告提出的。但离婚案件具有特殊性,被告往往不愿意离婚,认为夫妻双方感情没有破裂,或者认为在婚姻关系中其属于弱势或是"受损"的一方,离婚会使其在婚姻家庭生活期间的付出无法得到回报,甚至会导致其生活困难,故即使同意离婚,也会提出离婚经济救济相关请求。因此,在离婚经济救济的启动上,《民法典》针对三种离婚经济救济方式有不同规定。针对离婚经济补偿,《民法典》规定"离婚时有权向另一方请求补偿";②针对离婚经济帮助,仅规定"有负担能力的另一方应当给予适当帮助",③连"请求"字眼都未体现;针对离婚损害赔偿,则不仅在《民法典》第1091条规定"无过错方有权请求损害赔偿",而且《民法典婚姻家庭编解释(一)》第88条对离婚案件的无过错方当事人作为原告或者被告提起损害赔偿请求的时间点作了明确规定。这样的规定折射到司法实务中,就呈现出五种离婚经济救济的启动方式。在作为案例样本的171个案件179件次中,37件次涉离婚经济补偿,其中原告单方提出请求的有15件次,被告单方提出请求的有18件次,法院依职权主动适用的有4件次,分别占比40.54%、48.65%和10.81%;涉离婚经济帮助的66件次中,原告单方提出请求的有11件次,被告单方提出请求的有33件次,原被告双方均提出请求的有2件次,法院依职权主动适用的有20件,分别占该类案件的16.67%、50.00%、3.03%和30.30%;涉离婚损害赔偿的76件次中,原告单方提出请求的有42件次,被告单方提出请求的有32件次,被告提出反诉的有2件次,分别占该类案件的55.26%、42.11%和2.63%,无法院依职权主动适用的情况(见表6-5)。

表 6-5 启动离婚经济救济的方式

离婚经济救济		原告单方提出请求	被告单方提出请求	原被告双方均提出请求	被告提出反诉	法院依职权主动适用	总计
离婚经济补偿	数量/件次	15	18	0	0	4	37
	占比/%	40.54	48.65	0.00	0.00	10.81	100.00
离婚经济帮助	数量/件次	11	33	2	0	20	66
	占比/%	16.67	50.00	3.03	0.00	30.30	100.00
离婚损害赔偿	数量/件次	42	32	0	2	0	76
	占比/%	55.26	42.11	0.00	2.63	0.00	100.00

说明:数据含判决不支持救济请求。

综上所述可见,在离婚案件中主张离婚经济补偿和离婚损害赔偿的主体,不管是作为原告还是被告,在数量上都不会有太大差距,然涉离婚经济帮助案件中,提出离婚经济帮助

---

① 夏吟兰:《离婚救济制度之实证研究》,载《政法论坛》2003年第6期。
② 《民法典》第1088条。
③ 参见《民法典》第1090条。

请求的主体为被告居多,且该类案件法院依职权主动判决的比例也最高。至于被告以反诉形式主张离婚损害赔偿的2个案件,法院均予受理并判决部分支持反诉原告的诉讼请求。

3. 离婚案件中法院适用离婚经济救济制度对当事人进行救济的占比较大

在作为案例样本的171个案件179件次中,判决准予离婚的案件有153件,含8件主张两种离婚经济救济请求的共161件次涉离婚经济救济,其中涉及离婚经济补偿、离婚经济帮助和离婚损害赔偿的案件分别有32件次、63件次和66件次,而法院或依据当事人请求或依职权主动适用《民法典》判决离婚一方当事人承担离婚经济救济责任的有112件次,救济率达69.57%。其中,承担离婚经济补偿、离婚经济帮助和离婚损害赔偿责任的分别为27件次、52件次和33件次,分别占比84.38%、82.54%和50%(见表6-6)。由此可见,在民法典时代,离婚案件当事人更会积极主动运用法律提供的武器保障自身权益,而法院也予以极大的支持。

表6-6 适用离婚经济救济制度的情形

离婚经济救济	案件实际总数/件次	准予离婚/件次	支持/件次	占比/%
离婚经济补偿	37	32	27	84.38
离婚经济帮助	66	63	52	82.54
离婚损害赔偿	76	66	33	50.00
总　计	179	161	112	69.57

4. 虽然总体上支持但判决时对当事人提出诉求金额的调减比例也大

在判决离婚一方当事人承担离婚经济救济责任的112件次中,扣除当事人未提出救济主张的25件次以及虽有主张但没有具体请求金额的8件次共33件次,其余79件次中全部支持离婚一方当事人请求的有14件次,调减当事人请求金额的达65件次,调减比例高达82.28%(见表6-7)。由此可以说明,法官们对待此类案件体现了一种既积极又谨慎,既宽容又保守的矛盾心态。

表6-7 法院对离婚经济救济诉求金额的态度

离婚经济救济	主张有具体数额/件次	全部支持/件次	占比/%	调减/件次	占比/%
离婚经济补偿	19	4	21.05	15	78.95
离婚经济帮助	28	3	10.71	25	89.29
离婚损害赔偿	32	7	21.88	25	78.13
总　计	79	14	17.72	65	82.28

5. 基本上采用金钱救济方式

离婚经济救济的方式不仅包括给付金钱,还包括给付具体的特定物权(包括但不限于房屋的所有权和居住权)以及提供劳务等。《民法典》并未规定离婚经济救济应采用何种方式进行,但实务中当事人基本上都是主张通过支付金钱的方式予以救济,因为金钱作为种类物是日常生活中最便捷的支付工具,简便灵活。经统计,在判决离婚当事人提供离婚经济救济的112件次中,以金钱作为履行标的有108件次,只有4件次以非货币形式履行,且该4件次均为离婚经济帮助案件。①

6. 离婚经济救济金的数额以法院酌定为主

对于当事人请求离婚经济救济金,以什么为标准确定救济金额的问题,法律和司法解释均未规定,这使得法官确定应支付的离婚经济救济金数额时无法可依,判决缺乏参考标准。从案例样本看,法院判决时以酌定方式确定应支付金额的案件高达87件次,占以金钱作为履行标的108件次中的绝大多数,占比为80.56%。其中在酌定离婚经济救济金数额时,涉离婚经济补偿和离婚经济帮助的大多数判决书均未体现酌定的依据,少部分有提及酌定的金额参考因素,主要是当事人的收入情况、经济负担能力、当地生活水平,个别离婚经济补偿案件提到受补偿方对家庭劳务的投入情况②。而涉离婚损害赔偿的案件在述及酌定金额参考因素时,基本上都会考虑到过错方的过错程度,个别案件还考虑到无过错方精神受损害的程度。③ 除由法官酌定离婚经济救济金数额外,法院判决时还有如下确定救济金额的情形:

(1)全部按照请求方当事人主张的金额予以支持,该类案件有12件次。

(2)全部按照被请求方当事人自愿支付的金额予以判决,该类案件有7件次。其中1件次按照离婚当事人一方向另一方出具的《保证书》上承诺的数额予以支持。在沈阳市沈河区人民法院审理的〔2020〕辽0103民初1031号离婚纠纷案件中查明,起诉前作为被告的丈夫曾向作为原告的妻子出具一份《保证书》,内容为:"本人聂某1和妻子金某共同生活期间因孩子等家庭琐事对妻子发生家暴行为,为了家庭今后的稳定和谐付给妻子精神损害赔偿金50万元……"法院认为,被告聂某1在夫妻关系存续期间多次对原告金某实施家庭暴力,在原告金某多次报警之后仍然未能改正,聂某1在婚姻中存在过错,金某在婚姻中无过错。结合案件中被告出具的保证书,对原告要求离婚损害赔偿的诉讼请求予以支持。判决被告聂某1于本判决生效后30日内一次性支付原告金某损害赔偿50万元。

(3)1件次以分居当年当地居民人均生活消费性支出为标准计算离婚经济补偿金额。

---

① 该4个案件中,其中3件分别为〔2021〕甘2926民初106号、〔2021〕甘2925民初265号和〔2020〕甘2925民初1357号,均判决以女方陪嫁或留在家中的家具、家用电器等物品作为经济帮助留给男方。另1件为〔2021〕浙0921民初835号,判决被告在离婚后可以居住岱东镇虎斗村黄沙潭16号西面一间房屋。

② 如安徽省涡阳县人民法院〔2021〕皖1621民初1895号江某1与王某离婚纠纷案民事判决书载明:"结合原被告双方的结婚时间、子女大小、婚姻关系存续期间在子女抚养教育方面、对老人的照料方面的投入情况,双方的经济收入等因素,酌定原告江某1给予被告王某离婚经济补偿15000元。"

③ 如江西省万载县人民法院〔2021〕赣0922民初190号原告(反诉被告)王某1与被告(反诉原告)汪某离婚纠纷案民事判决书载明:"考虑到因王某1婚内重大过错,双方分居而导致感情破裂,汪某应可以获得相应的损害赔偿。根据江西省的生活水平标准以及汪某所受到的精神伤害和痛苦的程度,酌定为30000元整。"

(4)1件次离婚损害赔偿案件按照实际发生的金额支持物质损害赔偿。离婚损害赔偿包括物质损害赔偿和精神损害赔偿,虽然理论界对此有所争议,但《民法典婚姻家庭编解释(一)》已经作了明确规定,无须赘述。涉离婚经济补偿的案例样本中,仅有1个案件判决物质损害赔偿,该案涉及家庭暴力并由此产生了医疗费用,法院直接把因家暴产生的全部医疗费作为物质损害赔偿金额判决由过错方当事人承担,但对无过错方的精神损害赔偿请求则不予支持。①(见表6-8)

表6-8 判决确定应支付金额的方式

确定方式	离婚经济补偿	离婚经济帮助	离婚损害赔偿	数量/件次
法院酌定	19	43	25	87
按照请求方当事人请求的数额	4	2	6	12
按照被请求方当事人自愿支付的数额	3	3	1	7
以分居当年当地居民人均生活消费性支出为标准计算离婚经济补偿金额	1	0	0	1
按照实际发生的金额支持物质损害赔偿。	0	0	1	1
总　计	27	48	33	108

7. 承担离婚经济补偿、离婚经济帮助责任的履行方式基本为一次性履行,判决定期履行的3件次②

一次性履行或者定期履行,应当考量离婚双方当事人的实际情况,但从3份判决书看,均未提及定期履行的原因,且其中2件次未设定终止履行的期限或条件,均系涉离婚经济帮助案件。

8. 离婚经济帮助或者离婚经济补偿办法基本上由法院判决

虽然《民法典》明确规定离婚经济补偿或离婚经济帮助的具体办法应先由双方协议,协议不成再由法院判决。但搜集到的案例中,当事人对具体救济办法达成协议的少之又少,仅有浙江省岱山县人民法院审理的〔2021〕浙0921民初835号陆某诉赵某离婚一案,法院根据双方当事人协商的解决方式判决。该案中,法院认为,因被告离婚时生活困难,经过双方协商,原告同意被告在离婚后可以居住在岱东镇虎斗村黄沙潭16号西面一间房屋中,法院予以照准,故判决坐落在岱东镇虎斗村黄沙潭16号房屋西面一间由被告居住。

9. 当事人因证据不足而未获支持的比例较高

对当事人离婚经济救济的请求,法院总体上支持比例较高。在未能得到支持的案件中,主要原因是证据不足,占比高达71.43%。其中,因为证明生活困难的证据不足而未获

---

① 如沈阳市大东区人民法院审理的〔2021〕辽0104民初4785号王某诉赵某1离婚纠纷案中,因被告赵某1在婚姻存续期间殴打原告王某并产生医疗费用2428元,故法院认定被告赵某1存在过错并应赔偿无过错方王某2428元,驳回原告请求被告赔偿其精神抚慰金60000元的诉讼请求。

② 该3个案件分别为辽宁省新民市人民法院〔2021〕辽0181民初1497号冯某诉杨某1离婚纠纷案、河南省商水县人民法院〔2021〕豫1623民初208号毛某1诉李某离婚纠纷案和甘肃省成县人民法院〔2021〕甘1221民初586号牛某1诉牛某2离婚纠纷案。

支持离婚经济帮助的比例最高,在请求未被支持的 11 件次中占了 10 件次,比例高达 90.91%;占比第二高的是因证明自己在家庭劳务中负担较多的证据不足而未获支持的 4 件次,也达 80%;即使占比最低的离婚损害赔偿请求,也因为证据不足而在 33 件次中有 21 件次未能得到支持。(见表 6-9)。

表 6-9 因当事人证据不足被驳回请求或不予支持的数量及占比

	未被支持总数/件次	因证据不足被驳回或不予支持/件次	占比/%
离婚经济补偿	5	4	80.00
离婚经济帮助	11	10	90.91
离婚损害赔偿	33	21	63.64
总 计	49	35	71.43

(二)离婚损害赔偿制度适用的特点

1. 财产分割与支付损害赔偿金之间部分"联动"

《民法典》规定,离婚时夫妻的共同财产按照照顾子女、女方和无过错方权益的原则判决,由此在离婚案件中往往会出现无过错方在财产分割与离婚损害赔偿金上"双双获益"的情形。在判决支付离婚损害赔偿金的 33 件次案例样本中,扣除 14 件次未涉及夫妻财产分割的案件,剩余 19 件次中有 7 件次既判决过错方少分财产又承担损害赔偿责任,1 件次以夫妻共同财产不分配给过错方作为过错方承担离婚损害赔偿责任的方式,其余判决支付离婚损害赔偿金的 11 件次,在财产分配上未体现照顾无过错方。(见表 6-10)

表 6-10 离婚损害赔偿案件的财产分割情形的数量及占比

情 形	数量/件次	占比/%
过错方少分财产又承担离婚损害赔偿金	7	36.84
支付离婚损害赔偿金,但在财产分割上未体现照顾无过错方	11	57.89
夫妻共同财产不分配给过错方	1	5.26
总 计	19	100.00

2. 离婚损害赔偿案件基本以支付精神损害赔偿金为责任承担方式

离婚损害赔偿金虽然包括物质损害赔偿金和精神损害赔偿金,但诉讼中当事人基本都主张精神损害赔偿金,要求对方承担物质损害赔偿责任的少之又少。如前所述,在判决过错方承担损害赔偿责任的 33 件次中,当事人均只主张精神损害赔偿金,仅有 1 例当事人既主张精神损害赔偿又主张物质损害赔偿,法院最后判决过错方以支付医疗费作为承担物质损害赔偿责任的方式,同时驳回无过错当事人要求过错方支付精神损害赔偿金的请求,其余 32 件次均判决过错方支付精神损害赔偿金。

3. 离婚过错方因"有其他重大过错"承担损害赔偿责任的占比高

《民法典》第 1091 条对离婚过错方承担损害赔偿的事由列举了 4 个情形,包括重婚、与他人同居、实施家庭暴力以及虐待、遗弃家庭成员,同时还规定了一个兜底情形,即"有其他重大过错"。从立法逻辑上判断,无过错方当事人主张离婚损害赔偿的主要理由应是法律所列举的4种情形,但笔者在梳理统计中惊讶地发现,在支持离婚损害赔偿请求的33件次中,虽然离婚过错方的过错事由囊括了《民法典》列举的4种情形,但更多的是因为过错方在婚姻关系存续期间出轨、与他人有暧昧关系甚至怀孕生子等,属于"有其他重大过错"情形,这类案件高达21件次,占比超过一半,但法院在判决书中,不管是说理部分还是适用法律,都鲜有提及"其他重大过错"字眼,而代之以直接表述具体过错行为,如出轨、与其他异性存在暧昧等;法律适用上一般只写明到"依照《中华人民共和国民法典》第一千零九十一条",而未具体到第几项。这些"其他重大过错"情形均为违反夫妻忠实义务的出轨、与他人生子等行为,未见到赌博、吸毒等事由。其余属于我国《民法典》列举的4项过错情形的12件次中,实施家庭暴力7件次,数量最多;重婚及与他人同居均各有2件次,遗弃家庭成员1件次,而"虐待"情形则未出现在这些案件中。(见表6-11)

表6-11　离婚损害赔偿过错方的过错事由

过错事由	数量/件次	占比/%
实施家庭暴力	7	21.21
重婚	2	6.06
与他人同居	2	6.06
遗弃	1	3.03
虐待	0	0.00
其他:与其他异性存在较为亲密的行为、暧昧、出轨、与他人生子等	21	63.64
总　计	33	100.00

4. 离婚损害赔偿中,对请求人是否无过错的评判很少

《民法典》规定有权请求损害赔偿的是无过错方,但司法实务中法院在判决书中对请求损害赔偿当事人是否无过错的评判却占比很少,33件次中仅有10件次在判决书中指出获得离婚损害赔偿的当事人对离婚不存在过错,占比不足三分之一,其余23件次的判决书中对获得损害赔偿的当事人是否属于离婚无过错方只字未提。

(三)离婚经济帮助制度适用的特点

1. 对"生活困难"事由的认定宽泛且模糊

适用离婚经济帮助的前提是受助方在离婚时生活困难。考察判决当事人承担离婚经济帮助责任的52件次,发现并非所有案件都对一方当事人在离婚时是否生活困难作出认定,有7件次的判决书未载明受助方离婚时是否生活困难,直接判决离婚一方当事人为另一方当事人提供经济帮助。另有8件次虽然判决书认定受助方生活困难,但只简单表述为"因……生活困难"或者"因……家庭困难",未描述困难的原因或具体情形,而是"为说困难而说困难"。以上两类案件占据案件数的28.85%。在法院有对"生活困难"作出具体认定的37件次中,占比最大的是因生病导致生活困难,该类案件有15件次,同样占比28.85%;

其次是离婚后无住房、无工作、无收入的情形9件次,占比17.31%,其他还有劳动能力丧失或受限、因结婚支出了数额较大的费用、需赡养老人照顾小孩等,甚至还有以一方放弃分割夫妻共同财产为理由判决对方给予经济帮助(见表6-12)。

表6-12 离婚经济帮助关于生活困难的认定

事 由	数量/件次	占比/%
未说明	7	13.46
简单表述为生活困难	8	15.38
患病	15	28.85
离婚后无住房、无工作、无收入	9	17.31
劳动能力丧失或受限	5	9.62
因结婚支出了数额较大的费用	3	5.77
需赡养老人照顾孩子	1	1.92
放弃分割共同财产	2	3.85
经营饭馆付出劳动	1	1.92
无过错方	1	1.92
总 计	52	100.00

2. 对于提供帮助方是否有负担能力的考虑不多

《民法典》规定给予离婚时生活困难的一方提供帮助的另一方,应当具备负担能力,因此在考量是否应当给付离婚经济帮助时,提供帮助方的负担能力应当纳入考量因素中。在提供离婚经济帮助的52件次中,法院仅在16件次的判决书中提及这一因素,占比不到三分之一。但即使提及,也仅是诸如"因……有一定的负担能力"或"结合……的经济能力/负担能力/给付能力"之类的简单表述,没有进一步阐述或者论证。

(四)离婚经济补偿制度适用的特点

离婚经济补偿制度的适用条件是夫妻一方在婚姻关系存续期间在抚育子女、照顾老人或者协助另一方工作上承担了更多义务作出了更大贡献,涉及的事由包括方方面面。根据案例样本统计,认定夫妻一方负担较多义务的主要是在抚育子女部分,支持离婚经济补偿请求的27件次中,除了1件次未说明具体事由以外,其余26件次均包括了抚育子女,占比高达96.30%。此外,既抚育子女,又照顾老人的有3件次;又照顾家庭的有2件次;又协助另一方工作的有2件次;又照顾老人并从事家务的有1件次;又操持家务并经营饭馆的有1件次。由此可见,养儿育女是家庭事务的最大付出,也是离婚经济补偿的最大事由,其次是照顾老人。而对于协助工作,因界定难、举证难等原因,极少被作为付出较多时间和精力而主张经济补偿的理由(见表6-13)。

表 6-13　离婚经济补偿关于承担义务事由的认定

事　　由	数量/件次	占比/%
抚育子女	17	62.96
抚育子女、照顾老人	3	11.11
抚育子女、照顾家庭	2	7.41
抚育子女、协助另一方工作	2	7.41
抚育子女、照顾老人、从事家务	1	3.70
抚育子女、操持家务、经营饭店	1	3.70
未说明	1	3.70
总　　计	27	

四、我国离婚经济救济制度在立法及司法上存在的问题

与婚姻法时代相比,民法典时代的离婚经济救济制度内容和程序设计更加丰富、完善,扩大了经济救济适用范围,更贴近和满足现实生活需求,制度效用功能得到更充分发挥。但从以上案例样本的数据分析看,该制度在立法和司法适用层面的确存在一些问题,这些问题将影响我国离婚经济救济制度立法目的和司法功能的实现。

(一)立法方面

1. 离婚经济救济的数额缺乏参考依据

在婚姻法时代,就存在缺乏救济金数额参照标准问题,在《民法典》中仍未得到有效解决。案例样本表明,以金钱作为履行标的的离婚经济补偿和离婚经济帮助案件,判决时以法官酌定的方式确定金额的占比极高,且未说明酌定金额的参考依据,这也是容易让当事人"诟病"的情形。立法对离婚经济救济特别是经济补偿和经济帮助的标准和金额缺乏规范,也未明确可参照因素,导致法官"无法可依",在裁判时趋于保守而以酌定的方式大量调减当事人的请求标的,同时又无法说明调整的理由或依据,造成司法实践中调整尺度不一。也有部分案件判决时全部按照当事人主张的金额予以支持,同样缺乏论证。

2. 对"生活困难"的认定缺乏参照标准

虽然《民法典》扩大了经济帮助的适用范围,但作为适用条件的"生活困难"仍未有界定标准。这一方面让有的法官瞻前顾后难以下断,另一方面又容易导致法官自由裁量权过大,也易造成当事人对判决不服。案例样本中,法官因"生活困难"标准不明晰,常常在判决书中对"生活困难"的表述大而化之、一语带过,有的甚至对受助方是否生活困难的争议不予评判。

3. 未全面考察受帮助方的主客观因素

法定给予帮助的评判标准仅为受帮助方生活是否困难,而受帮助方在离婚上是否存在过错则在所不问,同时对受帮助方在婚姻生活期间是否有好吃懒做、酗酒赌博等事实也未予考虑。现实生活中,不乏存在生活困难方是离婚过错方的情形,这些人因离婚而陷入生活困难,属于"自食其果",无过错方已遭受身心创伤情况下,离婚时还得给予过错方经济帮

助,显然不合情理,也有违公平公正等基本法律价值。此外,有些人在家庭中属于"等靠要"的懒惰者或者有吸毒、赌博等恶习,如果仅因其生活困难就为其提供经济救济,也有悖于立法的宗旨和目的。

4. 离婚经济帮助的适用时间限制太严

根据《民法典》有关规定,判断生活困难的时间点为"离婚时",也即离婚时一方当事人就应该预见到离婚将导致其之后无法维持基本生活水平或生活水平大幅下降,这会导致对生活困难的判断过于局促。生活本已复杂多样,各种情况难以预料,加上离婚初期的生活较为"慌张",对生活水平变化的感受不一定及时、敏锐,也未必很快有证据可以证明,等发现时已经过了"离婚时",再主张权利为时已晚。

5. 缺乏定期提供经济帮助金的终止期限或变更规则

2个定期提供经济帮助金案件均未设定履行终止期限,法律或司法解释也未规定相关终止或变更履行规则。这将会带来一系列问题,比如提供帮助方一旦自身也因各种原因导致经济上不能负担怎么处理?被帮助方长期依赖于帮助而不自身积极寻找其他经济来源又怎么办?这最终将导致实际上不能继续履行的后果。

6.《民法典》列举的离婚损害赔偿情形不够周全

《民法典》虽增加了无过错方有权请求损害赔偿的兜底情形,但适用不多,反而是案例样本体现出因过错方在婚姻关系存续期间出轨、与他人有暧昧关系等过错情形不少,占据需要承担离婚损害赔偿责任案件的一半以上,但该情形并未列入《民法典》第1091条列举的4种过错情形之列。通常法条采用"列举+兜底",列举出来的内容一般是常见、明确且能达成普遍共识的内容。司法实践已经证明,出轨行为作为违反夫妻忠实义务的常见情形,只要证据确凿,出轨方承担离婚损害赔偿责任的概率极大,故立法者未把该情形明确写入法条中,有不接地气之嫌。

(二)司法方面

1. 启动经济救济的方式混乱

根据前述对案例样本的统计,诉讼中有5种启动离婚经济救济的方式,令人眼花缭乱。结合《民法典》条文规定的表述,除了离婚经济帮助法院可以依职权主动适用并判决给予帮助外,其余两种救济方式都应由当事人提出请求,法院不应主动介入,但是,在案例样本中,仍有4件次离婚经济补偿是法院依职权主动适用的。另有法院支持当事人反诉提起的离婚损害赔偿请求,同样值得商榷。

2. 离婚经济救济的方式太过单一

案例样本体现的离婚救济方式以金钱救济为主,这当然一方面与当事人的主张有关,但毕竟属于简单的处理方式,特别是法官依职权主动适用的离婚经济帮助中,根据当事人具体情况采用不同救济方式的几乎为零,这使得经济帮助的方式太过狭窄、形式不够灵活。

3. 缺乏对提供经济帮助一方当事人负担能力的全面考量

《民法典》在离婚经济帮助制度上的一大进步,就是增设了帮助方应当"有负担能力"这一前提条件,如此更加科学合理。但案例样本中仅有不到三分之一的案件考量该因素,且未进一步展开分析,让《民法典》规定的适用前提形同虚设。

4. 缺乏对离婚损害赔偿中请求人是否没有过错的评判

离婚损害赔偿的双方当事人必须一方对离婚没有过错,而另一方有重大过错。案例样本的判决书中对重大过错一般都有表述或者论证,但对另一方是否没有过错则在裁判文书中少有说明,这说明该要件往往被忽视。

5. 离婚财产分割照顾无过错方与离婚损害赔偿在适用上混淆不清

《民法典》在夫妻财产分割上和离婚损害赔偿一样,都体现了对无过错方的保护,[①]但案例样本体现的适用情况极不相同,既有判决过错方少分财产又承担损害赔偿责任的,又有判决支付损害赔偿金但未在财产分配上照顾无过错方的,更有判决以不分配财产作为过错方承担离婚损害赔偿责任的方式,极大混淆了两种制度的功能和目的。

6. 当事人举证困难

案例样本表明,举证困难是制约一方当事人提出离婚经济救济请求或者虽然提出请求但未能得到支持的最大因素。婚姻生活期间,当事人往往缺乏取证意识,家庭生活的私密性也制约了证据的数量和质量。婚姻中的"弱势方"如何证明自己对家庭劳务付出较多、如何证明自己在离婚时生活困难而对方有负担能力,特别是如何证明对方与他人同居、出轨、与他人有暧昧关系等,这些问题因涉及个人隐私,更是难以举证,或者因取证手段不合法而不具备证明力。另外,对当事人的举证如何判断证据是否充足,也是法官们普遍面临的难题。

五、对我国离婚经济救济制度的完善建议

以上存在问题既折射出社会现实生活对立法与时俱进的渴望,也反映出人民群众对司法公平公正的要求。以下从立法、司法以及加强调解三方面提出建议。

(一)立法方面

1. 明确离婚经济补偿和离婚经济帮助金额的参考因素

设计出具体的经济帮助金计算公式虽然方便法官确定救济金额,但不现实,事实上也难以找到合适的计算方法。同样地,也没有权威的量化方式来确认家务劳动的具体价值,故酌情裁量救济金额不失为一种方式。为了让裁判规则和尺度更加公开、公平、透明、统一,应当明确具体的考量因素。确定经济帮助金额时,应综合考虑夫妻双方的年龄、健康状况、劳动能力、经济收入、婚姻持续时间、当地收入及消费水平等因素,并以"适当"作为帮助标准。经济补偿金额应考量如下因素:(1)家务劳动贡献方在子女、老人、协助工作上负担事项的多寡,如仅抚育子女还是也有照顾老人等,事项越多说明投入的精力越多,补偿数额也应增加。(2)家务劳动贡献方投入时间的长短,如仅有一年或者数年甚至数十年,时间越长补偿越多。(3)家政服务的市场价格。(4)补偿方的经济能力、在婚姻期间的学习培训经历、职业等级晋升等因素。

2. 明确离婚时生活困难的认定标准

《民法典》未沿用2001年《婚姻法》(修正案)及其司法解释框定的"绝对困难"认定标准

---

① 参见《民法典》第1087条。

受到普遍肯定,但对"生活困难"的界定仍过于笼统,需对扩大适用的"生活困难"对象确定衡量标准。如前所述,社会经济发展到今天,人民生活条件极大改善,夫妻离婚后一方财产无法维持当地基本生活水平或无处可居的情形并不多见,采"绝对困难"标准已经不适应时代的需要。建议参照《婚姻法解释一》的形式,通过司法解释的方式对"生活困难"作出界定,规定"离婚后依靠分得的共同财产和个人财产,无法维持当地基本生活水平的属于生活困难,离婚后一方即使能够维持自己的生活,但生活水平比婚姻关系存续期间大大下降或明显降低的,也可视为生活困难",[①] 以摆脱认定"生活困难"缺乏标准,法官和当事人均"无所适从"的窘境,维护法律适用的统一。

3. 设定离婚经济帮助的"减免规则"

规定对离婚存在过错以及有吸毒、赌博等恶习的生活困难方,除非无过错且有负担能力的另一方当事人同意,否则可以视情况减少或免除其经济帮助责任。

4. 宽限主张离婚经济帮助的时间

立法者应考虑离婚初期从生活到情感的特殊性,设置一年的时间作为生活困难方请求经济帮助的"缓冲期",生活困难方可在离婚后一年内单独提起请求离婚经济帮助的诉讼,以实现法律的实质正义。

5. 设置定期提供经济帮助金的终止期限或变更规则

离婚经济帮助毕竟带有道德上的帮扶性质,故其在帮助的尺度上有"适当"的前缀,且以提供帮助方"有负担能力"为条件。因此,定期支付一定金额的经济帮助应随着离婚双方当事人的具体情况变化而变化,不能"无限期"履行,履行金额也不能僵化地一成不变,否则将导致帮助没有尽头也难以执行。立法应原则性规定提供帮助一方当事人有权主张终止或者变更离婚经济帮助的履行期限及履行金额,防止出现"失衡"现象。在司法实践中,具体适用应结合个案情况进行判断,例如,帮助方罹患重大疾病、经济条件下降无支付能力;或者受助方再婚、收入提高或者有其他经济来源,以及有证据证明其消费程度高等,以体现司法的灵活和公平。

6. 法条中增加列举无过错方有权请求损害赔偿的情形

鉴于现实生活中对方出轨等事由已经成了婚姻的一大"杀手",应当把该类情形纳入离婚损害赔偿的列举情形中,增加规定,"因出轨或与他人长期、与多人经常保持暧昧关系导致离婚的,无过错方有权请求损害赔偿"。

(二)司法方面

1. 准确把握离婚救济程序的启动方式

正确理解《民法典》关于离婚经济救济制度的规定,方能仔细甄别、准确把握救济程序的不同启动要求。三种离婚经济救济方式均能由双方当事人提出请求,法院还能依职权主动适用离婚经济帮助,其余两种救济法院都不得主动适用,均以一方当事人主动提出请求为前提。此外,无过错方作为被告的离婚诉讼案件,被告提起离婚损害赔偿请求的目的并非要吞并或者抵消对方的离婚诉求,故无须通过反诉启动。

---

① 夏吟兰:《离婚救济制度之实证研究》,载《政法论坛》2003年第6期。

2. 根据当事人不同情况灵活采用不同的救济方式

经济帮助或者经济补偿的方式,应综合考察双方当事人的具体条件和情况,包括学历高低、就业能力、工作单位、财务收入、社会资源、身体状况等,在一方有能力、另一方有需求的情况下,提供更加合理、灵活的救济。如,对部分需要就业的当事人,可采用为其提供学习、培训课程,帮助其获得劳动技能甚至为其提供就业机会的方式;对部分患病需要照顾的当事人,可采用为其购买家政服务或者雇用护工的方式;对确有居住困难的,也可以提供房屋的所有权或居住权。以务实方法承担责任和义务,真正实现帮助、补偿的目的和价值。

3. 全面考察提供帮助方的负担能力

最基本的考察标准是,一方给予生活困难的另一方提供帮助后,是否会造成自身也陷入"生活困难"之境地。如果出现这种情况,则不适宜进行经济帮助。因此,应对提供经济帮助方的"负担能力"进行考察,只有在其既能为另一方提供基本生活所需之帮助,又至少能保障自己的合理生活开支,才能要求其承担提供经济帮助之义务。

4. 加强对离婚损害赔偿请求方过错程度的分析评判

对请求人是否没有过错应当进行充分的查证和分析,确保有权主张离婚损害赔偿的当事人是无过错方,使得离婚损害赔偿制度得以准确适用。

5. 严格区分适用离婚财产分割照顾无过错方原则与离婚损害赔偿责任

离婚损害赔偿制度与离婚财产分割照顾无过错方原则,虽然都要求一方对离婚有过错而另一方无过错,但两者对过错程度的要求不一致。离婚损害赔偿必须是重大过错情形,离婚财产分割虽未要求达到重大过错但过错大小与财产分割的照顾程度互为关联,过错越严重分配财产时对无过错方的照顾越多。同时也应当注意,"过错"毕竟是分配财产时照顾无过错方和承担损害赔偿责任的共同条件,适用上常有交叉,但两者的立法宗旨和保护客体均不同,不能相互代替,必须明确区分适用,以保障两种救济制度独立发挥其功能、实现其价值。如,不能只考虑支付损害赔偿金而未在财产分配上照顾无过错方,或者照顾了无过错方就对其损害赔偿请求不予支持,更不能以不分配财产作为过错方承担离婚损害赔偿责任的方式。

6. 对提出请求方的证据证明力采用高度盖然性认定标准

举证难弱化了对离婚经济救济请求方当事人的权益保障。法官对此类案件在证据证明力的认定上应采取更加"宽容"的态度,一旦认为当事人提供的证据足以证明其主张的事实存在高度可能性时,采用高度盖然性标准认定待证事实成立,反之亦然。

(三)关于加强调解

婚姻生活夹杂着当事人的生活、情感、责任等错综复杂的因素,既有家庭伦理性也有社会性,所以婚姻家庭纠纷有不同于一般民事纠纷的特点,离婚纠纷更是如此。所谓"清官难断家务事",夫妻间的恩恩怨怨、是非曲直通过一场离婚诉讼很难达到事实绝对"客观真实"、对错真正合理评判。因此,无论是婚姻法时代还是民法典时代,立法上都明确把调解作为人民法院审理离婚案件的必经程序。《民法典》规定,离婚经济帮助和离婚经济补偿的具体办法先由双方协议,协议不成再由法院判决,鼓励当事人协商或在法院主持下通过调解解决纠纷。"运用调解方式,正好能切合这类纠纷的特点,起到须在法律框架下重证据断是非的司法裁判所不能替代的作用。"①

应强调,要大力加强对双方当事人就离婚经济补偿或者离婚经济帮助具体办法进行协商的引导和调解力度。引导当事人协商或者通过调解解决离婚争议,"既化解了矛盾纠纷,有利于协议的履行,也避免了夫妻双方相互指责,减少了仇视与对立"。② 除了法官自身积极组织离婚当事人调解外,还应尽可能借助人民调解委员会如社区调解委员会,法院特邀调解组织如妇联,特邀调解员如人大代表、政协委员的力量进行调解。也可引入司法以外的专业资源协助调解,如心理咨询师等,专业人才更能对症下药,有效促成纠纷解决。此外,制定"家事案件调解规程",以规范婚姻家庭案件的司法调解,既能指导和约束法官,减少或避免流于形式的"虚化调解",也可以供当事人协商时参照。③

六、最后说明

在本文完稿即将交付印刷前,最高人民法院在广泛深入调研的基础上制定了《民法典婚姻家庭编解释(二)》,自 2025 年 2 月 1 日起施行。该司法解释立足国情、社情和民情,直面审理婚姻家庭案件中亟待解决的问题、难题,积极回应人民群众的期待和基层法院的需求,对离婚经济补偿和离婚经济帮助中涉及的补偿数额的参考因素、生活困难的具体情形等予以明确、细化④,在对离婚双方利益的保护上更加平衡,也更贴近客观实际、更具实操性,一定程度弥补了我国离婚经济救济制度在立法上的不足。相信随着该司法解释的适用,前述部分问题将得以解决。

---

① 蒋月:《婚姻家庭法前沿导论》,法律出版社 2016 年第 2 版,第 510 页。
② 最高人民法院民法典贯彻实施工作领导小组主编:《中华人民共和国民法典婚姻家庭编继承编理解与适用》,人民法院出版社 2022 年版,第 238 页。
③ 蒋月:《婚姻家庭法前沿导论》,法律出版社 2016 年第 2 版,第 510~511 页。
④ 《民法典婚姻家庭编解释(二)》第 21 条规定,离婚诉讼中,夫妻一方有证据证明在婚姻关系存续期间因抚育子女、照料老年人、协助另一方工作等负担较多义务,依据《民法典》第 1088 条规定请求另一方给予补偿的,人民法院可以综合考虑负担相应义务投入的时间、精力和对双方的影响以及给付方负担能力、当地居民人均可支配收入等因素,确定补偿数额。第 22 条规定,离婚诉讼中,一方存在年老、残疾、重病等生活困难情形,依据《民法典》第 1090 条规定请求有负担能力的另一方给予适当帮助的,人民法院可以根据当事人请求,结合另一方财产情况,依法予以支持。

第七章 离婚经济补偿制度实证研究

第一节
离婚经济补偿概述

一、问题的由来

（一）离婚经济补偿的内涵

以《民法典》第1088条作为离婚经济补偿的内涵及核心，离婚经济补偿可视为夫妻于婚姻关系终结时由负担家庭义务较少的一方给予负担义务较多的另一方以经济补偿的一种离婚救济与权益平衡手段。因其核心价值在于对家务劳动价值的认可及保障，故又被部分学者称为"家务劳动补偿"[1]、"家务贡献补偿"[2]、"离婚家务劳动补偿"[3]等。虽然学界对于其定义和称谓有不同的看法，但本质上不影响对离婚经济补偿含义的理解。

笔者采用"离婚经济补偿"这一表述，主要有以下几点理由：一是有利于明晰其法律定位。《民法典》第1088条规定，该条仅适用于婚姻领域，并且以"离婚"作为适用的前提条件，故使用"离婚经济补偿"的表述则更能明确其适用范围及条件，以排除夫妻之外的其他家庭成员或婚姻存续期间适用的可能性。二是与立法宗旨相契合。承认婚姻关系中家务劳动价值并给予负担较多义务一方以经济上的补偿，这也是离婚经济补偿的立法初衷。[4] 虽然该制度建构在认可及保障家务劳动价值的基础上，但应对"家务劳动"作广义理解，其不仅包括照料老人、抚育子女、做饭打扫等日常家庭事务管理工作，还包括满足家庭成员物质及精神需求的其他家庭内部劳动，可总结为夫或妻一方为照顾家庭或对方事业发展而在家庭责任承担方面投入的人力资本和情感价值。比如"协助另一方配偶工作"的适用情形，其在性质上已超出了形式意义上的家务劳动的范畴，也不属于夫妻间的法定义务，故《民法典》第1088条规定所指"义务"不应局限于家务劳动。此外，就补偿的内容来看，这种补偿是基于夫妻双方所作的家庭贡献与经济贡献同等评价的结果。从更深层次来说，还包括对承担较多家庭义务一方因此导致自身人力资本价值贬损及婚姻关系终结时预期利益丧失的补偿。如果仅仅将补偿内容局限于对劳务的补偿上，则会限缩补偿的范围，从而背离该项制度的初衷。三是基于官方解释的考量。如最高人民法院民法典贯彻实施工作领导小组在

---

[1] 夏吟兰：《婚姻法学专题研究》，中国人民公安大学出版社2008年版，第146页。
[2] 王歌雅：《家务贡献补偿：适用冲突与制度反思》，载《求是学刊》2011年第5期。
[3] 夏吟兰：《民法典离婚家务劳动经济补偿制度完善的人权内涵》，载《人权研究》2020年第2期。
[4] 陈苇：《中国婚姻家庭法立法研究》，群众出版社2010年版，第118页。

相关著作解读中,也将其表述为"离婚经济补偿"。①

"离婚经济补偿"的概念更符合立法本意,并可将其核心内涵概括为:婚姻关系存续期间,夫或妻一方在家庭责任承担方面付出较多义务,或者因负担较多家庭义务而牺牲自身发展,进而导致己方人力资本价值贬损或对方人力资本价值提升的,离婚时负担较多家庭义务的一方享有请求受益方给予其经济补偿的权利。

(二)问题背景

《第四期中国妇女社会地位调查主要数据报告》显示,我国女性平均总劳动时长约649min,其中有酬劳动时长约495分钟;照料家庭成员、准备餐食、日常采购等家务劳动时间154min左右,约为男性投入家务劳动时间的2倍。由此表明当今"男主外女主内"的传统家庭理念及性别分工差异仍然存在。三孩政策的实施会使部分女性将生活重心偏向家庭,成为全职太太的人数或将增多。而在双职工家庭中,女性则要面对社会工作及家务劳动的双重压力。然而在家庭内部领域,家务劳动常被认为是"重复的、烦琐且无报酬的劳动"。全职照顾家庭或在家庭中投入过多精力往往意味着牺牲自身职业发展机会或减损自身人力资本,长此以往将导致负担家庭义务较多一方丧失市场议价能力、经济收入能力及家庭地位下降。不仅在婚姻关系中失去话语权,当双方婚姻走向尽头时其为家庭及配偶方所作贡献更无法外显为经济价值,由此导致双方权益失衡。因此,当代社会尤其是双薪工作家庭中,不少夫妻在家务劳动分工领域的冲突愈发严重。婚姻终结时如何保护多付出方的合法权益、实现婚姻中的两性平等则成为法律亟待关注的问题。

离婚经济补偿制度是对婚姻关系双方承担家务劳动显著失衡情况予以矫正的一项离婚救济制度。② 2001年《婚姻法》(修正案)第40条首次规定了离婚经济补偿制度,约定实行分别财产制的夫妻,一方因抚育子女、照料老人、协助另一方工作等付出较多义务的,离婚时有权向另一方请求补偿,另一方应当予以补偿。《妇女权益保障法(2005年修正)》规定了婚姻关系中承担较多义务的女方享有离婚经济补偿请求权,将保护对象特定化。这对肯定家务劳动价值,提高妇女地位有着极为重要的作用。但简单的立法规定及苛刻的适用条件使得该项制度与社会生活实践有一定脱节,司法适用率极低,甚至被部分学者诟病为"僵尸条款"。③《民法典》第1088条修改完善了离婚经济补偿制度,与2001年《婚姻法》(修正案)第40条相比,《民法典》第1088条删去了约定分别财产制的限制性条件,将适用范围扩大至所有财产制形式;同时增设了协商前置程序,在补偿方式上赋予夫妻双方更大自主权。这就进一步肯定了家务劳动的价值,对于保障婚姻关系中的性别平等具有里程碑的意义。

离婚经济补偿制度的构建及完善对于平衡当事人双方利益、弘扬良好家风、维护社会公平具有重要的意义。该制度肯定了家务劳动的价值,提高了家务劳动承担者的家庭地位,有利于保障弱势群体的权益,有利于保障离婚自由,更有利于维护家庭关系。《民法典》正面肯定离婚经济补偿制度,保留离婚经济补偿制度亦成为学界共识。在《民法典》生效仅

---

① 最高人民法院民法典贯彻实施工作领导小组:《中华人民共和国民法典婚姻家庭编继承编理解与适用》,人民法院出版社2020年版,第142页。
② 薛宁兰:《民法典离婚救济制度的功能定位与理解适用》,载《妇女研究论丛》2020年第4期。
③ 宋豫:《我国离婚经济补偿制度的存废》,载《现代法学》2008年第5期。

一年余时间中,就出现了一批适用第1088条规定判处离婚经济补偿的案例,[①]引起了社会关注,未来对于离婚经济补偿制度的司法适用需求势必有所增长。然而,现行离婚经济补偿制度仍然存在若干问题,其适用范围仍十分有限,司法适用案例不多且补偿标准不明确。为此,亟须关注离婚经济补偿制度的未来指向,对该制度作进一步的理论及实践探究。

(三)研究方法

本章从离婚经济补偿制度理论基础入手,对既往研究新成果进行总结梳理,并对我国与域外其他国家、地区的立法例及相关实践进行比较法研究。同时,通过实证研究及案例分析方法,总结我国离婚经济补偿制度的适用现状,直面当前我国离婚经济补偿制度的司法适用问题,并有针对性地提出一些具体可行的完善建议,深化对离婚经济补偿制度的认识和运用,这既有利于完善我国离婚经济补偿制度,又有利于统一司法裁量标准。充分利用制度救济的作用,确保夫妻双方平等及社会公平正义,构建和谐稳定的家庭关系及社会秩序,以期实现立法目的,具有一定现实性与前瞻性。

本章围绕《民法典》第1088条所规定的离婚经济补偿制度,主要采用了下列三种研究方法:

(1)文献研究法。通过知网、学校图书馆等平台,笔者搜集整理了国内外与离婚经济补偿制度相关的基础理论与学术、实务观点。在梳理相关理论的基础上开展深入研究。

(2)比较研究法。对两大法系的不同国家及地区有关离婚经济补偿制度的立法例及相关实践的研究并参考借鉴,为我国离婚经济补偿制度的优化完善提供了有益参考。

(3)实证研究及规范分析法。首先,笔者在中国裁判文书网、北大法宝、无讼案例库等网站通过限定案由、关键法条等方式检索案例样本,总结案例基本情况并围绕《民法典》第1088条具体适用之争议焦点进行规范分析探究制度适用现状,有针对性地提供优化建议。笔者于2022年6月12日在"中国裁判文书网"以"离婚经济补偿""家务劳动补偿"《民法典》第一千零八十八条"等为关键词,将时间限定于"2021年1月1日至2023年1月1日"(《民法典》实施后期间)进行模糊检索,检索结果仅显示100余份判决书,数量远远低于该时期离婚案件总量。可见,《民法典》第1088条的整体适用率仍处于较低水平。我国立法者已经看到了家务劳动的价值,但对家务劳动价值的保护问题仍然缺乏具体的有可操作性的规定。为此,有必要对《民法典》第1088条规定的离婚经济补偿制度在立法、司法等方面作进一步的研究及调整优化。

从离婚经济补偿制度的理论及价值基础入手,对域外其他国家、地区的立法例及相关实践展开比较法研究,分析域外各国及地区有关离婚经济补偿制度的特点及有益成果。通过实证研究及案例分析,探究我国《民法典》出台后离婚经济补偿制度的适用现状及存在的问题。最后,有针对性地提出优化建议,以期更好地发挥该制度的效用。

---

① 参见北京市房山区人民法院:《多做家务,离婚时可要求补偿》,https://fsqfy.bjcourt.gov.cn/article/detail/2021/02/id/5807660.shtml,最后访问日期:2022年12月28日。

二、相关研究综述

(一)国内研究动态

(1)概念的厘定。《民法典》第1088条规定未界定离婚经济补偿的概念,学术界对于该条文的解读及名称表述持有不同观点。现有名称包括"离婚经济补偿"①、"家务劳动补偿"②、"家务贡献补偿"③等。关于该制度的概念争议可总结为两点:一是是否需加"离婚"二字;二是是否需将其界定为"家务劳动"。不同称谓反映出学者们的研究角度和学术见解,亦可看出该制度存在相关概念本身就未厘清的问题。最高人民法院民法典贯彻实施工作领导小组则对该条文表述为:"对承担较多的家务劳动一方在离婚时享有经济补偿权利的规定。"④考虑到该制度系作为离婚救济手段之一的立法宗旨,同时为方便后文叙述,笔者故采纳"离婚经济补偿"这一表述。

(2)关于离婚经济补偿制度的存废之争。2001年《婚姻法》(修正案)第40条首次引入了离婚经济补偿制度规定,但其苛刻的适用条件导致该制度在司法实践中适用率很低,一直处于被"束之高阁"的状态,故引发了学界对于离婚经济补偿制度的存废之争。部分学者认为该项制度应被废除,有学者从立法成本、财产制度和家务劳动的关系、婚姻共同体的性质等方面进行论述,提出该制度的废除理由,认为离婚经济补偿制度的作用与功能应交由系统完善后的夫妻共同财产制来实现,并建议将夫妻家务劳动承担情况作为财产分割的考量因素,以此实现对家务劳动的补偿。⑤ 有学者则认为应予以保留,并从离婚经济补偿制度的价值基础及正当性出发进行分析与肯定,认为离婚经济补偿制度通过正义价值平衡社会财富、实现矫正正义,并通过性别平等价值实现对女性离婚权益的救济,具有存在的价值与正当性。⑥《民法典》体现了立法者对离婚经济补偿制度的正面肯定态度,现如今保留离婚经济补偿制度已经成为学界主流观点。

(3)关于离婚经济补偿制度的具体适用研究。第一,离婚经济补偿制度适用的财产所有制问题。将离婚经济补偿制度的适用范围扩展至共同财产制是否合理以及是否存在重复补偿的情况,学者对此持有不同观点。有学者认为通过分割共同财产,无法保护双职工家庭中家务劳动的价值,故应将肯定家务劳动的理念适用于夫妻共同财产制中;⑦有的学者则从平衡夫妻财产权益出发,主张离婚经济补偿制度应限制适用于双方共同财产较少或不

---

① 李洪祥:《论离婚经济补偿制度的重构》,载《当代法学》2005年第6期。
② 夏吟兰、龙翼飞、张学军:《婚姻法学专题研究(2007年卷)》,中国人民公安大学出版社2008年版,第146页。
③ 王歌雅:《家务贡献补偿:适用冲突与制度反思》,载《求是学刊》2011年第5期。
④ 最高人民法院民法典贯彻实施工作领导小组:《中华人民共和国民法典婚姻家庭编继承编理解与适用》,人民法院出版社2020年版,第142页。
⑤ 宋豫:《试论我国离婚经济补偿制度的存废》,载《现代法学》2008年第5期。
⑥ 夏吟兰:《离婚衡平机制研究》,载《中华女子学院学报》2004年第5期。
⑦ 许莉:《婚姻家庭继承法学》,北京大学出版社2012年版,第128页。

存在共同财产的情形;①有的学者亦不赞同将适用范围扩大至共同财产制,主张构建以夫妻财产分割为主,经济补偿为辅,经济帮助为兜底的离婚救济体系。② 第二,人力资本等可期待利益能否获得离婚经济补偿的问题。对于该问题,学界大多持肯定态度。有学者认为,人力资本投入是家庭成员为家庭财富积累而所投入其中的主要贡献。在婚姻领域,可将人力资本视为婚姻及家庭共同财产,要从婚姻财产法律制度的理念角度出发对婚内财产进行定义。在婚姻家庭领域内,可将人力资本作广义解释,将其纳入婚姻领域的财产范畴;③有的学者则从夫妻人力资本性质出发进行研究,认为人力资本为非财产性利益,须对人力资本的价值予以重视,付出方可以其付出的人力资本向另一方请求补偿,从而更好地平衡夫妻婚姻存续期间的利益。④ 第三,离婚经济补偿制度的适用时间问题。多数学者认为离婚经济补偿请求权的行使时间不应局限于"离婚时",但对于具体行使时间各学者观点略有不同。如有的学者认为配偶一方继续抚养子女等事项不会随着婚姻关系的终止而立即消失,家务劳动贡献者所付出的人力资本亦不可能立即恢复,故离婚经济补偿请求的行使时间不能仅限于离婚之时,而应适度延续至离婚后的一定时间;⑤有的学者则认为应借鉴国外相关法律实践经验,将该请求权的行使时间拓展至婚姻关系的全过程。⑥ 第四,离婚经济补偿制度补偿方式的确定问题。有学者认为可采用一次性支付、分期支付等支付形式,并应由法院发放给权利人以强制执行的债权凭证,其可据凭证主张相应的补偿金额,以此保障执行;⑦有的学者提出应当增设分别财产制下的财产公示与变更制度、离婚时分割共同财产告知制度等以增强离婚经济补偿的实际操作性。⑧ 第五,离婚经济补偿制度补偿标准及其数额认定问题。补偿标准及数额的认定一直是实务中的难题,从现有研究看,补偿数额普遍较低已成为学界普遍共识,但确定具体补偿数额的标准尚未统一。有学者提出共同财产制下,离婚经济补偿应为婚姻存续期间夫妻年收入差值的二分之一,分别财产制则根据剩余财产的差额进行分配;⑨亦有学者主张参考法经济学的原理及方法论,分析家务劳动的成本与收益,先通过计算机会成本来确定具体补偿数额,无法确定时再结合其他相关要素确定。⑩

(二)国外研究动态

国外研究主要包括两个方面:一是从法学角度对婚姻领域的家务劳动的价值属性进行探究,二是从经济学角度评估夫妻间的家务劳动价值。

1. 婚姻领域的家务劳动的价值属性

(1)雇佣关系说。德国学者将家务劳动划分为两种类型:一是妻子协助丈夫从事家庭

---

① 王歌雅:《家务贡献补偿:适用冲突与制度反思》,载《求是学刊》2011年第5期。
② 王歌雅:《离婚救济的实践隐忧与功能建构》,载《法学杂志》2014年第10期。
③ 杨大文、龙翼飞、夏吟兰:《婚姻家庭法学》,中国人民大学出版社2021年版,第189页。
④ 胡苷用、孙铃铃:《离婚案件中夫妻人力资本的性质厘定与司法适用》,载《福建警察学院学报》2017年第3期。
⑤ 夏吟兰:《民法典离婚家务劳动经济补偿制度完善的人权内涵》,载《人权研究》2020年第2期。
⑥ 王玮玲:《新家庭经济学下离婚补偿制度的适用规则》,载《政法论坛》2021年第6期。
⑦ 陈丽娟:《家务补偿请求权的法经济学分析》,载《妇女研究论丛》2007年第2期。
⑧ 孙若军:《离婚救济制度立法研究》,载《法学家》2018年第6期。
⑨ 王歌雅:《家务贡献补偿:适用冲突与制度反思》,载《求是学刊》2011年第5期。
⑩ 冉启玉:《成本与收益:夫妻家务劳动价值的法经济学分析》,载《北方论丛》2009年第5期。

生产经营活动时所负担的家庭内部劳动;二是妻子凭借自身才能对丈夫的生产活动等提供协助的劳动。法律对两者的保护及救济存在差异,前者被视为对丈夫的无偿帮助,妻子不得要求丈夫支付任何报酬;但在后一种劳动类型中,妻子享有请求丈夫支付报酬的权利。①

(2)不当得利说。日本学者提出不当得利说,认为在不存在合伙契约或雇佣契约的情况下,妻子协助丈夫的生产经营活动超过必要的协助范围时,丈夫并无法律规定的原因,却因妻子的劳务行为而受利,此时妻子对丈夫享有不当得利返还请求权。②

(3)合伙关系说。合伙关系说将婚姻关系视为一种男女基于情感及经济利益而共同生活的关系,妻子在家所从事的洗衣煮饭、照顾子女等家务劳动的价值,与丈夫从事社会工作赚钱养家所包含的价值具有等价性。主张此学说的学者认为在婚姻家庭关系中夫妻双方基于不同需要达成内外分工协议,故而家庭内部的日常家务劳动与外出的社会劳动本质上是一样的,都是双方基于家庭发展所作出的贡献。基于利益共同体的合伙关系,夫妻双方应共享家庭整体收益。③

2. 家务劳动的价值评估

家务劳动是在家庭内部进行的服务于家庭成员的生产活动,具有封闭性、无酬性及非标准化等特点,且其在价值结构、报酬标准等方面与市场经济劳动存在较大差异,故并未被纳入国民经济核算体系。虽然家务劳动作为一种无酬性劳动而被长期忽视,但域外有部分学者对无酬家务劳动的经济价值展开了相关研究。

在家务劳动价值的重要性方面。经济学家 Becker 创立了以家庭为研究单元的"新家庭经济学",由此兴起家庭生产、消费与时间配置的研究热潮。他认为家务劳动者为家庭生产付出了大量劳动时间并创造了极大价值,理应将家务劳动纳入国民经济核算的范畴。④Weinrob 则认为家务劳动是有价值的劳动,国民经济核算体系仅考虑市场性生产活动的经济贡献,但未将家务劳动等非市场性生产活动的经济贡献纳入计量范围,这将严重低估国内生产总值水平。⑤

在家务劳动价值的具体估算方面。关于家务劳动的价值估算,学术界存在多种计算方法和标准,如加拿大国家统计局使用机会成本法以确定净工资的方式进行估算。⑥ SNA 建议各国编制家庭住户卫星账户以用来核算家庭无酬劳动的经济价值。⑦ Chadeau 对美国、加拿大、澳大利亚等国家的无酬家务劳动进行价值估算,发现家务劳动的价值占 GNP 比重

---

① [德]迪特尔·施瓦布:《德国家庭法》,王葆蒔译,法律出版社2022年版,第116页。

② [日]福和真子:《家务劳动分工和宏观层次的性别不平等》,载《国外社会科学》2010年第6期。

③ See Bob Wessels, The Family Life Cycle and Spouses´ Time in Housework: The Chinese Experiment, 49 *Journal of Marriage & Family* 1987(4), pp.37~65.

④ See Becker, Theory of The Allocation of Time: Sex Segregation in Household, The Economy Journal, 1965(5), pp.54~86.

⑤ See Weinrobe, Household Production and National Production: An Improvement of the Record, Review of Income and Wealth, 1974(1), pp.89~102.

⑥ See Andrew, Time Use Studies: A Tool for Macro and Micro Economic and Social Analysis, Social Indicators Research, 1991(3), pp.3~7.

⑦ See Bruyn-Hundt, A Critical Review of Selected Time-Use Surveys: The Economics of Unpaid Work, Thesis Publishers, , 1992(1), pp.24~32.

的20%以上,其中瑞士和澳大利亚更是超过50%,且总体上女性投入家务劳动的时间占家庭成员投入家务劳动总时间的66.6%以上。[1]

Harvey和Mukhopadhyay指出,在时间利用的相关调查中可记录无酬家务劳动产出品的使用情况,用以计量该劳动的具体产出量。[2] Ironmonger和Soupourmas在Harvey研究的基础上拓展了产出法计量的内容,并以此估算了澳大利亚家务劳动的经济价值。[3]

三、我国离婚经济补偿立法演变进程

我国离婚经济补偿制度的确立与社会经济的发展及社会观念的进步紧密相关,相关立法从无到有,经过了比较长的演变,主要分为三个阶段。

(一)萌芽阶段:从1950年《婚姻法》到1980年《婚姻法》

1950年《婚姻法》涉及了男女平等、照顾女方与子女等重要原则及具体规范。当时,在传统封建主义思想残余影响下,绝大多数妇女没有工作,主要时间和精力集中于家庭生活。1950年《婚姻法》没有规定离婚经济补偿制度,但其第7章确定了婚姻关系破裂时分割家庭财产应照顾女方原则,间接肯定了妇女的家庭地位以及妇女劳动的价值,保护了作为弱势一方的妇女的合法权益。

1980年《婚姻法》未规定离婚经济补偿制度。当时的社会正处于改革开放交替时期,夫妻双方在家庭分工上仍沿袭着"男主外女主内"的传统模式,1980年《婚姻法》第13条明确规定婚姻关系存续期间夫妻所得财产推定共有,赋予了双方对共有财产的平等处分权。[4] 这也意味着,离婚时夫妻对于共同财产的分割并不以双方经济收入的多少来衡量,而是采取双方均等分割的原则。该条认可了在婚姻关系中承担家庭义务的一方共享另一方社会收益的权利,在一定程度上体现并认可了家务劳动的价值,保障了婚姻中承担了较多家庭义务一方的合法权益,但是,该制度在平衡夫妻双方利益上显得有所缺漏。

(二)初步确立阶段:2001年《婚姻法》(修正案)第40条

自改革开放特别是实行社会主义市场经济以来,我国社会经济发展迅速,国民收入逐年增加,居民家庭财产及夫妻财产积累有较大提升,这为离婚经济补偿制度的引入提供了一定的经济条件。经济迅速发展也促进了大众思想解放,个人权利意识进一步增强,人们的思想及婚姻家庭观念都发生了较深刻的变化,追求平等、自主的婚姻关系。我国离婚率

---

[1] See Chadeau, What Is Households' Non-marker Production Worth: OECD Economic Studies, Contents and Future, 1992(4), pp.85~105.

[2] See Harvey & Mukhopadhyay, The Role of Time-use Studies in Measuring Household Outputs: Accounting for Time, Conference of the International Association for Research on Income and Wealth, 1996(2), pp.100~112.

[3] See Ironmonger & Soupourmas, Estimating Social Outputs: Household Production Outputs With Time Use Episode Data, Electronic International Journal of Time Use Research, 2010(2), pp.240~268.

[4] 1980年《婚姻法》第13条规定:"夫妻在婚姻关系存续期间所得的财产,归夫妻共同所有,双方另有约定的除外。"

逐年升高,这就对法律保障离婚时婚姻当事人的合法权益提出了更高的要求。同时期,受到域外法学研究的影响,学者们开始关注分别财产制框架下家务劳动价值的研究。① 学者们认为,在分别财产制情况下,夫妻收入均为各自所有,这就意味着主要从事家庭劳动的婚姻一方当事人在离婚时因无法取得对方于婚姻期间所积累的财产,这将导致其在婚姻家庭中的贡献落空,若此时不予以补偿救济将导致双方权利失衡。为此,2001年《婚姻法》(修正案)第40条采纳了家务劳动价值保护理论,引入了离婚经济补偿制度。

依据2001年《婚姻法》(修正案)第40条规定,对婚姻存续期间承担了较多家庭义务的配偶一方,在离婚时由另一方给予适当补偿。该条规定仅适用于双方约定实行分别财产制的情况,通过肯定家务劳动价值用以弥补约定财产制的缺陷。在共同财产制模式下,分割夫妻共同财产时已将双方负担家庭义务纳入考虑,负担较多家庭义务的一方当事人已从共同财产分割中获得补偿。为避免造成重复补偿结果,共同财产所有制情况下则不再适用离婚经济补偿的规定。② 但事实上,由于受传统婚姻家庭观念的影响,很少有夫妻约定财产归各自所有,婚后所得共同所有仍占主流。这就直接导致离婚经济补偿制度与我国当时社会生活实践产生脱节,在离婚案件中的司法适用比例非常低,同时其忽略了婚姻存续期间夫妻因人力资本投入力度不同所造成的婚姻关系终止后女方收入与谋生能力下降等更为深层次的问题,不利于对婚姻当事人合法权益的保护。故有学者将之称为"沉睡条款""稻草人条款"③。离婚经济补偿制度能否适用于共同财产制度则成为争议焦点,也引发了关于该规定的"存废之争"。有学者主张删除此条规定,将其合并到夫妻共同财产制中,以财产分割原则的形式予以重申和实现。④ 而多数学者则肯定其价值并主张予以保留,但建议将离婚经济补偿的适用范围拓宽到夫妻共同财产制中。⑤

(三)优化完善阶段——《民法典》第1088条

《民法典》第1088条延续了离婚经济补偿制度,这也对之前学术界有关该项制度的"存废之争"下了最终定论。与2001年《婚姻法》(修正案)第40条相比,《民法典》第1088条的规定有所完善,这是我国离婚经济补偿立法的又一次革新。与原《婚姻法》第40条相比,修改内容主要体现在以下两个方面:

第一,删去了原有约定财产制的限制条件,将离婚经济补偿制度适用范围延展到夫妻共同财产制中,拓宽了适用空间。这一修改回应了学术界对2001年《婚姻法》(修正案)第40条适用范围的争议,主要是考虑到夫妻分别财产制限制条件与我国"同居共财"的传统家庭观念及社会现实之间的偏差,同时也认识到家务劳动贡献的长远价值及其对家庭财富积累、夫妻双方预期利益以及人力资本价值的重要影响,避免婚姻关系中一方当事人牺牲自身发展机会却得不到利益公平保障,不利于其未来生活及抚育子女成长等情况。⑥ 家庭财

---

① 林秀雄:《夫妻财产制之研究》,中国政法大学出版社2001年版,第143~162页。
② 胡康生:《中华人民共和国婚姻法释义》,法律出版社2001年版,第135页。
③ 宋豫:《我国离婚经济补偿制度的存废》,载《现代法学》2008年第5期。
④ 宋豫:《我国离婚经济补偿制度的存废》,载《现代法学》2008年第5期。
⑤ 陈苇、于林洋:《论我国离婚经济补偿制度的命运:完善抑或废除》,载《法学》2011年第6期。
⑥ 黄薇:《中华人民共和国民法典婚姻家庭编解读》,法律出版社2020年版,第229页。

富及共同财产的积累是线性的。在婚姻初期,一方承担较多家务劳动可以使另一方有更多时间和精力从事职业劳动,但所获取的共同财产收益短期内并不能完全得以体现。如果婚姻关系破裂,付出较多义务的一方将无法从双方共同财产分割中得到足够补偿。换言之,夫妻共同财产分割不能完全保障付出较多义务一方的公平利益。《民法典》相关规定,实质上是将婚姻家庭领域中短期劳动价值的保护拓宽至长期抽象劳动价值的保护,为离婚经济救济制度的广泛适用奠定了基础,进一步彰显了权利义务对等及公平正义的原则。

第二,《民法典》第1088条增加了"由双方协议;协议不成的,由人民法院判决"的具体补偿办法。此处协商所涉及的内容包括评价家务劳动价值的参考因素、补偿数额的计算方式、补偿支付期限等。基于私法中的"意思自治"原则,充分尊重婚姻当事人的意愿,避免在离婚经济补偿适用过程中公权力的过度介入。家务劳动的隐藏性、私密性特征使得其无法外化为市场价格,故很难衡量其价值。① 作为婚姻关系双方当事人,对于离婚经济补偿的内容及补偿具体方式可能更能作出准确合理的判断,使得补偿结果能真实地反映家务劳动者的贡献,同时也在一定程度上解决了举证困难及法官裁量困难的问题。这既有利于节约司法资源,又促进了离婚经济补偿制度的功能、效用最大化。

从2001年《婚姻法》(修正案)使得我国离婚经济补偿制度"初见雏形"到《民法典》第1088条呈现出"羽翼渐满"的状态,是对具体劳动价值保护延伸至对抽象劳动价值保护的法律理念及制度规定上的突破,也是对当今双职工家庭模式下女性生存状态的时代回应。那么,该制度实施效果如何?未来是否有必要进一步扩大适用范围?笔者认为有必要结合比较法考察、实证分析等方式对我国离婚经济补偿制度进行更深一步的探究,以对其优化适用。

第二节

离婚经济补偿的基本理论解释

一、实行离婚经济补偿的理论依据

(一)家务劳动价值理论

婚姻关系的本质系共同生活,而家务劳动系共同生活的重要领域和范畴。家务劳动有无经济价值及其价值能否被评估,是离婚经济补偿制度存在的合理性前提。同时,承认婚姻关系中家务劳动价值并给予承担较多义务一方以经济补偿,这也是离婚经济补偿的立法初衷,因此有必要对家务劳动及其内涵作进一步探究。

---

① 王玮玲:《新家庭经济学下离婚补偿制度的适用规则》,载《政法论坛》2021年第6期。

首先,对家务劳动的定义应作广义理解。家务劳动作为社会劳动的一种特殊形式,具体指家庭成员所从事的以满足家庭内部成员物质及精神生活需要为目的的家庭内部劳动总和,而不仅仅包括家庭内部清洁、打扫、做饭等日常基础性事务。对于家务劳动价值的探讨发掘于马克思的社会劳动理论。马克思提出,资本家在占有社会生产资料的同时也在一定程度上占有家庭劳动,以此保障劳动力的不断供给,进而为其创造财富和价值。[①] 基于此,家务劳动是社会再生产的必要环节,具有社会劳动属性,其对于维持家庭及社会秩序的运行有着重要的促进作用,故具有一定的社会价值。

虽然家务劳动对社会的进步与发展具有重要的推动作用,但长期以来,家务劳动被认为系归属家庭领域的私人劳动,因无法像其他商品一样在公共领域进行流通交换固不具有经济价值,是一种无酬劳动。事实上,家务劳动作为一种特殊的劳动类型,虽然其不直接参与社会交换,但在一定程度上也可视为一种有效益且必要的社会劳动,其经济价值是以一种潜藏的形式存在的。此外,社会劳动收入实际上是夫妻双方复合劳动的结果,夫妻一方投入家庭劳动可减少雇佣第三方从事劳动而产生的家庭开支,从而防止家庭财产流失。从这个角度来看,则家务劳动也具有经济价值。随着经济的发展和社会观念的进步,人们不仅意识到家务劳动的价值属性,也对其展开进一步研究,探求家务劳动的实际经济价值。经济学家加里贝尔将经济学的有关分析方法引入家庭领域中,也有不少其他学者在不断尝试各种家务劳动价值估算研究。[②] Ironmonger 和 Soupourmas 采用产出法估算了澳大利亚家务劳动的经济价值。[③] 我国台湾地区学者也曾用机会成本法估算出台湾妇女家务劳动价值大约占国民生产总值的十分之一,[④]这使得大众对于家务劳动的价值属性有了进一步的认识。

综上所述,家务劳动的价值性逐渐成为社会共识,家务劳动不仅对家庭及社会发展具有重要作用,同时也创造潜在的经济价值。在婚姻关系中肯定家务劳动的价值性并加强对家务劳动承担方的救济保护,即为离婚经济补偿存在的合理性依据。

(二)婚姻投资回报理论

婚姻投资回报理论是建构在家务劳动价值理论基础之上的,且涉及婚姻关系中的人力资本效益问题。

在西方国家,婚姻关系被认为近似一种合伙关系,即夫妻之间被视为意思自治、共享收益、共担风险的联合体。[⑤] 从这个角度看,婚姻关系双方基于夫妻身份所获得的财产关系与人身关系的总和,可视为夫妻双方共同达成的涉及人身及财产内容的契约关系。因此,一方配偶从事家务劳动可视为在婚姻家庭领域的一种劳务出资,间接助益了家庭财富积累与另一方配偶社会职业及其经济收入。基于此,婚姻关系中付出劳务的一方也应同等分享夫

[①] 邱丹文、石红梅:《马克思恩格斯关于家务劳动的论述及其当代价值》,载《中华女子学院报》2022年第18期。

[②] [美]理查德·波斯纳:《法律的经济分析》,蒋兆康译,法律出版社2012年版,第188页。

[③] See Ironmonger & Soupourmas, Estimating Social Outputs: Household Production Outputs With Time Use Episode Data. Electronic International Journal of Time Use Research, 2010(2), pp.240~268.

[④] 韩中、吴文铠:《经济资源和性别观念对家务劳动时间的影响分析》,载《人口与社会》2020年第36期。

[⑤] 胡苷用:《婚姻合伙视野下的夫妻共同财产制度研究》,法律出版社2001年版,第86~89页。

妻双方于婚姻关系存续期间所获取的收益。我国虽然本质上还是认为婚姻关系是一种身份关系,但也有学者对夫妻合伙理论进行突破,从关系契约的角度将婚姻关系解释为双方基于平等地位,为实现自身及共同利益自愿结合而成的长期性契约。[1] 因此,在家庭内部,夫妻双方可基于自由协商形成分工协作模式。而基于家务劳动的潜在经济价值,一方从事的家务劳动与另一方从事的社会劳动实际上具有同等贡献价值,夫妻双方从事的劳动技能及领域的不同实则是一种人力资本的交换。一方从事家务劳动使得另一方能够通过社会劳动获取经济收入,双方由此可实现经济利益交换。因家务劳动产生的专有性投资、非经济贡献等付出,在离婚时若无法补偿,未免有失公平。

婚姻是一种长期性关系,这就决定了婚姻期间夫妻双方投入的回报效益具有一定的迟延性,夫妻双方在婚姻关系初期的投入与收益不一定就是均等的。因此,夫妻双方基于婚姻关系所产生的利益不仅包含了婚姻存续期间产生的直接财产利益,还包含了某种期待与信赖利益。期待与信赖利益是婚姻关系中的一方为另一方及家庭牺牲自身发展机会、精力的动力与目的之一,家务劳动付出方牺牲自己人力资本的目的是获得另一半或者整个家庭的发展,从而使自己能从对方和家庭的物质及精神利益中获益。婚姻关系中为对方或家庭发展而从事了较多家务劳动的一方,其所牺牲的时间、精力及个人发展机会只有在婚姻存续期间预设的期待与信赖利益得到回报时才可实现长期平衡。在传统婚姻中这种基于期待利益的投入通常表现为生育、照顾子女等家庭事务,随着婚姻时间的持续推进,这种具有专有性的投入内容也会不断发生变化。[2] 如一方为支持另一方深造学习所花费的金钱、时间、精力等。同时,期待利益和信赖利益的实现依赖于夫妻关系存续的长久性,当婚姻关系走向破裂时,夫妻的利益共同体关系开始解构。此时家务劳动付出方所贡献的人力资本或许还未变现,但这一部分收入理应囊括到家务劳动付出方所贡献的收入中。这就导致家务劳动付出方不能及时享受到对方因自身劳动付出而获得的经济收益及继续获得更多财富机会的能力,这违背了夫妻一方在建立婚姻关系时从对方身上获得信赖利益和期待利益的初衷,使得双方的利益关系处于失衡状态。

因此,离婚经济补偿可视为婚姻关系中利益保障的一种延续,系在婚姻关系终结时保障夫妻双方合法权益的一种利益平衡机制,其通过确认家务劳动付出方所贡献的价值,为劳动付出方在离婚时获取期待利益损失建立一种救济途径,以在婚姻关系解体时弥补自身人力资本的损失。

(三)社会性别平等理论

社会性别系种群社会受政治、文化、法律等社会因素影响而逐渐发展形成的具有区分性的性别特征及角色行为。社会性别平等理论的宗旨,就是对一系列社会文化、习俗、观念等相关因素进行考察,并分析其中包含的性别不平等及其对男女两性的影响,以追寻探求实质平等的方法。社会性别的构建实际上包含着社会对男女两性不同的期待性评价,如:女性温柔、顺从,被认为更适合做照料家庭的工作;而男性果敢、进取,被认为更适合从事公

---

[1] 刘廷华:《离婚救济制度的法经济学分析》,载《西南交通大学学报(社会科学版)》2013年第4期。
[2] 陈苇、曹贤信:《论婚内夫妻一方家务劳动价值及职业机会利益损失的补偿之道》,载《甘肃社会科学》2010年第4期。

共领域工作。在传统社会中,男性可以在社会领域获得经济收入,在家庭中占据经济大权及话语权;而女性是家庭"附属品",从事洗衣、做饭、清洁、照料家庭成员等被视为是女性应当承担的分内工作,家庭内部阶级关系由此产生。此种带有性别偏见的分工模式,越发凸显婚姻关系中男女双方的不平等性。

随着时代的变迁和社会的发展,女性社会地位有所提升,男女平等逐渐成为社会共识。同时,越来越多的女性走出家庭从事社会生产劳动。然而在家庭内部领域,这种平等却没有得到完全的落实。依据国内外学者相关社会调查,婚姻关系中女性从事家务劳动的时间显著高于男性,而夫妻双方在工作日期间进行的家务劳动时间差异更为显著。调查结果显示,工作日期间,未从事职业活动的女性每日花费的家务劳动时长与未从事职业活动的男性每日花费的家务劳动时长多出 35.68min 左右,而在职工作的女性每日花费的家务劳动时长则比在职工作的男性每日花费的家务劳动时长多出 58.61min 左右。[1] 这说明了即使在女性社会地位逐步提高的当代社会,因性别差异所导致的"男主外女主内"的传统家庭观念及社会分工固化现象仍然存在,女性仍是当代家务劳动的主要承担者,同时背负着家庭、社会的双重责任。而家务劳动通常被认为是一种重复、烦琐且无酬劳的劳动,其所包含的劳动价值往往无法同一般社会劳动那样通过直接的经济价值体现出来。这就导致婚姻关系中男女双方无法拥有平等的经济地位,更无法保障双方家庭地位上的实质平等。因此,离婚经济补偿制度应在社会性别平等理论的基础上对上述情况进行矫正,以平衡婚姻关系破裂后双方的合法权益,实现男女双方的实质平等。

综上所述,家务劳动价值理论、婚姻投资回报理论、社会性别平等理论只是离婚经济补偿制度的主要理论依据,除此之外还包括权利义务理论、人力资本理论等。尽管不同理论研究之间的侧重点不同,但都说明了离婚经济补偿制度具有独特的婚姻救济价值,是维护婚姻当事人权益平衡的一项重要制度。通过对离婚经济补偿的理论研究,可以了解制度的核心内容并加深对其理解,同时也为实证研究提供相应的理论支撑。

二、离婚经济补偿的价值基础

(一)矫正夫妻利益失衡,充分保障婚姻自由

矫正正义是指当社会群体中的某成员侵害了其他成员的财产权或妨害了其特权时,则前者需返还后者的所有物或对其受到的损失予以补偿。[2] 在婚姻关系中,由于家庭内部分工模式不同,往往导致承担家务劳动较多一方的人力资本受到损失。一方面,婚姻关系中夫妻一方为家庭贡献了时间、精力等人力成本,帮助对方有更多的时间及精力从事社会市场劳动而获得经济收益,但自身却不能在市场上获得直接经济回报,即成本支付者和经济受益者不是同一人,这就造成了配偶双方成本和收益的失衡。另一方面,鉴于家庭共同财富的积累具有长期性,故在婚姻关系的不同阶段,家庭共同财富的积累存在差异。家务劳

---

[1] 韩中、吴文铠:《经济资源和性别观念对家务劳动时间的影响分析》,载《人口与社会》2020 年第 36 期。

[2] 王利明:《民法上的利益位阶及其考量》,载《法学家》2014 年第 1 期。

动贡献方在家庭义务方面的投入,可能在婚姻关系推进很长一段时间后才能积累为家庭共同财富。在婚姻关系尚存续期间,承担较多家庭义务的一方可以基于婚姻共同体的关系从对方获得的提升中获得收益,夫妻双方一定程度上能够在未来的婚姻生活中共享利益。但当婚姻关系破裂时,家务劳动贡献较多的一方所损失的人力资本及社会劳动能力无法继续通过与对方分享收入来弥补。

在当代社会中,女性依旧是家务劳动领域的主力军。这就意味着现代女性不仅要从事获取直接经济效益的社会劳动,还要在家庭内部兼顾洗衣做饭、照顾老人、抚育子女等家庭事务。这种家庭生活模式不仅给承担较多家庭义务的一方带来身体疲劳,也间接导致了其在工作之外无法提升社会劳动能力的结果。此外,面临当代社会高度市场化的竞争压力,作为家务劳动主要承担者的女性群体所付出的机会成本越发提高。在婚姻家庭中的过多投入将耗费其大量时间及精力,甚至意味着牺牲掉自身学习机会及职业发展的空间。再加上职场环境中性别歧视的传统思维惯性,男女之间经济收入差距将持续扩大,久而久之会导致婚姻中女性经济劣势地位,进而造成婚姻关系中经济处于劣势的一方对于经济占优势一方的物质及精神依附。[1]当婚姻关系出现矛盾时,考虑到其经济收入或难以维持离婚后的独立生活,离婚甚至可能意味着破产,处于经济劣势的一方往往不愿甚至不敢提出离婚,这就导致其无法依据自己的真实意愿实现婚姻自由中的离婚自由,而被长久地束缚在名存实亡的婚姻关系中。[2]

在婚姻关系主体之间寻求一种动态的利益平衡,保障婚姻自由,实现男女平等与实质正义,就必须坚持公平的原则与理念。作为对婚姻家庭成员的一种特殊保护,离婚经济补偿制度最基本的功能就在于对婚姻关系中因婚姻破裂而造成的夫妻双方成本与收益的失衡进行矫正,其宗旨在于对婚姻当事人为婚姻及家庭所作出的贡献予以客观评价,从而矫正夫妻财产制度中可能存在的夫妻权益偏向问题。从这个意义上看,离婚经济补偿制度系婚姻领域实现矫正正义的必要手段之一,其有利于促进男女之间的实质性平等,保障婚姻自由,实现实质正义。

(二)肯定家务劳动价值,树立良好家风

离婚经济补偿制度的设计初衷,系通过经济补偿的形式对婚姻关系中负担较多家庭义务一方的合法权益加以保障,体现了对于家务劳动价值的承认保护。长期以来,家务劳动的价值在社会层面上并未被给予合理评价。与一般的社会劳动相比,家务劳动的价值具有隐藏性且难以量化的特点,这就导致了婚姻关系中家务劳动价值的失衡。对家庭内部而言,当夫或妻一方将更多的精力及时间投入家庭中时,必会减少其在社会生产中所花费的精力与时间。家务劳动的经济价值无法像其他社会劳动一样直接通过市场交换外显出来,这就意味着在家庭内部领域投入过多的时间精力反而会导致自身机会利益的减损及收入的减少。与不承担或承担家庭义务较少的一方相比,承担较多家庭义务的一方需要压缩个人时间、分散个人精力在家庭日常事务的处理上,丧失了个人发展机会。这种"高投入低回报"的权利义务不对等机制势必造成婚姻关系中严重的不公平感。家庭分工不均将会导致

---

[1] 夏吟兰:《民法典离婚家务劳动经济补偿制度完善的人权内涵》,载《人权研究》2020年第2期。

[2] 夏吟兰:《离婚自由与限制论》,中国政法大学出版社2007年版。

婚姻关系中一方当事人期待利益的丧失。婚姻关系中往往还包含了利他、忠诚、信任、互惠等信赖因素,这些因素决定了夫妻对于婚姻的期望价值,促进夫妻之间在婚姻关系中的合作,并激励其对婚姻关系的时间、精力及感情投入。[1] 但如果婚姻关系中的信赖利益得不到保护,长期的投入得不到正向反馈,婚姻当事人便可能会选择转移人力资本的投资方向,选择牺牲家庭分工利益以参加家庭之外的社会职业劳动,这将不利于婚姻关系及家庭内部结构的和谐稳定。

离婚经济补偿制度则构建了客观合理的利益分配机制,在客观合理评价的基础上充分肯定家务劳动的价值,并给予婚姻关系中承担家务劳动较多的一方以经济补偿,使得夫妻双方的权益趋向平衡。这符合人们对于婚姻及家庭关系的合理期待,对婚姻当事人起到正面激励作用。一方面可以使承担家务劳动较多一方得到心理慰藉,另一方面也会对未承担或承担较少家务劳动一方产生一定的约束作用,并能有效激励婚姻中的双方当事人对于家庭生活中时间和精力的持续投入,引导双方积极经营婚姻关系,同时促进男女平等分担家务,进而提升家庭幸福感与整体效益,保障婚姻家庭关系乃至社会的和睦稳定。因此,离婚经济补偿制度的确立不仅能保障婚姻关系中弱势一方的合法权益,体现立法原则中的人文关怀及公平正义,同时也有助于形成良好家风的社会氛围,弘扬以家庭为单位传承的良好美德,进而维护社会正义。

第三节

域外相关制度之比较法考察

对家务劳动的价值给予承认和保护,已成为当今大部分国家的立法及司法实践趋势之一。虽然各国在对家务劳动价值保护的相关规定及制度设计上有所区别,但其立法宗旨及救济目标大体上是趋向一致的。笔者就两大法系中有关离婚经济补偿的相关立法及司法实践进行比较研究与探析,以期为我国离婚经济补偿制度的发展与完善提供参考。

一、大陆法系国家相关法律实践

(一)德国相关法律实践

与我国婚姻家庭法律规定不同,德国相关法律中对婚姻关系领域家务劳动价值的保护并非以"离婚经济补偿"的形式出现,而是立法赋予家务劳动职业性的定位并将家务劳动价值保护理念贯彻于婚姻领域的多项制度中,构成一种间接的保护方式。德国是在财产制度、离婚后扶养制度及供给均衡制度的设计中实现家务劳动价值保护的,具体体现于以下

---

[1] 王歌雅:《民法典婚姻家庭编的价值阐释与制度修为》,载《东方法学》2020年第4期。

几个方面：

1. 家务劳动的职业化定位

对家务劳动给予职业化肯定的立法理念首次体现在德国于1957年颁布的《男女平等权利法》中，该法将家务劳动定性为一种与社会劳动具有同等价值的职业，以认可并保护婚姻家庭领域的家务劳动的价值。[1]《德国民法典》第1360条则延续了家务劳动职业化定位的立法模式，明确规定夫妻双方都负有供养家庭的义务，双方可自由选择从事家务劳动或是从事社会劳动的方式以供养家庭。[2] 从本质上看，这两种劳动方式的经济价值及对于家庭的贡献度本质上是一样的。此外，德国法律中对家务劳动职业化定位的法律理念及相关规定在婚姻关系存续期间也有所体现。如依据德国《个人所得税法》，在婚姻关系存续期间，夫或妻收入较高的一方可以将其收入当中的一部分金额支付给收入较低的另一方配偶，该部分金额可从其总收入中扣除，相当于对婚姻关系存续期间的家务劳动价值的及时交换与承兑，故对此部分则不再收纳税款。[3] 从一定意义上说，该部分收入不简单等同于家政服务价格，而是对主要从事家务劳动的一方配偶在婚姻关系中所付出的家务劳动予以职业化附值。

可见，德国通过立法将家务劳动定义为一种与社会劳动具有等价性的职业，通过家务劳动职业化的方式对家务劳动给予质的肯定，以确认婚姻关系中家务劳动和社会劳动之间的同等价值和地位，同时也是对婚姻领域家务劳动付出方的尊重及权益保障，有利于改善家务劳动贡献较多一方的家庭及社会地位，更有利于其自我价值的实现，表达了公平正义、男女平等的法律理念。

2. 财产增加额共同制与供给均衡制度

德国于婚姻领域的财产制度设计体现了对家务劳动价值的保护理念。基于《平等权利法》贯彻的男女平等理念，德国于1958年增设了"财产增加额共同制"，并替代了原有的"财产分别制"而成为德国法定夫妻财产制形式，将男女平等的价值理念延伸至夫妻双方于婚姻存续期间所得的经济收益中。[4] 基于德国当时传统的家庭分工模式，该制度的修订，一方面是出于对因从事家务劳动而失去财富增加及能力提升机会的女方予以财产权益方面的照顾，另一方面是明确夫妻双方的内外分工对于双方婚姻存续期间的所有收益具有同等贡献，承认家务劳动相对于社会劳动具有等值性，以防止财产分别制情况下的财产权益失衡状况。

《德国民法典》延续了该项制度并进一步完善，确立了有关财产增加额均衡的情形及具体方式。该法第1363条和第1364条规定，夫妻双方实行分别财产制，双方的个人婚前财产及婚后各自所得均归各方单独所有并进行管理；但婚姻关系终止时，双方于婚姻关系存续期间各自所得的财产额增加的部分需进行均衡。[5] 此外，《德国民法典》第1371条、第1378

---

[1] 夏吟兰、龙翼飞：《婚姻法学专题研究》，中国人民公安大学出版社2007年版，第153页。
[2] 陈卫佐译：《德国民法典》，法律出版社2015年版，第510页。
[3] 何群：《论德国家庭法上的家务劳动及其启示》，载《政治与法律》2008年第5期。
[4] 李娜：《"夫妻财产增加额均衡"制度研究：以德国为例》，载《环球法律评论》2011年第3期。
[5] 陈卫佐译：《德国民法典》，法律出版社2015年版，第512～513页。

条还规定了"增加法定继承份额"与"发出补偿请求"这两种实现均衡的方式。[①] 当婚姻关系终止时,夫妻一方的财产增加额超出另一方财产增加额的,则另一方享有等价于该超出部分一半数额的均衡债权。[②] 由此可见,当婚姻终止时,夫妻双方可基于财产增加额共同制而共享婚姻存续期间所得的财产增收部分的差额,从而在保障夫妻双方个人所得的基础之上维护了夫妻对于婚姻期间各自财产增益部分的共同权利。这种均衡债权,一方面通过"均衡"方式实现对家务贡献方的补偿,保障婚姻关系中经济弱势一方的财产权益;另一方面,相应提高了终止婚姻关系的成本,一定程度上维护了婚姻关系稳定。

《德国民法典》第1587条还规定了均衡供给制度。相较于婚姻关系中从事社会劳动的一方,从事家务劳动的一方很难取得养老金等供给权益。但其对另一方收益有所贡献,故理应分享另一方的供给增益。该制度与财产增加额共同制的立法宗旨及运行机制相类似,都系以均衡差额补偿的方式保障离婚后经济处于弱势一方的财产权益。[③] 但供给均衡建立在社会保险制度完善的基础之上,更倾向于一种对离婚后经济处于弱势一方不利后果的预防机制。其着眼于付出较多义务一方的期待利益及隐性牺牲,而财产增加额共同制考量的是家务劳动本身价值,故二者实际上可同时适用。

3. 离婚后的扶养制度

在德国法律中,有关离婚经济补偿的争议并不直接反映于离婚财产分割方面,而是将保护家务劳动价值的理念延伸至离婚后的扶养制度中。《德国民法典》对于离婚后的扶养请求权作了详细规定,并将夫或妻一方因从事家务劳动而对其产生的不利影响作为离婚扶养制度的考虑及限制因素之一,符合条件的一方配偶于离婚时可享有扶养请求权。具体体现在以下三个方面:第一,该法第1570条第2款将"因照顾子女而未能从事其期待职业"规定为享有扶养请求权的条件之一,并将夫妻双方间的职业分工、所付出的努力以及婚姻存续时长等作为衡量是否具有扶养请求权的考量因素,并在裁判规则中对子女年龄进行量化以便法院进行判定。第二,该法第1573条第2款规定了差额扶养情形。对婚姻存续期间因承担家务劳动较多而丧失工作及提升机会的一方配偶提供了兜底救济途径。第三,该法第1575条第1款则体现了对夫妻双方于婚姻存续期间期待利益及人力资本损耗的救济,即规定了夫或妻一方基于对婚姻的期待利益,为照顾家庭而没有接受或中途放弃教育或培训机会的,其在离婚后为维持生计需进行相关教育、培训的,可请求另一方于婚后该阶段对其进行扶养。同时,该法于第1578条、第1579条规定了家庭分工差异及违反供养家庭的义务等情形作为减免扶养的条件,以防止扶养请求权的不当扩大。[④] 此外,在判定给付的扶养费金额时,法院还会根据夫妻双方婚姻生活状况、婚姻存续时长、扶养人的具体给付能力、过错情形等因素加以考量,以进一步保障落实离婚后扶养制度、维护公平正义。

(二)法国相关法律实践

男女双方婚姻缔结后需共同履行婚姻义务,这是法国婚姻家庭领域的基本立法理念。

---

① 陈卫佐译:《德国民法典》,法律出版社2015年版,第512~516页。
② 需要说明的是,夫或妻一方于婚姻关系存续期间因受赠或继承所获财产收益均不属财产增加额之列。
③ [德]迪特尔·施瓦布:《德国家庭法》,王葆莳译,法律出版社2021年版,第216页。
④ 罗结珍译:《法国民法典》,北京大学出版社2010年版,第628页。

法国有关离婚经济补偿的规定及对家务劳动价值的保护体现在离婚时的财产分割制度及其补偿给付制度中。

1. 共同财产制及离婚时财产分割原则

与我国相同,法国的法定财产制形式表现为夫妻共同财产制,即婚姻缔结后,夫妻双方于存续期间不论是各自取得还是共同取得的收入,只要是无法证明为其一方单独所有的,均推定为双方所共有。法国有关离婚时的经济补偿的规定是在法国财产制度设计的基础上建立起来的,主要体现在以下两个方面:一方面是在婚姻关系存续期间,夫妻双方基于共同财产制共享收益,家务劳动付出方由此可通过共享另一方的社会收益而获取婚姻的期待利益;另一方面是离婚财产分割原则中所体现的对于家务劳动付出较多一方的权益保障。如《法国民法典》第1468条规定了有关离婚时"补偿账目"的建立,即夫妻双方在离婚财产清算时应以夫妻每一方名义建立补偿账目,用以记录应由夫妻共同财产支付的给予义务多付出方的补偿性给付的数额,[①]由此保障劳务多付出方的合法权益。此外,《法国民法典》第1475条规定,在对共同财产完成债务等必要清算后,剩余财产由夫妻双方按照数额的一半予以分割。由此可见,在夫妻共同财产制的情况下,无论是婚姻关系存续给予共同财产制的收益共享,还是离婚时财产清算中的补偿账目建立及财产平均分割原则,均体现出对家务劳动价值的肯定及对婚姻存续期间家务劳动多付出方的补偿。

2. 补偿性给付制度

类似我国离婚经济补偿制度,《法国民法典》于第6编第3章专设一目,规定了补偿性给付制度,即婚姻关系破裂时,由受益一方配偶支付给为家庭付出较多贡献的一方配偶以补偿金,防止双方因离婚而形成的生活条件差异。此外,与我国现行离婚经济补偿制度相比,《法国民法典》对于补偿性给付制度的适用情形以及补偿数额的认定问题作了更为具体详细的规定。

法国补偿性给付制度具有以下几点特征:(1)在适用前提上,法国补偿性给付制度虽以夫妻共同财产制为基础,但并不以任何财产制类型作为适用的限制性条件。此外,依据《法国民法典》第280-1条规定,补偿性给付原则上采取的是"无过错主义",但一方配偶虽有过错若完全不予给付显失公平时,则可适用"特别名义的补偿金"。(2)在具体补偿形式及补偿方式上,补偿形式以资金为主,但不动产、动产的所有权及使用权、居住权,以及有价证券等也可作为补偿标的。(3)在补偿方式上,原则上要求一次性支付的补偿方式,但若负有补偿义务的一方当前不具备支付能力时,则可采用分期支付或终身定期金的方式予以支付,并由负有支付义务的一方配偶提供相应担保。其中,定期金的支付指数参照抚养费确定。(4)在补偿的实现方式上,其实现方式更加多元,既可以行使补偿请求权的方式实现,也可以接受赠与等方式实现。(5)在补偿金额方面,补偿给付的具体金额由法官在考量离婚时以及可预见的未来等多方面因素的情况下加以确定。如夫妻双方年龄与健康状况、婚龄状况、双方所负担的子女抚养费用情况、预期利益、未来获得工作及收入的可能性等。此外,《法国民法典》第278条、第279条规定,补偿金额和补偿方式允许由双方协商,或由经法院认可的离婚协议确定。同时,若因实际情况发生变化而与离婚协议中关于补偿的约定不相

---

① 罗结珍译:《法国民法典》,北京大学出版社2010年版,第362页。

符的,任一方可向法院提出复议补偿的请求,以重新调整夫妻双方的利益关系。①

(三)瑞士相关法律实践

瑞士相关法律特别重视对婚姻关系中共同体利益的维护,夫妻双方在婚姻存续期间负有共同维持家庭生计的义务,夫妻双方对于家庭的贡献可包括金钱上的支持、家务劳动的付出、对另一方职业上的协助等,由此赋予并强调家务劳动对于家庭及婚姻共同体的贡献价值。具体可体现在以下几个方面:

1. 婚姻存续期间基于"家庭贡献"的补偿给付

瑞士法律强调赋予婚姻存续期间夫妻双方供养家庭的共同义务,以维护婚姻共同体利益。《瑞士民法典》第163条规定,在婚姻存续期间,夫妻双方可基于婚姻共同体及各方具体情况对双方义务进行相应分工,金钱支持、家务劳动、照管子女及老人,以及对另一方职业上的协助均可视为对家庭的贡献。《瑞士民法典》中对于家务贡献方的经济补偿根据其贡献程度划分为两种情形:一种是普通情形下的具有补偿性质的"自由处分金的给付",即第164条规定的夫或妻一方照管子女、家务劳动、协助另一方配偶事业的,享有请求另一方配偶定期给付适当的供其自由处分的金额的权利;②另一种则是基于特别贡献的"补偿金给付"。《瑞士民法典》第165条规定,显著超过其应负家庭供养义务的一方所投入于家庭生计的个人收入及财产、家务劳动、因给予另一方配偶工作上的协助等而损耗的人力资本等均可视为对家庭的"特殊贡献"。③ 特殊贡献方可基于此而请求另一方配偶给付相当的补偿金。此外,对于婚姻中贡献较多义务的一方应获得的补偿金额问题,法律赋予了夫妻双方充分协商的权利,双方可依据具体情况及自由意志进行确定。协商不成时,由法院在考量各因素的情况下予以确定。

在瑞士法律中,基于家庭贡献的补偿请求权并不以"离婚"作为适用前提,而是作为一种婚姻一般效力规定贯彻于整个婚姻阶段,其充分肯定了家务劳动的价值,并提供了一种权利保障及救济的方式,具有正向激励的作用,以期维护婚姻共同体利益。

2. 婚姻关系终结时基于"特别贡献"的财产分割

在财产制度方面,瑞士非实行单一形式财产制的国家。在所得参与制为通常财产制的情况下,可适用分别财产制及共同财产制,其在财产制度设计及平衡夫妻双方利益上以"权利义务对等"为基本原则,④强调双方对婚姻共同体的贡献。《瑞士民法典》第206条规定,离婚时,当夫或妻一方为另一方配偶的财产收入及维持作出特别贡献但尚未对待给付的,在离婚财产清算时,应依据该部分财产的增减值情况对其贡献予以兑换补偿。若清算时该部分财产增值的,应根据增值数额与其作出贡献的程度确定所享有的补偿比例;若该部分财产贬值,则依据贡献当时的实际投入请求补偿。⑤ 由此,可防止夫妻一方对另一方财产的贡献投入不因该财产的贬值而发生减损,同时体现了对家务劳动一方贡献值的客观公正评价。

---

① 《法国民法典》,罗结珍译,北京大学出版社2010年版,第145页。
② 于海涌、赵希璇译:《瑞士民法典》,法律出版社2016年版,第64页。
③ 于海涌、赵希璇译:《瑞士民法典》,法律出版社2016年版,第64页。
④ 裴桦:《夫妻财产制与财产法规则的冲突与协调》,载《法学研究》2017年第4期。
⑤ 于海涌、赵希璇译:《瑞士民法典》,法律出版社2016年版,第72页。

二、英美法系国家相关法律实践

(一)英国相关法律实践

英国对于离婚经济补偿并没有进行独立的立法规定,其对于家务劳动价值的认可及婚姻关系中贡献方的保护主要体现在基于离婚诉讼财产分割制度的"辅助性救济制度"之中,并随着离婚诉讼中的财产分割标准及法院自由裁判权的演变而趋于完善。[①] 具体演变过程可分为以下几个阶段:

1. "三分之一"裁量标准——基于家务劳动的辅助性定位

为改变婚姻关系中财产分配男女不平等的情况,英国从1970年起逐步构建起离婚诉讼中保障女性合法财产权益的裁判原则,法院也开始取得离婚诉讼中将财产予以重新分配的权利。1973年颁布的《婚姻诉讼法》则规定了离婚辅助性救济及财产分配的相关制度。该法第25条系当时法院进行财政分配及调整的重要标准。而夫妻各方当前或将来的经济收入水平、工作及谋生能力,以及夫妻已经或将来为家庭所作的贡献程度等则是法定裁判参考因素,由此在法律实践中承认了家务劳动的独有价值。但在司法实践中,并未产生立法宗旨中保障女性财产权益的积极效果。如在 Wachtel v Wachtel 一案中,[②]法院判决认为妻子家务劳动只是其应当承担的义务,其对丈夫的事业及家庭的发展并未有实质性的帮助,故妻子分得的财产应以双方共同财产的三分之一为最高限度。这就是当时法院在处理离婚纠纷财产分割时广泛适用的"三分之一标准"。这种固定比例分配方式虽然一定程度上看到了夫妻一方对家庭的贡献,但一方所做的家务劳动贡献仅被视为该方应承担的义务与一般性辅助工作,并没有从本质上认识到婚姻关系中非金钱贡献相对于金钱贡献的独立价值。

2. "合理需求"裁量标准——基于当事人的合理需求

鉴于"三分之一"标准的僵化模式,法院于1980年至2000年期间逐渐摒弃了该裁判准则,以"是否满足离婚当事人的合理需求"为离婚诉讼财产分配的主要标准。对于该标准,现实存在两个基本问题。一是裁判的标准系"合理需求"而非"合理要求",对二者进行区分也是法院据此进行裁判的首要问题。如在 Preston v Preston 一案中,法院认为"需求"是基于个人的基本需要,而"要求"的范围相较之下更宽泛。但两者也可能存在重合情形。如在 Duxbury v Duxbury 一案中,妻子主张丈夫应向其补偿"足以买下一所农场的财产金额",法院以该请求并非其生活所需而驳回诉讼请求。二是关于该项标准考量因素的顺序问题。如1984年英国《婚姻和家事诉讼法》第18条规定,法院在离婚诉讼财产分割时应优先考虑未成年子女的需求情况。

"合理需求"裁量标准指的是将离婚当事人的基本需求作为离婚财产分割的主要标准,虽然具有一定的借鉴意义,但实际上脱离了所有权等财产权益基础,这就意味着一方分得

---

① 郭庆敏:《英国离婚财产分割制度及其启示》,载《齐齐哈尔大学学报(哲学社会科学版)》2019年第2期。

② See Wachtel v Wachtel[1973]FAM.72.

的财产实际上系另一方的给予,而并非自身理应获得的财产。故在此裁判标准下,一方的家务贡献及家务劳动的价值未能被合理评价,一定程度上限制了对家务贡献方的合法权益的保障。

3. "平等分配"裁量标准——基于对两种劳动的同等评价

"平等分配"的裁判标准首次提出于 White v White 一案中,[①]并一直沿用至今。该案法官指出,在对离婚财产进行分配时,不应歧视夫妻各方在婚姻关系中所担任的角色。不论是外出工作一方的金钱支持,还是在家操持家务、照管子女的一方,双方对于家庭发展所作出的贡献是对等的,不应持有从事社会工作一方的金钱贡献优于从事家务劳动的非金钱贡献这一偏见。但司法实践中也存在因"较大贡献"而被法院排除适用该标准的情形,而对于是否排除平等分配原则的判定存在不同观点。如在 Cowan v Cowan 一案中,[②]法院认为经济实力雄厚的丈夫对于家庭财富的积累贡献显著,可视为"较大贡献",因此不适用平等分配原则。但在 Lambert v Lambert 一案中,[③]法官认为如若将丈夫在外工作供养家庭视为"较大贡献",基于公平原则,为照顾家庭而花费大量时间的妻子也能视作为家庭作出"较大贡献",判定何种工作对于家庭的贡献值更大是没有依据的,夫妻双方为家庭所作出的贡献实质上是对等的。直到 Miller v McFarlane 一案,[④]法院最终确定了相较明确的离婚案件财产分配原则:一是需求,即离婚财产的分配首先应满足离婚当事人的需要;二是平等,即遵守平等分配的裁量标准,对家务劳动者所作贡献与外出劳动所作贡献给予同等评价;三是补偿,即家务贡献方因其牺牲个人时间、精力甚至利润丰厚的职业而照顾家庭的,另一方应就其所遭受的预期利益损失给予补偿。

与之前的裁判标准不同,该阶段的平等分配裁量标准以公平正义为基本理念,对夫妻各方对于家庭的家务贡献及社会贡献予以同等评价,采用均等分配的原则进行财产分割,从而最大限度地保障了家务贡献较多一方的合法权益及双方利益的平衡。

(二)美国相关法律实践

美国《统一结婚离婚法》第 307 条规定,夫妻任何一方以操持家务等方式为家庭发展及其财富积累所作出的贡献,应作为婚姻财产分割及判决扶养费的参考因素。[⑤] 美国关于离婚经济补偿的相关规定主要体现在对婚姻财产的分割及其离婚扶养制度当中。

1. 婚姻财产的公平分割

美国大部分州法定夫妻财产制形式为分别财产制。无论哪种财产制类型,都要求对夫妻双方婚姻财产予以公平分割,以保证双方对于婚姻财产分割的平等地位及权利。其中,夫妻双方对家庭所作的贡献价值被视为婚姻财产分割的主要考量因素之一。例如美国示范法(样本)《统一结婚离婚法》规定的"夫妻双方对婚姻财产获得及维持所作的贡献、双方

---

① See White v White[2001]AC.596.
② See Cowan v Cowan[2001]EWCA.679.
③ See Lambert v Lambert[2002]EWCA Civ.1685.
④ See Miller v McFarlane[2006]UKHL.24.
⑤ [美]哈里·D.格劳斯、大卫·D.梅耶:《美国家庭法精要》,陈苇等译,中国政法大学出版社 2010 年版,第 129 页。

婚姻关系存续期间参与职业技能培训及学习的时间、一方配偶在对方帮助下所取得的学历资质"等,均系《统一结婚离婚法》所规定的财产分割时予以考量的因素。此外,在经济贡献和非经济贡献的价值考量方面,司法实践也趋向给予同等评价。如2007年芝加哥法院判令照料家庭的妻子分得一半的婚姻财产份额,尽管丈夫主张其工作技能、经营天赋及能力才是这些财产的主要贡献来源。

2. 离婚扶养制度

美国离婚扶养制度与我国离婚经济补偿制度具有相似的立法宗旨,体现了对家务劳动价值的认可及保护。依据补偿内容的不同,美国的离婚扶养制度具体分为两种情况。一是补偿性扶养费,即基于补偿目的的扶养费给付。补偿性扶养费的评判依据并非一方的经济需求,而是夫或妻一方为对方事业及家庭所作贡献价值的客观评价,且主要着眼于弥补付出贡献的一方配偶因其贡献尚未转化为现实利益而在离婚后可能无法享有的预期利益,同时也是为了弥补离婚可能导致的双方生活水平之间的差距,从而对弱势一方起到救济保障作用。二是恢复性扶养费,即主要基于夫妻双方婚内贡献的考量,以及一方配偶因照料家庭所牺牲的职业发展在社会上就业的能力,故更侧重于作为帮助离婚后经济上处于弱势的一方获得维持生计以及恢复再就业能力的技能培训,以此作为被补偿的一方配偶获得再就业能力及经济上自给自足的保障。

在具体适用上,美国扶养制度具有以下特点:一是适用范围及依据较为广泛。依据《统一结婚离婚法》的相关规定,夫妻一方在婚姻关系存续期间对于家庭的贡献程度大小并非对其给予补偿的适用前提,只要存在一定贡献即具备适用的基础。同时贡献的衡量不仅限于一般意义上的照料子女、老人等家庭事务,同时还包括一方人力资本的投入及对方人力资本等无形财产价值的提升。二是补偿考量因素多元化。美国各州通过法律或判例形式确定的参考因素各不相同,包括但不限于婚姻存续时长、一方在婚姻关系期间为家庭或对方事业所作贡献及其因此所作出的牺牲、离婚后双方可能的经济状况等。此外,在扶养费的给付方式上,法院也会依据具体案情判定一次性支付或分期支付。[①] 三是补偿金额确定方式的具体化。对于涉及执照、学位资格等离婚纠纷,法院一般采用"机会成本法",即通过对执照、学位资格等无形财产的预期价值进行市场化评估,再依据案情酌定接受补偿方应得比例及金额。对于不涉及无形财产贡献的离婚纠纷,法院则更多是在衡量双方权益的情况下结合前述既定的考量因素予以酌情判定。

三、域外相关法律实践的评析与借鉴

通过上文对两大法系代表性国家立法及司法的实践考察,我们可以看出当前已有许多国家将婚姻领域的家务劳动价值及家务贡献方的认可保护纳入法律实践中。虽然在制度设计上并非都以"离婚经济补偿"的制度形式出现,且立法及司法实践中也各有不同,但许多国家的相关制度设计及实践操作已经比较系统和成熟,具有一定借鉴意义。

---

① 陈苇:《外国婚姻家庭法比较研究》,群众出版社2006年版,第546~549页。

(一)基于相同宗旨的不同立法安排

纵观立法进程,各国有关家务劳动价值保护的立法沿革大致相同,都基于在有失偏颇的传统家庭性别分工的模式下追求男女实质平等与公平正义。其对于家务劳动价值的认识也逐渐从依附性的工具价值转变为独立性价值。但各国对于婚姻关系中家务贡献方的法律保护的制度安排不尽相同,大致可分为以下几种形式:一是采取经济补偿制度的形式,如法国立法中的补偿性给付制度、瑞士立法规定的经济补偿请求权,通过支付给为家庭付出较多贡献的一方配偶以补偿金的形式,以防止因离婚导致的双方生活水平之间的差距及权益失衡。二是将家务劳动价值保护理念融入夫妻财产制度设计之中,并将之作为离婚时财产分割的主要参考因素之一。如德国的财产增加额共同制、瑞士立法中的特别贡献财产分割、美国的婚姻财产的公平分割等,均将家务劳动贡献价值作为离婚时财产分割的重要参考因素,以此保障家务贡献方的财产权益。三是以离婚扶养费的形式给付。如德国离婚后的扶养制度、英国司法实践中依附于离婚诉讼财产分割制度的"辅助性救济制度"、美国扶养制度等。以上各国的立法安排及制度设计均体现出对家务劳动价值的保护及对婚姻当事人双方的权益矫正。

(二)不以财产制类型为限制条件

从各国立法及实践中可以发现,无论是大陆法系还是英美法系,大部分国家都将家务劳动的贡献价值融入夫妻财产制度设计中,以保障家务贡献方在离婚财产清算时分得应有的份额。虽然各国采用的夫妻法定财产制并不相同,但无论是以共同财产制为主的法国、意大利、奥地利等国家,还是以适用分别财产制为主的美国各州,家务贡献方所负担的家庭义务均可被予以合理评价并补偿。如以共同财产制为主要夫妻财产制度形式的国家,认为无论是从事家务劳动还是从事职业劳动,双方对于家庭财富的积累具有同等贡献,在分割时也应对双方为家庭所作的贡献予以充分考量。[①] 而主要采用分别财产制的美国各州,也将一方配偶的家务贡献作为婚姻财产分割或离婚扶养费给付的重要考量因素。

各国对于离婚经济补偿相关制度的适用并不以特定的财产制类型作为前提性条件,只要是婚姻一方当事人为家庭或他方配偶事业作出了贡献,就可以基于其付出享有相应的经济补偿。这也是我国《民法典》将2001年2001年《婚姻法》(修正案)中"分别财产制"的适用前提予以删去的原因。

(三)补偿范围广泛、补偿形式多样

婚姻是项长线"工程",夫妻一方基于期待利益在婚姻存续期间所作贡献无法实时转化为现实价值,若只着眼于家务劳动本身的补偿,则无法从本质上体现出家务劳动价值、保障家务贡献方的合法权益。域外不少国家意识到这一点,并在立法规定及司法实践中直接体现出来。如德国的供给均衡制就是着眼于家务贡献方的"隐形牺牲",对一方所牺牲的自身发展机会及人力资本减损进行补偿。此外,美国的离婚后扶养制度不仅以一方配偶的现实

[①] 杨晋玲:《中外夫妻财产立法比较研究——兼论我国〈民法典·婚姻家庭编〉中夫妻财产立法》,载《现代法学》2004年第2期。

贡献为补偿依据,也考虑到该方期待利益丧失的可能性。其规定的恢复性扶养费也将恢复家务贡献方的再就业能力作为补偿目的,以保障人力资本减损的该方配偶在未来经济上的自给自足。同时,在补偿方式上,不少国家都采取一次性支付、分期支付等方式,且支付形式多样,以金钱支付为主,同时包括不动产、动产所有权和使用权、居住权、有价证券等,瑞士、德国等国家还规定可通过担保、公证等形式保证补偿金额的给付,以最大限度保障经济弱势一方的合法权益。

(四)补偿标准较为明确具体

在补偿标准及数额的认定问题上,各国大多采用法定及约定相结合的方式,即以法院判定为主,同时允许双方协商确定。与我国离婚经济补偿的裁量不同,虽然各国法院在离婚诉讼财产分配及补偿金额的认定上均有较大的自由裁量权,但该自由裁量所涉及的范畴相比中国司法实践要小得多。这主要是因为各国成文法或已有判例中对于补偿标准及金额认定时需考量的因素一般都有较为明确的规定,如婚姻存续时间、夫妻双方婚姻期间的生活水平、夫妻双方对家庭所作的贡献等。此外,美国、德国等国家或地区还确定了统一计算方法,如比例法、机会成本法等,[①]故法院可依据个案具体情况,根据上述参考因素及计算方法予以判定,以规范法官自由裁量权,保证裁量结果的公正,将补偿制度效益最大化。

综上所述,比较法研究不仅是对不同国家法律制度及司法实践的比较,更是寻求问题最优解的方式。部分国家或地区离婚经济补偿相关制度立法及司法实践已有较为成熟的经验,可作为我国离婚经济制度发展的重要参考。

第四节

《民法典》背景下离婚经济补偿制度之实证研究

2022年12月18日,笔者以"离婚经济补偿""家务劳动补偿""《婚姻法》第四十条""《民法典》第一千零八十八条"为关键词,并以"2001年4月28日至2020年12月31日"(2001年2001年《婚姻法》(修正案)实施期间)、"2021年1月1日至2023年1月1日"(《民法典》施行后期间)作为两个时间段节点,逐一在威科先行、北大法宝、中国裁判文书网等网站进行检索。排除重复及无关案件后,结果显示:审结时间在2001年2001年《婚姻法》(修正案)实施期间的案件共有297件,审结时间在《民法典》实施后的共有128件。

其中,2001年《婚姻法》(修正案)实施期间涉及离婚经济补偿的297起案件中,受到法院支持的仅136起,占比46%左右。同时,受法院支持的该136起案件中有118起案件系基于当事人之间约定了分别财产制或双方事先存在补偿协议,15起案件系法院基于双方当

[①] 谭力:《外国离婚抚养法律制度及其经验借鉴》,载《湖南农业大学学报(社会科学版)》2018年第4期。

事人长期处于分居的情况而判定双方财产归各自所有而适用补偿条款，还有 3 起案件则系法院以补偿款的名义对双方财产进行分配。可见，近 20 年来，2001 年《婚姻法》（修正案）第 40 条的司法适用率较低，其中还有部分案件系在法院作目的性扩张解释后才被予以适用。其适用障碍主要还是"分别财产制"的严苛条件与我国"同居共财"的传统家庭模式之间的偏离。因《民法典》已对上述限制条件作出回应，删去了前述"分别财产制"的限制前提，使得适用范围有所扩大，同时为了有针对性地分析《民法典》第 1088 条的司法适用情况，下文笔者主要以《民法典》实施后的这一期间（2021 年 1 月 1 日至 2023 年 1 月 1 日）检索到的 128 份判决文书作为样本考察对象，①对司法实践中有关离婚经济补偿制度的案件基本情况、司法裁判要点进行整理分析，总结该制度的司法适用现状并发现当前适用中可能存在的问题，为我国离婚经济补偿制度的未来发展之建议提供依据。本节即以上述所述裁判文书为研究样本。

一、案件基本情况

（一）案由及地域分布情况

笔者对上述检索到的 128 个涉离婚经济补偿案件进行统计分析，样本中案由为"离婚纠纷""离婚后财产纠纷""婚姻家庭纠纷"的占绝大多数，还有个别案由分别包括"婚约财产纠纷""分家析产纠纷""同居析产纠纷""追偿权纠纷"等。虽然以上案由名称各不相同，但司法实践中离婚经济补偿并没有独立的案由，且往往系以离婚纠纷的形式出现，且均与双方财产分割纠纷有关。此外，笔者将案件依据地域进行划分，统计情况如图 7-1 所示。

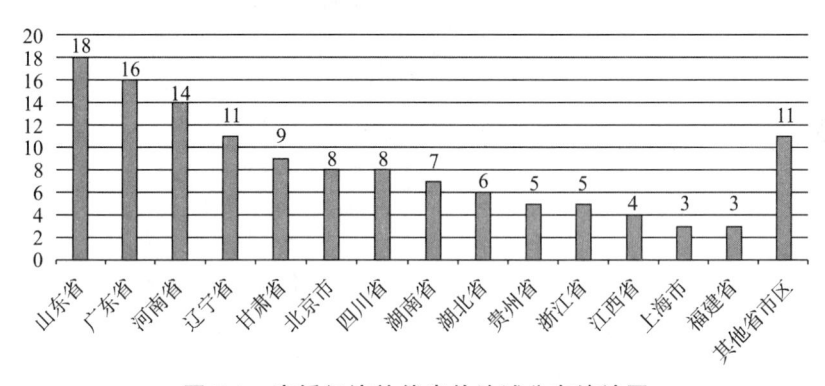

图 7-1 离婚经济补偿案件地域分布统计图

统计结果显示，128 个案件中，排名前五的省份依次为山东省、广东省、河南省、辽宁省、甘肃省，案件数量分别为 18 件、16 件、14 件、11 件、9 件，北京市与四川省各有 8 件，并列第六。湖南省、湖北省、贵州省、浙江省、江西省、上海市紧跟其后，安徽省、重庆市、吉林省、山西省等其余省份地区案件量则均为 3 件以下，共计 11 个案件。为探究离婚经济补偿案件地域分布情况的原因，笔者通过"中国裁判文书网"对 2021 年 1 月 1 日至 2023 年 1 月 1 日的

---

① 由于部分离婚纠纷裁判文书未公开，搜集到的案例样本有限。

同期离婚案件进行模糊检索。结果发现,排除样本统计可能存在的误差,该时期我国离婚案件各地区分布情况与上图显示的涉及离婚经济补偿案件地域分布趋势大体一致。因此,正如前文所述,当事人的离婚经济补偿请求往往于离婚纠纷中提出,故其案件分布概况与离婚纠纷案件地域分布趋势具有较大的相关性。

(二)原告性别

对离婚经济补偿案件样本中的原告性别进行统计分析,统计结果如图 7-2 所示。在涉及离婚经济补偿的 128 个案件样本中有 105 个案件的原告为女性,占比高达 82%。原告为男性的案件则只有 23 个,占比 18%。由此可见,虽然《民法典》第 1088 条关于离婚经济补偿制度规定的适用并不区分性别,但司法实践中还是以女性为补偿请求权主体,男性作为原告的情况较为少数。一方面主要是受我国传统观念及长期形成的家庭内外分工模式的影响,女性仍是当前家务劳动的主要承担方。即便是男女平等观念日趋深入人心的当代社会,也仍未摆脱这种固有观念的束缚。同时,随着更多的女性步入职场,意味着当代女性更是面临着职场与家庭的双重压力。另一方面主要是由传统婚姻中两性家庭及经济地位差距造成的。如前所述,女性长期投身于家庭一定程度上会阻碍个人发展,影响经济收入,久而久之就会造成家庭地位下降以及对于另一方配偶经济上的依附。在这种情况下,婚姻关系一旦终止,女性对婚姻的期待利益丧失,加之人力资本损耗,可能导致双方之间的权益失衡,故此时往往更需要通过离婚经济补偿等救济措施维护自身合法权益。

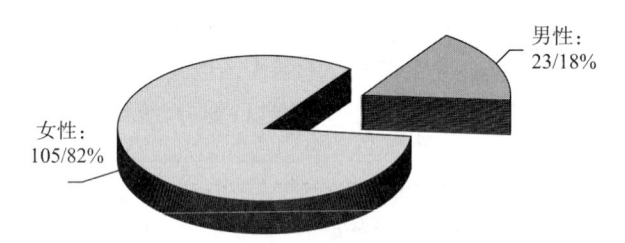

图 7-2 离婚经济补偿案件原告性别统计图

(三)法院判决情况

笔者对检索到的 128 个有效样本进行统计分析,依据法院的判决情况及不予支持理由进行了分类整理,具体情况如图 7-3 所示。

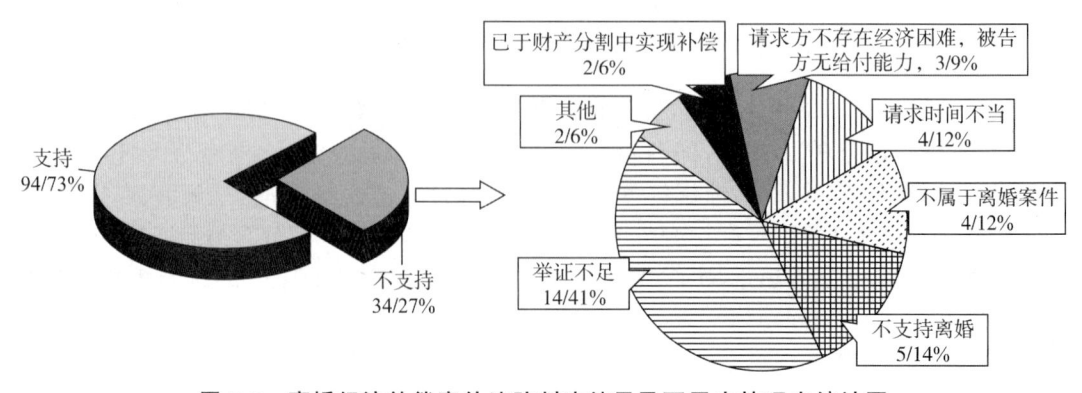

图 7-3 离婚经济补偿案件法院判决结果及不予支持理由统计图

从统计数据看,在涉及离婚经济补偿的 128 个案件中,共有 94 个案件受到了法院的支持,占比达 73%。与婚姻法期间仅有 46% 的支持率相比有了较大提升。笔者对未受到法院支持的 34 个案件判决文书进行分析,发现了法院不予支持的主要理由:举证不足、不支持离婚、不属于离婚案件、请求时间不当、请求方不存在经济困难或被告方无给付能力、已于财产分割中实现补偿等。

其中,"举证不足"位列首位,未受到法院支持的 34 个案件中共有 14 个案件系因法院认为请求方未进行举证或其所提供的证据不足以证明达到《民法典》第 1088 条规定的"负担较多义务"标准而驳回补偿请求,占比高达 41%。不予支持的理由中占据第二位的是"不支持离婚",因该理由未受支持的案件共有 5 个,占比约为 14% 左右。一方面是由于涉及离婚经济补偿的案件往往系附带在离婚案件中提起,另一方面则是与离婚经济补偿制度"离婚时"的限制条件有关,故当法院判决不支持双方当事人离婚时,请求方也就相应地无法得到补偿。同时,案件样本中因"请求时间不当""不属于离婚案件"而未受到支持的各有 4 个,各占比 12% 左右。部分法院认为离婚经济补偿请求应仅限于离婚之时提起,并认为非婚同居关系不可适用。这主要涉及对于《民法典》第 1088 条规定的"离婚时"范畴的认定问题,具体内容笔者将在后一小节中予以论述。此外,部分案件中法院还将"被告方无给付能力""请求方不存在经济困难"也作为了离婚经济补偿的判决依据,如在〔2021〕沪 01 民终 11570 号案件中,法院就以原告生活未达到困难程度驳回了其经济补偿请求。[1] 但笔者认为此种情况可能存在与离婚经济帮助等其他救济制度混用之嫌。除此以外,部分法院则认为承担较多义务一方的贡献已经通过财产分割加以实现而不得再次请求补偿,还有部分案件法院在判决时则未充分说理,仅简单表述为不符合《民法典》第 1088 条规定而不予支持。

由此可见,《民法典》删去了前述"分别财产制"的限制前提,使得我国离婚经济补偿制度的适用率有所提升。法院在判定是否支持离婚经济补偿时会依据多方面因素进行裁量,但在判决过程中也存在如法律适用错误、受无关因素影响、未充分说理等情况。此外,"举证不足"是法院对当事人提出的离婚经济补偿请求不予支持的主要理由。由于家庭内部义务存在隐秘性及难以量化的特点,故付出较多义务一方如何进行充分举证以说服法院,保障自身的合法权益,则是离婚经济补偿案件判决过程中的一大难题。为更加深入了解《民法典》第 1088 条所规定的离婚经济补偿制度的具体司法适用现状,下文将进一步探究离婚经济补偿案件的争议焦点及司法裁量要点。

二、离婚经济补偿案件争议焦点与司法裁量要点

(一)关于补偿协议的定性问题

1. 补偿协议对判决结果的影响

《民法典》第 1088 条引入"协商前置"规则,尊重当事人意思自治,故而双方当事人是否约定补偿系法院重要判决依据之一。笔者以"是否存在补偿协议"为划分依据将检索到的 128 个离婚经济补偿案件及其判决结果进行统计分析,结果如图 7-4 所示。

---

[1] 参见〔2021〕沪 01 民终 11570 号汪某与唐某共有物分割纠纷二审案件民事判决书。

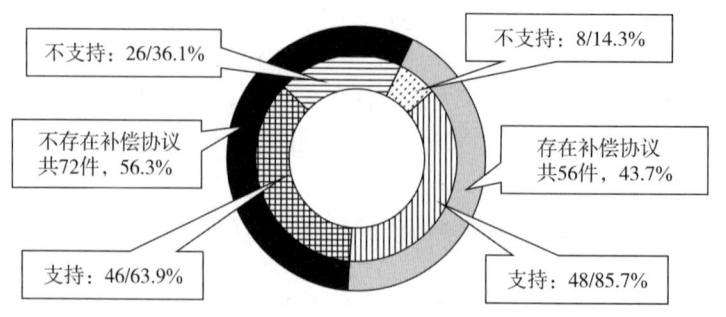

图 7-4 有无补偿协议与判决结果统计图

结果显示,在 128 个案例样本中,双方之间存在事先约定补偿的案件为 56 件,占总量的 43.7%,其中法院对离婚经济补偿请求予以支持①的案件为 48 件,占比高达 85.7%;而双方当事人之间存在约定补偿的案件共 72 件,占总样本数的 56.3%,其中受到法院支持的案件数为 46 件,支持率为 36.1%。由此可见,在涉及离婚经济补偿案件中,法院对于双方签订补偿协议的认可度较高,未受到法院支持的离婚经济补偿案件则大多系因法院判决不准予离婚。一般情况下,只要双方签订的协议不存在无效情形,约定的补偿金额不存在过高的情况,②法院大都会基于尊重当事人意愿的原则依据双方约定的补偿数额支持原告的补偿请求。

2. 关于补偿协议性质的判定

(1)区别于赠与合同。明确补偿协议的性质,有助于更好地保护当事人合法权益。首先要说明的是,补偿协议系离婚时一方当事人对另一方当事人进行补偿的约定,系承担较多家庭义务方的应得补偿款,其建立在一定权利义务对价的基础上,而并非一方当事人对于另一方当事人的赠与。司法实践中,部分案件中当事人以双方于离婚协议中约定的补偿款为赠与合同而主张撤销不予支付。如在王某与荆某离婚后财产纠纷一案中,③被告辩称双方约定的补偿费系其对于原告的一种赠与,并以其经济状况显著恶化,不具备给付能力为由主张撤销该补偿款。法院则认为该补偿金系经双方协商由被告给予原告的补偿款,应区别于赠与关系,不支持撤销。并依据《民法典》第 1088 条支持了原告对于补偿金的诉讼请求。由此可见,补偿协议并不等同于赠与合同,其一定程度上包含了对于负担家庭义务较多一方的权利对价,系对其付出及期待利益的一种补偿,不允许补偿方当事人予以撤销。

(2)以"家务劳动补偿费"形式约定补偿。在统计的 56 个具有补偿协议的案件中,通常采用的是在离婚协议或夫妻财产协议中引入补偿条款的形式来达成约定。有的案件的双方当事人在协议中明确援引了离婚经济补偿制度,指出系对一方当事人婚姻存续期间所承担家庭义务的补偿款。对于该种补偿约定性质的认定一般没有太大争议,只要协议合法有效,法院就会基于双方约定依据《民法典》第 1088 条离婚经济补偿规定作出判决。

---

① 该"支持"指的是广义范围上的"支持",包括法院支持诉求但对金额予以调整的情况。
② 司法实践中,法院可能会结合具体案件情况对具体补偿金额予以调整。如〔2020〕黑 0603 民初 2215 号案件中,法院认为双方约定的"每月支付 3000 元"的补偿款过高,结合男方的身体及收入情况、财产分割状况及当地的生活水平,酌定调整为"每月支付 1300 元"。
③ 参见王某与荆某离婚后财产纠纷(一审),〔2021〕京 0113 民初 774 号民事判决书。

(3)以"欠条"形式约定离婚经济补偿。司法实践中有的案件双方当事人系以"欠条"形式达成关于离婚经济补偿的协议,但其实质上是为离婚时一方当事人给予负担较多家庭义务的另一方当事人补偿款的约定。如黄某、张某婚姻家庭纠纷一案中,①被告写下欠条,约定其于离婚后向原告支付家务补偿费60000元,并约定分三年支付,每年支付20000元。在本案中,法院引用了《民法典》第1088条,认定该欠条系经双方协商由被告向原告支付的经济补偿并判决予以给付。

(4)未明确系离婚经济补偿款性质的补偿协议。部分存在补偿协议的案件中,当事人并未对双方约定的补偿款性质进行明确说明,或是将子女抚养费、离婚后补助费用、财产分割的考量、损害赔偿费等笼统地归于补偿款项中。对于此类补偿协议则需要首先对双方约定的补偿款的性质进行认定。统计结果显示,法院对该类案件进行审判时,对于约定的补偿款项性质一般不进行区分认定,只要存在离婚经济补偿的相关内容,法院就会以引用多项条款的形式将《民法典》第1088条有关离婚经济补偿的规定作为判决依据之一。笔者认为,此种裁判说理方式一方面系对当事人意愿的尊重及认可,另一方面也节约了裁决说理的时间成本,具有一定的合理性。但对于双方在离婚协议中已明确为损害补偿款、精神补偿款、共同财产分割补偿款等其他属性的补偿款项时,若仍援用《民法典》第1088条关于离婚经济补偿的规定作为判决依据,则有扩展该项条款适用范围之嫌。这不是说因此否认双方的补偿约定,只是当协议仅存在"补偿"名义但不包含离婚经济补偿的保护内容时,援用其他离婚救济或财产制度等其他相关条文作为判决依据更为适宜。在离婚纠纷案件中,往往出现离婚经济补偿制度与离婚财产制度或其他救济制度同时适用的情况,若对于离婚纠纷中双方约定的补偿款性质不加以区分,则会导致制度混用及重复补偿的可能,违背立法宗旨,不利于保护当事人合法权益。故对于存在补偿约定但未明补偿款性质的离婚纠纷,应首先对双方约定的补偿款的性质进行认定。

(二)关于离婚经济补偿制度适用要素的认定问题

1. 对于"离婚时"的认定

《民法典》第1088条规定将"离婚时"作为离婚经济补偿制度的适用要素之一。"离婚时"的适用要素包括两个方面的理解。一是指提出离婚经济补偿请求的时间限制;二是指离婚经济补偿制度的主体限制,即所能适用的婚姻形式。而司法实践中对"离婚时"上述两方面内容存在不同见解及判定方式。鉴于存在补偿协议的涉离婚经济补偿案件一般处于离婚后的阶段,且大部分情况下法院会依据协议予以支持,故下文中笔者主要对双方之间未达成补偿协议的案件进行统计分析,以考察法院对于"离婚时"这一适用要素的裁判情况。

(1)关于适用时间的认定。以离婚经济补偿提起时间为标准,可将案件分为在起诉离婚时或登记离婚时提起离婚经济补偿、起诉离婚后或登记离婚后提起离婚经济补偿这两种情形。因基于补偿协议而提起离婚经济补偿的案件一般处于离婚后阶段,且大部分情况下法院会依据协议予以支持,故下文中笔者主要对双方之间未达成补偿协议的案件进行统计分析,具体如图7-5所示。

---

① 参见黄某与张某婚姻家庭纠纷(一审),〔2021〕桂0206民初1147号民事判决书。

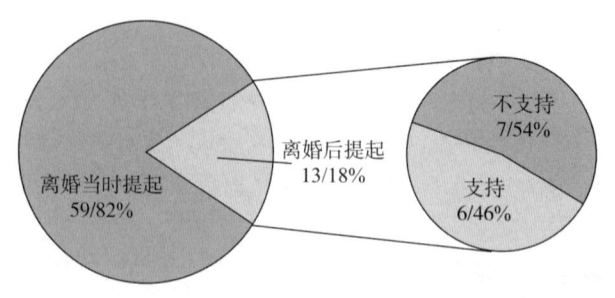

图 7-5 无补偿协议情况下离婚后提起补偿的案件及判决结果统计图

统计结果显示,在双方当事人之间不存在补偿约定的 72 个案件中,共有 59 个案件系于起诉离婚的同时提起的离婚经济补偿请求,而剩余 13 个案件则系当事人经登记离婚或诉讼离婚后才提出的补偿请求。该 13 个案件中,受到法院支持的案件共有 6 件,占比 46%;法院未予以支持的案件共有 7 个。在法院未支持补偿的 7 个案件中,3 个案件系因当事人证据不足而未受到支持,其余 4 个案件法院均以未于离婚时提起离婚经济补偿为由认定当事人的请求超出了法定期间而予以驳回。

由此可见,不同法院对于"离婚时"的适用时间范围的具体内涵有不同的理解及判定。部分审理法院认为离婚后才提起的离婚经济补偿案件也具备《民法典》第 1088 条的适用资格,从而对"离婚时"的适用时间内涵作了一定的扩大解释。如〔2021〕新 2323 民初 494 号案件中,① 双方当事人离婚时因债务问题尚未对财产进行分割,后原告提起补偿请求,法院最终依据离婚经济补偿条款判决由被告支付给婚姻期间全职照顾家庭的原告 10000 元的补偿金。而部分案件的审理法院则认为离婚经济补偿请求只限于双方当事人离婚之时提出,双方离婚后才提起的补偿请求已经超过权利行使时间,故无法支持。如在〔2021〕鲁 1482 民初 2602 号案件中,② 法院以补偿请求未在离婚诉讼中提出为由,裁定不予审理。

笔者认为,对于《民法典》第 1088 条所规定的"离婚时"的适用时间认定不应僵化理解。由于当事人离婚时可能存在无财产可供分割或补偿、期待利益尚未转化为现实利益等情况,若将离婚经济补偿请求提出时间局限于离婚之时,则不利于负担家庭义务较多一方的权益保障,无法达到立法初衷,③ 因此在一定条件下可对离婚经济补偿制度"离婚时"的适用时间要素予以适当扩充解释。

(2)关于适用主体的认定。对于《民法典》第 1088 条规定的"离婚时"这一适用要素的另一层理解体现在所适用的主体关系上。从文义理解上,法定婚姻关系主体适用于离婚经济补偿制度是毋庸置疑的,④ 而至于非婚同居关系中的当事人能否适用离婚经济补偿制度,至今尚未形成统一的观点。为探究涉及离婚经济补偿案件中非婚同居形式的司法适用情况,笔者对检索到的 72 个无补偿协议的案件依据婚姻形式进行分类整理,统计结果如图 7-6 所示。

---

① 参见李某与陈某离婚后财产纠纷一审,〔2021〕新 2323 民初 494 号民事判决书。
② 参见曲某与徐某离婚后财产纠纷一审民事裁定书,〔2021〕鲁 1482 民初 2602 号。
③ 汪洋:《共同财产制下离婚经济补偿的价值基础、教义构造与体系协调》,载《妇女研究论丛》2021 年第 5 期。
④ 笔者在此处将"法定婚姻形式"作扩大解释,包括了 1994 年《婚姻登记管理条例》实施前的"事实婚姻"。

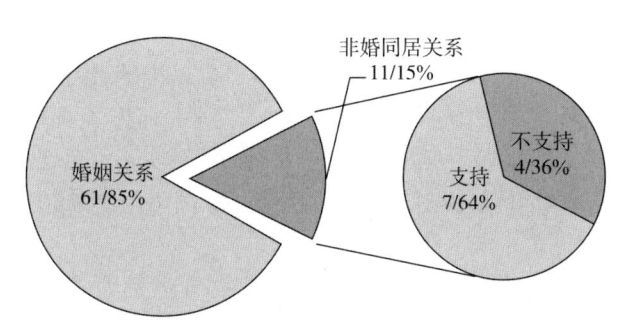

图 7-6 　无补偿协议情况下非婚同居案件判决结果统计图

统计结果显示,在无补偿协议的涉离婚经济补偿案件中,大部分当事人系法定夫妻关系,但也有 11 个案件为非婚同居关系中的一方当事人提起补偿请求的情况,占比约为 15%。在上述 11 个案件中,法院判决支持的案件共有 7 个,剩余 4 个案件则被法院认定为不属于离婚案件而未予以支持。

由此可见,司法实践中对于非婚同居关系能否同样适用离婚经济补偿制度存在一定争议。部分审理法院未对离婚经济补偿的适用婚姻形式条件做严格限制,而是着重考察是否负担义务的实质条件。此外,研究结果显示,在法院判决支持非婚同居关系情况下给付离婚经济补偿的案件中,都存在双方生养非婚生子女的情况,同时法院也都将双方对于非婚生子女抚养情况纳入判决的主要考量依据中,如在〔2021〕川 2002 民初 1409 号案件中,[①]双方当事人于同居期间生育一子,法院最终参照《民法典》第 1088 条以邱某未对其非婚生子尽抚养义务为由判令其向抚养非婚生子的另一方当事人王某以 12000 元的补偿金。但部分审理法院则认为同居关系不属于离婚纠纷的范畴,故无法适用离婚经济补偿制度。如在龚某诉应某追偿权纠纷一案中,[②]一审法院认为原告龚某在抚育子女方面付出较多义务并参照适用离婚经济补偿规定,但二审法院则认为双方并不属于婚姻关系,不可适用离婚经济补偿的规定,应对一审法院的法律适用错误予以纠正。

笔者认为,对非婚同居关系是否适用离婚经济补偿制度的判定应从实质内涵出发,而不应只局限于形式层面。虽然我国法律对于非婚同居关系未给予法定地位承认,但司法实践中对于解除非婚同居关系中的财产分割及子女抚养问题可参照法定婚姻形式进行处理。[③] 因此,非婚同居关系同样存在类比适用离婚经济补偿制度的依据。此外,非婚同居关系因为缺乏法定婚姻形式保障,若因此否认同居关系中当事人的付出及人力资本损失,则会导致双方当事人权益失衡的局面。故司法实践中不应一味排除非婚同居关系适用离婚经济补偿制度的可能性,应结合是否存在一方承担较多义务等实质性条件加以判定。

3. 对于"负担较多义务"的判定

"负担较多义务"是《民法典》第 1088 条规定的离婚经济补偿制度的实质性要素。结合前述案件样本中关于法院不予支持理由的统计,我们可以发现一方是否"负担较多义务"是

---

① 参见邱某与王某同居关系子女抚养纠纷(一审),〔2021〕川 2002 民初 1409 号民事判决书。
② 参见龚某与应某追偿权纠纷(二审),〔2021〕赣 11 终 506 号民事判决书。
③ 《最高人民法院关于适用〈中华人民共和国民法典〉婚姻家庭编的解释(一)》(法释〔2020〕22 号)第 3 条第 2 款。

影响法院判决的重要因素。对该要素的判定具体包含以下两个方面的内容。

(1)对于"义务"范畴的理解。对"负担较多义务"予以准确判定的前提首先在于对"义务"的内涵进行准确定性。《民法典》第1088条将"义务"一词作了概括性论述,具体列举了"抚育子女""照料老年人""协助另一方工作"三方面的内容,同时又以"等"字作了扩大化解释。因此,基于立法逻辑与宗旨,应对离婚经济补偿制度中的"义务"作扩充解释,其包括了法定义务在内的一切家庭内部义务。

统计结果显示,"抚育子女"是法院最常用的判定一方当事人是否负担"较多义务"的裁量依据及判决理由,但有些案件中当事人以其他理由提起离婚经济补偿,或是基于"抚育子女""照料老年人"等多种理由同时提出离婚经济补偿。对于此类案件,不少法院在裁判说理时会侧重于对"抚育子女"义务情况的认定而忽略了对其他因素的考量。如在〔2021〕辽03民终4407号案件中,①赵某为照顾家庭而辞了工作,并于双方婚姻存续期间照料王某生病的母亲,然而一审法院以双方婚龄较短,赵某不存在抚育子女的情况且未举证证明为由判决对其主张不予支持。笔者认为,虽然"抚育子女"是"义务"内涵的重要一方面,但在具体裁判过程中亦应针对具体案情结合其他因素综合判定。

其次,对于"照料老年人"义务的认定问题则在于是否包括一方当事人照料己方父母的情形。从统计的案件样本上看,法院在判决时几乎都将照料己方父母的情形排除在"照料老年人"的义务范畴之外,只有少部分案件中法院给出裁量理由。如〔2021〕桂1121民初494号案件中,②法院认为原告对其年老父亲的照料属于其作为子女应尽到的法定赡养义务,不属于负担较多义务的情况,故对其补偿请求不予支持。笔者认为,对于家务贡献方照料己方父母是否属于"照料老年人"义务范畴应结合具体情况进行认定。当婚姻存续期间家务贡献方父母同夫妻双方长期共同生活时,则可将当事人对己方父母的照顾视作双方共同生活的一部分,笼统地涵括在"照料老年人"的义务范畴中,只不过这种照料达不到"较多"的评判标准。

此外,在有关案例样本中,以"协助另一方工作"等义务作为裁判依据的情形很少。笔者认为,一方面是"协助另一方工作"等义务的内涵相较前述两种"义务"类型而言要更为抽象,往往涉及一方当事人为照顾家庭而牺牲职业发展机会、人力资本减损的情况,因此也更难判定;另一方面则是因为由于"协助另一方工作"等义务情形较为隐晦,其义务的履行方式较难以证明,故而法院很大程度上会以举证不足为理由驳回补偿请求。如在〔2021〕辽03民终4407号案件中,③上诉人赵某提出其应王某要求,辞去原有工作远赴异地与王某共同生活并照顾其起居,至离婚时一直处于失业状态,但该案一审及二审法院均认为赵某无法证明其在协助对方工作方面负担较多义务,因此对其提起的离婚诉讼请求不予支持。但如果不对"协助对方工作"等义务范畴予以考察认定,则会导致负担较多义务的当事人预期利益落空及抽象损失无法弥补的结果,故对此类义务则应充分结合具体案情加以判定。

(2)对于"较多"标准的衡量。"较多"是适用离婚经济补偿的程度及定量要求,同时也涉及了当事人举证及法院裁量依据的问题。涉及家庭内部的"义务"内容较难量化,且目前

---

① 参见吴某与潘某离婚纠纷(一审),〔2021〕豫0225民初1321号民事判决书。
② 参见〔2021〕桂1121民初494号刘某与徐某离婚后财产纠纷一审民事判决书。
③ 参见〔2021〕辽03民终4407号赵某与王某离婚纠纷二审民事判决书。

对于"较多"的衡量及认定问题并没有统一标准,这就对当事人举证及法院裁量造成了一定难度。通过对法院予以支持的涉离婚经济补偿案件进行统计分析,笔者发现在法院判决支持补偿请求的绝大多数案件中,都存在双方长期处于分居状态,且其子女或配偶父母与一方长期居住的情形。这种情况下,即使对方主张其在此期间给付了一部分家庭开支或抚养费,法院通常也会认为照料子女及父母的一方付出了"较多"义务,另一方配偶给付的抚养费等仅作为具体补偿金额的考量。至于双方是否处于长期分居状况则可从双方身份及实际情况等加以判定,如一方当事人系军人或因犯罪而长期服刑等。[①]

双方长期分居状态情形下的离婚经济补偿请求之所以能大概率受到法院支持,是有下面两方面的原因。一方面,与"因感情不和分居满两年"的判决离婚的条件有关,此种情况下满足了"离婚时"的前提条件;另一方面,在于双方长期分居,子女或配偶父母随一方长期居住的情况下,具有推定该方负担了"较多"义务的高度可能性,从而提高了法院对其补偿请求的支持率。而在双方不存在分居的状态时,即使在一方为全职主妇(夫)的单薪家庭情况下,也存在不少法院以举证不足为由驳回该方补偿请求的情况,参见〔2021〕桂1121民初494号刘某与徐某离婚后财产纠纷一审民事判决书、〔2021〕粤0103民初8404号陈某、朱某婚姻家庭纠纷一审民事判决书、〔2021〕内0428民初3874号腾某离婚纠纷一审民事判决书等。因此,当事人如何举证负担"较多"义务,法院以何种标准进行衡量,成为司法实践中的一大难题。

(三)关于补偿标准的判定问题

从统计的案件样本来看,就离婚经济补偿的形式而言,法院几乎均判决以一次性现金支付的方式予以补偿,故对离婚经济补偿标准的判定关键就在于对法院裁量补偿金额的情况进行探究。

1. 经法院裁量的补偿金额概况

如前文所述,双方当事人存在补偿协议时,除了协议存在瑕疵或不支持离婚的情况外,法院一般会基于当事人的意愿依据双方协商的补偿金额支持离婚经济补偿金的给付。为探究法院在判决过程中酌定补偿金额的情况及其考量因素,下文笔者以检索到的46个受法院支持的无补偿协议情况下的涉离婚经济补偿案件为样本对象,考察法院在判决中酌定补偿金额的具体情况。其中,该46个案件中法院判决金额统计情况如图7-7所示。

统计结果显示,在46个无补偿协议的涉离婚经济补偿案件中,经法院裁量判决的补偿金额集中在10000元至50000元区间,该金额范围的案件数共有27个,占比高达59%;其次为50000至100000元区间,共计案件数9个,占比约20%;补偿金额为10000元及以下的案件共有5个,占比约11%;补偿金额为100000元至200000元的案件共有3个,占比约6%;补偿金额为200000元以上的案件数最少,占比仅为4%左右。

从以上数据可看出,无补偿约定的涉离婚经济补偿案件由于受法院自由裁量权的影响,法院判决时酌定的补偿金额不一,但裁定的补偿金额普遍不高。统计样本中最高补偿

---

① 参见〔2021〕辽1402民初2023号秦某与王某离婚纠纷一审民事判决书;〔2021〕鲁0602民初4029号冯某与王某离婚纠纷一审民事判决书;〔2021〕辽0503民初798号付某与刘某离婚纠纷一审民事判决书等。

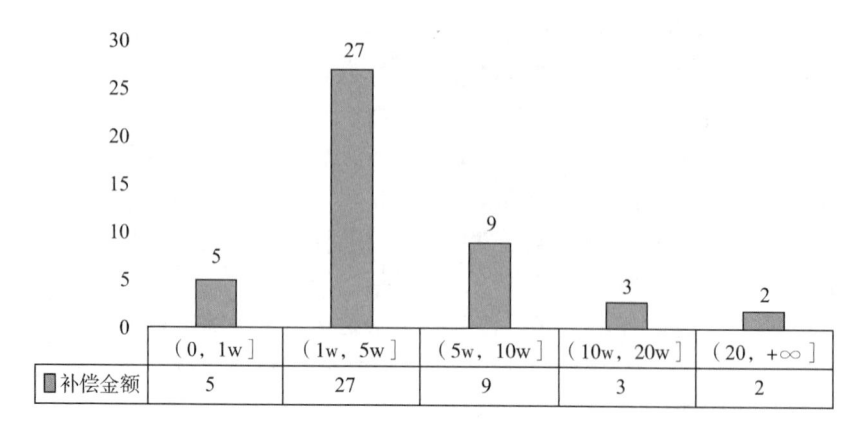

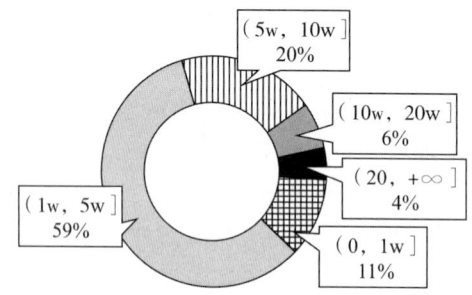

图 7-7 无补偿协议情况下经法院判决的酌定补偿金额统计图

金额为 300000 元,[①]最低补偿金额则仅有 7200 元,[②]绝大多数案件的补偿金额处于 10000 元至 50000 元区间。不少案件补偿金额在 10000 元及以下,补偿金额在 200000 元以上的案件则寥寥无几。且部分案件的补偿金额还包含了其他救济款项。可见司法实践中对于离婚经济补偿暂无统一的评价及裁量标准,为了避免过度保护,法院通常情况下会采用比较保守的方式进行裁量,但判决的补偿金额过低时则不能充分体现负担较多义务一方的贡献价值,导致当事人合法权益得不到充分保障。金额过高时则又可能会造成过度保护。故有必要进一步探析法院在判决确定补偿金额时的参考因素,以期构建合理的裁量标准及体系。

2. 关于补偿金额的衡量标准

为探究法院对涉离婚经济补偿案件补偿金额的裁量标准,笔者对 46 个无补偿协议的涉离婚经济补偿案件样本进行整理分析后,将上述案件判决书中提及的法院裁量补偿金额时所参考的相关因素按照类别及出现的频次由高到低进行了统计整理,具体情况如图 7-8 所示。

统计结果显示,在 46 份法院判决给付离婚经济补偿的案件判决书中,出现频次最高的裁量因素系一方在抚育子女、照料老人方面的投入情况。这与《民法典》第 1088 条规定的"义务"范畴有关,也是法院用以判定是否负担"较多义务"的实质性标准。其次,双方婚姻关系存续时间或共同生活时间、双方分居时长也是法院用以酌定补偿金额的重要参考因

---

① 参见〔2021〕鲁 0602 民初 4194 号李某与王某离婚纠纷一审民事判决书。
② 参见〔2021〕鲁 0682 民初 3672 号于某与张某离婚纠纷一审民事判决书。

裁量要素	频次
在抚育子女、照顾老人方面的投入情况	38
双方婚姻关系存续时间或共同生活时间	22
双方分居时长	19
双方收入及生活水平	11
当地人均收入及消费水平	8
补偿方经济负担能力	7
子女及父母年龄情况	7
应当给付的抚养费的数额及时长	4
为家庭所作贡献程度	3
请求方身体及精神状况	3
公平原则、照顾女方原则	2

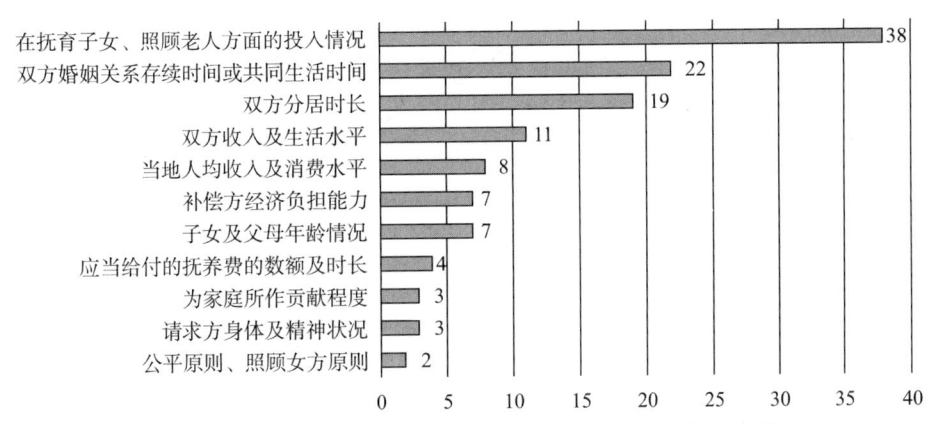

图 7-8 相关判决书中补偿金额裁量要素出现频次统计图

素。由于包含时间要素,这些因素相对来说也更容易被量化体现(时间与金额呈正相关),故大部分情况下法院会在判决及裁判说理中予以运用。此外,双方经济收入及生活情况、所处地区经济发展水平也会影响法院对补偿金额的认定,不少法院在裁量补偿金额时也会将当地人均收入及消费水平、双方当事人的收入及生活水平,甚至请求方的身体及精神状况等纳入考量因素中。如〔2021〕鲁 0682 民初 3672 号案件中,①法院酌定补偿金额时就考虑到了原告患有抑郁症需要治疗的情况,并以山东省当年人均年可支配收入为参照标准,结合双方当事人的婚龄最终确定了 300000 元的补偿金额。

需要说明的一点是,在前文阐述的法院"驳回理由"统计中,部分法院将给付方的经济负担能力作为是否支持离婚经济补偿请求的裁判依据之一,同样地,部分案件中法院还将该因素作为裁量补偿金额的参考依据。但笔者认为,离婚经济补偿制度目的在于补偿负担较多义务一方对家庭的贡献以及为此而损失掉的人力资本及机会,即使存在离婚时受益一方当事人给付能力较低的情况,也不能因此减损或剥夺负担较多义务一方的合法权益。同时,离婚时一方当事人为家庭所投入的贡献可能尚未转化为实际利益,但并不能否认其人力资本投入于未来转化为现实利益的可能性,若此时以补偿方不具备经济负担能力为由对补偿金额酌定减免,则可能造成双方权益失衡的状况。② 因此,将补偿方的给付能力作为确定补偿方式(一次性给付或分期给付)而非补偿数额的考量因素则更为适宜。除此以外,法院予以参考的因素还包括公平原则及照顾女方原则、为家庭所作贡献程度、子女及父母的年龄大小等。但从案件样本看,法院对补偿金额进行裁定说理时更侧重于付出方对家庭所负担的具象义务的多少,而忽略了负担较多义务一方由此牺牲掉的职业发展机会大小或人力资本减损程度。同时涉及家庭内部的义务承担情况又难以举证及量化衡量,这就无法保证补偿金额裁量结果的公正性、合理性。

综上所述,目前司法实践中对于涉离婚经济补偿案件补偿金额的裁量尚缺乏统一合理标准,且在设计补偿金额的计算和判定方面尚存在一定不足,还有待进一步的优化改善。

---

① 参见〔2021〕鲁 0682 民初 3672 号于某与张某离婚纠纷一审民事判决书。
② 王利玲:《家庭类别视野下家务劳动补偿制度的法律建构》,载《山西高等学校社会科学学报》2015年第 4 期。

三、我国离婚经济补偿制度适用中存在的问题

《民法典》第1088条司法实践适用时,存在下列四个方面问题,有待于改进。

(一)价值及功能定位模糊

首先,从前文中法院判决不予支持理由、酌定补偿金额裁量要素的两项统计数据可看出,当前司法实践中大部分法院在判定是否适用《民法典》第1088条规定的离婚经济补偿制度及对补偿金额进行具体认定时,主要评判标准仍聚焦于一方所付出的具象家务劳动价值,而忽略了隐藏在一方劳务中的人力资本投入及期待利益等抽象劳动价值。而这种忽略不利于离婚经济补偿制度效益功能的实现。其次,司法实践中还存在离婚经济补偿与其他离婚救济制度相混用的情形,如不少案件中审理法院将"补偿请求方不存在生活困难""给付方不存在经济负担能力"作为不支持经济补偿的理由。此外,还存在法院判决时将离婚经济补偿金额笼统地归于双方共同财产分割中的做法。这些都是其制度混用及功能定位模糊的体现。

(二)适用范围尚存争议

从前文对离婚经济补偿案件争议焦点的分析中可看出,《民法典》第1088条所包含的各项适用条件及要素的判定尚存争议。一是关于"离婚时"的适用要素认定,其中包含了离婚经济补偿制度适用时间是否仅限于离婚之时,以及离婚经济补偿的适用主体是否仅限于法定婚姻关系中的当事人两方面的问题;二是关于"较多义务"的判定,其中包含了"义务"的实质性判定及"较多"的程度上的衡量问题。当前司法实践对于上述离婚经济补偿制度适用方面的问题尚未厘清,一定程度上会减损其救济功能。

(三)补偿标准不一

从统计的案件样本来看,目前司法实践中对于涉离婚经济补偿案件的判决大都系以现金给付的形式,且总体来说金额普遍不高,但不同案件的审理法院在判定具体补偿金额时则存在较大差异,且参考的裁量要素各不相同。由于《民法典》第1088条对于补偿标准及其金额认定并无明确统一的规定,这就在一定程度上赋予了法官较大的自由裁量权,使得补偿标准缺乏统一科学的衡量标准,亦可能会因此导致同案不同判的情况。

(四)权利人举证困难

从前文中法院判决不予支持理由的统计情况看,"未予举证"或"举证不足"是法院对当事人提出的离婚经济补偿请求不予支持的主要理由。这与《民法典》第1088条中"负担较多义务"的实质性判定要素有关。由于家庭内部劳动存在隐秘性及难以量化的特点,付出较多义务一方在家庭日常生活中又很少会刻意留存其负担较多义务的证据,这就导致了补偿请求方举证困难的问题,从而阻碍离婚经济补偿制度救济效益的实现。

第五节

《民法典》背景下离婚经济补偿制度之优化

为克服《民法典》第1088条司法适用中存在的不足,应借鉴其他国家及地区相关制度规定的有益成果,针对前文"价值及功能定位模糊、适用范围尚存争议、补偿标准不一、权利人举证困难"的问题作进一步优化完善,以更好地发挥该制度的救济功能。

一、明晰离婚经济补偿制度之法律定位

(一)明析离婚经济补偿制度之价值定位

离婚经济补偿制度作为矫正权益的一种救济方式,本质上体现对家庭内部劳动价值的保护和肯定,这种价值保护不仅包含了基础性家务劳动的具象价值,还包含了"隐形家庭劳动"的抽象价值,即对一方因投入家庭内部工作而减损的人力资本及机会成本的补偿。在双薪家庭普遍化的当代社会,这种对"隐形家庭劳动"抽象价值的保护尤为重要。然而在当前司法实践中,大部分法院对于涉及离婚经济补偿制度案件的判决情况还是停留在对基础性家庭劳动的判定上,而往往忽略了一方当事人所牺牲的职业发展机会及人力资本减损情况。这将导致双方权益失衡,尤其不利于对在家庭劳动及离婚经济补偿请求权行使中占多数的女性的合法权益保障,违背了该制度设立的初衷。

首先,可参照德国立法实践,强调家务劳动的职业化定位。在立法中增加原则性的表述,明确《民法典》第1088条所规定的离婚经济补偿制度的保护对象。除了当前立法上涵盖的具象家务劳动价值的保护,还应体现对家务贡献方所牺牲的人力资本、机会成本等抽象劳动价值的认可及保护。其次,在制度设计中引入性别视角,明确夫妻双方应共担家务的立法理念。这一方面可以减少因传统家庭性别分工模式导致的夫妻双方个人收入、技能提升、职业发展等方面的权益失衡现象,防止受益方投机性离婚而导致另一方的权益受损;另一方面也有助于激励夫妻双方为家庭共同贡献,从而有利于家庭的和谐稳定及其子女的成长,发挥该制度功能的长效机制。

(二)明晰离婚经济补偿制度之功能定位

1. 实现与共同财产分割制度的有机衔接

《民法典》第1088条明确了在任何夫妻财产制下均能适用离婚经济补偿制度。当前的争议点则在于离婚经济补偿制度与财产分割同时适用时,是否会存在重复补偿及过度保护的问题。笔者认为,离婚经济补偿制度与离婚共同财产分割制度同属于婚姻制度体系中的重要一环,虽然二者关系紧密,但均被赋予了各自的功能定位及价值"使命",应在保障制度

独立价值的前提下明确其适用情形,保障制度功能的有机衔接。

(1)区分制度功能,彰显独立价值。有学者认为,离婚经济补偿制度和离婚财产分割制度属于两种不同的制度体系,其保护的对象及宗旨各不相同,因此二者可以同时适用,互不影响。① 也有学者指出,基于《民法典》将离婚经济补偿制度适用范围拓宽至共同财产制的官方释义,在共同财产制的情况下,离婚经济补偿制度只有在付出较多义务一方所作贡献经共同财产分割后仍得不到补偿的例外情况下才能够适用,否则将导致重复补偿。② 笔者则更偏向于第一种观点,具体理由如下:

首先,《民法典》第1087条规定的共同财产分割原则中并未包含对双方家务贡献的考虑,所谓的"重复补偿",主要指的是共同财产分割中的"照顾子女和女方利益原则"与离婚经济补偿制度在某种情况下的考量因素竞合情形,但二者的功能定位各不相同。离婚经济补偿制度侧重于对家务劳动价值的客观评价,具有其独立价值。而离婚财产分割中的"照顾子女和女方利益原则"倾向于对婚姻关系中可能处于弱势地位的女方的权益保护及对与子女共同生活的一方当事人的适当的经济保障,只是法院在财产分配时酌定参考的一种概括性原则,其在家务贡献方并非女性等情况下二者并不存在竞合情况,更无法替代离婚经济补偿制度的补偿功能。其次,在《婚姻法》第40条备受争议的情况下,《民法典》第1088条选择以删去分别财产制的适用条件的形式将离婚经济制度予以保留,实际上就是在优化适用的情况下赋予该制度以独立的价值体系。若在此情况下再将家务劳动价值保护纳入共同财产分割原则中考量反而会导致重复补偿。此外,官方释义中给出的立法修改理由解释的是离婚经济补偿制度适用于共同财产制度的正当性基础,③而非其在共同财产制度情况下的适用条件,因此不能将此看作共同财产情况下离婚经济补偿制度的限制性适用条件。轻易将其评价为"重复补偿"可能会导致制度功能缺失、救济效益减损的结果。

(2)厘清适用情形,明确适用规则。依据官方解释,在离婚经济补偿制度及共同财产分割制度相竞合的情况下,首先应明确"先分后补"的适用规则,并将个人婚前财产或经共同财产分割后一方所得的个人财产作为补偿的责任财产。④ 即应先对双方共同财产进行分割,再用分割后归个人所有的财产对贡献方支付离婚经济补偿款项。若先将补偿金额在共同财产中予以扣除,再进行共同财产分割,就导致了本应由受益方支付给家务贡献方的补偿金额变成了由双方共同支付的结果,不但违背了立法目的,还将减损离婚经济补偿制度的救济功能。此外,笔者认为适用"先分后补"规则时还应注意一点,即保障补偿价值的独立性,对付出较多义务一方的贡献价值进行单独评价。对于贡献方应获得的补偿价值应事先予以确定,不受财产分割时的考量因素影响而受到减损,否则将有违公平。

2. 实现与其他离婚救济制度的协调适用

离婚经济补偿制度与离婚经济帮助制度、离婚损害赔偿制度共同构筑了《民法典》中的离婚救济体系。随着《民法典》的出台,上述三项救济制度都有了一定程度的完善,虽然各

---

① 王歌雅:《民法典婚姻家庭编的价值阐释与制度修为》,载《东方法学》2020年第4期。
② 汪洋:《共同财产制下离婚经济补偿的价值基础、教义构造与体系协调》,载《妇女研究论丛》2021年第5期。
③ 黄薇:《中华人民共和国民法典婚姻家庭编解读》,法律出版社2020年版,第230页。
④ 黄薇:《中华人民共和国民法典婚姻家庭编解读》,法律出版社2020年版,第230页,第232页。

项救济制度的具体保护对象及定位有所差异,但在宗旨上均包含权利救济及矫正功能。[①] 司法实践中也时常出现几种离婚救济制度存在竞合的情况。因此应厘清离婚经济补偿与其他救济制度之间的适用规则,以实现各项制度的贯通协调,将救济效益功能最大化。

(1)与离婚损害赔偿制度之协调适用。首先,在适用条件上,离婚损害赔偿制度以因一方重大过错造成离婚为适用前提,同时要求适用一方不存在过错,集惩罚性及赔偿性于一体。而离婚经济补偿制度侧重于对家务贡献的保护及客观评价,并不以一方有重大过错为前提条件,故原则上二者并不存在功能重叠的情况。在判定一方所提出的离婚经济补偿请求是否成立时不应将该方是否具有过错纳入考量范围,即便该方存在重大过错也不能因此否认其为家庭所作出的贡献,对其过错行为则应在一定条件下以离婚损害赔偿制度加以评价,否则将造成制度混用的情况,更不利于保障当事人的合法权益。其次,当同一个案件存在两种制度相竞合的情况时,应首先对补偿金额及赔偿金额进行分别计算。若提出离婚经济补偿请求的一方系非过错方,则该方可因此同时获得补偿金及损害赔偿金,并将款项进行累计。若提出离婚经济补偿请求的一方系导致离婚的重大过错方,则可在其应得的补偿金额中扣除相应的赔偿金。

(2)与离婚经济帮助制度之协调适用。首先,在适用规则上,离婚经济帮助制度以一方生活存在困难且另一方具备负担能力为前提,侧重于满足生活困难一方的客观需要,[②]而不考虑双方对家庭所作的贡献或是否存在过错。应给予帮助的一方的经济能力则为判定是否适用离婚经济帮助的重要考虑因素,其是一种消极给付。而离婚经济补偿制度则侧重于对负担较多义务一方所作家庭贡献的补偿,因此补偿方即使存在当前经济状况无法给付的情形也不能排除贡献方应受补偿的权利,具有一定的强制性。因此,对于两项制度应严格区分适用条件,避免混用情形。此外,在适用规则及顺序上,离婚经济帮助具有兜底性的特征,是否适用离婚经济帮助制度受其他离婚救济制度适用效果的影响。这主要基于对"生活是否困难""是否具备负担能力"要素的判定,只有当共同财产分割完毕,且其他离婚救济手段已经穷尽后仍无法消除一方当事人离婚后的"生活困难"情形时,才具备启动离婚经济帮助的适用可能性。因此,在制度竞合的情况下,应先对双方共同财产进行分割,并对离婚经济赔偿金及离婚经济补偿金都加以计算后,再行考虑离婚经济帮助制度适用的可能性。

二、厘清离婚经济补偿制度之适用要素

(一)厘清"离婚时"之限制要素

1. 适当拓宽权利行使的时间限制

司法实践中,法院对于"离婚时"的时间节点判定存在不同理解,关于离婚经济补偿制度的适用时间问题也一直颇受争议。有学者提出可借鉴瑞士关于"补偿金给付"的相关规定,允许负担较多义务一方在婚姻存续期提起离婚经济补偿请求。[③] 也有学者主张应将离

[①] 薛宁兰:《民法典离婚救济制度的功能定位与理解适用》,载《妇女研究论丛》2020年第4期。
[②] 薛宁兰:《民法典离婚救济制度的功能定位与理解适用》,载《妇女研究论丛》2020年第4期。
[③] 王歌雅:《家务贡献补偿:适用冲突与制度反思》,载《求是学刊》2011年第5期。

婚经济补偿请求权的行使范围拓展至离婚后,延长权利保护期限。① 笔者认为,对于离婚经济补偿制度适用时间的认定不可僵化理解,应从立法宗旨出发认定离婚经济补偿请求权的行使时间。具体分析如下:

首先,在共同财产制的形式下,离婚经济补偿制度不应拓宽适用于婚姻存续期间。一是虽然瑞士的"补偿金给付"允许于婚姻存续期间提起,但其财产制度形式及具体情况与我国不同,贸然参照不具有绝对适用性;二是在我国传统婚姻家庭观念中,尤其是在共同财产制形式下婚姻被视作夫妻双方的共同体,如果允许婚姻存续期间提起离婚经济补偿请求,则会破坏夫妻感情,不利于家庭和谐;三是婚姻存续期间,一方付出的较多义务可以通过与对方共享收益的形式得到补偿,此时无适用的必要。当然,对于夫妻间约定财产分别所有的,则可依据双方对家庭分工及收益分配的约定处理。

其次,对于离婚经济补偿制度是否适用离婚后的阶段,笔者认为考虑到权益救济的需要,在特定情况下可以允许离婚后提起。第一,在登记离婚的情况下,若双方因客观原因尚未就财产分割及有关权益分配达成协议,或虽就离婚经济补偿达成一致协议但在履行过程中产生争议的,允许双方就离婚经济补偿单独提起诉讼,此时法院可依据其离婚经济补偿的诉讼请求进行审理。第二,在诉讼离婚的情况下,笔者认为可参照适用相关司法解释中关于同为离婚救济手段的离婚损害赔偿请求权行使时间的规定。② 当原告系负担较多义务的一方时,离婚经济补偿请求原则上须与离婚诉讼同时提出。但若因非原告方过错的客观原因而错过了适用时间或是原告方存在新证据时,可允许其就离婚经济补偿单独提起诉讼或于二审期间提出。在负担较多义务一方系被告且不同意离婚的情况下,若法院判决离婚,原告可就离婚经济补偿单独起诉或于二审提出补偿请求。此外,为防止权利泛化,对于离婚经济补偿诉讼请求应比照普通诉讼时效,限定在离婚后三年内提起。

2. 适当拓宽权利行使的主体限制

关于《民法典》第1088条中的"离婚时"适用要素的另一层理解在于当事人适用主体限制上。从文义上看,离婚经济补偿制度适用于法定婚姻关系主体,而对于仅具备"婚姻共同体"形式特征的非婚同居关系主体是否同样具有离婚经济补偿请求权则存在争议。笔者认为,结合立法目的及权利救济的需要,可将"离婚时"这一适用要素包含的权利适用主体适当进行拓宽,非婚同居关系具有适用离婚经济补偿制度的正当性基础。

首先,随着经济的发展及人们生活观念的转变,选择非婚同居作为两性结合方式的主体数量在不断上升,作为时代衍生的一种"新型家庭形态",法律有必要对此作出回应,及时调整其中包含的权利义务关系。其次,非婚同居关系与法定婚姻关系具有相似性及同质性,其实质均为双方当事人基于一定的精神扶持及物质支持而紧密结合形成的利益共同体关系,也同样包含抚养子女、协助另一方工作等"家庭"分工模式,存在"家庭"内部分工不均衡而导致双方当事人主体权益失衡的可能性,因此具备离婚经济补偿制度保护内容及适用的客观需要,且非婚同居关系作为一种较为松散的共同体结合关系,其权利义务的协调更加需要法律的维护及保障。再次,虽然我国法律对于非婚同居关系未给予法定地位上的承认,但司法实践中对于解除非婚同居关系中的财产分割及子女抚养问题可参照法定婚姻形

---

① 孙若军:《离婚经济补偿制度立法研究》,载《法学家》2018年第6期。
② 《最高人民法院关于适用〈中华人民共和国民法典〉婚姻家庭编的解释(一)》第88条第3款。

式进行处理。离婚经济补偿制度的给付内容是补偿金,涉及的是双方主体之间的财产利益关系,故非婚同居关系同样存在类比适用离婚经济补偿制度的依据。

因此,不应排除非婚同居关系主体适用离婚经济补偿制度的可能性,而应结合是否存在一方承担较多义务等实质性条件加以判定。但是,作为非法定形式的共同体关系,非婚同居关系主体在离婚经济补偿请求权利行使及其具体适用规则上应当与法定婚姻关系主体的适用有所区分。一方面,其权利行使的时间应仅限于非婚同居关系结束时;另一方面,在补偿标准上应以给付方的现有资产为基准对义务多付出方给予补偿,[①]应在不导致给付方过大经济负担的情况下,尽可能地补偿非婚同居关系中劳动付出方于同居期间所作的贡献价值。

(二)厘清"负担较多义务"之判定要素

"负担较多义务"构成了离婚经济补偿的实质性内容,也是立法保护的正当性基础及司法实践中影响法院裁判的关键因素。因此,为了充分发挥制度效用,应从定性及定量两个角度出发,厘清"负担较多义务"的判定要素内涵。

1."义务"范围之厘定

(1)不局限于"法定义务"。《民法典》第1088条沿袭了关于离婚经济补偿制度的列举加概括式的立法模式,对"义务"一词作了概括性论述,但目前立法中无明确解释。从文义解释角度出发,单从法条中列举的"抚育子女""照料老年人"的内容上看很容易将其视为婚姻关系中的"法定义务"范畴。但从立法意旨上看,离婚经济补偿制度的评价及保护对象不可简单等同于法定义务,其保护范畴不仅包括具有法定义务性质的家务劳动,也包括一方配偶所承担的打扫卫生、收拾住所、准备餐食、协助另一方配偶工作等法定义务以外的家庭内部劳动。因此,应从《民法典》第1088条规定中未能穷尽列举概括的"等"字出发,将其条文中的"义务"扩大化解释为囊括但不限于法定义务的家庭内部劳动。[②]

(2)对于"义务"的具体判定。对《民法典》第1088条具体列举的三项义务内容进行探析。第一,"抚育子女"主要指的是双方对未成年子女教育、抚养及保护方面所承担的责任,婚姻关系中对子女的抚育是双方承担家庭责任的重要表现,同时也是司法实践中用以评判一方配偶是否负担较多义务的标准。第二,对于"照料老年人"的范畴理解则存在争议,司法实践中大多案件的审理法院将一方当事人照顾己方父母的行为视为其作为子女应尽的赡养义务,从而将该行为排除在"照料老年人"的义务范畴之外。笔者认为应结合具体情况进行认定,从成本效益角度看,照料己方父母不会使另一方配偶因此受益,因而不属于离婚经济补偿的评价内容。但若婚姻存续期间家务贡献方父母与夫妻长期共同生活,则家务贡献方对己方父母的照顾可视为双方共同生活的一部分,此时可笼统地涵括在"照料老年人"的义务范畴中,只不过此时若仅凭其对己方父母的照料则达不到离婚经济补偿的"较多"评价标准。第三,对于"协助另一方工作等义务"应作广义理解,与一般的家庭内部劳动不同,其包含了一种基于家庭内部视角的社会劳动对价属性,[③]不仅包括打扫卫生、洗衣做饭等具

---

① 侯学宾、潘国瑞:《非婚同居中财产给付性质的裁判逻辑》,载《法律适用》2022年第10期。
② 薛宁兰:《民法典离婚救济制度的功能定位与理解适用》,载《妇女研究论丛》2020年第4期。
③ 金眉:《离婚经济补偿的理解与适用研究》,载《江苏社会科学》2021年第4期。

体家庭内部劳动,同时也包括了基于时间精力投入的"隐性付出"。实质上包含了一方为配合另一方工作或学业而作出的牺牲,如自身人力资本及未来收入能力的减损。

综上所述,在立法无法列举离婚经济补偿制度的所有适用情形时,应对《民法典》第1088条之"义务"范畴作广义理解,其不仅包括基于共同体利益的家庭内部劳动付出,还包括为了家庭及对方工作的人力资本投入。

2. "较多"标准之衡量

首先,"较多"是适用离婚经济补偿制度的程度及定量要求。从表面上看系夫妻双方付出的劳动时间及强度上的差异,本质上则体现为夫妻双方之间权益失衡的程度,而离婚经济补偿制度就是对夫妻双方因家庭内部劳动分工差异导致权利义务显著失衡情况下的一种权利救济及衡平机制,在对权益受损一方进行救济的同时也应避免过度保护的情形。因此,必须明确"较多"的判断标准,即婚姻关系中一方主体从事家庭内部劳动耗费的时间及投入的人力资本明显超过另一方的情况。

其次,"较多"的标准认定还涉及了当事人举证及法院裁量依据的问题。但涉及家庭内部的"义务"往往较为隐蔽且内容较难量化,且目前对于"较多"的衡量及认定并没有统一标准,这就加大了当事人举证及法院判定的难度。笔者认为:一方面,应丰富"较多义务"的认定及证明方式,并结合具体情况进行判断。如双方各自陪伴子女或父母的时长、双方于婚姻存续期间累计支付的扶养费及家庭开销数额的情况、子女成长阶段、父母年龄及身体状况等。同时,当存在双方长期处于分居状态,且其子女或配偶父母与一方长期居住的情形时,则具有推定该方负担"较多"义务的高度可能性。

此外,需要注意的是,对于不同家庭模式的"较多"义务的判定标准应予以区分。即对单薪家庭和双薪家庭中一方是否负担较多义务的衡量存在差异。在双薪家庭中,由于双方均从事社会劳动,此时对"较多义务"的判定就只需衡量双方所从事的家务劳动量即可。但在一方从事社会工作而另一方全职从事家务的单薪家庭模式下,由于双方本就存在社会劳动及家务劳动的差异化分工,且双方基于不同的劳动分工共享收益,若单纯基于双方从事的家务劳动量来衡量一方是否负担"较多"义务,则意味着忽视了另一方以社会劳动方式为家庭所作的贡献,反而因厚此薄彼造成双方间权益失衡。因此,在单薪家庭模式下,衡量全职家务劳动者是否存在"较多"义务的标准在于该方长期从事家庭内部劳动或协助配偶工作的情况是否导致了其个人发展机会丧失、工作及收入能力下降等情况。即只有因承担家务劳动而导致人力资本减损时,才可认定其负担了"较多"义务。

三、构建离婚经济补偿制度之补偿体系

(一)补偿标准明确化

明确离婚经济补偿的标准是正确适用离婚经济补偿制度的前提。关于离婚经济补偿的标准认定问题,存在损失补偿说与收益补偿说两种学说观点。损失补偿说从婚姻成本出

发,着眼于夫妻一方因对家庭投入而造成的损失。① 收益补偿说则主要从婚姻共享收益的角度来解释离婚经济补偿制度的机理。② 两种学说的落脚点不同,但其计算补偿的标准都只局限于损失一方或收益一方。而家庭作为婚姻当事人收益损失共担的联合体,损失及收益是不可分割的。若仅关注一方付出的婚姻成本而不考虑另一方获得的收益,则不利于利益受损一方的权益保障;若仅关注一方收益而不考虑另一方的收益则可能存在过度保护的情况。因此,离婚经济补偿的标准应当建立在综合评价双方当事人损失与收益的基础上,以此平衡双方权益,实现矫正正义的立法宗旨。

补偿标准的具体认定应结合双方的损失及收益综合判定。对家务贡献较多一方的投入及损失的评估包括两点:一是其所负担的具体劳动情况。一方对家庭投入的时间、体力等仅属于家庭内部劳动付出,虽无法从外界获得收益,但其中包含了助益家庭及其成员的间接经济价值,故亦应对该方从事的家庭劳动给予评估。二是其因投入家庭劳动而损失的机会成本与人力资本。其中包含了该方为支持家庭或另一方配偶工作而作出的"隐性牺牲",寄托了其对家庭共同体收益的期待利益。对于受益一方的收益评估也包含了两点:一是其因家务贡献较多一方的付出而获得的直接经济收益。家务贡献方的付出意味着雇佣家庭劳务的成本降低,同时也使得另一方配偶从家庭劳动中解放出来,从而获得更多时间、精力从事社会工作并从中取得现实收益。二是受益方由此得到的人力资本及能力的提升,即尚未转化为现实利益的预期收益。

(二)补偿因素多元化

结合前文所述,域外不少国家或地区的成文法及判例中对于补偿标准及金额认定已有明确多种参考因素的做法。为了防止法院自由裁量权泛化,笔者认为应结合我国司法实践,明确并充分考量涉及离婚经济补偿判定的各类种因素。各因素具体可包括以下几类:

1. 婚姻存续期间家庭生活水平

婚姻存续期间家务劳动负担方往往基于对家庭共同体的期待利益而因此愿意选择牺牲自身发展机会来支持家庭及另一方配偶工作,以此提高家庭共同体的生活水平。因此,在对负担家庭义务较多一方进行补偿时应充分考虑其对维持此前生活水平的期待利益。对于婚姻存续期间的家庭生活水平,可通过日常的衣、食、住、行以及消费支出等方面来确定,如据此无法判定时,则可参照当地经济发展水平、人均可支配收入、人均消费水平等因素进行综合评判。

2. 双方负担家庭义务情况

实际上,此要素是对一方是否"负担较多义务"的判定,包含了法定义务在内的所有家庭内部劳动。评价内容不仅包括打扫、洗衣、煮饭、照料子女及老人等日常具体家务劳动情况,还包括为家庭及配偶工作而付出的隐性牺牲。评价的形式包括劳动强度及劳动时长,具体可通过双方家庭类型、是否处于长期分居状态进行综合判定。

---

① See Ira Mark Ellman, Duty in Divorce: Shared Income as a Path to Equality, 48 *The Theory of Alimony* 1990(2), pp.21~25.

② See Jana B. Singer, Occupational Self-Selection: Modern Marriage Law, 67 *Divorce Reform and Gender Justice* 1992(3), pp.15~18.

3. 双方婚龄或同居时长

通常情况下,婚姻存续时长与双方家庭内部劳动负担量呈正比,非婚同居关系中则可以同居时长来衡量,但同时也应考虑婚龄较短但一方负担较多义务的特殊情况。从另一角度来看,婚龄及同居时长意味着负担较多义务一方外出就业获取收入能力水平的减损情况,包含了该方离婚后重塑自我的难度,是作为补偿要素的应有之义。

4. 离婚时双方职业资历及收入变化情况

离婚经济补偿的内容还应包括隐含在家庭内部劳动中的"隐性牺牲",因此一方因长期投入家庭劳动所牺牲的收入能力、职业发展机会等人力资本减损情况,以及另一方因此获得的收入提高、学历及工作能力提升等人力资本增值情况均应作为补偿评价的重要因素,将双方于未来获得收入预期情况囊括其中。具体可依据离婚时双方职业发展变化情况、双方现有及可预估的资本、于婚姻期间取得的执业资格证书等因素来综合评估。

除以上参考因素外,还包括公平原则等其他因素。但需要注意的是,笔者认为补偿方是否具有经济负担能力仅可作为是否采用分期支付等补偿形式的考量因素而不可作为补偿金额的判定依据,否则将导致制度混淆的情况。以上补偿要素则需法官结合实际情况合理裁量,以平衡双方权益,将制度救济功能最大化。

(三)补偿估算科学化

在离婚经济补偿金额估算问题上,现有研究成果通常采用公式套算的方法。具体的补偿方法包括以下两种类型:一是借鉴德国财产增加额共同制的相关规定,由受益一方于婚姻存续期间收入差额的二分之一补偿给家务贡献较多一方。具体计算方式为:"离婚经济补偿金额=(夫妻年收入差额÷2)×双方婚龄(以年为单位)"[1]。二是"离婚经济补偿金额=同期同地区的家政服务人员单位时间的平均薪酬×从事劳务的时长"。[2] 这两种方法虽提供了计算离婚经济补偿金额的思路,但均存在一定的不合理之处。第一种计算方法忽略了双薪家庭的分工特点,不具有普适性。在双职工家庭模式下,若双方均从事社会劳动且工作收入相当,一方于工作之余又同时负担绝大部分的家庭内部劳动,此时若按照上述方法进行计算,则有违公平;第二种计算方法则将离婚经济补偿金额简单视为基于合同关系的权利义务对价,忽视了家务贡献方基于家庭而投入的情感因素、人力资本及包含其中的预期利益。

我们应探索建立科学、公正、合理的基于家务劳动价值的离婚经济补偿金额评估体系,为法院作出合理的判决提供科学依据;并从离婚经济补偿标准出发,结合双方损失及受益,依据个案中的补偿因素进行全面考量,以防止自由裁量权过大而导致的利益偏差。法院确定具体补偿数额时,可选择当地同时期家政人员的平均薪酬作为补偿起算标准,并在此基础上结合当地的经济生活水平、双方婚龄时长、双方对家庭的投入成本及应给予补偿一方的现有给付能力等因素作出适当调整,以平衡贡献方及受益方之间的权益。根据这一标准确定的补偿金额不同于上述公式的僵化计算确定的金额,不能简单地用家政人员薪酬与家务时长相乘来确定金额,而应先在同地区同时期中选取与家务劳动价值最为接近的家政服

---

[1] 王歌雅:《家务贡献补偿:适用冲突与制度反思》,载《求是学刊》2011年第5期。
[2] 陈丽娟:《家务补偿请求权的法经济学分析》,载《妇女研究论丛》2007年第2期。

务收费作为补偿的起算标准,以防止因补偿标准不明确而导致的补偿金额明显偏低情况。在此基础上,结合其他因素综合参考,针对案件的不同情况在具体个案中充分权衡双方利益后作出公正判决。此外,在家务劳动具体价值的衡量方面,可探索家务劳动价值科学估算工作。如国家统计部门凭借大数据技术对家务劳动价值进行估算,对公民时间利用情况展开调查评估,并在结合行业报酬替代法、机会成本法、综合估算法等方法的基础上构建起相应的计算模型,①然后结合本地区的经济发展状况和劳动者的平均工作时间,建立本地区最低工资标准与平均家务劳动量之间的关联性,合理估算本地区家务劳动的总价值,并以此作为确定离婚经济补偿金额的科学依据。

(四)补偿形式多样化

《民法典》第1088条未明确规定离婚经济补偿制度的具体给付形式,且司法实践中,法院判定的补偿给付形式也较为单一。参考域外相关经验并结合我国实际情况,笔者认为可采取法定及约定相结合的方式,丰富离婚经济补偿制度的补偿形式、构建多元化补偿体系,以此探寻发挥制度效用的多元化路径。

1. 采用多种财产给付形式

借鉴法国"补偿性给付制度"的相关规定,经济补偿的财产形式包括但不限于货币资金。在具体案件中,首先应依据当事人的协商意愿确定给付形式,未予协商或协商不成的法院应结合当事人需要及现有财产形式确定。通常情况下以货币资金为给付形式,但同时也允许通过不动产、动产所有权和使用权、居住权、有价证券、知识产权收益等不同形态的财产标的予以给付。例如,一方于婚姻存续期间负担较多义务而致其重新工作获得收入的能力显著降低,仅凭金钱补偿的形式可能无法保障该方离婚后的正常生活,而离婚时房屋又归受益方所有的,则可以允许采用给予该贡献方对于上述房屋一定期间的居住权的补偿形式。

2. 一次性支付与分期支付相结合

我国当前司法实践对于离婚经济补偿金普遍采取一次性支付的方式,但当离婚时双方无共同财产可供分割、受益方尚无给付能力或其因贡献方的家庭劳动投入而获得人力资本增值尚未显现及转化为现实财产利益时,此时若仅限于一次性支付的方式则无法弥补家务贡献方的期待利益及权益受损情况,所谓补偿仅仅流于形式,从而导致双方权益失衡,违背立法初衷。因此,笔者建议参考借鉴法国"补偿性给付制度"中的"本金""定期金"形式,对补偿给付方式予以明确规定,首先应依据当事人的协商意愿确定支付方式,未予协商或协商不一致的,通常情况下判决一次性给付,但若离婚时双方无共同财产可供分割或受益方因贡献方的家庭劳动投入而获得人力资本增值尚未显现及转化为现实财产利益,在考虑受益方当时给付能力情况下,应允许以分期给付的方式支付补偿金。但应注意的是,为避免给付方拒绝履行分期支付义务的情形,需相应地建立解决分期给付方式风险的保障措施。可以借鉴采取担保、公证等形式保证补偿金额的给付,以最大限度上保障经济弱势一方的合法权益。

---

① 陈苇、曹贤信:《论婚内夫妻一方家务劳动价值及职业机会利益损失的补偿之道》,载《甘肃社会科学》2010年第4期。

四、完善离婚经济补偿制度之证据规则

(一)优化证据规则,衡平举证责任

依据"谁主张谁举证"一般证据规则,涉离婚经济补偿案件中"负担较多义务"的举证责任主体即为补偿请求方。但司法实践中,由于家务劳动隐蔽性及难以量化的特点,补偿请求往往存在收集证据及举证困难的问题。因此,有必要对当前证据规则进行优化完善,依据权利人的诉讼请求及实际情况,合理分配举证责任并适当降低证明标准,衡平当事人之间的合法权益。

首先,在举证责任分配方面,应采取补偿请求方举证为主,法院依职权调查作补充的责任分配方式。在补偿请求方虽主动积极举证却无法收集相关证据情况下,考虑到双方举证责任的非对等性及补偿请求方举证能力有限的现状,此时法院可依职权辅助调查相关证据。此外,在证据类型方面,子女等与双方共同生活的家庭成员、双方邻里、村居委会、双方共同好友等可能知悉相关情况的人士的证人证言,当事人双方的工资收入明细,双方于婚姻存续期间累计支付的家庭开销账单等均可作为补偿请求方用以证明其负担较多义务事实的证据。

其次,在举证标准认定方面,涉及离婚经济补偿的离婚纠纷案件中,由于家庭义务的承担往往融于日常生活点滴,权利人通常不会通过拍摄照片、视频等方式刻意记录留存证据,而家务劳动强度、人力资本减损情况等更是难以用可视化、可量化的证据进行证明。故笔者建议可在"高度盖然性"的证明标准基础上予以适当降低,即采用优势证明标准,由双方对各自婚姻存续期间的家庭义务承担情况出示相应证据,[①]法官则结合双方举证及案件具体情况来判定双方提供的证据的证明力大小,若提起补偿请求的一方出示的证据比对方予以反驳的证据证明力更高,则可认定该方负担较多义务事实成立,判决支持其补偿请求。

(二)加强法官释法,权衡个案利益

1. 适当职权探知,提高适用效率

《民法典》第1088条强调当事人意思自治。司法实践中,该制度的适用率仍偏低,很大程度上是当事人对离婚经济补偿制度的存在认知盲区而造成的。《民法典》第1088条规定,如负担较多家庭义务一方向另一方提出补偿请求,另一方应当给予相应补偿。但此处"应当"指的是倡导性规范,不具有强制性的要求,故只有负担义务的一方主动提起才存在适用离婚经济补偿条款的可能。因此,为保障负担较多义务一方的权利,应首先保证其明晰自己拥有该请求补偿的权利。但大多数离婚纠纷中符合补偿请求的当事人并不知悉该项权利。故在某些情况下,法院的适当介入有利于发现案件事实,提高判决的公正性及效率。职权探知不等同于过分干预,法官不可主动适用离婚经济补偿的相关规定,但在特定情况下,基于公平原则,法官可强化其释明义务,保障当事人知情权。此外,法官的职权探知还

---

① 陈苇、何文骏:《我国离婚救济制度司法实践之实证调查研究——以重庆市某基层人民法院2010—2012年被抽样调查的离婚案件为对象》,载《河北法学》2014年第7期。

包括在某些涉及当事人重大利益案件中,当事人举证不足时告知其举证不能的败诉风险,督促其履行举证责任,以尽可能减小对弱势一方当事人的不利情况。综上所述,通过法官适当的职权探知,可以在一定程度上缓解离婚经济补偿制度中当事人举证困难的问题,提高适用效率、权衡当事人利益。

2. 强化细化说理,明确裁量依据

法官在对离婚经济补偿案件进行判决的过程中,应强化细化说理,明确裁量依据。一方面有利于法官明确案件事实及争议要点,对案件证据进行合理审查,从而保障裁量的正确性及合理性;另一方面也有利于当事人明晰案件的处理流程,提高对判决结果的认可程度,以减少未来再次诉争的情况。

首先,在对离婚经济补偿案件的有关证据进行审查及认定时,法官应将是否采纳当事人提交的证据及其理由明晰在裁判文书中。司法实践中部分法官在对离婚经济补偿的案件进行判决说理时仅概括性地以"不符合《民法典》第1088条规定"而驳回补偿诉讼请求、在判决具体补偿金额时未说明裁判依据、在对双方提交的证据认定过程中未予回应等,这些都是裁量过程中不规范的表现。在判定一方是否"负担较多义务"、酌定补偿金额等情况时,法官应当在裁判文书中予以充分说理,尤其是在因证据不足而驳回补偿诉讼请求的情况下,更应体现其利益衡量的自由心证过程。

其次,在具体裁量过程中,法官应结合案件实际情况进行判决,同时在判决过程中明确裁量依据及裁判原则,如双方从事家务劳动的强度、婚姻存续期间双方的生活水平、双方婚龄及共同生活的时长、离婚时双方职业资历及收入变化情况等,从而保证其能在全面查明案件事实、结合个案充分考察相关因素的情况下作合理公正的判决。

(三)引入配套措施,辅助调查取证

为解决离婚经济补偿案件中举证困难的问题,笔者认为可借鉴域外相关实践,引入家事调查员制度。

首先,在离婚经济补偿案件中引入家事调查员制度具有法律依据及正当性基础。在涉及离婚经济补偿的案件中,双方当事人需通过举证、质证来实现对"较多义务"的实质性要素的论证,但涉及离婚经济补偿纠纷的案件具有较强的私密性和情感性,日常生活中当事人往往缺少证据留存意识,故司法实践中当事人往往因证据不足或取证困难得不到法院认可及支持,从而无法维护其应有利益。由于法院职权介入条件有限,此时则可通过家事调查员辅助调查取证的方式来探明事实,从而在避免法院不当干预的情况下,助其公正裁决。

此外,在离婚经济补偿案件中引入家事调查员制度解决举证困难问题具有可操作性。域外有些国家及地区已具备相关实践经验。如美国的家事法院顾问、英国的家事调查官等,这些均可作为我国探索进路的有益参考。[①] 当离婚经济补偿案件中补偿请求方存在举证困难的情况时,法院可根据案件具体情况依职权委托家事调查员对有关争议事实进行调查取证。具体来说,可通过面谈、走访、谈话等方式对婚姻存续期间双方在抚养子女、赡养老人等方面的家庭工作情况、双方个人职业情况等事项进行考察并搜集相关材料证据。同

[①] 蒋月、冯源:《台湾家事审判制度的改革及其启示:以"家事事件法"为中心》,载《厦门大学学报(哲学社会科学版)》2014年版第5期。

时,家事调查员进行辅助调查取证,其作为第三方主体而调查形成的结果更为客观,搜集证据方面也更具有专业性、可信性,故法官也可将经调查而形成的家事调查报告作为离婚经济补偿案件的审判参考依据。但是参考并不等同于完全依赖,在参考调查报告的时候,如法官或双方当事人对报告内容存疑的,法官应结合其他证据进行认定,必要时可就家事调查报告中的争议事实组织质证。

综上所述,在离婚经济补偿纠纷中引入家事调查员相关制度措施,辅助调查取证,有助于缓解当事人举证困难的情况,也有助于法官更加客观全面地了解案件事实,以此作出公正合理的判决,保障双方的合法权益。

离婚经济补偿制度作为我国一项离婚救济制度,以"保护家务劳动价值"为基本内涵,以实现男女平等与矫正正义为价值追求。同时我们也应看到该制度背后所包含的"维护和睦、稳定婚姻家庭关系"的理念及宗旨。婚姻关系中的男女双方都应秉持平等观念,学会在自我成长与家庭奉献的关系中维持平衡,保持经济独立、注重自我提升,同时应呼吁双方共担家务,形成良好家风及社会氛围,维护家庭和谐及社会稳定,将该制度的社会效益最大化。

第八章 《民法典》视域下离婚损害赔偿制度的司法适用研究——基于644份裁判文书的实证分析

第一节

离婚损害赔偿制度司法适用的基本情况

一、问题的提出

鉴于我国离婚率上升,重婚、姘居、家庭暴力现象增加的社会现状,2001年颁布的《婚姻法》(修正案)增设了离婚损害赔偿制度,旨在惩罚因存在重大过错行为导致婚姻关系解除的配偶一方,保护在婚姻关系存续期间的无过错方,填补其因配偶的重大过错行为受到的物质损害和精神损害。[①] 但《婚姻法》第46条的司法适用情况并不理想,有学者据此主张废除离婚损害赔偿制度。[②]《民法典》第1091条不仅肯定了离婚损害赔偿制度在婚姻家庭关系中的重要地位,而且在《婚姻法》第46条的基础上进行了两处修改。第一处是将"有配偶者与他人同居"改成"与他人同居",删去"有配偶者"的表述,此处修改仅为文义修改,对制度本身并未产生实质性影响;第二处是新增了"有其他重大过错"这一兜底条款,采取"明文列举+概括主义"的立法模式拓宽了离婚损害赔偿制度的适用范围,属于对法条的实质性修改,为无过错配偶一方提起离婚损害赔偿请求提供了更完善的法律依据。与此同时,立法机关在制定《婚姻法》第46条时考虑的因素是"在夫妻共同财产分割时体现公平,照顾无过错方的利益",[③]本质上是将离婚损害赔偿制度视为分割夫妻共同财产时照顾无过错方利益的具体体现。然而,《民法典》第1087条在分割夫妻共同财产时引入了"照顾无过错方"原则,与离婚损害赔偿制度并行,打破了长久以来后者对离婚过错的单一评价格局,直接关系到离婚损害赔偿制度的体系适用。

长期以来,学界对离婚损害赔偿制度的讨论层出不穷,围绕其适用范围、构成要件、赔偿范围和金额、赔偿义务主体、体系适用等问题展开了诸多论述。在适用范围方面,"有其他重大过错"这一兜底条款的增设扩张了该制度的适用范围,但是学者们对具体应当纳入何种情形存在不同的看法。有观点认为通奸、卖淫嫖娼、长期与他人发生婚外性行为并生有子女等严重违反夫妻间忠实义务和同居义务的行为应当纳入离婚损害赔偿范围;[④]有学者进一步指出,违反夫妻间扶持义务、家庭义务的行为以及对家庭成员的犯罪行为也应当

[①] 夏吟兰:《婚姻家庭编的创新和发展》,载《中国法学》2020年第4期。

[②] 刘仲平:《我国离婚损害赔偿制度之检讨与重构》,载《湘潭大学学报(哲学社会科学报)》2016年第1期;郗伟明:《论婚内一般侵权责任制度的建立:兼评离婚损害赔偿制度》,载《南京大学学报》2010年第3期;孙若军:《离婚救济制度立法研究》,载《法学家》2018年第6期。

[③] 胡康生:《中华人民共和国婚姻法释义》,法律出版社2001年版,第162~163页。

[④] 薛宁兰:《民法典离婚救济制度的功能定位与理解适用》,载《妇女研究论丛》2020年第4期;巫昌祯、夏吟兰:《〈民法典·婚姻家庭编〉之我见》,载《政法论坛》2003年第1期。

纳入其中。① 在赔偿金额上，较多学者赞成应当考虑过错程度、损害后果、婚姻关系的状态等因素。② 在赔偿义务主体方面，学界主要讨论焦点在于"第三者"应否成为离婚损害赔偿的义务主体。③ 有学者认为，虽然《民法典婚姻家庭编解释（一）》把承担离婚损害赔偿责任的主体限定为有过错的配偶，但第三人插足他人婚姻的行为严重破坏了婚姻家庭秩序和公序良俗，或可考虑通过侵权路径予以规制。④ 在体系适用上，有学者从法理层面论证了离婚损害赔偿制度和照顾无过错方原则并不冲突。⑤ 离婚损害的责任基础是侵权责任，与夫妻间侵权损害赔偿存在请求权竞合。⑥ 也有学者从离婚救济体系内部视角考察，认为离婚损害赔偿责任属于法律特别规定的过错责任，与侵权责任无关，但与照顾无过错方原则存在竞合。⑦ 但这些研究大多是从理论建构上进行的阐释和分析，关于实证分析的论述相对较少。马忆南和贾雪通过收集《婚姻法》第 46 条所涉及的案件发现，当事人在行使离婚损害赔偿请求权时会遭遇举证困难、责任主体不适格、诉讼程序复杂等诸多困境，采用一般侵权法的审判思路能够更加充分、便利地保护婚姻关系中无过错方的权益。⑧ 陈苇、何文骏在抽样调查重庆市基层人民法院 2010—2012 年离婚案件的基础上指出，离婚损害赔偿案件中当事人举证困难，急需完善举证责任制度。⑨ 陈苇、张鑫从当事人起诉离婚的理由、裁判结果、裁判理由等方面剖析了离婚损害赔偿制度司法适用难的状况。⑩ 《民法典》出台后，杨金慧从体系化视角出发，对比《民法典》实施前后的离婚损害责任纠纷案件，检视了离婚损害赔偿制度的动态实施效果。⑪ 整体而言，既有实证研究成果集中在《民法典》出台前且相对较少。《民法典》实施以来，涉及离婚损害赔偿的案件已经有了一定数量，能够为搭建离婚损害赔偿制度的民法典适用进路提供实证研究价值。

本文在现有理论研究和实证研究基础上，以裁判文书网收录的 2000—2022 年的离婚损害赔偿案件为研究对象，分析自 2001 年《婚姻法》修订以来离婚损害赔偿制度的司法适用情

---

① 田韶华、史艳春：《民法典离婚损害赔偿制度法律适用的疑难问题》，载《河北法学》2021 年第 1 期；王歌雅：《关于离婚损害赔偿制度的若干思考》，载《求是学刊》2004 年第 4 期。
② 陈苇：《离婚损害赔偿法律适用若干问题探讨》，载《法商研究》2002 年第 2 期；孙若军：《论离婚损害赔偿制度》，载《法学家》2001 年第 5 期。
③ 冉克平：《论配偶权之侵权法保护》，载《法学论坛》2010 年第 4 期；王歌雅：《关于离婚损害赔偿制度的若干思考》，载《求是学刊》2004 年第 4 期；叶名怡：《法国法上通奸第三者的侵权责任》，载《华东政法大学学报》2013 年第 3 期。
④ 王国庆：《配偶身份利益保护的法典透视——以第三人干扰婚姻为讨论基础》，载《人民司法》2022 年第 13 期。
⑤ 冉克平：《〈民法典〉离婚救济制度的体系化阐释》，载《政法论丛》2021 年第 5 期。
⑥ 李杰：《论〈民法典〉夫妻间损害赔偿之体系构造》，载《时代法学》2023 年第 3 期。
⑦ 徐耀铭、刘征峰：《体系视角下〈民法典〉中离婚损害赔偿的规范构造》，载《贵州省党校学报》2022 年第 4 期。
⑧ 马忆南、贾雪：《婚姻法第 46 条实证分析——离婚损害赔偿的影响因素和审判思路》，载《中华女子学院学报》2016 年第 1 期。
⑨ 陈苇、何文骏：《我国离婚救济制度司法实践之实证调查研究——以重庆市某基层人民法院 2010—2012 年被抽样调查的离婚案件为对象》，载《河北法学》2014 年第 7 期。
⑩ 陈苇、张鑫：《我国内地离婚损害赔偿制度存废论——以我国内地司法实践实证调查及与台湾地区制度比较为视角》，载《河北法学》2015 年第 6 期。
⑪ 杨金慧：《离婚损害赔偿制度的体系化释论》，载《长江论坛》2022 年第 5 期。

况和《民法典》对离婚损害赔偿制度的影响,探讨如下问题:在民法典时代,离婚损害赔偿制度在司法适用中还存在哪些问题?《民法典》第1091条是否存在解释的空间?如何从司法路径弥补《民法典》第1091条的不足?

二、离婚损害赔偿案件数据来源与分析

(一)样本数据来源

笔者于2022年9月24日,在"中国裁判文书网"(https://wenshu.court.gov.cn),以裁判日期2000年4月28日至2022年9月24日为范围,输入关键词"离婚损害赔偿",限定案件类型为"民事",共搜索获得1647篇民事裁判文书,并全部下载。在此基础上,对同一案件中的不同级别法院的裁判文书进行合并处理,进一步剔除了仅在案件涉及的法律法规中出现"离婚损害赔偿"字样的文书、因为程序性原因(例如受理范围、管辖范围、超过诉讼时效)导致裁判文书中法官对离婚损害赔偿未作实质性认定的文书、与离婚损害赔偿显然没有紧密联系的文书、由于案件不公开导致案情过于简单的裁判文书,最终获得644份有效的裁判文书样本。其中,2000年4月28日至2020年12月31日的案件有579件,2021年1月1日至2022年9月24日的案件有65件。本文即以该644份裁判文书作为统计样本,从案由分布、当事人情况、提起离婚损害赔偿的事由、法院支持率、获赔情况、裁判理由6方面出发,总结归纳离婚损害赔偿纠纷案件的司法样态,分析离婚损害赔偿条款在司法实践中存在的问题并提出相应的解决方案。

(二)案件的基本情况

1. 案由分布情况

根据《民法典婚姻家庭编解释(一)》第87条和第88条的规定,只有作为离婚诉讼被告的无过错方可以在符合条件的情形下以离婚后损害责任纠纷为由单独提起诉讼,作为原告的无过错方必须在提起离婚诉讼的同时向人民法院提起损害赔偿请求。司法实践中的大部分离婚诉讼都由无过错方提起,因此,在涉及离婚损害赔偿的案件案由中,最多的一类是离婚纠纷,占比高达76.86%。其次,当事人直接以离婚后损害责任纠纷为由请求离婚损害赔偿的仅占12.27%。再次是离婚后财产纠纷,这是由于离婚损害赔偿制度是《民法典》颁布前唯一一项惩罚离婚过错方的制度,部分法官在离婚后财产纠纷案件中通过适用离婚损害赔偿制度来实现分割夫妻双方共同财产的实质公平。最后,在极少数一般人格权纠纷、交通事故纠纷、生命权、健康权、身体权纠纷等婚内侵权责任纠纷案件中,有法官将《婚姻法》第46条或《民法典》第1091条规定的离婚损害赔偿责任请求权作为裁判依据。具体的案由分布情况如表8-1所示。

表 8-1　644 个案件的案由分布情况

案　由	案件数量/件	占比/%
离婚纠纷	495	76.86
离婚后损害责任纠纷	79	12.27
离婚后财产纠纷	49	7.61
交通事故责任纠纷、人格权纠纷等侵权责任纠纷	21	3.26
合计	644	100.00

2. 当事人情况

第一，提出离婚损害赔偿请求的当事人性别比相差悬殊。尽管近十年来夫妻在家庭关系中的地位有所改善，但从全国妇联和国家统计局联合组织发布的《第四期中国妇女社会地位调查主要数据情况》来看，女性在婚姻家庭关系中的地位仍然处于弱势，在婚姻家庭关系中比男性更容易遭遇侵权。[①] 女性的这一弱势地位导致离婚损害赔偿制度在适用时体现出明显的性别特征。在 644 个样本案件中，有 108 个案件的当事人性别不详，剩下 536 个案件的当事人性别情况如表 8-2 所示。其中，提出离婚损害赔偿诉讼请求的主体大多为女性，占案件总量的六成以上，提出离婚损害赔偿诉讼请求的主体为男性的案件仅占三成左右。第二，虽然司法解释已经明确规定承担离婚损害赔偿责任的主体只能是婚姻关系中无过错方的配偶，当事人不能向婚姻关系以外的其他人提起。但在司法实践中，仍有 8 位无过错方将婚姻关系之外的第三人明确列为离婚损害赔偿的被请求主体，法官均以主体不适格为由驳回当事人的诉讼请求。

表 8-2　提出离婚损害赔偿请求的当事人性别情况

性　别	女	男	合　计
案件数量/件	359	177	536
占比/%	66.98	33.02	100.00

3. 提起离婚损害赔偿的事由

在检索得到的 644 件离婚损害赔偿案件中，以我国《婚姻法》第 46 条所列举的四种法定情形为由提起离婚损害赔偿的有 427 件，占案件总量的 66.30%。其中，与他人同居和家庭暴力是当事人提出离婚损害赔偿的主要事由。与他人同居的有 210 件，占比 32.61%；家庭暴力的有 164 件，占比 25.47%。重婚和虐待、遗弃家庭成员的案件较少，合计占比不到 10%。以我国《婚姻法》第 46 条所列举的法定过错情形之外的其他理由提起离婚损害赔偿的案件有 217 件，占案件总数的 33.70%。其中有 21.43% 的案件都是以配偶在婚姻关系存

---

① 根据全国妇联和国家统计局联合组织发布的《第四期中国妇女社会地位调查主要数据情况》，女性是家庭照料责任的主要承担者，女性平均每天花在家务劳动中的时间高达 136 分钟。在就业方面，只有七成左右的女性处于在业状态，且这部分在业女性花在无酬家务劳动中的时间比男性整整多出一倍。

续期间与他人存在不正当关系、①与他人通奸生子或存在欺诈性抚养等违背夫妻忠实义务的行为为由提起的。此外,还存在无过错方以过错方存在赌博吸毒等恶习屡教不改、存在犯罪行为、存在婚骗行为、存在威胁辱骂等侵害无过错方人格尊严的行为、指使他人殴打无过错方、无过错方被迫流产、过错方未尽夫妻义务和家庭义务等事由提起的案件,但这部分案件较少,合计占比只有10%左右。具体数据如表8-3所示。

表8-3 当事人提起离婚损害赔偿的事由情况

诉请离婚损害赔偿的事由	案件数量/件	占比/%
重婚	29	4.50
与他人同居	210	32.61
家庭暴力	164	25.47
虐待、遗弃家庭成员	24	3.73
与他人存在不正当关系(通奸)	73	11.34
通奸生子、欺诈性抚养	65	10.09
存在赌博、吸毒等恶习	22	3.42
存在犯罪行为	4	0.62
存在欺骗无过错方结婚的行为	9	1.39
存在威胁、辱骂等有损无过错方人格尊严的行为	7	1.09
指使他人殴打无过错方	6	0.93
无过错方被迫流产	7	1.09
未尽夫妻义务、家庭义务	9	1.39
存在欺骗离婚的行为	3	0.47
存在转移婚内财产的行为	2	0.31
责怪无过错方不能生育	1	0.16
不明	9	1.39
合计	644	100.00

4. 离婚损害赔偿的支持率

首先,法院对离婚损害赔偿的支持率整体不高。自2001年离婚损害赔偿制度实行以来,仅有三成左右的法院支持了无过错方的离婚损害赔偿请求,超过六成的当事人都没有获得离婚损害赔偿。具体情况见表8-4。其次,《民法典》颁布后无过错方获赔支持率提高了13.14%。《民法典》颁布前,对于当事人以法定情形之外的其他事由提起离婚损害赔偿的案件,法院的裁判路径可总归纳为四种:①扩大《婚姻法》第46条的适用范围,判决过错方承担离婚损害赔偿责任;②坚持《婚姻法》第46条的封闭性,不予支持;③采用一般侵权法

---

① 与他人存在不正当关系:通奸、出轨,指配偶一方自愿与第三人发生关系,包括约炮、一夜情、包二奶等。

的裁判路径;④不支持离婚损害赔偿,但在分割夫妻共同财产时适用照顾无过错方原则。①其中大部分法院都是采用第二种裁判思路。《民法典》新增的兜底条款为当事人以法定情形之外的其他事由提起离婚损害赔偿提供了明确的法律依据,在一定程度上缓解了无过错方获赔支持率低的情形。具体情况如表 8-5 所示。最后,《民法典》对离婚损害赔偿获赔支持率低的改善效果有限。一方面,自《民法典》实施以来,仍然有接近六成的法院没有支持当事人的离婚损害赔偿请求;另一方面,人民法院在适用"其他重大过错"这一兜底条款时较为谨慎,主要限于与他人存在不正当关系、通奸生子、欺诈性抚养等违背夫妻忠实义务的情形。

表 8-4　2001 年—2020 年法院判决对离婚损害赔偿请求的支持情况

	支持离婚损害赔偿		不支持离婚损害赔偿		不支持离婚损害赔偿,但支持侵权损害赔偿		不支持离婚损害赔偿,但适用了照顾无过错方原则		合计
	法定情形	其他事由	法定情形	其他事由	法定情形	其他事由	法定情形	其他事由	
案件数量	149	28	208	166	3	15	5	8	582
占比	25.60%	4.81%	35.74%	28.52%	0.52%	2.58%	0.86%	1.37%	100.00%

表 8-5　2021 年—2022 年法院判决对离婚损害赔偿请求的支持情况

	支持离婚损害赔偿		不支持离婚损害赔偿		不支持离婚损害赔偿,但支持侵权损害赔偿		不支持离婚损害赔偿,但适用了照顾无过错方原则		合计
	法定情形	其他事由	法定情形	其他事由	法定情形	其他事由	法定情形	其他事由	
案件数量	16	11	16	18	0	0	0	1	62
占比	25.81%	17.74%	25.81%	29.03%	0.00%	0.00%	0.00%	1.61%	100.00%

5. 离婚损害赔偿的获赔金额

(1)当事人获赔金额整体偏低。在上述 181 件法院支持当事人离婚损害赔偿请求的案件中,仅有 21 个案件的无过错方诉赔金额与获赔金额一致,且其中有 14 个案件是出于过错方自愿赔付或与无过错方签署了离婚协议,有 3 个案件是由于无过错方仅提出了物质损失赔偿请求。从整体上来看,与无过错方请求的离婚损害赔偿金额相比,其获得赔付的金额普遍偏低。接近一半的无过错方提出的离婚损害赔偿金额在十万元及以上,只有不到两成的无过错方提出的离婚损害赔偿金额在五万元以下(不包含五万元)。详见表 8-6。与之相比,无过错方获得的离婚损害赔偿金额集中在五万元以下(不包含五万元),超过六成的无过错方只得到了不到三万元的离婚损害赔偿金,仅有一成左右的无过错方获赔金额在五万元及以上。详见表 8-7。在部分案件中,无过错方的获赔金额与诉赔金额之间甚至

---

① 郑锡龄:《其他重大过错导致离婚损害赔偿的立法解释》,载《山东女子学院学报》2021 年第 3 期。

悬殊百万,①从一定程度上反映出法官判赔的离婚损害赔偿金额不足以救济无过错方所受损失。

表 8-6　法院支持当事人离婚损害赔偿案件中当事人诉赔数额情况

	0≤X<5万	5万≤X<10万	10万≤X	不明	合计
案件数量/件	37	51	92	25	205
占比/%	18.05	24.88	44.88	12.19	100.00

表 8-7　法院支持当事人离婚损害赔偿案件中当事人获赔数额情况

	X<1万	1万≤X<2万	2万≤X<3万	3万≤X<4万	4万≤X<5万	5万≤X	不明	合计
案件数量/件	46	45	36	27	16	28	7	205
占比/%	22.44	21.95	17.56	13.17	7.81	13.66	3.41	100.00

(2)当事人获赔金额差异悬殊。当事人获赔金额从几百到十万以上不等。由于过错方不同的侵权行为给无过错方造成的损害不同,因此无过错方提起离婚损害赔偿的不同事由会在一定程度上影响法官的判决。但即使是在无过错方基于同一事由提起的离婚损害赔偿案件中,不同法院判决的损害赔偿金额也差距明显。以检索到的 24 个支持当事人离婚损害赔偿请求的"重婚"案件为例,无过错方获得的离婚损害赔偿金最少的仅有 1000 元,②在同一省份的另一个重婚案件中,无过错方获得了 20000 元损害赔偿金。③ 无过错方获赔最多的高达 80000 元,④与最低的相差 79000 元。

6. 法院不支持离婚损害赔偿的判决理由

首先,在法院不支持当事人离婚损害赔偿请求的 433 个案件中,以当事人未提供证据或证据不足为由驳回其诉讼请求的有 228 件,占比达到 52.66%。其次,在《民法典》颁布前,法院不支持当事人离婚损害赔偿的另一重要裁判理由是被请求人的过错行为不符合《婚姻法》第 46 条规定的法定情形。《民法典》第 1091 条增设的兜底条款改善了这一情况,但整体占比仍然有 25.87%。再次,离婚是法院支持离婚损害赔偿的前提条件,有 15.47% 的案件因为法院裁判不予离婚导致当事人不具备离婚损害赔偿请求权的行使条件。最后,还有 5% 左右的案件被法院以夫妻双方均有过错、被请求权人是配偶之外的第三人、当事人在分割夫妻共同财产时已经适用了照顾无过错方原则为由驳回了当事人的诉讼请求。具体情况如表 8-8 所示。

---

① 陆某甲与童某离婚纠纷案,浙江省东阳市人民法院〔2015〕东民初字第 197 号民事判决书。
② 汪某甲与邵某甲离婚纠纷案,重庆市南川区人民法院〔2016〕渝 0119 民初 1 号民事判决书。
③ 雷某与刘某甲离婚纠纷案,重庆市江津区人民法院〔2015〕津法民初字第 07095 号民事判决书。
④ 邱某某与谢某某离婚纠纷案,福建省三明市中级人民法院〔2016〕闽 04 民终 538 号民事判决书。

表 8-8　法官判决不支持无过错方离婚损害赔偿请求的裁判理由

裁判理由	案件数量/件	占比/%
当事人未提供证据、证据不足	228	52.66
不具备请求权行使条件	67	15.47
被请求人主体不适格	8	1.85
被请求人不具备法律规定的"重大过错"情形	112	25.87
夫妻双方均有过错	14	3.23
在分割夫妻共同财产时已经适用了照顾无过错方原则	4	0.92
合计	433	100.00

第二节
离婚损害赔偿制度司法适用中的困境

作为一项重要的离婚救济制度,离婚损害赔偿制度的适用情况关系到婚姻关系中无过错方的权益保护。从上述统计数据来看,我国离婚损害赔偿制度在司法适用中还存在诸多障碍。

一、相关法律依据适用存在混淆

长期以来,离婚损害赔偿与侵权损害赔偿的关系在理论界众说纷纭,导致司法实务中对二者关系的处理缺乏统一的标准,呈现出法律依据适用混乱的现象。第一,在当事人以 2001 年《婚姻法》(修正案)第 46 条或《民法典》第 1091 条规定之外的其他侵权事由提起的离婚损害赔偿案件中,能否适用一般侵权损害赔偿裁判路径存在司法分歧。部分法官认为一般侵权损害赔偿是对离婚损害赔偿的补充,即其他事由虽不属于法定事由,过错方无须承担离婚损害赔偿责任,但其行为构成夫妻间侵权的,应依法承担侵权损害赔偿责任。[①] 但也有法官认为,我国当前并没有规定婚内侵权损害赔偿制度,必须严格适用离婚损害赔偿制度。[②] 第二,在当事人以交通事故责任、侵犯人格权等夫妻间侵权纠纷为案由提起的案件

[①] 吴某、韦某 1 离婚后损害责任纠纷案,广西壮族自治区玉林市中级人民法院〔2020〕桂 09 民终 447 号民事判决书;王顺与赵朔桃财产损害赔偿纠纷案,四川省宜宾市翠屏区人民法院〔2017〕川 1502 民初 6359 号民事判决书等。

[②] 廖某某与徐某 1 离婚纠纷案,上海市奉贤区人民法院〔2017〕沪 0120 民初 19453 号民事判决书;姜某、吴某离婚纠纷案,湖北省黄石市中级人民法院〔2021〕鄂 02 民终 1710 号民事判决书等。

中,部分法院以2001年《婚姻法》(修正案)第46条或《民法典》第1091条规定的离婚损害赔偿制度作为裁判的特别法律规范。受男女平等和夫妻人格独立思想观念的影响,现实生活中有相当一部分当事人既想维持婚姻关系,又想在自己权益受到配偶侵害时向人民法院寻求民事救济。然而,这种裁判思路否定了夫妻一方有在婚姻关系存续期间或离婚后就婚内侵权行为提出损害赔偿的权利,在本质上混淆了离婚损害赔偿责任与夫妻间侵权损害赔偿责任的关系,将保护夫妻个人的民事权利与婚姻关系的存续对立起来,导致当事人在婚姻关系存续期间被配偶一方侵害的合法权益无法得到全面救济。

二、兜底条款适用标准不明确

《民法典》第1091条采纳了增设兜底条款的立法建议,在一定程度上缓解了2001年《婚姻法》(修正案)第46条适用范围狭窄的困境,但是规定的"其他重大过错"属于一个模糊性法律概念,给了法官很大的自由裁量空间。由于涉及家庭内部矛盾和社会伦理道德,离婚损害赔偿制度的适法情形十分复杂,如何科学解释"其他重大过错"成为适用第1091条的关键。最高人民法院民法典贯彻实施工作领导小组认为,通奸、卖淫、嫖娼、赌博、吸毒等行为都有可能构成"其他重大过错",人民法院应当根据具体案件情况,结合过错情节、伤害后果等因素,对过错方是否存在重大过错进行认定。① 该解释过于笼统,并未明晰"其他重大过错"的具体范畴和类型,难以据此总结出认定"其他重大过错"的统一标准。从当前的司法实践来看,大部分法官在认定过错方的行为是否构成"其他重大过错"时持谨慎态度,导致离婚损害赔偿制度的适用情况没有达到预期效果。这主要体现在两个方面:一方面,法官支持无过错方离婚损害赔偿请求的案件事由除了法定情形外,集中在与他人存在不正当关系和欺诈性抚养两个类型上,对骗婚等其他类型的案件往往以"于法无据"为由驳回无过错方的诉讼请求。另一方面,同案不同判的情形频发。例如,在"张某1、王某离婚纠纷案"和"聂某、林某离婚纠纷案"中,无过错方提起离婚损害赔偿的事由均是过错方在婚姻关系存续期间出轨,与他人存在不正当关系持续一段时间,但是裁判结果截然不同。前者法官以"出轨不是法律所明确规定的应予赔偿的情形"为由不予支持;后者法官认为出轨构成重大过错,应予支持无过错方的离婚损害赔偿请求。

三、无过错方举证困难

举证难是制约当事人实现离婚损害赔偿请求权的最大困境。导致举证难的主要原因有下列三方面。

1. 配偶一方在婚内存在重大过错行为的证明难度大

首先,由于婚姻涉及人类情感的最基本价值观念和公序良俗,我国对婚内侵权行为的证明标准比一般侵权行为更高,法官在认定夫妻一方是否存在"重大过错"时要达到绝对高

---

① 最高人民法院民法典贯彻实施工作领导小组主编:《中华人民共和国民法典婚姻家庭编继承编理解与适用》,人民法院出版社2020年版,第504页。

度盖然性的内心确信。① 其次,根据《民法典婚姻家庭编解释(一)》的规定和司法实践惯例,离婚损害赔偿的4种法定情形均须达到"持续性"的证明标准,要求无过错方承担长期性证明义务,这比证明过错方存在某个侵权行为更为困难。② 最后,在司法实务中,当事人不仅需要证明其配偶在婚姻关系存续期间存在"重大过错",还需要证明该过错行为与离婚之间存在因果关系。在部分案件中,无过错方提供的证据只能证明配偶一方存在"重大过错",难以证明此重大过错行为是导致夫妻感情破裂的关键。③

2. 证据来源少,直接证据不足,难以形成有效证据链

首先,在228个当事人举证不足的案件中,有46个案件的无过错方除了当事人陈述外,未提供任何证据,占比达到20.17%。其次,在剩下80%左右的案件中,无过错方提供的证据大部分来自当事人和知情人,例如聊天记录、录音录像、证人证言等,缺少来自公权力机关的证据。由于间接证据的证明力较弱,在过错方对这些证据的关联性和真实性提出质疑的情况下,法官对这些证据一般不予采信,最终作出证据不足以证明待证事实的判决。最后,在无过错方获得离婚损害赔偿金的案件中,证据来源多种多样且来自公权力机构的证据占比较高。对法院判决支持当事人离婚损害赔偿请求的181个案件中当事人的举证情况进行统计,得出的结果见表8-9。如表所示,无过错方举证来源主要包括当事人、公安机关、医疗机构、鉴定机构、司法机关、知情人、行政机关。其中,每一种证据类型都没有超过50%,由此可见,同一案件中无过错方所举证据往往不止一类,案件事实之间形成了一条完整的证据链,且能够相互印证,可信度较高。并且,来自公安机关、司法机关、行政机关的证据占比高达60.77%,来自医疗机构、鉴定机构的证据占比高达41.44%,相比来自当事人和知情人的证据,更容易被法院采信。

表8-9 法院判决给付离婚损害赔偿案件中当事人举证情况

证据来源	证据类型	举证次数/次	占判决赔付案件总数之比例/%
当事人	照片、录音录像、聊天记录、保证书、离婚协议、酒店住宿登记单、银行账户明细清单、转账记录等	88	48.62
知情人	一般人的证人证言、书面情况说明、当事人子女的陈述、村委会(居委会)证明等	37	20.44
医疗机构、鉴定机构	住院记录、病历、医疗发票、伤情鉴定书、亲子鉴定等	75	41.44
公安机关	出警记录、询问笔录、派出所证明、行政处罚决定书等	50	27.62
司法机关	刑事判决书、民事裁定书等	43	23.76

---

① 常怡、王建华主编:《民事证据判断与理论分析》,人民法院出版社2007年版,第45页。
② 陈朝晖、翁德辉:《困境与突破:离婚损害赔偿难的破解路径探究》,载《海峡法学》2015年第4期。
③ 李某1、林某离婚后财产纠纷案,福建省泉州市中级人民法院〔2018〕闽05民终4230号民事判决书;刘某与石某离婚纠纷案,福建省福州市中级人民法院〔2015〕榕民终字第4049号民事判决书等。

续表

证据来源	证据类型	举证次数/次	占判决赔付案件总数之比例/%
行政机关	户籍证明、人口信息登记表、社会抚养费征收证明等	17	9.39

注：①同一案件中，当事人就同一类型证据的举证数量超过1件的，计为1。②每个案件中都有当事人陈述，因此未将当事人陈述纳入统计范畴。

3. 无过错方取证困难

一方面，无过错方提起离婚损害赔偿请求与重大过错行为发生之间存在较长的时间差，受"家丑不可外扬""厌讼""耻讼"等传统思想的影响，夫妻双方在婚姻关系存续期间收集和保存证据的意识薄弱，错过了取证的最佳时机。这导致无过错方在诉讼中提供的证据以言词证据为主，难以提供强有力的直接证据。另一方面，婚姻家庭关系中的侵权行为具有很强的隐蔽性、私密性，无过错方收集证据的途径匮乏，外界知悉无过错方被侵权的可能性小。在过错方违背夫妻忠实义务的案件中，大部分无过错方通常会采用偷拍、偷录等方式进行取证，这极有可能构成对配偶或第三人隐私权的侵犯。根据《最高人民法院关于适用〈中华人民共和国民事诉讼法〉的解释》第106条，严重侵犯了他人合法权益的证据不得作为认定案件事实的根据。① 因此，即便无过错方取得了证据，也可能因为取证手段不合法而无效。

四、离婚损害赔偿金额的确定标准不明确

无过错方获赔数额低且差距悬殊的主要原因是我国没有建立统一的离婚损害赔偿金额确定标准。司法实践中，存在只支持物质损害不支持精神损害，②同时支持物质损害和精神损害，③认为离婚损害赔偿只包含精神损害、通过一般侵权法的裁判思路支持物质损害④三种情形，但《民法典婚姻家庭编解释（一）》第86条明确了离婚损害赔偿包括物质损害赔偿和精神损害赔偿。⑤ 由于物质损害具有客观性，可以通过转账记录、消费记录、医疗发票等证据计算出无过错方的实际损失，法官对物质损害赔偿金额的确定标准不存在实质争议。相反，精神损害具有主观性，很难直接依据客观事实计算出无过错方的具体精神损失，因此

---

① 《最高人民法院关于适用〈中华人民共和国民事诉讼法〉的解释》第106条：对以严重侵害他人合法权益、违反法律禁止性规定或者严重违背公序良俗的方法形成或者获取的证据，不得作为认定案件事实的根据。

② 雷某与陈某离婚后财产纠纷案，北京市顺义区人民法院〔2017〕京0113民初6662号民事判决书。

③ 参见杨某1、陈某离婚后损害责任纠纷案，福建省惠安县人民法院〔2021〕闽0521民初5616号民事判决书；郑某1与何某离婚后损害责任纠纷案，河北省滦州市人民法院〔2019〕冀0223民初2799号民事判决书等。

④ 谭某某与张某某离婚纠纷案，重庆市云阳县人民法院〔2016〕渝0235民初1321号民事判决书。

⑤ 《最高人民法院关于适用〈中华人民共和国民法典〉婚姻家庭编的解释（一）》第86条：民法典第一千零九十一条规定的"损害赔偿"，包括物质损害赔偿和精神损害赔偿。涉及精神损害赔偿的，适用《最高人民法院关于确定民事侵权精神损害赔偿责任若干问题的解释》的有关规定。

离婚损害赔偿金额的确定难主要是指精神损害赔偿金额的确定难。

《民法典婚姻家庭编解释(一)》第86条规定了离婚精神损害赔偿参照适用《最高人民法院关于确定民事侵权精神损害赔偿责任若干问题的解释》(以下简称《精神损害赔偿责任的若干问题解释》)的有关规定。按照《精神损害赔偿责任的若干问题解释》第5条，法官在确定具体赔偿金额时应考虑以下因素：(1)过错程度；(2)侵权行为的目的、方式、场合等具体情节；(3)损害后果；(4)侵权人的获利情况；(5)侵权人承担责任的经济能力；(6)所在地的平均生活水平。该条确实为法官提供了确定离婚精神损害赔偿金的依据，但在司法实务中仍然存在问题。一方面，规定过于笼统，难以确切指引法官衡量配偶一方的重大过错行为给无过错方带来的精神痛苦。① 大部分裁判文书中，法官对损害后果的表述为"造成了一定损害"或"造成严重损害"，"酌情确定"具体赔偿金额，②并没有明确指出判赔的标准，具有很强的主观性，导致司法实践中出现当事人以相同事由提起离婚损害赔偿却获赔悬殊的情形。另一方面，婚姻家庭侵权不同于一般民事侵权，不考虑婚姻家庭关系的人身性和伦理性，直接将这6种因素照搬到离婚精神损害赔偿的场合难以平衡夫妻双方利益。

此外，现实生活中有许多夫妻在平等自愿、协商一致的基础上签订了婚内忠诚协议或离婚协议，明确约定了具体情形下离婚损害赔偿的具体金额。绝大部分法官都肯定了离婚协议对离婚损害赔偿金额约定的效力，③但对婚内忠诚协议中的离婚损害赔偿条款的效力缺乏统一认定标准。④

五、离婚损害赔偿制度与照顾无过错方原则适用关系有所混淆

最高人民法院1993年印发的《关于人民法院审理离婚案件处理财产分割问题的若干具体意见》(以下简称《1993年若干意见》)最早规定了法院在分割夫妻共同财产时应坚持照顾无过错方的原则。2001年《婚姻法》(修正案)第39条关于离婚财产分割的规定明确排斥了照顾无过错方原则，但为了体现公平，第46条规定了离婚损害赔偿制度以照顾无过错方的利益。《民法典》第1087条明确规定了法院要按照顾子女、女方、无过错方权益的原则分割离婚财产，这表明我国立法上转变为离婚损害赔偿和照顾无过错方原则并存的立场。⑤ 但相关立法和司法解释并没有指明二者的关系。如何理解"过错"的内涵？是否可以既要求离婚过错方承担离婚损害赔偿责任又根据照顾无过错方原则对其少分财产？从司法实践来看，大部分法官都认为照顾无过错方原则与离婚损害赔偿制度是择一适用的关系，这体

---

① 田韶华、史艳春：《民法典离婚损害赔偿制度法律适用的疑难问题》，载《河北法学》2021年第1期。
② 参见向某与李某离婚纠纷案，河北省石家庄市中级人民法院〔2015〕石民二终字第00438号民事判决书；魏某娥与魏某文离婚纠纷案，陕西省渭南市中级人民法院〔2020〕陕05民终470号民事判决书；冉某与邵某离婚纠纷案，贵阳市乌当区人民法院〔2017〕黔0112民初601号民事判决书等。
③ 参见马某一、马某二离婚后财产纠纷案，四川省成都市龙泉驿区人民法院〔2021〕川0112民初6844号民事判决书；胡某与崔某离婚后损害责任纠纷案，湖南省南县人民法院〔2021〕湘0921民初355号民事判决书等。
④ 参见聂某、林某离婚纠纷案，福建省南平市中级人民法院〔2021〕闽07民终1120号民事判决书；刘某、焦某离婚后财产纠纷案，河北省石家庄市中级人民法院〔2020〕冀01民终7770号民事判决书等。
⑤ 陈苇主编：《婚姻家庭继承法学(第四版)》，中国政法大学出版社2022年版，第281页。

现在三个方面：(1)不支持无过错方的离婚损害赔偿请求，但在分割夫妻共同财产时遵循了"照顾无过错方原则"；①(2)支持无过错方的离婚损害赔偿请求，但没有直接判决支付离婚损害赔偿金，而是在财产分割中予以体现对无过错方的损害赔偿；②(3)以夫妻双方在分割共同财产时已照顾了无过错方为由驳回无过错方的离婚损害赔偿请求。③ 仅有少数法官认为分割夫妻共同财产适用照顾无过错方原则不影响过错方提起离婚损害赔偿之诉。④

第三节
完善离婚损害赔偿制度的法律路径

法的生命在于实施。由于上述司法实践中的种种问题，离婚损害赔偿制度对婚姻关系中无过错方的救济和保护效用未充分发挥。在《民法典》及《民法典婚姻家庭编解释（一）》施行的背景下，增强离婚损害赔偿制度的司法适用性依赖于合理的法律解释与完善的裁判规则建构。

一、严格区分离婚损害赔偿和夫妻间侵权损害赔偿

传统民法理论认为，离婚损害可以区分为离因损害和离异损害两种。前者是指夫妻一方构成离婚原因的过错行为所生的损害，后者是指离婚本身所构成的对夫妻一方的损害。⑤ 有观点认为，夫妻一方的重大过错行为属于侵权行为，故离婚损害赔偿是一种离异损害赔偿，本质上是一种侵权责任，可以被一般侵权法吸收包纳。⑥ 与此对立的观点是，离婚损害赔偿系离异损害赔偿，但不同学者据此得出的结论不同。有学者认为婚姻关系本质上是一种契约关系，故夫妻一方导致离婚的行为属于违约行为，离婚损害赔偿是一种特殊性质的

---

① 参见叶某、梁某1离婚后财产纠纷案，广东省东莞市中级人民法院〔2018〕粤19民终3732号民事判决书；李某某与杨某某离婚纠纷案，云南省昆明市中级人民法院〔2015〕昆民二终字第1028号民事判决书等。

② 参见倪某、梁某离婚纠纷案，辽宁省朝阳市中级人民法院〔2022〕辽13民终912号民事判决书；周某、张某离婚纠纷案，安徽省合肥市中级人民法院〔2017〕皖01民终4961号民事判决书等。

③ 苏某与纪某离婚后财产纠纷案，吉林省长春市南关区人民法院〔2016〕吉0102民初3087号民事判决书。

④ 邢某1、赵某离婚后财产纠纷案，安徽省亳州市中级人民法院〔2021〕皖16民终618号民事判决书。

⑤ 陈苇：《离婚损害赔偿法律适用若干问题探讨》，载《法商研究（中南政法学院学报）》2002年第2期。

⑥ 邹发云：《离婚损害赔偿定性分析》，载《当代法学》2002年第5期；王国庆：《配偶身份利益保护的法典透视——以第三人干扰婚姻为讨论基础》，载《人民司法》2022年第13期。

违约损害赔偿。① 也有学者认为夫妻之间的权利义务具有特殊性，离婚损害赔偿是对夫妻一方不履行法定相对义务导致离婚的救济，属于不履行其他义务的特殊责任。②

《民法典》第1091条明确将"导致离婚"作为当事人提起离婚损害赔偿的前提条件，《民法典婚姻家庭编解释（一）》第87条进一步指出，当事人在婚姻关系存续期间提起离婚损害赔偿不予受理，人民法院判决不准离婚的案件中离婚损害赔偿不予支持。并且，当前我国立法层面并没有明确承认"配偶权"的法律地位，将夫妻一方违反忠实义务的离婚损害赔偿认定为侵权责任缺乏请求权基础。可见，我国立法态度偏向离异损害说，即离婚损害赔偿的请求权基础是夫妻一方实施了导致离婚的重大过错行为，这与以侵权行为作为请求权基础的一般侵权损害赔偿存在显著区别，二者是相互独立的关系。前者是对无过错方因离婚所丧失利益的保护，后者是对夫妻一方因配偶的侵权行为所受损害的保护。《婚姻法》回归《民法典》意味着婚姻家庭关系可以适用《民法典》总则编的相关规定，为无过错方依据《民法典》相关规定提起婚内侵权损害赔偿留下了解释空间。③ 因此，法官在处理婚姻中损害赔偿纠纷时，应当严格区分离婚损害赔偿和夫妻间侵权损害赔偿。首先，判断夫妻一方在婚内实施的重大过错行为是否导致了离婚。未导致离婚的仅构成夫妻间侵权损害赔偿，导致离婚的既构成离婚损害赔偿，也可能构成夫妻间侵权损害赔偿。其次，判断夫妻一方的重大过错行为构成几层损害赔偿。由于违背忠实义务不构成侵权责任请求权基础，重婚、与他人同居仅构成离婚损害赔偿，而导致离婚的家暴、虐待不仅构成离婚损害赔偿，也侵犯了配偶的生命权、身体权和健康权，同时也构成夫妻间侵权损害赔偿，当二者发生竞合时，应当允许当事人选择适用离婚损害赔偿请求权和夫妻间侵权损害赔偿请求权，避免重复赔偿。例如，夫妻一方与他人同居导致离婚的仅构成离婚损害赔偿；夫妻一方实施了家暴但未导致离婚的构成夫妻间侵权损害赔偿；夫妻一方的家暴导致离婚的同时构成离婚损害赔偿和夫妻间侵权损害赔偿。

二、明确离婚损害赔偿制度中"兜底性"规定的认定标准

如何解释《民法典》第1091条新增的兜底条款是司法实践中新出现的问题，理论界对"其他重大过错"的理解也莫衷一是。学者们解释"其他重大过错"的途径分为两种：（1）列举式，即逐一列举何种情形属于"其他重大过错"范围。④ （2）类型化，即从不同视角出发将"其他重大过错"概括归纳为具体类型。⑤ 笔者认为"列举式"的解释方法不符合增加兜底条款的立法目的，应采用"类型化"路径进行解释。离婚损害赔偿旨在责令有过错配偶对其侵权行为承担责任，达到保护合法婚姻关系、保障无过错配偶合法权益、维护社会稳定之效果。因此，本部分以过错方的行为侵害合法婚姻关系和配偶合法利益为标准，结合司法实

---

① 张学军：《离婚损害赔偿制度辨析》，载《政治与法律》2008年第2期。
② 胡明玉：《论我国离婚损害赔偿制度》，载《湖北经济学院学报（人文社会科学报）》2010年第10期。
③ 申晨：《〈民法典〉婚姻家庭编与各分编衔接解释论》，载《荆楚法学》2022年第4期。
④ 吴晓芳：《对民法典婚姻家庭编新增和修改条文的解读》，载《人民司法》2020年第19期；郑锡龄：《其他重大过错导致离婚损害赔偿的立法解释》，载《山东女子学院学报》2021年第3期。
⑤ 田韶华、史艳春：《民法典离婚损害赔偿制度法律适用的疑难问题》，载《河北法学》2021年第1期。

践,将"其他重大过错"具体化为四种类型。

1. 严重违背夫妻忠实义务的行为

狭义的忠实义务是指夫妻之间互负不为婚外性交的不作为义务。①《民法典》第1091条仅明确规定了"重婚""与他人同居"这两种违背夫妻忠实义务的行为。现实生活中,较为常见的违背夫妻忠实义务的行为还包括与他人存在不正当关系、通奸生子、欺诈性抚养等,但法律对此未作出明确规定。有学者认为,一般的通奸行为并不一定会破坏婚姻家庭关系,理应交由道德调整,法律不应该为了保护配偶的权利牺牲当事人的隐私权。② 但是,从损害后果来看,部分通奸和欺诈性抚养行为对婚姻关系的破坏程度以及无过错方因此受到的伤害都不亚于"与他人同居",严重违背了《民法典》第1043条规定的夫妻应当互相忠实、互相尊重的义务,挑战了《民法典》第1041条规定的一夫一妻制。根据"举轻以明重"的法律适用原则,为了保护法律的公平公正,应当对此类行为予以制裁,引导配偶之间坚守互相忠实的道德准则。③《民法典》颁布后,部分法院在实践中已经将配偶一方婚内通奸和欺诈性抚养行为认定为"重大过错",以此为由判决过错方给付离婚损害赔偿金。④ 由此可见,将严重违背夫妻忠实义务的情形认定为"重大过错"不仅具有法理依据,也符合司法实践和社会主流价值观的要求,能够弘扬公序良俗、建设良好家风。

2. 严重违背夫妻扶助义务的行为

根据《民法典》第1043条,夫妻之间应当互相关爱,家庭成员之间应当互相帮助。家庭暴力和遗弃、虐待家庭成员作为违背夫妻扶助义务的典型代表,均被纳入离婚损害赔偿的法定情形,因此,将严重违背夫妻扶助义务的行为认定为"其他重大过错"具有法理依据。实践中,这类行为主要包括两种:(1)长期不履行夫妻义务或家庭义务,影响到夫妻共同生活的行为,主要表现为长期不履行对家庭成员的抚(扶)养义务、⑤长期离家且不承担家庭生活开支、⑥在家庭成员生病期间不尽照顾和扶助义务⑦等。(2)长期存在赌博、吸毒等恶习且屡教不改。一方面,赌博、吸毒等恶习会严重消耗家庭财产,部分家庭甚至因此而背负上沉重的债务;另一方面,赌博、吸毒等恶习容易迷人心智,使其好逸恶劳、不务正业,无过错方在劝其戒赌、戒毒的过程中往往掺杂着争吵、辱骂、殴打、冷暴力等行为,这给无过错配偶的身体和心理健康都造成了重大危害,严重破坏了和谐、幸福的婚姻关系,不利于良好家风的建设。

---

① 杨立新:《关于处理配偶忠实义务的几个问题》,载李银河、马忆南主编:《婚姻法修改论争》,光明日报出版社1999年版。

② 周安平:《性爱与婚姻的困惑——"第三者"民事责任的理论与现实之探讨》,载《现代法学》2001年第1期。

③ 范钰:《非同居通奸行为的离婚损害赔偿问题探析》,载《罗马法与学说汇纂》2017年第1期。

④ 参见徐某、陆某1离婚纠纷案,广西壮族自治区柳州市柳北区人民法院〔2021〕桂0205民初3318号判决书;聂某、林某离婚纠纷案,福建省南平市中级人民法院〔2021〕闽07民终1120号民事判决书等。

⑤ 周某某与孙一某离婚纠纷案,天津市河东区人民法院〔2015〕东民初字第4990号民事判决书。

⑥ 廖某与刘某离婚纠纷案,安徽省合肥市中级人民法院〔2015〕合民一终字第00036号民事判决书。

⑦ 雷某与卢某离婚纠纷案,陕西省西安市长安区人民法院〔2017〕陕0116民初4211号民事判决书。

3. 部分侵害人身权益的违法犯罪行为

由于《民法典》第 1066 条对严重损害夫妻共同财产利益的行为已经规定了救济措施,[①]因此,只有对配偶的人身和精神健康造成了重大危害,威胁到家庭成员和睦相处的人身违法犯罪行为才能被认定为"其他重大过错"。具体包括:(1)违背夫妻忠实义务的性违法行为。这类行为无须达到犯罪的程度即可,例如卖淫、嫖娼、聚众淫乱、强奸、猥亵等。[②] (2)故意对配偶及其近亲属实行的人身犯罪行为。例如故意伤害、故意杀人、非法拘禁、拐卖等。[③]而且,此类犯罪行为不应限于家庭成员,应当将范围扩大到没有共同居住的无过错方的近亲属。一些近亲属虽然没有共同居住在一起,但是其与无过错方之间往往关系十分紧密,配偶一方如果对其近亲属实行故意的人身犯罪行为,既有悖社会道德伦理,也会给配偶的心理健康造成冲击。

4. 其他严重违背家庭伦理和公序良俗的行为

不同于一般的社会关系,婚姻关系涉及家庭伦理道德和社会公序良俗。根据黑格尔关于家庭的界说,家庭利益是普遍意志的体现,高于其中的个人。严重违背平等、民主、尊重、互爱等家庭伦理道德和公序良俗的行为不仅不利于家庭幸福,也影响社会稳定,应当受到法律调整。例如:(1)指使他人殴打配偶或辱骂、殴打配偶的父母。这类行为难以认定为家庭暴力,但是严重违背了家庭成员之间应当互相尊重、互相爱护的伦理道德,给无过错方造成的损害不亚于家庭暴力。(2)不属于婚姻无效或可撤销的严重骗婚行为,包括隐瞒婚史、隐瞒自己患有重大疾病、隐瞒性别取向等。骗婚行为导致婚姻关系建立在虚构的事实和隐瞒的真相之上,违反了诚实信用原则,剥夺了无过错方真实选择结婚的权利,动摇了互信这一婚姻长久持续的基石。(3)生育侵权行为,包括与他人生子、强迫流产、诱骗流产造成生育功能损害等。虽然生育不是家庭义务,但属于家庭伦理范畴,因生育侵权导致离婚的配偶有权请求离婚损害赔偿。[④]

三、完善离婚损害赔偿案件中的证据制度

依据"谁主张谁举证"的证明责任分配理论,提起离婚损害赔偿请求的主体应负全部举证责任。有观点认为无过错方在婚姻家庭关系中本就处于弱势,毫无例外地让其承担全部举证责任不符合公平精神,对于涉及隐私的过错行为应采取过错推定原则,在证据法上适用举证责任倒置。[⑤] 笔者认为,举证责任完全倒置容易诱发道德风险。譬如,在无过错方虚构另一方拒绝履行夫妻义务、存在家庭暴力等行为的情况下,另一方很难举证证明自己没有上述过错。因此,应当在坚持"谁主张,谁举证"的举证规则前提下,通过以下措施来解决

---

① 《中华人民共和国民法典》第 1066 条:婚姻关系存续期间,有下列情形之一的,夫妻一方可以向人民法院请求分割共同财产:(一)一方有隐藏、转移、变卖、毁损、挥霍夫妻共同财产或者伪造夫妻共同债务等严重损害夫妻共同财产利益的行为……
② 沈某与缪某离婚纠纷案,杭州市上城区人民法院〔2014〕杭上民初字第 1102 号判决书。
③ 秦某某与王某某离婚纠纷案,长春市宽城区人民法院〔2015〕宽民初字第 1204 号民事判决书。
④ 陈凌云:《论夫妻生育纠纷中配偶之损害赔偿请求权》,载《法律科学(西北政法大学学报)》2023 年第 1 期。
⑤ 邓丽:《身体与身份:家暴受害者在离婚诉讼中的法律困境》,载《妇女研究论丛》2017 年第 6 期。

无过错方"举证难"的问题。

1. 降低证据标准要求,采用"盖然性占优势"标准

与一般侵权纠纷案件不同,离婚损害赔偿纠纷案件中直接证据来源少、取证困难,当事人所举证据很难达到法官的内心确信。根据德国学者提出的"刻度盘理论",①"高度盖然性"证据标准需要举证方所举证据让法官内心认为待证事实存在的可能性高于75%,而英美法系所采用的"盖然性占优势"标准只需达到51%~74%即可。鉴于婚姻涉及人类最基本的情感和社会公序良俗,平衡离婚损害赔偿诉讼中当事人的举证力量,应当确立离婚损害赔偿案件中"盖然性占优势"的证据规则,只要无过错方举证证明其配偶的重大过错行为确实存在或存在的可能性大于不存在的可能性时,法院就应支持其离婚损害赔偿请求。

2. 建立非法取得证据认定规则,引入利益衡量法

在离婚损害赔偿案件中,无过错方提供的大部分证据都是通过偷拍、偷录、雇用私人侦探等方式取得的,很容易因为侵犯了他人隐私权或违背了社会公序良俗而不能作为定案依据。2019年修订的《最高人民法院关于民事诉讼证据的若干规定》(以下简称《证据规定》)删除了瑕疵证据不予采信的规定,但仍未明确非法取得的证据的效力。有学者提出,在判断"以侵犯他人合法权益"方式取得的证据是否需要排除时可以引入利益衡量方法,即通过对照比较取证行为所要保护的合法权益、取证行为造成的危害、造成对方当事人或第三人合法权益的损害,以确定哪一种权益更值得优先保护。② 具体到离婚损害赔偿案件中,法官在认定非法取得的证据是否有效时需要衡量无过错方的损害赔偿请求权、过错方或第三人的隐私权、社会公序良俗三者的法益。并且,这部分证据只能在法庭上出示,不能在法庭外使用。

3. 建立间接证据认定规则

在离婚损害赔偿案件中,无过错方难以取得配偶实施家暴、与他人同居等行为的直接证据,举证事实多为当事人之间的微信聊天记录、录音录像或者知情人的证人证言等间接证据,这类证据常因过错方提出的"客观性"异议而不予认定。笔者认为,间接证据虽然带有一定的主观性,但法院不应一刀切地否定其效力,而应具体情境具体分析。一方面,重视与当事人共同生活的家庭成员的证言。一般来说,当事人未成年子女的证言和当事人父母对当事人不利的证言可信度较高,应当推定是真实的,除非有相反的证据证明受到了当事人的不当引导。另一方面,审查当事人提供的间接证据是否可以形成完整的证据链条。如果当事人和多个知情人在法庭上出具的言词证据能够互相印证,法官可以斟酌案件实际情况承认相关证据的证明能力。

4. 多方协作,拓宽证据来源

离婚纠纷案件中,当事人收集证据的途径有限,因此有必要整合社会各参与主体的力量,构建社会多元支持体系,形成一条完整的离婚纠纷取证链,各单位互相配合,共同分担当事人的取证压力。首先,村(居)委会、妇联组织、公安机关等社会团体和权力机关应当做

---

① "刻度盘理论":由德国学者埃克罗夫和马森创立,将证明标准的证明程度在"刻度盘"上从0%~100%虚拟量化分为四级,即Ⅰ级(1%~24%)、Ⅱ级(25%~49%)、Ⅲ级(50%~69%)、Ⅳ级(70%~99%)。

② 周翠:《民事非法证据排除的规范解释与实务观察》,载《中国法学》2020年第3期。

好证据留存工作。一旦接到当事人的求助,各单位应当互相配合,在家事调解和纠纷处理过程中做好证据记录和证据固定工作,并且提醒当事人注意收集证据。其次,加大法官协助当事人调查取证的力度。离婚损害赔偿诉讼中大部分证据都涉及他人隐私、社会利益和公序良俗,并且对裁判结果起着决定性作用。为了维护实质正义,离婚纠纷中的法官应当充分考虑当事人取证不能的情形,在查清案件事实的基础上最大限度地平衡当事人利益。对涉及自然人身份关系、他人隐私和社会利益等当事人客观举证不能的证据,法官应当积极承担依职权调查取证的责任;对涉及家庭利益、情感纠葛等当事人主观举证不能的证据,法官应当依当事人申请积极协助调查取证,充分照顾婚姻家庭纠纷中当事人情感的特殊需要。[①] 最后,加快构建家事调查员制度。由于司法实务中案件量大、结案率要求高,部分法官很难有充分精力介入当事人调查取证环节,因此可以利用社会团体的力量辅助法官收集证据。引入家事调查员是家事审判制度改革的重要举措,[②]在未来的司法实践中应当进一步发挥家事调查员的司法辅助职能,肯定家事调查报告的证据效力。

四、完善离婚精神损害赔偿的确定规则

1. 细化离婚精神损害赔偿的参考标准

婚姻关系是一种身份关系,离婚损害赔偿涉及夫妻情感、家庭伦理和社会公序良俗,比一般的侵权损害赔偿更具特殊性。针对司法实践中离婚精神损害赔偿确定难的问题,应当结合婚姻关系的特殊性,对《精神损害赔偿责任的若干问题解释》规定的6种考量因素进行取舍,细化离婚精神损害赔偿的参考标准。

(1)无过错方的精神损害程度。虽然精神损害难以像物质损害一样被量化,但是可以结合当事人的情绪状况、精神健康状态、身体健康状态以及对生活工作的影响进行客观判断。[③] 例如,无过错方如果仅是感到焦虑、沮丧,则所受损害较轻;如果因此患上了精神疾病,甚至产生自杀倾向,则所受损害较重。必要时,法院应当要求无过错方出具由医疗机构或鉴定机构就精神损害程度作出的专业评估报告。

(2)过错方的过错程度和过错行为的侵权程度。不同类型的过错行为对无过错方造成的损害肯定是不同的。例如,与通奸相比,重婚和欺诈性抚养更为恶劣,会对无过错方造成更加严重的损害。但即使是同一类型的过错行为,也会因为过错方的主观心理状态、行为方式、场合导致对无过错方造成的损害程度不同。例如,偶发性家暴和周期性家暴相比,前者对无过错方的侵害更小。司法实践中,可以通过过错方是否有悔改、过错行为的类型、过错方实施过错行为的次数与持续时间等衡量过错程度与侵权程度。

(3)过错方承担责任的经济能力。离婚损害赔偿除惩罚过错方外,还致力于平衡夫妻双方利益,缓和家庭矛盾。苛加过错方超过其承受范围的责任会使过错方陷入生活窘境,容易刺激其怨愤的情绪,进而激发夫妻矛盾,破坏家庭和社会的稳定。

---

① 陈莉:《以法官职权探知主义为原则的家事审判》,载《人民司法(应用)》2007年第1期。
② 王晓桐:《家事调查报告的证据效力——基于2016—2022年61份裁判文书的实证分析》,载《昆明理工大学学报(社会科学版)》2022年第5期。
③ 蒋月主编:《婚姻家庭法》,浙江大学出版社2008年版,第208页。

(4)所在地的生活平均水平。我国各地经济发展不平衡,在确定离婚损害赔偿金额时应当考虑本地区的经济发展水平。目前,安徽、山东、福建、温州等地法院结合当地经济发展水平和司法实践,制定了精神损害抚慰金的具体计算标准并规定了赔偿上限和下限,但仍有部分省市尚未明确。笔者认为,各省市法院可以参照该标准出台统一的离婚精神损害赔偿计算标准和赔偿限额。同时,由于每个家庭的生活水平不同,为了更好地弥补无过错方利益,不应对离婚精神损害赔偿设立上限,仅设立下限即可。

(5)其他因素。法院在确定赔偿金额时,不能局限于《精神损害赔偿责任的若干问题解释》规定的参考因素,还应当考虑夫妻关系存续时间、夫妻感情状况、无过错方对夫妻家庭关系的情感付出等特殊因素。

2. 尊重当事人的意思自治

长期以来,夫妻忠诚协议的效力问题在理论和实务中存在广泛争议。忠诚协议本质是一种民事法律行为,根据《民法典》第 464 条和第 502 条,原则上只要符合民事法律行为的生效要件即生效,关键在于是否违反法律强制性规定或公序良俗。[1] 首先,法律并没有禁止当事人预先约定离婚损害赔偿的数额;其次,约定离婚损害赔偿金的主要目的是通过约束夫妻的不忠行为保护家庭的实质正义,而非限制夫妻双方的行为自由;最后,基于婚姻家庭关系具有情感性和伦理性,《民法典》婚姻家庭编在立法过程中呈现出更加尊重当事人意思自治的立法价值取向。[2] 因此,法官在确定离婚损害赔偿金额时应当充分尊重当事人的意思自治,将忠诚协议中约定的离婚损害赔偿金额条款作为重要裁判依据。但是,如果离婚损害赔偿金额约定过高且明显超出过错方承担能力的(例如"净身出户"),法院应当依当事人的申请予以适当减少。

五、协调离婚损害赔偿制度与照顾无过错方原则的适用

《民法典》在立法体系上肯定了离婚损害赔偿与照顾无过错方原则是并存的关系,但并未明确是否可以在同一案件中同时适用离婚损害赔偿制度和照顾无过错方原则。理论界对此存在三种观点。(1)区分过错说。将离婚纠纷中的过错区分为一般过错和重大过错,离婚损害赔偿仅适用于夫妻一方存在重大过错的情形,对因一般过错导致离婚的,法院可以根据照顾无过错方原则给无过错方适当多分共同财产。[3] (2)同时适用说。无过错方已经在分割夫妻共同财产时依据照顾无过错方原则多分财产的,并不影响其请求离婚损害赔偿,二者可以在同一案件中并用。[4] (3)择一适用说。离婚损害赔偿制度与照顾无过错方原则的功能存在重叠,《民法典》第 1087 条和第 1091 条的"过错"应作同样理解。[5]

从文义解释来看,《民法典》第 1091 条使用"重大过错",其过错的等级程度应当高于《民

---

[1] 李姗萍:《民法典时代背景下的忠诚协议》,载《交大法学》2022 年第 5 期。
[2] 陈苇、贺海燕:《论中国民法典婚姻家庭编的立法理念与制度新规》,载《河北法学》2021 年第 1 期。
[3] 徐耀铭、刘征峰:《体系视角下〈民法典〉中离婚损害赔偿的规范构造》,载《贵州省党校学报》2022 年第 4 期;李永军:《论〈民法典〉婚姻家庭编中损害赔偿的请求权基础》,载《法学家》2022 年第 6 期。
[4] 赵德勇:《婚姻家庭法新论》,中国政法大学出版社 2014 年版,第 131 页。
[5] 陈苇、贺海燕:《论中国民法典婚姻家庭编的立法理念与制度新规》,载《河北法学》2021 年第 1 期。

法典》第1087条规定的"过错",否则,规定"重大"一词没有意义。从目的解释来看,照顾无过错方原则突出对无过错方的"照顾"和"补偿",并不旨在惩罚过错方,而离婚损害赔偿制度突出"赔偿",既强调弥补无过错方的利益,也强调对过错方的惩罚,二者的功能和目的并不完全重叠。此外,《民法典》增设第1087条的初衷在于"给予过错方在离婚财产分割和离婚损害赔偿上的加重惩罚",有独立的立法价值,不能将其完全视为离婚损害赔偿规范的功能补充。[1] 因此,笔者认为司法实践中应统一采用同时适用说,建议在《民法典婚姻家庭编解释(一)》中新增一条:"在同一案件中,人民法院可以同时适用《民法典》第一千零八十七条和《民法典》第一千零九十一条。"有学者提出,同时适用离婚损害赔偿制度和照顾无过错方原则,会造成对夫妻双方过错行为的重复评价。[2] 笔者认为,可以将已经适用照顾无过错方原则作为确定离婚损害赔偿具体金额的参考因素,如果无过错方在分割夫妻共同财产时已经多分财产,法院应当酌情减少离婚损害赔偿金,以更好地平衡夫妻双方利益。

总而言之,《民法典》婚姻家庭编秉承"树立优良家风、弘扬家庭美德、建设家庭文明"的价值观念,贯彻婚姻家庭关系的人伦本质与人文关怀,在立法中高度重视维护家庭成员的人身权益和财产权益。[3] 离婚损害赔偿制度作为一种对婚姻关系持续期间无过错方的救济制度,以保护无过错方合法权益、惩罚过错方为目的,在维护婚姻关系中的公平正义秩序和促进社会和谐等方面发挥着重要作用。长期以来,2001年《婚姻法》(修正案)第46条适用率偏低,并没有发挥应有的功能,《民法典》第1091条拓宽了离婚损害赔偿的法定情形,加大了对婚姻家庭关系中无过错方的救济力度,但是并没有给离婚损害赔偿制度的适用现状带来期望中的巨大改善。为了更好地回应《民法典》婚姻家庭编的时代需求,在未来司法实践中应当科学界定兜底条款的解释范围、明确赔偿金额的确定标准、完善证据制度、协调体系适用,进一步提高离婚损害赔偿制度的适用价值和救济价值,从而推动建立平等、和睦、文明的婚姻家庭关系,落实公平正义的民法理念。

---

[1] 夏江皓:《离婚财产分割制度的法律适用——以〈民法典〉实施后的实证研究为切入点》,载《华中科技大学学报(社会科学版)》2022年第1期。

[2] 冉克平:《〈民法典〉离婚救济制度的体系化阐释》,载《政法论丛》2021年第5期。

[3] 龙翼飞:《编纂民法典婚姻家庭编的法理思考与立法建议》,载《法制与社会发展》2020年第2期。

第九章 收养法研究

第一节
新中国收养立法与政策的变迁

一、收养关系法律原则的变迁

(一)收养立法和基本原则

新中国头40年立法调整收养关系仅有零星规定,迟至20世纪90年代才有收养单行法。1950年《婚姻法》仅第13条第2款规定养父母与养子女相互间的关系,适用前项有关父母子女关系规定。1980年《婚姻法》确立"保护妇女、儿童和老人的合法权益"原则,但放弃了父母子女关系独立成章的立法架构,亲子关系在《婚姻法》中的法律地位有所弱化,[①]收养纳入该法调整的对象,第20条规定"国家保护合法的收养关系。养父母和养子女间的权利和义务,适用本法对父母子女关系的有关规定"。1991年颁布了《中华人民共和国收养法》(以下简称《收养法》),旨在保护合法收养关系、维护收养关系当事人权利。《收养法》第2条限制被收养人的范围为未成年人,取消了成年人在立嗣、兼祧和乞养的传统中作为"被收养人"的资格,并强调收养应"有利于被收养的未成年人的抚养、成长"。计划生育的法律、法规作为时代的底色,与社会公德一并成为收养法规范中合法性判断的基石。作为成立收养关系的重要基础,平等自愿的契约精神延伸至收养法的各个领域,成为收养法的基本原则之一。

1998年修订的《收养法》(以下简称《收养法》(1998年修正))将保障老年人合法权益与保障未成年人的合法权益并重确立为收养法的基本原则。除了保障未成年人利益和社会公益,还同时保障收养人的合法权益。收养所成立的拟制血亲及相关权利义务,其影响有很长的时间跨度,收养关系成立时被收养人作为未成年人处于相对弱势地位,《收养法》尤其注重保护未成年人利益;收养关系解除时,收养人则可能因高龄与劳动能力下降而处于相对弱势地位,立法倾斜保护收养人。这是平衡相关利益主体各方利益的需要。

《民法典》第5编"婚姻家庭"设立了"收养"专章,确立了收养的三项基本原则。该编除了确立"保护妇女、未成年人、老年人、残疾人的合法权益"原则,特别保护弱势群体。规定收养的3项基本原则如下:首先,自愿原则。不仅保障收养人收养的自愿、送养人送养的自愿,8周岁以上的未成年人作为被收养人具有部分行为能力,其同意对收养的成立也同样重要。其次,最有利于未成年人原则。"禁止借收养名义买卖未成年人。"关于对被收养人的倾斜性保护,从不满14周岁的未成年人到18周岁以下的未成年人,《民法典》扩大了被收养

[①] 罗杰:《中国民法典之亲子关系立法模式的改进》,载《甘肃社会科学》2018年第2期。

人的年龄范围,加大了对未成年人作为被收养人的保护力度。最后,保障收养人和被收养人的合法权益原则。对收养关系当事人的利益平衡贯穿其全生命周期,体现了对相对弱势者的平等保护。

(二)最高人民法院涉收养的意见、解答与批复及原则精神

《收养法》颁行之前,为解决个案涉及收养的争议,最高人民法院发布了一系列针对收养法律关系的批复与解答。其主要精神包括对子女利益的倾斜性保护,无论是收养契约的取消、收养的效力、收养关系的解除,皆以"子女利益"与"子女健康成长"为司法裁判中解释和填补法律漏洞的价值判断基础。

1951年最高人民法院《关于收养关系诸问题的几点意见》确立按照《婚姻法》中"照顾子女利益"原则,来考虑应否准许取消生父母与养父母间订立的收养契约。1952年最高人民法院中南分院《关于终止收养关系问题的答复》重申了依据"照顾子女利益的原则",来考虑是否准许基于养子女的意思来终止收养关系。1953年最高人民法院《关于收养诸问题的复函》继续强调根据"照顾子女利益的原则"裁判是否取消收养契约,并确立了有效的收养契约能够推定成立收养关系,除非养父母虐待、遗弃养子女,才能通过法院判决推翻上述推定。此外,尽管收养契约的效力直接决定收养关系是否成立,但契约的生效并不以书面形式为前提。其后不久,广东省人民法院就上一复函中"合法契约"的理解提出不同意见,最高人民法院作出《关于收养关系诸问题的解答》,进一步答复明确收养者与被收养者的父母或监护人间的合意是成立收养关系的唯一条件,但"契约"是关于法律关系的确立、变更或消灭的人的同意,其客体不单为"物",指出收养契约在成立收养关系上所发挥的意思自治的作用。1986年最高人民法院《关于土改后不久被收养的子女能否参加分割土改前的祖遗房产的批复》确认在土改确权后收养的被收养人,对房屋享有继承权。1988年最高人民法院《关于吴乱能否与养孙之间解除收养关系的请示的电话答复》认可过继单作为收养协议,结合"过继子"及其妻子与收养人之间的公开称呼、赡养与扶养的事实,认定"过继子"孙翠楼及其妻子王果与收养人吴乱之间成立事实收养关系,但没有将这一收养关系所成立的拟制血亲范围拓展至被收养人的子女。

1989年最高人民法院民事审判庭《关于夫妻一方死亡另一方将子女送他人收养是否应当征得愿意并有能力抚养的祖父母或外祖父母同意的电话答复》,肯定了生父母作为送养方对收养关系成立的决定作用。在实施独生子女政策期间,解释《关于贯彻执行民法通则若干问题的意见》第23条有关夫妻一方死亡而另一方将子女送他人收养,其他有监护资格的人能否以未经其同意而主张该收养关系无效问题的规定,基于"有利于子女健康成长"的考虑,该回复的精神奠定了1992年《收养法》第13条"监护人送养未成年孤儿的,须征得有抚养义务的人同意。有抚养义务的人不同意送养、监护人不愿意继续履行监护职责的,应当依照《中华人民共和国民法通则》的规定变更监护人"和第17条"配偶一方死亡,另一方送养未成年子女的,死亡一方的父母有优先抚养的权利"的规范逻辑。

二、收养关系成立效力的立法变迁

在我国,收养关系成立的效力等同于自然血亲的父母子女关系。从1950年《婚姻法》到

1980年《婚姻法》以及后续的收养单行法,皆相同。养父母对于养子女有抚养教育义务;养子女对养父母有赡养扶助义务;双方相互有继承对方遗产的权利;彼此不得虐待或遗弃。1980年《婚姻法》第20条第2款首次明确收养关系的消除效力,养子女与生父母间的权利和义务因收养关系成立而消除。自然血亲间的生物学联系依然存在,但法律关系因收养成立而终止,这是因为我国的收养是单一收养机制,避免了多重父母子女关系叠加在被收养人身上,满足中国人对亲子关系建构的社会心理期待。《婚姻法(2001年修订)》首次强调国家保护合法的收养关系,成立收养应当符合形式要件的规范要求;成立效力延续1980年《婚姻法》第15条对父母子女间权利义务的规定,也保留了1980年《婚姻法》中对收养效力进行拟制效力与消除效力二分的立法模式。

1992年《收养法》承继了1980年《婚姻法》关于收养关系的成立在父母子女关系上的拟制效力和消除效力的规定,并将这两种效力的适用范围拓展到近亲属间的权利义务关系中。收养关系成立后,被收养人有权使用养父或养母的姓氏。《收养法》出台前,收养关系仅依当事人合意即可成立,无须登记。1992年《收养法》第15条规定收养关系的成立应以行政登记、书面协议为形式要件,既保障成立收养关系的意思自治,又体现公权力的保护和公示作用。无效的收养行为自始无法律效力,无效的原因可能是欠缺收养关系成立的形式要件或实质要件,或收养人不具备完全民事行为能力、意思表示不真实,或收养行为违反了法律、社会公共利益。《收养法》(1998年修正)保留了1992年《收养法》关于收养关系成立与解除在人身关系、财产关系上的效力规范,规定收养关系的成立和解除应以办理行政登记为生效要件之一,但删除了关于书面协议或公证的程序要求。

《民法典》第1105条规定收养关系自登记之日起成立,收养协议与公证皆非必要,但要求民政部门办理行政登记前应进行收养评估。第1110条规定收养效力自成立之日起生效,将收养成立拟制血亲的效力范围由父母子女关系拓展到养子女与养父母的近亲属间的权利义务关系上,并保留自1980年以来收养成立后并存的拟制效力与消除效力。

三、收养关系解除效力的立法变迁

收养解除后的法律效力应从人身关系和财产关系两方面考察。

首先,1992年《收养法》根据解除收养关系时被收养人成年与否,对解除收养关系后是否自动消除基于收养形成的拟制父母子女以及其他近亲属关系、自动恢复被消除的与生父母以及其他近亲属的关系作出区分。为保障未成年人利益,第28条规定未成年的养子女与养父母、生父母以及其他近亲属的人身关系在解除收养关系后自动恢复如初,成年的养子女则只自动消除收养成立的拟制亲属关系,是否恢复被收养消除的自然血亲的权利义务关系有待其协商确定。

其次,关于解除收养关系的财产效力,1992年《收养法》第29条列举了收养人可以请求给付财产的3种情形:收养人可以在"缺乏劳动能力又缺乏生活来源"的情形下要求成年养子女"给付生活费";若因被成年养子女虐待、遗弃而解除收养关系的,还可以要求"补偿收养人在收养期间支出的生活费和教育费";生父母要求解除收养关系的,若收养人无虐待、遗弃养子女的行为,则可以要求生父母"适当补偿收养期间支出的生活费和教育费"。

1998年《收养法》与《民法典》沿用了1992年《收养法》关于收养关系解除后的身份效力

与财产效力的规定。与收养的成立保持一致,《民法典》在解除收养关系所产生的身份效力时,也将养父母或生父母的近亲属纳入主体范围内。

四、小结

依据对收养法变迁之脉络的梳理与掌握,笔者得以归纳出收养制度的伦理内核是以未成年人利益为核心,对亲的收养利益与子的收养利益的平衡。收养法对拟制的父母子女关系、近亲属关系进行人身关系、财产关系两方面的规范。人身关系上的规范,是为理顺并融入由自然血缘所建立起的社会亲属网络;财产关系上的规范,则是对基于人之意志而发生变动的拟制血亲各方主体进行权衡与救济。

纵向看,收养制度的概念与功能历经变迁,落脚于以子女为核心的父母子女关系法。在历史的不同阶段,收养制度的目的、作用和意义皆有所不同,基本可归纳为"为氏族的收养""为家的收养""为亲的收养",以及近现代"为子的收养"。[1] 当前通说认为收养是根据法律规定领养他人子女为自己子女,建立拟制血亲的要式的身份法律行为。[2] 1992年《收养法》生效后,收养行为被定义为能够变更亲属身份和权利义务关系的要式法律行为。[3] 收养制度作为以设立亲子关系为目的的社会制度,是生育制度的重要补充。[4] 虽以子女利益为核心,但为亲权、为传代而设立拟制血亲的目的依然存在。[5] 在以子女为核心的父母子女关系中,父母权利的演变经历了从绝对性和支配性的家长权,到管教和保护子女与获得子女赡养的权利义务并重的亲权,其现代性体现为父母的权利是"子本位"的,收养制度也沿袭了这一立法观点。横向看,收养制度的价值共识凝结为未成年人保护。注重保障未成年人利益是各国收养立法的共同价值取向,例如作为大部分普通法系立法模板的英国《收养法》在其1976年版第6条确立了调整收养的幸福原则,要求在作关于儿童收养的任何决定前都应首先考虑儿童幸福。[6] 世界各国收养立法的趋同主要表现在以下三方面:一是以完全收养为主;二是保护儿童利益的原则和精神越来越突出;三是"试养期"成为重要国际议题之一。[7]

以《民法典》为大成的中国收养立法先进性表现为对亲与子的保障并重,体现收养制度在家庭生命周期各个阶段的完整价值,"毕竟将为亲的收养与为子的收养截然分开,在事实上和法理上都是不尽妥当的"。[8] 亲子之间的权责伦理关系以子女为价值核心,一方面要求父母在子女年幼时承担抚养和教育责任,另一方面当父母年老丧失劳动能力时,子女也必

---

[1] 陈智慧、李学兰编:《婚姻、收养、监护与继承》,复旦大学出版社1997年版,第222页。
[2] 史尚宽:《亲属法论》,中国政法大学出版社2000年版,第584页;贾静主编:《比较家庭法学》,中国政法大学出版社2015年版,第175页;余延满:《亲属法原论》,法律出版社2007年版,第405页。
[3] 陈智慧、李学兰编:《婚姻、收养、监护与继承》,复旦大学出版社1997年版,第217~218页。
[4] 陈智慧、李学兰编:《婚姻、收养、监护与继承》,复旦大学出版社1997年版,第217页。
[5] 史尚宽:《亲属法论》,中国政法大学出版社2000年版,第586页。
[6] 贾静主编:《比较家庭法学》,中国政法大学出版社2015年版,第175~203页。
[7] 蒋新苗:《收养法比较研究》,北京大学出版社2004年版,第62~69页。
[8] 杨大文主编:《亲属法》,法律出版社2012年版,第245页。

须履行赡养扶助义务,体现权责的对应和互生关系。[1] 亲属法的特殊性在于其伦理道德性、传统习俗性和弱者保护性。[2] 收养法作为亲属法的组成,更加彰显家庭养老育幼、休养生息的功能,在利益冲突中更倾向于保护相对弱势者。但家庭生命周期里相对弱势的一方并非一成不变,基于此,《民法典》通过对权利、义务的细化,人身方面使利益相关者在收养的成立与解除上发挥其自由意志,财产方面允许权利人请求赔偿或补偿,通过在家庭生命周期的不同阶段的不同安排,避免司法机关在解决利益冲突过程中衍生出各方主体间不必要的冲突,尤其是避免收养人与被收养人之间的零和博弈。

第二节 收养关系成立与解除的法律效果分析

一、收养关系成立拟制血亲的效力检视

收养的效力包括成立拟制血亲的成立效力、消除被收养人与生父母及其他近亲属间权利义务关系的消除效力两方面。但是,特殊情形下,收养的效力应作不同理解。依据收养关系成立前被收养人与收养人关系的不同,收养行为可分为收养孤儿或残疾未成年人、收养三代以内旁系同辈血亲子女、收养继子女、单身收养和一般收养五种情形。拟制血亲即按法律规定的条件和程序,成立与自然血亲几乎相同的身份关系,包括父母、子女等近亲属间抚养和赡养的权利义务,教育和保护的义务,遗产继承的权利。拟制血亲的成立,不仅像经法律确认的自然血亲一样形成了新的父母子女关系、近亲属关系,同时也消除了养子女与生父母等近亲属间的权利义务关系。收养关系成立拟制血亲,其社会属性与自然血亲仍有不同之处;不同收养情形下所成立的拟制血亲,其效力也有所不同。

(一)收养未成年人的一般效力

1. 收养关系成立的一般效力包括成立效力和消除效力

父母子女间的权利义务发生移转或复制。首先,在被收养人与收养人及其他近亲属之间成立拟制血亲关系,拟制血亲主体间的权利义务关系与基于出生之事实所推定的自然血亲关系无异。其次,被收养人与其生父母及其他近亲属之间的权利义务关系因收养关系的成立而消除,但自然血缘关系不因法律关系的变动而改变,血亲之间禁止结婚的规定仍应被生父母子女遵守。[3] 收养关系的成立,使得抚养被收养人的义务、受被抚养人赡养的权

---

[1] 曹贤信:《亲属法的伦理性及其限度研究》,群众出版社2012年版,第154页。
[2] 林秀雄:《亲属法讲义》,元照出版社有限公司2011年版,第9~10页。
[3] 史尚宽:《亲属法论》,中国政法大学出版社2000年版,第624页.

利,从生父母转移至养父母,此外,被收养人与父母的近亲属间的权利义务关系也一并发生移转。为最大限度保障未成年人利益,相对于被收养人而言,亲属关系的移转是同步发生的。

收养成立后父母子女关系中的消极义务不发生移转,而将如禁止近亲结婚等相关的消极义务直接由生父母子女关系复制到养父母子女关系中。除抚养、赡养等义务外,建立在自然血缘上的消极义务往往来自生物科学与社会伦理两方面的要求,不因收养的成立在收养当事人之间移转,而是产生类似复制、粘贴的效力。这就意味着,诸如禁止近亲结婚等身份关系中的消极义务不仅留存在自然血亲之间,也存在于收养所成立的拟制血亲之间。

在收养效力上将权利义务的全盘移转与有保留的复制进行区分,顺应了人类社会的伦理与社会发展需求。以禁婚规则为例,这一禁止性规定源于原始社会并在长期实践中被固定下来的性伦理中的乱伦禁忌。① 打破近亲通婚禁忌不仅是法律上的违法,更是社会上的违法。② 近亲禁婚规则上存在至少两个层次的问题。继续禁止被收养人与具有较近亲属关系的自然血亲和拟制血亲之间通婚,原因在于自然血亲虽因收养而消灭权利义务关系,但是生来俱有的自然血缘生物性依然客观存在,也无法被剥夺,基于优生学考虑而禁止乱伦、基于社会伦理道德规训而防范近血缘关系人之间发生性关系社会禁忌依然适用;拟制血亲之间设置新的禁忌则是社会性的;③ 故为满足人类繁衍的要求而建立的选择机制依然起隔离墙作用。"禁婚亲等范围与社会亲密程度有着密切的关系",韦斯特马克的这一假说也能用于说明为何要在继嗣或收养的无血缘关系的人之间设置通婚禁忌。④ 解决家庭问题的方法应具有文化性与社会性,而非生物性。⑤ 因此以亲等划定禁婚亲属的范围与自然血亲的一致,是禁婚制度之生物性与社会性的共同要求。

2. 是否应当区别对待拟制的直系血亲与旁系血亲适用通婚禁忌,学术上有一定争议

区分论者主要从成立身份关系的意思、拟制血亲的特性与禁婚制度的基础几个方面主张不限制旁系血亲结婚:以爱情为婚姻本质的理论否定了优生作为近亲禁婚的理由,强化传统伦理与道德规范在通婚禁忌中的作用;⑥婚姻合意论者认为拟制血亲间无血缘关系,不存在近亲结婚生育的优生障碍,且旁系亲属关系的成立只是收养意思的附随事实,因此不应被限制;⑦扩大意思自治在亲属关系成立中适用的观点通过说明拟制血亲具有虚拟性、可解除性,主张成年子女的结婚自由权不仅应排除拟制旁系血亲间的禁婚,还应赋予其自主选择是否与拟制直系血亲结婚的权利;⑧基于拟制血亲的特性,与禁婚亲等制度的伦理秩序、优生遗传两大支柱,也当然得出对拟制血亲与自然血亲的禁婚范围进行区分的结论。⑨我国实务的一般做法也持区分观点,收养关系存续期间不在近亲通婚禁忌上设置自然血

---

① 曹贤信:《亲属法的伦理性及其限度研究》,群众出版社2012年版,第41~42页。
② [美]威廉·J.古德:《家庭》,魏章玲译,社会科学文献出版社1986年版,第56~57页。
③ [芬]韦斯特马克:《人类婚姻史》(全三册),李彬等译,商务印书馆2002年版,第621~670页。
④ [芬兰]韦斯特马克:《人类婚姻史》(全三册),李彬等译,商务印书馆2002年版,第650页、658页。
⑤ [美]威廉·J.古德:《家庭》,魏章玲译,社会科学文献出版社1986年版,第45页。
⑥ 刘余香:《我国〈婚姻法〉规定的结婚禁止条件质疑》,载《法学杂志》2009年第1期。
⑦ 陈淑静:《"收养亲"之间结婚问题的探讨》,载《思想战线》2013年版第2期。
⑧ 雷光明主编:《中华人民共和国收养法评注》,厦门大学出版社2016年版,第221~222页。
⑨ 张毅辉:《论禁婚亲》,载《法学论坛》2003年第5期。

与拟制血亲的区别,但旁系的拟制血亲经收养解除后准许结婚。[①]

不区分论者一般单从遗传学和优生学角度出发,将不对拟制直系血亲与拟制旁系血亲间的通婚进行任何区分,仅为防止家庭成员关系的紊乱而规定在拟制血亲关系存续期间不提倡拟制血亲结婚。[②]

(二)收养孤儿、残疾未成年人等的效力

对收养子女数量进行限制或者放宽限制条件,都体现使被收养人利益最大化的考量。《民法典》第1100条第1款根据收养人的子女数量,对收养子女的数量进行限制;第2款规定收养孤儿、残疾未成年人或者儿童福利机构抚养的查找不到生父母的未成年人,不受收养人子女数量、收养子女数量的限制。第1100条第1款限制收养子女的数量,主要是为了防止收养当事人自由意志的过度扩张,而被收养人有限的抚养、教育和保护能力不能使无限量的未成年人从其收养行为中受益。第1100条第2款放宽收养孤儿、残疾未成年人或者儿童福利机构抚养的查找不到生父母的未成年人3类特殊群体的数量限制,也是基于被收养人利益的考虑,通过放宽限制条件来鼓励、促成收养关系的成立,使他们得以在家庭的温暖关怀中成长,在亲情的滋养下恢复身心健康。但是放宽限制不等于没有限制,为被收养人利益之考虑,仍应对其他法定收养条件进行考察和评估。

相较于收养特殊群体所生效力中收养人的积极义务,其禁止近亲结婚的消极义务更应受到密切监管。收养孤儿、残疾未成年人或儿童福利机构抚养的查找不到生父母的未成年人,其收养效力主要体现为成立效力。在被收养人与收养人及其他近亲属之间成立拟制血亲,由收养人承担对孤儿或查找不到生父母的未成年人进行监护、抚养、教育和保护的积极义务。同时也基于该拟制血亲,产生近亲禁婚的消极义务。因为禁婚的防线一旦失守,被收养人更易陷入不单纯的收养。相较于其他收养情形,上述3类特殊群体在收养关系中处于特别弱势地位,其共同点之一就是生父母在收养关系中的缺位或无抚养能力,而不能期待生父母作为送养人对收养人的抚养与监护进行监督,并在未成年被收养人的权益受到侵害时行使其收养解除权。因此,具有相关职责的国家机关、职能部门,无论是否作为送养人都应更多监督和管理此类收养,积极发挥民政部门的收养评估制度作用。不仅要对收养人的收养能力进行评估,也应定期回访,避免未成年养子女遭受虐待、遗弃等侵犯却救济无门。

收养孤儿、残疾未成年人或者儿童福利机构抚养的查找不到生父母的未成年人,也产生消除效力。残疾未成年人、儿童福利机构抚养的查找不到生父母的未成年人未必已失去其生父母,而可能因被生父母遗弃、生父母不具备完全民事行为能力并可能危及被收养人、生父母有特殊困难无力抚养、失联等原因导致子女被送养。尽管收养制度从产生之初就具有强烈的契约属性,但随着16世纪对"儿童的发现",[③]收养当事人的自由意志与家长权威

[①] 杨立新主编:《最高人民法院婚姻法司法解释(三)理解与适用》,中国法制出版社2011年版,第28页。

[②] 王桂花:《拟制血亲之间能否办理结婚登记应区别对待》,载《中国民政》2006年第1期。

[③] [法]阿利埃斯:《儿童的世纪:旧制度下的儿童和家庭生活》,沈坚、朱晓罕译,北京大学出版社2013年版,第57~58页。

的需求,开始让位于未成年人健康成长的利益。无论生父母能否表达其同意送养子女的意思,该特殊群体被收养后,都将消除养子女与生父母之间的权利义务关系。因此在某种意义上,只要收养程序合法,以子女利益为核心的义务本位的亲权也可以适用物权法的"善意取得"规则,养父母对被诱拐的养子女实现"诚信的父母身份占有"。[1] 不以养父母过错为前提,生父母解除收养关系本质上是对收养协议的违约;若生父母未能在收养关系成立时进行有效之意思表示,也不能在其子女未受到养父母虐待、遗弃等侵害时主张收养关系解除请求权。

(三)收养三代以内旁系同辈血亲子女的效力

《民法典》第1099条是关于收养三代以内旁系同辈血亲的子女的特殊规定,为最大限度发挥收养制度的社会效用,放宽对被收养人、送养人和收养人的限制条件,即"收养三代以内旁系同辈血亲的子女",无须其生父母有特殊困难无力抚养,也不要求无配偶的收养者与异性被收养人间的年龄相差40周岁以上,未满18周岁的未成年人即可被依法收养。此外,华侨"收养三代以内旁系同辈血亲的子女"时,还不受其本人子女数量的限制。这一条款旨在回应收养法制定时民间仍有为数不少的近亲收养实践、维系华侨民族感情的需求。[2] 相较于收养效力的一般规定,三代以内旁系血亲的子女与收养人间本就有自然血亲关系,但不在《民法典》第1045条所规定的近亲属或家庭成员范畴之内,自然也不相互享有法定的权利、承担积极义务,只受身份法上消极义务的约束如近亲禁婚。

收养自然血缘关系较近的卑亲属,法律效果上存在着完全收养与不完全收养的模糊地带。参考《德国民法典》第1756条第1款"收养人与被收养子女互为二亲等或三亲等的血亲或姻亲的,只有该子女及其晚辈直系血亲与该子女的父母的血统关系和因它而发生的权利义务消灭"的规定,限制收养近亲在收养成立效力和消灭效力的适用主体范围。收养具有自然血缘关系的亲属,应是一种不完全的收养。

第一,收养人与被收养人本就存在血亲关系。在我国亲等计算方法中,三代以内旁系同辈血亲指与父母或祖父母、外祖父母同源的血亲,包括兄弟姐妹、堂兄弟姐妹、表兄弟姐妹。"三代以内旁系同辈血亲的子女"即上述兄弟姐妹的子女、堂兄弟姐妹的子女和表兄弟姐妹的子女,作为被收养人原就与收养人存在自然血亲关系,有共同的尊亲属。

第二,收养的成立效力与消除效力理应同步发生。对于一般情形的收养而言,消除收养前自然血亲间权利义务的效力,与建立收养人与被收养人间的血亲关系的效力应同时产生,方符合收养制度保障未成年人不落入监护、抚养的真空地带,及避免双重亲属关系之复杂化的立法宗旨。

第三,以同步性为前提,此特殊收养情形中的效力,在不同主体间有所不同。首先,消除被收养人与其生父母间的父母子女关系,但不消灭他们的自然血亲关系。并依据收养成立后的新亲属关系网,建立被收养人与生父母间新的法律身份关系。其次,"收养三代以内旁系同辈血亲的子女"消除被收养人同其与收养人共同的尊亲属间的权利义务关系,并因收养的成立效力而与该尊亲属建立新的亲属关系。若被收养人与该尊亲属的亲属关系在

---

[1] 雷光明主编:《中华人民共和国收养法评注》,厦门大学出版社2016年版,第222页。
[2] 黄薇主编:《中华人民共和国民法典婚姻家庭编解读》,中国法制出版社2020年版,第274页。

收养前后没有发生变化,例如某兄收养其弟的子女,则被收养人与其祖父母的亲属关系始终如一。若被收养人与该尊亲属的亲属关系发生变化,但亲等关系没有改变,例如某兄收养其妹的子女,被收养人的外祖父母在收养关系成立后转变为其祖父母。那么,被收养人与特定尊亲属间的亲属关系究竟完全消除还是不完全消除,将难以得到答案。从结果上看,特定主体间是否产生消除效力与成立效力,对未成年人受抚养和老年人得到赡养的权益不产生影响。而对于其他不重合的亲属关系而言,似乎与普通收养中身份效力的变更无异。即收养成立前的身份关系,依其与收养后身份关系的重合程度不同,将出现部分属于完全收养,部分属于不完全收养的收养性质模糊问题。

收养自然血缘较近的卑亲属,虽无辈分混乱的风险,但制度所体现的价值取向中,被收养的未成年人利益并非此特殊收养的核心价值,不符合现代收养法兼顾亲的利益与子的利益之价值取向。尤其值得注意的是,在收养不满8周岁未成年人时仅需依收养人与被收养人的合意,即能符合收养在契约性质上的共同意思表示条件。公权力对收养当事人合意的介入在"收养三代以内旁系同辈血亲的子女"情形下被收缩,被收养人的生父母未出现特殊困难无力抚养状况,即本无不利于未成年人成长、教育的情形也可依收养人与被收养人的意愿而被他人收养。近现代各国收养法所确立的对未成年人利益的保障被相对忽视了,传统"为亲的收养"观念则占上风。

(四)收养继子女的效力

《民法典》第1103条规定收养继子女应经过其生父母的同意,并放宽对收养的限制条件。法律鼓励继父母收养与其共同生活的继子女,以防止继父母子女间形成抚养教育关系后,产生双重父母子女关系而引发权责边界纠纷。即只要继子女生父母有送养的意愿,无须继子女的生父母具有特殊困难无力抚养的情形,也不受继父母本身的子女数量、抚养能力、身体健康状况、违法犯罪记录、收养人的年龄条件限制,便可依法收养未满18周岁的继子女。

就收养的成立效力而言,收养继子女能够增强再婚家庭的凝聚力。相较于其他收养情形,确认再婚家庭各成员间的身份权责,不仅是父母子女关系的确认,也包括被收养人与其在再婚家庭内的兄弟姐妹、祖父母和外祖父母等近亲属间的权利义务关系的确认,对于缺乏血缘纽带的新家庭而言,更能明确他们之间的身份关系,增加彼此之间相互照顾、扶养的责任心。对于被收养的未成年人而言,成立收养关系后,即可明确继父母的抚养义务,能够对与其共同生活的继父母主张抚养义务的强制履行,避免因继父母的单方意思而被终止抚养教育关系,从而更好地保障未成年人健康成长。但仅从再婚家庭的角度观察收养继子女的效力是不完整的,收养关系成立拟制血亲的同时,也消除了基于自然血亲关系的权利、义务。

就收养的消除效力而言,完全收养消除了继子女与其未共同生活一方生父母间的权利义务关系,但是收养是否也消除被收养人与共同生活的生父母一方之间的父母子女关系,仍存在争议。[①] 其一,若适用收养制度的一般效力规则主张消除这种父母子女关系,则使身份制度的成立与终结具有了更多意思自治色彩;且共同生活的生父母一方作为继父母的配

---

① 余延满:《亲属法原论》,法律出版社2007年版,第426页。

偶与继父母共同收养,作为与被收养人共同生活的生父母一方,在收养人与送养人身份上的竞合将影响收养的效力。亲属法的性质属于强行性规范,虽是私法但其效力法定且不容自行改变,①如此方能保障婚姻家庭成员的利益,维持社会的稳定和发展。② 亲属法中的任意性规范本就无多,收养的契约属性要求平等与自由,但这种自由应让位于更高价值位阶的未成年人利益而受到限制。此外,在收养人与被收养人的生父母结婚的特殊情形下,养父母与生父母共同对养子女行使亲权,③但养子女与其生父母的关系被认为"同时存在自然血亲关系与直系姻亲关系之竞合现象",这种竞合若不是恢复他们之间父母子女关系的主要理由,不仅不符合实际也不利于养子女,因此应属于养子女与生父母间无溯及效力地恢复父母子女关系。④ 类似地,对继子女的收养同样有共同生活的生父母一方产生身份竞合的问题,共同生活的生父母一方既是送养人,又是收养人。一方面作为送养人同意消除与子女的亲属关系,另一方面又作为法律上的收养人同意收养并成立亲属关系,其作为生父母在失去、恢复法律父母身份上是没有时间间隔的,在收养法律关系中同时作为送养人和收养人,自己与自己达成收养、送养的合意,突破了双务民事契约的底层逻辑。其二,若主张不消除共同生活的生父母一方的亲属权责,则属于不完全收养,或继父母的单方收养。⑤ 在不完全收养中,被收养人与原出生家庭继续维持一定关系,但生父母的抚养义务次于养父母,养父母的近亲属也不与被收养人产生法律关系。⑥ 若采继父母的单方收养的解释,则与《民法典》第1101条对有配偶的收养人应夫妻共同收养的强行法规定相左。因此无论是不完全收养还是单方收养,都无法在现行法框架内进行合法性解释。

综合收养的成立效力与消除效力的研究视角,在我国完全收养的收养制度下,继子女与没有共同生活的生父母间的父母子女权利义务关系,因基于契约自治的收养的成立而被消除,并与继父母之间成立父母子女关系,为未成年人合法权益的保障工作埋下隐患。首先,对于不满8周岁的被收养人而言,在父母婚姻破裂后可能失去来自一方生父母的照顾、教育和保护,又被剥夺与该生父母间的法律羁绊,既不能要求未共同生活的生父母履行抚养义务,成年后也不对这一自然血亲负赡养义务。其次,尽管为体现未成年人利益最大化的原则,《民法典》第1084条强调"离婚后,子女无论由父或者母直接抚养,仍是父母双方的子女",但仅凭生父母与继父母的合意便可以改变法律对离婚后父母子女关系的强行性规定,绕开公权力的监管,就"未成年人利益"的实现作自己的判断与安排。收养继子女的继父母即便欠缺抚养、教育或保护能力,或患有医学上认为不应当收养子女的疾病,或有不利于继子女健康成长的违法犯罪记录,也可以取得继子女的亲权。再次,民政部门依据第1105条进行的收养评估无法监督继父母是否收养适格。尽管民政部门会进行收养评估,但对于可能危害未成年人健康成长的几个高危要素,在第1103条中被排除适用于收养继子女的情形,削弱了公权力对家庭私域内收养行为的监管力度,无法体现最有利于未成年人的

---

① 史尚宽:《亲属法论》,中国政法大学出版社2000年版,第5页。
② 余延满:《亲属法原论》,法律出版社2007年版,第3页。
③ 史尚宽:《亲属法论》,中国政法大学出版社2000年版,第626页。
④ 林秀雄:《亲属法讲义》,元照出版有限公司2011年版,第288～289页。
⑤ 陈智慧、李学兰编:《婚姻、收养、监护与继承》,复旦大学出版社1997年版,第243页。
⑥ 蒋新苗:《收养法比较研究》,北京大学出版社2004年版,第112页。

收养基本原则。最后,完全收养固然有利于促进再婚家庭成员之间关系的和睦,[1]但未必最有利于被收养人。没有建立收养关系的继父母子女之间,即便形成抚养教育关系而适用《民法典》关于父母子女关系的规定,也因当事人之间没有收养的合意,[2]无法寻求继父母未尽责抚养之积极义务的责任。但收养继子女的当事人合意缺乏必要的外部约束,使未成年人保护任务空前艰巨。法律无法期待所有基于出生事实而成为父母的群体都是适格的,都具有抚养能力;更无法信任基于意思自治而获得父母身份的群体都具有相应资格和能力,以及生父母具有识别、判断收养人是否适格的能力与责任心。要保护未成年人合法权益,要更多依赖于收养关系成立后的事后监督,而非仅在收养的成立上进行事前保护。

(五)无配偶者收养子女后结婚的效力

无配偶者的收养也称"独身收养",当收养人因未婚、离婚和丧偶等处于无配偶状态,为回应他们"老有所依"的正当诉求,[3]允许"为亲的收养"。无配偶者收养异性子女的,除受《民法典》对收养人条件的限制外,第1102条还要求收养人与被收养人的年龄相差40周岁以上。年龄差的要求是为了防范"乱伦"的风险,为保障被收养人的利益而进行限制,[4]从而实现收养制度在亲的利益与子的利益上的兼顾与平衡。

平等自愿的契约属性是成立收养关系的基本原则,无配偶者收养子女的成立效力,不应被推定当然及于其在收养后缔结婚姻关系的配偶。无配偶者收养子女后,当然也产生成立拟制血亲关系、消除养子女与其生父母间的父母子女关系的法律效力。但我国的收养制度以夫妻共同收养为原则,收养人在独身阶段的收养权利尽管受到一定限制,但仍可依其与送养人的共同意思成立收养关系。对于在收养关系成立后与单身收养者缔结婚姻的配偶而言:首先,收养人在收养子女后结婚,其配偶没有在收养关系成立时表达其愿意与被收养人成立拟制血亲的意思,未经其追认不对其发生效力。其次,与收养人结婚的意思不能推论出包含与被收养人成立血亲关系的意思。结婚仅在男女双方之间产生身份效力和财产效力,收养关系的成立早于婚姻关系,对于单方收养人的配偶而言,其与被收养人的权利义务应参考继父母子女关系。最后,单方收养人的配偶对收养的同意或追认,根据收养行政登记手续的履行与否产生不同的效力。该配偶既可以作为继父母,在与被收养人形成抚养教育关系后参照适用父母子女关系,但其抚养、教育和保护义务并非强制性的;也可以履行收养手续收养"继子女",作为养父母履行强制性的父母义务。如此,方能平衡被收养人健康成长的权利,与单方收养人的配偶在拟制血亲之成立上的意思自治,处理收养成立拟制血亲关系和婚姻自由的利益冲突,保障收养各方当事人的自愿、平等。

(六)小结

收养效力实际上是收养目的的直接反应,[5]对各种情形下通过收养成立拟制血亲的效

---

[1] 雷光明主编:《中华人民共和国收养法评注》,厦门大学出版社2016年版,第146页。
[2] 余延满:《亲属法原论》,法律出版社2007年版,第411、431页。
[3] 陈智慧、李学兰编:《婚姻、收养、监护与继承》,复旦大学出版社1997年版,第241页。
[4] 余延满:《亲属法原论》,法律出版社2007年版,第421页。
[5] 蒋新苗:《收养法比较研究》,北京大学出版社2004年版,第101页。

力进行分析,可以看到,与基于自然血缘的父母子女关系相比,各方当事人在收养中的权利义务设置仍然有值得完善的空间。为了消除收养效力上的模糊之处、更圆满地实现收养立法的宗旨、更好地发挥收养在未成年人保护上的作用、更贴近社会生活的实际需求,应对基于收养之拟制血亲制度的如下问题报以更为审慎的态度予以调整。

其一,收养成立的拟制血亲关系是义务本位的,同其他亲属关系一样,不将权利义务对等作为养父母子女间的基本原则,权利义务的设置不以对等和平等为目的。但禁止近亲结婚的消极义务在收养成立后产生的自然血亲、拟制血亲上的拘束力是双倍的,在继承等权利上则无此规定。

其二,若被收养人属于特别弱势的社会群体,应基于收养关系中缺失送养人一方的事实,对收养的成立进行更严格的行政监督,并严格限制放宽收养条件的限度,避免被收养人在寻找家庭温暖的过程中又落入以温柔为名的陷阱。

其三,只承认完全收养的收养制度,在近亲收养、继父母收养情形中存在弊端,有违收养制度兼顾亲子利益的伦理内核。首先,收养血缘关系较近的卑亲属应是一种不完全收养,否则将难以回答被收养人与其近亲属间的身份关系是否都产生成立效力与消除效力的问题。其次,收养继子女在性质上要么属于不完全收养,要么属于单方收养,否则与子女共同生活的生父母一方将自己与自己达成收养与送养的合意,要约人与承诺人的合一将使该收养契约无法成立。继父母以不完全收养形式收养继子女,既不影响继子女与生父母之间的关系,也有利于继父母子女关系的和谐,更有利于儿童身心的发展。①

其四,在近亲收养、继父母收养中放宽收养条件来促成收养关系的成立,未必能使未成年人利益最大化。首先,自然血缘纽带不能构成放宽收养条件的理由,近亲间的收养应特别警惕为亲的收养的目的过度扩张,忽视了对尚无表意能力的未成年人健康成长的保障。其次,是否放宽继父母所受的收养条件约束,不能仅从是否有利于再婚家庭的稳定为出发点判断,不应将是否有利于未成年人成长的判断完全交由其生父母,而应以未成年人利益为核心设计收养的条件与效力。

其五,无配偶者在收养子女后结婚的,其配偶追认或同意的意思表示,在经行政登记后产生收养效力,方显对各方收养当事人意思自由的尊重,方显夫妻共同收养原则的可变通性与逻辑上的一贯性。

二、收养解除与不能解除的权利义务

(一)收养解除的概念辨析

收养解除以消除拟制血亲关系为主要目的,除解除外,收养无效、收养撤销等制度也将产生终止亲属关系的法律效果。但各种机制的作用机理、立法目的与法理依据皆有所不同,因而需对相关概念进行辨析。

---

① 杨大文主编:《亲属法》,法律出版社2004年版,第232页;郑小川、于晶:《亲属法原理·规则·案例》,清华大学出版社2006年版,第90页。转引自余延满:《亲属法原论》,法律出版社2007年版,第412页。

此外，有观点认为收养人或被收养人一方的死亡也导致收养的自然终止，[1]死亡是各种亲属关系消灭的共同原因；[2]相反观点主张收养关系不因当事人的死亡而解除，没有将收养关系单纯作为养父母与养子女之间的个人关系，而是赋予收养所产生的拟制直系血亲关系与拟制旁系血亲关系以同等的重要性；[3]较为折中的观点中，如我国台湾地区"民法"亲属编第1080条之1规定了养父母死亡后终止收养的方式："养子女可申请法院许可终止收养"，使其能再被他人收养或回本家而避免未成年人无谋生能力不能维持生活。[4] 但收养解除以保护当事人的自由意思为目的，死亡是否发生解除的效力并不能体现对意思自治的影响，在此不论。

1. 收养解除与收养无效的辨析

解除收养关系的前提是所成立的收养关系已产生法律效力，不存在欠缺法定生效要件或违反收养法强制性规定的情形，而后依收养当事人行使收养关系解除请求权或协议解除后，无溯及力地消除养子女与养父母及其他近亲属之间的权利义务关系，有条件地恢复养子女与生父母以及其他近亲属之间的权利义务关系。

收养无效是对收养行为因欠缺实质要件或形式要件而产生效力瑕疵的司法确认。收养无效也发生在收养关系成立之后，收养人或送养人出现不具备相应的民事行为能力的，虚假的意思表示的，恶意串通的，违反法律、行政法规的强制性规定的，违背公序良俗的6种民事法律行为无效情形之一的；或不符合收养人、送养人、被收养人范围与条件的，收养人数限制的，年龄限制的，和未办理收养登记的4大类收养效力要件之一的，属于无效的收养，自始不发生法律效力。

收养解除与收养无效的共同点是以收养关系成立为前提。其根本区别在于收养解除仅向将来消灭养父母子女关系，而收养无效的确认使收养所拟制的血亲关系自始无效。此外，收养解除与收养无效还有6点区别：第一，收养解除时已产生收养效力，而收养无效是对成立的收养行为欠缺法定生效要件的认定。第二，无论是对解除条件的限制，还是解除后的财产关系效力规则，收养解除的目的都是兼顾未成年人利益与老年人利益保障；收养无效则以保障被收养人利益为目的，在收养人收养能力不适格时，或与送养人恶意串通损害被收养人利益时进行事后救济。第三，收养解除的根本理由在于维持养父母子女关系已不再使双方受益，收养无效则是自始便存在损害被收养人利益的情形。第四，收养的解除可依收养人、被收养人或送养人的共同意思，通过办理行政登记产生效力，也可通过诉讼解除，若收养当事人皆无解除意思则不能通过行政或司法的主动确认来解除；收养的无效则既是一种司法裁判结果，也是行政确认的结果，无效的认定可在诉讼活动或行政的审查、监督程序中进行。第五，协议解除收养与收养解除请求权的主体可以是收养人、送养人与被收养人；但法律未明文规定有权申请确认收养无效或直接认定无效的主体范围，除收养当事人之外，其他利害关系人，如具有抚养义务的人、机构也可为被收养人利益或社会公共利益申请确认收养的无效，负有收养评估、监督职责的政府部门也有权认定收养无效。第六，

---

[1] 余延满：《亲属法原论》，法律出版社2007年版，第427页。
[2] 史尚宽：《亲属法论》，中国政法大学出版社2000年版，第81页。
[3] ［日］我妻荣、有泉亨等：《日本民法·亲属法》，夏玉芝译，工商出版社1996年版，第116～117页。
[4] 林秀雄：《亲属法讲义》，元照出版有限公司2011年版，第300页。

养父母子女关系上,收养解除仅向后地消除其权利义务关系,收养无效则将消除效力溯及自收养成立时;生父母子女关系以及其他近亲属关系上,收养解除后是否恢复需征求各方主体意愿,而确认收养无效的法律后果是生父母子女关系以及其他近亲属关系自始没有被消除。

2. 收养解除与收养撤销的辨析

我国的收养制度不对欠缺法定要件的收养行为进行无效与可撤销的区分,当收养效力出现瑕疵时,若不危及第三人或社会公共利益,则收养当事人可以在除斥期间内自行选择是否行使撤销权。婚姻家庭编并未规定收养的撤销及其效力,因此适用《民法典》总则编第157条关于民事法律行为被撤销的规定,参考婚姻家庭编第1054条婚姻被撤销的法律后果,收养的撤销具有溯及力,撤销收养将使收养的效力自始消灭。无论是收养解除,还是收养撤销,都是赋予收养当事人意思自治权利的机制,体现收养法维护和保障收养家庭之稳定、和谐的价值取向。

收养解除与收养撤销的根本区别在于,被解除的收养关系仅向将来终止当事人间的权利义务关系,被撤销的收养行为则自始没有法律约束力。收养撤销相对于收养无效的另一个特征是,撤销将在身份和财产关系上都产生"恢复原状"的法律效力,但这往往难以达到。身份关系中的权利义务关系尤其以直接或间接的情感付出为特征,财产尚能返还或补偿,但情感难以折价。家庭是最小社会单元,维护家庭稳定也是保障未成年人与老年人利益的需要,因此公权力在必要情形下应介入家庭中进行监督,以保护相对弱势的家庭成员,或预判行为能力受限的家庭成员可能面临的境况,通过立法强行性规定规范身份关系,保障国家强力干预下父母子女关系的平衡。① 我国收养制度中没有规定收养的撤销,而通过收养无效的机制调整有效力瑕疵的收养行为,尽管在一定程度上弱化了收养的契约属性,但最大限度兼顾了亲与子的利益,防止收养当事人在拟制血亲关系里的自由意志因意思表示能力的不足而落入屈从的平等"骗局"。最后,在终止收养的权利行使上,收养可依当事人协议而解除,但收养当事人只能通过诉讼活动来主张其撤销的意思。收养的解除不涉及情感与财产的清算、返还,解除后仅产生财产补偿效力,因而可以在和平友好的氛围中进行。收养的撤销涉及对已形成的拟制血亲的全盘否定,涉及撤销权人自由意志的维护与救济,②而非违反公序良俗,③可能产生的过错责任将在当事人之间形成赔偿请求权,因此需要在诉讼程序中进行较为严格的权责清算;为防止拟制血缘关系因为撤销权人、解除权人的举棋不定而处于不稳定状态,撤销权和解除权应在法定的除斥期间内行使,否则归于消灭。

3. 收养解除与合同解除的辨析

收养行为具有强烈的契约属性,但收养的合意要受客观规范的约束,④收养解除是合同解除的特殊形式。合同编里的合同解除规则是一般规定,婚姻家庭编里的收养解除是其特别规定。因此,收养解除所没有规定的,原则上应适用合同解除的相关规定。收养解除与合同解除,都可以通过当事人协商或诉讼程序来解除其效力;尽管权利的内涵有所不同,但

---

① 徐国栋:《民法哲学》,中国法制出版社2015年版,第142页。
② 朱庆育:《民法总论》,北京大学出版社2016年版,第236、318页。
③ [日]我妻荣、有泉亨等:《日本民法·亲属法》,夏玉芝译,工商出版社1996年版,第114页。
④ [日]我妻荣、有泉亨等:《日本民法·亲属法》,夏玉芝译,工商出版社1996年版,第108页。

都存在法定的解除权与约定的解除权;解除后都不产生法律行为"自始无效"的法律效果。

收养解除与合同解除所冲突处,应适用收养解除的特别规定。第一,收养解除权的适用情形因身份关系的伦理性而受限制。依一方当事人意思对合同的单方解除不以法院或仲裁机构的确认为必要,依法行使合同解除权的方式有三种:其一,解除权的直接行使,在《民法典》第563条所列举的合同法定解除情形下,当事人解除合同的意思到达对方时发生解除的效力;其二,作为形成权的约定解除权,当事人形成的合意直接在合同中载明期限届满或条件成就时解除合同;其三,诉讼解除权,任何一方当事人均可通过司法、仲裁程序确认解除行为的效力。但是,首先,收养制度限制了收养关系的任意解除,约定的收养解除权适用范围小于约定的合同解除权。收养合意的内容构成持续履行父母子女权利义务的"不定期合同",法律也没有规定收养解除权的除斥期间,若参照合同解除的行使规则,则收养当事人各方皆可随时请求解除,但为保障未成年的被收养人的利益,尤其在被收养人成年以前,法律限制了收养人的单方解除权。其次,收养的解除并没有过度依赖公共监督,特定情形下可进行协议解除与法定解除。被收养人成年前,送养人可在收养人虐待、遗弃等侵害未成年人的情形下,基于立法者的价值判断行使解除权;[1]收养人和被收养人在关系恶化的情形下方能与对方协商解除或诉讼解除收养关系。再次,收养解除权作为形成权缺乏正当性,不能附条件解除或附期限解除。收养是变更亲属身份与权利义务关系的行为,也关系社会公共利益,是要式的民事法律行为,[2]若允许在收养协议中约定解除的期限或条件,则拟制血亲所要向自然人伦秩序靠近的崇高与神圣荡然无存,收养将进一步逃离公权力的监督而成为纯粹的契约,亲属身份关系将失去其一般的确定性,有违与时间同在的本质。[3]最后,解除收养关系的形式不以诉讼为限,但解除收养行为也应是要式的法律行为,当事人间达成的解除合意需经行政登记方能产生效力。如此方能最大限度地为未成年的被收养人创造稳定的父母子女关系和家庭生活环境,也符合收养人通过收养建立亲子关系以便年老时获得情感慰藉和生活照护的生活实际。

第二,收养解除权的行使期限不应全盘适用合同解除的除斥期间。合同解除权的除斥期间可由当事人约定或法律直接规定,当事人未约定又无法律规定的,除斥期间是自解除权人知道或知道解除事由起的一年内;持续履行的不定期合同中可随时行使请求权,但经对方催告后合理期限内不行使的,解除权消灭。收养制度中没有规定解除权的除斥期间,原则上应适用作为普通法的合同解除规则,但收养是调整人身关系的制度,亲属立法宗旨的实现以人身关系的稳定为前提,依其性质不宜附条件或附期限解除收养关系。

第三,收养解除后在身份关系、财产关系上的效力不尽相同。合同解除的法律后果包括终止履行、恢复原状或采取其他补救措施、请求赔偿损失、要求对方承担违约责任四种。收养关系的解除产生身份效力和财产效力,财产方面的权利义务可参照适用《民法典》第566条的规定,但解除不会产生身份关系"自始无效"的法律效力。尽管可以消除拟制的亲属关系、恢复自然血缘上的亲属关系,但对于已经被履行的身份权利义务,一方面,养父母和养子女无法请求对方在情感上恢复原状。另一方面,依据《民法典》第1118条的规定请求

---

[1] 朱庆育:《民法总论》,北京大学出版社2016年版,第518页。
[2] 余延满:《亲属法原论》,法律出版社2007年版,第406~408页。
[3] 朱庆育:《民法总论》,北京大学出版社2016年版,第125页。

相对人进行"补偿"也不同于合同解除中的"赔偿损失",不是对所遭受损失的填补,也不是对拟制血亲中所付出的情感与精力的折价,不是精神性损害赔偿,而是对养父母履行抚养义务所实际支出费用的补偿,以及法律直接规定的对侵害他人利益的养父母、养子女的惩罚性赔偿,或在关系恶化后对养父母期待利益落空的必要补偿。但必须明确的是,养父母若因虐待、遗弃养子女而被解除收养关系的,丧失抚养费补偿请求权,是合同单方解除之违约责任在收养关系中的体现。

(二)收养解除不消除身份关系中的消极义务

收养解除了拟制血亲上的身份关系,消除了几乎所有的身份权利与积极义务,但消极义务除外。收养解除的效力与收养成立一样具有两面性。一方面消除养父母子女及其他近亲属间的权利义务,一方面在法定条件下恢复生父母子女及其他近亲属间的权利义务,从而避免亲属身份的重叠,亲属权利义务的竞合与冲突,以及未成年被收养人无人监护、抚养的情况发生。就收养解除的身份效力而言,无论被收养人是否成年,只要解除的依据、程序符合法律规定,收养的解除都将消除相关主体间基于亲属身份所产生的权利义务,以体现对当事人解除收养之表意自由的尊重;同时为了保障未成年被收养人的利益,其与生父母以及其他近亲属间的抚养、扶养、赡养、继承等权利义务自动恢复;若收养解除时被收养人已成年,则无须法律为其指定一个保护者,相比之下,是否恢复在自然血亲上权利义务关系的自由意志更值得保障。

收养法作为身份法的特别之处在于,收养仅解除身份关系中的积极义务,不解除其消极义务;此外,为维护婚姻伦理、保障优生,血缘亲属间的部分消极义务在拟制血亲成立时就没有被消除,因此被恢复的义务也仅指向积极的身份义务。

抛开道德、伦理与文化的桎梏来分析当事人间的法律关系,解除收养后,拟制直系血亲之间仍然不能结婚,旁系血亲则不受限制。收养解除不具有溯及力,因此收养存续期间的身份关系不因收养解除而受影响,具体表现为收养解除不能消除收养期间的养父母子女等近亲属间的消极义务,其中就包括拟制血亲之上禁止近亲结婚的义务。而结婚将在过去具有拟制血亲关系的当事人之间产生新的身份。尽管旧的身份与新的身份在存续时间上没有重叠,但父母子女身份解除后仍有不能解除的消极义务。代入旧的身份之消极义务于现存的身份权利义务体系中,对于新的夫妻身份当事人而言,至少在基于身份的消极义务上,收养解除后禁止结婚的消极义务与结婚自由的权利相互冲突,本质上仍在具体的权利义务中形成重叠。

身份竞合属于重叠的竞合,①并存之一的亲属关系所生之效力,将停止另一关系所产生的效力。② 因此一般在从近原则、从新原则中选择其一适用于重叠的身份权利义务关系,若发生冲突则以前者为准。③ 首先,若允许拟制的直系血亲在解除收养后结婚,他们之间未被消除的收养期间父母子女身份与新产生的夫妻身份产生竞合。那么根据从近原则,这两种身份均属于近亲属,且分属同一亲等的血亲和姻亲,难分亲疏;根据从新原则,夫妻身份晚

---

① [德]卡尔·拉伦茨:《法学方法论》,陈爱娥译,商务印书馆2003年版,第147~148页。
② 史尚宽:《亲属法论》,中国政法大学出版社2000年版,第81页。
③ 余延满:《亲属法原论》,法律出版社2007年版,第110~111页。

于父母子女身份而成立,选择夫妻身份将使收养存续期间的父母子女间的消极义务归于消灭,结婚行为将具有撤销收养关系而使其消极义务自始无效的效力,这一结论显然无法在现行制度中得到正当性解释。因此,无论适用从近原则还是从新原则,都无法得到符合正义底线的答案,更不必说其逻辑上的内在冲突。其次,允许拟制旁系血亲在解除收养关系后结婚,同样会产生拟制的旁系血亲身份与夫妻身份的竞合。根据从近原则,夫妻关系属于直系姻亲,①相对于其他旁系血亲具有更多权利义务,是较近的亲属关系;根据从新原则,夫妻身份的产生于收养中拟制的旁系血亲关系被解除之后,是较新的亲属关系。因此,拟制旁系血亲在收养关系解除后缔结婚姻,夫妻身份将消灭原拟制血亲关系中的消极义务,如禁止结婚的消极义务。

拟制血亲在形成直系拟制血亲与旁系拟制血亲时,所产生的禁婚之消极义务不具有同等的强制效力。重新回到道德视角,家庭的社会制度应有利于人类的生存与延续,不解决人类的生存问题,该文化就生存不下去。② 与收养成立效力上的禁婚讨论类似,收养解除后养亲能否结婚的问题始终集中于有利于人类社会延续的生育文化与禁忌、结婚自由权之间的平衡与取舍。在解除收养关系后,上述价值的冲突性相较于收养期间更为突出,拟制血亲作为一种弥补部分自然血亲关系天然缺憾的模仿品,无论在繁衍还是养育的目的实现上都摆脱了生物机理的约束。但若其伦理与道德的标准低于自然血亲就会使拟制血亲彻底沦为"二等亲属",若不向自然血缘上的文化禁忌靠拢,将无法实现为亲的收养和为子的收养,更无法实现收养作为亲属制度的组成,在实现家庭福祉、稳定社会上的积极作用。归根到底,收养制度欲成立与解除的权利义务关系,始终集中于父母子女之间而非与其他近亲属之间。拟制成立旁系血亲或解除,皆以稳固父母子女关系为目的。因此在解除收养关系后,此时已没有需要特别维护的养父母子女关系,但拟制直系血亲之间的结婚禁忌仍应为维护家庭伦理和人类延续而存在,拟制于旁系血亲之禁止结婚的消极义务则没有必须维系的必要。

(三)收养解除之财产效力的多个面向

收养解除的效力除了在身份关系上消灭拟制血亲关系、恢复自然血亲关系,以及保留拟制血亲的消极身份义务的效力,也将产生消除子女财产管理权、分割积极的共有财产、分配消极的共同债务责任等基于拟制血亲所产生的财产关系的清算。此外,由于收养解除了养父母抚养其养子女的义务基础——拟制血亲关系,收养当事人间还存在因终止抚养、赡养义务而产生的财产关系,养父母有权在收养解除后请求给付生活费或补偿其支出的抚养费。

第一,收养关系解除后首先消除养父母对养子女财产的管理权。子女财产管理权是亲权的一种权利,③拟制血亲成立后养父母成为未成年养子女的监护人,负有保护养子女人身、财产等合法权益的职责,其中就包括对养子女财产进行管理的权利义务。收养关系解除后消灭养父母的亲权,该监护职责也一并被消除。

---

① 林秀雄:《亲属法讲义》,元照出版有限公司 2011 年版,第 32 页。
② [美]威廉·J.古德:《家庭》,魏章玲译,社会科学文献出版社 1986 年版,第 46 页。
③ 史尚宽:《亲属法论》,中国政法大学出版社 2000 年版,第 626 页。

第二,收养关系解除后可能涉及对家庭财产的分割。收养关系存续期间,收养人与被收养人参照父母子女关系,养父母在对养子女抚养和监护的过程中基于对养子女个人财产的管理、养子女参与家庭承包经营的劳动而形成家庭共有财产,收养关系解除后,家庭财产共有的基础也消灭了,自然产生分割家庭财产的法律效果。应对养子女因继承、受赠等所取得的个人财产,以及个人劳动在家庭共有财产中的份额进行分割。

第三,已继承、受赠于养父母以及其他近亲属的财产在收养解除后不予返还。养子女在收养期间与婚生子女具有同等地位,其对养父母遗产的法定继承权、对拟制之祖父母或外祖父母的代位继承权都不因收养解除效力的溯及而消除,不能判断其继承得到的遗产不具有法律上的原因而要求返还不当得利。因赠与或遗赠得到的财产更是如此,收养关系的变更不会动摇养子女占有相关财产的正当性。

第四,收养关系解除后还需对作为消极财产的债务责任进行分配。对于因共同行为或共同侵权所形成的养父母子女共同债务、连带债务,在收养关系解除后应准确划分、界定养子女在内部关系中的份额。对于养父母在养子女成年后代替其承担的个人债务,养子女应在收养关系解除时进行偿还。与收养期间养父母对养子女的赠与、抚养或教育的支出不同,父母仅对未成年子女和不能独立生活的成年子女负有抚养、教育义务,成年后的子女即应独立承担民事责任。[①]

第五,收养解除后对养父母的抚养费补偿及生活费给付。首先,养子女给付生活费的情形被限制在养子女经养父母抚养、养子女已成年、养父母缺乏劳动能力又缺乏生活来源的特定情形中,给付生活费是对无过错的养父母在陷入生活窘境时,对其基于收养关系存续可期待利益的补偿。其次,生父母或养子女对养父母补偿抚养费不是将收养关系成立期间的权利义务关系"恢复原状",收养解除在性质上也不产生溯及力,而是对养子女虐待、遗弃养父母之违法行为的惩罚,收养关系解除后养子女本无补偿抚养费的义务,只有养子女成年后虐待、遗弃养父母而解除收养关系的,养父母才可以要求养子女补偿抚养费;补偿抚养费也可能是生父母违反收养协议所产生的违约责任,但若因养父母虐待、遗弃养子女而被生父母要求解除收养关系,则其在违约责任上的过错足以免除生父母的赔偿责任。最后,抚养费补偿的义务主体可能是送养人也可能是已经成年养子女,生活费给付由经养父母抚养的成年养子女负担。收养人因履行抚养、教育和保护义务付出了情感、金钱和精力,送养人、被收养人都是在收养中受益的主体,但在抚养费补偿义务和生活费给付义务上不是连带责任人。若解除收养关系时被收养人尚未成年,则因不具备完全民事责任能力而无法对收养的解除进行完整意思的表达;若解除时被收养人已成年,则是否解除收养关系应由收养人和被收养人达成合意,送养人的意思不对收养关系产生效力,也不负有财产给付义务。

(四)小结

收养解除与收养无效、收养撤销、合同解除这几个相关概念在立法目的、法律效果的溯及力、法理依据上既相似又相区别。通过对相关概念的辨析,明确了收养解除以保障当事人的意思自治为目的;收养解除的法律性质可以是请求权但不能是形成权,当事人不能通

---

① 雷光明:《中华人民共和国收养法评注》,厦门大学出版社2016年版,第238页。

过协议自行约定解除的条件和期限；收养既可以依当事人合意在协议中解除，也可以应某一方的要求在诉讼程序中解除。

收养解除具有消除拟制血亲的效力和恢复自然血亲的效力，但没有溯及力而仅向将来发生效力，恢复自然血亲的条件也受法律限制；解除收养关系应在除斥期间内进行，否则将使家庭身份关系丧失其一般稳定性，不利于家庭功能的发挥与社会秩序的稳定；尽管收养关系解除作为特别规则，没有规定的事项应适用合同解除的一般性规定，但为了对未成年人利益与老年人合法权益进行特别保护、保障社会公共利益、维护婚姻家庭的神圣性，当收养关系解除与合同解除的规范发生冲突时，以前者为准，且不得附条件或附期限解除收养关系。

送养人、收养人和被收养人都可以作为收养解除的主体，体现收养立法对亲的收养利益与对子的收养利益的兼顾。收养人夫妻共同收养的，或送养人夫妻共同送养的，在解除收养关系时也应共同表示其解除意思，解除后的身份效力和财产效力也对其收养团体、送养团体生效。但在对收养人的财产给付责任上，被收养人和送养人不会同时作为义务主体，而夫妻作为共同送养人自然承担共同债务责任。

既有研究成果所未注意到的是，收养关系解除养父母子女之间在抚养、扶养和赡养上的权利义务，但不解除养父母子女身份关系中的消极义务。拟制血亲所产生的结婚禁忌在直系拟制血亲与旁系拟制血亲上，具有不同的强制效力，这一特性在收养关系解除后拟制血亲间的通婚禁忌消除与否，以及是否同等地限制拟制直系血亲、拟制旁系血亲间的通婚自由中得到集中体现。拟制血亲关系解除后，曾有亲属身份关系的主体间仍负有消极的禁婚义务，是为维护家庭秩序而非为排除乱伦、近亲生育，使近亲结婚的禁忌不在收养解除后消灭。因此，拟制血亲间禁婚的义务是法律上的义务，而不仅仅是道德上的倡导。

收养关系的解除没有溯及力，不使收养期间成立的赠与、遗赠和继承丧失其效力基础。一方面使养父母子女在积极财产与消极财产上进行清算与分割，另一方面尽管无须返还收养期间在财产和情感上得到的好处，但为保障老年人的合法利益、惩罚恩将仇报的养子女与违背收养协议约定的生父母，必须在收养关系解除后对养父母进行抚养费的补偿或生活费的给付。

第三节

收养制度的规范目标：平衡亲子利益冲突

收养制度通过构架拟制血亲关系，弥补了家庭在不可违抗的自然命运中缺失成员所带来的遗憾；通过制定收养之成立与解除的效力规则，弥补了个体本应在家庭统一体中享有的"权利",[1]收养使更多未成年人能够在家庭的教养下拥有独立和自由的人格。[2]

未成年人在家庭内的权利包括受照顾权、受抚养权、人格尊严得到尊重的权利及与父母及其他亲属的交往权,其中受照顾权是对未成年子女得到人身照顾和财产照顾的权利总称,而受抚养权则是未成年子女在家庭中的基本权利,是其生存与发展的必要前提。[3]《"十四五"健康老龄化规划》指出,我国将在"十四五"时期进入中度老龄化社会,60岁及以上人口占总人口比例将超过20%,且78%以上的老年人至少患有一种以上慢性病。面对养老压力,《上海民政事业发展"十一五"规划》首次提出"90%由家庭自我照顾,7%享受社区居家养老(照顾)服务,3%享受机构养老服务"的家庭自我照顾、社区居家养老服务、机构养老服务为一体的"9073"养老服务格局,并得到国家卫健委的认可和推广。家庭成为保障老年人老有所养的重要场所和社会单元,而除了伴侣、社工、护理人员作为家庭养老服务的提供者外,子女也承担着重要的赡养、照护职责。

《民法典》确立的收养目的兼顾父母与子女的利益,是对婚姻家庭法学主流观点的实用性改造。收养制度不仅实现了儿童的权益,也维护了老年人对老有所养的期待利益。现代国家基本摒弃了罗马法时期形成的"为族""为家""为亲"的收养观念,工业化国家自20世纪60年代以来都以"儿童利益最大化"为原则重新修订收养法,并逐渐影响发展中国家的收养立法,形成"为子的收养"的现代收养范式。[4] 对"儿童利益最大化"的价值的进一步发展,产生了从"为子女之收养"转向"为儿童之收养"的收养主张,要求在"亲""子"权益冲突时突出儿童利益、机制更加开放灵活、注重国家干预和社会参与。[5] 尽管如此,我们也应注意到父母子女间附随或屈从关系是天然的事实,收养制度的本质是亲属制度的补充,而非专为实现儿童福利单一功能的社会制度。发挥收养的效用即通过法律拟制、宣告的父母、子女等亲属关系,使当事人在家庭内获得抚养、赡养的意思得以实现。

《民法典》虽然兼顾亲子双方利益,但在利益冲突上的权衡应注重相对弱势者保护而非简单地使儿童利益优先。亲属身份的身份关系基本范式是基于自然血亲而形成的,收养制度为合意建立亲属关系提供了结婚之外的第二条路径,从而在纯身份行为中赋予当事人更多意思自治的空间。收养是创建亲子关系的民事行为,[6]当事人通过身份法律行为的表意机制,表达其对于收养成立与解除的意志。诚然,未成年人在亲子关系中处于屈从与不平等的地位,[7]但养父母年老需要扶助、赡养时较养子女也处于相对弱势地位。收养关系中的强弱地位转化,与家庭生命周期的发展息息相关,片面的、定式的价值判断不利于真正实现对弱者的保护。要在收养的成立与解除中实现实质平等,应当限制强者的自由以追求实质意义上的平等。国家公权力介入身份行为领域,以"他治"为主"自治"为辅的规制模式不可避免。[8]

---

[1] [德]黑格尔:《法哲学原理》,范扬、张企泰译,商务印书馆1961年版,第175~176页。
[2] [德]黑格尔:《法哲学原理》,范扬、张企泰译,商务印书馆1961年版,第190页。
[3] 薛宁兰:《我国亲子关系立法的体例与构造》,载《法学杂志》2014年第11期。
[4] 蒋新苗:《收养法比较研究》,北京大学出版社2004年版,第49~50页。
[5] 邓丽:《收养法的社会化:从亲子法转向儿童法》,载《法学研究》2020年第6期。
[6] 罗杰:《中国民法典之亲子关系立法模式的改进》,载《甘肃社会科学》2018年第2期。
[7] 冉克平:《论意思自治在亲属身份行为中的表达及其维度》,载《比较法研究》2020年第6期。
[8] 冉克平:《论意思自治在亲属身份行为中的表达及其维度》,载《比较法研究》2020年第6期。

要实现收养作为亲属制度的补充,最大限度发挥其家庭养老育幼功能的立法目的,基于亲子利益平衡与相对弱势者保护的价值取向,特别对收养行为的强制规范应在收养成立前后的禁婚规则、近亲收养与继父母收养情形下的收养效力、收养特别弱势群体之效力规则几个方面重新进行设计。

一、收养关系一经成立,即产生拟制血亲上的通婚禁忌;解除收养也不应消除拟制的直系血亲与旁系血亲上的通婚禁忌

无论是基于生育行为产生的自然血亲关系,还是基于收养、抚养教育继子女产生的拟制血亲关系,对其身份关系进行法律规制的目的都在于维护家庭秩序与社会秩序的稳定。家庭内的任何权利、义务都具有长期性,基于当事人意思而产生身份关系变动,在陌生人社会中,若非经由形式主义的强制公示(登记),①当事人对于未来较长时间生活中所要负担或解除义务的意思无法为外部所知。

除强制登记外,为维护家庭在长期社会生活中沉淀下来的道德伦理,法律也在拟制血亲关系中设置了一定亲属范围内的通婚禁忌。可以说,没有通婚禁忌的拟制血亲关系不是完整的亲属法律关系。尽管家庭内的权利、义务设置不强调对等,也应具有相对性。仅有积极的身份权利、义务,而无消极身份义务之负担,不能实现收养在对血亲进行拟制,以完善收养人、被收养人本应在家庭中享有的以亲情伦理为基础之权利的目的。不就禁止一定范围内拟制血亲结婚进行明文规定,将有损于法律的权威性。②

拟制血亲的解除消除了法律所拟制的身份权利义务关系,但不能消除当事人在收养期间共同生活的事实及与身份相关的法律行为效力。为兼顾养父母、养子女双方的利益,在收养解除时要求得到抚养的养子女或其生父母对不能获得赡养的养父母进行补偿,即是权利义务相对性理念的贯彻。若当事人之间达成合意,即能够消除基于身份的消极的禁婚的义务,则身份强制法所捍卫的家庭的伦理性让位于当事人的意思自治,当事人一面享受亲属身份制度为其提供家庭生命周期里不同时期的,对相对弱势者进行倾斜性保护的权利义务关系范式的便利,一面又恣意修改所不愿受其限制的家庭伦理规则。

不允许消除拟制血亲在收养期间的禁婚义务,是保护家庭内弱势方的亲属法原则的要求。家庭生命周期的各个时期,家庭内都很容易产生相对弱势的一方,且往往不能期待弱势方具有意思自治的能力,因而需要法律进行特别保护。收养当事人各方在收养解除上的意思表示,也同样没有得到法律的完全信任。

分解结婚与生育之间的关系,通过节育手术赋予近亲结婚权利的观点,③看似自由实为束缚。且不论节育技术是否能够发达到万无一失,看似解绑了婚姻与生育之间关系的主张,却将二者捆绑得更为紧密。婚姻被不当地以生育为标准进行分化,当事人不得不在有生育权利的婚姻、无生育权利的婚姻之间做取舍,生育凌驾于婚姻的其他要素成为判断更好的婚姻和更坏的婚姻的唯一标准。因此一定范围内血亲禁止结婚的消极义务不只是为

---

① 冉克平:《论意思自治在亲属身份行为中的表达及其维度》,载《比较法研究》2020 年第 6 期。
② 张毅辉:《论禁婚亲》,载《法学论坛》2003 年第 5 期。
③ 刘余香:《我国〈婚姻法〉规定的结婚禁止条件质疑》,载《法学杂志》2009 年第 1 期。

满足优生优育的要求,而从始至终都是文化的治理结果。

二、不完全收养至少应在近亲收养、继父母收养两种情形中得到适用

自1992年《收养法》颁布以来,我国仅采用完全收养这一种收养形式,收养关系成立后,养子女与生父母的权利义务关系即告终止。有学者注意到收养登记的数量具有明显的降低态势,主张我国完全收养制度的适用率在下降。[①] 但是,除孤儿外,继子女、生父母无抚养能力的未成年人皆可作为被收养人,以及任何一位未成年人都可能在当事人合意的特殊情形下被生父母的三代以内同辈旁系血亲收养。因此,完全收养的适用是否被收养当事人主观排斥,仍需进一步论证。

根据民政部历年发布的《民政事业发展统计公报》《社会发展服务统计公报》,2011—2020年全国收养登记的数量和孤儿的数量总体皆呈下降趋势。其中2020年全国办理收养登记1.1万件,当年全国孤儿19.3万人;2019年全国办理收养登记1.3万件,当年全国孤儿23.3万人;2018年全国办理收养登记1.6万件,当年全国孤儿30.5万人;2017年全国办理收养登记1.9万件,当年全国孤儿41万人;2016年全国办理收养登记1.9万件,当年全国孤儿46万人;2015年全国办理收养登记2.2万件,当年全国孤儿50.2万人;2014年全国办理收养登记2.28万件,当年全国孤儿52.5万人;2013年全国办理收养登记2.4万件,当年全国孤儿54.9万人;2012年全国办理收养登记2.3万件,当年全国孤儿57万人;2011年全国办理收养登记3.14万件,当年全国孤儿50.9万人。[②] 见表9-1。

表9-1 全国收养登记数量与全国孤儿数量的交叉表

计数单位:万人

年份	全国收养登记数量	全国孤儿数量
2011年	3.14	50.9
2012年	2.3	57
2013年	2.4	54.9
2014年	2.28	52.5
2015年	2.2	50.2
2016年	1.9	46
2017年	1.9	41
2018年	1.6	30.5
2019年	1.3	23.3
2020年	1.1	19.3

---

① 司丹:《不完全收养在我国〈民法典〉中的制度构建》,载《学术交流》2021年第7期。
② 中华人民共和国民政部:民政数据统计公报,https://www.mca.gov.cn/article/sj/tjgb/,2022年7月30日访问。

基于上述全国收养登记数量与全国孤儿数量的数据,全国孤儿数量较高的年份中收养登记数量往往也较多,假设"孤儿数量的多寡与收养登记数量的多寡存在相关性",通过Pearson方法来验证孤儿数量与收养登记数量的相关性。

由表9-2、表9-3可知,收养登记数量和孤儿数量两个变量的平均数分别为2.1万件和42万人。Pearson相关性分析得知,两个变量之间的相关性=0.860>0,为正相关;$P=0.01\leqslant 0.01$,相关性非常显著。因此,近十年来全国收养登记数量的下降与全国孤儿数量的下降呈非常显著的正相关关系。但仍应该看到,收养登记数量下降的速度略大于孤儿数量的减少,十年来前者降低了约65%,后者降低了约62%。导致此细微差异的诸多因素中,中国加快的老龄化进程、现行法在近亲收养与继父母收养两种情形中的收养效力争议在未来十年,甚至在更长时间里都值得特别关注。

表9-2 描述性统计量

	平均值	标准偏差	个案数
收养登记数量	2.0120	0.59128	10
孤儿数量	42.560	13.5778	10

表9-3 Pearson相关性检验

		收养登记数量	孤儿数量
收养登记数量	Pearson相关性	1	0.860**
	Sig.(双尾)		0.001
	个案数	10	10
孤儿数量	Pearson相关性	0.860**	1
	Sig.(双尾)	0.001	
	个案数	10	10

注:**.在0.01级别(双尾),相关性显著。

首先,收养登记数量的下降,在与其非常显著正相关的变量之外的原因,才是我们深刻反思收养制度在实际适用中的功过、及时回应逐渐生成的新需求、承继中华优秀的传统家风家德的重要课题。

其次,对于仅孕育一个子女的老年人而言,其所面对的家庭养老风险空前巨大,失独将使其中90%依靠家庭照护的老年人老无所依,并在加速到来的老龄化社会中成为一个突出问题。因此收养法所成立的拟制血亲关系,在养老功能方面将可能被期待发挥更为重要的作用,养子女对养父母的赡养义务在收养成立时即被期待履行,在收养解除时应对养父母的"养老期待"进行补偿。唯有育幼、养老功能完备的收养制度,方能顺应老龄化时代的亲属关系需要。

最后,若近亲收养和继父母收养都只能以完全收养的模式进行,收养的成立或造成亲属身份关系上的混乱,或使收养合意因要约主体、承诺主体的合一而产生表意上的瑕疵。

收养的本质是建立亲子关系而非割裂亲子关系,赋予合理选择机会的可行能力才是实质自由。① 允许当事人在近亲收养和继父母收养情形下选择适用不完全收养,一方面能够保留养子女与其生父母、继子女与其未共同生活的生父母之间的权利义务和情感联系,②另一方面也避免了因完全收养的成立效力和消除效力而导致潜在纠纷的产生。如此,才能从根本上促进收养作为亲属制度的组成被社会所接受,发挥其效用。

三、收养特别弱势群体时,应在行政登记环节的收养评估对收养能力与收养意思进行实质性审查,预防损害结果的发生

特别弱势的社会群体在家庭内也同样是弱势的,而家庭是保护弱者的。当弱势一方为被收养的孤儿、残疾未成年人或者儿童福利机构抚养的查找不到生父母的未成年人时,无论是基于未成年人利益最大化的未成年人保护原则,还是家庭内的平等原则,都要求收养程序中的国家干预和社会参与。③

首先,在收养关系的成立、解除上,不仅仅要以法定程序宣告扭转身份生活事实的理念,防止以收养之名,行侵害之实,更要对收养当事人的意思进行实质性审查,防止平等民事主体名义下,意思能力、行为能力悬殊造成弱势者的屈从。身份法作为强制法,在送养人缺席,"同意权"体系不完整时,④国家行政机关应为被收养人承担起对收养人资质进行实质性审查的使命任务。

其次,进行收养审查的依据应当是未成年子女的利益。⑤ 家庭在子女未成年时,对亲子利益冲突的裁量标准应是较为弱势的子女利益。无论是否允许收养关系成立或解除,都应以是否有利于未成年而又特别弱势的子女健康成长为判断,否则就会使孤儿、残疾未成年人等为自由与平等的假象所伤,因轻信而踏入陷阱或失去家庭的温暖。

最后,收养审查是国家对特殊困难的未成年人群体履行监护监督、国家监护职责的重要方式之一。收养制度所列举的特别弱势群体不仅在家庭内处于相对弱势地位,在社会中也相对于其他儿童群体更为弱势。国家是未成年人利益的监督人,应适时制定必要的干预措施。⑥ 要消除弱势儿童群体的困境根源,防止家庭监护与国家监护的缺失或冲突,必须明确国家监督的责任、对监护人的监督制度。⑦ 2021年修订实施的《未成年人保护法》政府保护一章,已就政府的监护监督职责,以及由民政部所履行的国家临时、长期监护职责作出规定,明确国家在未成年人监护上的兜底责任。国家监护兼具私权救济和公权救济的双重属性,作者具有全面、预防、快速、高效的优势,能够主动防止损害的发生或将降低损失的程度。⑧

---

① 司丹:《不完全收养在我国〈民法典〉中的制度构建》,载《学术交流》2021年第7期。
② 邓丽:《收养法的社会化:从亲子法转向儿童法》,载《法学研究》2020年第6期。
③ 邓丽:《收养法的社会化:从亲子法转向儿童法》,载《法学研究》2020年第6期。
④ 邓丽:《收养法的社会化:从亲子法转向儿童法》,载《法学研究》2020年第6期。
⑤ 妮娜·德特洛夫、樊丽君:《21世纪的亲子关系法——法律比较与未来展望》,载《比较法研究》2011年第6期。
⑥ 蒋月:《论儿童、家庭和国家之关系》,载《中华女子学院学报》2014年第1期。
⑦ 杨智平:《论困境儿童监护制度的完善》,载《海南大学学报》(人文社会科学版)2020年第2期。
⑧ 张梦蝶:《论紧急状态下的国家监护制度》,载《行政法学研究》2021年第2期。

总而言之,就收养成立、解除效力分析当中出现的各种问题,如收养成立前后的拟制血亲间禁婚效力的适用、近亲收养与继父母收养情形下复杂的亲属身份关系、收养特别弱势群体时不完整"同意权"体系下的未成年人利益保护,对冲突利益进行权衡取舍,进行价值判断时,应认识到收养法的亲属法属性在老龄的社会背景下同时具备育幼和养老的功能。家庭法保护弱者利益,对弱者的定义不仅要有相对的视角,更要在家庭生命周期中的动态视角中进行。对收养制度的效力规则进行检视,对法律问题的分析不能脱离社会环境背景。可以看到,在收养成立、解除效力上的若干问题只有在平衡亲子利益的原则下,方能实现收养制度作为亲属制度之补充,在家庭内的权利义务关系、弱势者的权利保障等方面发挥不同于调整民事经济关系规则的亲情的温暖。

参考文献

一、著作

[1]蔡福华:《夫妻财产纠纷解析》,人民法院出版社2013年版。
[2]杜万华主编:《民事审判指导与参考(总第65辑)》,人民法院出版社2016年版。
[3]黄薇:《中华人民共和国民法典婚姻家庭编释义》,法律出版社2020年版。
[4]胡苷用:《婚姻合伙视野下的夫妻共同财产制度研究》,法律出版社2010年版。
[5]蒋月:《中华人民共和国婚姻法评注·夫妻关系》,厦门大学出版社2019年版。
[6]蒋月:《婚姻家庭法前沿导论》,法律出版社2016年第2版。
[7]蒋新苗:《收养法比较研究》,北京大学出版社2004年版。
[8]贾静主编:《比较家庭法学》,中国政法大学出版社2015年版。
[9]费孝通:《乡土中国》,华东师范大学出版社2017年版。
[10]龙卫球、刘保玉主编:《中华人民共和国民法总则释义与适用指导》,中国法制出版社2017年版。
[11]李银河:《生育与村落文化》,内蒙古大学出版社2009年版。
[12]裴桦:《夫妻财产制与财产法规则的冲突与协调问题研究》,上海交通大学出版社2020年版。
[13]冉克平:《夫妻团体法:法理与规范》,北京大学出版社2022年版。
[14]苏永钦:《走入新世纪的私法自治》,中国政法大学出版社2002年版。
[15]巫昌祯、夏吟兰主编:《婚姻家庭法学》,中国政法大学出版社2007年版。
[16]邢玉霞:《辅助生殖技术应用中的热点法律问题研究》,中国政法大学出版社2012年版。
[17]夏吟兰、薛宁兰主编:《民法典之婚姻家庭编立法研究》,北京大学出版社2016年版。
[18]夏芸:《医疗事故赔偿法:来自日本法的启示》,法律出版社2007年版。
[19]杨大文主编:《婚姻家庭法》,中国人民大学出版社2013年版。
[20]杨大文主编:《婚姻家庭法学》,复旦大学出版社2002年版。
[21]杨立新主编:《最高人民法院婚姻法司法解释(三)理解与适用》,中国法制出版社2011年版。
[22]余延满:《亲属法原论》,法律出版社2007年版。
[23]朱庆育:《民法总论》,北京大学出版社2016年版。
[24]张作华:《亲属身份行为基本理论研究》,法律出版社2011年版。
[25]张华贵主编:《夫妻财产关系法研究》,群众出版社2017年。
[26]赵万一主编:《民法概要》,华中科技大学出版社2014年版。
[27]郑文范:《五维契合:社会主义核心价值观与中国特色社会主义理论关系研究》,社会科学文献出版社2015年版。
[28]周平:《生育与法律:生育权制度解读及冲突配置》,人民出版社2009年版。
[29]中国审判理论研究会民事审判理论专业委员会:《民法典婚姻家庭编条文理解与司法适用》,法律出版社2020年版。
[30]中国审判理论研究会民事审判理论专业委员会:《民法典婚姻家庭编》,法律出版社2020年版。

[31]最高人民法院民事审判第一庭:《婚姻法司法解释的理解与适用》,中国法制出版社2002年版。

[32]最高人民法院民事审判第一庭编:《民事审判指导与参考》(第78辑),人民法院出版社2019年版。

[33]最高人民法院案例指导丛书编选组:《最高人民法院婚姻家庭、继承案例指导与参考(第二版)》,人民法院出版社2021年版。

[34]中国法学会婚姻法学研究会编:《外国婚姻家庭法汇编》,群众出版社2000年版。

[35][美]司马少林(马歇尔·萨林斯):《亲属关系是什么,不是什么》,陈波译,商务印书馆2018年第1版。

[36][美]威廉·J.古德:《家庭》,魏章玲译,社会科学文献出版社1986年版。

[37][德]弗里德里希·卡尔·冯·萨维尼:《论立法与法学的当代使命》,许章润译,中国法制出版社2001年版。

[38][德]迪特尔·施瓦布:《德国家庭法》,王葆莳译,法律出版社2022年版。

[39][德]维尔纳·弗卢梅:《法律行为论》,迟颖译,法律出版社2013年版。

[40][德]彼得·科斯洛夫斯基:《后现代文化——技术发展的社会文化后果》,毛怡红译,中央编译出版社1999年版。

[41][法]阿利埃斯:《儿童的世纪:旧制度下的儿童和家庭生活》,沈坚、朱晓罕译,北京大学出版社2013年版。

[42][芬]韦斯特马克:《人类婚姻史》(全三册),李彬等译,商务印书馆2002年版。

[43]费孝通:《乡土中国·生育制度》,北京大学出版社1998年版。

[44]《马克思恩格斯选集》(第1卷),人民出版社2012年版。

[45]习近平:《习近平谈治国理政》(第2卷),外文出版社2017年版。

[46]习近平:《论坚持全面依法治国》,中央文献出版社2021年版。

[47]习近平:《习近平谈治国理政》,外文出版社2014年版。

[48]中共中央马克思恩格斯列宁斯大林著作编译局:《马克思恩格斯全集》(第1卷),人民出版社,1956年版。

[49]最高人民法院民法典贯彻实施工作领导小组:《中华人民共和国民法典婚姻家庭编继承编理解与适用》,人民法院出版社2022年版。

[50]陈卫佐译注:《德国民法典》,法律出版社2020年版。

[51]《法国民法典》上、下册,罗结珍译,法律出版社2005年版。

[52]《瑞士民法典》,于海涌、赵希璇译,法律出版社2016年版。

[53]《意大利民法典》,费安玲等译,中国政法大学出版社2004年版。

二、论文

[1]安丽梅:《新时代家庭文明建设的意义与路径》,载《思想政治工作研究》2019年第4期。

[2]曹诗权:《中国婚姻法的基础性重构》,载《法学研究》1996年第3期。

[3]曹贤信、李苏芮:《家庭成为民事主体的理论证成与法律协调》,载《中华女子学院学报》2017年第1期。

[4]陈景良:《突出"民族性"是中国民法典编纂的当务之急》,载《法商研究》2017年第1期。

[5]陈锐:《社会主义核心价值观融入民法典的理论意蕴与实践样态》,载《理论探索》2021年第3期。

[6]陈苇、于林洋:《论我国离婚经济补偿制度的命运:完善抑或废除》,载《法学》2011年第6期。

[7]陈苇:《离婚损害赔偿法律适用若干问题探讨》,载《法商研究》2002年第2期。

[8]陈苇、张鑫:《我国内地离婚损害赔偿制度存废论——以我国内地司法实践实证调查及与台湾地区制度比较为视角》,载《河北法学》2015年第6期。

[9]邓丽:《收养法的社会化:从亲子法转向儿童法》,载《法学研究》2020年第6期。

[10]党日红、李明舜:《〈民法典·婚姻家庭编〉的变化要点及其价值引领》,载《妇女研究论丛》2020年第4期。

[11]郭晔:《中国民法典的法理定位》,载《东方法学》2020年第6期。

[12]郭峻维:《离婚冷静期制度实施中的价值冲突与衡平》,载《东北师范大学(哲学社会科学版)》2021年第6期。

[13]郭丽红:《论离婚损害赔偿之诉》,载《河北法学》2002年第5期。

[14]郭剑平:《我国离婚冷静期制度构建的法理思考》,载《社会科学家》2018年第7期。

[15]何丽新:《论非举债方以夫妻共同财产为限清偿夫妻共同债务——从(2014)苏民再提字第0057号民事判决书说起》,载《政法论丛》2017年第6期。

[16]黄鸣鹤:《心理干预在离婚调解过程中的运用》,载《人民司法》2011年第13期。

[17]蒋月:《改革开放三十年中国离婚法研究回顾与展望》,载《法学家》2009年第1期。

[18]蒋月、庄丽梅:《我国应建立离婚后扶养给付制度》,载《中国法学》1998年第3期。

[19]蒋月:《论儿童、家庭和国家之关系》,载《中华女子学院学报》2014年第1期。

[20]蒋月、陈璐:《民法典中的夫妻共同财产分割请求权研究》,载《厦门大学学报(哲社版)》2023年第4期。

[21]姜大伟:《离婚冷静期:由经验到逻辑——〈民法典〉第1077条评析》,载《华侨大学学报(哲学社会科学版)》2020年第4期。

[22]李洪祥:《〈民法典〉夫妻共同债务构成法理基础论》,载《政法论丛》2021年第1期。

[23]李洪祥:《论离婚经济补偿制度的重构》,载《当代法学》2005年第6期。

[24]李伟:《亲属法价值取向中的人性根基》,载《法学杂志》2017年第9期。

[25]李欣:《论离婚经济补偿制度的完善》,载《法学杂志》2011年第6期。

[26]梁慧星:《〈民法总则〉重要条文的理解与适用》,载《四川大学学报(哲学社会科学版)》2017年第4期。

[27]刘余香:《我国〈婚姻法〉规定的结婚禁止条件质疑》,载《法学杂志》2009年第1期。

[28]刘廷华:《离婚经济补偿制度的理论依据与完善措施》,载《吉林师范大学学报(人文社会科学版)》2012年第5期。

[29]龙翼飞:《编纂民法典婚姻家庭编的法理思考与立法建议》,载《法治与社会发展》2020年第2期。

[30]龙翼飞、赫欣:《〈民法典〉婚姻家庭编最新司法适用准则探析》,载《法学杂志》2021年第8期。

[31]李俊:《离婚后扶养制度的性质探析与检讨》,载《甘肃政法学院学报》2007年第6期。

[32]李拥军、雷蕾:《论我国婚姻家庭关系的伦理价值与立法表达》,载《政法论丛》2019年第2期。

[33]马新彦:《民法典家事财产法制的教育功能——以社会主义核心价值观为价值理念的研究》,载《当代法学》2020年第1期。

[34]马忆南:《离婚救济制度的评价与选择》,载《中外法学》2005年第2期。

[35]马忆南:《离婚冷静期是对轻率离婚的限制和约束》,载《妇女研究论丛》2020年第4期。

[36]马强:《试论配偶权》,载《法学论坛》2000年第2期。

[37]马智勇:《"离婚冷静期"制度的生成逻辑及其反思》,载《法学家》2022年第3期。

[38]秦奥蕾:《论婚姻保护的立宪目的——兼回应"离婚冷静期"争议》,载《法学评论》2021年第6期。

[39]倪愫襄:《论马克思主义视野中的社会价值观》,载《马克思主义哲学研究》2014年第1期。

[40]冉克平:《〈民法典〉离婚救济制度的体系化阐释》,载《政法论丛》2021年第5期。

[41]冉克平:《论意思自治在亲属身份行为中的表达及其维度》,载《比较法研究》2020年第6期。

[42]申晨:《民法典婚姻家庭编的回归与革新》,载《比较法研究》2020年第5期。

[43]宋豫:《试论我国离婚经济补偿制度的存废》,载《现代法学》2008年第5期。

[44]孙若军:《离婚救济制度立法研究》,载《法学家》2018年第6期。

[45]冉克平:《"身份关系协议"准用〈民法典〉合同编的体系化释论》,载《法制与社会发展》2021年第4期。

[46]唐冬平:《宪法如何安顿家——以宪法第49条为中心》,载《当代法学》2019年第5期。

[47]王锴:《婚姻、家庭的宪法保障——以我国宪法第49条为中心》,载《法学评论》2013年第2期。

[48]王歌雅:《民法典婚姻家庭编的价值阐释与制度修为》,载《东方法学》2020年第4期。

[49]王雷:《论身份情谊行为》,载《北方法学》2014年第4期。

[50]王利明:《民法典:国家治理体系现代化的保障》,载《中外法学》2020年第4期。

[51]王轶:《民法价值判断问题的实体性论证规则——以中国民法学的学术实践为背景》,载《中国社会科学》2004年第6期。

[52]王轶:《民法典的规范类型及其配置关系》,载《清华法学》2014年第6期。

[53]王歌雅:《家务贡献补偿:适用冲突与制度反思》,载《求是学刊》2011年第5期。

[54]王楠:《论离婚经济帮助制度存在的必要性》,载《楚天法治》2014年第11期。

[55]吴小英:《"离婚冷静期"争议背后的几个学术焦点》,载《妇女研究论丛》2020年第4期。

[56]夏吟兰:《婚姻家庭编的创新和发展》,载《中国法学》2020年第4期。

[57]夏吟兰:《民法分则婚姻家庭编立法研究》,载《中国法学》2017年第3期。

[58]夏吟兰:《离婚救济制度之实证研究》,载《政法论坛》2003年第6期。

[59]夏吟兰:《婚姻家庭编的创新和发展》,载《中国法学》2020年第4期。

[60]夏吟兰、夏江皓:《〈民法典〉视野下残疾妇女离婚经济帮助权利的实现》,载《人权》2020年第5期。

[61]夏江皓:《论离婚损害赔偿制度的废除——法社会学的视角》,载《思想战线》2019年第2期。

[62]夏沁:《民法典登记离婚冷静期条款的解释论》,载《法学家》2020年第5期。

[63]肖北庚、李泽中:《论社会主义核心价值观融入文化法治:理据、内涵与规范表达》,载《湖南大学学报(社会科学版)》2022年第3期。

[64]肖北庚:《在行政立法中全面弘扬社会主义核心价值观》,载《求索》2021年第1期。

[65]肖新喜:《论民法典婚姻家庭编的社会化》,载《中国法学》2019年第3期。

[66]谢鸿飞:《〈民法典〉中的"国家"》,载《法学评论》2020年第5期。

[67]薛宁兰:《民法典离婚救济制度的功能定位与理解适用》,载《妇女研究论丛》2020年第4期。

[68]薛宁兰:《社会转型中的婚姻家庭法治新面向》,载《东方法学》2020年第2期。

[69]杨遂全:《论国家保护婚姻家庭的宪法原则及其施行》,载《中国法学》2001年第1期。

[70]杨立新、蒋晓华:《对民法典婚姻家庭编草案规定离婚冷静期的立法评估》,载《河南社会科学》2019年第6期。

[71]于飞:《民法总则法源条款的缺失与补充》,载《法学研究》2018年第1期。

[72]叶名怡:《"共债共签"原则应写入〈民法典〉》,载《东方法学》2019年第1期。

[73]叶名怡:《民法典视野下夫妻一方侵权之债的清偿》,载《法商研究》2021年第1期。

[74]张力、陈鹏:《临界点视阈下民法典继承编基本原则之建构》,载《法学杂志》2017年第10期。

[75]张力:《我国〈民法典〉中优良家风条款的规范效力》,载《暨南学报(哲学社会科学版)》2022年第3期。

[76]张琳、陈延斌:《传承优秀家风:涵育社会主义核心价值观的有效路径》,载《探索》2016年第1期。

[77]张鸣起:《民法典分编的编纂》,载《中国法学》2020年第3期。

[78]张庆花、陈秉公:《传统价值观与社会主义核心价值观关系的理论思考》,载《学术界》2017年第9期。

[79]张剑源:《离婚冷静期是否需要冷静——对〈民法典〉第1077条的法理讨论》,载《法学家》2022年第3期。

[80]张梦蝶:《论紧急状态下的国家监护制度》,载《行政法学研究》2021年第2期。

[81]赵玉:《家庭财产功能主义的法律范式》,载《中国社会科学》2022年第8期。

[82]赵玉:《司法视域下夫妻财产制的价值转向》,载《中国法学》2016年第1期。

[83]赵丽霞:《我国离婚经济补偿制度的立法完善》,载《当代法学》2006年第1期。

[84]邹发云:《离婚损害赔偿定性分析》,载《当代法学》2002年第5期。

[85]周维珩、曾玉梅:《再议离婚家务补偿请求权》,载《社科纵横》2008年第6期。

[86]周海源:《风险预防视角下离婚冷静期的运行机制优化》,载《浙江学刊》2022年第2期。

[87][德]妮娜·德特洛夫:《21世纪的亲子关系法——法律比较与未来展望》,樊丽君译,载《比较法研究》2011年第6期。

[88]习近平:《加快建设社会主义法治国家》,载《求是》2015年第1期。
[89]《单洪远、刘春林诉胡秀花、单良、单译贤法定继承纠纷案》,载《最高人民法院公报》2006年第5期。

三、学位论文

[1]蒋胜男:《论我国继子女法定继承制度的立法完善》,南京航空航天大学硕士学位论文,2018年。
[2]李俊:《离婚救济制度研究》,西南政法大学博士学位论文,2006年。
[3]王丽萍:《对我国离婚救济制度的法理思考》,宁夏大学硕士学位论文,2008年。
[4]王琼雯:《家庭权初论》,苏州大学博士学位论文,2013年。
[5]徐健:《家庭权的国家保障研究》,中南财经政法大学博士学位论文,2017年。
[6]袁少华:《离婚经济帮助问题探析》,西南政法大学硕士学位论文,2009年。

四、报纸

[1]《中共中央国务院举行春节团拜会》,载《人民日报》2015年2月18日,第3版。
[2]刘万成,郑永建:《家事审判中离婚冷静期的合理性证成与完善》,载《人民法院报》2018年第7期,第007版。
[3]习近平:《在会见第一届全国文明家庭代表时的讲话》,载《人民日报》2016年12月16日,第2版。
[4]张力:《"优良家风"写进民法典的法治意义》,载《检察日报》2020年1月8日,第7版。
[5]周刚志:《社会主义核心价值观全面融入中国文化法律体系的法理思考》,载《民主与法制时报》2019年5月15日,第6版。

五、法律法规及规范性文件

[1]《中华人民共和国宪法》,1982年12月4日第五届全国人民代表大会第五次会议通过,2018年3月11日第十三届全国人民代表大会第一次会议通过的《中华人民共和国宪法修正案》修正。
[2]《中华人民共和国民法典》,2020年5月28日第十三届全国人民代表大会第三次会议通过,自2021年1月1日起施行。
[3]《中华人民共和国婚姻法》,1950年3月3日政务院第二十二次政务会议通过,1950年4月13日中央人民政府委员会第七次会议通过。
[4]《中华人民共和国婚姻法》,1980年9月10日第五届全国人民代表大会第三次会议通过。
[5]《中华人民共和国婚姻法》,根据2001年4月28日第九届全国人民代表大会常务委员会第二十一次会议《关于修改〈中华人民共和国婚姻法〉的决定》修正。
[6]《最高人民法院关于适用〈中华人民共和国民法典〉婚姻家庭编的解释(一)》于2020年12月25日最高人民法院审判委员会第1825次会议通过,自2021年1月1日起施行。
[7]《最高人民法院关于适用〈中华人民共和国婚姻法〉若干问题的解释(一)》,法释〔2001〕30号,2001年12月24日最高人民法院审判委员会第1201次会议通过;自2001年12月27日起施行。
[8]《最高人民法院关于适用〈中华人民共和国婚姻法〉若干问题的解释(二)》,法释〔2003〕19号,自2004年4月1日起施行。
[9]《最高人民法院关于适用〈中华人民共和国婚姻法〉若干问题的解释(三)》,法释〔2011〕18号,2011年8月13日起施行。
[10]《最高人民法院关于适用〈中华人民共和国婚姻法〉若干问题的解释(二)的补充规定》,法释〔2017〕6号,自2017年3月1日起施行。
[11]《最高人民法院关于审理涉及夫妻债务纠纷案件适用法律有关问题的解释》,2018年1月8日最高人民法院审判委员会第1731次会议通过,自2018年1月18日起施行。
[12]最高人民法院民事判决书,〔2020〕最高法民再330号。